中国文字訓詁学辞典

全廣鎮
編訳

東文選

中國文字訓詁學辭典

中國大百科全書－語言·文字
1988. 2, 北京·上海
中國大百科全書出版社

역자서문

문자학·훈고학이 흔히들 너무나 어려운 학문이라고들 한다. 역자가 생각하기에는 꼭 그런 것만은 아닌 것 같다. 관련 용어에 대한 정확한 개념을 파악하기만 하면 하나도 어려울 것이 없다고 생각된다. 문자학과 훈고학은 2천여 년 이상의 긴 역사를 지니고 있는 관계로 각종 용어들이 명칭은 같은데 내용은 다른 것(同名異實)이거나, 또는 명칭은 다른데 내용은 같은 것(異名同實)인 경우가 흔히 있고, 또 그 가운데 담겨져 있는 의미를 정확하게 파악하기가 조금 힘든 경우도 없지 않다. 따라서 문자학과 훈고학에 정통하기 위해서는 이러한 문제에 대한 올바른 이해가 관건이라고 할 수 있을 것이다. 이러한 사실에서 본다면, 이 분야에 관한 사전적 해설서가 더없이 절실히 요구되고 있는 실정이라 하겠다.

《중국대백과전서·언어문자편》이 세상에 첫선을 보였을 때, 역자는 타이뻬이에서 박사과정에 재학중이었다. 그곳에서 처음 이 책을 접하였을 때 다음과 같은 세 가지 면에서 반가움과 경탄을 금할 수 없었다. 첫번째로는 중국의 문자학·훈고학 그리고 언어학 전반에 걸친 용어·인물·저작 등에 대하여 일목요연하면서도 내용이 알차게 꾸며져 있다는 점이고, 둘째로는 원집필자들이 모두 관련 분야에서는 최고의 권위를 자랑하는 대학자들로 구성되어 있을 뿐만 아니라 그들이 현명縣名 원칙에 입각하여 자신의 이름을 걸고 집필한 것이기 때문에 길이의 장단에 관계 없이 낱낱의 모든 자구들이 단순한 해설에서 한 걸음 더 나아가 자신의 창견이 내포되어 있는 등 높은 학술적 가치를 지니고 있다는 사실이다. 그리고 세번째로는 중국의 언어와 문자에 관한 각종 각론 분야에 대한 내적 함의와 그것의 연구 역사를 개괄해 놓은 문장도 실려 있는데, 이러한 것들은 지금까지 해당 분야 연구 역사의 전반적인 흐름을 정확하게 이해하는 데 더없이 큰 도움을 준다는 점이다.

이 책 가운데 우선 문자학·문자개혁·훈고학 분야에 관한 것을 번역하게 된 동기는 역자의 부족한 기초 소양을 채우기 위한 것이었다. 바꾸어 말하자면, 자신의 공부를 위한 것이었다. 이 책을 보기 이전까지만 해도 하나의 용어에 대한 정확한 개념을 파악하기 위해서 수없이 많은 책을 뒤적거려야만 했던 지난 일들을 되새겨 보다가, 혹시나 역자와 같은 일로 번거로움을 겪고 있는 분들이 있지나 않을까라는 생각에서 우리말로 옮겨서 학계에 소개해 보기로 작정하였다. 작심한 지 3,4년 만에야 세상에 선을 보이게 된 셈이나 부실한 점이 하나둘이 아닌 것 같아서 부끄러

움이 앞선다.

　이러한 분야에 관하여 처음으로 접하는 분들이 바르게 이해하기 위해서는, 원문의 내용에 대하여 추가로 보충 설명하는 것이 필요하다고 생각될 경우에는 역주 형식을 빌어서 보충하기도 하였다. 그리고 원문의 내용에 다소 문제점이 있거나 오류가 있을 경우에도 실증적인 자료를 근거로 바로잡거나 역자의 소견을 밝혀 놓았다. 물론 원문의 내용을 존중하고 그 면모를 손상시키지 않기 위해서 그러한 내용 또한 역주 형식을 빌어서 괄호 안에다 적어 놓았다. 앞에서도 말했듯이 원문은 문장이 길든짧든 한 글자 한 구절 모두가 학술적인 가치를 지니고 있는 것이다. 따라서 독자들이 동 내용을 학술적인 용도로 활용할 때 조금도 불편이 없도록 하기 위해서 인용문에 한하여 원문의 내용을 번역문 뒤에다 그대로 옮겨 놓았다. 이상과 같이 역자 나름대로는 갖은 애를 다 써보았으나 소양이 워낙 부족한지라 잘못을 범한 점이 한둘이 아닐 것 같다. 독자 여러분들께서 바른 의견 제시를 조금도 꺼려 마옵기만을 빌 따름이다.

　역자의 소견으로는, 어떤 학문을 막론하고 그것에 쉽게 접근할 수 있는 방법을 찾아내어 일반에게 공개하는 것이 학문하는 사람들이 해야 할 임무 가운데 하나라고 생각하며, 마땅히 그렇게 해야만 해당 학문이 크게 융성 발전될 수 있다고 여겨진다. 이런 자그마한 땀의 결실이나마 중국 문자학과 훈고학 연구에 관심 있는 분들에게 다소 도움이 되었으면 더없는 기쁨이겠다.

　끝으로 이 자리를 빌어 학술 발전을 위한 일이라면 어떠한 노고와 출혈도 마다하지 않는 동문선출판사 신성대 사장의 출판인 정신에 경의를 표하며, 교정 등의 일을 도와 주면서 어떠한 번거로움도 아끼지 아니한 편집실직원들께도 고마운 마음을 적어두고 싶다.

　　　　　　　　　1992. 10. 21. 서천리書川里 골짜기에서 전광진 謹識

일러두기

1 이 사전은 1988년 2월 북경 중국대백과전서출판사에서 간행한 《중국대백과전서 中國大百科全書・언어문자편》의 해당 부분을 발췌 편역編譯한 것임.
2 중국 문자학・문자개혁・훈고학 이상 세 분야의 것만을 대상으로 하였으므로 이 사전의 명칭을 《중국문자훈고학사전》이라 칭하였음.
3 각 조목의 표제는 음순音順(가나다)에 의거하지 아니하고, 분야별 유관내용별로 배열하므로써 독자의 분야별 학습에 편리하도록 하였음.
4 각 조목의 표제를 찾아보기 편리하도록 가나다순 색인을 별도로 실어 놓았음.
5 표제명이 서로 다르지만 그것이 지칭하는 내용은 동일하거나, 다른 표제의 내용 가운데 포함되어 있을 경우에는 ☞ 표시로 관련 표제명을 달아 놓았음.
6 문자학・문자개혁・훈고학 분야의 용어・인물(학자)・저작에 대하여 상세히 풀이함과 아울러, 해당 학문의 내용을 개괄해 놓은 문장을 실어 놓으므로써 전반적인 내용을 이해하는 데 도움이 되도록 하였음.
7 각 조목의 표제를 집필한 학자의 이름을 말미에다 밝혀 놓으므로써 학술적인 가치에 손상이 되지 않도록 하였음.
8 각 조목 표제의 상단에는 원래 〈한어병음자모漢語拼音字母〉가 달려 있었으나 일률적으로 생략하였으며, 영문 표기가 있는 경우에는 그대로 옮겨 놓았음.
9 원서상의 그림과 원색화보는 그대로 실어두었으며, 해당 조목에서 관련 그림을 밝혀 놓았음.
10 원문상에 부수되어 있는 참고 서목은 독자들이 선독選讀하는 데 이용될 수 있도록 그대로 옮겨 놓았음.
11 문장 가운데 등장하는 용어・인명・서명이 이 사전에서 하나의 표제로 등장하고 있는 경우에는 자체字體 모양을 진하게 표시해 놓았음.
12 원문의 내용 가운데 보충 또는 추가 설명이 필요한 것에 대하여는 괄호 안에 역주를 달아서 상세히 풀이해 놓았음.
13 원문 가운데 오류가 있는 경우에는 그것을 바로잡아 놓은 다음 그 근거를 명확히 설명해 놓았음.
14 고대 문헌에서 인용한 것이 있을 경우에는 번역문 뒤에다 원문을 그대로 옮겨 놓으므로써 학술적 이용 가치에 조금도 손색이 없도록 하였음.

차례 및 표제자 찾아보기

I 문자학 부문

【1】용어 또는 명제
한어문자학漢語文字學 ·············· 2
고문자학古文字學 ················ 20
한자漢字 ······················ 41
독체자獨體字 ··················· 58
합체자合體字 ··················· 58
합문合文 ······················ 59
의부意符 ······················ 59
성부聲符 ······················ 61
생형省形 ······················ 62
생성省聲 ······················ 62
부수部首 ······················ 63
육서六書 ······················ 64
    상형象形 ☞ 육서六書 ·········· 70
    지사指事 ☞ 육서六書 ·········· 70
    회의會意 ☞ 육서六書 ·········· 70
    형성形聲 ☞ 육서六書 ·········· 70
    전주轉注 ☞ 육서六書 ·········· 70
    가차假借 ☞ 육서六書 ·········· 70
갑골문甲骨文 ··················· 70
금문金文 ······················ 72
고문古文 ······················ 75
조충서鳥蟲書 ··················· 78
주문籀文 ······················ 80
전서篆書 ······················ 82
예서隸書 ······················ 83
팔분八分 ······················ 86
팔체八體 ······················ 88
초서草書 ······················ 89
진서眞書 ······················ 92

해서楷書 ☞ 진서眞書 ············ 93
행서行書 ······················ 93
정체正體 ······················ 95
속체俗體 ······················ 96
이체자異體字 ··················· 96
별자別字 ······················ 97
피휘자避諱字 ··················· 99
번체繁體 ······················ 98
간체簡體 ······················ 98
간화자簡化字 ··················· 99
본자本字 ····················· 100
후기본자後起本字 ··············· 102
가차자假借字 ·················· 103
통용자通用字 ·················· 104
고금자古今字 ·················· 106
자서字書 ····················· 107

【2】저작
《창힐편倉頡篇》 ················ 109
《삼창三倉》 ··················· 111
《급취편急就篇》 ················ 111
《설문해자說文解字》 ············· 113
《자림字林》 ··················· 119
《옥편玉篇》 ··················· 120
《유편類篇》 ··················· 122
《육서략六書略》 ················ 123
《육서고六書故》 ················ 124
《용감수경龍龕手鏡》 ············· 126
《자휘字彙》 ··················· 127
《정자통正字通》 ················ 128
《강희자전康熙字典》 ············· 129

《중화대자전中華大字典》 ………… 130
《신화자전新華字典》 …………… 131
《자양字樣》 …………………… 132
《간록자서干祿字書》 …………… 133
《오경문자五經文字》 …………… 135
《구경자양九經字樣》 …………… 137
《은허서계殷墟書契》 …………… 138
《전수당소장은허문자戩壽堂所藏
　殷墟文字》 …………………… 139
《은허문자류편殷墟文字類編》 …… 140
《갑골문편甲骨文編》 …………… 140
《갑골문합집甲骨文合集》 ……… 142
《복사통찬卜辭通纂》 …………… 142
《은계수편殷契粹編》 …………… 144
《은허복사종술殷墟卜辭綜述》 … 145
《갑골문자석림甲骨文字釋林》 … 146
《설문고주보說文古籀補》 ……… 147
《금문편金文編》 ………………… 148
《양주금문사대계兩周金文辭大系》… 149
《금문총고金文叢考》 …………… 151
《적미거금문설積微居金文說》 … 151

《고문자학도론古文字學導論》 … 153
【3】인물
허신許愼 ………………………… 155
고야왕顧野王 …………………… 156
서현徐鉉 ………………………… 156
서개徐鍇 ………………………… 157
정초鄭樵 ………………………… 159
단옥재段玉裁 …………………… 159
계복桂馥 ………………………… 161
왕균王筠 ………………………… 162
주준성朱駿聲 …………………… 163
손이양孫詒讓 …………………… 165
나진옥羅振玉 …………………… 166
왕국유王國維 …………………… 167
용경容庚 ………………………… 170
동작빈董作賓 …………………… 171
우성오于省吾 …………………… 172
당란唐蘭 ………………………… 174
곽말약郭沫若 …………………… 175
진몽가陳夢家 …………………… 176
상승조商承祚 …………………… 177

II 문자 개혁 부문

【1】용어 또는 명제
백화문운동白話文運動 ………… 180
대중어운동大衆語運動 ………… 185
국어운동國語運動 ……………… 187
보통화普通話 …………………… 191
한자정리漢字整理 ……………… 194
한자검자법〔漢字查字法〕 ……… 199
한자간화漢字簡化 ……………… 207
수두자手頭字 …………………… 223
라틴화신문자〔拉丁化新文字〕 … 224

전국문자개혁회의全國文字改革
　會議 …………………………… 232
【2】저작
《송원이래속자보宋元以來俗字譜》… 234
《당면 문자개혁의 임무 當前文字
　改革的任務》 ………………… 235
【3】기구
중국문자개혁위원회中國文字改革
　委員會 ………………………… 237

III 훈고학 부문

【1】용어 또는 명제

한어훈고학漢語訓詁學 242
형훈形訓 267
의훈義訓 269
성훈聲訓 270
호훈互訓 272
혼언渾言 272
   석언析言 ☞ 혼언渾言 274
통훈通訓 274
본의本義 274
전의轉義 275
인신引伸義 276
가차의假借義 277
비유의比喩義 277
독약讀若 278
   독여讀如 ☞ 독약讀若 280
독위讀爲 280
   독왈讀曰 ☞ 독위讀爲 282
당위當爲 282
   당작當作 ☞ 당위當爲 283
통명通名 283
별명別名 283
통어通語 284
범어凡語 285
아언雅言 285
속명俗名 286
   속언俗言 ☞ 속명俗名 287
상언常言 287
   항언恒言 ☞ 상언常言 287
전어轉語 287
일성지전一聲之轉 289
중언重言 291

첩자疊字 292
연어謰語 293
연면자聯綿字 294
우문右文 295
자족字族 297
동원자同源字 299
아학雅學 300
음의서音義書 301

【2】저작

《이아爾雅》 302
《광아廣雅》 305
《소이아小爾雅》 307
《이아익爾雅翼》 308
《비아埤雅》 308
《통아通雅》 309
《변아駢雅》 310
《변자분전駢字分箋》 311
《첩아疊雅》 312
《비아比雅》 312
《별아別雅》 314
《사통辭通》 316
《연면자보聯綿字譜》 317
《연면자전聯綿字典》 318
《석명釋名》 319
《광석명廣釋名》 321
《광류정속匡謬正俗》 322
《정와잡록訂訛雜錄》 323
《자고字詁》 323
《의부義府》 324
《통속편通俗編》 325
《항언록恒言錄》 326
《춘추명자해고春秋名字解詁》 327

《경전석사經典釋詞》 329
《조자변략助字辨略》 331
《사전詞詮》 333
《고서허자집석古書虛字集釋》 334
《시사곡어회석詩詞曲語詞匯釋》 335
《소설사어회석小說詞語匯釋》 336
《희곡사어회석戲曲詞語匯釋》 337
《돈황변문자의통석敦煌變文字義通釋》 337
《경전석문經典釋文》 338
《일체경음의一切經音義》(玄應) 341
《일체경음의一切經音義》(慧琳) 343
《속일체경음의續一切經音義》 345
《신역화엄경음의新譯華嚴經音義》 345
《자치통감석문資治通鑒釋文》 346
《소학구침小學鉤沈》 348
《소학수일小學蒐佚》 349
《경적찬고經籍纂詁》 350

【3】 인물
정현鄭玄 352
유희劉熙 353
장읍張揖 353
곽박郭璞 354
정요전程瑤田 354
유태공劉台拱 355
왕념손王念孫 356
왕인지王引之 357
완원阮元 358
왕선겸王先謙 359
유사배劉師培 359
심겸사沈兼士 360
장상張相 362
주조모周祖謨 362

표제자 찾아보기

가차假借 ☞ 육서六書 70
가차의假借義 277
가차자假借字 103
《간록자서干祿字書》 133
간체簡體 98
간화자簡化字 99
갑골문甲骨文 70
《갑골문자석림甲骨文字釋林》 146
《갑골문편甲骨文編》 140
《갑골문합집甲骨文合集》 142
《강희자전康熙字典》 129
《경전석문經典釋文》 338
《경전석사經典釋詞》 329
《경적찬고經籍纂詁》 350
계복桂馥 161
고금자古今字 106
고문古文 75
고문자학古文字學 20
《고문자학도론古文字學導論》 153
《고서허자집석古書虛字集釋》 334
고야왕顧野王 156
곽말약郭沫若 175

곽박郭璞 ········· 354	별자別字 ········· 97
《광류정속匡謬正俗》 ········· 322	보통화普通話 ········· 191
《광석명廣釋名》 ········· 321	《복사통찬卜辭通纂》 ········· 142
《광아廣雅》 ········· 305	본의本義 ········· 274
《구경자양九經字樣》 ········· 137	본자本字 ········· 100
국어운동國語運動 ········· 187	부수部首 ········· 63
금문金文 ········· 72	《비아埤雅》 ········· 308
《금문총고金文叢考》 ········· 151	《비아比雅》 ········· 312
《금문편金文編》 ········· 148	비유의比喩義 ········· 277
《급취편急就篇》 ········· 111	《사전詞詮》 ········· 333
나진옥羅振玉 ········· 166	《사통辭通》 ········· 316
단옥재段玉裁 ········· 159	《삼창三倉》 ········· 111
《당면 문자개혁의 임무 當前文字改革的任務》 ········· 235	상승조商承祚 ········· 177
	상언常言 ········· 287
당란唐蘭 ········· 174	상형象形 ☞ 육서六書 ········· 70
당위當爲 ········· 282	생성省聲 ········· 62
당작當作 ☞ 당위當爲 ········· 283	생형省形 ········· 62
대중어운동大衆語運動 ········· 185	서개徐鍇 ········· 157
독약讀若 ········· 278	서현徐鉉 ········· 156
독여讀如 ☞ 독약讀若 ········· 280	《석명釋名》 ········· 319
독왈讀曰 ☞ 독위讀爲 ········· 282	석언析言 ☞ 혼언渾言 ········· 274
독위讀爲 ········· 280	《설문고주보說文古籒補》 ········· 147
독체자獨體字 ········· 58	《설문해자說文解字》 ········· 113
《돈황변문자의통석敦煌變文字義通釋》 ········· 337	성부聲符 ········· 61
	성훈聲訓 ········· 270
동원자同源字 ········· 299	《소설사어회석小說詞語匯釋》 ········· 336
동작빈董作賓 ········· 171	《소이아小爾雅》 ········· 307
라틴화신문자[拉丁化新文字] ········· 224	《소학구침小學鉤沈》 ········· 348
백화문운동白話文運動 ········· 180	《소학수일小學蒐佚》 ········· 349
번체繁體 ········· 98	속명俗名 ········· 286
범어凡語 ········· 285	속언俗言 ☞ 속명俗名 ········· 287
《변아骿雅》 ········· 310	《속일체경음의續一切經音義》 ········· 345
《변자분전骿字分箋》 ········· 311	속체俗體 ········· 96
별명別名 ········· 283	손이양孫詒讓 ········· 165
《별아別雅》 ········· 314	《송원이래속자보宋元以來俗字譜》 ········· 234

수두자手頭字	223	《은허서계殷墟書契》	138
《시사곡어사회석詩詞曲語詞匯釋》	335	음의서音義書	301
《신역화엄경음의新譯華嚴經音義》	345	의부意符	59
《신화자전新華字典》	131	《의부義府》	324
심겸사沈兼士	360	의훈義訓	269
아언雅言	285	《이아爾雅》	302
아학雅學	300	《이아익爾雅翼》	308
《양주금문사대계兩周金文辭大系》	149	이체자異體字	96
연면자聯綿字	294	인신의引伸義	276
《연면자보聯綿字譜》	317	일성지전一聲之轉	289
《연면자전聯綿字典》	318	《일체경음의一切經音義》(玄應)	341
연어諺語	293	《일체경음의一切經音義》(慧琳)	343
예서隸書	83	《자고字詁》	323
《오경문자五經文字》	135	《자림字林》	119
《옥편玉篇》	120	자서字書	107
완원阮元	358	《자양字樣》	132
왕국유王國維	167	자족字族	297
왕균王筠	162	《자치통감석문資治通鑑釋文》	346
왕념손王念孫	356	《자회字匯》	127
왕선겸王先謙	359	장상張相	362
왕인지王引之	357	장읍張揖	353
《용감수경龍龕手鏡》	126	《적미거금문설積微居金文說》	151
용경容庚	170	전국문자개혁회의全國文字改革會議	232
우문右文	295	전서篆書	82
우성오于省吾	172	《전수당소장은허문자戩壽堂所藏殷墟文字》	139
유사배劉師培	359	전어轉語	287
유태공劉台拱	355	전의轉義	275
《유편類篇》	122	전주轉注 ☞ 육서六書	70
유희劉熙	353	《정와잡록訂訛雜錄》	323
육서六書	64	정요전程瑤田	354
《육서고六書故》	124	《정자통正字通》	128
《육서략六書略》	123	정체正體	95
《은계수편殷契粹編》	144	정초鄭樵	159
《은허문자류편殷墟文字類編》	140		
《은허복사종술殷墟卜辭綜述》	145		

정현鄭玄	352
《조자변략助字辨略》	331
조충서鳥蟲書	78
주문籀文	80
주조모周祖謨	362
주준성朱駿聲	163
중국문자개혁위원회中國文字改革委員會	237
중언重言	291
《중화대자전中華大字典》	130
지사指事 ☞ 육서六書	70
진몽가陳夢家	176
진서眞書	92
《창힐편倉頡篇》	109
《첩아疊雅》	312
첩자疊字	292
초서草書	89
《춘추명자해고春秋名字解詁》	327
통명通名	283
《통속편通俗編》	325
《통아通雅》	309
통어通語	284
통용자通用字	104
통훈通訓	274

팔분八分	86
팔체八體	88
피휘자避諱字	99
한어문자학漢語文字學	2
한어훈고학漢語訓詁學	242
한자漢字	41
한자간화漢字簡化	207
한자검자법〔漢字查字法〕	199
한자정리漢字整理	194
합문合文	59
합체자合體字	58
항언恒言 ☞ 상언常言	287
《항언록恒言錄》	326
해서楷書 ☞ 진서眞書	93
행서行書	93
허신許愼	155
형성形聲 ☞ 육서六書	70
형훈形訓	267
호훈互訓	272
혼언渾言	272
회의會意 ☞ 육서六書	70
후기본자後起本字	102
《희곡사어회석戲曲詞語匯釋》	337

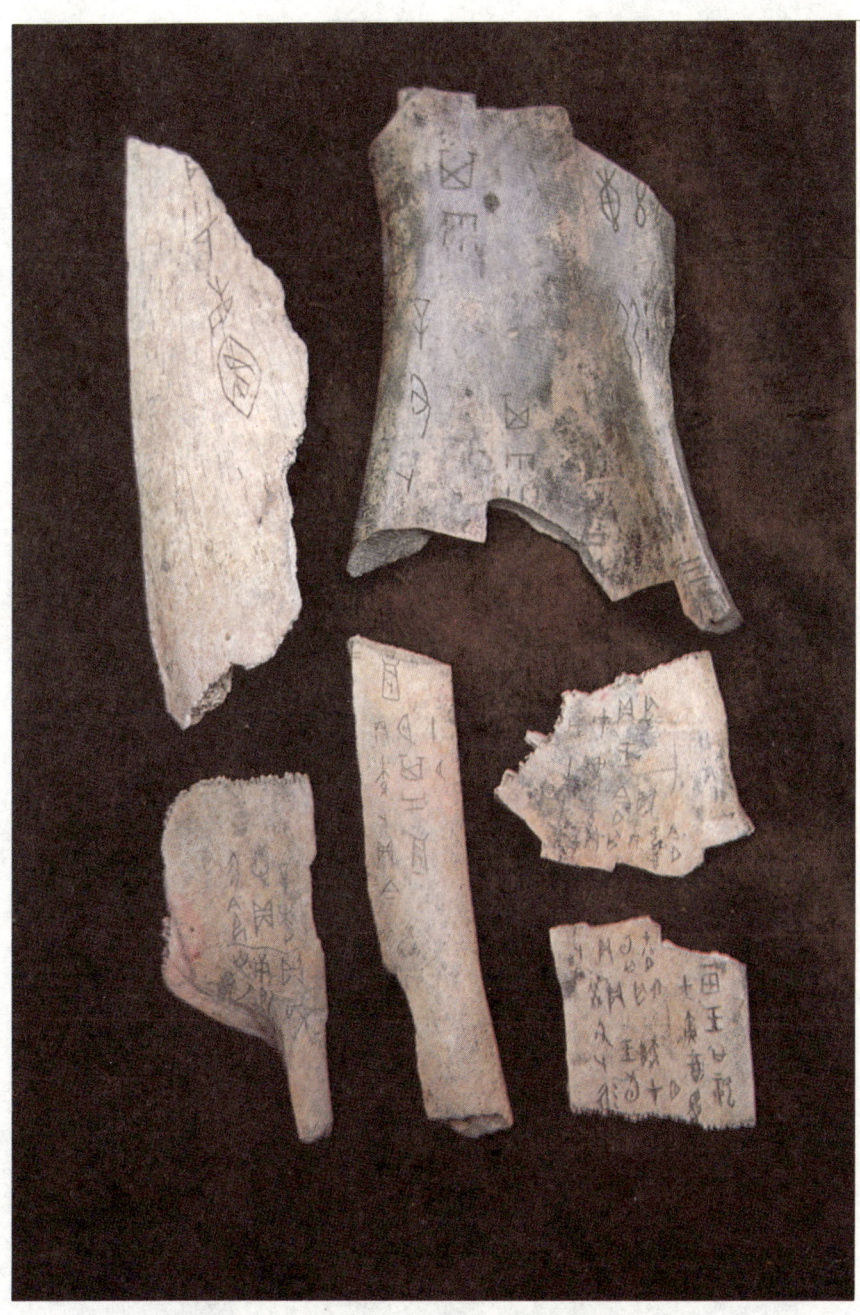

상대 때 소뼈에 새겨 놓은 문자 (하남 안양현 소둔 은허 출토)

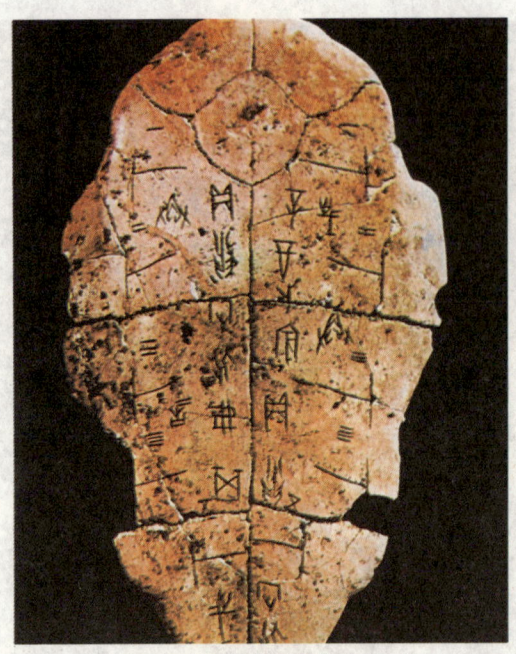

상대 때 거북뼈에 새겨 놓은 문자
(하남 안양현 소둔 은허 출토)

서주 이궤利簋(섬서성 임동현 박물관 소장)

서주 모공정毛公鼎 명문銘文 (대만성 대북시 고궁박물원 소장)

서주 대우정大盂鼎 명문 (중국 역사박물관 소장)

전국 중산왕착정中山王**鼎**(하북성 박물관 소장)

전국 초백서 모본(호남 장사 자탄고 출토)

한대 착금은호錯金銀壺의 조충서鳥蟲書 (하북성 박물관 소장)

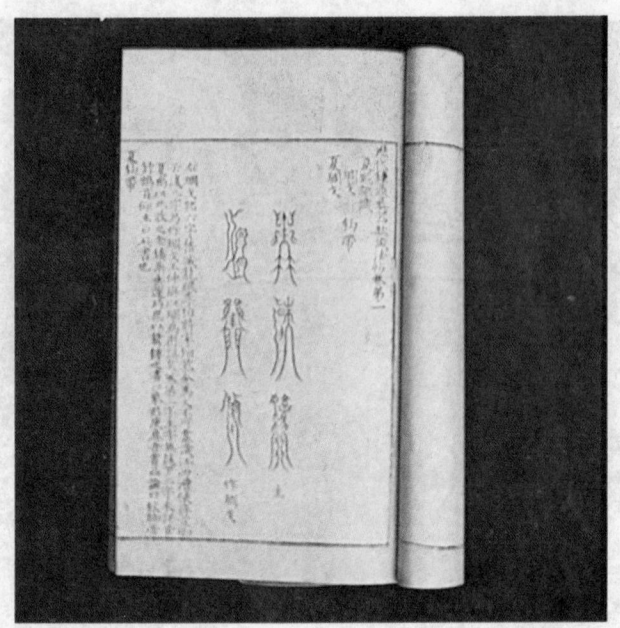

송 설상공薛尙功《역대종정이기관지법첩》에 실린 조충서과명

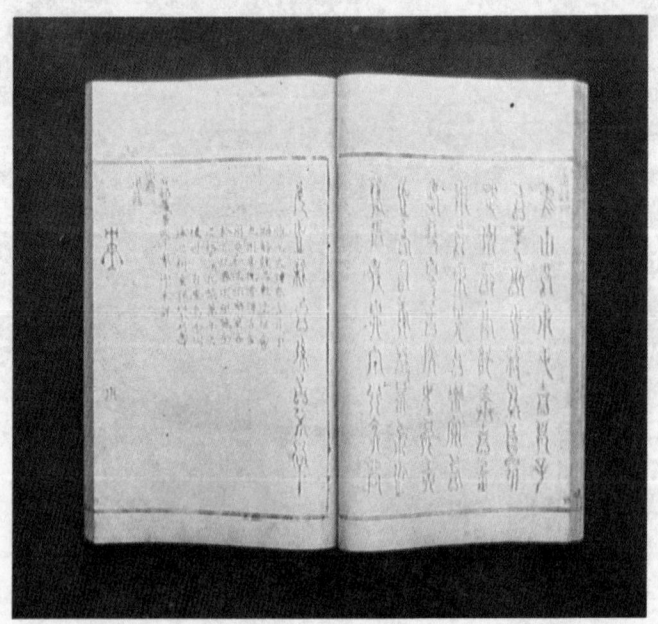

송 설상공《역대종정이기관지법첩》에 실린 조중서종명

진 낭야각석 琅邪刻石 (탁본)

한대 전각 사유 《급취편》(탁본)

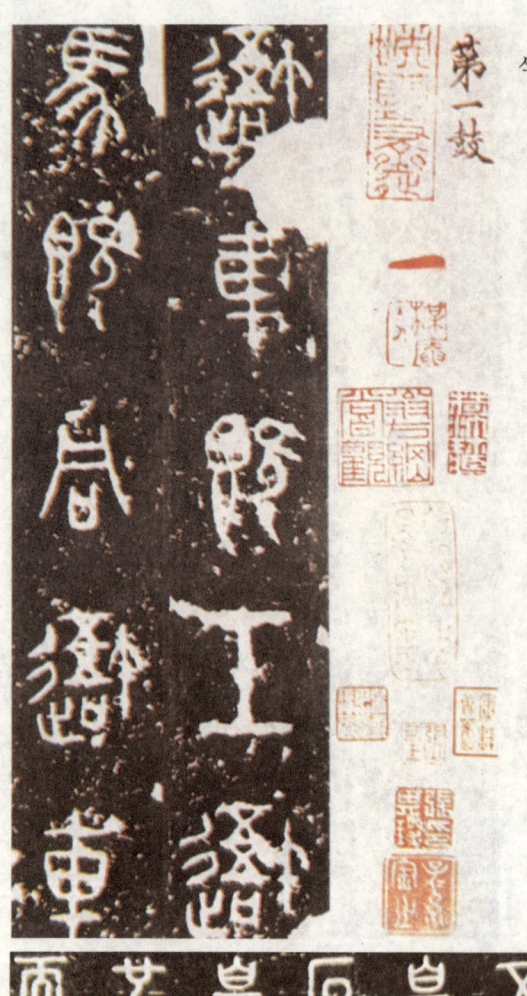

석고문石鼓文

진 낭야각석琅邪刻石(징청당첩澄淸堂帖 모각본)

한대 목간

한대 장천비張遷碑(명대 초년 탁본, 고궁박물원 소장)

서한 백서 《노자》 을본(호남 장사 마왕퇴 한묘 출토)

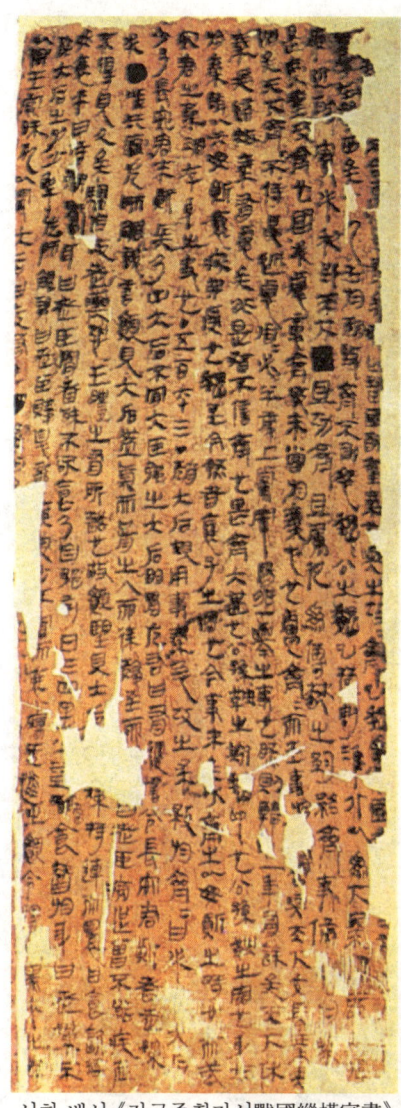

서한 백서《전국종횡가서戰國縱橫家書》
(호남 장사 마왕퇴 한묘 출토)

당대 하지장賀知章이 쓴《효경孝經》

동한《희평석경熹平石經》잔편

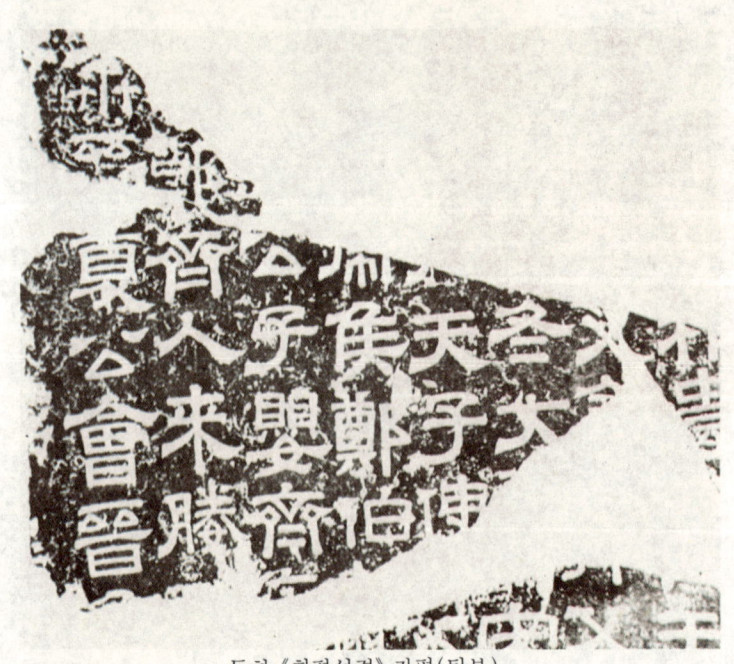

동한《희평석경》잔편(탁본)

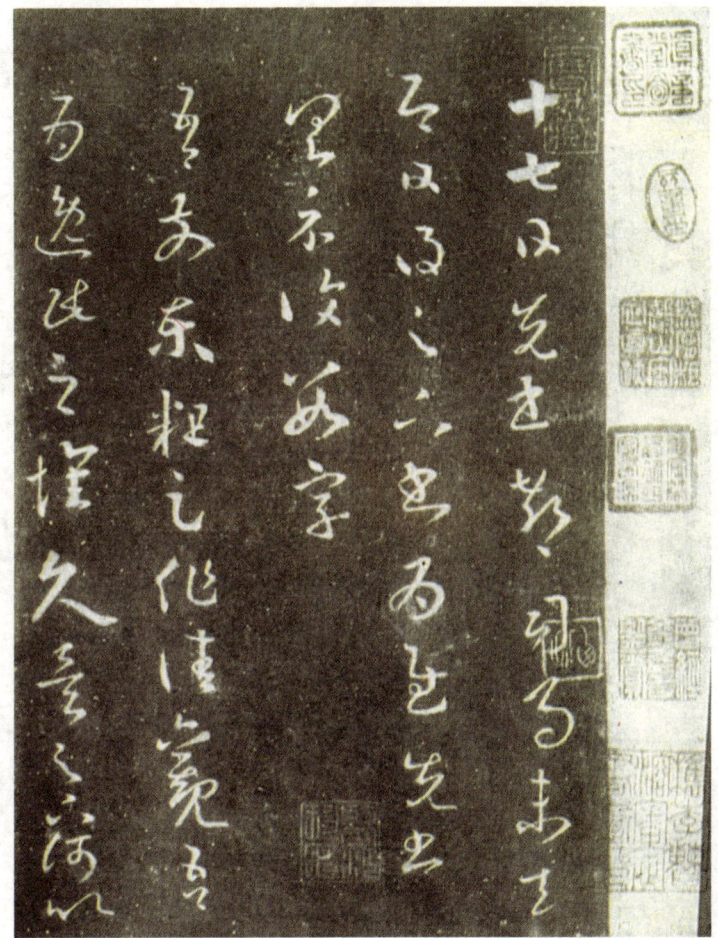

진대 왕희지《십칠첩》

명대 송강본宋江本《급취편》

진대 왕희지《난정서》

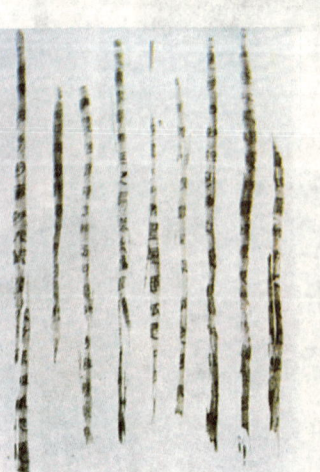

진대 이사《창힐편》(안휘 부양 출토 한간)

원본 《옥편》(일본고초본)

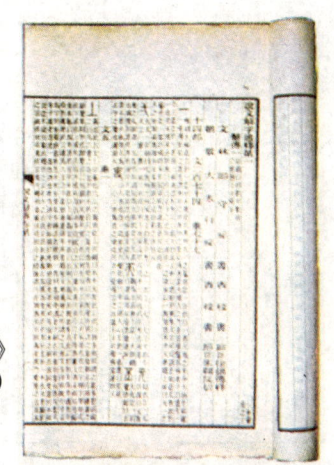

오대 서개 《설문해자계전》
(소학회함본)

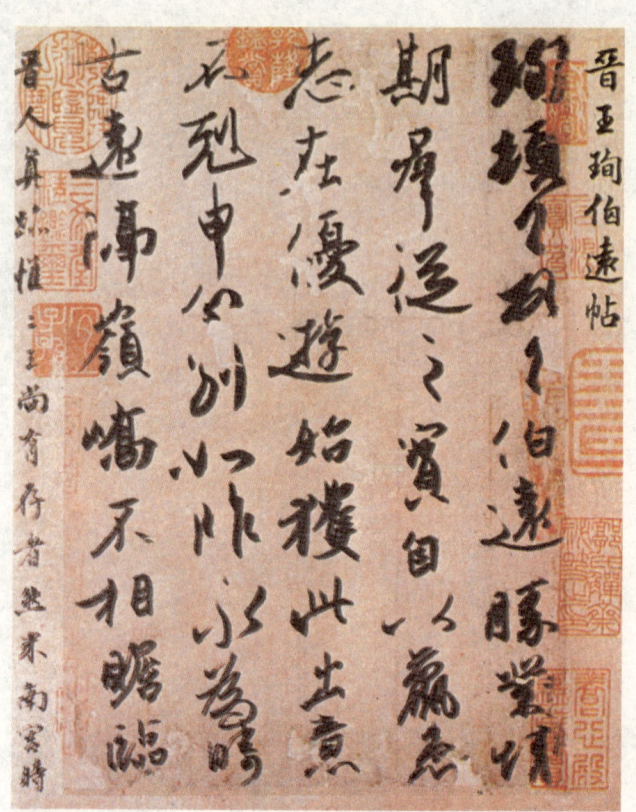

진대 왕순王珣《백원첩伯遠帖》

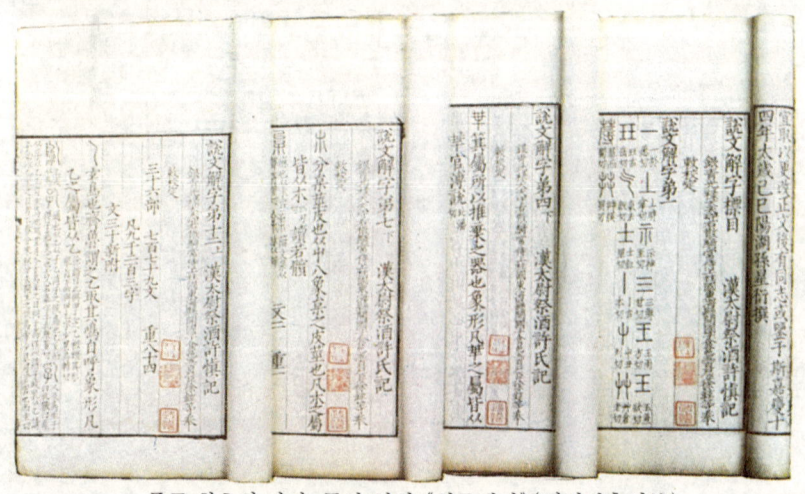

중국 최초의 자전, 동한 허신《설문해자》(편진관총서본)

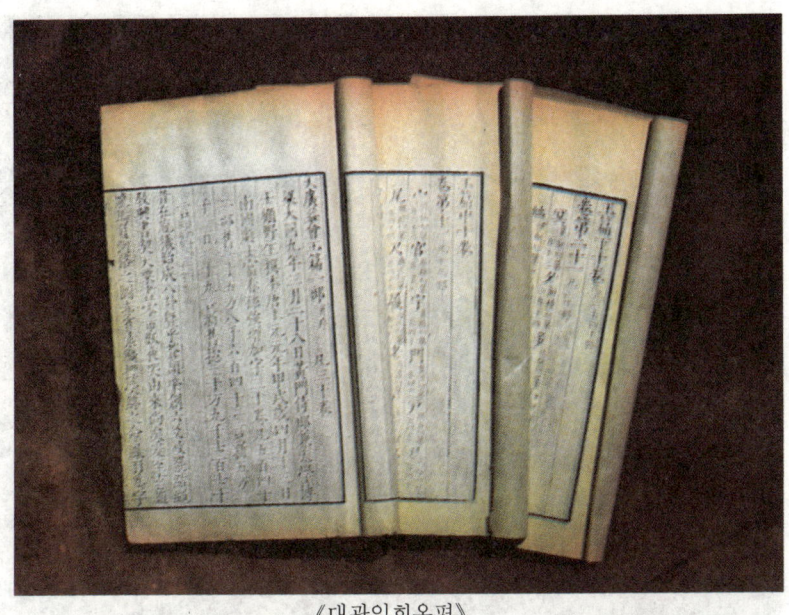

《대광익회옥편》
(송 진팽년 등이 양대 고야왕의 옥편을 근거로 증보한 것, 택존당총서본)

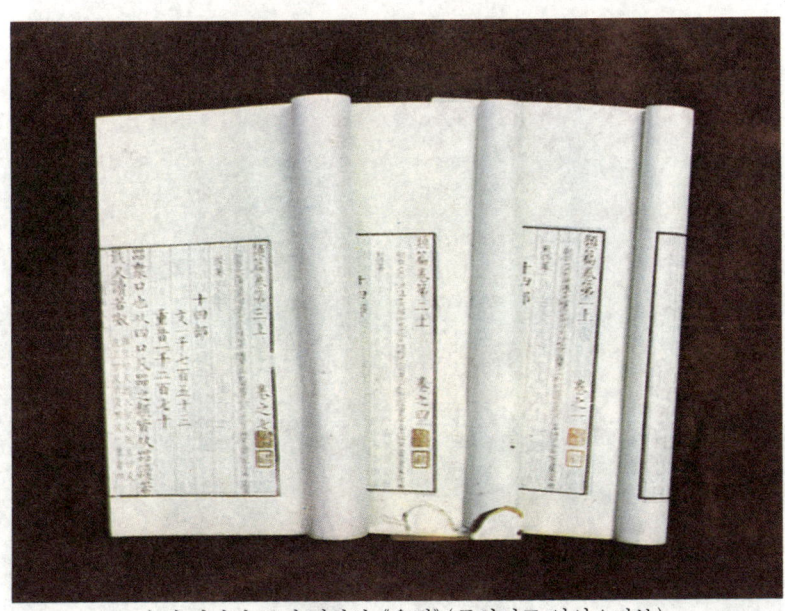

송대 사마광 등이 편찬한 《유편》(중화서국 영인요각본)

청대 《강희자전》 (청 강희 55년 무영전각본)

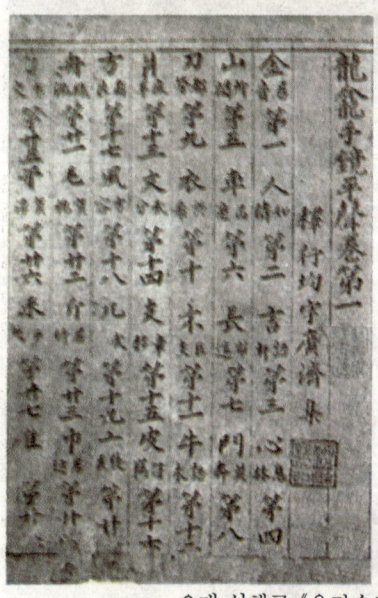

요대 석행균 《용감수경》 (중화서국 영인 고려각본)

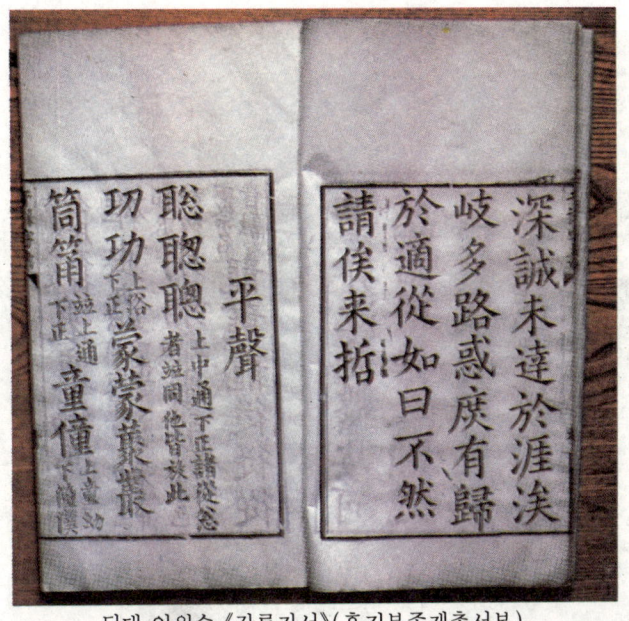

당대 안원손 《간록자서》(후지부족재총서본)

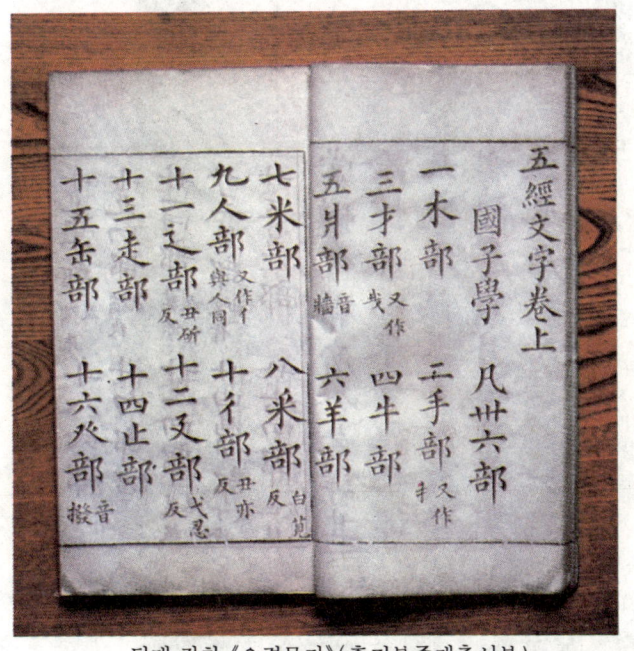

당대 장참 《오경문자》(후지부족재총서본)

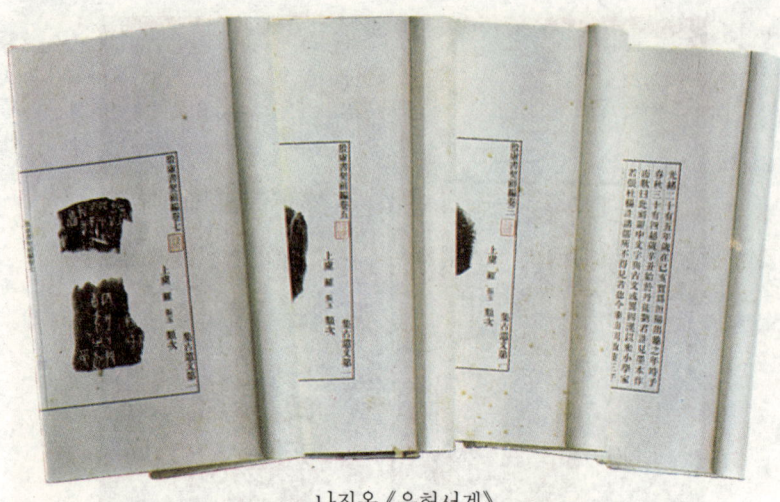

나진옥 《은허서계》

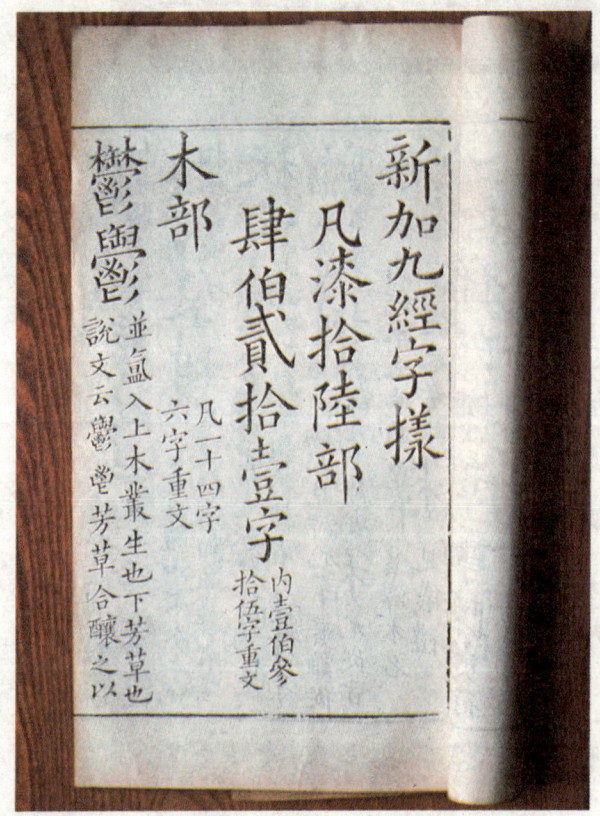

당대 당현탁 《구경자양》(후지부족재총서본)

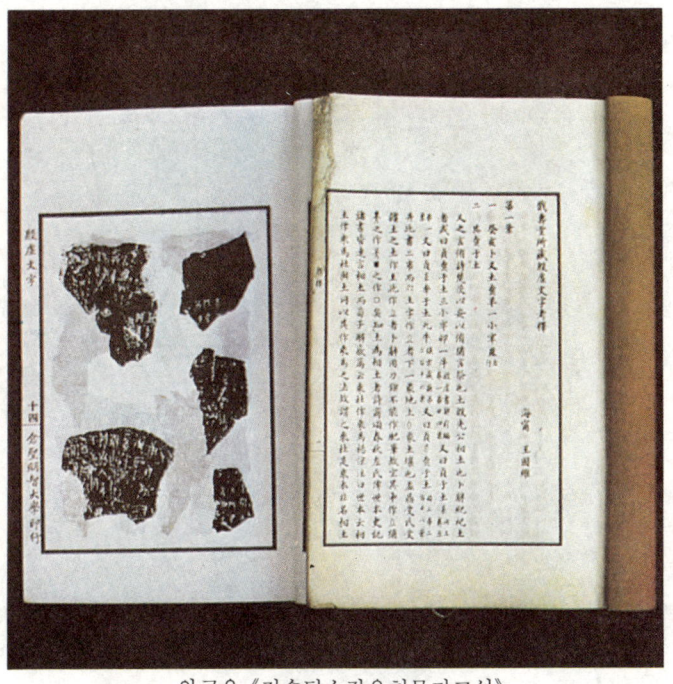

왕국유《전수당소장은허문자고석》

손해파《갑골문편》

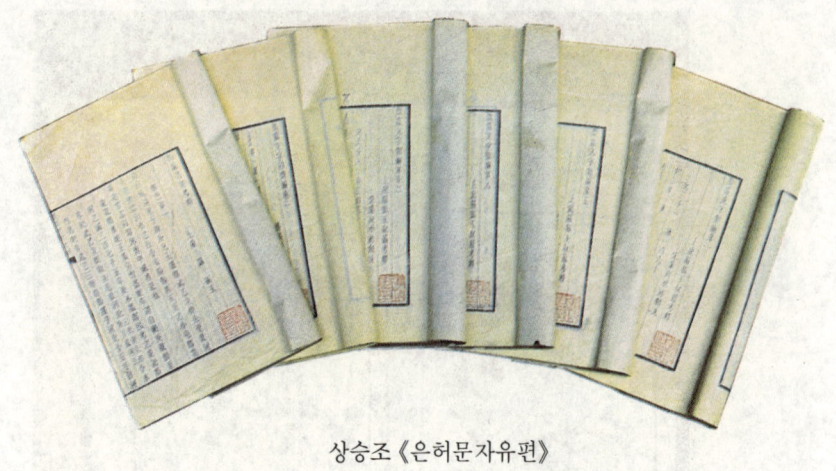

상승조《은허문자유편》

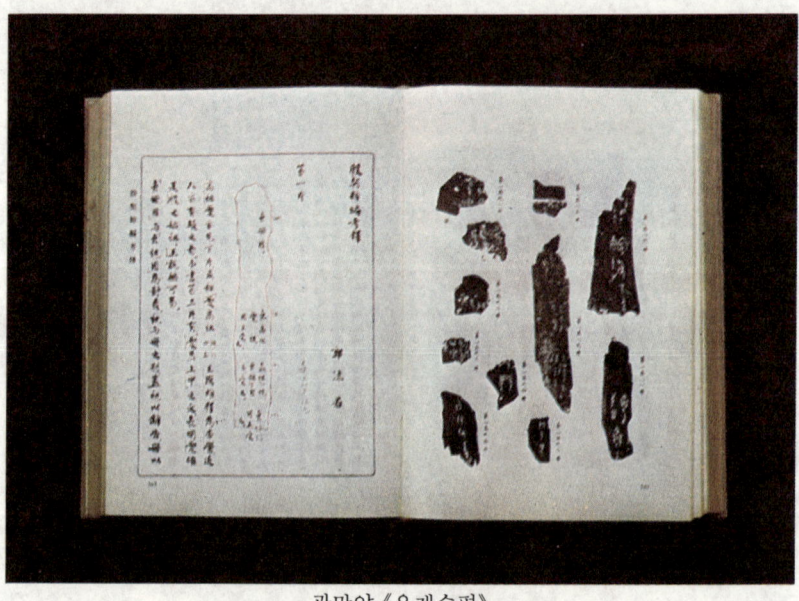

곽말약《은계수편》

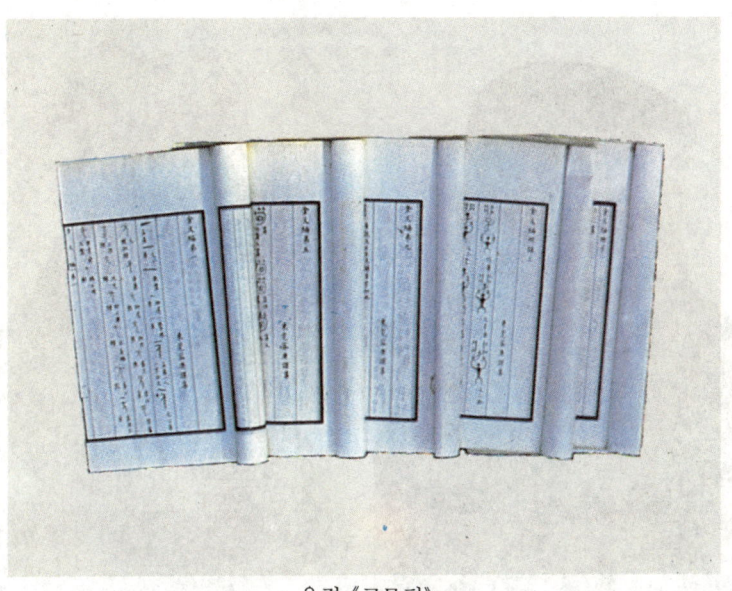

용경《금문편》

계복이 설계한《설문》의 계통도
(허신, 서현, 서개 등의 인물도)

동한 허신　　　　　　　　동한 정현

1955년 10월 오옥장이 전국문자개혁회의에서 개막사를 낭독하는 모습

1958년 1월 주은래가 정협전국위원회에서 《당면문자개혁의 임무》를 보고한 것에 관한 보도기사

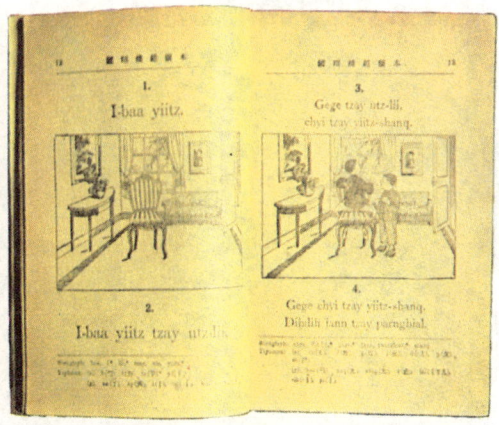

국어로마자로 출판된 《국어모범교재》(여금희 편)

라틴화신문자로 출판된 《대중보》

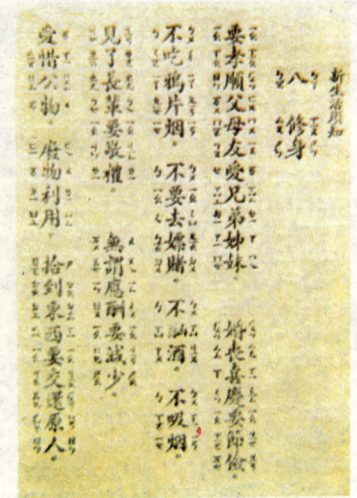
주음부호로 된 문장

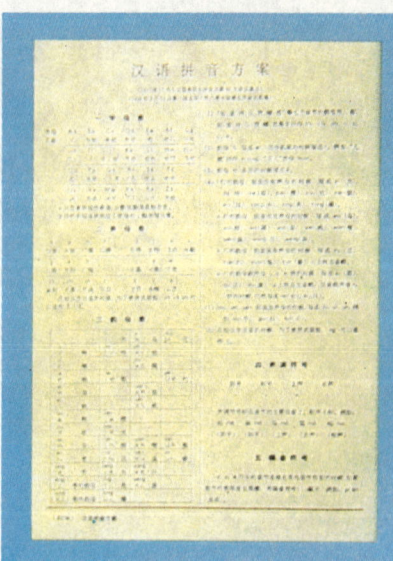
《한어병음방안》

청대 단옥재

낱말의 뜻을 풀이한 것으로는 중국 최초의 책《이아》(당개성석경본)

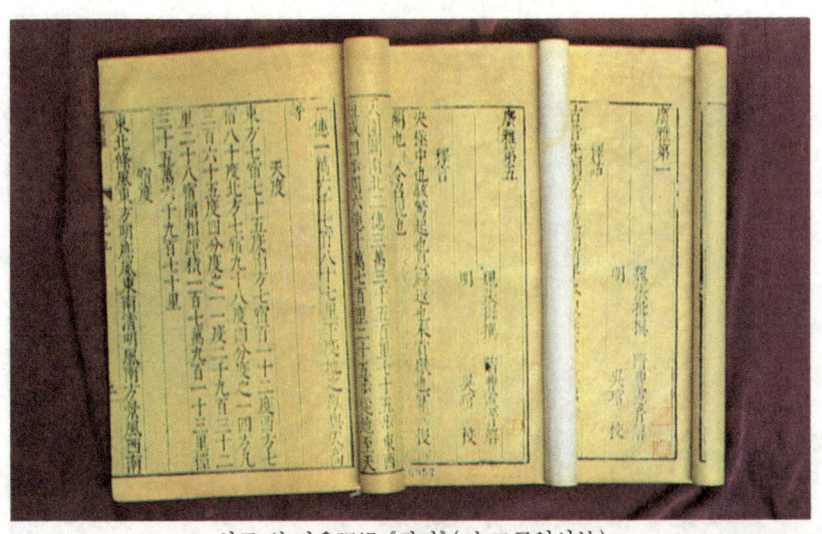

삼국 위 장읍張揖《광아》(명 고금일사본)

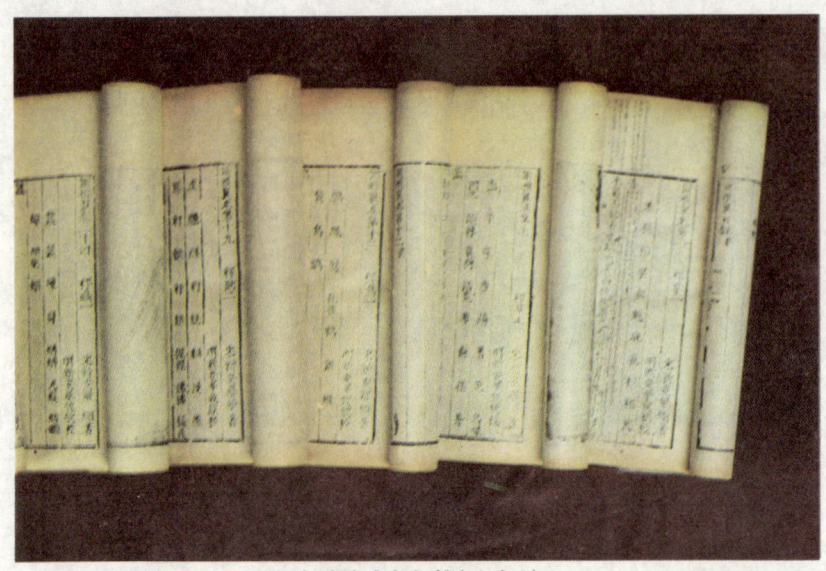

송대 나원 《이아익》(명각본)

당대 석현응 《일체경음의》(원각본, 북경도서관 소장)

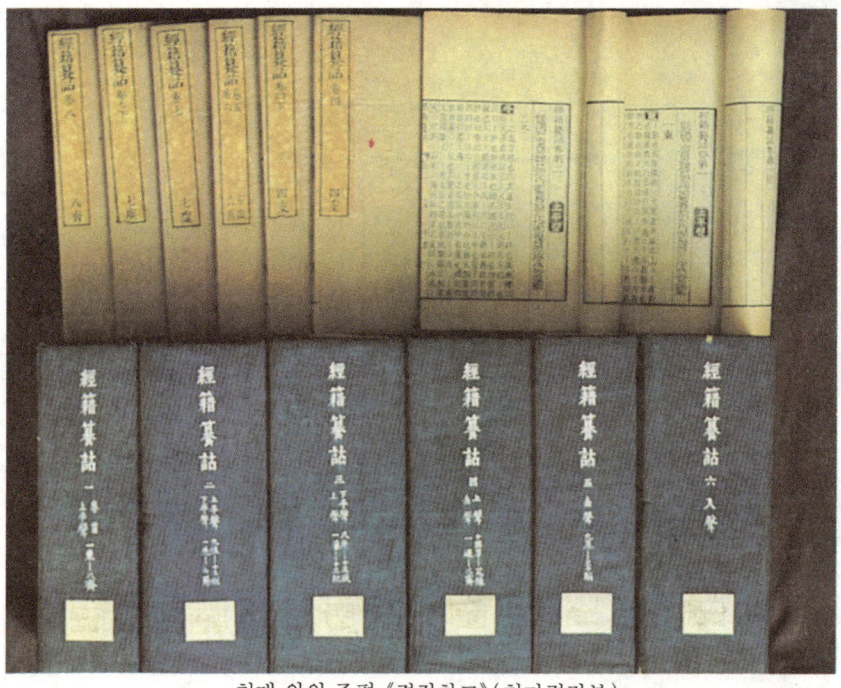

청대 완원 주편《경적찬고》(청가경각본)

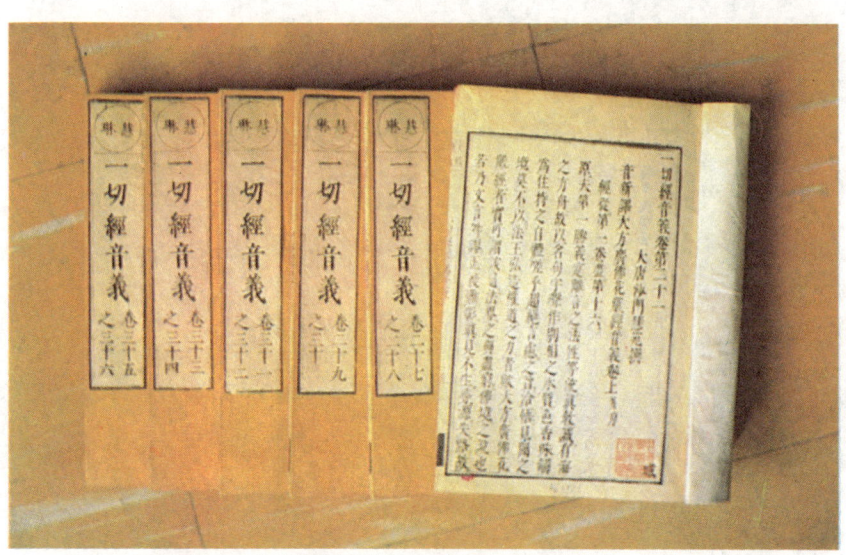

당대 석혜림《일체경음의》(중국사회과학원 언어연구소 소장)

한대 유희《석명》(사부총간영인명각본)

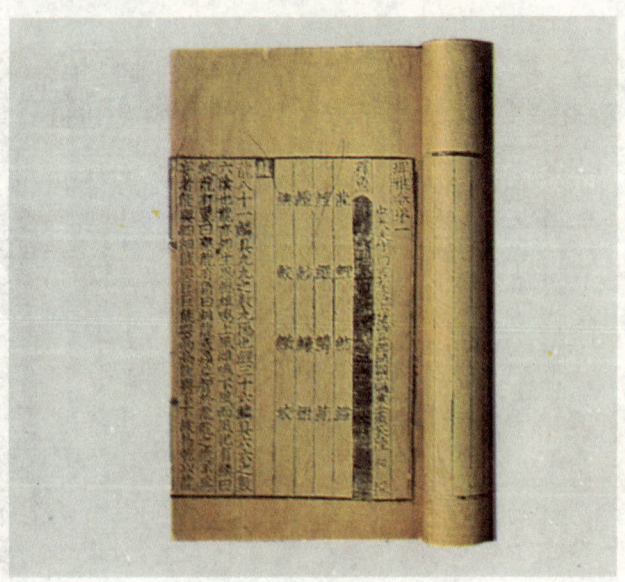

송대 육전《비아》(명각본)

당대 육덕명《경전석문》(송각본, 북경도서관 소장)

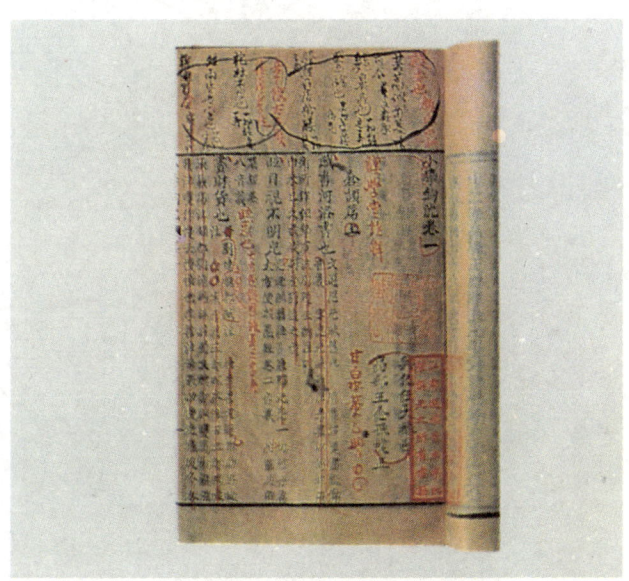

청대 임대춘《소학구침》(청가경각본)

I. 문자학 부문

한어문자학漢語文字學 | Chinese graphology

한자의 형체, 그리고 형체와 어음語音·어의語義간의 관계를 연구하는 학문을 말한다.

한어문자학의 내용   한자는 한어(중국어)를 기록한 부호로서 하나의 글자는 하나의 음절을 대표한다. 하나의 글자가 하나의 완전한 의미를 가진 단음사單音詞일 수도 있고, 복음사複音詞를 구성하는 하나의 사소詞素일 수도 있다. 사소는 어소語素(형태소를 말함—역주)라고도 한다.

한자는 기원전 3천년 신석기시대에 이미 고안되었다. 처음에는 그림으로 말뜻을 표시한 다음, 그림에서 상형象形글자로 발전하였다. 그후 다시 간단한 상형글자를 기초로 하여 표의表意글자와 반표의반표음글자로 발전되다가, 반표의반표음의 형식이 점차 주종을 이루게 되었다. 그러나 말의 소리값을 그대로 기록하는 표음부호로 바뀐 적이 없이, 그러한 발전경로가 원래대로 지켜지고 있는 것이다. 옛날부터 지금까지 변함없이 줄곧 네모꼴의 형식을 고수하고 있어서 세계의 여러 문자들 가운데 독특한 자기 영역을 지키고 있다. 중국의 문자에 대해서 연구하는 것은 중국어를 이해하는 데 있어서 중요한 사다리 구실을 할 수 있다.

문자학이란 명칭은 근대에 와서야 비로소 붙여진 것이고, 그전에는 〈소학小學〉이라고 하였다. 소학이란 명칭은 동한東漢 반고班固(A.D.32—92)의 《한서漢書·예문지藝文志》에 처음 보이고 있다. 《한서·예문지》는 서한西漢 말엽 유흠劉歆(?—A.D.23)의 《칠략七略》을 토대로 한 것으로서, 경학經學에 속하는 내용을 담은 《육예략六藝略》의 뒤편에 아동들을 위한 학습용 자서字書와 글자의 뜻을 풀이한 내용을 덧붙여 놓았는데, 그것을 통칭하여 〈소학〉이라고 불렀던 것이다. 그후에는 〈언어문자의 학〉이라 불렀다. 청대에 만들어진 《사고전서총목제요四庫全書總目提要》 경학 부문의 소학류小學類에는 언어문자 관련서적들이 훈고訓詁·자서字書·운서韻書의 세 종류로 나누어져 있다. 즉 각각의 특색에 따라 세분하였던 것이다. 훈고류의 서적들은 글자의 뜻을 풀이하는 데 치중하고 있는 것이며, 자서류는 자형을 변별함과 아울러 음의音義에 대해서도 언급하고 있는 것들이고, 운서류韻書類는 자음字音을 변별하는 데 치중함과 동시에 자의字義를 해석하고 있는 것들이다. 소학을 자학字學이라고 부른 적도 있었는데, 문자학文字學이란 명칭은 근대에 와서야 비로소 붙여진 이름이다.

　문자학의 연구내용은 기본적으로는 옛사람들이 말하던 소학의 내용과 일치하는데, 그것은 마땅히 자형字形・자음字音・자의字義 이 세 방면에 걸쳐 고찰되어야 한다. 이 세 가지는 서로 깊은 연관성을 지니고 있으므로 자음과 자의를 떠나서 고립적으로 자형만으로 문자를 연구한다는 것은 불가능한 일이다. 그러나 근대 이후에 음운학音韻學과 훈고학訓詁學이 하나의 학문으로 독립됨에 따라 문자학은 전적으로 문자의 형체만을 연구하는 것이어야 한다고 주장하는 사람들이 있다. 즉 그 주요 연구범위가 문자의 구조・형체의 변천・문자의 발전・자형의 규범화 및 **문자개혁** 등의 문제에 국한시켜 독자적인 하나의 체계를 이루게 한다는 것이다. 하지만 청말淸末 광서光緒 25년(1899) 하남성河南省 안양현安陽縣의 은殷나라 유적지에서 갑골문甲骨文이 발견된 이후로는 중국문자의 초기 모습과 형체의 구조 및 그 발전에 대한 일반인들의 새로운 인식이 대폭 증대되었으며, 동시에 서주西周에서 전국戰國시기에 제조된 청동기와 기타의 문물 또한 대량으로 출토되므로 말미암아 고문자에 대한 학자들의 연구 의욕이 더욱 고조되었던 것이다. 이로써 **고문자학古文字學**이 문자학의 영역 가운데 큰 위치를 차지하여 하나의 전문학문으로 자리를 굳히게 되었다. 문자의 형체에 대한 연구 역사를 각 시대별로 나누어 보면 다음과 같다. (1)선진先秦 고문자 연구 (2)진한秦漢 전예篆隷문자 연구 (3)위진魏晉 이후의 **행서行書・해서楷書** 연구 (4)육조당송六朝唐宋 이래의 속자俗字・간체자簡體字 연구 (5)근대의 방언자方言字 연구가 그러한 것이다. 여기에서는 선진시대의 고문자에 대하여만 언급하자면, 자료상의 차이에 따라 상대商代의 **갑골문甲骨文**・주대周代의 **금문金文**・춘추전국春秋戰國시대의 새인璽印・화폐貨幣・도기陶器 등에 새겨진 문자와 진대秦代 이전부터 전래된 〈**고문古文**〉 등 그 종류가 실로 많고 각각의 특색을 구비하고 있다. 학자들은 자료에 대한 정리・분석・해독작업에서 한 걸음 더 나아가 문자의 발전 역사상의 이론을 찾아내고, 문화교육에 있어서 그 문자의 사용에 따르는 당면 문제들을 연구 검토하여야 할 것이다. 이를테면 중국문자의 발전 규율・중국의 문자와 언어발전과의 관계・문자교육 방안 및 정자법正字法 등등의 문제에 대한 연구가 필요시되고 있는 것이다. 그리하여 종국적으로는 다음의 두 가지 문제가 확실히 풀려야 할 것이다. 즉 역사 시기별로 중국의 말을 어떻게 문자화하였으며, 그것을 기록함에 있어서 해당 문자가 어떠한 공헌을 하였는가가 그 첫번째 문제이고, 다른 하나는 현재 중국이 당면하고 있는 것으로 중국문화 교육사업을 발전시키고 국제적 문화교류를 증대시킴에 있어서 어떻게 하면 중국문자로 하여금 더욱더 큰 효과를 발휘하도록 할 것인가라는 문제이다.

【한어문자학의 발전 역사】　【전국 진한간의 글자 학습서】 중국의 문자학은 이미 장구한 발전 역사를 지니고 있다. 일찍이 춘추전국시대에 벌써 아동들을 위한 글자 학습서인 자서字書가 발간되었던 것이다. 반고班固가 지은《한서漢書·예문지藝文志》의 소학류小學類에는《사주편史籒篇》15편이 실려 있는데, 『사주편이라는 것은 주나라시대의 사관들이 학동들을 가르치던 책이다 史籒篇者, 周時史官教學童書也』라고 하였다. 《사주편》은 일찍이 망일亡佚되었다. 허신許愼(58?—147?)이 지은《설문해자說文解字》에 그 중의 2백여 자가 보존되어 있는데, 자형이 복잡하고 춘추에서 전국 초기에 이르는 시기의 청동기靑銅器문자와 매우 흡사하며, 왕국유王國維(1877—1927)의 추론에 따르면 그것은 진나라 초기에 학동들을 가르치는 데 사용한 글자 학습서임이 분명하다고 한다. 주문籒文은 곧 전국戰國시대의 진나라에서 사용한 문자형체를 말하며, 그것을 대전大篆이라고도 부른다.

　후에 진시황秦始皇이 전국을 통일하고 문자통일정책을 실행하자, 이사李斯 등이《사주편》의 대전大篆을 소전小篆으로 고쳤다. 자형에 있어서는 가지런하고 네모반듯함[整齊方正]을 추구하고, 필획에 있어서는 간략성을 추구하였으며, 편방偏旁을 쓰는 방법에 있어서는 일치성을 추구하였으니, 이것이 바로 중요한 역사적 의의를 지니는 제1차 문자정리사업으로서 후대의 문자발전에 대단한 영향을 미쳤던 것이다. 이사李斯는 그밖에도《창힐편倉頡篇》을 편찬하였고, 조고趙高는《원력편爰歷篇》을, 호무경胡毋敬은《박학편博學篇》을 각각 찬집하였다. 이러한 책들은 당시의 학동學童들을 위한 글자 학습서로서, 소전체의 보급과 문자통일에 중요한 역할을 하였다. 한대漢代의 초기에는 이상 세 권의 책을 하나로 엮어 그것을 총칭하여《창힐편》이라 이름하였다. 이러한 종류의 책들은 본래 학동들이 글자를 익히는 데 사용된 것이었으므로 운어韻語를 넣어서 암송하기에 편리하도록 하였다. 즉《창힐편》은 1구句가 4자로 구성되고, 매 2구마다 끝자에 운을 사용한 것이다. 《한서·예문지》에 『창힐편에는 옛글자들이 많았기 때문에 시골 선생들 중에는 그 독음을 모르는 사람이 흔하였다. 선제 때에 제나라 사람 가운데 옳게 읽을 수 있는 사람을 선발하였더니 장창 한 사람뿐이었다고 한다 倉頡多古字, 俗師失其讀. 宣帝時徵齊人能正讀

者, 張敞從受之』라는 기록이 있다. 이른바 정독正讀이라는 것은 무슨 글자라는 것을 능히 알고, 또 그 음의音義를 인지하고 있는 것을 뜻한다.《창힐편》은 본래 소전체로 씌어 있었는데, 한대漢代에는 **예서체隸書體**가 성행하자 예서체로 다시 고쳐 썼을 뿐 그 내용은 바뀌지 아니하고 대대로 전해져 내려오던 그대로였다. 한漢 무제武帝 때에 이르러 사마상여司馬相如가《범장편凡將篇》을 지었고, 원제元帝 때에는 사유史游가《급취편急就篇》을, 성제成帝 때에는 이장李長이《원상편元尙篇》을 각각 지었다.《범장편》은 칠언운어七言韻語로 되어 있으며, 그 가운데에는 중복되는 글자가 하나도 없다고 한다.《급취편》은 삼언三言・사언四言・칠언七言으로 되어 있는데 그 중에서 칠언이 주종을 이루고 있다. 삼언과 사언은 격구일운隔句一韻으로, 칠언은 매구압운每句押韻으로 되어 있다. 평제平帝 때에 이르러 양웅揚雄이《훈찬편訓纂篇》을 지었다. 이것은《창힐편》중에서 중복되는 글자를 빼어 버린 것으로 총 89장 5340자를 수록하고 있다. 이상의 책들은 거의 소실되었지만, 그 중에서 유일하게《급취편》이 보존되고 있으므로 이로써 한대에 통용되었던 자서의 모습을 조금이나마 엿볼 수 있게 되었다.《창힐편》에는 고자古字가 많았기에 동한東漢 광무제光武帝 때 두림杜林이《창힐고倉頡故》라는 책을 지어 그러한 글자의 뜻을 풀이해 놓았다. 이것이 최초의 주해류注解類 서적이다.《한서漢書・두업전杜鄴傳》에『세상 사람들이 말하는 소학은 두공으로부터 비롯되었다 世言小學者由杜公』라고 한 것은, 문자를 해설하는 학문이 두림에 의해서 창시되었다는 사실을 말해 주는 것이다.

【육서설과 문자학의 성립】 한대에 통용된 문자는 예서隸書였다. 몇몇 고문古文경학자들이 문자에 관하여 연구하였다. 이른바〈고문경古文經〉은 육국六國 말기에 씌어진 고서로서, 이를테면《모시毛詩》・《춘추좌씨전春秋左氏傳》・《고문상서古文尙書》・《고문논어古文論語》등은 모두 육국시기의 고문자로 씌어진 것으로서, **전서체로 씌어진 것과는 다른 것이었다.** 고문경학자들은 조정비각朝廷秘閣(황실도서관)에서 서적의 교정을 담당하고 있었으므로 많은 고서들을 직접 열람할 수 있었다. 그들이 전서篆書・고문古文・주문籒文을 통하여 글자가 만들어진 조례條例를 분석해내므로써 육서설六書說을 창안하였던 것이다.〈육서〉라는 말은 일찍이《주례周禮・보씨保氏》에 등장하고 있다. 한대 학자가 명명한 육서의 세부 목차는《한서・예문지》에 처음 보이고 있다.《예문지》에『옛날에는 여덟 살 때 소학에 입학하였다. 주관보씨가 공경대부의 아들에 대한 교육을 담당하여 그들에게 육서를 가르쳤다고 한다.〈육서〉라 함은

상형·상사·상의·상성·전주·가차를 말하며, 그것이 글자를 만드는 바탕이었다 古者八歲入小學, 故周官保氏掌養國子, 敎之六書, 謂:象形·象事·象意·象聲·轉注·假借, 造字之本也』(鄭玄이《周禮》에 대한 주를 달면서 國子는 公卿大夫之子를 말한다고 하였음—역주)라는 기록이 있다. 반고의《한서·예문지》는 대부분이 유흠의《칠략》을 근거로 하고 있는 것이므로, 그의 육서설이 고문경학자들에 의해서 창안된 것임은 아주 명백한 사실이다. 이러한 조자造字 조례의 분석이 초기 문자학이론의 일부를 이루고 있는 것이다. 한 화제和帝 때 이르러 시중侍中이라는 벼슬을 지낸 가규賈逵의 제자 허신許愼이 육서를 근거로 다시 한 걸음 더 나아가 전서 형체의 구조를 분석하고, 문자의 체계를 연구하는 방법론을 바로 세워 놓았다. 그가 지은《설문해자說文解字》15편은 편방에 따라 540부수로 나누고, 그것을〈일一〉에서 시작하여〈해亥〉로 끝나도록 열거하였다. 그리고 동일 편방을 취하고 있는 모든 글자들을 한 군데로 모은 다음 시종일관 일정규칙에 따라 배열하여 혼란되지 않도록 하였다. 또 각 글자에 대한 설명이 자형·자음·자의 세 방면에 골고루 미치고 있다. 이것이 바로《설문해자》의 최대 특색이다. 모든 표제글자를 소전체로 써놓았다. 그리고 필요시 고문과 주문도 함께 수록하고 있다. 총수록 글자의 수가 9353자이고, 중문重文(이체자)이 1163자에 이른다. 이 책은 중국에서는 물론 세계 최초의 자전이다. 창의적인 면이 지극히 많기 때문에 오늘날까지도 중국에서 가장 영향력 있는 자전으로 손꼽히고 있다. 그 가운데에는 대량의 고문자와 고음고의가 보존되어 있는 관계로 그것의 중요성과 역할은 참으로 막대하다고 할 수 있다. 한어문자학은 이때에 이르러 이미 확립되었다고 해도 과언이 아니다. 후대에 나온 많은 자서들이 한결같이《설문해자》를 모방하여 부수에 따라 글자를 배열해 놓았다.(참고《說文解字》)

【위진남북조시대의 자서】 한대에는 전서가 더이상 쓰이지 않았다. 그 대신 예서와 초서가 통용되었다.《설문》의 정문正文(표제글자)은 전서체로 썼기 때문에 사회적으로는 널리 통용될 수 없었다. 그래서 진쯥나라 임성任城 사람인 여침呂忱이《자림字林》7권을 지었던 것이다. 이것은 예서체로 되어 있고, 전반에 걸쳐《설문》의 배열방식을 답습한 것인데, 그 부수도 여전히 540부이다. 수록 글자의 수는 1만 2824자로서《설문》보다 3471자가 더 많다. 당대의 선비들은《자림》을《설문》과 똑같이 중요시하였다. 그러나 송대에 와서는《자림》이 망일되어 버렸다. 청대의 임대춘任大椿이 최초로 망일된《자림》의 집본輯本을 만들어냈다. 남조南朝 양대梁代에 오군吳郡 출신인 고야왕顧野王이

《옥편玉篇》을 편찬하였다. 이 책은 모두 30권으로 되어 있고, 여전히 《설문》의 방식을 따르고 있다. 부수는 524부이지만, 그 배열순서는 변동이 없었다. 각각의 글자 아래에 뜻을 상세히 열거함과 아울러 경전상의 문구와 주해를 인용해 두었는 바, 이것은 전례를 찾아볼 수 없는 새로운 창안이었다. 이체자異體字를 지니고 있는 글자의 경우에는 해당 부수별로 각각 별도로 수록하여 두었다. 이것도 《설문》에서는 한 군데 모아둔 방식과는 약간 다른 것이다. 총수록 글자가 1만 6917자에 달하므로 《자림》에 비하면 4천여 자가 더 많은 셈이다. 이렇듯 글자의 수가 늘어난 사실은 문자가 언어의 발달에 기인하여 부단히 늘어났다는 것을 반영하고 있는 것이다. 당나라 때에는 이 책이 《설문》과 똑같이 유행되었고, 오늘날까지도 각광을 받고 있다. 그러나 현존 《옥편》은 그 당시의 것이 아니다. 당대 손강孫強이 만든 증자본增字本은 원본에 비하여 주문注文이 크게 손질된 것이다. 그후 송대에 다시 증보되어 이름을 《대광익회옥편大廣益會玉篇》이라 칭하였으니, 고야왕이 쓴 원서의 모습과는 전혀 딴판이 되었다.

　　위진남북조魏晉南北朝시대 문자학의 주요 업적으로는 자서류 서적의 편찬을 꼽을 수 있다. 그 특색 가운데 하나는 고금의 이체자를 많이 수록하고 있다는 것이고, 또 하나를 더 꼽는다면 훈석訓釋의 예증을 많이 수록하고 있으며, 그러한 것들이 모두 높은 신빙성을 지니고 있다는 것이다. 이러한 특색은 후대의 자서 편찬에 대하여 상당히 큰 영향을 미쳤다. 예를 들자면 송대의 《유편類篇》, 명대의 《자회字匯》·《정자통正字通》이 많은 영향을 받았으며, 다시 그 후대로 내려오자면 청대의 《강희자전康熙字典》이 《옥편》의 격식을 답습하여 여러 서적들에서 관련자료를 두루 발췌하여 놓았다. 그밖에도 위진시대에는 문자와 관련된 내용의 잡서류 서적이 발간되었다. 이를테면 위나라 장읍張揖이 지은 《고금자고古今字詁》·《잡자雜字》·《비창埤倉》, 그리고 진나라 왕의王義의 《소학편小學篇》, 진나라 갈홍葛洪의 《요용자원要用字苑》, 송나라 하승천何承天의 《찬문纂文》, 제齊나라 왕소王劭의 《속어난자俗語難字》, 양梁나라 완효서阮孝緖의 《문자집략文字集略》 등의 서적명이 역사서에 보이고 있다. 이러한 서적들은 당나라 사람들이 쓴 책에 상당수 인용되어 있는 점으로 미루어 보아, 그 당시 사람들이 문자와 언어의 실제적 조화와 속어의 뜻에 대하여 얼마나 많은 관심을 기울이고 있었는지를 짐작할 수 있다. 하지만 아깝게도 일찍이 모두 망일亡佚되어 버려서 지금은 그 모습을 볼 수가 없다. 위진시대에는 『창아의 학倉雅之學』이 성행하였다. 〈창〉은 《창힐편》을, 〈아〉는 《이아爾雅》를 각각 지칭하는 말이다. 《이아》는 진한秦漢간의 소학가小學家들이 편찬한 어휘

해설서이다. 위진시대의 학자들 중에서는 장읍과 곽박郭璞이 해박한 지식으로 유명하였다. 특히 곽박은 훈고에 정통하여 많은 저술을 남겼다.

【당대의 정자체와 《설문》에 대한 연구】 남북조시대에는 예서체가 더이상 쓰이지 않는 대신 행서와 초서·해서가 성행하므로써 글자 쓰는 방법이 날로 복잡 혼란스러워졌다. 예를 들어보면 〈악惡〉을 〈悪〉으로, 〈고鼓〉를 〈皷〉로, 〈석席〉을 〈蓆〉으로 각각 달리 썼던 것이다. 이러한 글자들은 별자와체別字訛體에 속하는 것이다. 이로 말미암아 수당시대에는 글자 바로쓰기 운동이 전개되었다. 그런 취지에서 수대의 조헌曹憲은 《문자지귀文字指歸》4권을 저술하였다. 그리고 당대에 이르러 정관貞觀 연간에 비서감秘書監(궁중에 소장된 서적을 관리하는 총책임자—역주)이라는 벼슬을 지낸 안사고顏師古가 《자양字樣》1권을 편찬하였다. 이 책의 편찬 목적은 정자正字와 속자俗字를 절충하여 그 중간 형태를 취하여 해서체로 정하는 데 있었다. 그후 그의 조카아들인 안원손顏元孫이 《간록자서干祿字書》를 편술하였다. 그는 매글자에 대하여 그 글자체를 〈정正〉·〈통通〉·〈속俗〉의 세 가지 종류로 나누어 놓았다. 공문서나 서적의 경우에는 마땅히 정자체를 쓸 것을 제창하였다. 그후 당 현종 때 발간된 《개원문자음의開元文字音義》는 예서로 표제자를 써놓고 전서를 덧붙여 놓으므로써 정확한 해서체를 확정짓기에 편리하도록 하였다. 당 대종代宗 대력大曆 연간에 장참張參이 《오경문자五經文字》를 지었다. 이 책은 《설문》·《자림》·《경전석문經典釋文》 등을 근거로 하여 글자체를 심의 확정지어 놓은 것이다. 문종文宗 개성開成 2년(837)에 당현탁唐玄度이 《신가구경자양新加九經字樣》을 지어 《오경문자》의 미비점을 보충하였다. 이로써 해서가 일정하게 규범화되었던 것이다. 이상 일련의 작업들이 문자학사상 문자정리 방면에 있어서 거둔 중요한 성과라고 말할 수 있겠다.

당대는 본래 운서의 출간이 성행한 시기이다. 비록 방대한 규모의 자서, 즉 무측천武則天 때 《자해字海》1백 권이 편제되기도 하였으나, 정식으로 출판되지는 않았다.

그 반면에 당시 사회의 일상용어를 기록한 서적들이 적잖이 출간되었다. 예를 들어 근자에 돈황敦煌에서 발견된 고서인 《시용요자時用要字》·《자보字寶》·《쇄금碎金》·《속무요명림俗務要名林》 등이 그러한 것들이다. 이러한 책들은 하나의 유파를 형성하는 것으로서, 실용에 적합하도록 꾸며졌다는 점을 특색으로 꼽을 수 있다.

당대에는 《설문》이 비록 〈서학書學〉고시 응시생들의 필독서이긴 하였지만,

《옥편》이나 《절운切韻》을 이용하여 쉽게 글자를 찾아볼 수 있었기 때문에 《설문》의 가치를 진정으로 이해하고서 그것을 정리하는 작업에 종사한 사람은 극히 드물었다. 대력大曆 연간에 이양빙李陽冰이 《설문》을 간정刊定하였다. 그러나 그의 설은 황당무계한 것이 많았고, 그는 전서에 대한 조예가 깊지 않았으므로 그의 설 가운데 취할 만한 것이 거의 없었다. 당말의 오대五代시기에 이르러 남당南唐 사람인 서현徐鉉과 서개徐鍇 두 형제가 모두 허신의 저서에 대해 깊이 있게 연구하였다. 그 중에서 동생인 서개가 더 정통하였다. 서현은 송나라에서 벼슬을 하면서 구중정句中正 등과 더불어 《설문》을 교정하였다. 그들의 업적으로 말미암아 《설문》이 오늘날까지 전해질 수 있었다. 서개의 저서로는 《설문해자계전說文解字繫傳》 40권이 있는데, 이것은 최초의 《설문》 주석서이다. 서개는 『문자의 뜻은 《설문》에서 풀이된 것에서 벗어나지 않는다 文字之義, 無出說文』고 말하여 《설문》을 경전에 비견하고, 자신의 주석을 전傳이라 칭하였던 것이다. 《설문해자계전》의 주요 과제는 허신의 해설에 대해 소증疏證을 다는 것과 문자의 해성편방諧聲偏旁과 고음으로부터 말뜻의 본원을 찾아내는 것 등이었다. 그의 설 가운데는 독창적인 견해가 아주 많았다. 문자현상에 관하여 그는 고서상의 가차자假借字 현상과 시대에 따른 고금의 차이를 설명하는 데에 각별한 노력을 기울였다. 이 책은 자의에 대한 변별과 분석이 정밀하여 문자학사에 있어서는 물론이고 훈고학사에 있어서도 매우 중요한 위치를 차지하고 있다. 그는 또 《설문해자운보說文解字韻譜》 10권을 저술하였다. 이것은 《설문》의 각 글자를 운서韻書상의 운부韻部에 따라 새로이 배열해 놓은 것으로 글자찾기가 상당히 편리하게 되어 있다.

【송대의 금석학】 오대말에서 송대초에 이르는 시기에는 골동품을 좋아하는 사람들이 고문기자古文奇字들을 수집하여 책으로 엮어내는 일이 흔하였다. 이를테면 곽충서郭忠恕의 《한간汗簡》, 하송夏竦의 《고문사성운古文四聲韻》이 그러한 예이다. 그들이 의거한 자료로는 주로 서적류와 일부의 석각물石刻物에 있는 문자자료이다. 그후에는 상주商周시대에 만들어진 종정이기鐘鼎彝器의 출토가 날로 증가하자 몇몇 학자들, 즉 유창劉敞·양남중楊南仲·구양수歐陽修 등이 고대 기물에 대한 저록著錄과 연구에 종사하기 시작하였다. 그들은 기형을 본떠서 그림을 그리는 작업과 아울러 명문銘文을 판독하는 작업을 시도하기도 하였다. 송 철종哲宗 원우元祐 7년(1092) 남전藍田 사람인 여대림呂大臨이 《고고도考古圖》를 편찬하면서 그 가운데 석문釋文을 삽입하여 놓았으니, 그것이 고문자학류에 속하는 최초의 서적인 셈이다. 그가 판독한 글자의

수는 단지 몇백 자에 불과하지만, 고문자학을 건립하는 데 있어서 길을 터놓은 업적은 무시할 수 없는 일이다. 그후 이것과 유사한 것으로 왕초王楚의 《선화박고도宣和博古圖》가 출판되었고, 전적으로 명문만을 저록하고 있는 것으로는 남송 소흥紹興 연간에 설상공薛尚功이 편찬한 《역대종정이기관지법첩歷代鐘鼎彝器款識法帖》과 왕구王俅의 《소당집고록嘯堂集古錄》이 각각 세상에 선을 보였다. 문자만을 전문 집록한 것으로는 왕초의 《종정전운鐘鼎篆韻》이 있다. 그후 설상공이 다시 《광종정전운廣鐘鼎篆韻》을 엮었다. 이에 집록된 문자의 수는 전자에 비하여 훨씬 많다. 이상의 저작들이 종정문자 연구에 있어서 선구적인 역할을 한 것들이다.

송대에는 종정이기에 새겨진 문자에 대한 연구가 시작되었을 뿐만 아니라, 석각문자에 대해서도 학자들이 대단한 관심을 보였다. 구양수의 《집고록集古錄》과 조명성趙明誠의 《금석록金石錄》은 석각문자에 관하여 다루고 있는 것이다. 남송 효종孝宗 건도乾道 2년(1166)에 홍적洪適이 편찬한 《예석隸釋》은 총 26권으로 구성된 것으로 258기의 비석을 수록 대상으로 삼은 것이다. 이것은 한대 비석의 예서를 전문 연구한 것으로서, 그 한대 비석에 쓰인 바 있는 가차자를 상당수 고증하였으며, 대량의 중요 자료를 제공하고 있다. 이 책은 당시 일종의 새로운 연구 방향을 대표하는 것이다.

【송원간의 육서학】 육서六書는 동한시대 학자들에 의해서 언급이 된 이래로 그것을 응용하여 문자의 구조를 연구한 사람은 많지 않았다. 송대 왕안석王安石이 《자설字說》을 지어 형성자의 성부聲符가 뜻을 지니고 있다는 것을 지나치게 강조한 나머지 형성자를 회의자로 오인하는 결과를 초래하였으며, 또 그로 말미암아 육서 중에 하나, 즉 형성이 결여되었다고 잘못 인식하였다. 남송 때에는 정초鄭樵가 새로운 기풍을 일으켰다. 그는 《설문》의 계통을 따르지 아니하고 오로지 육서에 입각하여 문자의 형체를 분석하였다. 그는 독체獨體를 문文이라 하고 합체合體를 자字라고 불렀다. 형形의 주체로 330모母(부수와 같은 개념—역주) 성聲의 주체로 870자子를 세우고, 이를 합쳐 1200문文을 설정하였다. 이로써 무수한 자字가 이루어질 수 있다고 생각하였다. 또 그는 《설문》의 540개 부수를 330개로 합병시켰는데, 이것이 후대 부수 합병의 선구가 되었던 것이다. 이러한 그의 학설은 《통지通志·육서략六書略》에 잘 나타나 있다. 송말 원초 때 사람인 대동戴侗은 《육서고六書故》를 지었다. 그는 《설문》의 부목部目을 따르지 아니하고 별도의 아홉 개 부류로 나누었다. 즉 (1)숫자 (2)천문 (3)지리 (4)사람 (5)동물 (6)식물 (7)인사人事 (8)잡류 (9)의疑

라는 부목으로 총 33권을 편성하였다. 표제글자는 종정문鐘鼎文 위주로 되어 있고, 예서로 주를 달았으며, 육서로써 글자의 뜻을 풀이하였다. 독창적인 견해가 많았으나 애석하게도 세상 사람들의 호응을 얻지는 못하였다. 원대 세조 때 양환楊桓이 지은 《육서통六書統》 20권은 육서로써 전체 글자를 총괄한 것이다. 먼저 고문대전古文大篆으로 써놓은 다음 종정체와 소전체를 열거하였다. 그는 고문자를 이용하여 조자본의造字本意를 찾아볼 생각이었으나, 육서에 너무 얽매인 나머지 그 분류가 매우 혼란스러워졌다. 그의 설에는 취할 만한 것이 별로 없는 편이다.

【명대의 《자회》와 《정자통》】 허신이 《설문해자》를 편찬하여 부수별로 문자를 배열하는 방법을 창안한 이래 《자림》과 《옥편》, 그리고 송대에 나온 《유편類編》이 모두 그러한 체제를 따르고 있었다. 그러나 오로지 《옥편》만은 허신의 부수 배열순서를 다소 변경시켜 글자의 뜻이 비슷한 서열에 따라 배열하였다. 명대 만력萬歷 43년(1605)에 매응조梅膺祚가 《자회字彙》 12권을 편찬하여 또 하나의 새로운 배열법을 창안하였다. 그것은 혁신적인 성격이 강한 것이었다. 그는 해서의 획수에 따라 부수를 배열하여 1획에서 17획까지 214부를 열거하였다. 동일 부수에 속하는 글자들에 대해서도 획수에 따라 배열하였다. 이것은 글자찾기에 매우 편리한 일종의 새로운 배열방법이었던 것이다. 전서에서 예서로 자형이 변화됨에 따라 부수를 자형에 근거하여 하나로 엮어내기가 곤란해지자 검자檢字의 편의를 위해서는 획수에 따라 배열하지 않을 수 없었던 것이다. 그러므로 그뒤를 이어 나온 자서들, 즉 숭정崇禎 말년에 장자렬張自烈과 요문영廖文英이 공동편찬한 《정자통正字通》, 그리고 청대 강희康熙 연간에 출간된 《강희자전》은 모두 그러한 방법을 계승하였으며, 지금도 그것을 상용하고 있다. 《자회》에 수록된 글자는 《홍무정운洪武正韻》의 것을 위주로 한 것으로 경전이나 사서史書에 상용되는 글자들이다. 즉 괴벽怪僻한 글자는 일률적으로 수록하지 않았다. 주석이 비교적 명료한 관계로 당시에는 인기가 매우 높았다. 《정자통》은 바로 《자회》를 토대로 삼아 만든 것으로 부수는 214개로 되어 있다. 그러나 글자수는 《자회》보다 많고 주해도 좀더 상세해졌으며, 그 이전 시대의 서적에 쓰인 용례를 인용하여 글자뜻을 증명하고 있는 동시에 일반 속어의 뜻까지도 언급하고 있어 다소 번잡한 점이 없지 않으나, 송대의 《유편》에 비하면 훨씬 더 실용적이었다. 청대의 《강희자전》은 《정자통》을 저본底本으로 하여 수집修輯된 것이다. 수록글자의 숫자가 많아지고 예증도 더욱 충실해졌지만, 여러 사람들의 손에 의하여 편집되었던 관계로 틀린

데가 상당히 많았다. 도광道光 연간에 왕인지王引之가 왕의 명을 받들어 《자전고증字典考證》12권을 지어 그것의 오류를 바로잡아 놓았다.

【청대의 설문학】 한어문자학은 청대에 이르러 큰 발전을 이룩하였다. 이는 경전사서經典史書에 대한 고증과 한학 진작이라는 당시의 학술계 기풍과 매우 밀접한 관계를 지니고 있다. 오경에 정통하자면 소학을 먼저 통달하여야만 했고, 소학에 있어서 가장 중요한 책이 바로《설문》이었기 때문에《설문》에 대한 연구가 최고도로 성행하였던 것이다. 때문에 설문학의 대가가 속출하게 된 것은 자연적인 결과였다. 단옥재段玉裁가《급고각설문정汲古閣說文訂》과《설문해자주說文解字注》30권을, 계복桂馥이《설문의증說文義證》50권을, 왕균王筠이《설문석례說文釋例》20권과《설문구독說文句讀》30권을, 전점錢坫(1744—1806)이《설문각전說文斠詮》14권을, 주준성朱駿聲이《설문통훈정성說文通訓定聲》18권을 각각 저술하였다. 그밖에도《설문》에 관한 극히 많은 논저가 출간되었는 바, 그 숫자를 이루 다 꼽을 수 없을 정도이다.

청대 학자들의《설문》연구성과를 몇 가지 방면으로 나누어 보면 다음과 같다.

① 《설문》에 대한 교감校勘 :《설문》은 역대의 전사傳寫과정을 거쳐 송대에 이르러 비로소 판각되었기 때문에 와탈訛奪이 심하였다. 명대에 모진毛晉과 모의毛扆가 송본宋本으로 개조개조開雕하여 또다시 많은 착오가 생기게 되었던 것이다. 그래서 단옥재段玉裁가 처음으로 여러 가지 송각본宋刻本과 서개의《설문해자계전說文解字繫傳》, 웅충熊忠의《고금운회거요古今韻會舉要》, 그밖의 고적古籍을 대조하여 급고각본汲古閣本의 오류를 바로잡았다. 단옥재 이후에도 몇몇 학자들이《설문》을 정정 발간하여 송대 이후로 전래되어 오던 각 판본들의 오류를 개정하였다.

② 《설문》의 체례에 대한 해설 :《설문》을 통달하기 위해서는 먼저 그것의 체례體例를 이해하여야 한다. 전대흔錢大昕이《십가재양신록十駕齋養新錄》에서《설문》의 주문注文을 전문篆文에 연이어 읽어야 하는 예가 있다는 것을 처음으로 지적하였다. 예를 들자면〈삼參〉자 아래『상이라는 별을 말한다 商星也』라는 풀이가 달려 있는데, 이것은 마땅히『삼상이라는 별을 말한다 參商星也』라고 붙여서 읽어야 한다는 것이다. 단옥재는《설문해자주說文解字注》를 지어 각 글자의 풀이에 대하여 그 통례를 더욱 알기 쉽게 설명하고 있다. 왕균은 이러한 점을 극히 중요시하여《설문석례說文釋例》를 지었는데, 그 책에는 많은 예가 명시되어 있다. 그후 몇몇 학자들은《설문》중의〈일왈一曰〉·〈독약讀若〉·〈인경引經〉등등의 예에 대하여 하나하나 예시하여 놓았다.

③《설문》의 훈해訓解에 대한 소증疏證 :《설문》에는 고자고의古字古義가 상당히 많이 쓰이고 있다. 청대의 학자들 중에서《설문》에 주를 달고 자세히 풀이를 한 사람으로는 단옥재를 들 수 있다. 그는 경전상의 용례를 들어 허신의 설법을 인증하고 해석함과 아울러 글자의 형체와 독음 두 방면에 걸쳐 그 뜻을 밝혀내고 있기 때문에 독창적인 견해에 있어서 누구보다도 가장 뛰어났다. 그와 동시대의 사람으로서《설문》에 주를 단 학자로는 또 계복과 전점 두 사람을 꼽을 수 있겠다. 계복이 지은《설문의증》은 고서상의 훈해訓解를 거의 완벽에 가까울 정도로 수집해 두어서 허신의 훈해에 대한 연구에 많은 도움을 주고 있다. 그후 왕균이 단옥재와 계복의 책을 참조하여《설문구독說文句讀》을 저술하였는데, 이 책은 간명하고도 이해하기 쉽도록 꾸며진 것이 특색이다.

④ **고금자**와 **가차자**에 대한 설명 : 각각의 문자는 그 사용시기에 따라 의미의 차이가 있기 마련이다. 단옥재는『고금이라는 것은 (그것이 지칭하는 시기가) 일정하지 않는 명칭이다. 삼대를 〈고〉라고 한다면 한나라 때가 〈금〉에 해당되고, 한위진을 〈고〉라고 한다면 당송 이후가 금에 해당되는 셈이다 古今者, 不定之名也. 三代爲古, 則漢爲今, 漢魏晉爲古, 則唐宋以下爲今』《廣雅疏證·序》라고 하였다.《설문》중의 몇 가지 옛글자들의 자형은 후대에 통용되던 것과 달랐다. 청대 학자의《설문》연구는 허신의 풀이를 근거로 하여 옛날에만 쓰이던 모 글자는 지금의 모 글자에 상당한다고 설명하므로써 문자의 파생과 변화현상을 밝혀내었다. 고인들은 문자를 운용함에 있어 음이 같거나 비슷한 것을 가차假借하여 쓰곤 하였다. 고서를 해독하기가 어려운 까닭은 왕왕 이러한 문자의 가차현상에 기인하는 것이다. 청대의《설문》연구가들, 이를테면 단옥재나 **왕념손王念孫**·계복·주준성은 모두 고서에 쓰인 가차자를 발췌해내므로써 경전의 문자를 해독함에 따르는 어려움을 상당수 해결하여 놓았다.

⑤《설문》의 해성자諧聲字를 근거로 한 고음古音 연구 : 고음 연구는 송대에 이미 시작되었다. 정상鄭庠이《고음변古音辨》을 지었고, 오역吳棫이《운보韻補》를 저술하였다. 명대에 이르러 진제陳第가《모시고음고毛詩古音考》와《굴송고음의屈宋古音義》를 지었다. 이들 저작의 주요 내용은《시경詩經》과《초사楚辭》등의 운문을 토대로 고운古韻을 고찰한 것이다. 청대에 이르러서는 학자들의 관심이 문자의 해성諧聲현상에 집중되기 시작하였다. 단옥재는《시경》의 압운押韻을 근거로 고운을 17부로 각각 나누어 해성표諧聲表를 만들었다. 이로써《시경》의 압운 상황과 상호 인증印證하였던 것이다. 그의 탁월한 식견은 많은 학자들의 중시를 받았다. 그후《설문해성보說文諧聲譜》류의

저작물들이 연이어 출현하였고, 그의 영향을 받아서 문자의 해성계통을 이용하여 상고시대의 성모聲母의 유별類別을 연구하는 학자들도 생겨나게 되었다.

⑥ 문자의 해성諧聲계통을 근거로 한 인성구의론因聲求義論 : 성부聲符가 상동한 형성자는 때때로 그 뜻이 서로 비슷하거나 통하는 때가 있다. 청대의 소학자들이 천명한 학설 중에서 단옥재의 설이 가장 명확하다. 그는 『학자가 문자를 고찰할 때에는 자형으로써 자음을 판별해야 하고, 자음을 통하여 그 글자의 뜻을 도출해내야 한다 學者之考字, 因形以得其音, 因音以得其義』《廣雅疏證·序》라고 말하였으며, 또 『소리와 뜻은 그 뿌리를 같이하므로 해성의 편방은 대부분이 그 글자의 뜻과 서로 비슷하다. 이 때문에 회의와 형성을 겸하는 글자가 많은 것이다 聲與義同原, 故諧聲之偏旁多與字義相近, 此會意形聲兩兼之字致多也』(《說文解字注》示部禛字注)라고 말하고 있다. 그는 《설문해자주》에서 해성자 가운데 성부가 뜻을 내포하고 있는 상당수의 예를 제시하고 있다. 이를테면 〈우于〉를 성부로 취하고 있는 모든 글자는 대부분이 크다[大]는 뜻을 지니고 있고, 〈피皮〉를 성부로 취하고 있는 모든 글자는 분석하다[分析]라는 뜻을 지니고 있으며, 〈경巠〉을 성부로 삼고 있는 글자들은 모두 곧고 길다[直而長]는 뜻을 지니고 있다는 따위의 것을 말한다. 이렇듯 형·음·의를 하나로 엮어서 연구하므로써 간단한 이치를 통하여 복잡한 현상을 꿰뚫고, 이러한 규칙성을 파악하므로써 지식을 공식화하여 언어문자에 관한 새로운 학풍이 조성되었던 것이다. 이것은 그 이전에는 상상조차도 못하였던 일이다.

【근대 이후의 고문자학】 청대의 학자들은 《설문》상의 전서篆書를 연구하는 것 이외에도 예서隸書나 초서草書에 대하여도 주의를 기울였다. 예를 들면 고애길顧靄吉의 《예변隸辨》, 적운승翟雲升의 《예편隸篇》, 석온옥石蘊玉의 《초자회草字匯》는 모두 자전적 성격이 강한 저작물이다. 그러나 건륭乾隆·가경嘉慶시기부터는 금석학의 연구가 특히 성행하였다. 청조의 관아에서 편수한 《서청고감西淸古鑒》과 《영수감고寧壽鑒古》에 저록된 것은 당시 궁전에 소장된 종정이기鐘鼎彛器들이다. 그런데 옛기물이 부단히 출토되자 일반 민간인 수장가들은 도록을 만듦과 동시에 기물상에 새겨진 명문을 연구하기도 하였다. 그리하여 고문자학이 크게 융성하게 되었다. 주요 연구대상은 금문金文·석고문石鼓文·고새古璽·고도古陶상의 문자였다. 광서光緖 연간에 오대징吳大澂《자설字說》을 저술하여 일부 문자에 대하여 새로운 해석을 가하였다. 그는 또 《설문고주보說文古籒補》를 지었다. 이것은 각종 고문자 자료를 수집하여 《설문》을 증보한 것으로서 고문자와 《설문》상의 주문·전서와 상호 비교

연구하는 것을 상당히 편리하게 해주었다.

18세기 중엽에서 19세기 중반까지 약 1백여 년간 청동기 명문銘文을 집록集錄한 저술로는 완원阮元의《적고재종정이기관지積古齋鐘鼎彝器款識》을 필두로 하여 오식분吳式芬(1796—1856)의《군고록금문攈古錄金文》, 오영광吳榮光(1773—1843)의《균청관고문筠清館金文》, 방준익方濬益(?—1899)의《철유재이기관식고석綴遺齋彝器款識考釋》이 줄을 이어 출판되었다. 그리고 도록만을 싣고 있는 것으로는 오대징의《항헌길금록恒軒吉金錄》과 유희해劉喜海의《장안획고편長安獲古編》이 있다. 기물의 종류가 한둘이 아니었던 만큼 그 연구기풍도 일시를 풍미하였던 것이다. 문자에 관한 연구서로는 유심원劉心源의《고문심古文審》과 손이양孫詒讓이 편찬한《고주습유古籒拾遺》·《주경술림籒廎述林》·《고주여론古籒餘論》등의 저술이 금문 연구에 대하여 대단한 공헌을 하였다. 특히 손이양이 창안한 편방분석법偏旁分析法은 중요한 의의를 지니는 것이었다.

근대에 이르러 고대 기물 수장가들은 모탁摹拓과 전인傳印에 더욱 많은 관심을 기울였다. 나진옥羅振玉은 청동기 명문을 영인하는 데 온갖 정력을 다 쏟아《은문존殷文存》·《삼대길금문존三代吉金文存》을 편찬하였다. 그는 풍부한 자료를 수집하므로써 청동기 명문을 연구하는 데 극도의 편이를 제공하였다. 왕국유王國維는《금문저록표金文著錄表》를 지어 각종의 종정이기별로 그것이 수록된 저서의 명세를 일일이 밝혀 놓았다. 이로써 관심 있는 학자들이 관련자료를 쉽사리 찾아볼 수 있게 되었다.

고문자학자들로 하여금 더욱더 큰 흥미를 느끼게 하였던 것은 상대商代의 갑골복사甲骨卜辭가 발견된 일이었다. 청대 광서 25년(1899)에 안양현安陽縣 은나라 유적지[殷墟]에서 갑골문이 발견된 것을 기점으로 고문자학은 하나의 새로운 시대로 접어들게 되었다. 왕의영王懿榮과 유악劉鶚이 갑골을 처음으로 수집하였다. 유악이 지은《철운장귀鐵雲藏龜》가 처음으로 세상에 선을 보이자 학자들은 놀라움과 기쁨을 감추지 못하였다. 손이양이 처음으로 갑골문 해독 작업을 시작하여《계문거례契文擧例》를 저술하였고, 이어서《명원名原》을 지었다. 이로 말미암아 한자의 발전에 대하여 더욱 깊이 있게 이해할 수 있게 되었다.

그후 갑골문의 출토 물량이 날로 늘어나자 나진옥이 여러 해에 걸쳐 직접 수집한 갑골을 모아서《은허서계殷墟書契》전·후편 두 권을 출판하였고, 아울러《은상정복문자고殷商貞卜文字考》와《은허서계고석殷墟書契考釋》을 저술하였다. 왕국유는《전수당은허문자고석戩壽堂殷墟文字考釋》을 짓고, 또 복사卜辭를 근거로 상대의 선공선왕先公先王을 고증하였는데 그 성과가 특출하였다. 나진옥과 왕국유의 뒤를 이어 많은 고문자학자들이 속출하였다. 그 중 이미 작고한 저명학자를 꼽아볼 것 같으면, 동작빈董作賓·용경容庚·곽말약郭沫若·당란唐蘭·우성오于省吾·진몽가陳夢家·손해파孫海波 등의 업적이 손꼽을 만하다. 그 중에서 용경은《금문편金文編》을, 손해파는《갑골문편》을 각각 편찬하였는데, 이들은 모두《설문》의 부수 배열순으로 편집한 것이므로 금문자전과 갑골문자전에 상당하는 책인 셈이다. 동작빈은 일찍이 안양의 은나라 유적지 발굴작업에 종사한 바 있고 복사에 대해 시대를 구분하는 연구를 가장 먼저 착수하였는데, 저술로는《은력보殷曆譜》를 남겼다. 진몽가는《은허복사종술殷墟卜辭綜述》을 저술하여 갑골복사의 전반에 걸쳐 자세히 해설하여 놓았다. 곽말약·당란·우성오 이 세 사람도 많은 저술을 남겼으며, 갑골문과 금문 고석에 있어서 각각 탁월한 업적을 올렸다. 문자학의 이론과 연구방법에 있어서 비교적 많은 공헌을 쌓은 사람은 당란이다. 그는 문자의 구성을 논함에 있어 전통적인 육서설을 파헤쳐서 삼서설三書說, 즉 상형象形·상의象意·형성形聲을 제창하여 삼서로써 모든 문자를 총망라하였던 것이다. 이것은 하나의 새로운 견해로 학계의 주목을 받았다.

고문자에 대한 연구 열기는 오늘날에도 식지 않고 날로 활활 타오르고 있는 중이다. 모든 갑골문과 금문이 하나의 책으로 모아졌다.《갑골문합집甲骨文合集》과《은주금문집성殷周金文集成》이 바로 그러한 것으로서 연구자들에게 상당한 편이를 제공하고 있다. 최근에는 또 출토문물이 날로 많아지고 있는데, 춘추전국시대의 청동기·도기陶器·화폐貨幣, 그리고 진한秦漢시기의 죽간竹簡·목간木簡, 한대의 백서帛書 등은 모두가 더없이 귀중한 연구자료인 것이다. 따라서 앞으로는 고문자학이 반드시 더욱 크게 발전될 것임은 손바닥을 들여다보듯이 분명한 사실이다.

【결어結語】 이상에서 말한 것을 토대로 중국문자학의 발전 역사를 시기별로 종합하여 보면, 다음의 여섯 시기로 대별될 수 있을 것이다.

① 진한시기 : 진대에서 서한에 이르기까지는 학동들을 위한 글자 학습서의 편찬이 위주로 되었다. 동한시기에는 고문경학자들이 당시에 전래되고 있던 전문·고문·주문의 연구에 주의를 기울였고, 글자가 만들어진 원칙을 분석하여 육서설을 창립하므로써 문자에 대한 연구가 하나의 학문으로 건립되기 시작하였다. 한 화제和帝 때에는 허신이《설문해자》를 저술하였다. 이것은 전문

을 위주로 하여 고문이나 주문을 함께 수록하였고, 형체상의 편방에 따라 문자를 배열하는 방법을 처음으로 개발하여 부수별로 문자 형체의 유사성에 따라 배열한 중국 최초의 자전이다.

② 위진남북조시기 : 이 시기에 이르러 문자의 수가 점차 늘어났고 일자이체 현상이 심하게 되었다. 뿐만 아니라 편방을 부가시킨 문자도 적잖이 생기게 되었다. 이에 따라 상세한 풀이를 싣고 있는 각종의 자서가 출현함과 동시에 음운에 따라 문자를 배열한 운서가 탄생하였다. 또한 고금자와 속어·속자에 대한 해설서도 나왔으니, 이 시기를 자서 편찬의 시기라고 부를 수 있을 것이다. 동진 이후에는 음의를 함께 다룬 자서류가 성행하였다.

③ 수당시기 : 이 시기에는 해서의 규범을 확정시키고, 남북조시기에 생성된 별자와체別字訛體를 감소시키기 위해서 자양학字樣學이 대두되었는데, 그 목적은 해서 쓰는 법을 확정짓고, 해서로 하여금 점차 제 모습을 갖추도록 하자는 것이었다. 비록 운서가 성행하였지만 문자의 형체 방면에도 연구가 집중되어 바른 자형을 추구하고, 나아가서는 정체와 속체에 대하여 구분을 확실히 하는 데에 많은 관심을 쏟고 있었다. 또한 문자 간정刊定에 관한 책 외에도《시용요자時用要字》류에 속하는 서적과 일상생활에 쓰이는 입말 어휘에 관한 서적이 많이 쏟아져 나와서 당시 사회에 크게 유행되었다. 당대에는 전서에 관한 연구가 쇠퇴해져서 이에 관심을 가진 사람은 오직 이양빙 한 사람뿐이었다. 오대에 이르러서는 남당의 서개가 최초로《설문해자》에 주를 달고 풀이를 해서 사계에 일가를 이루었다.

④ 송원명시기 : 송대에는《설문》의 판각본이 제작되어 문자학이 다시 부흥 국면을 맞이하였다. 학자들이 고문자 수집에 처음으로 관심을 기울여 책으로 엮어내기도 하였다. 나아가서는 고대의 기물과 석각 등 실물을 근거로 고문자에 대한 연구에 종사하기 시작하므로써 문자학의 새로운 길을 개척하였던 것이다. 고기물학의 흥기로 말미암아 고문자학이 새로이 형성되기 시작하였다. 청동기 명문이 고기물의 도록 가운데 함께 수록되고, 다시 하나의 법첩法帖으로 모록摹錄되어 종래에는 그것이 고대문자와 문화역사를 연구하는 자료로 활용되기에 이르렀다. 남송에서 원대에 이르는 동안에는 학식이 걸출한 사람들이 나타나서 육서를 이용하여 문자제작의 원칙을 새로이 탐구하였다. 그러한 연구가 새로운 면모를 보이고 있지만, 그 유형분류가 자질구레하다는 흠을 면치 못하였다. 명대에는 그러한 폐단을 이어받은 탓으로 새로운 부수 검자법을 채택한 자서가 편찬된 것과 속체자를 간정한 책이 나온 것 말고는 이렇다할 업

적이 없었다.

⑤ 청대 : 청대에는 경학이 고도로 성행한 시기로서 경전에 통달하려면 우선 문자·음운·훈고 공부를 하지 않을 수 없었다. 이러한 시대적 요청에 부응하여 문자학이 크게 융성하게 되었다. 건륭과 가경시기에는 학자들이 한학을 존숭하므로 말미암아 《설문》 연구가 최고로 성행하였다. 그들은 고음 지식을 기초로 문자·음운·훈고를 하나로 뭉쳐서 언어문자학이라는 새로운 방향으로 발전시켰던 것이다. 도광道光과 함풍咸豊 연간의 학자들은 종정문자와 《설문》의 전서를 비교연구하는 데 주의를 기울였고, 동치同治·광서光緖 연간에는 종정문자 연구가 문자학의 새로운 영역으로 편입되었고, 근대에 이르러서는 그것이 극에 달하게 되었다.

⑥ 근대 : 근대학자들의 문자연구 업적은 비교적 다방면에 걸치게 되었다. 당시의 학자들이 활용한 연구자료는 갑골복사·동기명문·새인·죽간·목간·견백絹帛·석각 등 모든 고문자와 당송원명의 서적에 있는 속체간자俗體簡字를 총망라하고 있으며, 그 연구내용은 전전시대의 것에서는 볼 수 없는 실로 광범위한 것이었다. 뿐만 아니라 그들은 문자해독에만 그치지 아니하고 한 걸음 더 나아가 단어·문구文句의 의의와 어법구조에까지 섭급하고 있다. 어떤 학자들, 이를테면 왕국유와 곽말약은 고문자를 통하여 고대의 역사·사회·문화를 고증하기도 하였다. 연구방법으로 말하자면, 그들은 재료의 시대구분을 특히 중요시하였다. 예를 들면 갑골복사에 대한 단대斷代 연구를 시도하는 것과 동기명문을 서주와 춘추전국으로 나누어 고찰하려는 것이었다. 그들 중 대부분이 전통의 육서설에 얽매이지 아니하고, 고대 기물상의 문자에 입각하여 옛사람들이 문자를 창제한 원칙과 자형구조의 발전규율을 탐구함과 동시에 형체를 통하여 그 글자의 본의本義 및 인신의引伸義와의 관계를 탐색하였다. 이리하여 문자학이 큰 발전을 이룩하였고, 아울러 어문교육의 한 분야로 성립되기에 이르렀다. 언어문자학자들은 한자의 정리·간화작업에 종사함으로써 한자의 규범화를 촉진시키고, 한자로 하여금 한어를 기록함에 있어 더욱 유효 적절하도록 하는 연구에 몰두하고 있다. 이러한 것들 모두가 근대 이후에 거둔 새로운 성취이다.

문자학과 음운학·훈고학과의 관계

문자학은 비록 글자의 형체를 주요 연구대상으로 삼고 있지만, 문자 그 자체가 자형·자음·자의라는 3요소의 결정체이기 때문에 문자학은 자연 음운학·

훈고학과 상호 밀접한 관계를 지니게 마련이다. 고음을 모르면 해성자와 그 성부가 성음상 어떠한 관계를 지니고 있는지 이해할 수 없다. 또한 문자의 가차나 통용通用이 성음상 어떠한 관계에 있는지 알지 못한다.

송대 초년에 서현이 교정한《설문해자》에 있는 몇몇 글자의 해성 중에는 의혹시되는 것이 없지 않다. 예를 들어〈대代〉는〈익弋〉을 성부로 삼고 있는 것인데, 서현은〈익弋〉이 그 글자의 성부가 아니라고 여겼다. 그리고〈환轘〉은〈환睘〉이 성부인데, 서현은 그렇지 않다고 생각하였다. 또〈휘翬〉는〈군軍〉이 성부인 바, 그는〈휘揮〉생성省聲이라 하였다. 그리고〈로輅〉는〈각各〉이 성부인데, 그는〈각各〉이 성부가 아니고 마땅히〈로路〉생성이라고 여겼던 것이다. 이상의 예들은 고음에 대한 이해 부족의 소치임은 두말할 나위가 없는 것이다. 명대 장위張位는《문기집問奇集》에서 문자의 가차를 논하면서 내외內外의〈내內〉로 수납收內의〈납內〉을 삼은 것과 백중伯仲의〈백伯〉으로 왕패王伯의〈패伯〉를 삼은 것이〈의차意借〉라고 말했다. 그러나 성음과 상관이 없으니 이것도 이치에 맞지 않는 말이다.

청대의 학자들은 고음체계를 이해하였기 때문에 문자의 가차현상을 능히 용인할 수 있었다. 가차현상을 이해하였기 때문에 고서를 정확하게 강독할 수 있었으니 앞시대에 비하여 크게 진보되었던 것이다. 이로써 당송대의 학자들이 이해하지 못하였던 문제들이 봄볕에 눈 녹듯이 완전히 풀려 버렸고, 문장의 뜻을 명백하게 간파할 수 있었다. 이러한 사실로부터 문자 연구에 있어서 고음체계에 대한 지식이 필수불가결한 열쇠임을 족히 알 수 있다. 더구나 고문자를 연구함에 있어서는 고음 지식이 더욱 절실히 요구되는 것이다. 그렇지 아니하고는 고대 기물상에 새겨진 어려운 글자를 판독할 수 없기 때문이다.

문자의 통가通假는 진한시대의 고서에 있어서 가장 두드러지게 나타나는 현상이다. 바꾸어 말하자면 문자의 통가현상을 근거로 고음을 고증할 수 있다. 전체 한자 중에 형성자가 절대다수를 점하고 있다. 문자 형태로 표기되어 있는 성부를 통하여 성운의 부류를 유추할 수 있고, 동일한 성부를 취하고 있는 글자들이 지니고 있는 뜻을 찾아낼 수도 있다. 이러한 사실이 훈고학에 대하여 계통성 있는 이론을 가져다 주었다. 청대 학자들이 주장한 인성구의론因聲求義論은 주로 형성자를 근거로 삼은 것이다. 위와 같은 사실들은 모두 문자학이 음운학·훈고학과 상호 밀접한 관계를 가지고 있음을 여실히 증명하고도 남음이 있다. 청대에 소학이 융성한 데에는 그럴 만한 이유가 있는 것이다. 그 당시 학자들이 세 학문의 관계를 깊이 인식하고서 그것들을 종합적 유기적으로 운용하여 자형·자음·자의를 연구하였기 때문에 특출한 성취를 거두었던 것이다.

參考書目

許　愼《說文解字》(淸代孫星衍刻《平津館叢書》本, 商務印書館《四部叢刊》本,
　　　中華書局影印一篆一行本)
徐中舒 主編《漢語古文字字形表》, 四川人民出版社, 成都, 1981.
唐　蘭《中國文字學》, 古籍出版社, 上海, 1979.
唐　蘭《古文字學導論》, 齊魯書社, 濟南, 1981.　　　　　　　　(周祖謨)

고문자학古文字學|paleography

고대 한자와 그에 관한 각종 자료를 연구대상으로 삼는 학문을 말한다.

고문자의 범위　　중국의 전통적인 문자학 관점에 따르면 고문자는 선진先秦 시대의 한자를 가리키는 말이다. 현대의 문자학자들 가운데 대다수는 진나라가 통일한 후의 전문篆文, 즉 이른바〈소전小篆〉도 고문자의 범위에 산입하여야 마땅하다고 생각하고 있다. 20세기 70년대 이래로 진대와 서한시대에 만들어진 조기의 간독簡牘과 백서帛書가 상당수 출토된 바 있다. 이들 자료에 쓰인 **예서隸書**는 그 모양이 여전히 전서체의 특성을 적잖이 지니고 있어서 후기의 성숙한 예서와는 판이하게 구별된다. 그렇기 때문에 일부 학자들은 진과 서한의 조기 예서도 고문자로 보아야 한다고 주장한다. 이와 같은 의견에 따르자면, 고문자가 완벽한 예서로 변모하기 이전의 한자 전부를 포함하는 개념이라고 할 수 있다.

고문자학의 내용　　중국에서는 고문자에 대한 연구가 매우 일찍이 시작되었다. 그러나 장기간 동안 그 학문이〈소학小學〉의 일부분으로 간주된 전통 문자학과 고대 청동기와 비각碑刻을 주요 연구대상으로 삼고 있는 금석학에 포함되어 있었다. 20세기에 들어오면서 비로소〈고문자학〉이라는 명칭이 있게 되었다. 일반 사람들이 말하는 고문자학은 그 내용에 있어서 약간씩 달리하고 있는 바 광의와 협의로 나누어 살펴보자면 다음과 같다.

광의의 고문자학은, 고문자 그 자체에 대한 연구는 물론 각종 고문자 자료에 대한 연구를 포함하는 개념이다. 후자에 대한 연구는 금석문자학의 전통을 이어받은 것으로서, 고대부터 전해 내려오는 각종 실물에 쓰인 고문자 자료(예 : 甲骨卜辭와 靑銅器 銘文)를 주요 대상으로 하여 이들 자료를 고석考釋하는 것, 그리고 그것들의 성질을 분명히 하는 것, 더 나아가서 이들 자료를 연구하는 방법을 확립시키는 것에 주력하는 것을 말한다. 이러한 방면의 연구를 고명각학古銘刻學이라고 명명한 학자도 있었다. 광의의 고문자학에 있어서 이러한 방면의 연구가 중점적으로 다루어져 왔다. 협의의 고문자학은, 주로 고문자 그 자체를 대상으로 삼는 연구를 말하는 것이다. 이러한 연구는 한자의 기원과 고대 한자의 형체·구조 및 그 변화, 자형에 반영된 **본의本義**, 그리고 고문자 고석방법에 치중하는 것을 말한다. 협의의 고문자학이 문자학의 한 분야로 다루어지고 있다.

고문자 자료의 종류는 매우 많다. 고문자학은 그 연구자료의 범위에 따라서 이미 갑골학(殷墟에서 출토된 甲骨卜辭를 위주로 하는 것)과 은주殷周 청동기 명문 연구·전국문자戰國文字 연구·진한 간독백서 연구(〈秦漢〉 두 글자를 떼어 버리면, 전국시대의 簡冊과 帛書에 대한 연구를 포괄할 수 있음) 등으로 세분되었다.

| 고문자학과 기타 학문과의 관계 |

고문자학은 여타의 많은 학문과 밀접한 관계를 맺고 있다. 고고학과 관계가 깊음은 주지의 사실이다. 고문자 자료 가운데 대부분의 것은 고고발굴을 통하여 찾아낸 것일 뿐만 아니라 발굴보고나 기록은 이들 자료에 대한 연구에 있어서 간과할 수 없는 소중한 용도로 쓰이고 있는 것이다. 그와 반대로, 이들 자료 또한 묘장墓葬 혹은 유지遺址의 성질과 시대에 관련된 판단을 내릴 때 매우 중요한 구실을, 심지어는 결정적인 작용을 할 수 있다. 기물에 있는 명문은 이들 기물 자체를 연구하는 데 있어서 지극히 중요한 구실을 하는 것이다. 고문자를 고석하거나 또는 고문자 자료를 통독하자면 언어문자학에 관한 지식이 필수불가결한 것이다. 예를 들어 말하자면, 선진시대의 고음古音에 관한 지식이 결여된 사람은 선진 고문자 자료에 쓰인 통가현상通假現象을 정확하게 이해할 수 없을 것이다. 그와는 반대로, 고문자 자료와 고문자 자체에 관한 지식은 선진에서 진한까지의 언어에 대한 연구에 있어서 극히 중요한 의의를 지니게 될 것이다. 예컨대 상대商代의 언어에 대하여 연구하자면 거의가 상대의 고문자 자료에 의지하지 아니할 수 없을 것이다. 고문자의 자형은 상고시대 낱말의 의미나 어음에 관한 연구에 있어서 상당한 용도를 지니고 있다. 문자학에 있어서 고문

자가 지니는 중요성에 대하여는 더 말할 나위가 없다. 그밖에 고전문헌학과 고대사학(고대문화사를 포함함)에서 민족학 등에 이르는 분야에 관하여 연구하자면 고문자 자료를 통독하고 고문자를 고석하는 것이 필수불가결한 것이다. 마찬가지로 고문자 자료와 고문자 자체에 대한 연구 또한 이들 학문으로부터 도움을 받을 수 있다. 위에서 말한 각종 학문과 고문자학간에는 분명히 상부상조 상호 촉진적인 관계가 유지되고 있는 것이다.

고문자학의 간사簡史

【한대漢代】 고문자에 대한 연구 풍조는 한대에서부터 형성되기 시작하였다. 한대 사람들에 의하여 발견된 고문자 자료는 대체로 세 가지가 있다. 첫번째는 선진 청동기의 명문이다. 동한시대 **허신**은 『산천에서 간혹 종정이기가 발견되었는데, 그 기에 새겨진 것은 이전 시대의 고문이다 往往於山川得鼎彝, 其銘卽前代之古文』라는 기록을 그가 지은 《설문해자》의 서문에다 적어 놓았다. 서한 장창張敞은 『고문자를 애호하여 好古文字』선제宣帝 때 미양美陽(지금의 陝西省 扶風縣)에서 고대 동정銅鼎을 발견하고는 그것에 새겨져 있는 명문을 해석하였다는 기록이 《한서漢書·교사지郊祀志(下)》에 보이고 있다. 두번째의 것은 주나라 선왕宣王 때 태사太史 주籒가 지었다고 전하는 자서 《사주편史籒篇》의 필사본이다. 한대 사람들이 말한 **주문**籒文은 바로 《사주편》에 쓰인 글자체를 일러 한 말인데, 그 글자체는 대전大篆에 속한다. 세번째의 것은 이른바 고문경古文經이라고 하는 것이다. 즉 진시황의 분서갱유 때에 자취를 감추었다가 후에 일부 유학자들의 경적經籍 필사본에 쓰어진 것을 말한다. 예컨대 한대 초에 장창張敞이 감추어 두었다가 조정에 바친 《춘추좌씨전春秋左氏傳》, 한 경제景帝 때 노나라 공왕恭王이 공자의 고택古宅을 중수하려고 벽을 허물다 발견한 《상서尙書》·《예기》·《논어》 등의 책이 그러한 것이다. 이러한 경적 필사본에 쓰인 글자체는 예서체도 아니고, 그렇다고 소전체나 대전체도 아니었다. 그래서 한대 사람들은 그것을 막연히 **고문**이라고 불렀던 것이다. 고문경을 신봉하던 경학자들, 예컨대 허신 등은 그 글자체가 주문(대전체)보다도 시기적으로 앞서는 것이라고 생각하였다. 그러나 근래 학자들의 연구에 의하면, 그들이 말하는 고문은 기실 전국시대에 동방에 위치한 나라에서(秦나라 동쪽에 위치한 나라들을 가리킴) 사용하던 문자였다고 한다.

한대에 고문경을 신봉하던 일단의 경학자들을 후대 사람들은 고문학자古文學者라고 하고, 그 이외의 경학자들을 금문학자今文學者라고 불렀다. 고문학자들은 고문경을 통독하기 위해서는 반드시 문자학적 각도에서 고문을 연구하지 않을 수 없었다. 그러므로 그들 중에는 문자학자라고도 일컬을 수 있는 사람이 간혹 있었다. 그들은 고문을 수집함과 아울러 그것을 당시에 통용되던 문자와 서로 대조해 보기도 하였다. 그들 중 어떤 사람은 한 걸음 더 나아가서 한자의 구조에 대하여 이론적으로 탐구해 보기도 하였다. 《한서·예문지》에 실려 있던《고금자古今字》와《수서隋書·경적지經籍志》에 실려 있는 후한後漢 위경중衛敬仲(즉 衛宏)이 지었다고 하는《고문관서古文官書》등의 책은 전자에 속하는 작업의 일환으로 거둔 성과이다. 육서설이 창안된 것은 후자 방면의 성과인 것이다. 육서라는 낱말은 고문경전 계통인《주례周禮》에 최초로 등장되고 있다. 그러나 근자의 연구에 따르면 육서를『글자를 만드는 바탕 造字之本』이라고 해석한 것은 대체로 한대의 고문학자가 창안한 것이라고 한다. 기원후 1세기말 무렵 허신이 지은《설문해자》는 고문학자들의 문자 연구결과를 훌륭하게 총결지은 것이다.

《설문》의 문자 수록체계는『전서체(소전체)로 적어 놓으므로써 고문·주문(대전체)과 부합되게 한 今敍篆文, 合以古·籒』것이다. 자형은 소전체를 위주로 하는 동시에 쓰는 방법이 소전체와는 다소 다른 고문과 주문을 같이 수록하였다. 문자의 뜻을 풀이할 때에 허신은 육서이론에 입각하여 가급적 자형과 결부시켜서 그 글자의 본의를 도출하였다. 그러므로 설사 소전을 고문자의 일종으로 보지 않는 전통 문자학의 관점에 따른다 하더라도 허신의 작업에는 고문자 연구와 비슷한 성질이 함유되어 있음을 알 수 있다. 애석하게도 허신 등 고문학자들이 목격한 고문자 자료는 그것이 쓰인 시대가 비교적 늦은 시기의 것이었다. 당시에도 비록 고대 청동기 명문이 일부 사람들에게 알려지기는 하였지만, 그것을 수집 연구하는 기풍은 조성되지 않았기 때문에 학자들이 그 자료를 이용하기가 용이하지 않았던 것이다. 《설문》의 서문에 종정이기상의〈고문〉이 언급되어 있기는 하지만, 본문 중에 수록되어 있는 것은 모두 고문경에서 따온 것인데, 그러한 고문은 실제로는 전국시대의 문자였을 따름이다. 주문이 쓰인 시대 역시 그다지 오래된 것은 아니다. 허신 등이 인용한 주문은 누차에 걸쳐 손에서 손으로 베껴 쓰면서 전해 내려오던《사주편》에 의한 것이기 때문에 그들 중 일부 자형은 이미 잘못 변화된 것임이 분명하다. 이렇듯 잘못 변모된 고문자와 소전의 자형은 흔히 본의를 대변해 주지 못할 경우가 있다. 그렇기 때문에 허신은 고문자의 발전과정에 대한 정확한 이해가 결핍되기 마련이었고, 그가 자형을 해석한 것이나 본의를 지적한 것 가운데에는 신빙성이 없는 경우도 왕왕 눈에 띄는 것도 무리는 아니다. 당시의 시대적 여건으로 보자면, 그러한 결점은 불가피한 것이었다.

【위진魏晉—송초宋初】 위진에서 송초에 이르는 기간 동안에도 고문자 연구는 그다지 진전되지 못하였다. 이 시기에 세인들의 이목을 가장 집중시킨 것은 시기적으로 소전보다 약간 이른 고문자였다. 즉 고문학자들이 말한 것과 같은 종류의 고문이 여전히 세간의 시선을 끌었던 것이다. 조위曹魏 정시正始 연간에는 고문학자들이 전수한 《상서》와 《춘추》를 돌에다 새겨서 태학太學 앞마당에다 세워 놓았다. 거기에 쓰인 각각의 글자들은 고문·소전·예서의 세 가지 서체로 씌어져 있다. 이것이 바로 이른바 삼체석경三體石經이라는 것이다. 진晉 무제武帝 함녕咸寧 5년(279년, 혹자는 태강太康 원년 내지 2년, 즉 280년 내지 281년이라고도 함)에 급군汲郡(지금의 河南省 汲縣)에 있는 전국시대 후기의 위국魏國 대묘大墓가 그 이전에도 도굴된 바 있는데, 그곳에서 다시 대량의 죽간서竹簡書가 발견되었다고 한다. 그때 찾아낸 것은 총 75권 10여만 자字에 달하였으며, 자체는 고문경의 것과 비슷한 것이었다고 한다. 그것이 바로 소위 급총고문汲冢古文이라는 것이다. 이 다량의 죽서竹書들 모두 관청에 봉납되어 순조荀勖·화교和嶠·위항衛恒·속석束晳 등이 그것을 정리하여 당시의 글자체로 옮겨 놓았다. 죽서의 원본은 일찍이 없어졌고, 옮겨 쓴 것도 《목천자전穆天子傳》 외에는 모두 망일되어 전해지지 않는다. 사서史書에 기록된 것에 의하면, 남북조시대에도 간혹 고문 간책이 발견되었다고 하는데 그 내용에 대해서는 전해지지 않고 있다.

위진에서 송초에 이르는 시기에도 계속하여 고문을 수집하는 일에 종사하는 사람들이 있었다. 뿐만 아니라 고문으로 비갈碑碣을 새기거나 전적고본을 위조하는 사람들도 간혹 있었다. 그들이 사용한 고문 중에는 근거가 있는 것도 있고, 그렇지 않고 근거 없이 날조한 것도 있다. 오대말 송초의 사람인 곽충서郭忠恕(?—977)가 당시에 볼 수 있었던 각종 고문자료를 토대로 고문의 자회字匯를 편집하여 이름을 《한간汗簡》이라 하였다. 그보다 조금 뒤의 사람인 하송夏竦(985—1051)이 지은 《고문사성운古文四聲韻》(1044)의 재료 출처는 《한간》과 기본적으로 동일하지만, 《한간》은 부수에 따라 배열한 것인데 비하여, 하송의 책은 운에 따라 배열한 것이다. 이 두 책은 비록 근거 없이 만들어 놓은 고문을 적잖이 수록하고 있지만, 대부분의 자형은 역시 근거가 있는 것들이기 때문에 전국문자戰國文字를 연구함에 있어서 중요한 참고자료로 쓰일 수 있을 것이다. 곽충서와 하송 이후에는 고문에 관한 학문이 점차 쇠퇴하였다.

이 시기에는 명문이 새겨져 있는 고대 청동기도 가끔씩 발견되곤 하였는데, 애석하게도 그러한 것들을 한 군데로 수집하여 금문을 연구하는 기풍이 형성되지는 아니하였다. 당초에는 천흥현天興縣(지금의 陝西省 風翔縣)에서 중요한 선진시대 석각물인 석고문石鼓文이 발견되었다. 당대의 사람들은 석고문을 매우 중요하게 여긴 까닭에 자체字體와 서법에 관하여 말할 때에 간혹 석고문에 관하여 언급하곤 하였다. 석고문의 자형이 비교적 주문과 흡사하기 때문에 당시 사람들 대다수가 그것이 주나라 선왕宣王 때 태사 주籒가 쓴 것이라는 억설을 주장하였다. 당대 사람들은 진시황이 전국을 순시할 때 세운 전서체 석각도 매우 중요시하였다. 남북조시대의 석경石經을 탁본한 것이 그 이전에 이미 세간에 나돌았다. 당대에는 진나라의 석각과 석고문을 탁본한 것도 등장하였다.

당대의 전서체 서법가인 이양빙李陽冰이 일찍이 《설문》을 정리한 바 있었다. 그는 진대秦代의 석각을 근거로 《설문》의 일부 소전체를 다르게 고쳤다. 예컨대 𣥺[欠]을 𠔓로 고친 것 등이 그러한 것이다. 그런데 그의 수정은 후대 사람들에 의하여 많은 비평을 받았다. 이양빙이 고서를 고쳐 놓은 것은 정확한 것이 아니었지만, 고대로부터 전해 내려오던 실물상에 새겨진 문자자료를 토대로 《설문》을 규정糾正한 부분은 오히려 참고할 만한 가치가 있는 것이다. 자형 해석에 있어서도 그 자신의 독창적인 견해가 담겨 있다. 그 중 대다수가 황당한 것이긴 하지만, 취할 만한 것이 전혀 없는 것은 아니었다. 예를 들어 허신은 〈목木〉자에 대하여 『从屮, 下象其根』(屮[草]를 의부로 하고, 아랫부분은 그 뿌리를 본뜬 것이다)라고 풀이하였는데, 이양빙이 그 글자 전체가 『나무의 모양을 본뜬 것 象木之形』이라고 여겼던 것은 옳은 견해이다.

【송대宋代】 송대에는 금석학金石學의 흥기로 말미암아 고문자에 대한 연구가 고조되었다. 진종眞宗 함평咸平 3년(1000)에 구중정句中正 등이 건주乾州(지금의 陝西省 乾縣)에서 헌납한 〈사신부언史信父甗〉을 고정考定한 일이 있는 바, 이것이 송나라 사람으로서는 처음으로 고대 청동기의 명문을 연구한 일이었다. 인종仁宗에서 북송 말년에 이르는 시기부터는 고대 청동기와 그 명문을 수집·저록·연구하는 기풍이 날로 성행하였다. 남송 때에는 주로 관중關中과 중원中原 등지에서 고대 청동기가 발견되었다. 금나라와 원나라 때까지도 그런 일이 가끔씩 일어나다가, 그 이후로는 새로이 출토된 청동기를 수집하는 일이 잠시 꼬리를 감추게 되었다. 그러나 북송학풍北宋學風의 영향으로 말미암아 남송 전기에도 금문을 저록하고 연구하는 기풍이 여전히 상당한 성행을 보이다가, 후기에 이르러서는 쇠퇴하였다.

송대의 학자들은 금문에 관한 연구에 있어서 커다란 공헌을 이룩하였는 바, 북송의 양원명楊元明(南仲)·구양수歐陽修(1007—1072)·여대림呂大臨(1046—1092)·조명성趙明誠(1081—1129)과 남송의 설상공薛尙功 등이 그 대표적인 인물이다. 송나라 사람들은 고대 청동기와 그 명문을 저록한 책을 적잖이 편찬하였다. 그 중에서 지금까지 전해지고 있는 것으로는 여대림의 《고고도考古圖》(1092), 송 휘종徽宗의 칙령으로 편찬된 《박고도록博古圖錄》, 남송 때 조구성趙九成이 지은 《속고고도續考古圖》, 설상공의 《역대종정이기관지법첩歷代鐘鼎彝器款識法帖》, 왕구王俅의 《소당집고록嘯堂集古錄》 및 왕후지王厚之(復齋)의 《종정관지鐘鼎款識》이 있다. 뒤의 3종 도서는 오로지 명문만을 저록한 것이다. 여대림은 또 《고고도석문考古圖釋文》을 편찬하였는데, 이 책은 각각의 글자를 그 운韻에 따라 배열한 것으로 최초의 금문자회金文字匯에 상당하는 것이다. (혹자는 이것이 조구성이 지은 것이라고 말하는데, 아마도 그렇지 않은 것 같다.) 정화政和 연간에 왕초王楚가 지은 《종정전운鐘鼎篆韻》과 소흥紹興 연간에 설상공이 지은 《광종정전운廣鐘鼎篆韻》은 여대림의 책에 비하여 재료가 더 보강된 것이었지만, 아깝게도 모두 망일되었다. (단, 王楚가 지은 것은 원대 楊銁의 《增廣鐘鼎篆韻》 안에 보존되어 있다.)

은주시대에 만들어진 금문은 당시 학자들이 주문과 고문보다 이른 시기에 나온 것 중에서 최초로 접할 수 있었던 것이었다. 송대의 학자들의 금문에 대한 수집·저록·연구는 고문자학사상 매우 중요한 의의를 지니고 있다. 그들은 이미 초기의 금문을 통하여 『문자가 만들어진 초기 造書之初』에는 상형에 속하는 문자가 『완전히 그림에 가까웠고 純作畫象』 『후세에 만들어진 글자는 점차 그 필획을 바꾸므로써 쓰기에 편리하도록 한 것 後世彌文, 漸更筆畫以便於書』(《考古圖》 4.26上)이라는 사실을 인식하게 되었다. 《고고도석문》의 서문은 금문 형체상의 몇 가지 특색(예컨대, 필획의 다과와 편방 위치의 좌우 불일치 등)과 금문 변석辨釋 방법에 대하여 간명하게 개괄하고 있는 것도 주의해서 볼 만한 것이다. 송대 사람들이 정확하게 풀이해낸 금문은 대체로 비교적 쉽사리 알아볼 수 있는 것이었다. 그들의 견해 가운데에는 매우 훌륭한 것도 있었다. 예를 들어 양남중楊南仲이 진강정晉姜鼎 명문을 고석함에 있어 〈기旅〉자가 〈기旂〉자일 것으로 추정하고 그 글자가 〈기祈〉자의 가차일 것으로 생각한 것은, 근대의 저명 고문자학자인 오대징吳大澂·나진옥 등이 〈기旅〉자가 〈기祈〉의 본자本字라고 주장한 설법에 비하여 더욱 타당성 있는 것이다.

석각문자 방면에 있어서는 석고문과 진각석이 송대에 있어서도 계속 중요시되고 있었다. 남송 전기의 정초가 석고문이 진나라 때의 전서라는 주장을 처음으로 제기하였다. 그는 석고문이 진秦 혜문왕惠文王 이후 시황始皇 이전의 각석일 것으로 추정하였다. 시기적으로 그보다 조금 후대의 사람인 공풍鞏豐은 진나라 양공襄公에서 헌공獻公에 이르는 시기에 만들어진 각석일 것으로 추정하였다. 이러한 설법들은 석고문 연구에 있어서 하나의 커다란 진보를 가져온 것이다. 북송 때에는 또 전국시기 진나라 왕이 신에게 초나라 왕을 저주하는 내용이 담긴 각석이 발견되기도 하였다. 그것이 바로 이른바 저초문詛楚文이라는 것인데, 구양수歐陽修(1007—1072)·소식蘇軾(1037—1101)·동유董逌 등이 일찍이 그것에 대하여 연구한 바 있다.

송나라 학자들이 육서를 연구한 것 가운데에는 금석학의 영향을 받은 것이 있었다. 정초《통지通志·육서략六書略》의 일부 표의문자 자형에 대한 해석은 확실히《설문》의 것에 비하여 훨씬 더 신빙성이 있는 것이다. 예를 들어《설문》에서는〈지止〉자가『초목이 싹터 나오는 자리를 본뜬 것 象艸木出有址』이라고 풀이한 반면,《육서략》은『발자국을 본뜬 것 象足趾』이라고 풀이하였다. 그리고〈보步〉자에 대하여《설문》은『止를 따르고, 屮가 서로 상배된 것 从止, 屮相背』이라고 풀이하였고,《육서략》은『두 발자국이 앞뒤로 서로 마주 보고 있는 것을 본뜬 것 象二趾相前後』이라고 풀이하였다.〈립立〉자에 대하여《설문》은『大자가 一자 위에 세워져 있는 것을 따른 것 从大立一之上』이라고 한 반면,《육서략》은『사람이 땅 위에 서 있는 것을 본뜬 것 象人立地之上』이라고 하였다. 그리고〈주走〉자에 대하여《설문》은『夭와 止가 합쳐진 회의자인데, 夭라는 것은 굽은 것을 뜻한다 从夭·止, 夭者屈也』(段注本에 따름)고 풀이하였는데,《육서략》은『사람이 머리를 쳐들고 발을 쭉 펴서 달리는 모습을 본뜬 것 象人之仰首張足而奔之形』이라고 풀이하였다.〈보步〉·〈립立〉·〈주走〉자는 일반적으로 회의자로 간주하였는데,《육서략》은 상형자로 분류하였던 것이다. 정초는 금석문자에 대하여도 상당한 연구를 한 바 있다.(《通志》에《金石略》이 있음) 그가 위에 열거한 것과 같은 견해를 제시한 것에는 분명 금석문자 가운데 내포되어 있는 비교적 오래된 자형으로부터 암시를 받았기 때문일 것이다. 송원宋元간의 대동戴侗이 지은《육서고六書故》는 금문의 자형을 직접 채택한 것이다. 그가 알고 있는 금문의 글자수가 적었으므로 근거 없이 함부로 자형을 날조하는 사례가 흔하였기 때문에, 후인들의 신랄한 비평을 받았던 것이다. 그러나 대동의 문자해석은 상당히 독창적이었던 관계로 후인들의 공인을 얻었다. 예컨대 ㅇㅇ은〈성星〉의 초문初文이고,〈고鼓〉의〈壴〉는 본래 북의 모양을 본뜬 것이라는 그의 견해는 상당한 식견을 갖춘 것이었다.

【원명元明】 원·명 양대는 고문자 연구가 쇠락한 시기로서, 금석학 방면에 있어서 손꼽을 만한 것은 오로지 명나라 사람들이 고대 인장을 수집·저록한 것이 있을 따름이다. 이러한 작업은 송대에 비로소 시작된 것이었다. 그러나 송원시대의 고인보古印譜는 대부분이 망일되어 버렸고, 현존하는 것으로는 《설부說郛》에 수록되어 있는 《한진인장도보漢晉印章圖譜》인데 이것마저 자료가 빈핍貧乏하여 그리 쓸모가 없는 것이다. 명대의 사람이 편집한 고대 인보로는 고顧씨의 《집고인보集古印譜》(1571)를 꼽을 수 있다. 이것은 내용이 비교적 풍부한 편이므로 고문자 연구에 대하여 유용한 자료를 제공하고 있다.

이 시기에 있어서도 고문자 자회字匯가 계속하여 편찬되었지만, 수록한 자형의 대부분이 전인들의 책에서 그대로 옮겨 놓은 것이므로 참고 가치는 그다지 없는 것이었다. 원대 초기의 사람인 양환楊桓의 《육서통六書統》과 명대 위교魏校의 《육서정온六書精蘊》 등의 책도 모두 소전 이전의 고문자를 근거로 육서를 풀이하려고 시도한 것이다. 이러한 책들은 『글자 모양을 근거 없이 만들어내고 편방을 날조하는 杜撰字體, 臆造偏旁』병폐가 《육서고六書故》보다 심할 뿐만 아니라, 그들 저자의 견해가 《육서고》의 것에 미치지 못하였으므로 후대 사람들에 의하여 소중히 취급되지 못하였다.

【청대淸代】 청대에 접어든 이후에는 금석학과 소학이 부흥되었고, 고문자 연구도 다시 발전되었다. 청대에는 고문자 연구수준이 점차 높아졌다. 청초에 민제급閔齊伋이 《육서통六書通》을 지었는데, 후에 필홍술畢弘述이 그것을 정리하여 책으로 간행하였다. 이것은 고문古文·인문印文 그리고 종정鐘鼎·석각石刻 문자를 두루 모아 놓은 고문자 자회로서 널리 유포되어 많은 호응을 얻었지만, 내용이 복잡 문란하고 모록摹錄에 있어도 자형상의 오류를 범한 것이 많았으므로 그 수준이 높지 못하였다. 건륭乾隆시기에 청나라 고종高宗이 양시정梁詩正·왕걸王杰 등에게 명을 내려 《박고도록博古圖錄》의 체계를 모방하여 당시 궁중에 소장되어 있는 고대 청동기를 저록著錄하게 하였다. 이리하여 편찬된 것이 《서청고감西淸古鑒》(1751)·《영수감고寧壽鑒古》·《서청속감갑편西淸續鑒甲編》 및 《서청속감을편西淸續鑒乙編》 4책(《을편》 3책의 원고는 民國 때에 비로소 발간되었음)이다. 이들 책의 수준은 송대의 것에 미치지 못한다. 건륭에서 가경嘉慶에 이르는 시기부터 청대 사람들의 고문자 연구는 전인들의 수준을 훨씬 앞지르기 시작하였다. 도광道光 이후에는 중요 금석수장가들이 배출되었는데, 진개기陳介祺(1813—1884, 호 簠齋)가 그 대표적 인물이

다. 그들이 수장한 고문자 자료는 종류・수량・질량 등에 있어서 전인들의 것을 능가하는 것이었다. 고문자 자료가 날로 풍부해짐과 동시에 소학과 경학 등 유관학문이 발달함에 따라 고문자 연구수준이 끊임없이 높아져서 청대 말기인 동치同治・광서光緖시기에 이르러서는 그 최고봉에 달하게 되었다. 오대징吳大澂(1835—1902)・손이양 두 사람이 전성기의 가장 중요한 학자로 꼽힌다.

청대 고문자 연구의 중점은 여전히 금문에 관한 것이었다. 건륭 때 박학樸學의 흥기와《서청고감》등의 서적 편찬으로 말미암아 사대부 가운데 금문에 대한 흥미를 가진 사람들이 날로 증가하였다. 가경 원년(1796)에 전점錢坫이 발간한《십육장락당고기관지고十六長樂堂古器款識考》는 오로지 자신이 수장하고 있던 청동기만을 수록한 것으로, 각각의 기형器形과 명문銘文을 겸해서 수록하였다. 가경 9년(1804) 완원阮元이 발간한《적고재종정이기관지積古齋鐘鼎彛器款識》은 그가 수집한 각가의 명문을 저록함과 동시에 고석을 가한 것이었으니, 송대 설상공이 편찬한《역대종정이기관지》의 속편인 셈이었다. 그후에도 이상의 두 책과 유사한 저작들이 상당수 등장하였는데, 그 중에서 영향력이 비교적 컸던 것으로는 오영광吳榮光(1773—1843)의《균청관금문筠淸館金文》(1840)과 오식분吳式芬(1796—1856)의《군고록금문攈古錄金文》(1895)을 꼽을 수 있다. 이 두 가지 책의 체계는 모두 완원의 것을 모방한 것이다.

청대에 금문을 연구한 주요 학자를 꼽아보자면, 건가乾嘉시기에는 앞에서 말한 전점과 완원을 대표로 칠 수 있고, 도함道咸시기에는 서동백徐同柏(1775—1854)과 허한許瀚(1797—1867, 字 印林) 등이 있었다. 서동백은《종고당관지학從古堂款識學》(1886)을 저술하였다. 허한은 일찍이 오식분의《군고록금문》을 교정校訂한 바 있는데 금문에 관한 그의 견해는 주로 그 책에 실려 있다. 동광同光시기에는 금문 연구가 최고조에 달하였던 바, 주요 학자로는 오대징吳大澂・손이양孫詒讓・방준익方濬益(?—1899)・유심원劉心源(1848—1915) 등이 있다. 오대징은 금문에 관한 저작으로《설문고주보說文古籒補》・《자설字說》등을 남겼다.《설문고주보說文古籒補》는 고문자 자회에 해당하는 것으로 그곳에 수록된 글자는 금문을 위주로 하는 한편 석각・새인璽印・화폐 및 고도古陶 등에 새겨진 문자도 겸해서 수록하였다. 그가 글자를 해독한 것에는 독창적인 면이 상당히 강하였다. 이 책은《고문사성운古文四聲韻》이래로 운에 따라 글자를 배열하던 체계를 따르지 아니하고,《설문》과 마찬가지로 부수에 따라 글자를 배열하여 놓았다. 그는 해독이 불가능하거나 확정지을 수 없는 의문점이 있는 글자들을 부록에다 모아 놓았다. 수록된 글자들은 한결같이 탁본에 의거하여 신중히 임모臨摹된 것이었으니, 아무렇게나 모록摹錄하여 바른 모습을 잃은 경우가 잦았던 그 이전의 사례에 비하자면 상당히 진보된 것이었다. 그 이후에 나온 고문자 자전들은 모두 편집체계에 있어서 오대징의 책을 모방한 것이다. 손이양이 지은《고주습유古籒拾遺》(1888)와《고주여론古籒餘論》(1929)은 금문 고석에 있어서의 전인들의 오류를 일일이 수정한 것이다. 방준익은《철유재이기관지고석綴遺齋彝器款識考釋》(1935)을 저술하였는데, 이것이 정식 책으로 출판된 것은 그가 세상을 하직한 지 한참 후였다. 유심원의 주요 저작으로는《기고실길금문술奇觚室吉金文述》(1902)이 있다. 이상 여러 학자들의 금문에 대한 고석은 그 이전 학자들의 것에 비하여 훨씬 진보된 면이 많았다.

송대 이래 대다수의 사람들은 필획이 꾸불꾸불하고 이상하게 생긴 전국시기의 조전鳥篆 같은 금문이 바로 하상夏商시대의 문자라고 잘못 판단하였다. 공자진龔自珍(1792—1841)은 일찍이 왕부재王復齋의《종정관지鐘鼎款識》에 저록된 명문『동무종董武鐘』에 대하여 의문을 제기하고, 그것이 전국시기의 오나라나 월나라에서 주조된 청동기일 것이라고 주장한 적이 있다. 방준익은『만약 송대 설상공의 책에 수록된 사상종과 왕부재의 책에 수록된 동무종 역시 주나라 때에 만들어진 청동기라고 한다면, 그 당시에도 진나라에서 사용되던 무전체나 수서체가 통용되고 있었어야 한다 若薛錄之四商鐘·王氏所錄之董武鐘, 要亦周器, 乃當時自有此一體, 如秦之有繆篆·殳書者』(《철유재이기관지고석》의 1권《彝器說》中)고 명확하게 지적하였다. 명문을 문헌 중의 유관 역사 자료와 연관시켜서 연구하는 방법에 있어서도 청나라 학자들의 수준은 그 이전에 비하여 훨씬 능가하였다.

화폐문자가 고문자 연구의 한 자료로 진정 활용된 것은 청대에 비롯되었다. 고대 화폐에 새겨진 문자를 수집 연구하는 기풍이 시작된 것은 매우 일렀지만, 송대 이래로 옛날 돈을 연구하는 사람들은 죄다 전국 동주시대에 속하는 고도古刀·고포古布 등류의 전폐錢幣를 요·순 등 옛제왕과 하상夏商시대의 물건이라고 여기어 거기에 새겨진 문자를 해석함에 있어 지나치게 억설을 부리기가 일쑤였다. 건륭 때에 왕의 칙령으로 발간된《전록錢錄》(1751)에 이르기까지도 여전히 그러한 수준에 머물고 있는 형편이었다. 고폐古幣문자의 연구가 새로운 국면으로 전환된 시기는 건륭말 가경초이다. 채운蔡雲의《벽담벽담》(1827)에 의하면, 전대흔錢大昕이 일찍이『화폐는 전국시기에 비롯되었다 幣始戰國』는 말을 한 적이 있다고 한다. 가경 때 초상령初尙齡이 지은《길금소견록吉金所見錄》(1819)에서는 고도古刀・고포古布의 시대를 춘추・전국시기로 단정지었다. 선진 고폐에 대한 연구는 이로써 점차 본궤도에 돌입하였다. 오대징吳大澂의 《설문고주보》에는 화폐문자가 적잖이 수록되어 있고, 유심원은 그의 저서 《기고실길금문술》에다 몇몇 화폐문자들을 고석해 놓았다.

건륭・가경 이후에는 새인璽印문자에 대한 연구도 상당히 크게 진보되었다. 원명시대의 사람들은 고대 인장 중에 시기적으로 진대秦代 이전의 것이 있는지를 전혀 몰랐다. (명대 사람들이 엮은 고대 인보 중에는 사실 전국시기의 인장이 적잖이 수록되어 있었지만, 그들은 그것이 만들어진 시대를 밝히지 못하였다.) 건륭 52년(1787) 정요전程瑤田이 반潘씨의 《간전루인보看篆樓印譜》에다 써놓은 서문에서 전국인戰國印에 보이는 〈사새私璽〉두 글자를 풀이하여 『〈새璽〉자를 〈이爾〉자로 써놓은 것은 고문을 간략하게 쓴 것이다 璽但用爾者, 古文省也』(《通藝錄》卷八《看篆樓印譜敍》)라고 하였다. 이것이 청대 사람들의 선진 고인 연구의 선성先聲이었다. 도광 15년(1835) 장정제張廷濟(1768—1848)가 편찬한 《청의각고인우존淸儀閣古印偶存》에서는 선진인先秦印을 고문인古文印이라고 불렀다. 동치同治・광서光緒 연간에 진개기陳介祺가 편찬한 《십종산방인거十鐘山房印擧》는 한대 이전의 인장을 〈고새古璽〉와 〈주진周秦〉인장 두 부류로 나누어 열거하였다. 그 책의 내용에 따르면, 전자는 대개 육국인六國印에 해당하고, 후자는 전국시대 진나라의 인장과 진시황의 통일 이후의 인장 및 한나라 초기의 인장을 포괄하고 있다. 진개기는 원래 주진인장은 주나라 말과 진나라 때 만들어진 것이고, 고새는 삼대三代 때 만들어진 것이라고 생각하였다. 광서 4년(1878) 그가 오대징에게 보낸 편지 중에서 『……옛날 사람들은 주문동새를 진나라의 인장이라 불렀고, 그것들이 삼대 때 만들어진 것인지를 몰랐다. 지금 (그 가운데) 여러 개를 살펴보았더니, 역시 (전국시대의) 육국문자와 비슷함을 알게 되었다 ……朱文銅璽, 前人謂之秦印, 不知是三代, 今多見, 亦似六國文字』(五冊本《簠齋尺牘》第五冊, 戊寅四月二十二日札)라고 말한 것으로 보아 고새의 시기문제에 대한 그의 인식이 이미 실제에 접근하고 있었음을 알 수 있다. 《설문고주보》에는 소수의 고새문자가 수록되어 있다. 한인漢印의 전문篆文 방면에 있어서는 가경嘉慶시기에 계복桂馥이 지은 《무전분운繆篆分韻》(1796) 등의 자전이 간행된 바 있다. 이 책의 인장문자에 대한 모록摹錄은 상당한 신중과 엄격을 기한 것으로서 그 이전에 나온 각종 고문자 자회를 훨씬 능가하는 것이었다.

도광시기 이후에도 계속하여 새로운 고문자 자료들이 발견되었다. 예컨대 봉니封泥문자(즉 封泥상에 찍혀 있는 印文을 말하며, 대부분이 漢代의 것임)·고도古陶문자 및 청대 말기에 비로소 세상에 알려진 것으로 매우 중요한 의의를 지니고 있는 갑골문 등이 그러한 것들이다. 고도문자는 동치·광서 연간에 산동성 임치臨淄 등지에서 처음으로 발견되었으며, 조금 뒤에는 직예直隸인 역주易州(지금의 河北省 易縣) 등지에서도 발견되었다. 진개기가 그것들이〈삼대三代의 고도문자〉(실제로는 그 대부분이 전국시대에 속하는 것들이다)임을 처음으로 감정하였고, 아울러 그것을 수집·소장하였다. 그것에 대하여 진정 처음으로 연구한 사람은 오대징이었다. 그는 일찍이 진개기가 소장하고 있던 탁본을 근거로 몇 가지 고석 문장을 쓴 바 있으며, 그의 저술인《설문고주보》에도 고도문자를 적잖이 수록해 놓았다.

안양安陽에 있는 은나라 유적지에 묻혀 있던 갑골문(주요 내용은 점을 친 것을 기록한 것임)은 대략 광서 24년(1898)부터 골동상인들의 주의를 끌기 시작하여, 그 다음해에 왕의영王懿榮(1845—1900)이 그것이 삼대고문三代古文임을 밝혀내고는 수집·소장하기 시작하였다. 은허殷墟 갑골문은 자료가 풍부하고 내용이 극히 중요한 것이며 그것이 만들어진 시기는 상대商代 후기에 속하는 것이었으니, 대부분의 청동기 명문에 비하여 시기적으로 더 빠른 셈이므로 그것의 발견은 고문자학사상 중대한 의의를 지니는 것이다. 왕의영은 갑골문을 처음으로 감정해낸 이듬해에 8개국 연합군이 북경을 침입하자 스스로 목숨을 끊어 순국하였고, 그가 소장하고 있던 갑골은 유악劉鶚(1857—1909)의 손에 넘어갔다. 유악은 그 중 일부의 갑골을 골라서 탁본하여《철운장귀鐵雲藏龜》를 편집하여 광서 29년(1903)에 출판하였으니, 그것이 갑골문을 처음으로 저록한 책이다. 유악이 이미 그 책의 서문에서 갑골문을『은나라 사람이 칼로 새긴 문자 殷人刀筆文字』라고 칭하였다. 그 다음해 손이양이《철운장귀》를 근거로《계문거례契文擧例》를 지었으니, 이것이 갑골문에 관한 전문 연구서적이다. 이 책의 유고遺稿는 갑골학의 바탕을 닦아 놓은 사람인 나진옥羅振玉에 의하여 1917년에 출판되었다. 갑골문이 발견된 후 골동상들은 수장가들에게 출토지점을 사실대로 말하지 않고 속였다. 학자들 중에서는 나진옥이 최초로 그것의 정확한 출토지점을 알아냈다. 나진옥은 선통宣統 2년(1910)에《은상정복문자고殷商貞卜文字考》를 지어서 갑골의 출토지점이 은나라 수도의 유적지이라는 사실과, 갑골문은 은나라 왕조의 점복占卜 유물이라는 것을 밝혀내므로써 갑골문 연구로 하여금 크게 진보되도록 하였던 것이다. (그 당시 그가 殷墟가 오로지『무을왕의 유적지 武乙之墟』라고 추정한 것은 잘못된 것이다.) 이 책이 발간된 이듬해에는 청왕조가 멸망하여 버렸다.

  청대 금석학의 발달은《설문》을 전문 연구한 서적 가운데에도 일부 반영되어 있다. **단옥재**는 그가 지은《설문해자주說文解字注》의〈유鉴〉자 아래에다 금문에 나오는〈유륵攸勒〉을 인용하여 그 글자를 풀이하고 있다. 계복桂馥은 본래는 금석학자였다. 그래서 그가 지은《설문의증說文義證》에는 금석문자가 여러 차례 인용되어 있다. 더욱이 **왕균**의《설문석례說文釋例》에서는 금문의 자형과《설문》의 자형을 서로 비교하는 것을 하나의 상례로 다루고 있다.

  고문자 연구가 점차 그 깊이를 더해감에 따라《설문》에 내포되어 있는 오류들이 더욱더 명확하게 밝혀지게 되었다. 오대징은《설문고주보》의 자서自序에서《설문》중에 있는 고문古文의 형체가 흔히 눈에 띄는 청동기 명문상의 것과 부합하지 아니함을 지적하면서, 그러한 것들이 혹시나『주나라 말기의 칠국시기 周末七國時』의 문자가 아닐까라고 짐작한 바 있다. 진개기도 그와 유사한 견해를 지니고 있었다.(《설문고주보》의 陳序) 오대징과 진개기 두 학자는 다같이《설문》에 수록된 주문籒文의 시대에 대하여 회의를 표시한 바 있다.《설문고주보》와《자설字說》등의 책에 언급되어 있는 새문壐文·폐문幣文·도문陶文에 관한 몇 가지 서술을 통하여 오대징이 이미 이들 문자자료가 기본적으로는 모두〈주말周末〉·〈육국六國〉때에 만들어진 것이라는 사실을 체득하고 있었음을 알 수 있다. 그는 또《설문고주보》의〈이二〉자와〈균鈞〉자 아래에서《설문》중에 있는 이 두 글자의 고문 자형이 육국 청동기 명문의 것과 일치되는 것으로 보아, 그 글자들이 응당〈육국시기〉의 문자이지 진정한 의미의〈고문古文〉은 아니라고 명확하게 지적해 두었다. 이로 보건대, 오대징의《설문》에 대한 견해는 그 상당수가 전국문자에 대한 그 자신의 연구에 밑바탕을 두고 있는 것임을 알 수 있다.《설문》상의 전서 형체에 대하여, 그리고 허신이 자형과 본의를 해석함에 있어서 범한 오류에 대하여 오대징과 손이양 등의 학자들은 통상 고문자를 토대로 그러한 것들을 지적해내었다. 오대징은 그의 저서인《설문고주보》의 범례 제1조에서『고대 기물에 보이는 글자들의 자형 중에는 허신의 책에 쓰인 자형과 조금 다른 것들이 있다. ……이로써 고대 성인들이 글자를 만든 뜻을 엿볼 수 있으며, 소전체로 전사되는 과정에서 저질러진 잘못을 바로잡을 수 있을 것이다 古器所見之字, 有與許書字體小異字……可見古聖造字之意, 可正小篆傳寫之訛』라고 말하였다.

  손이양은 광서 31년(1905)에《명원名原》이라는 책을 지었다. 이 책은 문자학적 각도에서 갑골과 금문에 대한 자신의 연구성과를 총결지은 것이다. 그는 문자가『그림에서 비롯되었으며 本于圖象』한자가 최초에는『반드시 지금까지 전해지고 있는 바빌로니아나 이집트의 고대 석각문자와 같이 물건의 모양을 그림으로 표시하여 전체가 하나의 그림이나 다름없는 것이었는데 必如今所傳巴比倫・埃及古石刻文, 畵成其物, 全如作繢(繪)』후에는 글로 쓰기에 불편하였으므로 그것을 점차 간략화하여,『끝내에는 그것을 가지런하게 다듬으므로써 전서체 같은 것이 되어 最後整齊之以就篆引之體』비로소《설문》에 실려 있는 그런 종류의 문자가 되었다고 보았다. 또한 그 책에서는 동일한 편방을 지니고 있는 글자들에 대하여 세심한 주의를 기울여서 그러한 것들을 한 군데 모아 놓고서 고찰하고 있다.《명원名原》은 금석학과 전통적인 문자학의 굴레를 상당히 초월한 것으로서 고문자학사상 중요한 의의를 지니고 있는 저작임에 틀림이 없다.

【민국시기—1949년 정부수립 이후의 시기】 민국시기에 이르러서는 서방의 학술사상의 영향으로 말미암아 현대 중국의 역사학과 고고학 및 언어학이 점차 발전되기에 이르렀고, 고문자학도 점차 과학적인 면모를 갖추게 되었다.

민국 전기의 고문자 연구에 있어서 대표적인 인물로는 나진옥과 **왕국유** 두 학자를 꼽을 수 있다. 나진옥의 고문자 연구는 청대 말기에 시작되었지만, 학술활동은 주로 민국시기에 접어든 후에 시작되었다. 나진옥은 갑골・동기・금문 탁본・새인・봉니 등 각종 고문자 자료를 풍부하게 수장하고 있었다. 그는 저록작업과 각종 자료를 전포하는 일에 힘썼을 뿐만 아니라, 연구・저술활동에도 주력하여 다방면에 걸쳐 많은 공헌을 세웠다. 그의 저작 중에서 가장 중요한 것은《은상정복문자고殷商貞卜文字考》를 기초로 하여 저술한《은허서계고석殷墟書契考釋》(1915)이다. 이 책은 갑골문자의 고석과 복사卜辭 통독 등의 방면에 있어서 기존의 틀을 넘어서는 상당한 공헌을 세우므로써 갑골학의 기초를 확립시킨 것이다. 왕국유는 나진옥의 영향하에 고문자 연구에 종사하기 시작한 사람이다. 그는 갑골・금문, 그리고 고문・주문에 대한 연구에 있어서 대단한 성과를 거두었다. 갑골문 방면에 있어서 왕국유가 새로이 판독해낸 글자의 수가 결코 많은 것은 아니었지만, 그가 처음으로 알아낸 글자들은 복사를 통독하는 데 있어서 때때로 중요한 의의를 지니는 것들이었다. 그의 주요 공헌은 갑골복사와 전적상의 기록을 상호 대조하여 역사・지리 및 예제禮制 등에 대한 연구를 감행한 것에 있다. 금문 방면에 있어서 그는《관당고금문고석오종觀堂古金文考釋五種》과 많은 단편문장을 저술하였다. 고문・주문 방면에 있어서는《위석경고魏石經考》・《사주편소증史籒篇疏證》및《전국시기에 진나라는 주문을 사용하고 그밖의 육국에서는 고문을 썼을 것이라는 설 戰國時秦用籒文六國用古文說》·《동향서씨인보서 桐鄉徐氏印譜序》 등의 문장을 남겼다. 그는 고문이 전국시기 동방의 육국에서 쓰던 문자라고 추정하였는데, 그의 설법은 오대징의 것에 비하여 보다 더 정확한 것이었다. 그의 학설은 현재 이미 정론定論으로 받아들여졌다. 주문이 전국시기 진나라에서 정말로 사용된 것인지에 대하여는 고문자학계에서 아직도 각기 다른 견해가 대립되고 있다.

나진옥과 왕국유는 모두 서양 학술사상의 영향을 받았던 관계로 전통적인 금석학에 대하여 다소 불만을 품게 되었다. 나진옥은 금석학이라는 이름을 고기물학古器物學이라고 하여야 한다고 주장하였다.《雲窓漫稿·與友人論古器物學書》 왕국유는 일찍이 고대 청동기와 그 명문에 대한 옛사람들의 연구를 이름하여 〈고기물과 고문자의 학 古器物及古文字之學〉이라고 칭한 바 있고《國朝金文著錄表序》, 또 흔히 〈고문의 학〉·〈고문자의 학〉 혹은 〈고문자학〉이라는 용어를 자주 사용하기도 하였다. 이러한 사실로 보건대, 그는 금석학을 고기물학과 고문자학으로 구분하는 경향을 띠고 있음을 알 수 있다. 이러한 사실들은 실제로 당시 학술계가 객관성을 중시하였던 추세를 반영하는 것이다. 그러나 나진옥과 왕국유 두 학자의 연구업적으로 볼 것 같으면, 그들 또한 금석학과 전통 문자학의 속박을 완전히 극복하지는 못하였던 것 같다.

1920년대 이후에는 현대 고고학이 형성됨에 부수하여 고기물학이 고고학에 의하여 흡수당하였고, 고문자학이 하나의 정식 학문으로 독립됨과 동시에 고고학과 언어학 등의 관련학문의 영향을 받으므로 말미암아 거대한 변화가 발생되었던 것이다.

1928년에는 중앙연구원 역사언어연구소에서 은나라 유적지에 대한 발굴사업을 개시하였고, 이에 따라 고문자 자료의 출토상황이 도굴이나 자연적 발견 단계에서 벗어나 과학적 발굴단계로 접어들게 되었다. 도굴을 완전히 근절시킬 방법이 없었으므로 말미암아 그러한 과학적 발굴작업이 국부적인데 그쳤기는 하였지만, 그러한 작업이 지니는 의의는 참으로 대단한 것이었다. 1930년대에 접어든 이후에는 고문자에 대한 연구방법이 새로운 시대를 맞이하는 변화를 일으켰다.

곽말약은 1920년대말에 중국 고대사회의 성질을 탐구하기 위하여 갑골과 금문에 대한 연구를 시작하였다. 1930년대 전기에 그는 고고학적 유형학의 방법론을 도입하여 기물의 형제形制·화문花紋 및 명문의 글자 모양·내용을 근거로 서주 왕조 때 만들어진 청동기에 대한 시대 구분문제를 연구하는 한편, 또

주대의 제후국에서 만든 청동기(대부분은 동주시대에 속하는 것임)에 대한 분국分國 문제도 연구하였다. 그러한 연구결과를 모아서《양주금문사대계兩周金文辭大系》라는 명저를 저술하여 청동기 명문 연구의 새로운 체계를 확립시켰던 것이다. 그는 또 맑스주의 유물사관에 입각하여 갑골복사와 청동기 명문을 연탐硏探하므로써 그 이전 시대의 학자들에 비하여 더욱더 깊이 있는 통찰이 있게 되었다. 그가 저술한《복사통찬卜辭通纂》과《은계수편殷契粹編》은 갑골복사를 통독하는 데 있어서 중요한 구실을 하는 것이다. 그는《은주청동기명문연구殷周靑銅器銘文硏究》에 부록으로 실어 놓은 논문인《은이중도형문자지일해殷彛中圖形文字之一解》(1931)에서 은주시대의 청동기 명문 가운데 보이는 많은〈도형문자〉들이 바로〈국족의 명호 國族之名號〉임을 밝혀내므로써 이러한 류의 문자를〈자子〉·〈손孫〉등의 글자라고 멋대로 추측하거나 혹은 문자가 아니라 그림에 불과하다고 여기던 과거의 잘못된 견해들을 일소시켜 버렸다.

곽말약이 새로운 방법으로 청동기 명문을 연구하던 때와 같은 시기에 은허 발굴에 참가하여 출토된 갑골을 정리하는 일을 책임졌던 동작빈은 갑골문에 대한 분기단대分期斷代 문제를 연구하였다. 그는 1932년에 탈고하여 1933년에 발표한《갑골문단대연구례甲骨文斷代硏究例》에서 은허 갑골문 단대의 근거를 전면적으로 논술하고 갑골문의 시대를 다섯 시기로 나누어 놓았다. 이로써 갑골학의 연구수준이 크게 제고提高되기에 이르렀다. 후에 그는 또 갑골문 단대 방면에 있어서 몇 가지 보충 의견을 제시하기도 하였는 바, 이를테면 신파와 구파의 구분 등이 그러한 것인데, 이러한 의견은 적잖은 논쟁을 불러일으켰다.

청대 이래로 고문자 연구가 신속한 발전을 도모하였지만, 오히려 고문자를 고석하는 방법에 대하여 주의 깊게 연구하는 사람은 줄곧 한 사람도 없었다. 고문자를 연구하던 몇몇 사람들이 있기는 하였지만, 언어문자학적인 수양이 결핍되어 주로 상상에 근거하여 고문자를 고석할 따름이었고, 심지어는 그 자신들마저 고문자 해독을〈석복射覆〉(덮어가린 물건을 알아맞히는 놀이—역주)에 비유하였던 것이다. 또 한편으로는 일반 문자학자들이 고문자를 잘 몰랐던 관계로 고문자학자들의 연구성과를 적기에 받아들이지 못하였고, 문자학도 몇 가지 문제를 중심으로 한 오랜 관습으로부터 오랫동안 벗어날 수 없었다. **당란唐蘭**은 이러한 상황을 극복하고자 1935년에《고문자학도론》을 저술하였다. 이 책은 두 부분으로 나누어진다. 첫부분은『고문자의 입장으로부터 출발하여 문자학을 연구 由古文字的立場去硏究文字學』한 것이고, 둘째부분에서는 고문자에 대한 연구를 천명한 것으로서 고문자 고석방법 위주로 되어 있다. 특히 편방분석법과 역사고증법의 중요성을 강조하고 있다. 이 책은 고문자학사상 최초의 이론서적이다. 곽말약과 동작빈 등이 종사한 고문자 연구작업은 대체로 고명각학古銘刻學의 범주에 속하는 것이었다. 당란은 고문자학을 문자학의 한 분파로 보고, 그것을 고명각학(그는 古器物銘學이라고 불렀음)과 구분지었다. 그러나 그 또한 그 두 가지 학문이 매우 밀접한 관계에 있음을 지적하였다.

위에서 언급한 몇몇 학자들과 그밖의 소수 학자들의 노력을 통하여 고문자학이 마침내 금석학과 전통 문자학의 굴레에서 벗어나서 새로운 모습을 나타내게 되었다. 만약 고문자학사를 고대·근대·현대의 3기로 나누어 본다면 아마도 한대에서 청대의 도함道咸시기까지를 고대로, 청대의 동광同光시기에서 1920년대까지를 근대로, 1930년대 이후를 현대라고 각각 구분할 수 있을 것이다. 1930년대에 접어든 이후 고문자학의 발전 추세는 매우 급진적이었다. 애석하게도 1937년에 중일전쟁이 발발하여 은허발굴사업이 불가피하게 중지된 일이 고문자학의 발전에 대하여 상당한 영향을 미치게 되었다.

1949년 중화인민공화국이 건립된 이후에는 고고발굴사업이 미증유의 큰 발전을 이룩하였다. 고문자 자료의 출토량이 갈수록 증가하였을 뿐만 아니라 중요한 내용이 담겨 있는 것이 출토되기도 하였는데, 그러한 출토품의 절대다수가 과학적인 발굴기록을 보유한 것이었다. 이에 따라 고문자를 연구하는 사람들이 고고학이 제공한 유관지식을 더욱더 중요시하므로써 그들의 연구 심도深度와 과학성을 더해 나갔던 것이다. 새로 발굴된 자료 가운데 일부 품종은 종래에는 볼 수 없었던 것이었다. 그 중에는 과거에는 전혀 볼 수 없었던 것도 있었고, 옛날에 일찍이 발견된 적은 있었지만 실물이 전해지지 않는 것도 있었다. 이를테면 서주시대에 씌어진 갑골문과 춘추전국시대의 〈맹서盟書〉(일찍이 민국 초기에 소량이 발견되었지만 당시에는 그것의 성질을 밝히지 못하였음)·전국시대의 죽간竹簡 및 진대에서 서한 초기에 쓰인 〈간독簡牘〉과 〈백서帛書〉 등이 그러한 것이었다. 이들 자료의 발견은 고문자학으로 하여금 새로운 영역을 개척할 수 있게 하였다. 몇 가지 전통적인 영역에 대한 연구도 새로운 자료의 발견으로 말미암아 커다란 진전을 보게 되었다.

민국시대와 중화인민공화국 건립 이후의 고문자학 발전 추세에 대하여는 대략적으로나마 이상과 같이 개괄하였으니, 아래에서는 몇 가지 중요 연구영역별로 나누어서 이 시기에 있어서의 고문자 연구의 상황을 간단하게 보충설명해 보기로 하겠다.

먼저 갑골학 방면의 연구경과에 대하여 말해 보기로 하겠다. 갑골문자의 고석 분야에 있어서는 나진옥・왕국유 외에도 적잖은 학자들이 공헌을 세운 바 있는데, 그들 중에서 가장 중요한 위치를 점하고 있는 학자로는 당란과 우성오를 꼽을 수 있겠다. 이 분야에 있어서 당란의 대표작은 《은허문자기殷墟文字記》(강의본 1934, 신판 1981)이고, 우성오의 대표작으로는 《갑골문자석림甲骨文字釋林》을 꼽을 수 있다. 갑골문자에 대한 단대 연구분야에 있어서는 동작빈의 학설을 보충하거나 수정한 것 가운데 주요한 것으로 호후선・진몽가・가이즈까 시게끼(貝塚茂樹)를 들 수 있다. 가이즈까의 대표작은 이또 미찌하루(伊藤道治)와 같이 쓴 논문 《갑골문단대연구법의 재검토》(《東方學報》京都, 第23期 1953)를 꼽을 수 있다. 진몽가의 연구성과는 그의 저서 《은허복사종술》에 포함되어 있다. 1970년대 말기에 연구를 시작한 이학근 등은 소남蕭楠 등과 더불어 〈역조복사歷組卜辭〉의 시대 문제에 관한 논쟁을 벌인 적이 있는데, 이 문제에 관해서는 아직도 결론을 내리지 못하고 있다. 하지만 갑골문의 단대에 대한 연구에 있어서는 매우 큰 촉매작용을 일으킨 셈이다. 그밖에 갑골복사의 문례文例・어법・역사・지리 등에 관한 문제를 연구하는 데 있어서도 적잖은 학자들이 성과를 거둔 바 있다. 갑골학에 관한 통론 성격의 저작으로는 진몽가가 지은 《은허복사종술》이 가장 중요한 것으로 꼽히고 있다. 갑골문자 자전 등의 공구서로는 왕양王襄(1876—1965)의 《보실은계류찬簠室殷契類纂》(1920, 增訂本 1929), 상승조商承祚의 《은허문자류편》, 손해파孫海波(1910—1972)의 《갑골문편甲骨文編》 그리고 이효정李孝定의 《갑골문자집석甲骨文字集釋》(1965) 등을 꼽을 수 있다. 일본인 시마 구니오(島邦男, 1907—1977)가 편찬한 《은허복사종류殷墟卜辭綜類》는 창조적인 성격을 띤 공구서이다. 이 책은 갑골문의 자형적 특색을 근거로 부수를 나누어 글자를 배열하였고, 극히 상용되던 일부의 글자들 외에도 매글자 아래에다 한결같이 갑골문의 원래 모양을 그려넣었으며, 다시 그 글자가 포함되어 있는 모든 갑골복사를 발췌하여 적어 놓으므로써 연구자들이 지극히 편리하게 사용할 수 있도록 꾸며 놓은 것이다. 곽말약이 주편을 맡고 호후선이 총편집을 맡아서 엮어낸 《갑골문합집》이 1979—1983년에 출판되었다. 이것은 대형 갑골문 저록서著錄書로서 전13책으로 되어 있으며, 총 4만여 편의 갑골을 수록하고 있다. 1970년대 이전에 저록된 것 가운데 연구할 가치가 있는 갑골문 자료는 대체로 모두 이 책에 수록되어 있다.

 은주시대의 청동기 명문에 대한 연구에 있어서는 곽말약 외에도 비교적 중요한 공헌을 세운 학자들로 당란・진몽가・양수달楊樹達・이학근・시라가와 시즈까(白川靜) 등을 꼽을 수 있다. 당란은 《주나라 소왕시대의 청동기 명각을 논함 論周昭王時代的靑銅器銘刻》(《古文字硏究》第2輯) 등의 논문을 남겼다. 진몽가의 주요 저작은 《서주동기단대西周銅器斷代》(《考古學報》第9册에서 1956年 第4期에 연재됨, 미완성)이다. 그리고 양수달의 주요 저작으로는 《적미거금문설積微居金文說》을 들 수 있다. 시라가와 시즈까는 《금문통석金文通釋》(1964—1984)을 저술하였다. 당란과 이학근은 서주 동기의 단대문제에 있어서 곽말약과는 차이가 매우 큰 견해를 제시하였다. 금문자전 등의 공구서 방면에 있어서는 용경의 《금문편》, 주법고周法高가 주편한 《금문고림金文詁林》(1975)·《금문고림부록》(1977)·《금문고림보》(1982)가 있다. 사회과학원 고고연구소가 편찬하고 있는 대형 금문 저록서인 《은주금문집성殷周金文集成》은 1만 건 이상의 청동기 명문을 수록할 예정인데, 그 중 제1책이 이미 1985년에 첫선을 보였다. 이 책이 모두 출판된다면 고문자 연구에 있어서 분명히 상당한 촉매작용을 할 것이 확실시된다.

은주시대의 어떤 갑골·청동기 및 기타 기물에 새겨진 것 중에는 6개, 혹은 3개의 자조字組로 구성된 일종의 부호들이 보이고 있는데 그 뜻이 무엇인지는 여태껏 확실히 해명되지 않았다. 장정랑張政烺은 《주대 초기 청동기 명문 중에 있는 역괘에 대한 시석 試釋周初靑銅器銘文中的易卦》(《考古學報》1980年 4期) 등의 논문에서 그것들이 역괘易卦라는 사실을 증명하므로써 고문자학상의 한 현안문제를 해결하였다.

민국시기와 중화인민공화국 건립 후에는 전국시대의 문자에 대한 연구가 점차 고문자학의 한 중요한 분야로 발전되었다. 1930년대에는 전국시대 문자를 연구함에 있어서 매우 유용한 고문자 자전 두 가지가 출판되었다. 나복이羅福頤(1905—1981)의 《고새문자징古璽文字徵》(1930; 1981년에 故宮博物院에서 편찬한 《古璽文編》은 이 책을 수정하여 만든 것임)과 고정룡顧廷龍의 《고도문읍록古陶文䰞錄》(1936)이 그러한 것이다. 1938년에 정복보丁福保(1874—1952)가 주편한 《고전대사전古錢大辭典》이 출판되었는데, 이 책은 전국시대의 화폐문자를 연구하는 데 많은 편이를 제공하는 것이다. 1940년대 초에는 장사長沙에 있는 전국시대 초楚나라의 무덤에서 근 1천여 글자가 씌어져 있는 백서帛書 한 건이 발견되었다. 이것은 전국문자를 연구하는 데 있어서 중요한 자료가 되는 것이다. 일찍이 1924년에 출판된 정불언丁佛言(1879—1930)의 《설문고주보보說文古籀補補》는 특별히 언급하고 넘어갈 만한 가치를 지니고 있는 것이다. 이 책에는 많은 전국문자가 풀이되어 있는데, 애석하게도 논증이 결핍되어 있으므로 말미암아 오랫동안 응분의 중시를 받지 못하고 있었다. 이 책보다 뒤에 나온 《고새문자징》이 이 책에 담겨 있는 성과를 흡수하지 못하였던 것이다. 1949년 이후에는 한편으로는 민국시기에 이미 튼튼한 기초가 닦여져 있으므로 말미암아, 또 한편으로는 초나라의 간책簡册 등 중요한 새로운 자료들이 끊임없이 발견되었으므로 말미암아 전국문자에 대한 연구는 신속히 발전되기 시작하였다. 주덕희朱德熙・요종이饒宗頤・이학근李學勤 등 많은 연구자들의 노력을 통하여 전국시대의 청동기・죽간竹簡・백서帛書・새인璽印・화폐貨幣・도기陶器에 새겨진 문자에 대한 연구가 상당한 성과를 거두게 되었다. 왕국유는 전국문자를 진국계통과 육국계통으로 양분하였다. 현재는 전국문자 연구가 이미 각 나라별로 나누어 연구하는 단계에 접어들었다. 이리하여 지금의 연구자들은 전국문자에 관한 이해가 과거에 비하여 훨씬 더 해박하게 되었다.

진나라와 서한 초기의 간독簡牘과 백서帛書에 대한 연구가 1949년 이후에 새로운 자료가 발견됨에 부수하여 흥기되기 시작하였다. 1970년대에 발견된 대량의 중요 자료들을 들어보자면, 운몽雲夢 수호지睡虎地의 진묘秦墓에서 발견된 죽간竹簡, 장사長沙 마왕퇴馬王堆의 한묘漢墓에서 발굴된 백서, 임기臨沂 은작산銀雀山의 한묘에서 발견된 죽간 등이 있다. 현재 이러한 자료들은 그 정리작업이 완전히 끝났거나 혹은 마무리 단계에 있고, 그 조사 보고서가 계속 발표되는 중이다. 그것 말고도 근년에 몇 가지 새로운 자료가 또다시 발견되었다고 한다. 아무튼 앞으로 이 방면의 연구작업이 크게 성행할 것임은 분명한 사실이다.

고문자 고석 방면에 관하여 마땅히 특별히 언급하고 넘어가야 할 사실이 한 가지 있다. 그것은 다름이 아니라 일찍이 1920년대에 출판된 다까다 다다지까(高田忠周)의 《고주편古籒編》(1925)이 그것이다. 이 책은 각종의 고문자들을 한데 모아서 고석한 것으로 내용이 방잡龐雜한 면이 있고 착오를 범한 곳도 비교적 많기 때문에 고문자학자들에 의하여 중시를 받지 못하였다. 사실 이 책에는 일부의 훌륭한 창견創見도 상당수가 들어 있다. 예를 들어, 당란은 《고문자학도론》에서 갑골문과 금문에 있는 〈⊕〉자를 〈무巫〉자라고 풀이하였는데(동책 pp.166—167) 일찍이 그보다 앞서 다까다 다다지까가 이 책에서 그렇게 고석하였던 것이다.(《고주편》卷8・7下)

끝으로, 이 시기에 있어서 고문자 연구가 이바지한 문자학상의 공헌에 관하여 간단히 언급하자면 대체로 다음과 같다.

2천년간이나 오랫동안 문자학계에 군림해온 육서설六書說은, 실제상에 있어서는 한대의 학자들이 주로 소전체 문자에 대한 그들의 이해를 토대로 건립한 것이기 때문에 그보다 오래된 조기 한자의 구조를 완벽하게 설명하기에는 부족한 점이 있는 것이다. 당란은 《고문자학도론》에서 〈상형象形〉·〈상의象意〉·〈형성形聲〉이라는 삼서설三書說을 주장하였다. 그리고 진몽가는 《은허복사종술》에서 〈상형〉·〈형성〉·〈가차假借〉라는 삼서설을 주장하였다. 그들의 주장은 육서설의 굴레를 뛰어넘은 것으로 문자학의 발전에 대하여 촉진작용을 일으켰던 것이다.

한자의 기원문제에 관하여 말하자면, 당란 등 고문자학자들은 과거의 몇 가지 불합리한 설법을 비판하기도 하였다. 1949년 이후 신석기시대의 도기상에 새겨진 부호가 대량으로 발견되었다. 특히 대문구문화大汶口文化의 상형부호가 발견된 것은 한자 기원문제에 관한 연구로 하여금 보다 더 깊이 있는 단계에 접어들도록 하였다.

《설문》에 있는 〈고문古文〉의 성질에 관하여 명확한 결론이 내려지므로 말미암아, 그리고 각종 고문자에 대한 연구가 날로 심화됨에 따라 고문자의 형체와 구조의 발전 변화과정이 갈수록 분명해지게 되었다. 1970년대에 진간秦簡 등 새로운 자료들이 발견되므로써 예서체의 형성에 대하여 이전보다 더 정확하게 이해할 수 있게 되었다. 이 시기의 고문자학자들은 《설문》의 전서 형체에 대하여, 그리고 허신이 자형을 분석하고 자의를 풀이하면서 범한 오류들을 이전보다 더 많이 지적해냈다. 애석하게도 이러한 방면에 있어서는 아직도 기왕의 성과를 총망라한 높은 수준의 전문서적이 세상에 등장하지 않고 있다. 고문자학은 전통문학의 개조과정에 있어서 매우 중요한 역할을 수행하였던 셈이다.

參考書目
唐　蘭 《古文字學導論》, 齊魯書社, 濟南, 1981.
李學勤 《古文字學初階》, 中華書局, 北京, 1985.　　　　　　　（裵錫圭）

한자漢字 | Chinese characters

한족漢族 사람들이 옛날부터 줄곧 그들의 말, 즉 **한어漢語**를 기록하고, 사상을 교류하는 데 사용한 도구로 쓰였던 한자는 한족의 조상이 생산노동과 실생활을 영위하는 가운데 자연스럽게 창조해낸 것이다. 지하에서 출토된 원고遠古시대의 문물을 통하여 고찰해 보건대, 한자는 기원전 3천년 이전 신석기시대에 이미 고안 사용되었던 것 같다. 한자는 일종의 음절문자로서 하나의 글자가 언어 중의 한 음절을 대표하고 있다. 한어는 단음절의 형태소 위주로 되어 있기 때문에 한자가 한어를 기록하는 데 적합하였던 것이다. 각각의 글자들은 모두 일정한 음의를 지니고 있다. 자형의 구조에 있어서는 반은 표의를, 반은 표음을 나타내는 형성문자가 가장 많아서 전체 한자의 80% 이상을 차지하고 있다. 한자는 본래부터 일정하고 엄격한 구조규칙을 지니고 있으며, 그 규칙은 자체적으로 완전한 계통성을 지니고 있다. 몇천 년에 걸친 중국사회의 발전과정에 있어서 한자는 한족인민을 단결시키고, 전민족의 경제・문화를 발전시키고, 국가의 통일을 공고히 하며 대외적으로 문화를 전파하는 등의 지극히 중대한 역할을 담당하여 왔다. **한어**의 방언이 여러 갈래로 분기되기는 하였지만, 한자로 써놓은 서면언어만큼은 남북 각지의 사람들 모두가 알아볼 수 있다. 비록 고금의 어음이 매우 큰 변화를 일으켰기는 하였으나, 상주시대의 고문과 진한 때부터 전해 내려오는 고서는 오늘날의 사람들도 해독 가능한 것이다. 여타의 민족들이 고안한 문자 중에는 이러한 것에 비견될 수 있는 것이 없다.

한자는 한어의 발전에 부수하여 발달하였다. 각시대마다 약간의 새로운 글자들이 출현하여 문자의 수가 날로 늘어났고, **자서字書**에 수록된 것만도 상당 수량에 달하였다. 그 중에는 케케묵은 폐자廢字와 **이체자異體字**도 매우 많았다. 실제상으로 우리들이 현재 통상적으로 사용하고 있는 한자의 수는 약 6,7천 자에 불과하며, 고대 서적들 가운데 등장하고 있는 글자의 수는 1만 5천 자 정도에 불과하다. 따라서 실제로 쓰지 않는 글자들은 폐지해 버려야 마땅할 것이다. 중국문자개혁위원회(현 國家語言文字工作委員會)에서 이체자와 인쇄용 글자에 대하여 세밀한 정리작업을 실시하므로써 문자의 사용이 편리하도록 규범화하였다. 앞으로 중국의 문화사업을 발전시키고 국제적 문화교류를 확대시키는 데 있어서 한자가 더욱더 큰 역할을 수행하게 될 것이다.

한자의 탄생: 한자는 지극히 유구한 역사를 지니고 있다. 한자가 황제黃帝의 사관史官인 창힐倉頡에 의하여 만들어졌다는 전설이 일찍이 전국시대 때부터 지금까지 전해지고 있다. 일설에 의하면, 창힐은 고대의 제왕이었다고도 한다. 이러한 종류의 전설은 단지 하나의 전설에 불과할 따름이므로 그리 믿을 만한 것이 못 된다. 왜냐하면 문자는 절대로 한 사람의 손에 의하여 만들어질 수 있는 성질의 것이 아니라, 사회문화가 일정한 단계에까지 발전하여 사실을 기록하는 데 필요한 문자가 있어야만 하는 시기에 사람들이 집단 생산노동을 하는 과정에서 자연 사물을 관찰함과 아울러 표달하고자 하는

사유내용을 토대로 창조해낸 것이기 때문이다. 그런 후에 다시 그것을 조금씩 더 완벽하게 보완하여 언어를 기록하는 도구로 발전시켰던 것이다. 한자는 번잡한 체계를 지니고 있는 것으로 보아, 상당히 장구한 시간을 거치지 아니하고는 성공적으로 창제되기가 불가능하였을 것이다.

한자가 탄생되기 시작한 시기는 단정하기가 매우 어렵다. 오늘날 볼 수 있는 것 중에서 가장 오래된 문자는 상나라 때 갑골에 새겨 놓은 문자와 청동기에 주조해 놓은 문자이다. 상대의 문자는 이미 상당한 수준으로 발달한 문자이므로 그러한 문자가 처음으로 만들어진 시대는 반드시 상대보다 훨씬 더 오래 전의 일이었을 것이다. 그렇다면, 하대夏代 혹은 그보다 더 일렀을 수도 있다. 지금으로부터 4,5천 년 전 이상일 것으로 추정되므로 마땅히 신석기시대에 해당할 것으로 보인다.

상대는 노예제사회이었고, 그 당시 이미 궁실성곽이 건축되었으며, 농업과 제도製陶·야련冶煉 등의 수공업이 발달하였다.

상나라 왕들은 점복占卜을 좋아하여, 제사祭祀·정벌征伐·전렵畋獵·농사 등의 일이 있으면 언제나 점을 쳐서 물어보았다. 점복에 사용한 주요 물건은 거북의 배뼈(龜腹甲)였고, 어떤 때에는 소의 어깨뼈(牛肩胛)를 사용하기도 하였다. 점복한 문사文辭를 귀갑수골龜甲獸骨에다 새겨 놓았다. 상대의 점복 갑골은 청대 광서光緒 25년(1899)에 하남성 안양安陽에서 서북쪽으로 5리쯤 떨어져 있는 소둔촌小屯村에서 발견되었다. 이 지역 일대가 은상殷商의 옛도읍지였다. 1928년 이후 다시 몇 차례의 발굴작업을 거쳐 찾아낸 갑골이 10만 편 이상이나 되었는데, 그 중 절대다수가 상조商朝 후기 반경盤庚이 도읍을 은殷으로 옮긴 이후에 만들어진 것이었으니, 대략 기원전 13세기에서 11세기에 해당하는 셈이다. 갑골에 새겨져 있는 문자를 일러 **갑골문**이라 한다. 갑골문자의 발견은 한자 탄생의 원초 상황에 대하여 보다 명확하게 인식할 수 있도록 하였다.

갑골 각사刻辭의 대부분은 점을 친 것에 관한 것인데, 어떤 사실을 기록한 것도 일부 포함되어 있다. 현재 판독 가능한 글자의 수는 2천여 자에 달하며, 판독이 되지 않은 글자도 상당수에 이른다. 이미 판독해낸 글자로 보건대, 한자가 그림[圖畵]에서 발전되어 온 것임은 매우 분명한 사실인 것 같다. 그림에서 필획이 단순한 문자로 변하고, 그러한 문자로부터 다시 진일보하여 대량의 새로운 글자들이 창제되었던 것이다.

갑골문은 이미 상당한 수준으로 발달한 문자였다. 그러나 갑골문에는 도화식圖畵式의 문자들이 매우 많이 있다. 그림으로 나타낼 수 있는 어떤 형체를 가진 실제의 물질에 대하여는 대개 도형圖形으로 표시하고 있다. 예를 들어 보자면 다음과 같은 문자들이 있다.

이상과 같은 몇몇 글자들이 표시하고 있는 것은 모두 간단한 그림으로 나타낼 수 있는 형태를 지닌 실물이다. 문자학에서는 이러한 류의 문자를 상형자象形字라고 한다. 이것은 비록 그림에 가까운 것이긴 하지만, 이미 하나의 단어를 표시하는 일종의 문자로 발달한 것이며, 그것의 필획은 선조식線條式으로 되어 있다. 그리고 단지 사물의 형상적 특징만을 표현해내므로써 그것을 보는 사람으로 하여금 그것이 무엇을 나타내는 글자인지를 한눈에 알아볼 수 있기만 하면 되었지, 그림같이 복잡하게 표현할 필요는 없었던 것이다. 예컨대, 〈ㄓ〉·〈ㄔ〉의 뿔의 모양이 서로 다른 것임은 매우 쉽게 분별해낼 수 있는 것이다. 그밖에도 몇몇 글자, 즉 〈ㄓ〉·〈ㄔ〉의 류는 가로로 쓰면 차지하는 공간이 너무 크므로 세로로 세워서 썼던 것이다. 이러한 사실은 갑골문자가 이미 그림 단계를 벗어나서 언어를 기록하는 진정한 문자로 발전된 것임을 설명해 주고 있다.

한 언어의 모든 낱말들이 그림으로 표현 가능한 구체적 형상을 지니고 있는 것은 결코 아니다. 예를 들어 갑골문에서는 수를 나타내는 말은 선조線條로써 수목數目을 표시하고 있다.

어떤 사물들은 표상表象으로 삼을 만한 실제의 외형을 보유하고 있지 않는

데 갑골문에서는 도형으로 표시하는 방법을 시도하고 있다. 예를 들자면 다음과 같은 것이 그러한 것들이다.

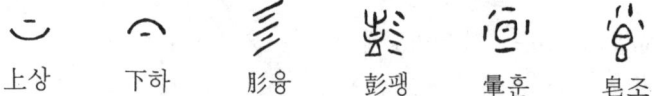

上상 下하 肜융 彭팽 暈훈 皂조

이들 글자는 모두 일종의 표의表意문자에 해당하는 것으로 점과 획을 이용하여 뜻을 나타내려는 것들이다. 위와 아래는 본래 그림으로 표시할 수 있는 형상을 지니고 있는 것이 아닌데도 〈一〉을 〈〜〉의 위와 아래에 그어 놓으므로써 사물이 놓여 있는 위치를 표시하였다. 〈肜〉자는 《상서尚書》에 나오는 〈고종융일高宗肜日〉의 〈肜〉자이다. 옛사람들은 제사를 지낸 다음날에 다시 지내는 제사를 융肜이라 하였다. 갑골문의 〈彡〉자는 바로 끊임없이 연속된다는 뜻을 표시하는 것이다. 팽彭자의 왼편은 북[鼓]이고, 오른편의 몇 개의 획이 표시하는 것은 북의 소리이다. 훈暈자의 경우 해[日]의 네 주위를 에워싸고 있는 몇 개의 획은 해 주위의 빛무리를 표시한다. 조皂자는 《설문》에 『곡식의 향기이다 穀之馨香也』라고 풀이되어 있다. 갑골문 〈皂〉는 식기食器를 표시하는 것인데, 그 위에 있는 몇 개의 점은 음식물의 향기를 나타내는 것이다. 이와 같은 류에 속하는 표의문자를 문자학에서는 지사자指事字라고 한다.

도형으로 표시된 사물의 명칭을 표시하는 낱말 이외에 동작을 나타내는 낱말들도 갑골문에서는 그림을 이용하여 표시한 예가 보이고 있다. 즉

出출, 从止从凵, 발이 凵(웅덩이)로부터 걸어나오는 것을 표시함.

步보, 从兩止, 두 발이 앞을 향하여 나아가는 것을 표시함.

陟척, 从阜从步, 두 발이 산을 오르는 것을 뜻함.

降강, 从阜从夅, 두 발이 높은 데에서 아래로 내려오는 것을 표시함.

墜타, 从阜从倒人, 한 사람이 산언덕에서 아래로 떨어지는 것을 표시함.

立립, 从大从一, 사람이 땅에 서 있는 것을 표시함.

至지, 从矢从一, 화살이 땅에 이르는 것을 표시함.

職직, 从耳从口, 귀로 듣고 있는 것을 표시함.

折절, 从斤从𣎵, 낫으로 나무를 자르는 것을 표시함.

隻(獲), 从又从隹, 손으로 새 한 마리를 잡고 있는 것을 표시함.

㝵(得), 从又从貝, 조개를 얻은 것을 표시함.

爲위, 从又从象, 코끼리를 잡아끄는 것을 표시함.

馭어, 从又从馬, 말을 부리는 것을 표시함.

牧목, 从攴从牛, 소 먹이는 것을 표시함.

伐벌, 从戈从人, 창으로 사람을 치는 것을 표시함.

이와 같은 글자들은 모두 회화의 형식을 빌어 두 개의 형체를 함께 조합한 표의문자인데, 문자학에서는 회의자會意字라고 한다.

이상에서 열거한 글자는 상형자·지사자·회의자에 속하는 것들이다. 이러한 글자들은 도형으로 표시한 것이라는 공통된 특징을 지니고 있다. 후에 자형이 전문篆文·예서隸書·해서楷書로 변하기는 하였지만, 처음부터 끝까지 원래의 도형적 기초를 상실하지 않았고, 표음문자로 변화하지도 않았다.

【한자 형체의 변천】 현재 우리들이 일상 쓰고 있는 모양이 규칙적이고 방정한 한자 자체字體를 해서楷書 혹은 정해正楷라고 부른다. 해서는 3,4세기 위진시대부터 형성되기 시작한 자체의 일종이다. 위진시대 이전, 즉 은상시대에서 진한시대에 이르기까지는 한자를 쓰는 방법에 있어서 매우 큰 변화가 있었다. 한자 형체의 변천은 주로 다음과 같은 3단계로 구분될 수 있을 것이다.

【상주시대의 고문자에서 진대의 소전에 이르기까지】 상대의 문자는 갑골복사와 청동기 명문에 보이고 있는데, 이러한 것들은 이미 그림단계에서 벗어나 필획이 간단하고 언어를 기록하는 일종의 부호 같은 면모를 보이고 있다. 그러나 그 중 상당수의 문자들은 표형표의상 그림의 형식을 그다지 멀리 벗어나지는 못하였다. 예를 들면

佳추　齒치　興흥　望망　竝병　逐축　男남

이 가운데 추佳·치齒자는 모두 상형자이다. 흥興자는 네 손으로 한 물건을 함께 들고 있는 꼴을 그린 것이고, 망望은 사람이 곧게 서서 멀리 바라보는 모양을 그린 것이고, 병竝은 두 사람이 나란히 서 있는 모양을 그린 것이고, 축逐자는 사람이 돼지를 쫓고 있는 모양을 그린 것이고, 남男자는 쟁기로 밭을 갈고 있는 모습을 그린 것이다.

주대에 이르러 청동기상에 새겨진 문자는 글자를 쓰는 방법에 있어서 갑골문과 매우 근사한 편이나 필획에 있어서는 다소 변화된 양상을 띠고 있다. 예를 들면

凵 : 丄 (止지)　　⺈ : 斤 (斤근)　　才 : 大 (豕시)

為 : 秦 (爲위)　　干 : 戈 (戈과)　　㕣 : 自 (自자)

虫 : 中 (女여)　　禾 : 禾 (禾화)　　㠯 : 貝 (貝패)

D : D (月월)　　令 : 令 (슈령)　　Ⅱ : 皿 (皿명)

　춘추말 전국초에 이르러서는 글씨를 쓰는 도구 중의 하나로 죽간竹簡과 사백絲帛이 사용되므로써 붓으로 글자를 쓰는 것이 가능하였으므로 더이상 칼로 새긴다거나 주조할 필요가 없어졌다. 따라서 문자의 사용이 날로 많아졌다. 이 때에 각나라의 문자들은 각각의 지방적 특색을 띠게 되었다. 진나라 사람들은 서주의 문자를 계승하여 필획이 번잡한 추세를 보이고 있었다. 그러한 예로 진秦 각석刻石(통칭 石鼓)을 들 수 있다. 이것은 이른바 대전大篆이라는 자체로 씌어진 것이다. 이에 반하여 동방에 위치한 여러 나라들의 문자는 간단하고 평이한 추세를 띠고 있었으며, 서주시대의 문자에 비하여 개변改變된 것이 비교적 많은 편이었다. 진나라가 육국을 무너뜨리고 통일 왕조를 건립하자 이사李斯가 문자를 통일할 것을 주장하여, 문자통일 정책을 실행에 옮겨서 진나라의 문자에 부합하지 않는 것을 모조리 없애 버렸다. 이로써 소전小篆이 나오게 되었다. 대전에 비하여 말하자면, 소전의 형체는 대전에 비하여 간단하고, 구조도 금문金文에 비하여 가지런하고, 쓰는 방법도 일정한 규범을 지니게 되었을 뿐만 아니라, 동일한 편방을 취하고 있는 여러 글자들에 있어서 그 편방을 쓰는 방법과 차지하는 비중이 모두 일정하였다. 이리하여 문자가 점차 체계화되는 길로 접어들게 되었던 것이다. 예를 들어 말하자면, 〈여女〉자를 편방으로 삼고 있는 글자들은 금문에서는 대체로 오른편에 위치하고 있고, 일부는 왼편에 위치하고 있는데 반하여, 소전에서는 일률적으로 왼편에 위치하도록 하였던 것이다. 또 〈언言〉자를 편방으로 취하고 있는 글자들은 금문에서 그 편방을 어떤 것은 오른쪽에 어떤 것은 왼쪽에 써놓아서 일정함이 없었다. 〈허許〉자·

〈諫〉자 같은 글자를 소전에서는 그 편방을 일률적으로 왼편에다 써놓고 있는 것이다. 또 금문에서 〈척彳〉과 〈지止〉를 편방으로 취하고 있는 글자들은 〈척彳〉은 왼편에 〈지止〉는 오른편 아래쪽에 써놓았다. 그런데 소전에서는 일률적으로 그것들을 하나로 합쳐서 〈辵〉모양으로 만들어 왼편에다 써놓았다. 진나라의 문자통일은 한자의 발전과정에 있어서 일대 진보를 가져왔다. 소전은 상주商周문자에서 발전되어 온 것이다. 소전이 나오기 이전까지가 하나의 큰 단계로 분류되고 있다.

【진한시대의 예서】 예서는 간략한 전서에서 점차 발전되어 이루어진 것이다. 전국시대의 병기兵器문자는 이미 간략화 추세를 띠고 있었다. 진나라 때에 전서와 근사한 예서가 나오기 시작하였고, 이 예서는 민간에서 사용되고 있었다고 한다. 한대에 이르러 예서가 부단히 발전되었다. 전서에 가까운 형체에서 전서와는 완전히 다른 것으로 발전되어 마침내 일상생활에 응용되는 서체로 활용되기에 이르렀다. 예서가 전서와 다른 점은 다방면에 걸쳐 고찰될 수 있다. 대체로 세 가지 방면으로 나누어 보자면 다음과 같다. ①필획의 간략화 : 이를테면 〈언言〉·〈착辵〉·〈부阜〉자를 편방으로 취하고 있는 글자들이 그러하다. ②구조적 변모 : 〈진晉〉·〈진秦〉·〈조曹〉·〈춘春〉자 등의 윗부분은 모두 전서와 다르다. ③전서의 굽은 필획을 곧게 또는 네모지게 바꾼 것 : 〈월月〉·〈목木〉·〈문文〉·〈육六〉·〈여女〉·〈대大〉·〈갑甲〉·〈유有〉·〈이以〉 등이 모두 그러한 것이다.

예서의 출현은 한자가 번잡한 것에서 간단한 것으로 일대의 발전을 초래하였다. 예서는 전서를 해부하여 문자로 하여금 도화圖畵적 성질을 완전히 벗어나서 쓰기 편리한 부호로 발전하게 되었다. 그리고 문자가 대중화되는 방향으로 이끌었고 사회생활 가운데 더욱더 큰 이바지를 할 수 있도록 하였다. 동한시대 이후 종이가 이미 대량으로 생산되어 문자를 쓰는 것이 더더욱 편리해졌다. 이로 인하여 예서의 필획 모양이 파절형波折形을 띠게 되었고, 전체 모양도 전서와는 크게 다른 양상을 띠게 되었던 것이다. 동한시대에는 해예楷隸에 능한 많은 서예가들이 등장하였다.

한대에 예서가 막 발전될 무렵에는 또 **초서草書**가 등장하기도 하였다. 초서는 초솔草率(빠르게 휘갈겨 쓴)한 예서이다. 한위漢魏시기에 통용된 것을 장초章草라고 한다. 한나라 말기에는 해예에서 간화한 **행서行書**가 등장하기도 하였다. 동진東晉시기에는 또 금초今草가 나왔다. 이로써 실용상의 편이를 도모하기 위하여 새로운 서체가 끊임없이 출현하였음을 알 수 있을 것이다. 하지만 초서는 전체적인 모양이 예서와 유사한 것만을 추구하였기 때문에 일반 사람들이 쉽게 알아볼 수 없었고, 행서도 갈겨 쓰는 편이었던 까닭에 해법楷法이 점차 많은 사람들에 의하여 호응을 얻게 되었다.

【위진 이후의 정해正楷】〈해楷〉는 본보기라는 뜻이다. 한대에 해예楷隸가 나온 이후 위진시대에 이르러서는 정서正書가 등장하였다. 정서는 진서眞書라고도 불린다. 이 자체는 해예에 비하여 다른 점을 지니고 있다. 파세波勢가 감소하였고, 필획도 평이平易 원전圓轉한 추세를 보이고 있다. 그런 까닭에 당대唐代 이후 줄곧 통상적인 글자체로 쓰여 왔던 것이다.

이상에서 서술한 것을 종합해서 말하자면, 한자의 형체 연변은 상주시대의 고문자에서 소전에 이르는 것을 제1기로, 그리고 소전에서 예서로 발전한 것을 제2기로, 예서에서 다시 해서로 발전한 것을 제3기로 각각 구분되어진다. 전체적인 추세는 번잡하고 어려운 것에서 간단하고 쉬운 방향으로 변모하였던 것이다. 문자는 그 사용에 있어 가급적이면 쓰기 쉬운 것이면 되었지 표의表意 문제에 더이상 얽매일 필요가 없었던 것이다.

한자의 구조

한자의 외형은 옛날부터 지금까지 줄곧 네모꼴의 형태를 유지하고 있다. 그 중 어떤 것은 **독체자獨體字**이고, 어떤 것은 **합체자合體字**이다. 독체자의 내원來源은 도화식의 상형자와 지사자이고, 합체자는 독체자를 기초로 구성된 것으로서 회의자와 형성자를 포괄한다. 전체 한자 가운데 독체자는 매우 적고 합체자가 90% 이상을 차지하고 있다. 합체자 중에서는 형성자가 절대다수를 차지하고 있다.

합체자는 이미 만들어진 두 개의 글자를 하나로 조합한 것인데, 그 조합형식은 주로 다음의 두 종류가 있다. 좌우로 배열한 형식이 하나이고, 다른 하나는 상하로 조합한 형식이 그것이다. 형성자의 구조는 반은 형방形旁이고 반은 성방聲旁으로 되어 있다. 형방은 뜻을 표시하고 성방은 음을 표시하는 것이다. 형방과 성방이 차지하고 있는 위치는 다음의 여섯 가지 종류가 있다.

① 좌형우성 : 組・紅・語・提・伍・校・忙・江・城・附・唱・鯉・舫・狗・炬・神・迷・距

② 좌성우형 : 放・和・鴨・視・收・頸・翅・部・勃・額・劑・救・谿・欽・敲

③상형하성 : 簡·花·室·草·定·覆·冕·岑·星·露·薇·芩·蓬·霜·箱·炭·廉
④상성하형 : 吾·常·裂·帛·含·盟·婆·斧·忽·摩·費·翡·恭·貢·忌·烹·謦·駕·密·努
⑤외형내성 : 匡·衷·痕·病·廢·閨·弻·街·圃·匐
⑥외성내형 : 聞·悶·辨·問·贏

이렇듯 각기 다른 양상을 보이고 있는 것이다. 처음에는 글자를 쓰는 데 있어서의 편리함과 형식상의 아름다움을 도모하다 보니 형방과 성방의 위치가 저마다 달라졌다가, 후에 가서는 동일한 형방을 취하고 있는 글자들 대부분이 일정한 격식을 갖추게 되었다. 예컨대〈亻·口·彳·氵·火·木·扌·土·犭·衤·糹·禾·米·虫·酉·足·玉·巾·衤·日〉등의 형방을 취하고 있는 글자들은 일반적으로 그 형방이 왼편에 위치하고 있고,〈力·攴·殳·見·刂·戈·頁·欠·瓦·鳥·斤〉등의 형방은 모두 오른편에 위치하며,〈艹·穴· ·竹·雨〉등의 형방은 모두 위쪽에 위치하며,〈皿·子·心·灬(火)·黽〉등의 형방은 모두 아래쪽에 위치한다. 이들 각각의 형방은 자형구조 가운데 위치한 자리가 보기에는 흡사 복잡한 것 같지만, 실제로는 일정한 규칙을 지니고 있으므로 글자의 판독과 쓰기 두 방면에 걸쳐서 모두 상당한 편이를 제공하고 있다. 이러한 구조형식은 진한시대의 전서篆書에서부터 고정적인 양상을 보였다. 글씨를 쓰는 필획의 순서도 반드시 왼편에서 오른편으로, 위에서 아래로, 바깥부분에서 안쪽으로 쓰는 것이 원칙으로 되어 왔기에 아무렇게나 함부로 쓰여서는 안 되는 것이다.

| 한자와 한어와의 관계 | 한자는 일종의 표의주음表意注音적 음절문자로서 각 한자마다 언어 중의 한 음절을 대표하고 있다. 상고시대의 한어에는 단음절어도 있고 쌍음절어도 있었지만, 그래도 역시 단음절어가 주종을 이루고 있었으므로 하나의 한자가 곧 하나의 낱말[詞]인 셈이었다. 한대 이후로 쌍음절사가 점차 증가되었고, 그러한 추세가 현재까지도 지속되어서 현대 한어에 있어서는 쌍음절어나 다음절어가 주종을 이루게 되었다. 이렇듯 언어 내부에서의 대부분의 낱말은 두 개, 혹은 그 이상의 글자로써 표시할 필요성을 지니고 있는 것이다. 그렇기 때문에, 하나의 글자가 곧 하나의 낱말이라는 등식이 반드시 성립되는 것은 아니었다. 하나의 글자가 단지 한

낱말의 사소詞素(語素라고도 함)일 따름인 동시에 전체 낱말 중의 한 음절을 대표할 뿐이다.

한자는 비록 음절문자이긴 하지만, 모든 한자 그 자체가 어음을 확실하게 표시하는 기능을 지니고 있는 것은 아니다. 한자 가운데 상형자인 표의자, 예컨대 산山·수水·수首·목目·대大·문文·경京·방方·주走 등은 모두 표음기능을 보유하고 있지 않는 글자들이다. 형성자는 그 반이 형방이고 반은 성방으로 구성된 것으로서, 소리를 표시하는 부분의 음이 그 글자의 음과 동일한 것이 과연 적지 않다. 그러나 서로 다른 것도 매우 많다. 예컨대 사詞·자資·당堂·두杜·탕湯·탕蕩·흔欣·한汗·도都·순循 등은 성방의 음과 그 글자 자체의 음을 비교해 보면 모음은 상동하지만 자음은 다른 것이다. 그밖에 척滌·쇄灑·잉仍·특特·조雕·응凝 등은 성방의 음과 그 자체의 음이 완전히 다른 것이므로 성방으로 미루어 보아서는 그 독음을 알아내기가 매우 어려운 것이다. 성방이 표음기능을 상실하기도 하였다.

성방의 음과 그 글자 자체의 음이 일치하지 않는 원인은 대체로 두 가지 형태가 있다. 한 원인은 고금古今의 음이 달라진 데 기인한 것이다. 고대에는 원래 음이 같았지만, 시대적 변천으로 말미암아 어음체계도 변화되어 독음이 달라지게 되었던 것이다. 예를 들어 〈포鋪〉의 성방은 〈보甫〉인데, 〈鋪〉와 〈甫〉는 고음의 모음母音은 같은 것이다. 〈결結〉의 성방은 〈길吉〉인데, 〈結〉과 〈吉〉은 고음의 자음은 같다. 단지 이러한 글자들의 금음今音이 다를 따름이다. 다른 한 원인은 당시 사람들이 글자를 만들 때 성방과 그 글자 자체의 음이 본래 다르더라도 서로 비슷하기만 하면 무방하게 생각하였던 데 기인하는 것이다. 예컨대 〈호浩〉자의 성방은 〈고告〉이고, 〈취聚〉자의 성방은 〈취取〉이며, 〈난暖〉자의 성방은 〈원爰〉이고, 〈채蔡〉자의 성방은 〈제祭〉이고, 〈사似〉자의 성방은 〈이以〉이며, 〈추樞〉자의 성방은 〈구區〉이고, 〈천喘〉자의 성방은 〈단耑〉인 류의 글자들이 그러한 것이다. 따라서 한자 가운데 형성자가 대다수를 차지하고 있기는 하지만 자형상에 표시되어 있는 성방의 음이 실제 언어상의 음과 완전히 부합하는 것은 아니며, 그것의 표음작용도 그다지 명확한 것은 아니다. 한자는 본래부터 명확한 표음기능을 지니고 있는 것이 아니며, 그 각각의 글자들은 단지 자전에 달려 있는 독음에 따라 읽을 수밖에는 별도리가 없다.

한어는 지극히 풍부한 낱말을 보유하고 있었는데 반하여 고대에는 글자가 적었으므로 하나의 글자가 여러 가지의 뜻을 함유하고 있었다. 바꾸어 말하자면 하나의 글자가 수 개의 낱말을 대표하는 것이었다. 또한 하나의 글자가 수 개의 독음을 지니는 현상도 많았다. 예를 들어〈說〉(설・세・열)자는 세 가지 독음—yuè・shuō・shuì—을 지니고 있고, 세 가지 뜻—〈기쁘다〉・〈말하다〉・〈유세〉—을 보유하고 있다. 기쁘다라는 의미가 하나의 낱말이 되고,〈말하다〉・〈유세〉이 두 가지 의미도 각각 하나의 낱말이 된다.〈졸卒〉자는 두 가지 음—zú・cù—을 가지고 있다. zú는〈병졸〉이라는 의미를 나타내고, 또〈마치다〉・〈죽다〉라는 의미도 지니고 있다. cù는〈갑자기〉라는 의미이다.〈병졸〉이 하나의 낱말인 것과 마찬가지로〈마치다〉・〈죽다〉도 각각 하나의 낱말이 되며,〈갑자기〉도 하나의 낱말인 것이다.〈피麗〉자는 pí라는 음과 bà라는 음이 있다. pí음은〈피폐하다〉는 뜻이고, bà음은〈그만두고 쉬다〉는 뜻으로 각각 하나의 낱말이 되는 것이다.〈행行〉은 xíng과 háng이라는 두 개의 음을 가지고 있다. xíng은〈걸어가다〉는 뜻이고, háng은〈항렬〉이라는 뜻이다.〈가賈〉자는 gǔ와 jiǎ라는 두 개의 음과〈장사하다〉와〈가치〉라는 두 가지의 뜻을 지니고 있다. 또〈유遺〉자도 yí・wèi라는 두 개의 음과〈남겨 주다〉・〈(먹을 것을) 선사하다〉라는 두 가지 의미를 지니고 있다. 이상에서 열거한 것들은 모두 하나의 글자가 여러 가지 의미를 지니고 있는, 즉 일자다의一字多意 현상의 예이다. 옳은 뜻과 음을 분간해내기 위해서는 앞뒷말에 의거하여 단정할 수밖에는 별다른 방법이 없는 셈이다. 이러한 현상은 문자와 어음이 서로 일치하지 않기 때문에 야기된 것이다.

한자는 언어를 기록함에 있어 각각의 글자들마다 모두 일정한 규정적(約定俗成) 용법을 지니고 있다. 한자 중에는 동음자 또한 무수히 많다. 고대의 문헌에서 이미 통용된 바 있는 동음가차자同音假借字가 줄곧해서 그렇게 연용沿用되는 것 이외에는 함부로 마구 써서는 안 되는 것이다. (음이 같은 글자를 혼동하여) 잘못 쓴 경우를 바로〈백자白字〉를 썼다고 말한다. 예를 들어 말하자면, shi라는 음은 아래에 열거한 낱말들에 보이고 있다. 城市(도시)・表示(표시하다)・戰士(병사)・方式(방식)・考試(시험)・敎室(교실)・形勢(형세)・解釋(풀이)・裝飾(장식하다)・合適(적합하다)・事情(일)・世界(세계). 이러한 각각의 낱말들마다 모두 일정한 쓰기체계(문자)를 지니고 있고, 그 중 각각의 글자들은 모두 하나의 낱말조합(詞組)의 일부분이다. 그것들은 또 많은 상관낱말과 관계를 맺고 있어서 스스로 하나의 조합을 이루고 있기 때문에 잘못 쓰면 안 되는 것이다. 예를 들어〈시市〉자는 城市(도시)라는 낱말을 구성하는 것 말고도〈도시都市〉・〈시장市場〉・〈시정市井〉・〈시가市價〉등 일련의 낱말을 구성한다. 이러한 까닭에 한어의 어음계통은 비록 복잡하지 않지만, 문자는 수

천수만 가지로 갈라지는 것이다. 하나의 글자가 하나의 사소詞素가 되어 하나의 낱말을 구성하고, 각각의 글자들마다 본래부터 일정한 의미를 부하받고 있으며, 각낱말들을 어떻게 쓰느냐 하는 문제는 글자의 뜻과 낱말의 뜻에 의하여 제약을 받고 있기 때문에 아무렇게나 쓰면 안 되는 것이다.

한자는 언어를 기록하는 가운데 적지 않은 고금자古今字와 이체자異體字를 낳게 되었다. 예를 들어 酒(灑)·兒(貌)·罷(疲)·辟(闢)·莫(暮)은 고금자에 속하는 것이며, 泄(洩)·窺(闚)·迹(跡)·懶(嬾)·轄(鎋) 등은 이체자에 속하는 것이다. 동일한 낱말임에도 여러 개의 형체를 지니고 있는 경우도 있는 바 〈箇〉·〈個〉·〈个〉·〈泛〉·〈汎〉·〈氾〉 등이 그러한 예이다. 문자를 규범화하기 위해서 불필요한 이체자들을 앞으로는 더이상 사용하지 않아야 할 것이다.

한자의 증가와 간화

한자는 이미 상나라 때에 상형자·표의자 이외에도 형성자와 가차자도 쓰이고 있었다. 상형자와 표의자는 형을 위주로 한 것이고, 형성자와 가차자는 음을 위주로 한 것이다. 언어와의 조화를 위하여 표음기능은 한자 발전의 필연적 추세이었으므로, 글자를 새로이 만들어냄에 있어서 주나라 때 이후로는 형성자가 주종을 이루게 되었던 것이다. 언어는 사회·정치·경제·문화·과학의 발전에 부응하기 마련이어서 낱말들이 끊임없이 증가되었고, 문자 또한 이에 부수하여 날로 증가하여 복잡다단한 하나의 문자체계를 형성하게 되었다.

진대에 나온《창힐편倉頡篇》·《박학편博學篇》·《원력편爰歷篇》에 씌인 글자를 모두 합치면 3300자 정도이고, 한대에 양웅揚雄이 지은《훈찬편訓纂篇》에는 5340자, 허신이 지은《설문해자》에는 9353자(《重文》을 포함하지 않은 숫자임)가 실려 있다. 진송晉宋 이후에는 문자가 다시 날이 갈수록 증가하였다. 당나라 사람인 봉연封演이《문견기聞見記·문자편文字篇》에 기록한 것에 따르면 진晉나라 여침呂忱이 지었다고 하는《자림字林》에는 1만 2824자, 후위後魏 사람 양승경楊承慶이 지은《자통字統》에는 1만 3734자, 양梁나라 고야왕顧野王이 지은《옥편玉篇》에는 1만 6917자, 수隋나라 육법언陸法言이 지은《절운切韻》에는 1만 2158자가 각각 실려 있는데, 이들 책에 수록된 글자는 모두 일만 수천 자에 달하고 있다. 당대에 나온 손강孫强의 증자본增字本《옥편》에는 2만 2561자가 수록되어 있다. 송대에 사마광司馬光이 편수한《유편類篇》의 수록 글자수는 3만 1319자에 달하고 있고, 청대에 나온《강희자전康熙字典》은 4만 7천여 자에 이르렀다.

자서 중에 등장하는 문자의 수량이 증가한 것은 각시대에 탄생된 문자가 누적되어 온 것에 연유하는 것이다. 각시대마다 새로운 낱말들이 적잖이 생겨났고, 이에 따라 많은 형성자를 만들어내게 되었으니 글자의 수가 자연히 증가하기 마련이었다. 뿐만 아니라 문자를 사용함에 있어서도 여러 가지 상황에 따른 이체자와 파생된 글자가 많이 생겨나게 되었다. 형체를 달리하는 글자는 다음과 같은 몇 가지 종류가 있다.

① 옛부터 전해오는 고문기자古文奇字 : 《설문해자》에 수록되어 있는 것으로 예를 들어보자면 다음과 같은 것들이 있다. 〈儿〉은 〈人〉자의 고문기자이고, 〈无〉자는 〈無〉자의 기자奇字이다. 〈礼〉(禮)·〈眂〉(視)·〈夥〉(多)·〈愳〉(懼) 등은 고문이고, 〈雱〉(旁)·〈隊〉(地)는 주문籒文이다.

② 이체자異體字 : 〈鶏:雞〉·〈譃:憍〉·〈逞:趚〉·〈踣:趌〉·〈呧:詆〉·〈谿:溪〉·〈偪:逼〉·〈脣:唇〉 등의 글자는 형방이 다른 것이고, 〈枹:桴〉·〈詾:訩〉·〈肶:肢〉·〈艣:觥〉·〈悑:怖〉·〈榴:抽〉·〈澂:澄〉·〈礳:磨〉 등은 성방이 다른 것이지만, 음과 뜻은 서로 같은 것이다. 이러한 종류의 이체자는 특히 많다.

③ 고금자古今字 : 동일한 의미를 가진 글자이면서 고금의 글자 모양이 다른 것을 고금자라고 하는데, 금자는 고자에다 편방을 첨가하여 만들어진 것도 있고, 혹은 고자와는 별개의 글자인 경우도 있다. 예를 들면 〈从⇒從〉, 〈辰⇒派〉, 〈寽⇒捋〉, 〈俶⇒敝〉, 〈開⇒淵〉, 〈鬻⇒煮〉, 〈爩⇒燭〉, 〈黽⇒蛙〉, 〈黿⇒蛛〉, 〈䰇⇒釜〉, 〈羴⇒膻〉, 〈次⇒涎〉, 〈汙⇒泗〉이다. 이러한 각조의 글자들은 음과 뜻은 완전히 같은 것이다.

④ 속체자俗體字 : 민간에 흔히 유행되고 있는 수사체手寫體의 글자가 각기 다른 경우가 많다. 예컨대 〈煞〉(殺)·〈柒〉(漆)·〈吊〉(弔)·〈头〉(頭)·〈楞〉(棱)·〈誓〉(辯)·〈悥〉(憂)·〈泪〉(淚) 등이 그러한 것들이다. 이상의 이체자들은 자서에서 매우 큰 비중을 차지하고 있다.

문자가 대대로 사용되어 오는 중에 편방을 첨가시킨 별도의 글자가 쓰이게 된 경우가 있었다. 이러한 류의 일부는 속체자에 속하는 것이다. 예컨대 〈棟樑〉(마룻대와 들보)의 〈樑〉, 〈水菓〉(과일)의 〈菓〉, 〈笤箒〉(빗자루)의 〈箒〉 등은 형방을 쓸데없이 첨가시켜 놓은 것인 바, 그것은 마땅히 쓰지 않아도 될 것이다. 다만, 어떤 것들은 원래부터 있던 글자는 별개의 낱말에 충당되어 원래의 조자造字 의도와는 전혀 무관하게 되었기 때문에 본래의 글자에다 편방을 첨가하여 원래 그 글자의 의미를 대표시키게 된 경우도 있다. 이러한 글자는 문자학상 **후기본자後起本字**라고 불리는 것이다. 예를 들어 〈莫〉의 본래 의미는 〈해가 지다〉는 것인데, 〈없다〉라는 의미로 쓰이게 되므로 말미암아 그 본의 本義에 충당하고자 다시 〈暮〉자를 만들어내게 되었던 것이다. 〈暴〉자의 본의는 〈햇볕을 쬐다〉는 것인데, 그것이 〈포학하다〉는 의미로 쓰이게 되자 본래의 의미를 가진 글자로 〈曝〉자가 만들어졌다. 또 〈須〉자의 본의는 〈수염〉인데, 그것이 〈반드시〉라는 뜻으로 쓰이게 되어 다시 〈鬚〉자를 만들어 〈수염〉이라는 뜻에 충당하였던 것이다. 〈韋〉자의 본의는 〈주위를 둘러싸다〉는 것인데, 그것이 〈피혁〉이라는 의미로 쓰이게 되자, 다시 그 본의를 위해서 〈圍〉자가 만들어지게 되었다. 〈然〉자의 원래 의미는 〈불태우다〉는 것인데, 그것이 〈그러하다〉는 의미로 쓰이게 됨에 따라 새로 〈燃〉자를 만들어냈다. 또 어떤 글자들은 인신의引伸義를 가지고 있다가 그 원의가 더이상 쓰이지 않게 되어, 인신의가 통상적으로 널리 쓰이게 되므로 말미암아 편방을 새로 첨가하여 그 원의에 충당한 경우도 있다. 이를테면, 〈監〉자의 원의는 〈사람이 몸을 구부려 수면 속의 자기 모습을 들여다보다〉는 것이고, 인신의는 〈감찰하다〉·〈감독하다〉는 것인데, 통상 그것의 인신의가 널리 쓰이고 원의로는 쓰이지 않게 되어 다시 〈鑑〉자를 만들어내게 되었던 것이다. 〈益〉자의 원의는 〈그릇으로부터 물이 넘쳐 나오다〉는 것이고, 인신의는 〈불어나다〉·〈유리하다〉 등의 의미였는데, 원의로는 쓰이지 않게 되자 새로 〈溢〉자를 만들어 그러한 의미로 썼던 것이다. 〈原〉자의 원의는 〈수원水源〉이고, 그것이 인신되어 〈원시〉·〈본래〉 등의 의미를 가지게 되었는데, 원의가 쓰이지 않게 됨에 따라 새로 〈源〉자를 만들어 쓰게 되었던 것이다. 이상 예로 든 글자들은 모두 후기본자後起本字라고 불리는 것들이다.

　그밖에도 한자의 발전과정 중에 뜻이 비슷하고 음이 같거나(義近音同), 혹은 음도 비슷한 분별자分別字라는 것이 생겨났다. 이를테면 〈輓〉자는 〈수레를 앞에서 끌다〉는 의미인데, 일반적으로 〈끌다〉는 의미를 위하여 이것과는 별도로 〈挽〉자를 만들었다. 〈版〉은 〈도판圖版〉·〈판축版築〉이라는 의미로 쓰이고, 〈목판〉·〈철판〉이라는 의미로는 〈板〉자를 별도로 만들어 쓰게 되었다. 〈稱〉은 〈저울질하다〉·〈무겁고 가벼움을 가늠하다〉는 의미를 지니고 있다. 그런데 〈경중을 가늠하는 도구〉라는 의미를 위해서 따로 〈秤〉(음은 chèng)자를 만들어냈던 것이다. 〈受〉자는 〈주고받다〉(授受)는 의미인데, 〈다른 사람에게 주다〉는 의미로는 따로 〈授〉자를 쓰는 것이다. 〈知〉자는 〈알다〉·〈명백하다〉는 의미를 가지고 있는데, 〈총명하고 지식이 있다〉는 의미로는 〈智〉(음은 zhì)자를 쓴다. 이러한 것이 바로 분별자이다.

이러한 현상들로 보건대, 역사가 흐를수록 한자의 수량이 날로 많아진 것은 각시대마다 새로운 낱말들이 증가함에 부응하기 위하여 새로운 글자를 만들어 낼 필요가 있었기 때문이었다. 또 하나의 이유를 생각해 볼 것 같으면, 대량의 이체자와 속체자가 등장하고 편방을 첨가시키는 방법을 통하여 새로운 의미를 표현하는 파생자를 출현시키므로써 한대 이후로 자서에 수록된 글자의 수가 날로 많아졌던 것이다. 그러나 일상적인 문자생활에 필요한 글자의 수는 단지 6,7천 자에 불과할 따름이다.

한자가 언어를 기록하는 데 필요한 부호로 쓰인다는 사실에 입각하여 보자면, 곁가지같이 뻗어나온 이체자들은 반드시 없애 버려야 마땅할 것이다. 그러한 취사선택의 표준은 간단하고 편리해야 한다는 것과 아울러 일반 사람들에 의하여 널리 받아들여진 규범에 부합하여야 한다는 것이다. 이에 따라 고자古字를 버리고 금자今字를 쓰고, 번잡한 이체자를 취하지 아니하고 쉽고 간편한 글자를 취하여야 할 것이다. 번잡한 것에서 점차 간화되는 것이 한자 형체발전의 규칙이다. 상대에서 근대에 이르기까지 줄곧 그러한 추세를 보여왔다. 전서에서 예서로 바뀐 것이 바로 첫번째의 대변혁이었다. 예컨대 〈泰〉·〈春〉·〈奉〉이 세 글자의 머리부분은 전서에서는 각각 달리 쓰는 것이었다가 예서에 와서는 별차이가 없게 되었다. 또 〈心〉자가 어떤 글자의 왼편에 쓰일 때 해서에서는 일괄적으로 〈忄〉로 쓰는 것과 〈火〉자가 어떤 글자의 아래쪽에 쓰일 때 해서에서는 모두 〈灬〉로 쓰는 것은 의도적인 간화이었다. 각시대마다 행서·초서로부터 받은 영향으로 말미암아 등장한 간체자는 이루 다 가려낼 수 없을 만큼 많은 실정이다. 예컨대 〈斷〉을 〈断〉으로, 〈牀〉을 〈床〉으로, 〈莊〉을 〈庄〉으로, 〈潛〉을 〈潜〉으로, 〈條〉를 〈条〉로, 〈備〉를 〈俻〉로, 〈憐〉을 〈怜〉으로 쓰는 류는 수당시대 이래 이미 민간에 유행되었던 것들이다. 그러므로 한자의 형체구조 방식과 표음작용에 부합하고 또 조리에 맞는 간체자는 글자의 식별과 일상 문자생활에 유리한 것이었다. 하지만 그러한 것이 약정속성約定俗成이라는 원칙에 위배되면 안 된다. 글자의 모양을 자기 마음대로 쓰거나, 함부로 쓴다면 문자가 가지고 있는 사상교류의 도구적 작용을 상실하게 될 것이다. **중국문자개혁위원회**에서는 이체자를 정리하고 간화자를 제정하는 데 있어서 이미 많은 일을 수행한 바 있는데, 그러한 작업이 한자의 규범화에 대하여 매우 중대한 작용을 일으키게 될 것이다.

參考書目

徐中舒 主編 《漢語古文字字形表》, 四川人民出版社, 成都, 1981.
顧野王 編 《玉篇》, 張士俊澤存堂刻本.
張參 編 《五經文字》, 唐開成石經本, 商務印書館 《叢書集成》本.
唐蘭 《中國文字學》, 古籍出版社, 上海, 1979. 　　　　　　　（周祖謨）

독체자獨體字 | single characters

독체자란 것은 단지 하나의 형체만으로 구성되어 있는 **한자**를 지칭하는 말이다. 다시 말하자면, 두 개 혹은 두 개 이상의 형체로 조합된 것이 아니라는 것이다. 이러한 종류의 한자는 대체로 간단한 상형자나 표의자에 속하는 것들이다. 이러한 글자는 도화에서 연변되어 온 것인 까닭에 그 각각의 글자가 하나의 최소단위가 되는 것이다. 이를테면 日·月·山·水·牛·羊·犬·隹·人·止·子·戈·矢 등이 모두 독체 상형자에 속하는 것이고, 天·立·上·下·一·二·三·亖(四)·企·見·臥 등이 모두 독체 표의자에 속하는 것이다.

독체자는 현재 사용중인 한자 가운데 차지하는 비중은 매우 작다. 대다수의 한자는 두 개 혹은 그 이상의 형체로 조합된 합체자이다. 독체의 상형자와 표의자는 합체자를 구성하는 기초단위가 된다. (참고 〈合體字〉) 　　（周祖謨）

합체자合體字

합체자란 두 개 혹은 그 이상의 글자로 조합된 **한자**를 말한다. 합체자는 두 종류가 있다. 하나는 조합된 두 개의 요소에 그 글자의 뜻이 나타나 있는 것으로, 예를 들어 〈벌伐〉자는 〈인人〉·〈과戈〉라는 두 개의 형방으로 조합되어 창(戈)으로 사람(人)을 벌한다는 뜻을 표시하고, 〈취取〉자는 〈우又〉·〈이耳〉라는 두 개의 형방으로 조합되어 한 사람을 붙잡다라는 뜻을 표시하고 있다. 그리고 〈휴休〉자는 〈인人〉·〈목木〉이라는 두 개의 형방으로 구성되어 사람이 나무에 기대서 있다는 뜻을 암시하고 있는 것이다. 이러한 류의 글자를 문자학에서는 회의자會意字라고 한다. 또 하나의 것으로는 두 개의 글자가 하나로 조합되어 있고, 그 중 하나는 의류義類를 표시하고 다른 하나는 자음字音을 나타내는 것을 말한다. 예를 들자면 〈하河〉는 강의 이름으로 형방 〈수水〉와 성방 〈가可〉로 구성되어 있으며, 〈장張〉자는 화살을 펴는 것을 지칭하며 형방 〈궁弓〉과 성방 〈장長〉으로 조합되어 있다. 그리고 〈경經〉자는 날줄[經線]을 말하는 것으로 형방〈사糸〉와 성방〈경巠〉으로 구성되어 있다. 〈구球〉자는 옥으로 된 구슬[玉球]를 가리키는 것으로 형방〈옥玉〉과 성방〈구求〉로 조합된 것이다. 이러한 류의 글자를 문자학에서는 형성자形聲字라고 부른다. 현재 상용되고 있는 한자 중에서 형성자가 80% 이상을 차지하고 있다. (참고 〈獨體字〉)

(周祖謨)

합문合文

합문이란 두 개의 글자를 하나로 합쳐서 써놓은 **한자**를 말한다. 한자는 음절문자로서 하나의 글자는 언어 중의 한 음절을 대표하고 있다. 한자로 기록된 **한어**는 옛날부터 지금까지 줄곧 한 글자씩 따로 분리하여 쓰는 것이 하나의 관례로 되어 왔다. 그러나 상대의 **갑골문**과 주대의 **금문**에서는 두 개의 글자, 혹은 세 개의 글자를 하나로 합쳐서 써놓은 예가 소수 등장하고 있다. 문자학자들은 그러한 것을 〈합문〉이라 부른다. 상대의 갑골문자의 경우에는 합문의 형식으로 다음의 네 종류가 있다.

① 위아래로 합쳐 쓴 것.
　예) 𠄞(五十)・𠄡(六十)・𠄢(小甲)
② 좌우로 합쳐 쓴 것.
　예) 𠄣(太乙)・𠄤(太丁)・𠄥(太甲)・𠄦(示癸)・𠄧(五月)
③ 안쪽에 포함시킨 것.
　예) 𠄨(雍巳)
④ 좌우와 위아래 한 군데로 배열한 것.
　예) 𠄩(十三月)・𠄪(十三月)

금문에도 소수의 합문들이 보이고 있는데, 예컨대 𠄫(小子)・𠄬(小臣)・𠄭(武王)・𠄮(文王) 등이 그러한 것들이다. 진한 이후로는 합문한 예가 그다지 보이지 않는다.

(周祖謨)

의부意符 | semantic complement

의부는 한자 중 형성자의 표의부분을 말하는 것으로 형방形旁이라고도 부른다. 한자의 형성자는 두 개의 글자로 조성되어 있는 것이다. 하나는 그 글자의 뜻이 가리키는 바의 사물의 속류屬類를 표시하는 것이고, 나머지 하나는 그 글자의 음을 표시하는 것이다. 예를 들어 나무류에 속하는 것과 나무로 만든 물건을 나타내는 글자들의 편방偏旁은 모두 나무 목木자를 따르고 있다. 이를테면 송松(소나무)·백柏(잣나무)·양楊(버드나무)·괴槐(회화나무)·주柱(기둥)·제梯(사다리)·상床(침상)·즙楫(노) 등이다. 물 이름에 속하는 것이나 물과 유관한 것을 나타내는 글자들의 편방은 모두 물 수水자를 따르고 있다. 이를테면 강江(양자강)·회淮(河南省 桐柏山에서 발원하여 安徽省·江蘇省을 거쳐 황하로 흘러 들어가는 강을 일컬음)·하河(황하)·제濟(물 건넘)·심深(물이 깊음)·천淺(물이 얕음)·유游(헤엄치다)·영泳(무자맥질하다)·주注(물을 끌어댐)·오汚(고여 있는 물) 등이다. 사물의 속류屬類를 표시하는 것을 의부意符라 칭하고, 자음字音을 표시하는 것을 성부聲符라 부른다.

의부는 뜻을 표시함에 있어서 단지 대략적인 분별만을 나타낼 따름이다. 일상생활 가운데 접하게 되는 사물의 종류는 다종다양하고, 낱말이 대표하는 개념에는 구체적인 것도 있고 추상적인 것도 있기 때문에 옛사람들은 글자를 만들어낼 때 단지 그 대류大類만을 대략적으로 구분할 수밖에 없어서 성질이 유사하거나 유관한 것들에 대하여는 동일한 편방을 써서 그 뜻을 표시하였던 것이다. 예를 들어 개[犬]는 동물의 일종이므로 호狐(여우)·랑狼(이리)·원猿(원숭이)자가 견犬자를 따르고 있고, 사獅(사자)·장獐(노루) 등 큰 짐승을 뜻하는 글자들도 견犬자를 취하고 있다. 육지에서 자라는 왜소한 초목들을 의미하는 글자들은 초艸자를 따르고 있다. 예컨대 호蒿(쑥)·봉蓬(쑥)·소蘇(차조기, 꿀풀과에 속하는 일년생 栽培草)·총葱(파)·사莎(사초, 방동사니과에 속하는 다년초. 바닷가의 모래땅에 나는데, 그 塊根을 香附子라 하여 약재로 씀)·란蘭(난초)·혜蕙(난초의 일종으로서 한 줄기에 꽃이 여러 개 달리며 보통의 난초에 비하여 향기가 더 강함)·국菊(국화)·훤萱(원추리, 무릇과에 속하는 다년초. 어린 잎과 꽃은 식용으로 쓰임) 등이 그러한 것이다. 물에서 자라는 식물, 즉 기芰(마름, 바늘과에 속하는 일년생 수초)·하荷(연꽃과에 속하는 다년생 수초)·릉菱(마름, 바늘과에 속하는 일년생 수초)·포蒲(부들, 부들과에 속하는 다년초로 못·늪 같은 데서 저절로 자람)·위葦(갈대) 등도 초艸자를 의부로 취하고 있다. 이와 같은 예로 보건대, 의부는 단지 대강적인 표류表類작용밖에 못하고 있는 것임을 알 수 있다.

의부로 쓰인 글자들 중에서 어떤 것들은 의미상 서로 통하는 경우가 간혹 있다. 그래서 일부 글자의 경우 두 가지의 자형을 지니고 있는 것들이 있는 바, 그러한 것이 바로 문자 사용상에 등장하는 **이체자異體字**라는 것이다. 예컨대 秕:粃·鷞:雛·鷄:雞·猪:豬·暖:煖·堤:隄·坂:阪·塢:隖 등이 그러한 것들이다. 현재 이러한 류의 이체자는 정리를 거친 다음 뒤편의 글자들은 이미 사용되지 않는 것들이다. (周祖謨)

성부聲符 | phonetic complement

한자-형성자의 표음부분은 성부라고 하며, 성방聲旁이라고도 일컫는다. 예를 들어 芬·氛·紛·汾·粉·份·忿 등의 글자들은 모두 분分에서 득성得聲한 것들이며, 〈분分〉이 바로 이 글자들의 성부인 것이다. 성부와 그 글자의 음은 처음 그것들이 만들어질 당시에는 서로 같거나 비슷하였을 것이다. 그러나 오랜 시간을 경과하면서 그 글자의 음 혹은 성부의 음이 변화함에 따라 차이가 생기게 되었던 것이다. 그러한 상황은 매우 많다. 예를 들어 〈堂〉과 〈棠〉은 음이 모두 táng인데, 성부는 〈尙〉이고, 〈尙〉의 독음은 shàng으로 변하였으므로 그 글자의 음과는 다르게 되었던 것이다.

현재의 독음으로 보자면, 성부와 그 글자 자체의 음과의 차이는 세 가지 종류가 있다. 즉 ①성모聲母가 다른 것: 예)赴(fù)의 성부 卜(bǔ), 桃(táo)의 성부 兆(zhào) ②운모韻母가 다른 것: 예)廢(fèi)의 성부 發(fā), 結(jié)의 성부 吉(jí) ③성모와 운모가 모두 다른 것: 예)移(yí)의 성부 多(duō)·途(tú)의 성부 余(yú)이다. 이러한 차이들은 모두 고금음이古今音異라는 문제에 관련되는 것이다. 그밖에 당초 글자를 만들 당시에는 그다지 엄격하게 적용하지 아니하여, 단지 서로 비슷하기만 하면 되었지 반드시 서로 같아야 하는 것은 아니었고, 후에 이르러서는 약정속성約定俗成되어 바로잡지 않았던 사실에 기인하는 경우도 있었을 것이다.

한자의 역사 발전과정에 있어서 몇몇 형성자들은 의부는 같지만 성부는 다른 이체자를 낳았다. 예를 들어 〈澱:淀〉·〈擣:搗〉·〈鎚:錘〉·〈汎:泛〉·〈瞜:眲〉·〈筍:笋〉·〈餕:餵〉·〈癡:痴〉·〈擔:担〉·〈膽:胆〉·〈煙:烟〉·〈袴:褲〉등이 그러한 것들이다. 이들 글자의 이체자들은 발생시기가 각각 다르며, 현재 일반적으로 상용하고 있는 것은 뒤편의 것이고, 앞에 것은 매우 드물게 쓰인다.

(周祖謨)

생형省形

생형이란 한자 형성자의 형부形符가 형체 구조상 그 필획이 부분적으로 생략된 것을 가리키는 말이다. 동한 허신이 지은《설문해자》는 한자의 자형을 분석할 때,〈종모종모从某从某〉라고 분석하기도 하고[예, 苗字(从艸从田)・孚字(从爪从子)] 어떤 경우에는〈종모모성从某某聲〉이라고 분석하기도 한다.[예, 呼字(从口乎聲)・格字(从木各聲)] 이상에 예로 든 것은 두 개의 완전한 글자들로 구성된 것이다. 그러한 것 이외에도〈종모종모생从某从某省〉이라고 분석한 류가 있다.[예, 喬字(从夭从高省)・耊字(从老省从至)・弑字(从殺省式聲)・軍字(从車从包省)・冓字(从爪冓省)] 허신은 이러한 글자들이 부분적으로 완전하지 아니한 글자로서 어떤 글자가 부분적으로 생략되어진 것이라고 생각하였다. 허신이 말한 것은 반드시 완전히 정확한 것은 아니다. 예컨대 顦(从逃省)・弗(从韋省) 등속이 그러한 것이다. 그렇지만 이러한 것으로부터 어떤 글자들은 구조상에 확실히 생략되어 있다는 것을 알 수 있으며, 이러한 사실은 한자의 조자造字방법을 연구하는 데 크게 도움을 주는 것이다.　　　　(周士琦)

생성省聲

생성이란 한자 형성자의 **성부聲符**가 어떤 글자의 생략된 형태라는 것이다. 생성이란 견해는 동한 허신의《설문해자》에 피력되어 있다. 허신은 문자의 구조를 분석하면서 형성자의 성방이 매우 명확한 것에는 모두〈从某某聲〉이라는 주를 달아 놓았다. 예를 들어 郊(从邑交聲)・超(从走召聲)가 그러한 것들이다. 그러나 어떤 글자의 성방 필획은 완전무결한 것이 아닐 경우가 종종 있다. 허신은 당시의 자음字音을 근거로 모 성방은 모 글자의 생략이라고 추단하고는〈从某某省聲〉이라는 주를 달아 놓았다. 예를 들어보자면 다음과 같은 것들이 있다.

　　鬲部融(융), 从鬲, 蟲省聲.
　　生部產(산), 从生, 彥省聲.
　　夕部夜(야), 从夕, 亦省聲.
　　火部炭(탄), 从火, 岸省聲.
　　火部炊(취), 从火, 吹省聲.

夭部奔(분), 从夭, 賁省聲.
疒部疫(역), 从疒, 役省聲.
鹿部麇(균), 从鹿, 困省聲.
玉部琁(선), 从玉, 旋省聲.

위에 열거한 글자들 중에서 어떤 글자의 성방은 소전 이전시기에는 확실히 생략된 형태가 아니었다. 이를테면, 〈旬〉의 〈从勻〉과 〈夜〉의 〈从亦〉은 금문金文의 형체에 보이고 있으며, 〈產〉의 〈从彥〉은 새인璽印문자에 보이고 있다. 그리고 〈融〉의 〈从蟲〉과 〈麇〉의 〈从困〉은 주문으로 《설문》에 보이고 있다. 이상의 몇 가지를 제외한 대부분은 진나라 이전의 문자에는 출현하지 않는다. 허신이 추정한 『모 글자의 생략』이라는 설법의 모든 것이 반드시 믿을 만한 것은 아니다. 예컨대 〈奔〉자는 금문에서는 夭자를 취하고 아랫부분은 〈龖〉자를 따르고 있는데, 〈龖〉은 사람이 빨리 달리는 발자국을 본뜬 것으로서 회의자 중 하나에 해당하는 것이다. 〈龖〉자는 후에 〈艸〉로 변하였는데, 《설문》은 그것이 형성자라고 오인하였기 때문에 〈賁省聲〉이라고 말하였으니, 진대 이전의 실제 상황에 부합하지 아니함을 알 수 있다. 비록 그러한 폐단이 있기는 하지만, 그 중 대부분은 일리가 있는 것들이다.

(周士琦)

부수部首 | radicals

부수는 한어 자전에서 동일 편방에 속하는 부목部目을 지칭하는 것이다. 동한 허신이 지은 《설문해자》는 소전을 위주로 하여 자형의 구조를 분석해서, 동일 형방을 지니고 있는 글자들을 하나로 귀납하여 그것을 〈부部〉라고 칭하고 있는데, 그 전체를 합하면 540부에 달하며, 〈一〉부에서 시작하여 〈亥〉부로 끝맺고 있다. 각부에서는 공통적으로 따르고 있는 형방자形旁字를 그 첫머리에 배열해 놓고, 그 글자를 부수라고 칭하였던 것이다. 예컨대 〈玉〉·〈山〉·〈人〉·〈水〉·〈木〉 등이 모두 부수에 해당하는 것들이다.

허신이 형방을 근거로 문자를 배열하는 방법을 창안한 이래 이러한 방법이 천백여 년간 줄곧 자서字書를 편찬하는 사람들에 의하여 채택되어 왔다. 그렇게 연용되는 가운데, 부수의 수목만이 약간 달랐을 따름이었다. 양대梁代 고야왕顧野王(519—581)이 지은 《옥편》은 542부로 나누었고, 명대 매응조梅膺祚가 지은 《자회字匯》는 214부로 감소되었고, 장자렬張自烈의 《정자통正字通》

과 청대에 나온 《강희자전康熙字典》은 《자회》와 동일한 것이었다. 그러나 전서가 예서로 변하고, 예서에서 다시 해서로 변화하면서 자형 필획의 구조 개변改變이 매우 심하였던 관계로 일부의 독체자들은 어느 부수로 귀납시키기가 매우 힘들게 되었다. 예컨대 〈年〉·〈及〉·〈也〉·〈丸〉 등이 바로 쉽사리 부수를 지정할 수 없는 글자들이다. 자전에서는 그러한 글자들에 대한 검자의 편이를 위하여 따로 검자표를 만들어 놓을 수밖에는 별도리가 없었다.

이전에 나온 자전들의 부수 구분은 전서 자형을 토대로 한 것이었으므로, 해서 자형에 따라 부수를 구분하는 경우, 어떤 형방들은 하나에서 둘로 나누어지거나 혹은 두 가지를 하나로 합쳐야만 하였다. 예를 들어 〈火〉와 〈灬〉·〈心〉과 〈忄〉·〈人〉과 〈亻〉·〈手〉와 〈扌〉는 두 개의 부수로 각각 독립되어야만 하였던 것이다. 《신화자전新華字典》의 《부수검자표》는 189부로 나뉘어 있는데, 이것은 《강희자전》의 214부에 비하여 25부가 줄어든 것이다. 이렇게 개변시키는 것은 불필요한 것이 아니라 당연한 처사였던 것이다. (周士琦)

육서六書

한대의 학자들은 한자의 구성과 사용방식을 6종 유형으로 귀납시켜 그것들을 총칭하여 육서六書라 하였다.

육서라는 단어는 《주례周禮》에 보이고 있다. 《주례·지관地官·보씨保氏》에는 『(지관 보씨는) 왕의 잘못을 충고하고 공경대부의 자제들을 교화·양성하는 일을 관장하였다. 곧 그들에게 여섯 가지 예능을 가르쳤는 바, (육예란)……, 다섯째로는 육서, 여섯째로는 구수 掌諫王惡而養國子以道, 乃敎之六藝, ……, 五曰六書, 六曰九數』라고 적혀 있다. 이 기록 중의 서書자는 글씨를 쓰다는 뜻을 가진 사寫자와 같은 의미로 쓰인 것이다. 고대에는 인쇄술이 발달되지 않았던 관계로 글씨를 쓴다는 것이 쉽지 않았다. 그래서 어린아이들이 입학을 하면 우선 글씨 쓰는 것을 익힌 다음에 읽는 것을 배웠으므로, 〈서〉라는 것이 글자를 익히는 것과 쓰는 것을 다 포함하는 개념이었다. 이것이 곧 문자의 학[文字之學]이었던 것이다. 《주례》는 춘추시대에 나온 것으로 유가에 의하여 전해졌을 뿐 스승의 해설이 없었다. 서한말에 유흠劉歆이 그 책을 소중히 여겨 (그것에 대한 학습을) 크게 제창하는 한편, 그의 정치적 역량을 이용하여 대학에 박사제도를 설립하였다. 그는 《칠략七略》에서 『옛날에는 여덟 살 때 소학에 들어갔는데, 주대의 관리인 보씨가 국자 양성을 관장하여 그들에게 육서를 가르쳤으니, 육서란 상형·상사·상의·상성·전주·가차를 말하는 것이며, 그것들이 글자를 만드는 바탕인 것이다 古者八歲入小學, 故周官保氏掌養國子, 敎之六書, 謂象形·象事·象意·象聲·轉注·假借, 造字之本也』라고 말하였다. 이 기록은 육서에 대한 최초의 해석이다. 상형·상사·상의·상성은 문자 형체의 구조를 가리키며, 전주·가차는 문자 사용방식을 가리키는 바, 전주는 글자의 뜻에 중점을 둔 것이고, 가차는 글자의 음에 중점을 둔 개념이다. 이러한 귀납방식은 당시의 문자에 대한 분석이 지극히 명백하였던 것이기에 중국 문자학사에 있어서 매우 큰 공헌을 세운 것이라고 말할 수 있다. 사상四象, 즉 상형·상사·상의·상성이란 명칭은 학술적인 성격이 강한 용어이나, 언어와 서사書寫상의 혼동을 쉽사리 불러일으키고 불필요한 착오를 야기시키는 것이므로 얼마 후 그의 후학들에 의하여 수정되었다. 예를 들어 정중鄭衆의 《주관해고周官解詁》는 전주·가차는 그대로 두었으나, 사상에 대해서는 상형象形·회의會意·처사處事·해성諧聲으로 수정하였다. 하지만 그 내용은 동일한 것이다.

허신許愼은 유흠의 계시를 받아서 몇십 년간의 노력을 기울여 한자를 정리한 끝에 《설문해자說文解字》라는 책을 편찬하였다. 서문에서 말하기를 『《주례》에 따르면, 여덟 살에 소학에 입학하였는데 보씨가 공경대부의 자제들을 교육함에 있어 먼저 육서를 가르쳤다고 한다. 〈육서〉란 첫째로 지사인데, 지사라는 것은 보면 알 수 있고, 살펴서 그 뜻이 드러나는 것을 말하는 것인 바〈上〉·〈下〉가 그러한 것이다. 두번째는 상형인데, 상형이라는 것은 실물의 모양을 그대로 표현함에 있어 본래 모양대로 묘사해 놓은 것인 바〈日〉·〈月〉이 그것이다. 세번째는 형성으로, 형성이라는 것은 그 (대상) 사물을 이름으로 하고 나타내는 소리를 서로 합친 것을 말하는 바〈江〉·〈河〉가 그러한 것이다. 네번째는 회의이다. 회의라는 것은 부류에 견주어 뜻을 합쳐서 그 가리키는 바를 나타내는 것을 말하는 것인 바〈武〉·〈信〉이 그러한 것이다. 다섯번째는 전주이다. 전주라는 것은 같은 부수에 속하면서 같은 뜻을 서로 주고받는 것을 말하는 것인 바〈考〉와〈老〉가 그러한 것이다. 여섯번째는 가차이다. 가차라는 것은 본래 그 글자가 없었으나, 소리에 의거하여 뜻을 기탁하는 것을 말하는 것인 바〈令〉과〈長〉이 그러한 것이다 周禮八歲入小學, 保氏敎國子先以六書. 一曰指事, 指事者視而可識, 察而見意, 上下是也. 二曰象形, 象形者畫成其物, 隨體詰詘, 日月是也. 三曰形聲, 形聲者以事爲名, 取譬相成, 江河是也. 四曰會意, 會意者比類合誼, 以見指撝, 武信是也. 五曰轉注, 轉注者建類一首, 同意相受,

考老是也. 六曰假借, 假借者本無其字, 依聲託事, 令長是也』라고 하였다. 이러한 해설이 유흠의 학설에 비하여 발전된 점을 다음과 같은 몇 가지로 요약할 수 있다. ①육서의 순서를 배정排定한 점 ②사상四象의 명칭을 수정하므로써 그 의의를 보다 명확하게 한 점 ③육서의 각각에 대하여 정의를 내리고 예를 들어서 그것을 명백히 한 점을 꼽을 수 있다. 이로써 육서가 전문학문의 한 영역으로 격상되었다. 그후 1천여 년간 수많은 학자들이 고문자를 연구하였으나 아직도 그 범주를 초월하지 못하였다.

허신의 성취가 위대하였음은 두말할 나위가 없는 것이다. 하지만 그의 부족한 점을 꼽는다면 그것은 자료의 한계성에 기인하는 것이다. 그가 중국문자의 원시구조를 탐색하려 하였지만, 그 당시에는 최초의 문자자료를 접해 볼 수 없었던 것이다. 《설문해자》는 기원후 1백년에 완성되었고, 근거로 삼은 문자자료는 진한시기의 전서인데, 간혹 선진시기 진나라의 주문籒文과 유가 벽중경壁中經상의 고문을 참고하기도 하였다. 그러나 그러한 것들보다 더욱 이른 시기의 문자자료를 볼 수 없었던 관계로 그의 분석과 해설에는 자연 부족한 점 또는 잘못된 부분이 있기 마련이었다. 오늘날에는 갑골문과 상주시기 금문 그리고 전국진한시기의 죽간竹簡・백서帛書 등 대량의 자료가 있으므로 한자의 탄생과 발전에 대하여 상당한 새로운 지식을 얻을 수 있게 되었다. 이러한 자료를 토대로 허신의 육서설을 재검토해 본다면 그것의 문제점을 찾아낼 수 있다는 것은 지극히 당연한 이치이다. 육서의 내용을 간단히 소개해 본다면 다음과 같다.

①『지사라는 것은 보면 알 수 있고, 살펴서 그 뜻이 드러나는 것인 바〈上〉・〈下〉가 바로 그러한 것이다. 指事者視而可識, 察而見意, 上下是也』『視而可識』이란 말은 사람들이 직각적으로 보아서 알 수 있다는 뜻이다. 이러한 점은 상형의 경우와 근사하지만, 차이점은 형체는 실물이기에 묘사하기가 쉬운 반면, 사리事理는 실상이 아니므로 적절히 표현해내기가 여간 어렵지 않다는(예, 위 상上・아래 하下) 점이다.『察而見意』란 말은 회의의 경우와 흡사하나, 그것과 구별하자면 편방을 분석하는 데 근거하여야 한다. 회의자는 두 개 혹은 그 이상의 글자를 하나로 합쳐서 하나의 뜻을 표현하는 것인 데 비하여, 지사자는 한 부분을 떼어내면 문자로 성립될 수 없고, 혹은 한 글자를 떼어내어도 문자로 성립될 수 없는 한 요소 즉 각종 부호가 남게 되는 것을 말한다.(예, 칼날 인 刃・끝 말末)

②『상형이라는 것은 실물의 모양을 그대로 표현함에 있어 본래 모양대로

묘사해 놓은 것인 바〈日〉・〈月〉이 그것이다. 象形者畫成其物, 隨體詰詘, 日月是也』힐출詰詘이란 굴곡屈曲과 같은 뜻을 가진 말이다. 물체의 꼴을 지극히 중요시하므로 생략하거나 간략하게 할 수 없다는 뜻이다.

③『형성이라는 것은 그 (대상) 사물을 이름으로 하고 나타내는 소리를 서로 합친 것을 말하는 바〈江〉・〈河〉가 그러한 것이다. 形聲者以事爲名, 取譬相成, 江河是也』형성자는 기본적으로 두 개의 글자로 구성되어 있다. 하나는 형태〔形〕부호이고, 또 하나는 소리〔聲〕부호이다. 그 생성 배경은 두 가지 상황으로 설명된다. 갑골문 중의 어떤 상형자들은 필획이 많고 구별이 커서 쓰기에 곤란한 점이 없지 않았다. 그래서 후에 간략하게 변모된 다음 하나의 **성부聲符**가 첨가되어 형성자로 변하게 되었던 것이다. 예를 들자면 봉황새 봉鳳과 닭 계鷄자가 그러한 것으로 형체가 다르고 범凡과 해奚 두 성부가 각각 보태져서 이루어진 것이다. 그리고 먼저 **가차자**로 쓰이다가 후에 **형부形符**가 보태진 것도 있다. 예를 들자면 계명啓明의 계啓자는 후에 편방 일日이 첨가되어 계啓자가 되었고, 익일翌日의 익翌자도 일찍이 우羽자를 빌어 쓰다가 후에 형부가 부가되어 翊과 익翌이 있게 되었다. 시간과 지역상의 차이, 어음상의 차이, 그리고 글자뜻의 차이가 각각 벌어지므로 말미암아 이미 있던 형성자에 다시 성부나 형부가 또 첨가된 예도 있다. 형부와 성부는 상형자에 국한되지 않고, 지사자・회의자・형성자도 형부나 성부로 쓰일 수 있다. 중국의 고대서적 유산은 상당량에 이르는데, 역사상 누차에 걸친 정리를 거치는 가운데『날짐승을 뜻하는 글자에는 반드시 새 조鳥자를 붙이고, 물에 사는 것에는 응당 고기 어魚자를 부가하고, 벌레에 속하는 것에는 벌레 충虫자를 편방으로 썼으며, 풀 부류에 대해서는 초두草頭를 취하도록 하였다. 飛禽卽須安鳥, 水族便應着魚, 蟲屬要作虫旁, 草類皆從兩艸』《경전석문經典釋文・조리條理》이로써 형성자가 또다시 증가되었다. 상주商周 때부터 형성자는 한자 증가의 주종을 이루는 것이었다.《설문》에 수록된 글자 중에서 형성자가 약 9/10에 달한다. 형성자는 형과 성이 반반씩의 지위를 점하고 있는 이상 문자를 만들고 정리하는 사람들은 응당 형과 성의 부위에 대해서 규정하였어야 마땅하나, 이 문제에 주의를 기울이지 않았던 관계로 좌형우성左形右聲・좌성우형・상형하성・상성하형・내형외성・내성외형의 여러 가지 임의적 구조가 범람하여 학습자로 하여금 불편을 겪게 하였다.

④『회의라는 것은 부류에 견주어 뜻을 합쳐서 그 가리키는 바를 나타내는 것을 말하는 것인 바〈武〉・〈信〉이 그러한 것이다. 會意者比類合誼, 以見指撝,

武信是也』『比類合誼』란 두 개의 글자를 하나로 합쳤다는 것을 뜻한다. 합의 合誼는 곧 회의會意와 같은 말이다. 지위指撝는 지휘指揮와 같은 뜻이다.『以見指撝』란 목적과 요구를 표현한다. 문자에 있어서의 형과 성은 모두 객관적 존재를 근거로 한 것이어야 한다. 단지 뜻만 있고 쉽사리 표현할 수 없다면 글자를 만드는 사람은 나름대로의 의도가 있을 수 있고, 학습자는 자기 나름대로의 이해가 따로 있을 수 있기에 쉽게 갈라지기 마련이다. 즉 무武와 신信에 대해서 논하자면, 갑골문에서는 武자가 상과하지上戈下止의 구조가 분명하고, 또 止와 戈 두 글자가 출현하고 있다. 그러나 어떻게 해서『창을 그치게 하는 것이〈武〉이다 止戈爲武』라는 뜻을 도출하였을까? 상나라와 주나라 때의 문자 중에는〈信〉자가 보이지 않고, 전국문자에는〈从言千聲〉・〈从言身聲〉의 구조를 지닌 글자가 보이고 있으며, 믿을〈信〉자는 물을〈訊〉자를 빌어 쓰고 있다. 소전小篆 중에는〈信〉자가 있는데《설문說文》은 그것을〈言〉부에 열거하여 〈从言人聲〉의 형성자로 해석하였다.〈信〉자는 근본적으로 회의자가 아니다. 회의자의 조자造字 본의本義는 매우 명백한 것이지만, 문자를 학습하는 사람들은 단지 현실만을 그대로 받아들여서 구전舊傳의 음의音義를 계속해서 해설・사용해오고 있을 따름이다.

⑤『전주라는 것은 같은 부수에 속하면서 같은 뜻을 서로 주고받는 것을 말하는 것인 바〈考〉와〈老〉가 그러한 것이다. 轉注者建類一首, 同意相受, 考老是也』허신이 회의 다음에다 전주를 배열해 놓은 것은 그것이 뜻을 위주로 한 것임을 말해 주고 있는 것이다.『同意相受』를 대진戴震은〈호훈互訓〉으로 해석하였다. 왜냐하면《설문》은『老, 考也』『考, 老也』라고 풀이하였기 때문이다. 즉〈考〉・〈老〉두 글자가 서로서로 훈하고 있다.『建類一首』는 바로 부수部首를 가리켜서 한 말이다. 어떤 학자들은 반드시 동부호훈同部互訓만이 전주라고 주장하고 있다. 이를테면〈草〉부에『薑, 萱也』『萱, 薑也』・『蓨, 苗也』『苗, 蓨也』같은 예가 바로 동의상수에 해당한다는 것이라고 보고 있다. 이러한 주장은 이치상으로 보자면 통할 수 있는 말이다.

⑥『가차라는 것은 본래 그 글자가 없었으나, 소리에 의거하여 뜻을 기탁하는 것을 말하는 것인 바〈令〉・〈長〉이 그러한 것이다. 假借者本無其字, 依聲託事, 令長是也』가차자가 발생된 데에는 몇 가지 종류의 배경이 있다. 하나는 글자의 뜻이 글자의 모양에 의하여 쉽사리 표출되지 아니하므로 음이 같은 글자를 취하여 대용하고, 새 글자를 만들지 않은 것으로〈我〉・〈汝〉・〈其〉・〈來〉류가 그 예이다. 다른 하나는 문자가 사용하기에 부족하여 다른 글자를 빌어서

대체한 것이다. 허신이 예로 든 〈令〉·〈長〉은 진·한의 관제에 관한 것으로 〈令〉은 〈施令〉을, 〈長〉은 〈首長〉을 뜻하는 것으로서 이 두 가지는 모두 뜻의 인신引伸에 속하는 것이다. 비록 본의는 아니지만, 그렇다고 가차라고 할 수도 없는 것이다. 또 한 가지는 본래 그 글자가 있는데, 글자를 쓰는 사람이 붓을 들었을 때 생각이 나지 않아서 음이 같은 글자로 대체한 경우이다. 단지 음이 같으면 가차될 수 있겠지만『사람마다 그의 고향말을 쓰게 마련이니, 같은 말에 다른 글자나 글자는 같아도 말(발음)이 다를 수 있다 人用其鄕, 同言異字, 同字異言』(鄭玄의 말)는 것은 피할 수 없다. 고서적 가운데 그러한 현상이 상당히 많다는 점을 학습자들은 응당 숙지하여야 할 것이다.

종합해서 말하자면, 《주례·지관·보씨》의 육서는 내용이 모호하여 도대체 무엇을 말하는 것인지 분간할 수 없으며, 학자들간에 다른 견해가 있어 일시에 해결할 수 없는 것이다. 그렇다고 해서 또 급히 해결하여야 할 문제도 아니다. 그것은 역사상의 한 명사에 대한 논쟁일 뿐 실제적인 필요성이 있는 것이 아니다.

유흠이 말한 육서, 즉 상형·상사·상의·상성·전주·가차는 육서의 구체적 명칭으로는 최초의 것이다. 백년이 채 못 되는 기간을 거치는 동안에 그의 제자인 두자춘杜子春과 이대제자 정중鄭衆·가규賈逵, 그리고 삼대제자 허신許愼 등이 그의 설을 전수받아 수정을 가하였다. 하나의 창의에서 발단이 되어 결국에는 하나의 학문으로 건립되기에 이르렀으니, 이렇듯 유서 깊은 중국문자학은 중국학술계에서 1천8백여 년의 역사를 지니고 있는 셈이다.

유흠은 육서를『글자를 만드는 밑바탕 造字之本』이라고 여겼다. 이러한 견해는 옛것을 평계로 제도를 고치는 격과 마찬가지다. 먼저 조례를 제정한 사람이 있고 난 다음에 글자를 만들었다는 것은 사실상 결코 있을 수 없는 일이다. 육서는 유흠이 당시에 이미 있던 글자에 관한 지식을 근거로 귀납해낸 명칭이고, 허신은 문자를 정리한 실제 경험을 토대로 수정을 가하므로써 비로소 내용을 명확하게 하였던 것이다.

허신의 공로는 참으로 위대한 것이다. 그러나 그의 육서설도 정밀도에 있어서는 다소의 부족한 점이 없지 않다. 그의 학설이 후세에 미친 영향은 실로 커서 좋은 작용과 그렇지 못한 작용을 동시에 야기시켰다. 근대 이래 고고발굴자료가 날로 늘어나서 문자 연구가 편방분석으로부터 출발하여 상당한 업적을 올리게 되었는데, 이러한 것 모두는 허신의 계시에 말미암은 것이다. 중고시기 학자들은 허신을 지나치게 숭배한 나머지 억지로 추측하므로써 스스로의 올가미에 씌워 많은 좋지 못한 결과를 낳았다. 예를 들자면, 정초鄭樵가 지은 《육

서략六書略》이 그러한 것이다. 이 책은 지리멸렬하고 쓸모가 조금도 없는 것이
므로 논할 필요조차 없는 것이다. (張政烺)

상형象形 ☞ 육서六書
지사指事 ☞ 육서六書
회의會意 ☞ 육서六書
형성形聲 ☞ 육서六書
전주轉注 ☞ 육서六書
가차假借 ☞ 육서六書

갑골문甲骨文

고대 한자 서체 명칭의 일종을 말한다. 은대의 사람들은 거북의 배뼈[龜甲]나 짐승의 뼈[獸骨](주로 소의 肩胛骨)를 이용하여 점을 쳤다. 점을 친 후에 날짜와 점을 친 사람의 이름, 그리고 점을 치게 된 사정을 복조卜兆의 옆에다 칼로 새겨 놓았다. 어떤 때에는 약간의 기일이 경과한 후 길흉이 나타난 결과를 새겨 놓기도 하였다. 기록이 가장 상세한 것으로는 하나의 문단이 1백 자에 달하는 것도 있다. 학자들은 그러한 내용의 기록을 복사卜辭라고 일컫고, 그 문자文字를 갑골문甲骨文이라 하였다.(그림 1·2 참고) 갑골문은 하남성河南省 안양현安陽縣의 소둔촌小屯村 일대에서 발견되었던 것으로, 지금으로부터 3천여 년 전인 상왕商王 반경般庚(역대 史書에서는 盤庚이라고 하였으나, 갑골문에서는 般庚이라고 기록되어 있음―역주) 이후 주왕紂王의 망국에 이르는 시기에 만들어진 유물(기원전 14~11세기 중엽)인 것이다.

갑골문은 처음에는 자연적으로 유출되었지만, 주의를 기울이는 사람이 없다가 1899년 왕의영王懿榮이 상대의 문자임을 밝혀내어 그것을 수집하는 일에 힘을 기울이게 되었다. 1903년에는 유악劉鶚이《철운장귀鐵雲藏龜》를 탁인拓印하였다. 초기의 연구자로는 손이양孫詒讓·나진옥羅振玉·왕국유王國維 등이 있었다. 나진옥은 실물을 수집하여《은허서계殷墟書契》등의 책으로 출판하는 동시에 그것을 고석하는 작업을 실시하였다. 안양의 은나라 유적지(殷墟)에 대한 고고발굴작업은 1928년에 개시되었고, 최대의 발굴 수확을 거둔 곳은 1936년 여름에 발굴한 제127호의 굴(坑)이었는데, 그곳에서 발굴해낸 갑골문은 약 1.7만 편에 달하였다. 그 전후로 발굴한 것을 종합하여 부서진 조각들

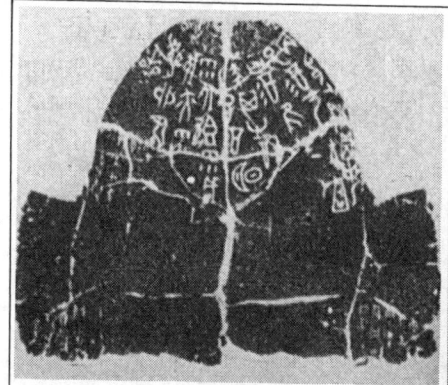

[그림 1] 거북의 배뼈에 새겨져 있는 갑골문
[그림 2] 소뼈에 새겨져 있는 갑골문

을 골라서 조합하여《은허문자殷墟文字·갑편甲編》과《은허문자·을편》을 편찬하였는데 그 두 책에 실린 갑골의 수는 모두 1만 3047호에 이른다. **동작빈董作賓**은 발굴된 자료를 토대로《갑골문단대연구례甲骨文斷代硏究例》를 저술하여 갑골문의 시기를 5기로 나누어서 문자의 문법·자형·서체 등의 연변을 고찰하였다. 그후에 동 내용을 일부 수정하였다. **진몽가陳夢家**가 지은《은허복사종술殷墟卜辭綜述》에서 그 문제에 대하여 보다 깊이 있게 고찰하여 종결을 지으므로써 갑골문의 시대구분이 기본적으로 신빙성을 얻게 되었다. 갑골문의 고석考釋에 종사한 학자들도 상당수에 이르는데, 업적이 특출한 사람으로는 **곽말약郭沫若·당란唐蘭·우성오于省吾** 등을 꼽을 수 있다. 손해파孫海波는 1934년에《갑골문편》을 편찬하고 1964년에는 수정 재판을 찍어냈다. 중화인민공화국이 건립된 1949년 이후, 중국사회과학원의 역사연구소에서는 1899년 이후 80년간에 걸쳐 안양의 은허에서 출토된 후 기관이 소장하고 있는 것은 물론 개인이 소장하고 있거나 해외에 유출된 것을 모두 합쳐 4만 1956편을 모아 곽말약郭沫若이 주편을 맡고 호후선胡厚宣이 편집총책을 담당하여《갑골문합집甲骨文合集》을 출판하였다. 고고연구소의 종소림鐘少林 등 다섯 사람이 70년대 은허에서 발굴한 4589편의 갑골을 모아《소둔남지갑골小屯南地甲骨》을 편찬하여 대량의 중요 자료를 증가시켜 놓았다.

갑골문甲骨文은 현존 중국 최고의 문자로 글자수는 대략 4천5백 자이며, 판독이 가능한 것은 약 1/3 정도이다. 갑골문의 기본어휘·기본어법·기본자형구조는 후대의 언어문자와 일치한다. 허신許愼의 육서에 입각하여 조사한 결과 자형의 구조에는 지사指事·상형象形·형성形聲·회의會意가 모두 구비되어 있으며, 문의文義의 사용에 있어서는 전주轉注(互訓, 즉 뜻이 비슷한 글자들끼리의 통용[義近通用])·가차假借[音近通用]들도 활용되고 있음이 명백히 밝혀졌다. 갑골문은 그것이 제조된 시대를 분간할 수 있는데, 전기와 후기의 구분은 명확하다. 몇몇 상용자의 변화로부터 상당수 중국문자의 발전에 관한 지식도 얻어낼 수 있다. 예를 들자면 ①간화簡化 : 형체가 복잡한 글자들이 간단하게 변하고 필획이 감소된 것 ②형성화形聲化 : 상형자에 **성부聲符**가 첨가되고 가차자에 형부形符가 보태져서 형성자로 변모된 것이 그러한 예이다. 갑골문은 점을 친 사람이 사각寫刻한 것이므로 국한성局限性을 띤 것이지 반드시 상대商代의 모든 문자가 포괄된 것은 아니다. 그리고 정구貞𠃊류의 어떤 점복 용어는 일반 사람들도 반드시 널리 사용하였을 리가 없는 것이다. 또 칼로 새겼던 관계로 자형이 다소 변모되는 것을 피할 수 없었으므로 쉽사리 알아볼 수 없게 되었다.

갑골문은 원래 전적으로 안양의 은허에서 발굴된 것만을 지칭하는 것이다. 지금까지 80여 년을 거쳐오는 동안 무수한 학자들의 노력에 의하여 대단한 연구성과를 거두어 중국문자사에 있어서 하나의 단원으로 성숙되었다. 1949년 이후에 각지에서 주周나라 사람들이 문자를 새겨 놓은 갑골이 발견되었다. 이를테면 섬서성陝西省 서안시西安市 풍서灃西의 장가파張家坡에서 세 편의 갑골이 출토되었고, 산서성山西省 홍동현洪洞縣 방퇴촌坊堆村에서 한 편의 복골卜骨이 출토되었으며, 북경시 창평현昌平縣 백부촌白浮村에서도 세 편의 복갑卜甲이 출토되었고, 섬서성 기산현岐山縣의 봉추촌鳳雛村에서 292편의 복갑이 출토되었다. 또한 같은 성의 부풍현扶風縣 제가촌齊家村에서 1편의 복갑과 6편의 복골이 각각 출토되었던 것이다. 그 중에서 기산과 부풍에서 나온 것이 비교적 중요한 의미를 지니는 것으로 편수가 많을 뿐만 아니라, 글자의 수가 250자 이상에 달하는 것도 있다. 이들 자료는 출토된 지역이 다양하고, 그 연대 또한 일정하지 않으며 내용이 간단하고 자형도 은허의 것과 완전히 동일하지 아니하다. 이것 또한 중국고고학의 신발견으로서 중국문자사상의 위상 등에 관하여는 아직 정확한 자리매김이 이루어진 바가 없다. 〈張政烺〉

금문金文

고대 한자 서체 명칭의 일종으로 상商·서주西周·춘추春秋·전국戰國시기의 청동기에 새겨진 문자 서체에 대한 총칭이다.

송대宋代의 사람들이 금석학金石學을 창안하여 금金과 석石상의 명각銘刻을 연구하였는데, 여기에서 금이라 함은 청동기를 위주로 하며 동銅에만 국한되는 것이 아니라, 고금의 모든 금속물품상에 새겨진 명문銘文을 수집 대상으로 삼았다. 이렇듯 내용이 잡다해서는 연구 의의가 별로 없다. 청대의 오식분吳式芬(1796—1856)이 상주시대 청동기 명문을 모아《군고록금문捃古錄金文》을 편찬하였다. 중국 문자 발달의 역사로 볼 때 이렇게 하는 것이 합리적이었고, 학자들의 수요에 부응하는 것이었다. 또 수집한 자료가 많고, 문장풀이가 엄격하였던 이유로 영향이 상당하였다. 이로써 금문이라는 용어에 대하여 일정한 개념이 성립될 수 있었다. 1916년에 추안鄒安이《주금문존周金文存》을 편찬하였는데, 이것도 많은 자료를 수록하였을 뿐만 아니라 인쇄가 잘 되어서 당시 큰 호응을 얻었던 것이다. 그때에는 금문이라 하는 것은 모두 개별 글자가 아니라 명문 전체를 지칭한 것이었다. 1925년에는 용경容庚이《금문편金文編》을 저술하였는데, 이 책은 상주시대 청동기 명문에 씌인 글자들을《설문해자》의 순서에 따라 배열한 자전이다. 이때부터 금문이 일종의 서체 명칭으로 사용되었다. 금문은 상대 중기에 출현하였고, 정주시鄭州市의 백가장白家莊에서 출토된〈도철문뢰饕餮紋罍〉상에〈龜〉자가 씌어 있고, 섬서성陝西省 기산현岐山縣의 경당촌京當村에서 출토된〈臣戈〉상에는〈臣〉자가 씌어 있고, 북경시 평곡현平谷縣 유가하劉家河에서 출토된 솥[鼎]과 술잔[爵]에는 다같이〈龜〉자가 씌어 있는데, 이러한 자료들은 비록 많지 않지만 그 연대가 은허의 갑골문보다도 이른 것이란 점에서 가치가 있는 것이다. 금문의 시대적 하한下限은 진秦나라가 육국을 멸한 시기까지로 본다. 즉 진나라가 중국 문자를 소전小篆으로 통일시킨 때까지(기원전 15세기—기원전 220년)로 잡으면 약 1천2백여년간에 상당하는 셈이다.

송대 사람들은 청동기를 수장함에 있어 명문을 극히 중요시하였다. 이를테면, 유창劉敞의《선진고기기先秦古器記》와 여대림呂大臨의《고고도考古圖》, 왕보王黼의《박고도록博古圖錄》등은 모두 명문을 모사摹寫하고 그 내용을 풀이한 것이다. 그리고 명문만을 전문적으로 모각摹刻한 것으로는 조명성趙明誠의《고기물명古器物銘》과 왕구王俅의《소당집고록嘯堂集古錄》, 설상공薛尙功의《역대종정이기관지법첩歷代鐘鼎彝器款識法帖》등이 있는데, 이러한 책들은 석문釋文과 더불어 고증한 내용을 실어 놓은 것이다. 또 명문에 씌인 글자들을 자전식으로 편집한 것으로는 여대림의 《고고도석문考古圖釋文》과 왕초王楚·설상공의 《종정전운鐘鼎篆韻》이 있는데, 이 책은 운부韻部에 따라 배열한 것으로서 창견이 상당하다. 청대의 학자들은 송대 사람들의 업적을 이어받아 더욱 큰 발전을 이룩하였다. 이를테면 완원阮元의 《적고재종정이기관지積古齋鐘鼎彝器款識》, 방준익方濬益의 《철유재이기관지고석綴遺齋彝器款識考釋》 등이 그러한 것인데, 재료가 더욱더 많아졌을 뿐만 아니라 석문과 고증에 있어서도 참고 가치가 대단하다. 1937년에 나진옥羅振玉이 편찬한 《삼대길금문존三代吉金文存》은 4천여 건의 명문을 수록하였는데, 인쇄는 정교하지만 석문은 싣지 않았다. 청대에는 《설문說文》학이 흥성하고 성운聲韻과 훈고訓詁에 대한 연구도 날로 깊어진 영향으로 말미암아 청동기 명문에 대한 연구 진보도 상당히 빨랐고, 전문가들이 속출하였다. 예를 들어 허한許瀚의 《반고소려금문고석攀古小廬金文考釋》과 오대징吳大澂의 《자설字說》·《설문고주보說文古籒補》, 그리고 손이양孫詒讓의 《고주습유古籒拾遺》·《고주여론古籒餘論》·《명원名原》 등이 그러한 것으로, 모두가 독창적인 견해로 앞서간 학자들의 업적을 능가하는 것이다. 금문은 사용된 기간이 길었고, 그 사용 지역도 광대하였으므로(黃河와 양자강 중하류 일대의 광활한 지역) 그 자료를 명확하게 정리하지 않으면 연구작업의 성과를 기대하기 곤란하다. 이를테면, 안휘성安徽省 수현壽縣 주가집朱家集의 초왕묘楚王墓에서 출토된 청동기가 1천 건이 넘었고, 그 중에서 문자가 새겨진 것이 수백 건이나 되었다. 하남성河南省 안양현安陽縣 소둔촌小屯村의 부호묘婦好墓에서 출토된 동기의 수도 1백 건이나 되었고, 문자가 새겨진 것도 1백 건 이상이나 된다. 이 두 부류의 청동기는 그것이 만들어진 시기적 차이가 천 년 이상이나 벌어지는데도 그것들을 한데 묶어 통칭 금문이라 한다면 세부적인 문제를 밝혀내기가 어렵게 될 것이다. 과거의 학자들도 이미 이러한 문제점을 인식하였다. 왕국유王國維는 《양주금석문운독兩周金石文韻讀》의 서문(1917)에서 다음과 같이 말하였다. 『주나라 때의 금석문자에 보이는 운어를 모았더니 수십 편이나 되었고, 그것들 가운데는 기·증·

〈주공동정鼎周公東征鼎〉 명문의 탁본

허·주·서·초나라의 문장도 있었는데, 이러한 것들이 《시경詩經》의 상송과 노송 및 15개 국풍의 것과는 좀 다른 양상을 보였다. 그 시기 역시 위로는 종주에서부터 시작되어 아래로는 전국시대에 끝맺는 5,6백 년간에 달하는 것이다. 搜周世韻語見於金石文字者, 得數十篇, 中有杞·鄀·許·邾·徐·楚諸國之文, 出商·魯二頌與十五國風之外, 其時亦上起宗周, 下訖戰國, 亘五六百年』그는 시간과 지역에 대한 관념이 명확하였지만 연구분량이 너무 적었다. 곽말약郭沫若은 《양주금문사대계兩周金文辭大系》의 서문(1931)에서 『마땅히 연대와 열국별로 계통을 세워야 할 터이니 …… 필자는 서주문자에 대하여 연대를 고증할 수 있거나 혹은 그와 가까운 것이 모두 162기이고, …… 열국별로 나누어 놓은 것에 있어서도 역시 그 연대에 따라 정리하여 열국 명문 161기를 각각 열거하였다 當以年代與國別爲之條貫, …… 余于西周文字得其年代可證或近是者凡一百六十又二器. ……其依據國別者, 于國別之中亦貫以年代, 得列國之文凡一百六十又一器』고 말하였다. 이것은 금문 연구에 있어서 한 시대를 긋는 창거創擧였지만, 애석하게도 분량은 그다지 많지 않았다. 그후 50여 년간에 걸쳐 명문이 있는 동기 수천 건이 발견되었지만, 아직도 그보다 더 새롭고 큰 업적을 올린 학자가 나오지 않았다.

　1985년에 용경의 《금문편》수정 4판이 편찬되었다. 3902건의 명문에서 골라낸 글자들을 수록하였는데, 정문正文(판독 가능한 글자)이 2420자이고, 부록(판독이 확실치 않은 글자)으로 1352자를 실었으니 총수록 글자는 3772자이다. 이것이 오늘날 볼 수 있는 금문의 총수인 셈이다. 반드시 정확하다고는 할 수 없겠지만 그것과 차이가 많지는 않을 것이다. 이러한 글자들은 대다수가 《설문해자說文解字》에 수록된 것과 대조 가능한 것이다. 선진先秦 문자자료로는 금문뿐만 아니라 갑골·석각·죽간竹簡·백서帛書·새인璽印·화폐貨幣 등이 있지만 금문이 가장 중요한 것이다. 그것은 진나라 때 소전체로 문자가 통일되기 전 1천여 년간 중국 문자발전변화의 기본상황을 반영하는 것이다. 금문 연구는 다방면에 걸치는 것으로 그 업적도 하나로서 족한 것이 아니다. 관섭초管燮初의 《서주금문어법연구西周金文語法研究》는 그 중의 일례이다.　　(張政烺)

고문古文

　고대 한자 글자체 명칭의 하나. 고문의 개념은 광의와 협의로 나눌 수 있다. 광의의 고문 명칭은 한대에 비롯되어 후세에 계속 연용된 것으로, 진나라의 문자 통일 이전에 통용되었던 모든 문자 형태를 통칭하는 것이다. 이것은 시간적·지역적 제한이 없으며 일정한 자형을 두고 한 말도 아니다. 협의의 고문은《설문해자》에 있는 고문을 가리키는 말이다.

허신이 지은《설문해자》에 수록된 표제문자[正字]는 소전체로 씌어 있고, 그 수는 9353자에 이른다. 그밖에도 두 종류의 이체자가 열거되어 있는데, 하나는 고문이고 나머지 하나는 주문籒文이다. 허신은 전자를 〈공씨고문孔氏古文〉이라 칭하고, 후자를 〈사주대전史籒大篆〉이라 불렀다. 고문과 주문의 구별은 지역적인 차이에 의거한 것이다. 고문은 벽중서壁中書에 나오는 것이다. 옛 사람들은 경서를 지극히 존숭하였으므로 고문을 주문의 앞에다 열거하였지만, 그것의 연대가 반드시 주문보다 이른 것은 아니었다. 허신은『공자 때에 이르러 육경을 쓰고, 좌구명이《춘추전》을 서술하였는 바, 그것들 모두 고문으로 쓴 것이다 至孔子書六經, 左丘明述春秋傳, 皆以古文』고 말하였다. 그는 또『벽중서라는 것은 노나라 공왕(B.C.155—129)이 공자가 살던 집을 보수하느라 벽을 허무는 가운데 발굴된《예기》·《상서》·《춘추》·《논어》·《효경》을 말한다 壁中書者, 魯恭王壞孔子宅而得《禮記》·《尙書》·《春秋》·《論語》·《孝經》』고 하였다.《예경》중의《예기》는 전국 말기에 씌어진 것이다. 고대의 전적은 모두 죽간에 쓴 것으로서 읽고 옮겨 적는 일을 수없이 거치므로 말미암아『가죽으로 매어 놓아도 끊어지고, 칠로 써놓아도 흐릿해지는 韋編三絶, 漆書三滅』현상이 예사였기에 사용기간이 길지 못하였다. 진시황 34년(B.C.213)에는 왕명으로 책을 불살랐으나 그것을 피하여 각지에 몰래 숨겨둔 것이 있었다. 그러한 것들이 반드시 초기 판본은 아니지만, 대체로 당시에 통용되던 책이었음은 분명한 사실이다. 설사 공자가 쓴 육경이라 할지라도 기원전 5백년 이전으로 소급될 수는 없다. 허신은 그가 사용한 자료가『맹씨의《역경》·공씨의《서경》·모씨의《시경》·주관의《예경》·좌씨의《춘추》·《논어》·《효경》이 모두 고문으로 씌어진 것이다 其稱《易》孟氏,《書》孔氏,《詩》毛氏,《禮》周官,《春秋》左氏,《論語》·《孝經》, 皆古文也』고 하였다. 이는 대체로 한대의 고문경학자들이 교대로 모사한 것이다. 고문은 소전과 다른 것으로 허신은 그 가운데 5백여 자를 수록해 놓았다. 그 중에 대체로 소전과 일치하는 것은 1/18 정도이다. 고문의 특색은 〈一〉·〈二〉를 〈弌〉·〈弍〉로 쓴 것과 같이 불필요한 번식을 증가시켜 놓은 점과 〈禮〉·〈棄〉를 〈礼〉·〈弃〉로 쓴 것에서와 같이 필획을 대담하게 생략하거나 간략하게 한 점이다. 물론 이러한 글자들은 모두 한자의 원시형태와는 거리가 먼 것으로서 시대적 수요에 부응해서 등장된 것이다.

〈삼체석경三體石經〉

왕국유王國維가 쓴 논문《전국시기에 진나라는 주문을 사용하고 그밖의 육국에서는 고문을 썼을 것이라는 설 戰國時期秦用籒文六國用古文說》은 상당한 설득력이 있는 의견을 제시하였다. 주문이 진나라에서 사용되었다는 것은 믿을 만하다. 고문경이 추노鄒魯 유생儒生의 손으로 씌어져서 동방의 여러 지방에 유전流傳되었다는 것도 사실이다. 그러나 〈육국고문〉이라는 말은 억측인 것 같다. 당시에는『각 제후의 역정이 왕에게 통솔되지 아니하여 일곱 나라로 갈라졌으니, (각 나라의) 논밭 면적단위가 다르고, 수레의 궤도가 다르고, 법령이 다르고, 의관제도가 다르고, 언어의 소리가 다르고, 문자의 형태가 달랐다. 諸侯力政, 不統于王, 分爲七國, 田疇異畝, 車塗異軌, 律令異法, 衣冠異制, 言語異聲, 文字異形』정치상 단일정권이 수립되지 않았고, 경제상으로도 통일된 시장제도가 없었으니, 육국에서 공통적으로 사용하는 문자가 있었을 리 만무하다. 왕국유는 전국시대 종횡가縱橫家들이 〈합종合縱〉으로 진나라에 공동으로 대처하자는 주장에서 힌트를 얻었지만, 군사연합은 일시적인 것인 반면에 언어문자가 자발적으로 통일되자면 비교적 긴 시간과 일정한 조건을 필요로 한다는 점을 간과하였던 것 같다. 근래에는 각지에서 많은 전국문자 자료가 발견되었다. 이를테면 장사長沙의 증서繒書·후마맹서侯馬盟書·온현溫縣의 맹서盟書·강릉江陵 신양信陽 장사長沙의 간책簡策 및 평산현平山縣의 중산국동기中山國銅器·신정현新鄭縣의 한국병기韓國兵器 등 각종 문자자료가 그러한 것들이다. 그러나《설문》의 고문과 상동한 〈육국고문〉은 보이지 않는다. 허신이 말한 고문은 대략 추鄒나라와 노魯나라(그리고 아마도 齊나라)의 유생들이 사용한 문자일 것이다.

위魏나라 정시正始(240—248) 때 만들어진 삼체석경三體石經에서는 고문이 맨 처음에 열거되어 있는데, 그것으로 각한 것은《상서》와《춘추》(그림 참고), 즉 허신이 말한『《書》孔氏,《春秋》左氏』뿐인데, 그것들은《설문》의 고문 내원來源과 상동한 것이다. 간혹 다른 자형이 있는데, 그것들은 아마도 고서를 베껴 쓰는 과정에서 발생된 오류일 것이다. 이러한 것들은 고문을 연구하는 데 있어서 귀중한 자료이다. 당대唐代의 육덕명陸德明의《경전석문經典釋文》, 송대 곽충서郭忠恕의《한간汗簡》, 하송夏竦의《고문사성운古文四聲韻》등은 모두 고문경전 중의 고문을 다소 보존하고 있다.　　　　　　　　　　(張政烺)

조충서鳥蟲書

고대 한자 서체 명칭의 일종으로 충서蟲書・조서鳥書・조전鳥篆・어서魚書라고도 한다. 기원전 6세기에서 기원후 2세기에 조충서가 쓰였다. 옛날 중국 사람들은 새를 날개벌레[羽蟲]라고 하고, 고기를 비늘벌레[鱗蟲]라 하였으므로 충서는 조서와 어서를 포괄하는 것이다. (그림 1 참고)

조충서는 일종의 미술자체美術字體로서 처음에는 단지 미관을 위한 것일 따름이다가, 후에는 그 필획이 복잡하고 무늬가 번다하여 모방해서 쓰기가 쉽지 않았으므로 증서를 쓰는 데 활용되었던 것이다. 대체로 당시에 유행되던 전서체를 골격으로 하여 임의로 개조하거나 장식을 가미한 것이다. 초기에는 몇 가지 새 또는 고기 모양을 필획 위에 장식으로 그려 놓아서 그 글자를 알아보기가 어렵지 않았다. 후에는 점차 그 무늬를 필획의 내부에까지 그려넣거나, 혹은 그런 무늬로 필획을 대체시켰다. 조충의 형상은『물체의 윤곽같이 구불구불하여 隨體詰詘』전서체와 매우 잘 조화를 이루었고, 쉽사리 미관적 효과를 거둘 수 있었다. 이러한 자체字體는 허신의 육서에 의거하여 그것을 분석하고 해설하는 것이 불가능하므로 중국 문자학사상의 한 곁가지에 불과하다.

중국 청동기시대의 말기에 만들어진 청동기상에 때때로 조충서를 문식紋飾으로 삼은 예가 있다. 그러한 사례는 창이나 칼 같은 병기에 흔히 보이고 있다. 종에 새겨진 것도 있고, 시기가 이른 것도 있다. 예를 들어 오왕자우과吳王子于戈는 오왕 요僚가 즉위(B.C.526)하기 전에 만들어진 것이고(그림 2 참고), 초왕손어과楚王孫漁戈는 초나라 사마자어司馬子魚(B.C.525년에 죽음)가 만든 것이다. 송공란과宋公欒戈(B.C.514—451), 초왕염장과楚王舍璋戈(B.C.488—435), 채후산과蔡侯產戈(B.C.471—457), 월왕구천검越王句踐劍(B.C.496—465), 월왕자지어사모越王者旨於賜矛(B.C.464—459), 월왕자지어사종越王者旨於賜鐘(B.C.464—459) 등도 그러한 예이다. 이러한 것들은 모두 오・초・송・채・월나라의 기물이니 지리적으로는 조충서가 대체로 양자강 중・하류 일대에서 쓰이고 있었음을 알 수 있다. 허신의《설문해자》서문에 진서秦書 팔체八體에 대하여『네번째로 충서 四曰蟲書』를 열거하고, 또『여섯번째로 조충서를 꼽을 수 있는데, 이는 번신幡信(명령을 전달하거나 후일에 증명하기 위하여 깃발이나 목판에 官號를 써놓은 것―역주)을 쓰는 데 사용한 것이다 『六曰 鳥蟲書, 所以書幡信也』라고 하였다. 진나라의 충서가 〈각부刻符〉와 〈모인摹印〉의 중간 형태이고, 대체로 번신용으로 사용되었기 때문에 국가의 통용 자체의 하나로 열거될 수 있다. 한대의 인장 가운데 상당수가 조충서로 쓰인 것은 위조를 방지하기 위한 것임이 분명하다. 청동기(예, 河北省 滿城縣 中山王墓에서 출토된 鳥蟲書壺)·와당瓦當(예, 〈永受嘉福〉當)에 보이는 것은 순전히 장식 성질에 속하는 것이다. 동한 영제靈帝는 서법을 애호하여 광화光和 원년(178) 2월에 홍도문학생鴻都門學生을 처음으로 설치하였고, 주주·군군·삼공三公에게 칙령을 내려 척독尺牘·사부辭賦 및 공서工書·조전鳥篆에 능한 사람을 천거하도록 하였더니 1천 명이나 되는 많은 사람들이 몰려들었다고 한다.(《後漢書》와 그 주석 참고) 조충서는 전서에 부수되어 발달된 것으로 동한 때에는 전서가 이미 말로에 접어들게 되자 조충서가 의지할 곳을 잃어버리게 되었다. 비록 황제가 제창하였지만 기색起色이 없었고, 어떠한 자적字迹도 남은 것이 없다. 위진 이후로는 해서楷書(眞書)가 통용되었지만, 일부의 저명 서법가들

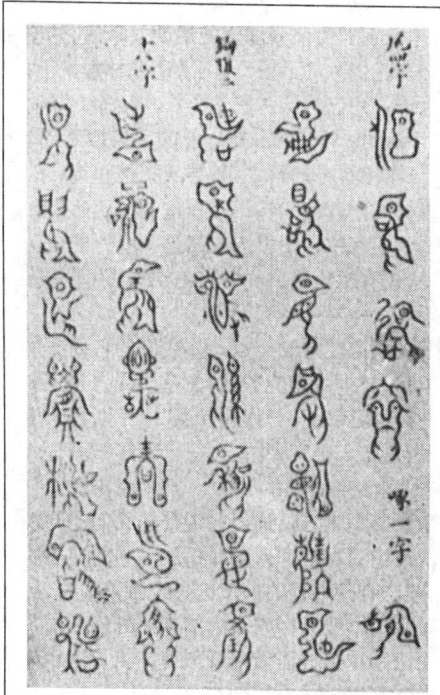

[그림 1] 조충서鳥蟲書

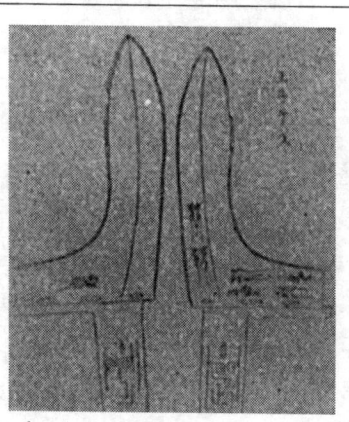

[그림 2] 오왕자우과吳王子于戈

79

가운데에는 조전鳥篆을 쓰기도 하였다. 그러나 실용적으로는 쓰이지 않았다. 당대 무측천武則天이 서법을 애호하여 그가 쓴《승선태자비액升仙太子碑額》은 해서를 바탕으로 하고 있지만 필획상에는 몇 가지 조형鳥形이 첨가되어 극히 부조화스럽고 괴이추악하였기 때문에 그것을 본뜨는 사람이 아무도 없었다고 한다.

(張政烺)

주문籒文

고대 한자 서체 명칭의 일종으로 대전大篆이라고도 하였다. 서주 말년에서 춘추전국시대까지 진나라에서 사용하였다.

허신許愼이 지은《설문해자說文解字》는 표제자 총 9353자를 소전체로 써놓았다. 또 두 종류의 이체자를 수록해 놓았는데, 하나는 고문古文으로 이것은 고문경 중의 서체 가운데 소전과 다른 서체를 지칭한다. 이러한 것들은 지역적 차이에 연유한 것이다. 한 종류는 주문인데, 이것은《사주편史籒編》중의 글자 가운데 소전체와 다른 것을 가리킨다. 이것은 시대적 차이에 연유한 것이다. 기원전 220년 진시황이 이사李斯의 주장을 받아들여 문자를 통일함에 먼저 자기 나라 진국의 문자를 고친 다음에 그것을 각지에 보급시켰다. 학자들은 고치기 이전의 것을 대전이라 하고, 그 이후의 것을 소전이라 불렀다.

주문 즉 대전은《사주편》에서 비롯되었다.《한서·예문지》에서는《사주편》은 주나라 때 사관史官이 학동學童들을 가르치던 책이고《사주15편》이 저록되었다고 적고 있다. 이 책의 주注에는『주나라 선왕 때 태사가 대전 15편을 지었는데, 건무 때(A.D.25—57) 그 중에서 여섯 편이 없어졌다 周宣王太史, 作大篆十五篇, 建武時亡六篇矣』고 적혀 있다. 위진魏晉 이후에는 그 나머지도 모두 없어졌다. 단옥재段玉裁는『그 책은 필히 사언체로 되어 있을 것이고, 학동들에게 그것을 가르쳐서 암송하도록 하였을 것이다. 그리고《창힐편》·《원력편》·《박학편》이 그것의 체례를 모방하였을 것이다 其書必四言成文, 教學童誦之,《倉頡》·《爰歷》·《博學》實仿其體』라고 추측하였다. 왕국유王國維는《사주편소증史籒篇疏證》을 지어,《설문》에 수록된 주문을 채집하여 해석하면서 사주史籒라는 말이 사람의 이름이 아니고,《사주편》이『춘추전국시대에 진나라 사람이 저술하여 학동들을 가르치던 春秋戰國之間秦人作之以教學童』책이라고 말하였다. 그의 말은 일리는 있지만 애석하게도 증거가 전혀 없다. 서주에서 진나라 때까지의 청동기 명문에 상당수 전래되고 있는 바, 그 자료를 근거로 다음의 두 가지 사항을 추론할 수 있겠다. ①서주 말기 대략 주나라 선왕 때 일종의 새로운 풍조가 일어 자체가 정방형보다 약간 길고, 행관行款이 가지런하고 필획이 대칭을 이루고 편방과 구조에 있어 일정함이 있는 것을 추구하게 되었다. 이를테면 괵계자백반虢季子白盤과 종부정宗婦鼎 등의 명문은 주문(왕국유는『쓰는 법에 있어 대체로 좌우가 균일하고 다소 번잡하고 중복된 점이 있어, 상형과 지사적인 면이 적은 반면 자로 잰 듯이 반듯반듯한 면이 많다 作法大抵左右均一, 稍涉繁複, 象形象事之意少, 而規旋矩折之意多』고 말하였다)과 상당히 흡사하여 동일한 종류의 서체라고 해도 무방할 것이다. ②진나라는 그러한 종류의 서체를 계승하였는 바, 청동기로는 진공박秦公鎛·진공궤秦公簋·진

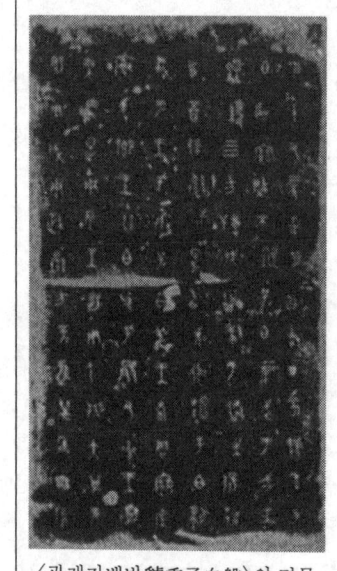

〈괵계자백반虢季子白盤〉의 명문

공종秦公鐘·상앙량商鞅量·두호부杜虎符·신처호부新郪虎符 등의 명문이 모두 비슷하여 5,6백 년간의 문자가 크게 변모되지 않았음을 알 수 있다. 이러한 현상은 같은 시기의 기타 각국에 있어서는 일찍이 없었던 일이다. 그렇다면 그 원인이 어디에 있을까? 가장 설득력 있는 해석은 당시에 어떤 문자교본이 있어서 엄격히 교육되었을 것이라는 견해일 것이다. 따라서 주周 선왕宣王의 태사 주籒가 대전 15편을 지었다는 설을 경솔하게 부정하여서는 안 될 것이다.

세상에 전해지고 있는《석고문石鼓文》과《저초문詛楚文》은 모두 전국시기 중엽 진나라의 작품이다. 전자는 국가의 예의禮儀에 관한 것으로 서법이 정교하고 아름답다. 후자는 통용자체로 씌어진 것이다. 이 두 가지는 모두 대전에 속하는 서체인데 그 중의 대부분이 소전과 동일한 것이고,《설문》에 열거된 주문과 동일한 것도 적지 않다.《사주편》에 수록된 것이 총 몇 자인지는 알 수 없지만, 그 중 9편이《설문》에 보이고 있고 220자가 열거되어 있다. 만약 비례에 의거하여 추측해 본다면 총15편 중에서 소전과 다른 자가《설문》총자수(9353)의 약 1/25에 해당하는 셈이다. 이로써 소전과 주문과의 차이, 아울러 이사李斯가 고쳐 놓은 글자의 수를 대략적으로나마 짐작할 수 있을 것이다.

(張政烺)

전서篆書

고대 한자 서체 명칭의 일종으로서, 이는 다시 대전大篆과 소전小篆으로 나뉜다. 대전은 본래 주문籀文이라 불렀는데, 주나라 말 때 흥기된 후 진나라 때까지 통용되었다. 소전은 진전秦篆이라고도 불리며, 진시황이 문자를 통일할 때 쓰인 서체를 가리키고 한대에까지 연용되었다. 후세 사람들이 말하는 전서는 일반적으로 소전을 지칭한 것이다.

서주가 멸망한 후, 평왕平王이 동쪽으로 도읍을 옮기자 진나라가 주나라의 옛도읍지를 차지하였고, 주나라의 주문을 그대로 사용하였는데, 그것이 점차 발전하여 진나라의 특색을 갖추게 되었다. 전국시기에는 칠국七國에서 쓰던 문자의 형체가 각각 달랐다. 진시황이 육국을 평정하고 문자를 통일시켜서 이사李斯의 건의를 받아들여『진나라의 문자에 부합되지 않는 것을 파기해 버렸다. 罷其不與秦文合者』이때 진나라가 오래 전부터 사용해오던 주문도 생개省改되었다. 이사는《창힐편倉頡篇》을 짓고, 중거부령中車府令인 조고趙高는《원력편爰歷篇》을 지었으며, 태사령太史令인 호무경胡毋敬은《박학편博學篇》을 지었는데, 내용은 거의《사주편史籀篇》에서 따왔으나 전서체는 완전히 같았던 것은 아니었으니, 후세에는 그것을 진전秦篆이라고 불렀고 소전이라고도 하는 한편, 주문을 대전이라 칭하였던 것이다. 진대의 소전문자 자료로 전해지는 것으로는 태산각석泰山刻石·낭사각석琅邪刻石·역산각석嶧山刻石(그림 참고)·회계각석會稽刻石 등과 무수한 진량秦量·진권秦權·조판詔版이 남아 있다. 문자는 분명히 규범화된 것이었으며, 그 편방들도 모두가 고정형식과 위치를 갖추고 있었으며, 형체는 수직의 장방형이었고 내부가 빈곳에는 필획을 구부려 채워 넣어서 상형·지사·회의 등의 의의가 체현되지 않게 되었다.

허신許愼이《설문해자》를 저술한 본래의 의도는 중국 문자의 원시구조를 설명하는 데 있었다. 그러나 그는 최초기의 문자자료를 볼 수 없었으므로 소전 9353자를 주요 자료로 삼을 수밖에 없었다. 소전은 그것이 만들어진 연대가 이르지는 않지만, 수량이 많아 중국 문자발전사상의 주류가 되었고, 1천여 년간 부단히 만들어져서 한 군데 모아졌으니, 글자의 뜻을 풀이하고 자전을 편집함에 있어서 응당 그것을 근거로 삼았음은 자연스런 결과였다.《설문》은 주문 2백여 자와 고문 5백여 자를 중문重文으로 열거하고 있다. 이러한 것들은 고대의 문자발전 가운데 모종의 원인으로 말미암아 발생된 것으로서, 일반적으로

진나라 이사李斯가 쓴 역산각석嶧山
刻石의 소전

그 모두가 **이체자異體字**에 속하는 것이지만, 자형 분석을 통하여 글자의 뜻을 탐구함에 있어서는 분명 소전만큼 믿을 만하지는 못하다.

한나라는 진나라의 제도를 계승하였다. 문자 방면에 있어서도 예외는 아니어서 전서가 여전히 국가의 표준 서체로 쓰이고 있었다. 당시의 고위 기관의 문서는 전해지지 않지만, 황제와 황후의 옥새玉璽·여러 왕들의 금옥인金玉印·화폐貨幣·호부虎符 등 정중한 문물들은 남아 있어서 우리들도 그 모습을 직접 볼 수 있다. 그것들에 새겨진 문자는 물품의 유형에 따라 이름이 다르지만(예, 刻符·摹印), 그것들에 쓰인 서체는 모두 소전에 속하는 것이었다. 왕망王莽이 집권하고 있을 때 만들어진 화폐와 권형權衡 도량度量의 명문도 소전으로 씌어진 것이다. 그러나 필획은 더욱더 정방형에 가깝게 변모하였다. 허신이 《설문해자》를 지은 목적은 응용을 위한 것이었다. 그래서 그의 아들인 허충許冲은 『무릇 주나라와 한나라의 제도 율법은 마땅히 육서를 배워야 그 뜻을 통달할 수 있다 自周禮漢律皆當學六書貫通其意』고 말하였던 것이다. 《설문》이란 책이 유용한 것이었기에 오늘날까지 전해졌던 것이다. 위魏의 정시正始 4년(243)에 삼체석경三體石經이 새겨졌는 바, 그 가운데 있는 **고문**은 벽중경壁中經으로부터 나온 것이고, **예서隸書**는 그 이전에 이미 4백 년간을 유행한 통속 서체였으며, 소전은 그 당시에도 전통적 표준 서체로 중요시되어 비석을 새기는 데에 쓰여지고 있었다.

(張政烺)

예서隸書

한자 서체 명칭의 일종으로 진예秦隸와 한예漢隸 그리고 팔분八分으로 나뉜다. 진예는 진시황 시기에 사용되었던 **간체자簡體字**를 말한다. 한대에는 일상적으로 예서를 사용하였다. 그러나 형체와 필세는 부단히 변모되어 동한 중기에는 장중莊重하고 전아典雅한 신서체가 출현하였다. 희평熹平 4년(175)에는 신예서체로 쓴 석경石經을 태학太學에다 건립하므로써 그것이 국가의 표준 서체로 위치를 굳히게 되었다. 위魏나라 이후에는 그것을 팔분이라고 불렀다.

예서는 진대에 형성되었으니, 그 연원淵源이 상당히 구원久遠한 것이다. 전국시기에는 정치·경제·문화가 급속히 발달되므로 말미암아 문자의 활용도 날로 넓어졌고, 필획이 점차 줄어들거나 생략되고 곧고 평평한 모양을 갖추게 되었다. 진나라는 서주시기를 답습하여 주문을 표준 자체로 삼았으므로 변화가 극히 점진적이었다. 진시황이 육국을 멸한 후에는 일부의 필획이 이미 생략되었거나 고쳐진 주문을 표준 자체로 정하여 문자통일정책을 추진하였다. 한대에는 변모되기 이전의 주문을 대전이라 칭하고, 변모된 후의 것을 소전이라 불렀다.(참고 篆書) 이러한 것들은 모두 고위계층에서 사용한 글자였다. 동한 때 허신은《설문해자》의 서문에『진나라 때에는 경서를 불태워 버리고, 옛서적을 없애 버렸으며 관리와 병졸을 크게 징집하여 국경 수비를 확대하자, 관아와 감옥의 직무가 번잡해지므로 말미암아 예서체를 처음으로 쓰게 되어 점차 간략하고 쓰기 쉽게 되었다 秦燒滅經書, 滌除舊典, 大發吏卒, 興戍役, 官獄職務繁, 初有隸書, 以趣約易』고 적고 있다. 진대晉代의 위항衛恒은《사체서세四體書勢》에서『낮은 신분의 선비인 정막이란 사람이 감옥의 관리를 지내다가 시황에게 죄를 지어 운양 땅에서 10년간 감금을 당하였다. 옥중에서 대전을 쓰면서 (획수가) 적은 것은 늘리고 많은 것은 줄이고 (모양이) 네모진 것은 둥글게 하고 둥근 것은 네모지게 하여 시황에게 바쳤더니, 시황이 그것을 좋아하여 그를 풀어 주어 어사에 명하고 서체를 정하는 일을 맡도록 하였다. 혹자가 이르기를 정막이 정한 서체가 바로 예서체의 글자라고 한다 下士人程邈爲衙獄吏, 得罪始皇, 幽繫雲陽十年. 從獄中作大篆, 少者增益, 多者損減, 方者使圓, 圓者使方, 奏之始皇. 始皇善之, 出以爲御史, 使定書. 或曰邈所定乃隸字也』고 하였다. 소전과 예서는 다같이 대전을 간략화하여 이루어진 것이다. 사실은 진나라 사람들이 필획이 간단한 글자를 쓴 것이지, 진시황이 중국을 통일한 이후에 그러한 글자가 있게 되었던 것은 결코 아니다. 진나라에서는『물건을 만든 사람의 이름을 그것에다 새겨 놓는 物勒工名』제도를 엄격히 시행하였다. 해마다 각지에서 출토되는 전국시기 진국의 병기나 칠기, 그리고 도기에는 필획이 줄어들고 곧은 획이 많고 굽은 획이 적은 간체자가 새겨져 있는데, 그러한 것들은 모두 장인의 손에서 나온 것으로서 이미 예서체에 가까워진 형태를 띠고 있었다. 정막은 본래 소관리였는데 옥중에서 그가 익숙한 간체자를 대전체와 대조해 가면서 정리하였다는 것은 일리가 있는 것이다. 진시황이 그를 출옥시켜 어사의 직책을 맡겨『서체를 정하도록 定書』하였다는 것은 흔치 않는 파격적 임용으로 이는 간체자의 응용이 날로 넓어지고 그 규범화의 수요가 급박한 형편이었음을 반영하는 것이다. 호북湖北 운몽雲夢 수호지睡虎地에서 대략 진시황 30년 때의 것으로 보이는 죽간 1200매가 출토된 적이 있는데, 그것들은 모두 규칙적이고 숙련된 예서체로 씌어진 것이었다. 진나라가 소전을 보급시킨 것은 단지 당시 사람들의 전서 전통을 보호 유지시킨다는 정치적인 의의를 지닐 따름이었고, 그 당시에 예서가 실제 응용에 있어서는 이미 우세한 위치를 차지하고 있었다. 소전은 육국 문자에 비하여 복잡하고 쓰기 힘들었으나, 예서는 육국 문자보다 간편하고 쓰기 쉬워 백성들의 수요에 더욱 부합되는 것이었다. 진시황이 소전으로 문자를 통일시킨 것은 사실상으로는 예서로 통일시킨 것이나 진배 없었다.

　예서의 자체 구조가 기본적으로 형태를 갖추고 난 다음에도 계속적으로 간화된 것은 단지 소수에 불과하지만, 그 형체와 필세가 비교적 크게 변화된 것은 대체로 3기로 나누어 볼 수 있겠다.

　① 진예 : 운몽의 죽간이 그 예로서 자형이 네모꼴에 가까운 가운데 수장형 竪長形이 가끔 섞여 있으며 파세波勢가 적어 전서적인 면이 약간 가미되어 있다.

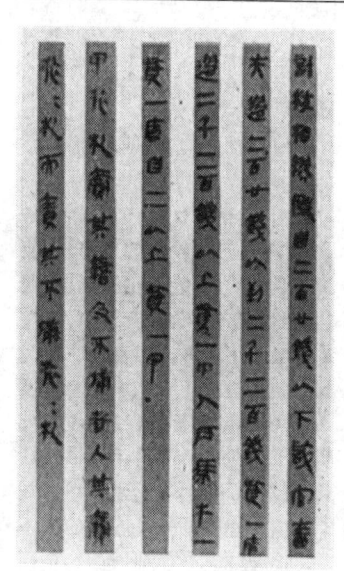

〔그림 1〕 진예(雲夢秦簡《效律》)

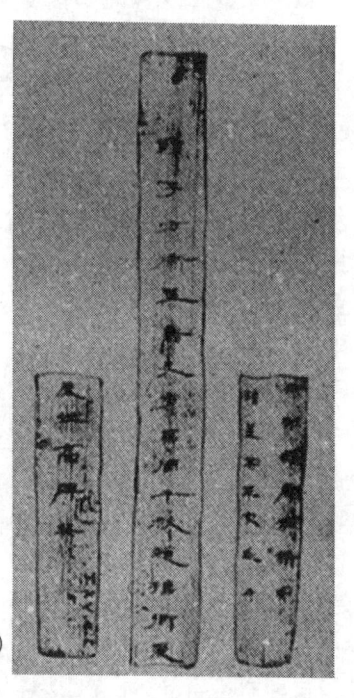

〔그림 2〕 한예(漢簡《急就章》)

② 한예 : 서한 무제에서 동한 광무제에 이르는 시기의 것인 거연居延 한간漢簡과 돈황敦煌·신강新疆 각지에서 출토된 한간이 그 예에 속한다. 자형이 가로로 벌어져서 가로는 짧고 세로는 넓어져서 파세가 대단히 커졌다.

③ 팔분 : 《희평석경熹平石經》이 한 예이다. 형체는 정사각형이고 필획이 고르고 대칭적이며 파세가 공정工整하다.(원색화보 참고)

한예가 팔분으로 발전되어서는 이미 국가의 표준 서체로 격상되었다. 일상적으로 응용되는 글자는 필법에 있어 계속 간화되어 위진 때에 이르러서는 **진서眞書**로 변모되었다. 진서는 수당 이전까지는 여전히 예서적인 필의筆意를 띠고 있었기에, 후세 사람들이 위진 남북조시대의 진서를 포함하여 그 모두를 예서라고 칭한 것은 예서의 범주를 확대해석한 것이다. (張政烺)

팔분八分

고대 한자 서체 명칭의 일종으로 예서라고도 불리며, 동한 중기에 출현한 신체 예서를 지칭한다. 자형이 정방형이고, 규칙적인 파세波勢·도법挑法을 지니고 있으며, 가로 필획은 기필起筆이 돈억頓抑하고, 끝부분은 위로 뻗쳐서 〈누에고치 머리〉(蠶頭)·〈제비 꼬리〉(燕尾)라고 불리는 것이다. 이러한 종류의 서체는 장엄 전아하다.(그림 참고) 한대 영제靈帝 희평熹平 4년(175)에 채옹蔡邕이 일곱 가지 경서를 붓글씨로 쓴 비석을 태학에 세웠으니, 이것이 동한 말기의 표준 서체가 되었다. 예서는 이때를 기점으로 진서로 발전되기 시작하여 한자의 네모꼴 형상이 팔분 서체로 말미암아 그 기초를 확립하게 되었다. (원색화보 참고)

팔분이라는 명칭은 위나라 때 문헌에 처음으로 등장되어 있는데, 그 명칭의 유래에 관한 해석이 대대로 분분한 실정이다. 《고문원古文苑》에 기록되어 있는 바에 따르면, 문인聞人 모준牟準의 《위경후비양문魏敬侯碑陽文》에는 위나라 문제文帝의 《수선표受禪表》는 위기衛覬가 문장을 짓고 또 팔분체로 글씨를 쓴 것이라고 분명히 기록되어 있다고 한다. 이 표석表石은 허창許昌에 현존하고 있는 바, 그 서체가 낙양洛陽에서 출토된 채옹이 쓴 《희평석경熹平石經》 잔석殘石상의 서체와 동일하다. 팔분서체의 형성 연대에 관하여 채옹의 《권학편勸學篇》에는 『상곡 왕차중이 처음으로 옛날 서체의 형태를 변화시켰다 上谷王次仲初變古形』고 적혀 있다. 그리고 육조시대 서법가들은 『상곡 왕차중이 해서 서법을 처음 창안하였다 上谷王次仲始作楷法』느니, 『차중이 처음으로 옛서법을 네모지게 넓히므로써 파세를 적게 하였고, 건무建武·영초永初 연간에 예초로써 해서 서법으로 삼았으니 글자의 넓이가 팔분이었기에 본보기가 되었다고 말하였다 次仲始以古書方廣, 少波勢, 建初中以隸草作楷法, 字方八分, 言有楷模』느니, 『영제 때에 왕차중이 예서를 약간 가꾸어서 팔분을 만들었다 靈帝時, 王次仲飾隸爲八分』는 등등의 설법을 운운하였다. 이른바 『처음으로 옛날 서체 형태를 변화시켰다 初變古形』고 하는 말과 『옛서법을 네모지게 넓히므로써 파세를 적게 하였다 以古書方廣, 少波勢』는 말은 무엇을 가리키는 것일까? 현재에는 **갑골문과 금문**, 그리고 진한의 간독簡牘 등 고고발굴자료가 있으니 만큼, 그것들에 나타나 있는 것으로부터 한자의 연변과정에 있어서 글자의 형체는 수직 장방형에서 납작하게 넓어진 꼴로 되었다가 정사각형으로 변천하였고, 필세에 있어서는 파세가 없는 것에서 출발하여 대파大波로 변한 후에 다시 규칙적인 파세를 지닌 것으로 변모하였음을 알 수 있다. 갑골문·금문·전서·진예, 그리고 조기의 한예는 모두가 수직 장방형에 속하는 것들이고, 서한 중기의 예서는 납작하게 넓어진 형태로 발전한 것이며, 동한 중기에는 비로소 네모 모양의 글자(方塊字) 형태가 출현하기 시작하였다. 갑골문에서 진예에 이르기까지의 서체는 파세가 없는 것이고, 서한 중기 이후로는 파세가 납작하고 넓어진 형체 내부에서 점차 방종해진 것으로 발전한 형세에 이르게 되었다. 동한 중기에는 끝처리가 적당하게 공정工整해진 파세가 비로소 나타나기 시작하였다. 당대의 사람들은 고고발굴의 고문자를 목격할 수 없었던 관계로 『初變古形』과 『古書方廣, 少波勢』라는 말의 〈古〉가 중기의 한예漢隸를 가리키고, 〈方廣〉이 바로 납작하게 넓혀진 것(扁寬)을 의미하며, 〈少波勢〉가 팔분서체같이 규범적인 파세가 없는 것을 말한다는 것을 이해할 수 없었다. 당대 장회관 **張懷瓘**은 그가 지은 《서단書斷》에서 〈古〉와 〈少波勢〉가 전주篆籒같이 파세가 없는 것을 가리키는 것이라고 생각하였을 뿐만 아니라, 왕차중王次仲이 진시황 때의 선인仙人이라는 전설에 얽매여서 『팔분체는 이미 소전체의 반을 변모시켰고, 예서체가 또 팔분체의 반을 변화시켰으니, ……따라서 예서는 팔분서체의 맛을 낼 수 없었음을 알 수 있을 것 같다 八分已減小篆之半, 隸又減八分之半, ……故知隸不能生八分矣』라고 말하고, 『해예가 처음 만들어졌을 때 그 필법의 대체가 (예서와) 동일하였으므로 후대 사람들은 그 사실에 현혹되어 그것을 힘써 배웠다. 그러한 풍조가 오래도록 지속되자 점차 팔자처럼 흩어진 모양을 갖추게 되었으니, (예서를) 팔분이라고도 부르게 되었던 것이다 楷隸初制, 大範幾同, 故後人惑之, 學者務之. 蓋其歲深, 漸若八字分散, 又名八分』라는 등등의 설법을 지어내게 되었다. 그는 또 한말에서 동진에 이르는 시기의 몇몇 진서체 작품을 팔분체의 묘품妙品 혹은 능품能品으로 열거해 놓았다. 1천여 년간 팔분체에 대한 오해는 실로 《서단》에서 비롯된 것이었다. 송대 주월周越의 《고금법서원古今法書苑》은 채문희蔡文姬가 『소신의 부친이 팔분서체를 만들었는데, 정막의 예서체를 팔분으로 나누어 그 중 이분을 취하고, 이사의 소전체를 이분으로 나누어 그 중 팔분을 취하였다 臣父造八分, 割程隸八分取二分, 割李篆二分取八分』고 말하였다는 내용을 적어 놓았다. 이 기록이 어느 책으로부터 인용한 것인지는 알 수 없지만, 오히려 혼란만 더욱 가중시키는 것일 따름이다. 당송 이후 지금까지 팔八의 자형과 분分자의 자의 등의 방면으로부터 유추해낸 각종 해석이 있고, 팔분은 글자 크기의 척도를 가리키는 말이라는 설이 있지만, 이러한 견해는 모두 견강부회한 것이다. 〈자방팔분字方八分〉이라는 말은 분명 글자의 높이가 소전체의 팔할 정도의 네모 모양을 뜻하는 것이다. 팔분이 정식 서체의 명칭으로 쓰인 연대는 《희평석경》을 증거로 삼을 수 있으며, 왕차중이 최초로 해서 서법을 만든 연대는 연호가 적혀 있는 한간漢簡으로 미루어 보아 마땅히 동한 중기에 해당할 것이다. 왕차중이 해서 서법을 개발하였고, 그것을 전수함에 있어 표본으로 삼을 만하였던 관계로 후세 사람들은 또 팔분을 해예楷隸라고도 불렀던 것이다. (張政烺)

〈한을영비漢乙瑛碑〉

팔체八體

팔체八體

진대 한자의 8종 형식을 말한다. 〈팔체〉라는 이름은 동한 허신이 지은 《설문해자》 서문에 보이고 있다. 허신은 『진나라의 서체로는 여덟 가지 체가 있으니 첫째는 대전, 둘째는 소전, 셋째는 각부, 넷째는 충서, 다섯째는 모인, 여섯째는 서서, 일곱째는 수서, 여덟째는 예서가 그러한 것들이다 秦書有八體, 一曰大篆, 二曰小篆, 三曰刻符, 四曰蟲書, 五曰摹印, 六曰署書, 七曰殳書, 八曰隸書』라고 하였다. 대전은 춘추전국시기 진나라에서 사용된 전서를 말하는데, 《설문해자》에 수록된 주문은 바로 대전을 말하는 것이다. 소전은 진시황이 천하를 통일한 후에 대전을 약간 수정하고 번잡한 필획을 제거하여 만든 서체를 말한다. 예를 들어 진나라의 태산각석泰山刻石·낭사각석琅邪刻石에 새겨진 서체가 그러한 것이다. 충서는 **조충서**라고도 하는 것으로서 문자 위에 새 모양·벌레 모양의 도안을 덧붙여 놓은 것이다. **예서**는 전서를 해체하여 만든 자체의 일종이다. 각부는 부절符節 위에 새긴 것을 말한다. 모인은 새인璽印상에 모사摹寫한 것이고, 서서署書는 봉첨편액封簽扁額에 제문題文을 쓴 것을 말한다. 수서는 병기에 써놓은 것을 가리킨다. 대전·소전·충서·예서는 자형구조가 다른 4종류의 문자를 지칭한 것이고, 각부·모인·서서·수서는 각종 기물상에 써놓은 4종류의 특수 자형을 일컫는 것이다. (周士琦)

초서草書

한자 서체 명칭의 일종으로 한대에 형성되었다. 한대에서 당대에 이르기까지의 초서는 장초章草·금초今草·광초狂草로 구분한다. 장초는 오황상吳皇象의《급취장急就章》의 송강본松江本이 그 한 예이고, 금초의 예로는 진대 왕희지의《초월初月》·《득시得示》등의 법첩과 손과정孫過庭의《서보書譜》를 꼽을 수 있다. 광초는 당대 장욱張旭의《두통肚痛》등의 법첩과 회소懷素의《자서첩自敍帖》이 그 예인데, 이러한 것들 모두는 현존하는 진품珍品들이다. (그림 1 참고)

모든 서체는 그 사용과정에 있어서 쓰기에 간편해야 한다는 요구를 받고 있었기에 필획이 간단하도록 생략하는 것과 흘려 쓰는 추세가 발생하였다. 이러한 추세는 **문자** 연변의 주요 원인으로 작용하였다. 사회의 변혁과 문화의 발전이 있었을 때마다 문자 활용이 번잡해져서 개개인이 저마다 간단하게 생략해서 쓰는 습관이 생겨나게 되었다. 이리하여 **이체자**의 출현 속도가 날로 가속화되었으므로, 문자로 하여금 활용에 편리하도록 하기 위해서는 그러한 것들을 바로잡지 않을 수 없었다.『주나라 선왕의 태사가 주서를 만들었다 周宣王太史作籒書』『이사가 소전을 지었다 李斯作小篆』『정막이 예서를 만들었다 程邈作隷書』는 기록과 채옹蔡邕이 팔분체로《희평석경熹平石經》을 썼다는 등등의 기록 모두는, 양주兩周·진秦·한漢 때에 당시 유행하던 서체를 각자 규범화하여 표준 자양字樣을 반포하였다는 것을 말해 주는 동시에, 이미 형성된 새로운 서체를 **정체자**의 발단으로 공인하였다는 것을 암시하는 것이다. 그러나 쉽고 간단함을 요구하는 추세는 결코 그러한 일 때문에 중단된 적이 없었다. 일찍이 제왕공경帝王公卿의 대사를 기록한 상대의 갑골문과 주대의 금문에도 간필簡筆이나 갈겨 쓴 글자 흔적이 보이고 있으며, 역사서적 중에 보이는『굴원이 초고를 작성하였다 屈原屬草藁』『동중서는 갈겨 쓴 글은 (왕에게) 상주하지 않았다 董仲舒藁書未上』는 기록은 전국시기의 고문과 서한시기의 예서가 급히 썼을 때에는 바른 글씨가 아니었음을 말해 주고 있다. 위진 사람의 기록에 의하면, 동한의 북해경왕北海敬王 유목劉睦은『사서를 잘 써서 당시 사람들이 본보기로 삼았다 善史書, 當世以爲楷則』하거니와, 그가 죽기 전에 명제明帝가 역마驛馬를 보내어『초서로 편지 10수를 쓰라고 명하였다 令作草書尺牘十首』하였으며, 장제章帝 때 제상齊相인 두탁杜度은 습자의 범본範本을 잘 썼는데, 장제가 일찍이 그에게 명을 내려 초서로 주문奏文을 쓰라고 하였다고 한다. 이로써 기원후 1세기 중엽 이래로 초서 글자가 모두 총망하게 쓴 것만이 아니라 진귀하게 여겨져서 모방하여 익히는 자체이었음을 알 수 있다. 근세에 출토된 한간에서 볼 수 있듯이 서한 무제 때 글자의 획이 간략하게 생략된 예서가 이미 통용되고 있었다. 신망新莽시기에 이르러서는 더욱 과감히 생략한 것과 필획을 띄우지 않고 연이어 쓴 글자들이 나타나고 있다. 동한 광무제 건무建武 22년(A.D.46)에 만들어진 간독簡牘은 이미 완전한 초서로 쓰인 것이었다. 그러나 주대에서 신망시기까지는 초서를 서체의 일종으로 열거하지 않았다.《설문해자》는 화제和帝 12년(A.D.100)에 완성되었는데, 그 저자인 허신은 서문에서『한나라 때 초서가 흥행되고 있었다 漢興有草書』고 적고 있다. 이것이 초서를 일종의 서체로 본 최초의 기록이다. 동한 말기 때 장지張芝는 초성草聖으로 칭송되었다. 동시기와 그보다 조금 뒤에는 종요鍾繇 등 저명 서법가들이 배출되어 각기 하나의 유파를 형성하게 되었다. 그 당시 조일趙壹은《비초서非草書》라는 문장을 지어 초서가 유용하지 않음을 논하였고, 채옹

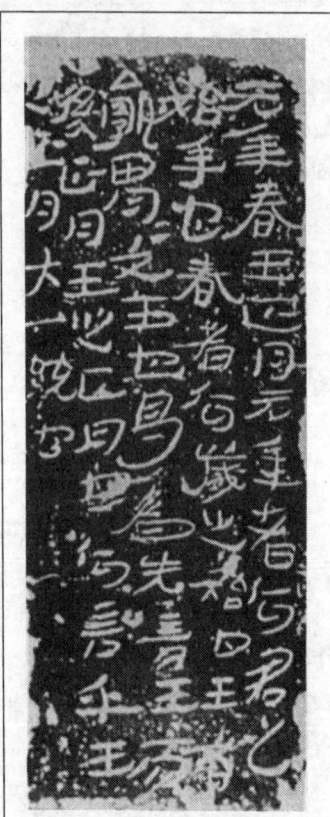

[그림 1] 한전초서漢磚草書
《공양전公羊傳》

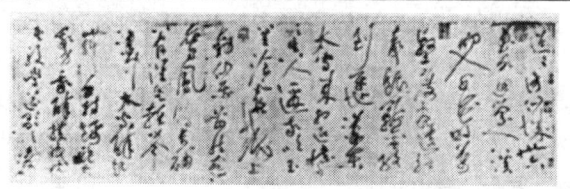
[그림 2] 황산곡黃山谷의 《이백억구유시李白憶舊游詩》광초狂草

도 그와 유사한 글을 써서 정체자의 지위를 변호하였다. 이러한 사실은 초서가 이미 극성기를 지났음을 대변해 주고 있다. 한말에서 당에 이르는 시기에 초서는 예서 필의를 띤 장초에서 운수완전韻秀宛轉한 금초로 발전한 다음 분방불기奔放不羈하고 기세만천氣勢萬千한 광초에 이르게 되었다. 장초의 명칭에 대해서는 역대로 서로 다른 풀이가 있어 왔다. 한말 이래로 《급취장急就章》의 초서본이 전래되고 있었음을 보고는 장초의 장자가 그 책의 명칭에서 유래되었다는 설이 있는데, 이 설은 가장 터무니 없는 억설이다. 또 장제章帝가 초서를 애호하였다는 사실, 혹은 그가 일찍이 초서로 주장奏章을 쓴 적이 있기 때문에 장초라 칭하였다고 한다. 심지어는 장제가 초서를 창조하였다고도 하는데, 이러한 설은 모두 억측에 불과하다. 또 다른 설에 따르면 장법章法의 장장은 장정서章程書와 장해章楷의 장장과 같은 뜻이라는 것이다. 이것은 초기의 초서가 팔분 필의를 약간 띠고 있고, 글자와 글자 사이를 억지로 연결시키지 않았으며, 필획을 생략하거나 변모시킴에 있어 정연한 장법이 있다는 사실과 부합하는 것이므로 근래의 사람들은 모두 이 설을 믿고 있다. 금초가 어느 때에 비롯되었는지에 대하여도 두 가지 설이 있다. 한말의 장지로부터라는 설과 동진 왕희지·왕흡王洽에서 비롯되었다는 설이 그것이다. 전래되는 표表·첩帖, 그리고 지하에서 출토된 한대의 간독과 벽돌 자료로 보자면, 한말에는 팔분을 정체자로 삼음과 동시에 진서에 가까운 필법이 이미 출현되고 있음을 알 수 있다. 초서도 이에 따라 변모되었을 것이다. 장지張芝보다 약간 뒤의 서법가인 최원崔瑗이 《초서세草書勢》에서 초서에 대하여 『모양이 구슬을 꿰어 놓은 듯 끊어지나 떨어지지 아니하고 狀似連珠, 節而不離』 『끊는 필을 거두는 모양이 면류관의 기각을 서로 얽어 놓은 듯 絕筆收勢, 餘綖糾結』 『머리는 없어도 꼬리는 늘어뜨리고 頭沒尾垂』 『기틀은 작고 묘해야 하며, 때를 맞춤이 마땅해야 한다 機微要妙, 臨時從宜』라고 한 묘사는 한말의 초서 필세가 유창하여 장법에 구애됨이 없었음을 말해 준다. 서체의 연변은 본래 칼로 자른 듯이 구분되어질 수 없는 것이다. 금초가 장지의 서법에 기원된다고 말하는 것은 신서체의 맹아로부터 보는 견해이고, 이왕에서 비롯된다고 보는 견해는 초서의 전형이 형성된 것에 착안한 것이다. 당대 이래로 진서를 오늘날까지 줄곧 사용해오고 있다. 초서는 당대에는 장욱張旭과 회소懷素를 대표로 하는 광초가 출현하여 실용성을 완전히 탈피하므로써 예술작품으로 변모하였다. 송대 황산곡黃山谷의 《이백억구유시李白憶舊游詩》는 광초의 가작이라고 말할 수 있다. (張政烺)

진서眞書

한자 서체 명칭의 일종으로 한말 때에 나온 파세도법波勢挑法의 팔분 서체를 뒤이어 출현한 신서체를 말한다. 육조 이래로 그것을 진서眞書·정서正書, 혹은 해서楷書라고도 부른 것으로 지금까지 연용되고 있는 서체이다.

서북 지구에서 출토된 연호年號가 씌어 있는 목간으로 보아 동한 건무建武에서 영초永初(A.D.25―113) 시기의 간簡은 모두 예서로 씌어진 것이나, 영화永和 2년(137)의 간은 이미 기본적으로는 진서로 되어 있다.(眞七隸三. 참고 張鳳《漢晉西陲木簡匯編》, 1931) 이것은 수둔군치소戍屯軍治所의 유물로서 당시 관청의 일반 지식인들이 사용한 서체였음을 말해 주는 것이다. 희평熹平 4년(175)에 태학에 세운 《석경石經》은 표준 팔분체로 씌어져 있다. 그러나 영수永壽 2년(156)에 만들어진 도병陶甁에 있는 대부분의 제자題字들은 이미 진서에 가까운 것이었다. 왕차중王次仲이 팔분 해법楷法을 지었다는 전설과 채옹蔡邕이 《석경》을 썼다는 것이 모두 예서 전통을 유지시키려는 의도에서 당시의 정자체에 대하여 규범화하려는 것임을 알 수 있다. 그러나 진서는 일상적인 글자쓰기 습관이 갈수록 간편하고 쉬운 것을 희구하는 조류로 인하여 조성된 신서체였다. 서수西陲에서 출토된 목간木簡 가운데 위魏나라의 경원景元·함희咸熙 그리고 진晉나라의 태시泰始·영가永嘉 연간에 만들어진 간이 보이고 있고, 석각石刻 중에는 오吳나라 봉황鳳凰 원년(272)에 건립된 《곡랑비谷朗碑》와 연호를 알 수 없는 《형양태수갈조비액衡陽太守葛祚碑額》이 포함되어 있다. 그 형체와 필획 구조는 모두 이미 완전한 진서의 것이다. 진서가 삼국시기에는 전국에 걸쳐 통용되고 있었음을 이로써 알 수 있다. 세상에 전하는 바로는 위나라 초엽의 종요鐘繇(?―230)가 『진서의 시조 眞書之祖』라고 한다. 그의 필적으로 전해지는 것은 없지만, 법첩 중에는 《하첩賀捷》·《계직季直》등 진서의 장표章表가 전해지고 있다. 유송양劉宋羊은 『종요의 서법으로는 세 가지 서체가 있다. ……둘째는 장정서로서 천자의 장서로 비장되었고, 소학을 가

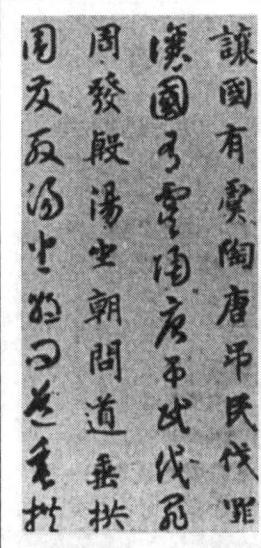

지영智永의《진초천자문眞草千字文》

르치는 데 사용된 것이다 鐘繇書有三體…… 二曰章程書, 傳秘書, 教小學者也』라고 감탄하였다. 장정서는 응당 종요가 쓴 이들 장표를 일컫는 것이다. 장정章程과 해법楷法은 같은 뜻이다. 동한의 팔분 서체에는 해법이 있어서 육조시기 사람들은 그것을 일러 해서라고 하였다. 진서는 『천자의 장서로 비장되었고, 소학을 가르치는 데 사용된 傳秘書, 教小學』장정서로 삼아졌고, 또 그것을 해서라고 하는 한편 팔분을 해예楷隸라고 칭하였다. 진서가 통용 정체자로 격상되었으므로 정서正書라고도 이름하였다.

진서는 응용되는 과정중에 끊임없이 발전되었다. 동진 때 왕흡王洽이 왕희지에게 보낸 편지 중에서, 그들 형제가 진서와 초서 서법에 있어서 거둔 창신創新을 회고하면서 다음과 같이 말하고 있다.『(두 분 형제께서 쓰신 것은) 모두 예전의 형태를 변모시킨 것이었습니다. 얼마 후 지금에 이르러서는 종요와 장지의 것을 표본으로 따르는 것과 같습니다. 俱變古形, 不爾, 至今猶法鐘(繇)·張(芝)』그러나 육조·수·당 때에는 모두 진서를 신예서로 간주하였으므로 위진의 저명 서법가들의 서체와 왕희지·왕헌지의 진서를 모두 합쳐서 예서라고 칭하였다. 수당의 진서는 서법 풍격에 있어서 새로운 발전을 이룩하였다. 이를테면 지영智永의《진초천자문眞草千字文》중의 진서와 구양순歐陽詢의《예천명醴泉銘》이 그러한 예이다.

후세 사람들은 이 때문에 구양순을 해서의 시조로 보고 있는 것이다. 이러한 견해는 진서의 형성과정을 반영하는 자료를 보지 않았기 때문에 하는 말이다. 또 형체와 필획 구조상의 차이와 서법 풍격상의 차이를 혼동함에 따라 야기된 것이다. 원대 조맹부趙孟頫가 쓴《육체천자문》은 고문·전서·예서·장초·진서·금초의 여섯 가지 서체를 병렬시켜 놓으므로써 전국시대 이래 2천여 년간 중국 서체의 연변 개황을 한 눈에 볼 수 있도록 한 것이다. (張政烺)

해서楷書 ☞ 진서眞書

행서行書

한자 서체 명칭의 하나로 초서와 정체자의 중간 형태의 흘림 서체를 가리킨다. 행서는 본래 정체자를 일상적으로 응용함에 있어 필획을 연이어 쓰거나 다소 변형시키므로 말미암아 형성된 것으로, 쓰기에 편하고 또 초서보다는 알아보기가 쉬웠으므로 널리 통용되기에 적합하였다. 한대에서부터 지금에 이르기까지 행서는 정체자의 발전에 부수하여 그 체세體勢와 필의가 다소 변화되므로써 적응력이 가장 강한, 응용범위가 가장 넓은, 그리고 사용기간이 가장 긴 서체가 된 셈이다.

각지에서 출토된 연호가 기록된 한간과 박현亳縣에서 출토된 조曹씨 일가의 한대 벽돌 등의 자료로 보아 행서가 동한 중기에 이미 쓰이고 있었음을 알 수 있

왕희지의 행서《난정서蘭亭叙》

다. 세상에 알려지기에는 동한東漢 말기 유덕승劉德升이 행서行書를 만들었다고 한다. 이러한 말은『왕차중이 처음으로 옛모습을 변화시켰다 王次仲初變古形』거나『두탁이 초서의 원조이다 杜度濫觴于草書』는 말과 비슷한 부류의 것이다. 이러한 말들은 모두 후세 사람들이 이미 유행한 자체를 분석하여 그 장법章法을 귀납함과 동시에 그것을 전수시킨 사람을 숭배하는 데서 나온 것이다. 그리고 그 말이 그러한 서체들이 형성된 연대를 반영하는 의미도 지니고 있다. 한대에서 위대에 이르는 시기에 종요鐘繇와 호소胡昭가 유덕승을 따라 배운 것으로 저명하였다. 서진西晉에 이르러 행서가 세상에 널리 유행되자, 조정에서는 서박사書博士제도를 실시하여 종요와 호소의 서법으로 제자를 가르치도록 하였다. 당시의 서법가들 중에는 거의가 행서로 유명한 사람들이었고, 동진의 제왕들도 거의 대부분 행서에 능하였다. 서법가들 중에서는 왕희지王羲之가 행서를 잘 썼는데, 그의《난정서蘭亭叙》는 천고의 저명 걸작으로 손꼽

히고 있다.(그림 참고) 행서는 일상 응용에 적합한 서체였으며, 더욱이 편지글에 상용된 서체였다. 종요는 팔분·진서·행서에 능하였는데, 유송양劉宋羊은 《채고래능서인명採古來能書人名》 중에서 다음과 같이 말하였다. 『종요의 서법은 세 가지가 있다. 첫째는 명석의 서(팔분)로 이것이 가장 묘한 것이다. 둘째로는 장정서(진서)를 꼽을 수 있다. 이것은 천자의 장서로 비장되었고, 소학을 가르치는 데 교본으로 활용되었다. 셋째는 행압의 서로, 이는 서신에 쓴 것이다. 鐘書有三體:一曰銘石之書, 最妙者也. 二曰章程書, 傳秘書, 敎小學也. 三曰行押書, 相聞者也』〈행압서行押書〉란 곧 행서를 가리키며, 〈상문자야相聞者也〉란 바로 서신을 주고받을 때 쓰던 서체를 말한다. 역대 서법가들의 행서 묵적墨迹들도 대부분이 편지글이다. 개인의 통신문은 마음내키는 대로 써도 무방한 것이기에 각각의 본색이 여실히 드러나기 마련이다. 역대 법첩과 진적 眞迹 중의 서신을 비교해 보면, 행서의 발전변화 양상과 행서의 지칭범위가 얼마나 넓은가를 한눈에 알아볼 수 있다. 《선화서보宣和書譜·행서서론行書敍論》에『예법이 사라지자 진서 기미가 갖추어지고 초서 기미가 나타났는데, 이 두 가지의 중간에 끼는 것으로 행서가 있었다. 그것이 진서를 겸하는 것을 진행이라 불렀고, 초서와 겸하는 것을 행서라 하였다 自隸法掃地而眞幾于拘, 草幾于放, 介乎兩間者 行書有焉. 于是兼眞則謂之眞行, 兼草則謂之行書』는 기록이 있다. 〈진행眞行〉과 〈행서行書〉의 구분은 단지 감상의 각도에서 지어진 것이다.(원색화보 참고)

(張政烺)

정체正體 | standard form

자서가 정한 규범에 부합하는 한자의 서체를 가리키는 말이다. 한자는 전서에서 예서로 변하였고, 예서는 해서로 발전하였는데, 위진시대부터 시작하여 자체의 편방 결구가 점차 일치되는 추세를 보였다. 글씨를 쓸 때 자서가 정한 방법에 부합할 것을 요구하는 바, 일반적 규법에 부합하는 것을 통틀어서 정체라 한다. 정체라는 명칭은 당대唐代 안원손顔元孫의 《간록자서干祿字書》에 이미 등장하고 있다. 그러나 일반 사람들이 글자를 쓸 때에 때때로 몇 가지 별체자別體字를 쓰곤 하였는데, 그러한 글자는 정체의 필획과는 다른 것이었다. 그래서 속체俗體라는 명칭이 있게 되었다. 정체와 속체는 경우에 따라서는 반대의 개념으로 쓰인다. 이를테면 〈소召〉를 〈𠮦〉로, 〈상牀〉을 〈床〉으로, 〈단單〉을 〈単〉으로, 〈회回〉를 〈囘〉로, 〈규規〉를 〈䂓〉로, 〈백柏〉을 〈栢〉으로 쓰는 것들이 그러한 예인데 후자를 속체라 한다. 이상의 예는《간록자서》에서 발췌한 것들이다.
(周祖謨)

속체俗體 | vulgar form

일반 사람들이 손으로 쓴 글자 중에서 자서의 사법寫法과 상이한 한자 자체를 말한다. 이를테면〈진盡〉을〈尽〉으로,〈비備〉를〈偹〉로,〈답答〉을〈荅〉으로,〈멱覓〉을〈覔〉으로,〈변變〉을〈変〉으로,〈적敵〉을〈敌〉으로,〈고顧〉를〈顾〉로,〈헌獻〉을〈献〉으로 쓴 것들을 말한다. 속체자는 육조시대에 이미 비각에 쓰여지기 시작하여 당대에 이르러서는 그 숫자가 더욱 많아졌다. 속체자의 최대 특색은 필획을 고친 점인데, 어떤 글자의 속체자는 본래 글자의 성방聲旁을 바꾼 것도 있다. 예를 들자면〈등燈〉을〈灯〉으로,〈분墳〉을〈坟〉으로,〈려驢〉를〈驴〉로,〈천遷〉을〈迁〉으로 쓰는 것 등이 그러한 것이다. 당대 안원손顔元孫의《간록자서干祿字書》와 왕인후王仁昫의《간류보결절운刊謬補缺切韻》에는 상당히 많은 속체자를 예시해 놓았다. 송원 이후에는 희곡 소설의 판각에서도 속체자가 자주 사용되고 있는데, 그 중의 상당수는 지금까지 줄곧 사용되고 있고, 이미 정식 간화자簡化字로 편입된 것도 적지 않다.(참고《宋元以來俗字譜》)
(周祖謨)

이체자異體字 | doublet characters

한자의 통상적 사법寫法 이외의 일종 사법을 말하며, 혹체或體라고도 한다. 이것은 통상 사법에 비하여 형부形符가 상이한 것도 있고, 성부聲符가 다른 것도 있다. 예를 들면 다음과 같다.
① 배杯:盃, 적迹:跡, 칙敕:勅, 순脣:脣
② 추搥:搥, 부桴:枹, 고褲:袴, 운韵:韻
위의 예에서 ①은 형부가 다른 것이고 ②는 성부가 상이한 것이다. 형부가 다른 것은 그것이 표시하는 의미가 반드시 비교적 가깝고, 성부가 다른 것은 각각의 성운聲韻에 있어서 필히 그 차이가 멀지 않다는 것을 말해 준다. 현재 우리들이 통상적으로 쓰고 있는 것은 첫번째 글자이고, 두번째의 글자가 바로 이체자이다. 어떤 글자는 수 개의 이체자를 지니고 있음이 자서나 운서에 예시되어 있다. 왜냐하면 사회적으로 그 이체자들이 일찍이 어떤 사람들에 의하여

쓰여진 적이 있기 때문에 찾아보기 편하도록 한데 모아 놓았던 것이다. （周祖謨）

별자別字 | misused characters

정자와 다른 또 하나의 글자를 말한다. 어떤 글자를 써야 함에 있어서 그 글자와 음이 같거나 비슷한 다른 글자를 썼을 경우를 총칭하여 별자라고 한다. 별자란 바로 그밖의 다른 글자라는 뜻이다. 청대의 고염무顧炎武는 《일지록日知錄》권18〈별자〉조에서『별자라는 것은 본래는 이 글자를 써야 마땅한 데에도 잘못하여 저 글자로 쓴 것을 말한다. 요새 사람들이 그것을 백자라고 하는 것은 바로〈별〉이란 음을 달리 말한 것이다 別字者, 本當爲此字, 而誤爲彼字也. 今人謂之白字. 乃別音之轉』라고 하였다. 청대의 조지겸趙之謙이 쓴《육조별자기六朝別字記》와 근대 나진옥羅振玉이 쓴《비별자碑別字》는 모두 고대의 비각 중에 쓰인 별자를 가려내어 모아 놓은 책이다. （周祖謨）

피휘자避諱字

고대 중국에서는 군부존친君父尊親의 이름자를 회피하는 풍습이 있었는데, 이렇듯 그것을 회피하여 다른 글자로 고쳐 쓴 글자를 피휘자라 한다. 군주의 이름자를 피하여 쓴 것은 진나라 때에 비롯되었다고 한다. 진시황의 이름은 영정嬴政 또는 정正이라고도 하였으므로 진나라 때에는〈정월正月〉을〈단월端月〉이라고 하였던 것이다. 진 이후부터는 피휘가 관례화되었다. 한나라 고조高朝의 이름은 유방劉邦이기 때문에 한대 사람들은〈방邦〉이라는 글자를 써야 할 경우〈국國〉자로 대신해 썼다. 한나라 경제景帝의 이름은〈계啓〉였다. 그래서〈계啓〉자 대신에〈개開〉를 썼다. 이러한 사실은 역사서적뿐만 아니라 장사長沙 마왕퇴馬王堆 한묘漢墓에서 출토된 백서帛書에서도 발견되고 있다. 한대 이후로는 피휘 관습이 더욱 엄격해졌다. 양梁 무제武帝의 이름은 소연簫衍이었던 관계로 유효劉孝가 주를 단《세설신어世說新語》에서는 진晉의 왕연王衍을 왕이보王夷甫라고 적었다. 당 태종의 이름은 이세민李世民이다. 그래서 당나라 사람들은〈세世〉자를〈卄〉로 쓰거나 혹은 그 대신에〈대代〉를 썼던 것이다. 그리고〈민民〉자를 쓸 경우 한 획을 빼어서〈民〉라고 쓰거나 그 대신 가급적〈인人〉자를 썼다. 비단 황제의 이름자를 회피하였을 뿐만이 아니라 황제의 조부 이름도 쓰지 말아야 했다. 이를테면, 당 태종의 부친 이름이 이연

李淵이었기에 사서史書를 편찬함에 있어 〈淵〉자를 써야 할 경우 〈천천天泉〉자나 혹은 〈심심深深〉자로 바꾸어 썼다. 송나라 태조의 조부 이름은 조경趙敬이었다. 그래서 송대 사람들이 지은 글 중에는 〈경敬〉자 대신 〈공恭〉자로 혹은 〈엄嚴〉자로 바꾸어 씌어져 있고, 그것과 음이 같은 〈경鏡〉자를 써야 할 경우에도 그 대신 〈감鑑〉자로 적고 있다. 이런 것을 〈피혐명避嫌名〉이라고도 한다. 송대의 피휘관습은 극히 복잡다단하였다.　　　　　　　　　　　　　　　（周祖謨）

번체繁體

　간체簡體의 상대적 개념으로서의 **한자** 자체를 말한다. 한자는 네모꼴의 문자 형태이며, 하나의 글자는 적잖은 필획들로 구성된다. 〈변變〉·〈속屬〉·〈도圖〉·〈염鹽〉·〈철鐵〉 같은 글자들은 획수가 많아서 쓰기가 보통 불편한 것이 아니다. 그렇기 때문에 그러한 글자들이 장기간 사용되는 가운데 간체가 생겨나게 되었으니, 〈变〉·〈属〉·〈图〉·〈塩〉·〈铁〉 같은 간체자가 그러한 것들이다. 원래의 글자를 번체라고 한다. 번체에 속하는 글자들은 **전서체**·**예서체**에서 변모된 해서체이다. 당 이전의 서적들은 모두 손으로 베껴 쓴 것이다. 모든 중요 문서나 서적[高文典策]들은 **자서**상에 규정된 방법에 의거하여 써야 했다. 당대에는 간체자의 응용이 비교적 확대되어 일반인들의 편지글이나 계약서·장부 등은 때때로 통상적인 간체자로 쓰인 경우가 많았다. 송대 이후에는 서적의 판각이 성행하였다. 경서·사서, 그리고 중요 서적을 편찬할 경우에는 그것에 사용되는 문자가 규범에 맞는 것이어야 한다는 요구를 받고 있었던 관계로, 당시 통용되던 자서나 운서에 의거하여 번체를 썼었다. 그러나 오직 화본소설話本小說류의 문장에서는 간혹 간체자를 섞어서 쓰고 있었다. 현재 사용되고 있는 해서체 글자는 기본적으로 당대의 개성석경開成石經과 송대 이래의 자서의 것을 계속 연용한 것이다. 그러한 가운데 비교적 복잡한 필획을 가진 몇몇 상용글자와 편방이 적당히 간화된 경우도 없지 않았다.　　　　　　（周祖謨）

간체簡體 | simplified form

　해서체의 글자를 간화시킨 한자 자체를 말한다. **한자**는 장구한 세월의 발전 과정을 거치는 동안 번잡한 것에서 간략한 것으로 점차 변형되었다. 이러한 것이 전체적인 추세의 일종임은 부인할 수 없는 사실이다. **예서체**는 **전서체**를 간화한 것이고, 또 초서체와 행서체는 예서체를 간화한 것이다. 간체라는 것은 바로 해서체의 간화를 의미한다. 해서체의 필획을 간소화한 것은 일찍이 남북조시기(4—6세기)에 이미 출현한 바 있다. 이러한 현상이 당송 이후에는 점차 더욱 많아졌다. 대체로 상용되는 것 중에서 획수가 비교적 많은 몇몇 글자들을 간화하였던 것이다. 예를 들어 영營:营·수壽:寿·계繼:继·리離:离·촉燭:烛·장壯:壮·유儒:儒·제齊:齐·연淵:渊·루婁:娄 등이 그러한 것이다. 이러한 글자들의 대부분은 초서체와 행서체의 영향을 받아서 간화된 것들이다.

그밖에 두세 획의 간단한 부호를 써서 복잡한 구조를 대체한 간체자도 있다. 예를 들자면 다음과 같은 것들이다. 수树·희戏·난难·환欢·대对·관观·유刘·제齐·풍风·구区·응应·흥兴·렴敛·석释·라罗·세岁. 이러한 글자들은 모두 일찍이 일반 백성들에 의하여 오랫동안 습관적으로 쓰여졌던 관계로 **속체자俗體字**라고도 불리는 것들이다. 현재 사용되고 있는 간화자는 이전 시대에 이미 쓰인 바 있는 간체자를 기초로 하여 조금 더 정리하여 개선한 것이다.

(周祖謨)

간화자簡化字 | simplified characters

해서체 한자를 간화한 글자를 말한다. **한자**가 장기간 사용되는 과정에서 일찍이 **번체**에서 간화된 **간필자簡筆字**가 적잖이 생성되어 일반인들에 의하여 끊임없이 사용되었다. 한자를 쓰기 편하게 하기 위하여 1956년 **중국문자개혁위원회**(지금의 국가언어문자공작위원회)가 한자 간화방안을 제출하여 현재 상용되는 번체자를 적절히 간화한 바 있다. 그후에 다시 한 걸음 더 나아가 편방이 같은 글자들을 통일적으로 간화시켰다. 1964년에 공포된 《간화자총표簡化字總表》는 앞서 두 차례에 걸쳐 간화한 글자를 모두 합친 2236개 글자를 포괄한 것으로서 국무원의 비준을 거쳐 실행에 옮겨졌다.

간화자는 이미 오래 전부터 통용되던 간체자를 기초로 하여 다시 조금 더 정리 개선한 것이다. 아울러 **초서체**와 **행서체**의 필법을 참고로 하여 그 중 몇 가지 방식을 취하여 쓰기 간편하도록 하였다. 구체적으로 몇 가지 종류의 간화방법을 예시하자면 다음과 같다.

① 옛글자를 채택한 예

从(종從)·众(중衆)·礼(례禮)·无(무無) — 이것들 모두는 **허신**의 《설문해자》에 등장하는 것들이다.

② 초서체를 원용하여 해서화한 예

专(전專)·东(동東)·汤(탕湯)·乐(락樂)·当(당當)·买(매買)·农(농農)·孙(손孫)

③ 필획을 간략하게 생략시킨 예

鱼(어魚)·单(단單)·变(변變)·冲(충沖)·劳(로勞)·庄(장莊)·烛(촉燭)·伤(상傷)

④ 간단한 부호로 번체자의 일부를 대체시킨 예

观(관觀)·戏(희戲)·邓(등鄧)·区(구區)·岁(세歲)·罗(라羅)·刘(유劉)·齐(제齊)

⑤ 본래 글자의 일부분만을 취한 예

习(습習)·县(현縣)·务(무務)·雾(무霧)·条(조條)·广(광廣)·医(의醫)

⑥ 음이 같은 다른 글자로 대체한 예

几(기幾)·后(후後)·系(계繫)·向(향嚮)·筑(축築)

⑦ 복잡한 성부聲符를 간단한 것으로 바꾼 예

钟(종鍾)·辽(요遼)·迁(천遷)·邮(우郵)·阶(계階)·运(운運)·远(원遠)·扰(요擾)·犹(유猶)

상세한 것은 〈한자간화〉조를 참고할 것. (周祖謨)

본자本字

정자正字라고도 하며, 어떤 사휘의 뜻을 직접적으로 표시하기 위하여 만들어진 한자를 말한다. 이것은 통용되는 가차자와는 다른 것이다. 단어의 본의本義를 표시하는 글자를 일러 본자라고 하며, 본의와는 무관한 글자를 일러 가차자라고 한다. 자형으로 구분하자면, 두 가지 유형으로 분류된다. 갑류는 본자와 가차자가 동일한 형태인 것이다. 예를 들어 〈여女〉자의 본의는 여자를 가리키는데, 이것이 또 차용되어 제2인칭(여汝)을 지칭하였는 바 후자의 용법〈女〉는 가차자이며, 본의로 쓰인 〈女〉자는 본자이다. 을류는 본자와 가차자가 서로 다른 두 개의 글자인 경우이다. 예를 들어 〈미湄〉의 본의는 물과 풀이 뒤얽혀 있는 강둑 가장자리를 가리키는데, 고대 전적典籍 중에서는 그러한 뜻을 때로는 〈미麋〉자를 빌어 표시하였다. 《시경詩經·소아小雅·교언巧言》에 실린 『彼何人斯? 居河之麋』(저자는 뉜가? 황하 물가에 사는)의 〈미麋〉는 가차자이고, 〈湄〉자가 본자이다.

갑류는 한자의 발전중에 있어서 본자와 가차자가 전환될 수 있는 것이다. 그 전환방식은 두 종류가 있다. 하나는 가차의가 널리 통용되자 그 본의를 표시하는 글자를 다시 만든 것이다. 이를테면 〈연然〉자의 본의는 불태우다(燃燒)는 것을 의미하는데, 그러한 의미의 대사代詞로 가차되자 본의를 표시하기 위하여 다시 〈연燃〉자를 만들었던 것이다. 〈然〉자는 〈燃〉자의 고자古字이고, 반대로 〈燃〉자는 〈然〉자의 후기자後起字이다. 다른 하나는 가차의를 표시하기 위하여 새로이 글자를 만든 경우이다. 예를 들어 〈제祭〉자의 본의는 제사를 말하는 것인데, 지명을 표시하는 것으로 가차되기도 하였다. 후에 그 지명을 나타내는 글자 〈제鄒〉를 만들었던 것이다. 〈鄒〉자는 후기본자後起本字이다. 〈祭〉자와 〈鄒〉자는 만들어진 시대가 서로 다른 것이므로, 그들은 고자와 후기자의 관계를 지니고 있다.

일부의 본자들은 후에 더이상 쓰이지 않고 폐기된 경우도 있다. 그러한 것들의 일종은 고본자古本字에 속하는 것으로, 이를테면 〈인堊〉은 막히다는 본의를 가진 글자이고, 〈인湮〉은 파묻히다는 뜻을 가진 말인데, 후에 〈堊〉자가 사용되지 아니하자 따로 〈堙〉자를 만들어서 그 뜻을 표시하였던 것이다. 다른 하나의 경우는 **후기본자**에 해당한다. 예를 들어 〈솔率〉의 본의는 새를 잡는 기구를 의미하는데, 이 글자가 거느리다는 의미를 나타내는 것으로 차용되었다. 그래서 본래의 의미를 위해서 〈솔衛〉자를 만들었으나, 계속해서 사용되지 않았다. 복고주의 사상을 가진 일부의 사람들은 모든 본자가 마땅히 통용되어야 한다고 주장한다. 그들은 이미 폐기되어 사용되지 않는 본자들을 모두 복원할 것을 부르짖고 있다. 이러한 주장은 문자의 약정속성約定俗成 원칙에 어긋나는 처사이다.

본자를 확정짓는 것에 있어서는 자형의 구조를 정확하게 분석하여 그 글자의 본의를 찾아내는 것이 관건이다.《설문해자》는 자형의 구조를 분석하여 본의를 풀이한 고대 중국 전문서적의 하나인 동시에 문자학의 중요 저작이다. 그러나 그것이 풀이한 글자의 뜻 중에는 잘못된 부분이 적지 않다. 예를 들어 〈불不〉자를 『새가 날아가서 내려오지 않는다 鳥飛不下來也』라고 풀이하였는데, **갑골문과 금문** 자료에 의거하면 그 글자의 본의는 꽃술을 뜻하는 것이다. 《설문》의 풀이는 본의가 아님을 알 수 있다. 오늘날 그 글자가 부정사로 쓰이는 것은 가차자 용법에 해당하는 것이다.

본자가 때로는 본래 마땅히 쓰여야 할 글자를 지칭하기도 한다. 이것은 그 글자의 상용의를 두고 한 말이다. 예를 들어 〈유由〉는 가차자로 쓰여서 마치

……같다[好像] ……같다[如同]라는 의미를 나타낸다. 그런데 그것의 본자는 〈유유猶〉라고도 하는데, 이러한 해설은 〈유유〉의 상용의를 근거로 한 것이 된다. 왜냐하면 그러한 의미가 〈유유〉자의 조자본의造字本義(일종의 원숭이류 동물을 가리킴)와는 무관하기 때문이다. 본유기자本有其字의 가차에 있어서는 이러한 유형의 본자들이 매우 큰 비중을 차지하고 있다.　　　　　　(曹先擢)

후기본자後起本字

　가차자를 기초하여 만들어진 **한자**를 말한다. 옛사람들은 글자가 적었기 때문에 하나의 글자가 때로는 수 가지의 뜻을 동시에 대표하거나, 음이 같거나 비슷한 글자를 빌어서 쓰다가 후에 본래는 빌어서 쓴 글자를 기초로 하여 사의詞義가 상응한 글자를 만들었는데, 이렇게 새로 만든 글자를 문자학에서는 후기본자라고 불렀으며, 후기의 정자라고도 하였다. 예컨대 齋·劑·臍·躋·齏·薺, 이런 글자들은 처음에는 〈齊〉자를 빌어서 표시하였다. 《논어論語·향당鄕黨》에 실린 『제사 음식은 변하기 마련이고, 거처는 멀어야 한다 齊必變食, 居必遷坐』(〈齊〉는 〈齋〉[제사]의 가차임―역주)와 《주례周禮·천관天官·형인亨人》의 『가마솥에다 불을 지펴서 약을 달이는 일을 관장한다 掌共鼎鑊, 以給水火之齊』(〈齊〉자는 〈劑〉[약]의 가차임―역주)와 《좌전左傳》장공莊公 6년의 『만약에 서둘러서 도모하지 않으면 후군에게 배꼽을 깨물릴 것입니다 若不早圖, 后君噬齊』(〈齊〉는 〈臍〉[배꼽]의 가차임―역주), 《예기禮記·악기樂記》의 『땅의 기운은 위로 오르고, 하늘의 기운은 아래로 내려온다 地氣上齊, 天氣下降』(〈齊〉는 〈躋〉[오르다]의 가차임―역주), 《주례·천관·해인醢人》의 『다섯 가지 어육과 일곱 가지 김치를 담그는 일을 관장한다 掌共五齊七菹』(〈齊〉는 〈齏〉[어육·나물]의 가차임―역주), 《예기·옥조玉藻》의 『냉이를 캐어오라고 재촉한다 趣以採齊』(〈齊〉는 〈薺〉[냉이]의 가차임―역주)라는 문장에 쓰인 〈제齊〉자는 모두 가차자로 쓰인 것이다. 그후에 齋·劑·臍·躋·齏·薺자들을 만들어서 상술한 자의를 표시하는 정자로 삼았던 것이다. 어떤 후기본자들은 앞서 쓰인 가차자와는 단지 자의상의 관련만 있을 뿐 자형상으로는 무관한 것들이 있다. 이를테면 〈파罷〉자가 피곤하다는 뜻으로 가차되어 쓰인 후에 〈피疲〉자가 만들어져서 그러한 뜻으로 쓰였던 것이다.

　본유기자本有其字의 **가차자**와 본자는 공시적共時的 관계에 있으며, 후기본자와 먼저 사용된 가차자는 통시적通時的 관계의 것으로서 금자今字 고자古字

와의 관계와 마찬가지이다. (曹先擢)

가차자假借字

한자는 상형象形・상의象意 문자로부터 발전한 것이다. 어떤 물건의 외형은 묘사할 수 있는 것이 있었고, 어떤 것의 의미는 도상圖象과 필획을 이용하여 표현할 수 있었다. 그러나 어떤 사물을 대표하는 개념에 대하여는 상형이나 상의 방식으로 문자를 만들어서 표현해낼 수 없는 경우가 상당히 많았다. 그래서 기존의 글자 중에서 음이 같거나 비슷한 것을 빌어서 썼던 것이다. 이와 같이 그 본래의 형의形義와는 아무런 관계가 없는 글자를 가차자라고 부른다.

가차자는 다음의 두 가지 부류가 있다. 첫째 부류는 본래 그 글자가 없는[本無其字] 가차인데, 이런 경우의 것이 바로 위에서 말한 가차자에 해당한다. 예를 들어 〈동東〉의 갑골문은 〈𣎵〉인데, 이것은 물건을 묶어둔 모양을 상형한 것이다. 동녘을 의미하는 〈동東〉은 상형으로 표시할 만한 형상이 없었으므로 어음이 상동한 〈𣎵〉자를 빌어서 동녘이라는 의미를 표시하였던 것이다. 또 〈북北〉자의 갑골문은 〈ᝣ〉인 바, 이것은 두 사람이 서로 등을 대하고 있는 것을 그린 것이다. 북녘을 의미하는 〈북北〉은 그릴 만한 형상이 없었다. 그래서 어음이 동일한 〈ᝣ〉자를 빌어서 북녘이라는 뜻을 표시하였다. 이러한 것이 바로 본래 그 글자가 없었던 가차에 속하는 것이다. 허신이 《설문해자》 서문에서 『가차라는 것은 본래 그 글자가 없어서 음에 의거하여 뜻을 기탁한 것이다 假借者, 本無其字, 依聲託事』라고 말한 것이 바로 이러한 부류에 해당한다. 언어의 발전과정중에 보이는 이 같은 부류의 글자는 한둘에 그치지 않는다. 예컨대 방원方圓의 〈방方〉, 가곡의 〈곡曲〉, 시외의 〈시市〉, 갑옷의 〈갑甲〉, 일인칭의 〈아我〉, 전문의 〈전專〉, 원인의 〈인因〉, 인재의 〈재才〉, 흑백의 〈백白〉, 거대의 〈거巨〉, 용이의 〈이易〉, 진시辰時의 〈진辰〉 등 이루 다 헤아릴 수 없을 만큼 많은 예가 있다.

가차자의 또 한 가지 부류는, 본래 그 글자가 있는[本有其字] 경우의 가차이다. 〈본래 그 글자가 있다〉는 의미는 일상적으로 사용되는 문자 가운데 그 의미를 표시하는 글자가 본래부터 존재하고 있었다는 것이다. 그리고 사용 당시에는 본래 약정된 자형을 쓰지 아니하고, 뜻은 상관이 없으나 음이 상동 혹은 상근相近한 다른 글자로 썼다는 것을 의미한다. 이러한 부류에 속하는 가차자는 진한시대 이전의 고서에 극히 자주 출현되고 있다. 예컨대 《시경・진풍陳

風·완구宛丘》에 실린『그대는 방탕하게 완구에서 놀고 있는데 子之湯兮, 宛丘之上兮』의 〈湯〉은 〈蕩〉(방황하다)의 가차이고,《빈풍豳風·칠월七月》의『칠월엔 참외 따먹고 팔월엔 박을 따며 七月食瓜, 八月斷壺』의 〈壺〉는 〈瓠〉(박)의 가차이며,《소아小雅·원류苑柳》의『하느님이 너무나 슬퍼하시니, 스스로 나쁜 짓은 하지 말게 上帝甚蹈, 無自暱焉』의 〈蹈〉는 〈悼〉(슬퍼하다)의 가차이다. 그리고 《소아小雅·습상隰桑》에 실린『아름다운 진펄의 뽕나무는 잎새가 검푸르네 隰桑有阿, 其葉有幽』의 〈幽〉는 〈黝〉(검푸르다)의 가차이다. 이러한 것들은 모두 본유기자本有其字의 가차에 속하는 예이다.

전자의 부류는 별도의 글자를 만들지 아니한[不造字] 가차라고 할 수 있다. 후자의 것은 용자用字 중의 가차이다. 용자 중에 이미 본래의 글자가 있었음에도 무엇 때문에 가차자를 쓰게 되었을까? 그러한 내막에는 두 가지의 원인이 있었을 것이다. 하나는 글을 쓴 사람이 순간적 무의식으로 음이 같은 다른 글자를 쓰게 되었는데, 역대로 그것을 옮겨 쓸 때 고쳐지지 아니하고 그대로 답습했기 때문일 것이다. 다른 한 가지는 어떤 시기에 어떤 지역에서 혹은 어떤 스승과 제자 사이에서는 어떤 글자 대신에 어떤 글자를 쓰곤 하다가 후세에서는 그것이 관례화되었을 것이다.《주례周禮》의 옛날 판본과 장사長沙 마왕퇴馬王堆 한묘漢墓에서 출토된 백서본帛書本을 대조해 보면 그러한 사실을 대략적으로나마 엿볼 수 있다.

參考書目
王引之《經文假借》《經義述聞》卷32. (周祖謨)

통용자通用字

사용에 있어 서로 바꾸어 쓸 수 있는 한자를 말하는 것으로, 이것은 동음同音통용과 동의同義통용 그리고 고금古今통용을 포괄하는 개념이다.

동음통용은 음이 같은(혹은 비슷한) 글자로써 대체하는 것을 말하며, 이러한 대체 사용은 일정한 상용성常用性을 지니고 있다. 예를 들어《관자管子·입국入國》에 실린『귀머거리·장님·벙어리…… 혼자 힘으로 생활할 수 없는 사람은 웃사람이 거두어서 그들의 병을 양호해 주어야 한다 聾盲瘖啞……不耐自生者, 上收而養之疾》와《예기禮記·악기樂記》의『옛사람들이라고 해서 즐기는 음악이 없을 수 없다 故人不耐無樂(yuè)』와《논형論衡·무형無形》의『시험

삼아 다른 사람으로 하여금 사초 과일의 즙을 덜거나 많게 한 다음 그 형체로 하여금 본래대로 복원하도록 한다면, 그러한 일을 능히 해낼 수 있을까? 試令人損益苞瓜之汁, 令其形如故, 耐爲之乎?』의 〈내耐〉는 통용자이고, 바뀌어 사용된 본자는 〈능能〉이다. 고동음통용이 반영하고 있는 것은 고음계통이다. 예컨대 〈내耐〉와 〈능能〉 두 글자는 고대에는 〈지之〉와 〈증蒸〉부에 따로따로 소속되어 음양대전陰陽對轉을 이루는 것으로서 그 모음이 서로 비슷하였지만, 후대에서는 더욱 크게 달라졌다.

동의통용은 뜻이 같은 글자들끼리의 통용을 말한다. 이를테면 〈재才〉와 〈재材〉 두 글자는 일반적인 상황하에서는 혼용할 수 없지만, 『재능 있는 사람 有才能的人』이라는 뜻에 있어서는 통용 가능한 것이다. 《논어·자로子路》에서의 『작은 잘못은 용서하여 주고, 어진 인재를 중용하다 赦小過, 擧賢才』와 《위고문상서僞古文尙書·함유일덕咸有一德》에서의 『관에 임용함에 있어 오로지 어진 인재로써만 하다 任官惟賢材』가 그러한 예이다. 또 〈집輯〉과 〈집集〉은 편안하다[安]와 안정되다[安定]는 의미를 표시하는 데 있어서는 동의자이므로 통용 가능하다. 《전국책戰國策·조일趙一》에서의 『그것이 선대의 성인이 국가를 안정시키고, 사직을 편안하게 한 까닭입니까? 此先聖之所以集國家, 安社稷乎?』와 《한서漢書·서역전西域傳》에서의 『안정시킬 수만 있으면 그들을 안정시켜 보고, 공격 가능하면 그들을 쳐부수어라 可安輯, 安輯之, 可擊, 擊之』가 그러한 것이다.

고금통용이란 **고금자** 상호간의 통용을 말하는 것이니, 고자로써 금자를 대체시킨 것을 일컫는다. 예를 들면 포획하다는 뜻을 표시함에 있어서 〈금禽〉은 고자이고, 〈금擒〉은 금자이다. 당대 두보杜甫의 시에서는 〈擒〉자를 쓰고 있는데, 송대 사마광司馬光 등이 편찬한 《자치통감資治通鑒》은 〈禽〉자를 상용하고 있다. 이를테면 『장군將軍이 포획하여 부리는 것은 마땅히 오늘만이 가하다 將軍禽操, 宜在今日』(卷65), 『그 사마를 잡아서 천리 밖 제나라로 돌려보낸 것은 안평군의 공로이다 禽其司馬而反千里之齊, 安平君之功也』(卷4)가 그것이다. 또 가치라는 의미를 표시함에 있어서는 〈치直〉가 고자이고, 〈치値〉가 금자이다. 당 이전에는 〈直〉자를 썼고, 그 이후에는 〈値〉자를 썼던 것이다. 청대 포송령蒲松齡의 《요재지이聊齋志異》에는 고자인 〈直〉를 써서 『시중에 한 유협이 괜찮은 자를 광주리에 넣어 키우면서 값이 뛸 것을 기다렸다 市中游俠兒, 待佳者籠養之, 昂其直』라고 하였다.

통용자와 피환용자被換用字의 의미가 완전히 같은 것은 아니다. 단지 일정한 조건하의 어떤 의미상 상호 통용 가능할 따름이다. 만약 두 글자의 의미가 완전히 같다면 **이체자**에 속하게 된다. 이체자에 속하는 두 글자는 서로 같은 [同] 관계의 것이지, 통하는[通] 관계는 아닌 것이다. (曹先擢)

고금자古今字

동일한 의미를 표시하지만 고금의 용자用字가 다른 **한자**를 일컫는 말이다. 고금자는 두 가지 부류가 있다. 갑류는 의미가 동등한 것, 즉 고자와 금자의 의미가 완전히 서로 같은 것이다. 예컨대 괴凷/塊·법灋/法·야壄/野·음歙/飮·고栦/栲 등이 그러한 것이다. 을류는 의미가 동등하지 않은 것, 즉 고자와 금자의 의미가 완전히 같지는 않는 것을 말한다. 예를 들어 막莫/모暮·경景/영影·벽辟/피避 등이 그러한 것이다.

갑류 고금자는 일대일의 관계를 지니기 때문에 금자의 탄생이 한자의 파생분화에 관련되는 것은 아니다. 즉 고금자가 동자이형同字異形에 속하는 것이므로 **이체자**의 한 부류인 것이다. 을류 고금자는 일대일의 관계에 있는 것이 아니기 때문에 금자의 생성이 한자의 발전에 나타난 파생분화의 결과라고 볼 수 있다. 그밖에도 글자의 뜻이 바뀌어 쓰임에 따라 형성된 고금자 관계를 맺고 있는 것들이 몇몇 있다.

한자의 파생분화는 다음의 세 가지로 나뉜다.

① 금자가 고자의 **본의**로부터 산생된 것. 〈막莫〉자의 본의는 해가 지는 저녁을 의미하는데, 그것이 부정대사否定代詞로 차용되어 쓰이게 되자 본의를 보존하기 위하여 따로 〈모暮〉자를 만들었던 것이다. 이와 같은 예로써 지止/趾·요要/腰·쇠衰/蓑·채采/採·비匪/篚·기其/箕·광匡/筐·연然/燃·익益/溢·금禽/擒 등을 들 수 있다.

② 금자가 고자의 인신의引伸義로부터 파생된 것. 〈경景〉자의 본의는 햇빛이고 인신의는 명암이 형성한 그림자인데, 후에 그 인신의를 표시하기 위하여 〈영影〉자가 만들어졌다. 이와 같은 부류에 속하는 예로는 제弟/悌·해解/懈·책責/債·경竟/境·좌坐/座·중中/仲 등이 있다.

③ 금자가 고자의 가차로 인하여 산생된 것. 〈벽辟〉자의 본의는 법法을 의미한다. 그런데 그것이 도피하다는 뜻으로 가차되기도 하였다. 그래서 후에 그 가차의를 위하여 〈피避〉자를 만들었던 것이다. 이와 같은 예로는 벽辟/僻·벽辟/闢·벽辟/嬖 등이 있다.

이상에 열거한 것은 고자가 성부자이고, 금자는 고자를 성부로 삼아서 만들어진 형성자이다. 금자는 고자보다 뒤에 산생된 것이므로 후기자後起字라고도 부른다. 청대의 왕균王筠은 본의로부터 산생된 후기자를 누증자累增字라고 칭하였고, **인신의ㆍ가차의**로부터 산생된 후기자를 분별문分別文이라고 명명하였다.(《說文釋例》卷8) 어떤 금자들 중에는 비록 후기자에 속하기는 하지만, 고자와 자형상으로는 아무런 상승相承관계가 없는 것들이 있다. 예컨대 파罷 / 피疲ㆍ조蚤 /조무 등이 그러한 것이다.

자의의 변용變用으로 인하여 형성된 고금자에서의 고자와 금자 사이에는 산생시기의 선후문제가 존재하지 않고, 단지 자의 사용상의 변화로 말미암아 어떤 것이 고자가 되고 다른 하나가 금자가 된 것일 따름이다. 예를 들어 용모라는 뜻을 표시함에 있어서 옛날에는 〈용頌〉을 쓰다가 후에는 〈용容〉자로 대용하였던 것이다.

고금자는 어떤 의미에 대한 용자가 다른 것을 두고 하는 말이다. 이를테면 〈위尉〉는 〈위熨〉(다리미)자의 고자인 동시에 〈위慰〉(위로하다)자의 고자이기도 하다. 전자는 바로 〈위尉〉의 본의를 말하는 것이고, 후자는 곧 그것의 인신의를 말하는 것이다.

금자가 만약 다시 후기자를 생성시키면 그것이 후기자에 대해서는 고자가 되는 셈이다. 예를 들어보자면 앞으로 나아간다는 뜻을 표시하는 것의 고자는 〈전歬〉자이고, 금자는 〈前〉이다. 〈전前〉자의 본의는 가위로 자른다[剪斷]는 것인데, 후에 그런 의미로 〈전剪〉자가 만들어졌으니 〈前〉자는 〈剪〉자의 고자가 되고, 또 〈剪〉자는 금자가 되는 것이다. (曹先擢)

자서字書

한자의 형체를 해석하는 것을 위주로 하되 그것의 음의에 대해서도 아울러 다루고 있는 책을 말한다. 청나라 때 편수된 《사고전서총목四庫全書總目》은 소학류의 도서를 훈고ㆍ자서ㆍ운서의 3종으로 분류하였다. 훈고편에서는 《이아爾雅》를, 자서편에서는 《설문해자說文解字》를, 운서편에서는 《광운廣韻》을 각각 첫머리에 배열하였다. 이 세 가지 서적은 각기 다른 저마다의 중심과제를 지니고 있다. 훈고서적은 글자의 뜻풀이와 물건의 명칭 해석에 중점을 둔 것이고, 운서는 글자의 독음을 분별하는 데 중점을 둔 것으로 글자를 음운에 따라 배열하고 아울러 글자의 뜻을 설명하는 것이다. 자서가 훈고서ㆍ운서와 다른 점은 자형에 의거하여 부수를 나누는 데 중점을 두고서 글자의 음의를 설명하는 점이다.

한자의 역사는 유구하지만 처음부터 지금까지 하나의 형체가 하나의 단어 혹은 하나의 어소語素를 대표하는 것으로 일관하고 있다. 그러나 형체의 필법은 수시로 변화되었다. 상·주시대의 고문자로부터 전서로 발전되었고, 전서체가 쓰기에 불편하였으므로 다시 예서·초서·행서·진서를 고안하였던 것이다. 그렇기 때문에 자형을 연구함과 동시에 자형을 근거로 하여 음의를 고증하는 자서가 많이 생겨나게 되었다. 자서는 대체로 다음의 다섯 가지 종류로 대별될 수 있다.

① 학동學童들이 글자를 학습하고 암송하는 데 사용하는 글자 익힘서〔識字書〕―이러한 예로는 한대에 유행된 이사李斯 등이 저술한 《창힐편倉頡篇》과 사유史游의 《급취편急就篇》이 있다. 이러한 책들은 사언운어四言韻語 혹은 칠언운어로 짜여져 있다. 《창힐편》은 이미 없어져 버렸지만, 《급취편》은 현존하고 있다.

② 형체의 편방에 따라 부수를 나누어서 배열한 자서―동한 허신이 지은 《설문해자》가 처음으로 전서 형체에 따라 부수를 나누어서 글자를 배열한 이후로, 그러한 체제를 모방한 자서가 매우 많이 등장하였다. 예컨대 양대梁代 고야왕顧野王의 《옥편玉篇》, 송대 사마광司馬光 등의 《유편類篇》, 명대 매응조梅膺祚의 《자회字匯》, 장자렬張自烈의 《정자통正字通》, 그리고 청대의 관료들이 편수한 《강희자전康熙字典》이 모두 그러한 것이다.

③ 글자의 모양을 간정刊定한 자서―당대 안원손顏元孫의 《간록자서干祿字書》, 장참張參의 《오경문자五經文字》, 당현탁唐玄度의 《구경자양九經字樣》은 모두 필획상의 잘못을 시정한 책이다. 송대로 내려오면 장유張有의 《복고편復古篇》과 원대 이문중李文仲의 《자감字鑒》, 명대 초횡焦竑의 《속서간오俗書刊誤》가 모두 이러한 부류에 속하는 것이다.

④ 전서·예서·고문자를 집록한 자서―이를테면 송대 곽충서郭忠恕의 《한간汗簡》과 하송夏竦의 《고문사성운古文四聲韻》, 누기婁機의 《한예자원漢隸字源》, 그리고 근대 용경容庚의 《금문편金文編》, 손해파孫海波의 《갑골문편甲骨文編》, 나진옥羅振玉의 《비별자碑別字》등이 모두 그러한 예에 속한다.

⑤ 육서로써 문자를 분석한 책―예컨대 송대 정초鄭樵의 《육서략六書略》, 원대 대동戴侗의 《육서고六書故》, 양환楊桓의 《육서통六書通》등이 그러한 부류이다.

(周祖謨)

《창힐편倉頡篇》

원래는 학동들의 글자 학습용 자서였는데, 진시황제가 문자를 통일한 후에는 소전 서체의 표본이 되었다. 진나라 이사李斯가 저술한 것이다.

전국시기에는 칠국七國이 할거割據하였고 각나라의 문자 형체도 같지 않았다. 진시황제는 육국을 무너뜨린 후에 이사의 건의를 받아들여『진나라의 문자와 일치하지 않는 것은 파기해 버렸다. 罷其不與秦文合者』이 당시 진나라는 주문을 5백여 년 동안이나 사용해오고 있었다. 그 글자체는 필획이 번잡하였는데, 실용되는 가운데 점차 간략하게 변모되기도 하였다. 이사가《창힐편倉頡篇》을 지었고, 중거부령中車府令 조고趙高가《원력편爰歷篇》을; 태사령太史令 호무경胡毋敬이《박학편博學篇》을 각각 저술하였다. 이들 저술은『대부분 사주의 대전을 취하였지만, 어떤 글자체는 그것을 상당히 생략 수정한 것이었다. 皆取史籒大篆, 或頗省改』이로써 소전체가 정형화되었다. 한나라 초기에 고을의 글씨선생들이《창힐》·《원력》·《박학》3편을 합쳤는데, 그것은 1장당 60자 총 55장으로 짜여졌고, 통칭하여《창힐편》이라 하였다.《창힐편》은 동한시대까지 줄곧 유행되었고, 그후《삼창三倉》중에 삽입 보존되다가 당나라 때 완전히 망일되었다. 20세기에 접어들어 각지에서 많은 한간漢簡자료가 발굴되었다. 그 가운데《창힐편》이 포함되어 있었다. 그 중에서 제작시기가 진대로부터 불과 50년밖에 떨어지지 않은 것도 있다. 그러나 그것은 한대의 글씨선생들이 합병한 것으로 자체가 전서가 아니라 예서로 씌어진 것이다. 한나라 때 만들어진 간책에는 다음과 같이 40자가 적혀 있다.『창힐이 문자를 만들어, 이로써 대를 이을 왕자를 교화하였네. 어린 왕자가 조칙을 이어받아, 근신하고 경계하였네. (책을) 힘써 암송하여, 밤낮을 가리지 않고 쉴새없었네. 진실로 역사를 적으매, 헤아리고 가리었네. 빼어남이 뭇사람을 앞지름이 으뜸으로 나섰으니 다른 이를 능가하였네. 倉頡作書, 以教後嗣. 幼子承昭, 謹愼敬戒. 勉力風誦, 晝夜勿置. 苟輯成史, 計會辨治. 超等軼群, 出元別異』이것은《창힐편》제1장 전반부의 한 구절인데,『어린 왕자가 조칙을 이어받다 幼子承昭』라는 것은 진시황의 2세 호해胡亥가 왕위를 계승한 것을 가리키는 말이다. 이 일은 진시황 37년(B.C.210)에 일어난 것이니, 이사가《창힐편》을 지은 시기가 응당 이보다 앞서는 것이다. 따라서 이 간책은 조고 등이 수정한 것일 터이다. 또『《원력편》이 그 다음으로 나와서, 앞의 것을 뒤잇다 爰歷次貤, 繼續前圖……』라는 구절도 있는데, 이것은 《원력편》의 첫 몇 구절에 상당한다. 이러한 자료들로 보건대, 사언四言이 한 구절을 이루고, 이구일운二句一韻으로 되어 있으며, 내용이 서술적인 것과 논설적인 것이 섞여 있어 《**급취편急就篇**》의 성질과 흡사함을 엿볼 수 있다. 이것은 문자를 가르치는 데 사용한 교재였기 때문에 일부 교사들의 경험이 가미된 것으로 중국 문자상의 몇 가지 문제를 반영하고 있는 것이다. 즉 ① 문의文義가 흡사한 글자들을 한 군데 모아두었다. 예를 들면 『傲悍驕裾』·『誅罰貲耐』·『豊盈爨熾』·『而乃之於』·『□□邑里, 縣鄙封疆. 徑路衝□, 街巷垣墻. 開閉門閭, 闕□□□. □□室內, 窓牖戶房』·『□□廥廄, 囷窌廩倉』 등등이 그러한 것이다. 이러한 문자 배열방식은 《급취편》에서도 보이고 있다. 이러한 관습은 그보다 훨씬 이전인 《**이아爾雅**》에서도 볼 수 있다. ② 편방이 상동한 글자들을 한 곳에 모아 놓은 것. 이를테면 『黜黶黯黜, 黶黝黥賜, 黙黷赫赧, 黧赤白黃』이라는 구절이 있는데, 그 가운데 편방〈흑黑〉을 취한 11자와〈적赤〉을 취한 3자를 한 군데 모아 놓았다. 이러한 부류의 것은 상당히 많다. 단순히 형부形符로만 말하자면, 초艸·우牛·착辵·치齒·언言·육肉·죽竹·목木·패貝·화禾·녁疒·망网·건巾·의衣·산山·엄广·흑黑·적赤·심心·수水·곡谷·문門·수手·녀女·사糸·금金·부阜 등 20여 개가 있다. 허신의 《설문해자》에서는 이것들을 모두 **부수部首**로 건립해 놓았다. 허신 이전에는 형성자의 편방 구분에 대하여 그다지 엄격하지 않았다. 《창힐편》은 편방이 같은 것을 한 군데로 모아두었지만, 어떤 곳에서는 성부聲符가 동일한 것을 같이 배열하였다. 예를 들어 『□□杞芑』·『□□姨挾』·『賞勸向尙』등이 그러한.부류이다. 성부가 동일한 글자들에 대하여 그 이후로 아무도 주의를 기울이지 않다가 송대에 이르러 왕성미王聖美가 그러한 현상에 착안하여〈우문右文〉설을 창안하였고, 청대에는 **주준성朱駿聲**이 《설문통훈정성說文通訓定聲》을 저술하면서 그것을 유용한 지식으로 승화시켰

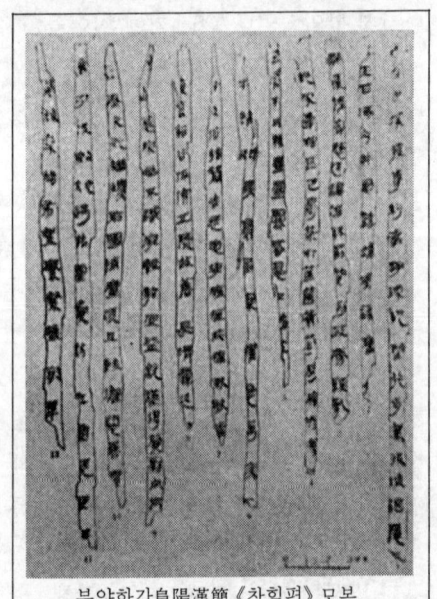

부양한간阜陽漢簡《창힐편》모본

던 것이다.

《창힐편》은 그 편찬연대가 상당히 이른 것으로 소전체 통용 초기에 만들어진 책이다. 그러므로 늘 학자들의 관심을 끌어서, 근 2백년내에 7,8종의 집본 輯本이 만들어졌는데, 자료상의 한계로 말미암아 만족할 만한 수준에 이르지는 못하였다. 어떤 것은 《삼창》및 그 주해까지도 그것에다 혼합시킨 것이다. 지금으로서는 응당 고고발굴자료를 근거로 하여 훌륭한 집본을 만들어서 중국 문자학사의 자료로 삼아야 할 것이다.(원색화보 참고)　　　　　　(張政烺)

《삼창三倉》

한대에 유행했던 3종 아동 글자 학습용 **자서** —《창힐편倉頡篇》·《훈찬편訓纂篇》·《방희편滂喜篇》을 말한다. 진대의 이사李斯가 《창힐편》을, 조고趙高가 《원력편爰歷篇》을, 호무경胡毋敬이 《박학편博學篇》을 각각 저술하였는데, 이러한 책들은 모두 사언운어四言韻語로 되어 있고, 글씨는 소전체로 되어 있는 것이다. 한대에는 **예서**체가 성행되었기에 예서체로 고쳐 씀과 동시에 그 세 가지 책을 하나로 묶어 놓았다. 1장에 60자로 한정하여 총 55장으로 구성된 이 책을 이름하여 《창힐편》이라 불렀다. 서한 평제平帝 때(A.D.5) 패인沛人·원례爰禮 등 1백여 명에게 명을 내려 미앙정未央廷에서 문자를 설하도록 한 일이 있었다. 양웅揚雄이 다시 유용한 글자들을 골라 뽑아서 《훈찬편》을 저술하였는데, 어떤 것은 《창힐편》에서 그대로 따온 것이었고, 어떤 것은 그것에 있던 것을 고친 것이었다. 그리하여 총 89장을 만들었다. 동한 화제和帝 때에는 낭중郎中이라는 벼슬을 지낸 가방賈魴이 또다시 《방희편》을 지었다. 그 후대 사람들이 이상의 세 가지 책을 세 권으로 합편하여 《창힐편》을 상권으로, 《훈찬편》을 중권으로, 《방희편》을 하권으로 각각 편집하였다. 진晉나라 사람들은 그것을 합칭하여 《삼창》이라고 이름하였다. **곽박郭璞**이 《삼창주三倉注》3권을 저술하였다는 기록이 《수서隋書·경적지經籍志》와 일본인 후지모토 사요(藤元佐世)가 지은 《견재서목見在書目》에 보이고 있으나, 현존하지는 않는다.

　　　　　　　　　　　　　　　　　　　　　　(周士琦)

《급취편急就篇》

학동들의 글자 학습용 **자서** 가운데 하나이다. 서한 원제元帝 때(B.C.48—

33) 황문령黃門令 사유史游의 저작이다. 한대에 학동들에게 문자교육용으로 쓰였던 책들로는 《창힐편倉頡篇》·《훈찬편訓纂篇》·《범장편凡將篇》·《방희편滂喜篇》등이 있었는데, 모두 망일되어 현존하지 않는다. 단지 《급취편急就篇》만이 지금까지 전해지고 있다.(원색화보 참고) 그 전체 문장은 삼언·사언·칠언의 운어韻語로 구성되어 있다. 삼언과 사언은 격구압운隔句押韻이고, 칠언은 매구압운每句押韻으로 되어 있어 학습과 암송에 편리하도록 한 것이다. 〈급취急就〉란 뜻은 매우 빨리 배울 수 있다는 뜻이다. 그래서 그 첫머리에서 『이상한 대쪽과 여러 가지 특이한 현상을 속히 습득할 수 있도록 하기 위하여, 여러 가지 물건들의 명칭을 열거하고 혼란되지 않도록 분별하여 놓았으므로 매일 조금씩만이라도 쓰고 힘써 익힌다면 반드시 기쁨이 있을 것이다 急就奇觚與衆異, 羅列諸物名姓字, 分別部居不雜厠, 用日約少誠快意, 勉力務之必有喜』라고 적어 놓았다. 그 내용은 각종 명물名物에 대하여 분장分章 서술해 놓은 것이다. 예컨대 성씨·인명·금수錦綉·음식·의복·신민臣民·기물器物·충어蟲魚·복식服飾·음악 및 궁실宮室·식물·동물·질병·약품·관직·법률·지리 등을 열거하였다. 그것은 비단 글자를 익히기 위한 것일 뿐만 아니라, 지식을 전파하므로써 실제적인 수요에 부응하자는 의도를 지니고 있는 것이었다. 아이들이 글씨를 익힐 때에는 삼각목에다 썼기 때문에 윗부분은 작고 아랫부분은 컸다. 그러므로 『기고를 신속히 습득한다 急就奇觚』고 말하였던 것이다. 일반적으로는 간독簡牘에다 쓰기도 하였다. 원래의 책은 아마 예서체로 써놓은 것일 터이다. 동한 때에는 장초章草가 성행하여 서법가들은 초서체로 쓰는 것을 즐겨하였다. 그러한 전통이 위진시기에도 변함 없이 지켜져서 종요鐘繇·황상皇象·색정索靖·위부인衛夫人·왕희지王羲之 등도 그러한 작품을 남겼던 것이다. 그 책의 말미에 후인들이 보강하거나 고쳐 놓은 부분이 덧붙여 있다. 구본舊本 32장으로 된 것인데, 오吳나라 황상皇象이 쓴 것은 31장이고, 송 태종이 쓴 것은 34장으로 되어 있다. 각 사본寫本마다 내용이 약간 다른 곳도 있다. 현재 우리들이 볼 수 있는 것으로는 원대 서법가 조맹부趙孟頫·등문원鄧文原의 필사본과 명대 양정楊政의 송강학부松江學府 석각본石刻本이 있는데 저마다의 장단점을 지니고 있다. 주석서로는 당대 안사고顔師古의 주注와 송대 왕응린王應麟의 보주補注가 있으며,《소학회함小學匯函》과《학진토원學津討原》에도 그 각본刻本을 수록해 놓았다.

參考書目

孫星衍《急就章考異》(《岱南閣叢書》內).
王國維《觀堂集林》卷五《校松江本急就篇序》.　　　　　(周祖謨)

《설문해자說文解字》

중국 최초의 자전으로 후대에 미친 영향이 지극히 컸다. 동한 **허신許愼**이 저술한 것이다. 화제和帝 영원永元 12년(100)에 완성되어 안제安帝 건광建光 원년(121)에 그의 아들인 허충許沖이 그것을 조정에 봉헌하였다.

진시황이《시경》·《서경》등의 경서와 제자백가의 저서를 불살라 버린 이후로 서한시기에 학궁學宮에서 사용하던 오경五經은 **예서체**로 씌어진〈금문경今文經〉이었다. 비록 고서체인 **전서**로 씌어진〈고문경〉이 이미 출현되었기는 하였지만, 금문경학자들에 의하여 줄곧 배척당하다가 동한시기에 이르러 그것이 성행하게 되었다. 고문경학자들은 뿌리가 있는 학문을 한 반면 금문경학자들은 옛사람들이 문자를 고안한 조례를 체득하지 못하여 예서체를 근거로 황당한 억지말을 꾸몄으므로 믿을 만한 것이 못 되었다. 그래서 허신이《**설문해자**》를 편찬하였던 것이다. 그는 이전 시대의 고문을 근거로 하여 **문자**의 구조를 분석하는 방법과 이론을 처음으로 창안하므로써 서한과 동한시기의 금문경학자들의 잘못된 억설을 일소해 버렸던 것이다.

허신은 자서自敍에서 그가 그 책을 쓰게 된 취지에 대하여 다음과 같이 말하였다.『속된 선비와 비루한 사람들이 그가 배운 것만을 아끼고, 좁은 견문에 가리워져 달통한 학문을 보지 못하였을 뿐만 아니라 육서의 조례를 일찍이 목격한 바 없었다. 그리하여 고문경전을 이상하게 여기고는 입에서 입으로 전해 오던 금문경학자들의 말만을 따르기 일쑤였다. ……무릇 그들이 모르면서도 물어보지 아니하고, 자신의 편견을 고집하고, 옳고 그름을 바로잡지 아니하고, 교묘하게 꾸민 말로써 천하의 글하는 사람들을 현혹하게 하는 것을 통박하노라. ……이에 소전체로 풀이함에 있어 대전체에 부합하도록 하고, 여러 대가들의 견해를 널리 받아들이고, 큰 문제든 작은 문제든 가림 없이 증거로써 신빙성이 있게 하고, 그 해설을 잘 헤아려 서술하고, 여러 가지 부류를 잘 간추려서 잘못을 바로잡아 글하는 사람들로 하여금 깨달아 알게 하고, 신지에 달하게 하고, 여러 글자들을 부수에 따라 배열하여 서로 뒤섞이지 않게 하였도다. 俗儒鄙夫翫其所習, 蔽所希聞, 不見通學, 未嘗覩字例之條, 怪舊藝, 而善野言. ……蓋非其不知而不問, 人用己私, 是非無正, 巧說衺辭使天下學者疑. ……今敍篆

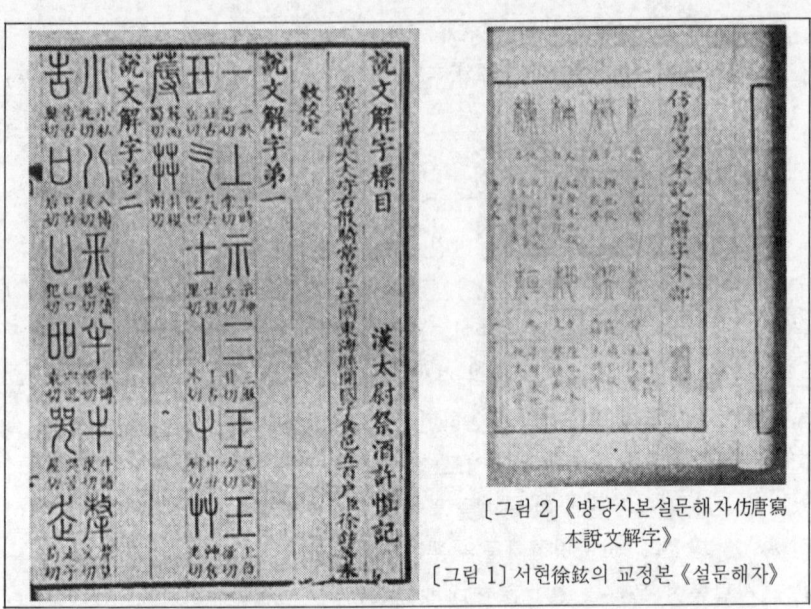

[그림 2] 《방당사본설문해자仿唐寫本說文解字》

[그림 1] 서현徐鉉의 교정본 《설문해자》

文, 合以古籀, 博採通人, 至於小大信而有證, 稽撰其說, 將以理群類, 解謬誤, 曉學者, 達神恉, 分別部居, 不相雜厠』그 책에 수록되어 있는 서체는 전문篆文(小篆)·고문(壁中書)·주문籀文(大篆)·혹체或體·속체俗體를 포괄하고 있다. 〈문자〉라는 말이 통상적으로 하나의 단어로 사용되는데, 허신은 그 책의 자서에서 다음과 같이 말하였다. 『창힐이 최초로 문자를 만듦에 있어 부류에 의거 그 형체를 본떴으니, 그러한 것을 일러 〈문〉이라 한다. 그런 다음에 형부와 성부가 서로 보태어졌으니, 그러한 것을 일러 〈자〉라고 한다. 〈자〉라는 것은 말이 파생됨에 따라 점차로 많아지게 되었다. 倉頡之初作書, 依類象形, 故謂之文. 其後形聲相益, 卽謂之字. 字者言孶乳而浸多也』〈문文〉은 그 전체가 하나의 모양을 본떠서 뜻을 표시하는 글자를 말하며, 〈자字〉는 자형으로 표시하는 것과 자음을 표시하는 것을 결합하여 만든 합체자를 가리키는 말이다. 그런 까닭에 그 책의 명칭을 〈설문해자說文解字〉 즉 문과 자를 해설하는 것이다. 후대에서는 흔히 그것을 줄여서 〈설문〉이라고 칭하고 있다.

《설문》은 그 체례가 매우 엄정한 저작이다. 소전을 주요 서체로 삼아서 자형의 구조를 분석하였고, 각 글자의 편방을 근거로 514부(《설문》에 열거된 부수의 총수는 540이므로 원문의 514는 540의 오류임—역주)로 나누었는데, 〈일一〉부에서 시작하여 〈해亥〉부로 끝맺고 있다. 이러한 배열은 본래 음양오행가들의 말에 바탕을 둔 것이다. 그들의 말에 따르면, 만물은 일一에서 시작하여 해亥로 끝난다고 한다. 자형의 편방 혹은 필획이 비슷한 모든 글자들을 하나의 부부에 귀속시켜서 편방자를 그 부의 첫머리에 배속시켰다. 부와 부의 배열순서는 대체로 부수의 필획과 형체구조가 서로 비슷한 여부에 따르고 있다. 필획구조가 상근相近한 것은 같이 배열하였다.

 허신의 책은 514부(540부의 오류, 앞쪽 참조—역주)를 14편篇으로 나누어 놓았고, 권말의 서목敍目을 별도의 1편으로 삼았으니 전체는 15편으로 구성되어 있는 셈이다. 각부에 있어서의 문자배열은 주로 다음의 세 가지 원칙에 입각하고 있다. ①문자 응용상에 있어서의 뜻이 좋은 것과 선한 것에 속하는 것을 전면에 배열하였고, 저속한 뜻(貶義)과 불량한 의미에 속하는 것은 후면에 배열하였다. ②동일 부수내에서 고유명사는 앞쪽에, 일반명사는 뒤쪽에 배치하였다. ③동일 부수내에서 뜻이 비슷한 글자들끼리 모아두므로써 글자찾기에 편리를 기하였다.

 소전체로 써놓은 표제글자 아래 먼저 그 뜻을 풀이한 후에 형체구조를 서술하였다. 그리고 간혹 말미에 독약모讀若某(음을 표시하기 위하여 동음자를 제시해 놓은 것—역주)를 써놓기도 하였다. 소전 이외에도 주문이나 고문 이체 같은 것도 그 밑에 열거해 놓았는데, 그러한 것을 이름하여 〈중문重文〉이라 하였다. 전체 수록자는 9353자이고 중문이 1163자이다. 고서 중에 사용된 문자는 대체로 모두 다 실려 있다. 선진先秦시대에 이미 사용된 모든 문자는 물론이고, 한대에 새로 생겨난 글자까지도 포함되어 있으므로 후대 한자 발전의 역사를 연구하는 데 있어서 더없이 귀중한 재료인 것이다. 근대 이래 성행한 **갑골문과 금문 해독**에 있어서 《설문해자》를 참고하지 않는다면 어렵기가 한정 없을 것이다. 허신의 책이 있었기에 대량의 갑골복사와 동기 명문에 대한 해독이 가능하였던 것이다.

 허신의 자형분석은 상전相傳하던 《육서설六書說》(〈육서〉조 참고)을 근거로 하였다. 상형과 지사는 자형으로부터 그 뜻을 알 수 있다. 예컨대 『气, 雲气也, 象形』(气는 구름의 기운을 뜻한다. 모양을 본떠서 만든 글자이다)『上, 高也, 此古文上, 指事也』(上는 높다는 뜻이다. 이 글자는 고문의 上자이다. 지사에 속하는 것이다)가 그러한 것이다. 회의와 형성은 그 구성성분을 분별할 수 있는 것이다. 이를테면『此, 止也. 从止从匕, 匕卽相比次也』(此는 가까이 이르다는 뜻이다. 止와 匕를 합쳐서 만든 글자인데, 匕는 서로 순서를 정하다는 뜻이다)와 『賞, 賜有功也, 从貝尙聲』(賞은 공을 세운 사람에게 하사하는 것을 말한다. 貝가 의부이고 尙은 성부이다) 같은 것이 그러한 예이다. 『从某从某』 또는 『从某某』라는 방식으로 분석한 것은 모두가 회의자를 말한 것이고, 『从某某聲』이라고 한 것은 모두 형성자이다. 회의 겸 형성인 것도 있다. 예를 들어 『貧, 財分少也, 从貝从分, 分亦聲』(貧은 재물을 적게 나누어 가진 것을 뜻한다. 貝와 分을 의부로 취하고 있으며, 分은 성부로도 쓰인다)이 그런 것이다. 그리고 『从某某省聲』이란 것도 있다. 예컨대 『夜, 舍也, 天下休舍也, 从夕, 亦省聲』(夜는 쉰다는 뜻이다. 그때에는 천하만물이 쉬는 시간이다. 夕이 의부이고, 亦이 성부인데 亦은 자형상 일부 생략되어 있다)이 그것이다. 허신이 고안한 이러한 분석은 우리들이 전서의 구조를 이해하는 데 큰 도움을 주는 것이고, 다음으로 예변隷變을 고찰함에 있어서 그 내원의 대강을 파악하는 데에도 크게 이바지하는 것이다. 전서의 형체를 모르면 그 글자의 음의를 분명히 하기가 어렵다. 예를 들어, 〈야夜〉의 从夕从亦, 〈춘春〉(䒞)의 从艸从日屯聲은 모두 전서체가 지금의 형체로 변모된 것이다. 그런 까닭에 청대 도광道光 연간에 황승길黃承吉이 『《설문》이 없었다면 어느 글자가 무슨 성인지, 무슨 뜻인지, 심지어는 어느 편방에 속하는 것인지조차도 모르는 지경에 이르렀을 것이다 不有《說文》, 勢必至今日擧一字而不知其爲何聲, 不知其爲何義, 甚至不知其屬何偏旁』(《夢陔堂文集》卷2,《字義起于右旁之聲說》)라고 말하였던 것이다. 《설문》의 훈해訓解 중 어떤 것은 자형에 근거하여 뜻을 설명한 것이고, 혹은 경서전적의 고훈古訓을 인용하여 분명히 갖추어 놓았으므로 비록 자서이긴 하지만 실제적으로는 지극히 중요한 훈고서적이기도 한 것이다. 후대의 자서들은 한결같이 《설문》의 훈해를 원용하고 있으며, 그것을 하나의 전요典要로 여겼던 것이다. 후대의 자서들이 《설문》의 편방 분부分部에 의한 문자 배열방식을 채택한 것은 헤아릴 수 없을 만큼 많다. 진대晉代 여침呂忱의 《자림字林》, 양대梁代 고야왕顧野王의 《옥편玉篇》, 송대 사마광司馬光 등의 《유편類篇》, 그 다음으로 명대 매응조梅膺祚의 《자회字匯》, 청대 장옥서張玉書 등의 《강희자전康熙字典》 등은 모두 편방 부수에 따라 문자를 배열한 것이며, 부수 다과의 차이만 있을 뿐이다. 요즘 편찬된 자전 사서辭書들까지도 부수검자법을 채택하고 있다. 이러한 사실로부터 중국 자전학 사상에 있어서 《설문》이 차지하는 지위의 중요성을 엿볼 수 있을 것이다.

《설문》은 당대에까지 비록 전래는 되고 있었지만, 그 당시에는 전서에 능한 사람이 그다지 많지 않았다. 대종代宗 대력大歷 연간에 이양빙李陽冰이 이사李斯가 만든 소전에 조예가 있어서 《설문》을 간정刊定하고, 그 필법을 수정하였지만 억설이 많았다. 남당南唐 때 서현徐鉉과 서개徐鍇 두 형제가 《설문》을 깊이 연구하였다. 아우인 서개는 그것에 주를 달아 책이름을 《설문해자계전說文解字繫傳》이라 하였는데 총 40권에 달하였다. 허신의 원서를 상세히 풀이함과 동시에 이양빙의 오류를 바로잡아 놓았다. 남당이 망하자 형인 서현은 송나라로 들어가 벼슬을 하였다. 그는 송 태종 옹희雍熙의 명을 받들어 처음으로 〈설문〉을 교정校定하여 원서 15권을 상하로 분리하였다. 당시 《설문》의 전본傳本에는 후대 사람들이 첨가시킨 독음들이 서로 차이가 있었으므로 서현이 당대 손면孫愐이 지은 《당운唐韻》상의 반절反切을 기준으로 그러한 것들을 교정하였다. 경전과 고적상에 통용되던 글자들 가운데 《설문》에 수록되지 아니한 것들을 골라서 〈신부자新附字〉라는 이름하에 원문의 뒤편에 덧붙여 놓았다. 교정을 마친 책을 왕에게 주상한 후 국자감國子監에서 판을 찍어 전포하였다. 오늘날 볼 수 있는 《설문》은 《설문해자계전》 외에도 서현의 교정본(그림 1 참고)이 있다. 서현본을 통칭 대서본大徐本이라 하고, 서개본을 통칭 소서본小徐本이라 한다. 이 두 판본상의 문자배열은 다소 차이가 있다. 대서본으로는 《사부총간四部叢刊》에 영인影印되어 있는 송본宋本이 있다. 원본은 급고각汲古閣에서 출간한 책인데, 후에 왕창王昶의 손에 들어갔다가 다시 육심원陸心源이 소장하였다. 지금은 일본 동경 정가당문고靜嘉堂文庫에 소장되어 있다. 대서송본은 그밖에도 청대 복각본覆刻本이 있는데, 이것은 손성연孫星衍의 《평진관총서平津館叢書》로서 원각본原刻本에 비하여 오류가 비교적 적다. 동치同治 연간에 번우番禺 진창치陳昌治가 손성연본을 복각覆刻하여 일전일행一篆一行으로 바꾸어 놓았다. 이것이 글자를 찾아보기에 가장 편리한 것이다. 중화서국中華書局의 영인본은 이것을 저본底本으로 한 것이며, 아울러 부록으로 색인을 달아 놓았다. 서현의 책으로는 《사부총간》에 영인된 술고당초본述古堂抄本 외에도 청대 기준조祁雋藻가 송본을 다시 각영刻影한 것이 있는데, 이것이 가장 완벽한 것으로 손꼽히고 있다.

　《설문》은 또 당사본唐寫本 〈목木〉부 잔권殘卷 1권이 있다. 이 속에 188자가 잔존하고 있다. 청대 동치 연간에 막우지莫友芝가 일찍이 전래되어 오던 것을 복각함과 아울러, 부가 설명을 덧붙여서 그 이름을 《당사본설문해자목부전이唐寫本說文解字木部箋異》(그림 2 참고)라 하였다. 그 원본은 현재 일본 오사카(大阪)에 소재한 행우서옥杏雨書屋에 소장되어 있다. 그밖에도 〈구口〉부 중의 몇몇 글자도 당사본 잔권이 보존되어 있다. 그것은 아마도 일본 사람이 모사摹寫한 것으로 추정된다. 목부의 잔권으로 말하자면, 대서본보다 우월한 곳이 상당히 많다. 서개는 또 《설문해자운보說文解字韻譜》도 편찬하였다. 이것은 당본唐本《절운切韻》의 운목韻目 순서에 따라《설문》의 문자를 배열한 것인데, 저자 서현은 당대 이주李舟《절운》에 의거 음을 개정改訂하여 놓았다. 그 책을 엮은 취지는 글자를 찾아보기에 편리하도록 하기 위한 것이지 훈고적인 의미는 약한 것이었다. 남송 때 이도李燾도《설문해자오음운보說文解字五音韻譜》를 편저하여, 송대 운서에 의거 배열하여〈동東〉에서 시작해서〈법法〉자로 끝맺고 있다. 이상 3종 운보는 모두 그 판각본이 전해지고 있다.

《설문》가운데 보존되어 있는 대량의 고자고의古字古義는 고대 전적과 고문자를 연구하는 데 있어서 반드시 참고하지 않으면 안 될 중요한 것이다. 청대에는 한학漢學이 융성하여 학자들은 한결같이《설문》을 가장 중요하게 여겼다.《설문》을 교감校勘한 사람,《설문》에 주를 달아 놓은 사람, 그리고《설문》의 체례體例 및 인경引經·독약讀若 유형을 연구한 사람들의 저작이 숲처럼 산재하였는 바, 이름이 일반에게 알려진 것만 꼽더라도 1백여 종이 넘는다. 그 가운데 가장 저명한 것으로는 **단옥재段玉裁**의《설문해자주說文解字注》, **계복桂馥**의《설문해자의증說文解字義證》, **왕균王筠**의《설문구독說文句讀》, **주준성朱駿聲**의《설문통훈정성說文通訓定聲》을 꼽을 수 있다. 이상 네 사람을 설문사대가說文四大家라 부른다.

단옥재는 그 판각본의 문자를 교감하는 것에서부터 착수하여 그 체례體例를 고구考究한 다음《설문》의 전체 내용을 하나하나 상세히 주를 달았다. 경전을 인용 근거하여 허신의 설법을 전석詮釋하고, 허신이 풀이한 글자의 뜻을 그 글자의 본의本義로 삼은 다음 한 걸음 더 나아가 그것의 인신의引伸義와 가차의假借義를 추론함과 동시에 그 글자의 고운古韻을 구분해 놓았다. 고증이 상세하고 명확할 뿐만 아니라 넓고도 깊이 있게 고찰하여 이루 다 말할 수 없을 정도의 창견創見을 세웠지만, 억지로 말을 꾸민 곳도 없지는 않다.

계복의《의증》은 허신 설법을 증명하기 위한 것으로서, 여러 서적들 가운데 보이는 훈고를 두루 인용하여 한 글자의 여러 가지(많은 경우에는 10여 가지) 뜻을 순서에 따라 상세히 배열하였다. 자기의 의견에 따라 가감삭제하지 아니하고 순전히 독자의 참고에 부응하도록 배려해 놓았던 것이다. 그런 다음에 허신의 원문을 해설하고 대서본과 소서본의 오류를 수정하였다. 참고자료가 풍부하고 조리정연하여 참고하기에 지극히 편리하도록 해놓았다.

왕균의《구독》은 단옥재와 계복의 저서가 나온 다음에 출간된 것이다. 그는 단옥재·계복 두 사람 및 기타 학자들의 논증을 두루 참고하여 각각의 좋은 점을 취하는 한편, 약간의 증보와 수정을 가해 놓으므로써 초학자들의 학습에 편리하도록 꾸며 놓았다. 왕균은 그밖에도《설문석례說文釋例》를 저술하였다. 이것은《설문》의 체례에 대한 해석만을 전적으로 다루고 있는 것이다.

주준성의《설문통훈정성》은 문자 배열방식을 바꾸어 놓은 것인데, 그는 고운 18부를 기준으로 삼고 있으며, 동일 운부韻部내에서는 각글자의 해성諧聲 성방聲旁에 입각하여 배속시키고, 성방이 동일한 글자들을 순서에 따라 한 자리에 배열해 놓은 것이다. 이렇게 하므로써《설문》원본의 문자 배열순서를 완전히 바꾸어 놓은 것이다. 그는 허신의 글자풀이를 다시 상세하게 해설하는 것은 물론이고, 해당 글자의 뜻과 그 성방의 뜻 상호간의 인신引伸·가차假借를 해설하고, 아울러 원서에는 수록되지 않았으나 한위漢魏 이전의 서적 중에 등장되어 있던 글자들을 별도로 모아 놓으므로써 허신의 미비점을 보완하였다.

이상 4대가의 저작은 저마다의 특색을 갖추고 있는 것으로서 문자학과 훈고학에 대하여 지대한 공헌을 세웠다.《설문》에 관한 청대학자들의 저술은 무수히 많았다. 근대 사람인 정복보丁福保가 일찍이《설문》에 관한 모든 저술을 수집하여 편폭에 관계 없이 그 모두를 하나의 책으로 엮어 놓고, 그 책을《설문해자고림說文解字詁林》이라 하였다. 이것은 매글자에 관한 여러 학자들의 주석과 해설을 한 곳에 모아 놓은 것이기 때문에 연구에 극히 편리한 것이다. 정편 이외에도 속편이 출간되었다. 이로써《설문》에 관한 것이라면 분량이 많고 적음을 구별하지 아니하고, 내용이 주옥같이 귀한 것이나 돌같이 보잘것 없는 것이나 차별 없이 총망라하여 놓았으므로 가히 허학許學의 연해淵海라 할 수 있는 것이다. (원색화보 참고)

(周祖謨)

《자림字林》

한자의 형체에 따라 부수를 나누어 글자를 배열한 자서이다.《수서隋書·경적지經籍志》에서는 진현령晉弦令 여침呂忱이 지은 것으로 총 7권이라 하였고,《위서魏書·강식전江式傳》에는 다음과 같은 기록이 있다.『선무제 연창 3년 (514)에 강식이 다음과 같은 표를 올렸다 : 진 때에 의양왕 전사령인 임성 여침이《자림》6권을 지어 바쳤다. 그의 의도를 고찰해 보았더니 허신의《설문》에 부수하였고 ……문자를 정식 예서체로 썼으나, 전서체와 별차이가 없었다. 宣武帝延昌三年式上表曰 : 晉世義陽王典祠令任城呂忱上《字林》六卷, 尋其沈趣, 附托許愼《說文》……文得正隸, 不差篆意也』또 당대 봉연封演의《문견기聞見記》에는『진나라 여침이 지은《자림》7권 또한 540부수에 총 1만 2824자이다

晉呂忱撰《字林》七卷, 亦五百四十部, 凡一萬二千八百二十四字』라고 적혀 있다. 이러한 기록들로부터 《자림》이 《설문해자》를 모방해서 지은 것으로 수록 글자의 수는 그보다 3천 자가 많고, 이체자도 겸해서 수록되었으나 부수는 《설문》과 마찬가지로 540부이며 총 7권으로 되어 있음을 알 수 있다. 유송劉宋 때 양주楊州 도호都護를 지낸 오공吳恭이 일찍이 《자림음의字林音義》5권을 지었다는 기록이 《수서·경적지》에 보이고 있다. 당대에는 《자림》과 《설문》이 동등한 비중으로 취급되고 있었다. 그리고 서학박사書學博士를 선발하는 데 있어서도 그 두 책을 기본 텍스트로 삼았다고 한다. 송대의 서적들은 그것이 총 5권으로 구성된 것이라고 적고 있다. 이것은 전본傳本이 달랐음에 기인하는 것으로 보인다. 《자림》은 시기적으로는 《설문》과 《옥편》의 중간에 끼는 것으로 자서 발전사상 매우 중요한 위치를 차지하고 있다. 그러나 애석하게도 송말 이후에 망일되어 지금은 전해지지 않는다. 청대 건륭建隆 연간에 임대춘任大椿이 《자림고일字林考逸》8권을 지었다. 이것은 문자 훈고를 연구하는 데 있어서 매우 유용한 책으로 쓰이고 있다. 광서光緒 연간에 도방기陶方琦가 다시 《자림고일보본字林考逸補本》을 지었다. 이것은 수대隋代 두태경杜台卿의 《옥촉보전玉燭寶典》과 당대 혜림慧琳의 《일체경음의一切經音義》 등의 서적을 참고하여 임대춘이 빠뜨린 것을 보완한 것이다. (周祖謨)

《옥편玉篇》

한자 형체에 의거하여 부수를 나누어 문자를 배열한 자서의 일종이다. 양梁 무제 대동大同 9년(543)에 태학박사太學博士 고야왕顧野王이 편찬한 것이다. 고야왕(519—581)은 자字가 희풍希馮이고, 고훤顧烜의 아들이며, 오군吳郡의 오인吳人이다. 진陳나라로 들어가서 국학박사國學博士가 되었고, 황문시랑黃門侍郎을 지냈다. 《옥편玉篇》의 제1권에는 고야왕의 자서와 『진옥편계進《玉篇》啓』가 실려 있다. 이것은 왕명을 받들어 편찬한 것으로 양 무제의 아들인 소역簫繹에게 증정되었다. 총 30권으로 구성되었으나, 《수서隋書·경적지經籍志》에는 31권이라고 기록되어 있어 《일본견재서목日本見在書目》과 동일하다. 이것은 아마도 서문과 표계表啓를 한 권으로 보았기 때문일 것이다. 고야왕이 지은 《옥편》은 시기적으로 《설문해자》와 《자림》보다 뒤의 것으로, 그것들에 비하여 부수가 다소 증감되었다. 《설문》에 비하여 감소된 것은 곡哭·연延·화畫·오敖·미眉·백白·읍㞟·음飮·후后·개介·현弦 이상 11부이고, 증

가된 것은 부父·운云·조彔·유尢·처處·조兆·경磬·색索·서書·상牀·
단單·익弋·장丈 이상 13부인데, 총부수의 수는 542부이니《설문》에 비하여
두 개의 부수가 더 많은 셈이다. 부수 배열의 순서도 크게 변동되었다. 주요 원
인은 부수자의 의미가 비슷한지 그 여부에 따라서 순서를 정하였기 때문이다.

　당대 봉연封演은 그가 쓴《문견기聞見記》에서《옥편》에 수록된 글자의 수가
『모두 1만 6917자나 된다 凡一萬六千九百一十七字』고 감탄하였다. 오늘날 우
리들이 볼 수 있는《옥편》은 송대 진종眞宗 대중상부大中祥符 6년(1013)에 진
팽년陳彭年 등이 중수重修한 것이다. 당대 상원上元 연간에 손강孫强이 만든
증자본增字本은 2만 2561자를 수록하고 있어서 봉연이 기록한 것보다 5600자
가 더 많고, 주해가 크게 삭제되었으므로 이미 원본의 모습과는 상당히 달라진
것이다. 고야왕의 원본은 이미 송대에 망일되었는데, 단지 그 중의 일부 전사
본傳寫本이 일본에 보존되어 있을 따름이다. 일본에 현존하고 있는 것은 권8·
권9·권18·권19·권22·권24·권27인데, 그 중 산일된 글자가 없어 완전한
권22와 권27을 제외하고는 모두 잔권殘卷이다. 이것은 당나라 때 중국에 유학
온 일본 학생들과 승려들이 베껴 써놓았다가 일본으로 가지고 간 것이다. 그것
은 62부 2052자인데, 원서의 1/8 정도에 상당하는 것이다. 이것들은 모두 희
귀한 비서秘書로 취급되고 있다.(원색화보 참고)

　고야왕의 원본으로 말하자면, 각글자 아래 그것의 뜻을 달아 놓는 것은 물론
고대 전적에 보이는 예증과 전인前人들의 주해를 달아 놓았는데, 먼저 경전의
것을 예시한 다음 자사문집子史文集의 것을 인용하고 마지막으로 자서·훈고
서의 것 모두를 상세히 구비해 놓았다. 이체자가 있는 경우에는 별도로 분명히
밝혀 놓았다. 이러한 사실들은 금본今本과는 다른 면모를 보이는 것들이다.

　고야왕은 자서 중에서『육서와 팔체의 고금 형태에 다름이 있다. 어떤 것은
글자는 달라도 뜻은 같고, 어떤 것은 글자는 하나인데 뜻은 차이가 나는 것이
다. 여러 사람들의 말도 각기 다른 바가 한둘이 아니었다. 자서상에는 착오가
특히 심하며 글자를 찾아보기가 어려웠고, 쉬이 의혹을 불러일으켰던 것이다.
이에 왕의 밝은 명을 받들어 사전에 미리 조언을 구하고 여러 자료를 모아서
교감을 거쳐 하나의 체계를 갖추도록 하였으니 문자의 풀이가 이로써 구비되
었던 것이다 六書八體, 今古殊形. 或字各而訓同, 或文均而釋異, 百家所談, 差
互不少. 字書卷軸, 舛錯尤多, 難用尋求, 易生疑惑. 猥承明命, 預纘過庭, 總會衆
篇, 校讎群籍, 以成一家之制, 文字之訓以備』라고 말하였다. 이것은 그가《옥
편》을 지은 주요 목적이 여러 서적을 종합하여 형체와 의미상의 차이를 변별하

고, 갖가지 훈석을 망라하여 하나의 체계를 갖추고자 하는 데 있음을 말해 준다. 《자림字林》의 자수가 1만 2천여 자이고, 《옥편》은 그보다 4천여 자가 많은 셈이니, 전례 없이 중요한 저작임은 두말할 나위가 없는 것이다.

금본《옥편》은 송본宋本과 원본元本이 있다. 송본으로는 청대의 장사준張士俊이 택존당澤存堂 판각본과 조인曹寅 양주시국楊州詩局 판각본이 있다. 원본으로는 《사부총간四部叢刊》영인본이 있다. 송본의 제1권에는 고야왕의 서문과 진서계進書啓가 실려 있고, 그뒤에 〈신공반뉴도神珙反紐圖〉와 〈분호자양分毫字樣〉이 수록되어 있다. 그러나 원본에는 그보다도 《옥편광운지남玉篇廣韻指南》1권이 더 실려 있다. 송본은 주문注文이 길고 번잡한 반면 원본은 대부분 간략하게 되어 있고 배열이 가지런하다. 그런 까닭에 배열순서도 송본과는 크게 다르다. 현재 통상 사용되고 있는 것은 장사준의 택존당 판각본이다. (원색화보 참고)

(周祖謨)

《유편類篇》

부수에 따라 문자를 배열한 자서의 일종이다. 송대 인종仁宗 보원寶元 2년(1039) 11월 정도丁度 등이 왕에게 주문奏文을 올려『금번《집운》을 편수함에 있사와 새로 보태야 할 글자가 많으므로, 고야왕의《옥편》은 참고하기에 부족함이 있습니다. 그리고 운관에게 부촉하여 운을 새로이 첨가토록 할 예정이온데 별도로《유편》을 지어서《집운》과 더불어 시행하여야 할 것이옵니다 今修《集韻》, 添字旣多, 與顧野王《玉篇》不相參協, 欲乞委修韻官將新韻添入, 別爲《類篇》, 與《集韻》相副施行』라고 하였다. 인종은 왕수王洙·호숙胡宿·장우석掌禹錫·장차립張次立 등에게 명을 내려 계속해서 찬수纂修해 나가도록 하였다. 영종英宗 치평治平 3년(1066)에 사마광司馬光이 바통을 이어받아서 작업을 완성하여 치평 4년에 마무리를 지어서 조정에 헌상하였다. 예전에는 사마광이 지은 것이라고 알려졌지만, 사실은 그가 정리 편찬하였을 따름이다.

인종 경우景祐 4년(1037)에 정도丁度·송기宋祁 등이 왕명을 받들어《집운》을 찬수하기 시작하였다. 영종 치평 4년에 이것도 사마광에 의해서 마무리되어 책으로 출간되었다.《집운》은 글자를 운韻에 따라 배열한 것이고,《유편》은 부수에 따라 배열한 것이다. 이 두 가지 책은 서로 보완적으로 유통되었다.《유편》은《설문해자》에 의거하여 전체를 14편으로 나누고, 다시 목록 1편을 추가하여 총 15편으로 짜여져 있다. 각편마다 상·중·하로 세분되었으니 도합

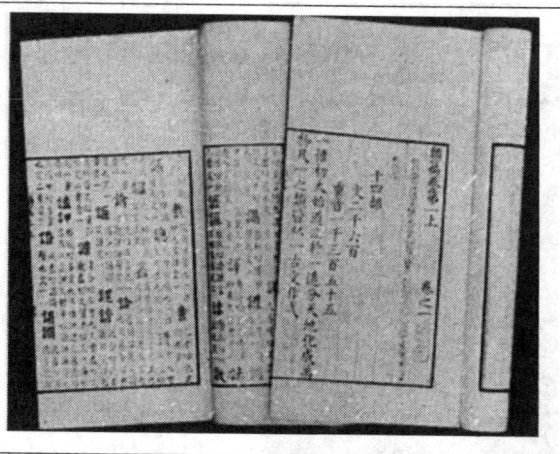

사마광司馬光 등저《유편》

45권으로 구성되었다. 부수의 수는 540부이니 이것도《설문해자》와 상동하며, 그 배열순서는 약간 변동되었지만 미미한 것에 불과했다.《유편》은《설문해자》와《옥편》을 직접적으로 계승한 자서이다. 수록글자는 총 3만 1319자에 달하므로《옥편》에 비하여 두 배 이상이 늘어난 셈이다.《집운》에 빠진 글자들에 대해서도 최대한 수집하여 수록하였지만《집운》에 있는 자질구레한 이체자들을 전부 수록하지는 않았고, 그 체례가 비교적 엄격하였다. 각글자 아래 먼저 반절反切을 열거한 다음 의미를 풀이 설명하였다. 하나의 글자가 다른 음이나 뜻이 있는 경우에는 별도로 기재해 놓았기 때문에《집운》과 상호 대조가 가능하였다. 뿐만 아니라 그 중에는 당·송 때 탄생된 글자들도 적잖이 수록되어 있다. 이러한 것들은 문자의 발전을 연구하는 데 있어서 중요한 참고자료가 된다. 예전의 판각으로는 청대 조인曹寅이 새긴《연정오종본楝亭五種本》이 있었으나 지금 통용되는 것은 후래 요근원姚覲元의 번각본翻刻本인데, 통칭《요각삼운본姚刻三韻本》이 바로 그것이다. (원색화보 참고)　　　　　　　　　(周士琦)

《육서략六書略》

　한자 형체의 구조를 해설한 책으로 송대 정초鄭樵가 지었다. 그의 저서《통지通志》에 실려 있다. 육서라는 것은 허신이《설문해자》서문에서 말한 것으로 글자를 만드는 방법과 원칙 여섯 가지, 즉 지사指事·상형象形·해성諧聲·회의會意·전주轉注·가차假借를 지칭하는 것이다. 허신이 육서 하나하나에 대하여 해설해 놓았지만, 그의 책에서는 그것에 수록된 총 9천여 자 전부에 걸

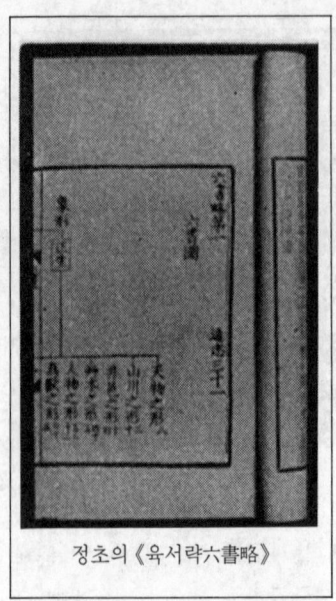

정초의《육서략六書略》

쳐서 구분을 가한 것은 아니었다. 정초는 육서 분류를 하나의 학문으로 삼을 것을 처음으로 부르짖었다. 그는《육서략六書略》에서 전체에 대하여 하나하나 예시하였을 뿐만 아니라 다시 세분하였다. 그리하여〈형겸성形兼聲〉·〈형겸의形兼義〉등의 부류가 있게 되었는데, 결국 열두 가지 부류로 늘어나게 되었던 것이다. 그의 분류에는 문자를 억지로 육서에다 갖다 맞추었기 때문에 이치에 맞지 않는 면이 없지 않았다. 그의 책이 나온 후로 원대 대동戴侗이《육서고六書故》를, 주백기周伯琦가《육서정와六書正訛》를, 양환楊桓이《육서통六書統》을, 명대의 위교魏校가《육서정온六書精蘊》을, 조고칙趙古則이《육서본의六書本義》를, 조환광趙宦光이《육서장전六書長箋》을 각각 줄이어 저술하였던 것이다. 이들 대부분은 육서 분류를《설문》연구의 유일한 방법으로 간주하여 각종 주장을 제시하면서 곁길로 내달렸던 것이다.

그러나 정초 본인은 문자의 변화추세에 대하여 결코 몰지각한 것은 아니었다. 그는 그 책의《육서서六書序》에서 다음과 같이 말하고 있다.『상형과 지사는 하나이다. 상형에서 지사가 별도로 구분되어 나왔다. 해성과 전주도 하나이다. 해성에서 전주가 별도 독립되었다. 2모로 구성된 것이 회의이고, 1자 1모로 구성된 것이 해성이다. 육서라는 것에 있어서는 상형이 근본이다. 형을 그릴 수 없는 것들은 제사에 속하는 것이고, 뜻을 지시할 수 없는 것들은 제의에 속하는 것이다. 뜻을 체득할 수 없는 것은 제성에 속하는 것들이다. 소리는 어울릴 수 없는 경우가 없는 것 같다. 이상 다섯 가지가 부족해서 가차가 생기게 되었던 것이다. 象形指事一也, 象形別出爲指事. 諧聲轉注一也. 諧聲別出爲轉注. 二母爲會意, 一子一母爲諧聲. 六書也者, 象形爲本. 形不可象, 則屬諸事, 事不可指, 則屬諸意; 意不可會, 則屬諸聲; 聲則無不諧矣. 五不足, 而後假借生焉』이러한 언급들 중에 그래도 한두 가지는 이치에 맞는 것이 있다. 정초는 그밖에도《육서증六書證》을 썼다고 하는데, 지금은 전해지지 않는다. （周祖謨）

《육서고六書故》

육서 이론으로 한자를 분석한 자서로, 원대 대동戴侗이 지은 것이다. 대동은 자가 중달仲達이고 영가永嘉 출생이다.《육서략六書略》33권, 통석通釋 1권으로 짜여져 있다. 그는 육서학이 독서의 첩경이라 생각했다. 그럼에도 공부하는 사람들이 오래도록 그것을 도외시하고 있음을 개탄했다. 설사 그것을 공부하는 사람이 있다 해도, 흔히 자질구레하거나 억지말에 함몰되기 일쑤여서 그것의 요점을 체득하지 못하였던 것이다. 그러므로 그는 허신의《설문해자》의 득실을 따져보고, 육서 즉 상형·지사·회의·형성·전주·가차를 다시 한 번 해석하였다. 그는《설문》540부를 이어받아 별도로 479목을 세워 그 중의 189목을〈문文〉이라 칭하였는데, 그 가운데에는 쉽사리 해석할 수 없는〈의문疑文〉도 45목이나 포함되어 있다. 그 중의 245목을〈자字〉라 칭하였다. 문文을〈모母〉, 자字를〈자子〉라고도 하였다. 자와 문의 형체는 서로 일정한 관계를 유지하고 있었기에 이를〈자子〉라고 하였던 것이다.

대동은 479목을 9류로 세분하였다. 즉 1 수數·2 천天·3 지地·4 인人·5 동물動物·6 식물植物·7 공사工事·8 잡雜·9 의疑로 나누었다. 예를 들어 보면〈월月〉자를 목으로 삼고, 그 글자 아래〈석夕〉자를 열거하여 지사자라고 하였다.〈석〉자 아래 다시 회의자인〈다多〉자를 열거하였고, 그 다음에 다시 해성자인〈과夥〉자를 열거하였다. 그뒤에 다시〈석夕〉자를 성부로 취하고 있는 해성자인〈야夜〉·〈몽夢〉·〈숙夙〉을 열거해 놓았다. 이렇게 한 줄로 꿰어 놓은 방법은《설문》의 배열방식과는 거리가 먼 것이었다. 대동은 그 방식이 『아버지로써 아들을 연계하고 아들로써 손자를 연계하는 父以聯子, 子以聯孫』 것이라 하였다. 그러한 방법은 얼핏 보기에는 상당히 그럴 듯하지만, 검색하기가 쉽지 않아 오히려 큰 혼란만 야기시키는 것이었다.

대동은 육서를 1 지사·2 상형·3 회의·4 전주·5 해성·6 가차의 순서로 배열하였다. 그는〈산山〉자를 옆으로 세우면〈부阜〉이 되고,〈인人〉자를 거꾸로 하면〈비匕〉가 되고,〈흠欠〉자를 반대로 하면〈기旡〉이 되고,〈자子〉를 반대로 하면〈운云〉이 되는 것이 바로 전주轉注라고 여겼다. 이러한 견해는 억설이며 아무런 근거가 없는 것이다.

이 책의 가치는 종정문鍾鼎文을 인용하여 자형을 설명할 수 있다고 한 점과 자의字義의 인신引伸이 문자의 가치와는 다르다는 것을 명확히 한 점에 있다. 음과 뜻의 관계를 천명한 점도 상당히 많다. 대동은 다음과 같이 말하였다. 『서학이 이미 폐지되었던 관계로 글하는 사람들이 말로써 뜻을 찾아내는 것은 아는 것 같으나, 문자로써 뜻을 구할 줄은 모르고 있다. 훈고를 하는 사람들은 문자에 의거하여 뜻을 찾아내는 것은 아는 것 같으나, 음으로 뜻을 구하는 것은 모른다. 무릇 문자의 응용은 해성보다 더 넓은 것이 없고 가차보다 더 변화무쌍한 것이 없다. 문자로써 뜻을 구하면서 음으로 뜻을 구하는 것은 모르다니, 필자는 그들이 문자의 실정을 모두 이해하였음을 일찍이 보지 못하였다. 書學旣廢, 章句之士知因言以求義矣, 未知因文(字)以求義也 ; 訓詁之士, 知因文(字)以求義矣, 未知因聲以求義也. 未文字之用莫博于諧聲, 莫變于假借. 因文以求義, 而不知因聲以求義, 吾未見其能盡文字之情也』그는『음으로 뜻을 구하는 것 因聲以求義』을 제창하였다. 그것은 형성자의 음과 뜻의 관계를 해석하기 위한 것이다. 그리고 그것을 토대로 고서 중에 있는 문자의 가차를 판별해내는 방법을 알 수 있다는 것이다. 이것은 매우 중요한 의의를 지니는 견해이다.

(周祖謨)

《용감수경龍龕手鏡》

부수와 사성四聲 두 가지 기준을 상호 준거하여 한자를 배열하고 있는 자서로 요遼나라 석행균釋行均이 편찬한 것이다. 불교 승려인 행균의 자는 광제廣濟이고, 속가의 성은 우于씨이다. 이 책의 머리에는 요나라 성종聖宗 통화統和 15년 7월 1일에 연대燕臺의 민충사憫忠寺 사문沙門인 지광智光이 쓴 자법거서字法炬序가 실려 있다. 민충사는 바로 지금의 북경 법원사法源寺이다. 요나라 성종 통화 15년은 곧 송나라 진종眞宗 지도至道 3년(997)에 해당된다. 이 책의 원명은《용감수경龍龕手鏡》인데 송각본宋刻本은 피휘避諱하기 위하여《용감수감龍龕手鑒》이라고 개명하였다. (宋나라 太祖의 祖父 이름이 趙敬이어서 송대 사람들은 〈敬〉과 음이 같은 〈鏡〉자를 써야 할 경우 그 대신에 뜻이 비슷한 〈鑒〉자를 써서 피휘하였다고 함―역주)

이 책은 부수에 의거하여 글자를 배열하였는데, 그 부수를 다시 평平・상上・거去・입入 사성四聲에 따라 4권으로 나누어 놓았다. 1권 평성에는 97부가, 2권 상성에는 60부가, 3권 거성에는 26부가, 4권 입성에는 59부가 각각 실려 있어 총부수는 240부인 셈이다. 각부수내에 수록된 글자는 또 평・상・거・입 4성조에 따라 배열되었다. 부수와 4성을 기준으로 한 배열방법은 그 이전에는 없었던 것으로 자서에서 독특한 지위를 차지하는 것이다.

지광의 서문에는 이것을 위해서 5년의 세월을 보냈다고 씌어 있다. 수록된 글자의 수는 2만 6430여 자로서 정체·혹체·속체·고문 몇 종의 문자를 열거하고 있다. 그러나 혹체·속체·와체訛體가 특히 많아서 잡다한 점이 없지 않다. 괴이한 것, 잘못된 것 등이 어지러이 널려 있다. 이 책의 부수 구분은《설문해자》·《옥편》의 것과는 상당히 큰 차이를 보이고 있다. 몇몇 글자들은 그것의 첫머리 몇 획을 부수로 삼고 있다. 이를테면 〈亠〉부의 음을 〈도후반徒侯反〉(두)이라 하였고, 제齊·고高·단亶·향享·항亢·량亮·박亳 등의 글자를 이 부수에 귀속시켜 놓았다. 그러나 〈고高〉부를 별도의 한 부로 설정하고 있다. 〈기其〉부도 하나의 부수로 설정

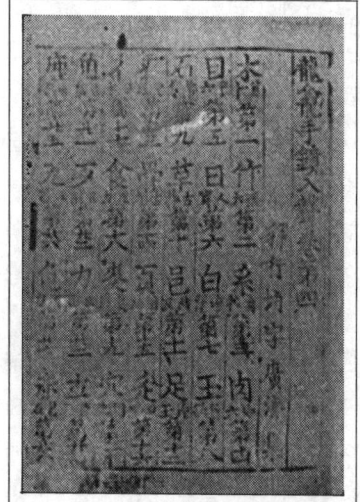

석행균의《용감수경龍龕手鏡》

하여, 그것에다 기基·기碁·기萁 등의 글자를 귀속시켜 놓았다. 이러한 부수 구분은 형과 성의 결합관계를 전혀 고려하지 않은 것으로 전통적인 부수 구분법과는 거리가 먼 것이다. 이 책은 오직 속자나 혹체의 쓰임을 파악하는 데 참고가 될 뿐이다. 예전에는 북송각본北宋刻本이 있었다고 하나《사부총간四部叢刊》에 실려 있는 것은 영초본을 근거로 한 것이다.(원색화보 참고)(周士琦)

《자회字匯》

명대에 널리 유행된 이 책은 부수에 따라 글자를 배열해 놓은 것으로서 매응조梅膺祚가 지은 자서이다. 안휘성安徽省 선성현宣城縣 사람으로 자字는 탄생誕生이다.《자회字匯》는 명대 신종神宗 만력萬曆 43년(1615)에 출간되었으며, 수록자는《홍무정운洪武正韻》을 위주로 하여《설문해자》·《고금운회古今韻會》등을 참조한 것인데, 대부분이 경서나 역사서에 상용되는 글자들이었다. 괴벽怪僻한 글자들은 일률적으로 제외시켰다. 이 자서는 매우 큰 특색을 지니고 있다. 첫째 특색은 부수의 통합에 관한 것이다. 저자 매응조는《설문》·《옥편》·《유편》등의 5백여 부수를 해서체 필획에 의거 214개로 줄이고, 지지地支인 자子 축丑 인寅 묘卯……의 순에 의거 12집集으로 나누어 놓았다. 수록된 글자의 수는 3만 3179자이다. 둘째 특색은 부수의 배열순서에 관한 것이다. 그

는 필획의 다과에 따라 선후를 나누었는데, 적은 것은 앞에 많은 것은 뒤에 배치하였다. 동일 부수내에서는 부수에 해당하는 부분을 제외한 나머지 필획의 다과에 따라 순서대로 배열해 놓았다. 이로써 글자 찾아보기가 지극히 편리하여졌으므로 검자법상 일대 혁신을 가져오게 되었다. 세번째 특색은 각글자에 대하여 먼저 독음을 표시한 다음에 그 뜻을 풀이해 놓았는데, 기본적인 상용의는 앞에다 기타의 것은 뒤에다 열거하였다. 뜻풀이 아래에 고서 중의 예증을 열거하였고, 일부 구어나 속어의 의미도 채록해 두었으니 혁신적인 성격이 강한 것이었다. 이로 말미암아 중국 자전편찬법의 기초가 굳건해졌다. 그후에 장자렬張自烈이 지은《정자통正字通》, 청나라 때 편수된《강희자전康熙字典》은 모두《자회字匯》의 체례를 바탕으로 편집되었으니, 자전편찬법상 그것의 영향이 얼마나 큰지를 이러한 사실로써 충분히 알 수 있다.

이 자전은 글자 쓰는 방법에 있어서도 일반 사람들에게 일정한 규범을 보여주고 있다. 매응조는 글자 쓰기가 옛것에 위배되지 아니하고 당시의 것에 연루되지 않는 것이 좋다고 여겼다. 그리고 당시 통용되는 모든 글자체는 그 필획이 규범에 맞는 것이라야 가히 쓸 수 있으며, 필획이 옳지 않은 것이나 지나치게 옛것만을 따르는 것은 마땅히 쓰지 말아야 할 것이라고 주장하였다. 책머리에서 운필 순서를 표시함과 아울러 필순에 대해서 언급하고 있다. 이를테면 〈지止〉는〈卜〉를 먼저 쓴 다음에〈乚〉를 써야 하며, 〈조兆〉자는〈儿〉를 먼저 쓰고〈㸚〉를 그 다음에 써야 한다고 예시한 것 등등이다. 이러한 것은 시골서당에서 글자를 처음 배우는 학생들에게는 상당히 유용한 것이었다. 또 말미에서는 혼동하기 쉬운 글자[辨似]를 예시하고 있다. 이것은 형체는 서로 비슷하지만 음의는 거리가 먼 글자들에 대한 판별법을 예시한 것이다. 이를테면〈자刺〉(찌르다)와〈랄剌〉(어그러지다), 〈단段〉(조각)과〈가叚〉(假의 古字) 등은 마땅히 분별해서 써야 한다고 하였다. 이러한 예시는 글자 학습에 상당한 도움이 되는 것이다.《강희자전》제1권에도 그러한 글자들이 많이 열거되어 있는데, 이것은《자회》를 본뜬 것이다.

(周祖謨)

《정자통正字通》

한자의 형체에 따라 부수별로 배열한 자서의 일종이다. 명대 숭정崇禎 말년에 국자감생國子監生 장자렬張自烈이 편저한 것이다. 자렬의 자는 이공爾公, 호는 기산芑山이며, 강서江西 의춘宜春 사람이다. 이 책은 총 12권으로 되어 있고, **부수** 숫자는 매응조의 《자회》와 동일한 214부이다. 부수 배열순서와 동일 부수내의 글자 배열순서는 모두 필획의 다과에 의거한 것으로 이것 또한 《자회》와 동일하다. 그러나 《자회》의 주석은 비교적 간단한 반면, 《정자통正字通》의 주석은 복잡하고 내용이 광범위한 편이다. 그러나 인용 서적의 편명을 표시하지 않은 것과 하나의 글자가 두 가지 부수에 중복되어 등재된 것이 결점이다. 청대에 출간된 《강희자전》은 《정자통》을 근거로 하여 보다 상세하게 갖추어 놓았다. 《강희자전》은 《정자통》 중에 열거된 방언 속어의 뜻을 모두 다 취하지는 않았으니 옛것을 귀하게 여기고 지금의 것은 천하게 여기는 면이 없지 않았다. 그런 까닭에 《정자통》은 중국 자전사상 여전히 일정 지위를 차지하고 있으며, 참고할 가치가 충분한 것이다.　　　　　　　　　　(周士琦)

《강희자전康熙字典》

청대 강희제 현엽玄燁의 명을 받은 장옥서張玉書와 진정경陳廷敬 등이 명대 매응조의 《자회》와 장자렬의 《정자통》을 참고하여 편찬한 대형 자전이다.(원색화보 참고) 강희 55년(1716)에 완간되었으므로 그 명칭을 《강희자전康熙字典》이라 하였던 것이다. 이 자전은 12집 214부로 짜여져 있어 《정자통》과 동일한 체계를 갖추고 있다. 책머리에 《자모절운요법字母切韻要法》과 《등운절음지남等韻切音指南》이 실려 있는데, 이것은 독자들로 하여금 반절음反切音을

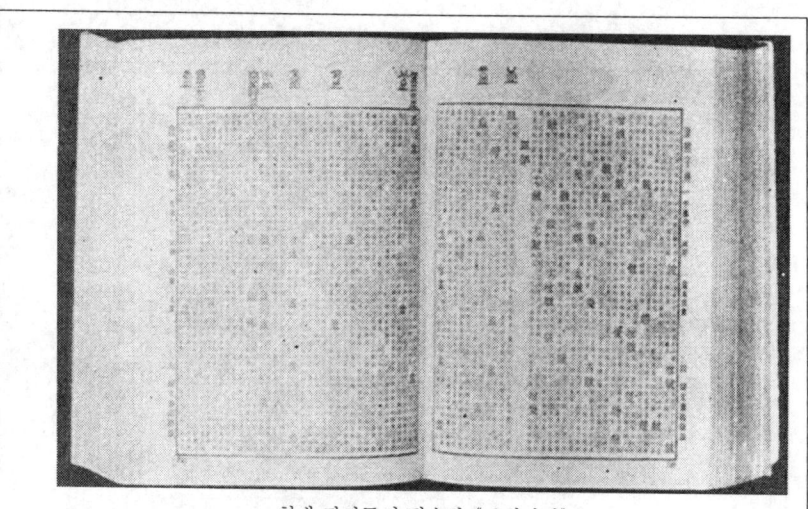

청대 관리들이 편수한 《강희자전》

쉽게 이해할 수 있도록 한 것이다. 또《검자檢字》와《변사辨似》를 부록으로 실어 놓았다. 전자는 어려운 글자를 찾아보기 쉽도록 한 것이고, 후자는 필획이 흡사하여 혼동하기 쉬운 글자를 한눈에 식별할 수 있도록 한 것이다.

각 글자의 하단에는《광운廣韻》·《집운集韻》·《고금운회古今韻會》등 운서의 반절과 아울러 직음直音(음이 같은 다른 글자를 들어 그 글자의 음을 표시한 것을 말함―역주)을 달아 놓았다. 글자뜻에 대하여 경사자집經史子集에 쓰인 문구를 인용함과 아울러 그 편명을 적어 놓았으며, 조리정연하게 꾸며져 있다. 음의가 의문시되는 글자에 대해서는 보다 더 자세히 풀이해 놓았으므로 활용하기가 상당히 편리하다. 그뿐만 아니라 수록자가 극히 많았는데 총 4만 7035자에 달하고 있다. 그러나 고대 서적을 인용한 것에는 착오가 적지 않았으므로 도광道光 11년(1831)에 왕인지王引之가《자전고증字典考證》을 저술하였던 바, 총 12권으로 짜여진 이 책은《강희자전》중에 보이는 오류 2588개를 바로잡아 놓았으니 참고 가치가 대단한 것이다. (周士琦)

《중화대자전中華大字典》

중국의 자전 중에서 수록자가 가장 많은 것이다. 육비규陸費逵·구양부존歐陽溥存 등이 편찬하였다. 총수록자는 4만 8천여 자이며, 그 가운데 방언문자와 번역신자翻譯新字가 포함되어 있다.《강희자전》에 비하여 1천여 자가 많은 셈

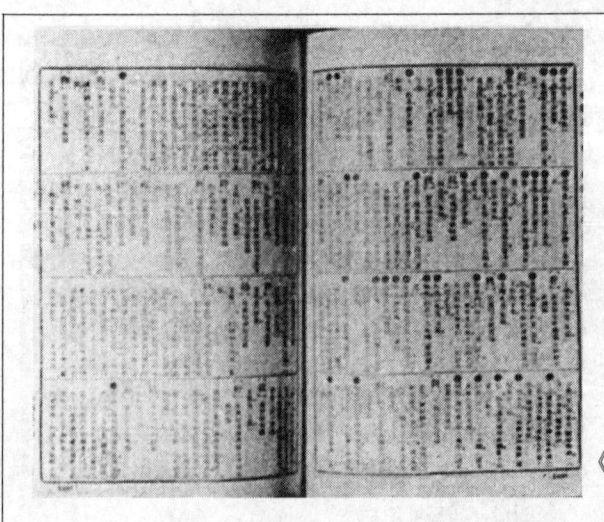

《중화대자전》

이다. 1909년에 편찬사업을 시작하여 1914년에 완성되었고, 1915년에 중화서국中華書局에서 출판하였다. 1920년대에 만들어진 것이기 때문에 어휘의 뜻이 오늘날의 것에 비하여 다소 시대적 감각이 뒤떨어져 있지만, 적잖은 특색을 지니고 있으므로 중국 자전편찬사상의 지위는 대단한 것이다.

이 자전의 부수 구분법은《강희자전》과 동일한 것으로 총 214개 부수로 짜여져 있으나, 필획이 상동한 부수들의 배열순서는 약간 변동되었다. 각글자 아래에 달아 놓은 음은《집운集韻》의 반절反切을 근거로 한 것이다. 아울러 직음直音(발음이 동일한 글자로써 그 글자의 독음을 표시하는 방법—역주)을 표시해 놓았다. 또《패문운부佩文韻府》의 106운의 운목도 참고로 표기해 두었다. 책의 앞부분에《절운지장도切韻指掌圖》를 실어 놓으므로써 반절 성운聲韻의 유별을 분명히 할 수 있도록 하였다. 이 책의 특색은 해석이 간명함과 아울러 근대 자연과학 지식에 관한 어휘를 실어 놓은 점이다. 한 글자의 각종 의미마다 하나의 인증을 예시하고 각각의 의미들은 하나씩 항을 나누어 열거하므로써 모양이 분명하였고 뜻을 찾아보기가 지극히 편리하였다. 그 중에 형체는 동일하지만 음과 뜻이 모두 다른 글자는 별도로 열거하여 두었으나 뜻이 같고 음이 다른 것은 열거하지 않았다. 이러한 배열은 다른 자전에서는 찾아볼 수 없는 독창적인 것이었다. 예를 들어〈다치다〉는 의미의〈해害〉(hài)와〈어떤·무엇〉이라는 의미의〈해害〉(hé),〈갓〉이라는 의미의〈관冠〉(guān)과〈으뜸이 되다〉는 의미의〈관冠〉(guàn) 등을 별개의 두 글자로 처리하였다. 책의 말미에 필획검자표를 부록해 두어 글자찾기에 편리하도록 하였다. 결점은 뜻풀이가 지나치게 상세하여 어떤 곳에서는 중복되는 것이 없지 않은 점과 인용 편명을 밝히지 않은 곳이 있는 점이다. 그렇지만 이 자전은《강희자전》이후로 일대 혁신을 불러일으킨 것으로서,《강희자전》의 오류 4천여 가지를 바로잡음과 동시에 여러 면에서 그것의 부족한 점을 보완한 것이므로 참고 가치가 매우 큰 것이다.

(周祖謨)

《신화자전新華字典》

최초로 한어 병음拚音의 음운순서에 따라 글자를 배열한 소형 자전이다. 1953년 신화사서사新華辭書社에서 편집하였는데, 편집총책은 언어문자학자인 위건공魏建功(1901—1980)이 맡았다. 1953년에 인민교육출판사에서 제1판을 출판하면서 주음자모注音字母 순서로 배열하였다. 그후에 일부 수정을 가하고 한어병음자모의 순서로 바꾼 다음 상무인서관商務印書館에서 다시 출판하였다.
　이 자전은 혁신적인 성격이 상당히 강한 것인데, 그 주요 특색을 다음의 몇 가지로 요약할 수 있겠다.
　① 음서音序에 따라 배열하고《부수검자표》를 별도의 부록으로 실어 놓았다. 이 자전이 채택한 부수는 기본적으로는 일반 자전과 동일하지만 약간의 변동이 있었다. 부수의 수는 189자이다. 그 이전에 나온 자전들에 있던 육肉・초艸・고高・고鼓・제齊・귀龜 등의 부수자는 다른 것과 합병되거나 생략되었다. 한편 옛날 자전들이《설문해자》의 전서체를 근거로 함에 따라 별도로 구분하지 않았던 것을 이 자전에서는 해서체를 근거로 두 개의 부수로 구분한 것도 있다. 예컨대〈도刀〉와〈刂〉・〈화火〉와〈灬〉・〈심心〉과〈忄〉・〈수水〉와〈氵〉 등이 그러한 예인데 편이상 그렇게 한 것이다. 이러한 구분은 그 이전에는 없었던 것이다.
　② 수록한 낱글자는 약 8천5백여 자이며, 이에 대한 풀이를 한 다음 복음사複音詞와 사조詞組 3천2백여 개를 아울러 해설해 놓았다. 복음사와 사조에 대해서는 별도의 표시를 해두었다. 이렇게 하므로써 간단한 사전詞典으로도 활용될 수 있었다.
　③ 뜻풀이 중에 인신의引伸義・비유의比喩義・전의轉義를 각각 표시하므로써 독자들로 하여금 다의사多義詞에 있어서 각종 어의語義 전변관계를 보다 깊이 있게 이해할 수 있도록 하였다. 그런 까닭에 이 자전은 낱말뜻 연구에 상당히 유용한 것이다. 이러한 점이 바로 저자의 본래 의도였으며, 그 이전의 자전에서는 찾아볼 수 없는 새로운 것이다.
　④ 이 자전의 초판본에는 삽도插圖가 적잖이 실려 있어 해설하려는 내용을 독자들이 쉽게 이해할 수 있다.(재판본에서는 그러한 것들이 삭제되었음.)

〈周士琦〉

《자양字樣》

　해서체 한자 쓰기의 표본을 열거한 책이다. 한대 이후 예서가 진서・행서로 변모되자 문자의 필획 가운데 왕왕 잘못 변화된 것[訛變]이 없지 않았다. 진송晉宋 이후에는 속체자俗體字가 속출하였다. 이를테면 란亂자를 乱으로, 고鼓자를 皷로, 경經자를 経으로, 미美자를 羙로, 석席자를 蓆으로, 석析자를 枂으로 쓴 것들은 모두 전서・예서와 부합하지 않는 것이다. 당 태종 정관貞觀 연간에 비서감秘書監을 지낸 안사고顔師古는 비서성秘書省에서 경적經籍 간정刊正과 자체 교정校定을 담당하면서 잘못된 필획을 변별하여 견본을 만들어내어 교감의 잣대로 삼았다. 그것을 당시에는 《안씨자양顔氏字樣》이라 하였다. 후에 박사 두연업杜延業이 다시 편수하여 《군서신정자양群書新定字樣》이라 칭하였다. 자양이란 이름은 그러한 배경에서 나온 말이다. 무측천武則天 때 안사고의 4대종손인 안원손顔元孫은 《간록자서干祿字書》1권을 지어 자체의 정속正俗을 변정辨正하여 글자쓰기의 표본으로 삼았다. 당 대종代宗 대력大歷 11년(776)에 장참張參이 《오경문자五經文字》를 저술하였고, 당 문종 개성開成 2년(837)에 당현탁唐玄度이 《신가구경자양新加九經字樣》을 지었다. 이러한 일련의 저술로써 해서체 쓰는 방법이 일정한 규범을 갖추게 되었다. (周士琦)

《간록자서干祿字書》

한자의 형체를 간정刊正한 책의 일종이다. 당 무후武后 때 안원손顔元孫이 지었다. 원손은 안사고顔師古의 4대종손이고, 안고경顔杲卿의 부친이다. 《구당서舊唐書·안고경전》에는 『그의 부친은 원손이고 수공초 진사에 급제하였다. 고공원외랑 유기가 그가 쓴 사책을 왕에게 올렸는데, 문장이 뛰어나서 여러 선비들이 부러워했다. 장안위·태자사인·호주자사의 관직을 역임하였다 父元孫, 垂拱初登進士第. 考功員外郎劉奇勝其詞策, 文瑰俊拔, 多士聳觀. 歷官長安尉, 太子舍人, 豪州刺史』라는 기록이 있다. 안사고는 당 태종 정관貞觀 연간에 비서성에서 경적을 교정하면서 《자양》1권을 저술하여 해서체의 정오正誤를 교감하는 근거로 삼았다. 후에 두연업杜延業이 《군서신정자양群書新定字樣》을 지었다. 이 책은 수록문자의 수가 증가된 것이긴 하지만 조리가 없고 마땅히 수록해야 할 글자를 싣지 않았는데, 실어 놓은 것 중에서도 정확하지 않은 것이 있었으므로 안원손이 다시 편집하였던 것이다. 그는 해서체 필획의 정속正俗을 변별하여 관청과 고시응시생들이 참고할 수 있도록 하였다. 그런 까닭에서 책이름을 《간록자서干祿字書》라 지었다.

《간록자서》에 수록된 글자는 평平·상上·거去·입入 사성에 의거 배열되었다. 독음이 동일한 글자들은 당본唐本《절운切韻》의 순서에 따라 배열하였다. 이를테면 평성은 동東·동冬·종鐘·강江·지支·지脂·지之·미微·어魚·우虞·모模·제齊·가佳·개皆·회灰·해咍·진眞·진臻·문文·은殷·원元·혼魂·흔痕·한寒·산删·산山·선先·선仙·소蕭·소宵·효肴·호

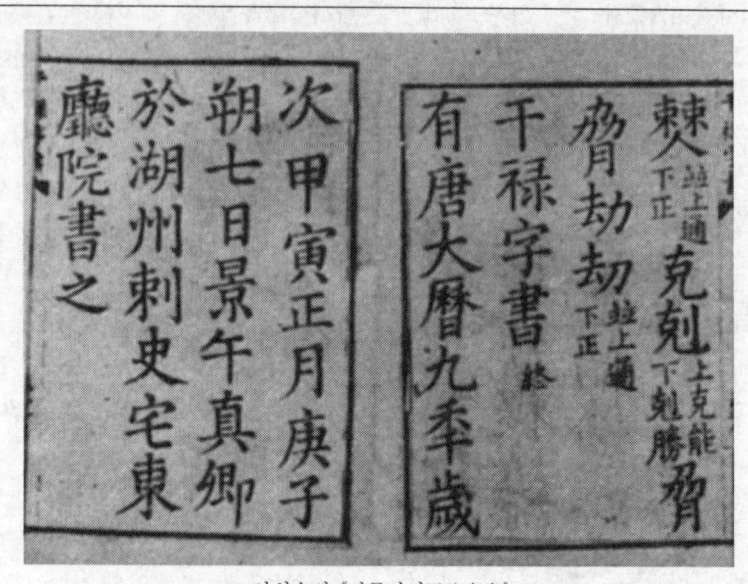

안원손의《간록자서干祿字書》

豪·가歌·마麻·담覃·담談·양陽·당唐·경庚·청淸·청靑·경耕·우尤·후侯·유幽·침侵·염鹽·첨添·증蒸·등登·함咸·함銜·엄嚴·범凡의 순이다. 경운耕韻과 경운庚韻, 그리고 입성운인 맥운麥韻과 맥운陌韻의 위치가 육법언陸法言의《절운》과 조금 다른 것 외에는 모두 일치하고 있다.

안원손은 문자를 속俗·통通·정正의 세 가지 서체로 나누어 놓았는데, 어떤 글자는 삼체를 모두 열거하였고, 어떤 것은 두 가지만을 열거하여 설명을 하였다. 편방이 동일한 글자가 많을 경우에는 단지 하나의 예만을 제시한 다음 『기타 이와 같음 他皆傚此』 또는 『음이 같은 여러 글자들은 모두 이에 준함 諸同聲者幷準此』이라는 주를 달아 놓았다. 간혹 형체가 서로 비슷하여 혼동하기 십상인 것들이 있었다. 예를 들어 동肜과 융肜, 귀宄와 구究 등을 한 군데 모아서 그 차이점을 설명하였다. 현존해 있는 책 중에서 해서자체楷書字體를 변정辨正한 책으로서 가장 오래된 것이 바로《간록자서》이다.

안원손이 규정한 속俗은 대체로 당시 통용되었던 예해隸楷와 다른 것을 가리키는 것이다. 즉 이러한 글자들은 점이나 획이 약간 차이가 나는 것이다. 예를 들면 좌坐를 坐로, 서犀를 犀로, 모貌를 皃로, 범凡을 凢으로 쓰는 것을 말한다. 이른바 통通이라고 한 것은 오래 전부터 통용되고 있는 것을 가리키는 말이다. 그러한 것의 대부분은 예생隸省·예변隸變에서 유래되었거나, 혹은 편방이 바뀐 글자들이다. 이를테면 등等을 荨으로, 주走를 赱로, 잠暫을 蹔으로, 판板을 版으로, 량糧을 粮으로 쓴 것이 그러한 예이다. 이른바 정正은 전예篆隷와 부합하는 것을 말한다. 정이라고 규정한 것은 모두 근거가 확실한 글자들이다. 그는 『전서·행서·예서를 고쳐 쓰게 되면서부터 점차 본래의 모습을 상실하게 되었다. 만약《설문》을 근거로 고찰해 본다면 잘못된 것이 너무 많아서 마땅히 없애 버려야 경중이 합당하게 될 것이다 自改篆行隷, 漸失本眞. 若總據《說文》, 便下筆多碍, 當去泰去甚, 使輕重合宜』(自序)라고 말하였다. 이 말은 그의 선조인 안지추顔之推가《가훈家訓·서증편書證篇》에서 주장한 것과 일치하는 것이다. 그는 속체에 대하여 절대로 배척하는 태도는 취하지 않았다. 그는 속·통·정의 삼체가 각기 다른 환경에서 응용 가능하다고 생각하였다. 속체는 계권契券·문안文案·호적장부·약방문 등을 쓰는 데에는 무방하였다. 통체는 표주表奏·전계箋啓·척독尺牘(편지)·판장判狀을 쓸 때에 활용할 수 있었다. 그러나 저술·문장·대책·비문을 쓸 때에는 가급적 정체를 쓰는 것이 가장 바람직하다고 말하였다. 진사고시의 답안지 작성에는 반드시 정체를 사용해야 했다. 안원손의 작업은 제1차 정리변정整理辨正 사업이었다고 말할 수 있는 것으로서 후대 해서의 규범화에 대하여 상당한 영향을 끼쳤다. 그러나 그 책에서 규정한 정속正俗의 개념은 단지 당시 사회의 서사書寫 상황을 반영한 것일 따름이고, 그 중 일부는 그리 신빙성 있는 것은 아니다.(원색 화보 참고)

參考書目
段玉裁《書干祿字書後》,《經韻樓集》卷七.
周祖謨《干祿字書之湖本與蜀本》,《問學集》, 中華書局, 北京, 1966. (周祖謨)

《오경문자五經文字》

경전에 쓰인 문자의 형체에 대하여 옳고 그름을 판별한 책의 일종이다. 당 대종代宗 대력大歷 11년(776)에 국자사업國子司業 장참張參이 저술하였다. 신구新舊《당서唐書》에는 장참의 전기가 실려 있지 않다.《신당서新唐書·재상세계표宰相世系表》에는〈하간장씨河間張氏〉아래에 장참의 이름을 적어 놓은 것으로 보아 아마도 하간 출생이었을 것이다. 청대 주이존周彝尊이 쓴《오경문자五經文字》발문에는『맹호연의 문집에《과거 명경과에 급제하여 고향에 돌아온 장참을 환송하는 시》가 있고, 전기의 문집에《장참의 급제 환가를 환송코자 지음》이라는 글이 있는 걸로 보아, 그리고〈낭관석주제명〉으로 보아 장참은 일찍이 사봉원외랑의 반열에 들었을 것이다. 아마도 장참이 개원 천보 연간에 과거 명경과에 급제하였고, 대력초에 이르러서는 사봉랑을 보좌하다가 국자사업에 등용되었던 것 같다 按孟浩然集有《送張參明經舉觀省詩》, 錢起集有《送張參及第還家作》, 而〈郞官石柱題名〉參曾入司封員外郞之列, 蓋參在開元天寶間擧明經, 至大歷初佐司封郞, 尋授國子司業者也」는 언급이 실려 있다.

대력 10년 6월에 왕의 조칙을 받들어 오경에 쓰인 문자를 교감하여 태학의 담벼락에다 써놓았다. 뒤이어 한대 희평석경喜平石經과《설문해자》·《자림》·《경전석문》등을 근거로 하여 의문호체疑文互體(이상한 필획의 문자와 이체자 —역주)를 수집하였다. 경전문자 3253자를 편방 부수 160부에 따라 3권으로 나누어 배열하였다. 수록한 문자는《주역》·《서경》·《시경》·《예기》·《춘추》의 오경 외에도《논어》·《이아》중에 등장하는 문자들이다. 각글자의 표기에 있어서는 반절反切을 위주로 하되 직음直音을 겸해서 표시해 두었다. 거기에 쓰인 반절은 대다수가《자림》과 일치하는 것이다. 경서 문자의 해서 사법은《오경문자》가 나온 이후 비로소 일정한 잣대가 마련된 셈이다. 그런 까닭에서 이 책은 한자의 규범화에 대하여 대단한 작용을 하였다.

그러나 이 책의 부수 구분법이《설문》과 완전히 일치하는 것은 아니다. 저자는 편방의 형체를 기준으로 부수를 나누었다. 그 중에는 형부形符를 부수로 삼은 것도 있고, 성부聲符를 부수로 삼은 것도 있다. 예컨대〈목木〉부와〈수手〉부는 형부인데 비하여,〈재才〉부와〈차且〉부는 성부를 부수로 삼은 것이다. 또 동일 부수내의 글자들에 있어서도 그 부수가 형부에 속하는 글자도 있고, 성부에 속하는 글자도 있어서 부수를 나누는 의의에 부합하지 않았다. 또한〈艹〉부·〈十〉부 같

장참張參의《오경문자五經文字》

은 부수에 소속된 글자들은 임의로 편방을 획분한 것이 있어 더욱 문란하였기 때문에 본받을 만한 것이 못 된다.

처음에는 그 원문을 국학國學을 강론하는 학당의 동서 양쪽 행랑채 담벼락에 써놓았다가 후에 목판으로 찍어 책으로 발간하였다. 당 문종文宗 연간에 새

긴 석경이 구경의 말미에 부록되어 있다. 청대 《후지부족재총서後知不足齋叢書》에 있는 것은 당석본唐石本을 복각覆刻한 것으로 글자 모양이 크고 깨끗하여 가장 좋은 것으로 꼽힌다.(원색화보 참고)　　　　　　　　(周祖謨)

《구경자양九經字樣》

경전문자의 형체를 바로잡은 책의 일종이다. 당 문종文宗 개성開成 2년 (837) 한림대조조의랑翰林待詔朝議郞·권지면왕우權知沔王友 당현탁唐玄度이 지었다. 당현탁이 왕명을 받들어 석경 자체를 다시 정정하였다. 대력大曆 11년(776)에 장참張參이 지은 《오경문자》를 근거로 그것의 미비점을 보완하여 《신가구경자양新加九經字樣》 1권을 찬집하였다. 《오경문자》와 함께 석경石經의 말미에 새겨넣어져 있다.

전체는 76부로 구성된 것인데, 귀속시키기에 마땅하지 않은 편방을 가진 글자들은 잡변부雜辨部에 통합하여 놓았다. 총수록글자는 421자이다. 책 앞에 실린 개성 2년 8월에 작성된 첩문牒文에서 자체를 간정刊定한 준칙에 대하여 다음과 같이 말하였다. 『만약 오로지 《설문》에만 근거한다면 고체를 모르는 세상 사람들이 깜짝 놀랄 테고, 만약 근대문자에 의거한다면 그 중에는 간혹 옮겨 쓰는 가운데 발생한 오류가 있기 때문에 적절하지 못할 것이다. 그래서 교감관들과 상의하고 각각의 시시비비를 비교하여 적합한 것을 취하였다. 如總據《說文》, 卽古體驚俗, 若依近代文字, 或傳寫乖訛. 今與校勘官同商較是非, 取其適中』음을 다는 것에 대하여, 당현탁은 그의 자서에서 『오로지 《개원문자》에 의거하여 음을 달았을 뿐이고, 반절은 표기하지 않았다. 그러나 네 가지 성조를 표시하여 그것의 음을 정하였다 謹依《開元文字》, 避以反言, 但紐四聲, 定其音旨』라고 말하고 있다. 즉 당 현종 때 나온 《개원문자음의》의 방법을 채택하여 반절을 쓰지 않고 직음直音을 달아 놓았다는 말이다. 만약 해당글자의 음을 표기할 때 적당한 동음자가 없을 경우에는 어떤 글자의 평성·어떤 글자의 상성……이라는 식의 사성으로써 음을 표기하였다는 것이 바로 『但紐四聲, 定其音旨』

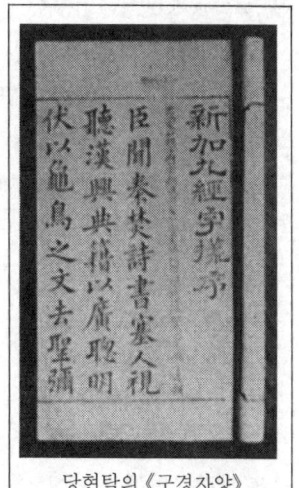

당현탁의 《구경자양》

라는 문구가 의미하는 것이다. 이러한 사실은 반절과 직음을 동시에 병용하는 방식을 취한 《오경문자》와는 다른 것이다. 《구경자양》의 석각본은 서안西安 섬서박물관의 비림碑林에 보존되어 있다. 목각본으로는 《소학회함小學匯函》본과 《후지부족재총서後知不足齋叢書》본이 있는데, 상무인서관商務印書館에서 발간한 《총서집성叢書集成》은 후자를 영인한 것이다. (원색화보 참고) (周祖謨)

《은허서계殷墟書契》

은허갑골 저록의 일종으로 나진옥羅振玉이 편찬한 것이다. 즉 《은허서계전편殷墟書契前篇》은 가장 중요한 갑골집의 하나이다.

청대 선통宣統 2년(1910) 나진옥이 《은상정복문자고殷商貞卜文字考》를 지었다. 그 당시까지 발견된 갑골은 수천 편에 불과하였고, 그 자신이 수장한 것은 단지 7,8백 편뿐이었다. 그후 골동상인들을 안양安陽의 소둔小屯으로 보내어 갑골을 수집토록 해서, 전후 두 차례에 걸쳐 모은 것이 총 3만여 편에 달하였다. 그렇게 모은 것을 골라서 《은허서계전편》 20권으로 편집하기 시작하여 선통 3년에 완성한 다음 《국학총간國學叢刊》으로 석인石印 발표하였다. 《국학총간》 제1—3책에 그것 중 전前 3권을 연재하였는데, 그것에 실려 있는 갑골은 294편이다.

신해혁명辛亥革命이 발발하자 나진옥은 일본으로 가서 《은허서계전편》 8권을 중편重編하여 1913년에 칼라판으로 출판하였다. 그것에 실려 있는 갑골은 총 2229편이다. 1932년 상해에서 그것을 다시 인쇄하였다. 《국학총간》본과 8권본을 대조해 본 결과 전자에는 수록되어 있는 8편이 후자에서는 보이지 않는다.

1914년 나진옥이 소장하고 있던 대골大骨과 글자가 적어서 탁본하기가 곤란한 소편小片 갑골을 모아서 《은허서계청화殷墟書契菁華》1권을 편찬하였다. 거기에 실려 있는 갑골은 총 68편에 불과하다. 1916

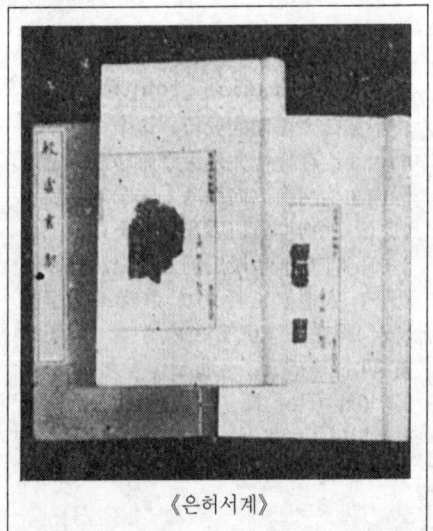

《은허서계》

년 소장하고 있던 것 중에서《은허서계전편》에 수록되지 않은 총 1104편을 골라서《은허서계후편》2권을 편집하였다. 1933년에는 여러 사람들이 소장하고 있던 갑골 2016편을 탁본하여《은허서계속편》6권을 편집하였다. 이상 세 가지 책은 모두《은허서계전편》의 뒤를 이어 만들어진 것이다.(원색화보 참고)

(李學勤)

《전수당소장은허문자戩壽堂所藏殷墟文字》

왕국유王國維가 편찬한 갑골문 저작이다. 유악劉鶚(鐵雲)이 소장하고 있던 갑골은 그가 작고한 후 이리저리 흩어져서 약 1천여 편이 그의 이종사촌 변卞씨의 손에 들어갔다. 1916년 겨울 변씨가 그것을 영국 사람인 하통(哈同) 씨에게 팔아넘겼는데, 왕국유가 그것을 고석하여 책으로 발간하였다. 그 책의 도판 부분에 서명된〈희불타姬佛陀〉라는 이름은 실명이 아니라 가명이다.

이 책은 석판으로 찍은 것으로《예술총편藝術叢編》제3집에 수록됨과 동시에 단행본으로도 출간되었다. 전2책으로 구성된 이 책에는 총 653편의 갑골이 수록되어 있다. 왕국유의 고석은 많은 중요한 창견을 내포하고 있는 것이다. 예를 들면 이 책의 1, 10 갑골과《은허서계후편》의 8, 14 갑골을 합치면 상商나라 선공세계先公世系를 확정지을 수 있으며, 이로써《사기史記·은본기殷本紀》가 잘못된 것임을 증명할 수 있다. 그리고 상사相士·왕해王亥·중종조을中宗祖乙 등에 대한 언급은 상대 역사연구에 대하여 상당한 공헌을 세운 것이다.(원색화보 참고)

그 중에 실린 갑골의 대부분은 현재 상해박물관에 소장되어 있고, 나머지는 중국역사박물관과 중국사회과학원 역사연구소에 분리 소장되어 있다. 그밖의 소수 갑골은 소재가 분명치 아니하다. 심지유沈之瑜와 곽약우郭若愚가 그것을 다시 정리하여《전수당소장은허문자보정戩壽堂所藏殷墟文字補正》(《상해박물관관간》제1기, 1981) 이란 제명의 논문을 발표한 바 있는데, 그것은 참고 가치가 있는 문장이다.　　(李學勤)

왕국유의《전수당소장은허문자》

《은허문자류편殷墟文字類編》

상승조商承祚가 편찬한 갑골문 저록이다. 상승조는 나진옥의 제자이다. 나진옥은 1915년에《은허서계고석》을 지었고, 이어 1916년에는 판독이 되지 않았던 일부 갑골문자를 묶어《은허서계대문편殷墟書契待問編》을 편집하였다. 그후에 왕국유와 더불어 갑골문자를 적잖이 더 고석해냈다.《은허문자류편殷墟文字類編》은 바로 나진옥과 왕국유 두 사람의 설을 근거로 하는 한편 자신의 견해도 곁들여서《설문해자》부수순으로《은허서계고석》중의 문자를 다시 배열한 것이다.

갑골문은 일자이형一字異形(하나의 글자가 여러 가지 형체로 달리 씌어져 있는 것) 현상이 매우 많았으므로 그러한 것을 일일이 열거하여 찾아보기에 편리하도록 편집해 놓았다.(원색화보 참고) (周祖謨)

《갑골문편甲骨文編》

은허 갑골문자의 낱글자를 모아 놓은 것으로서 신구 두 종류의 판본이 있다. 구판은 손해파孫海波가 편집한 것인데 1934년 연경대학燕京大學 하버드(哈

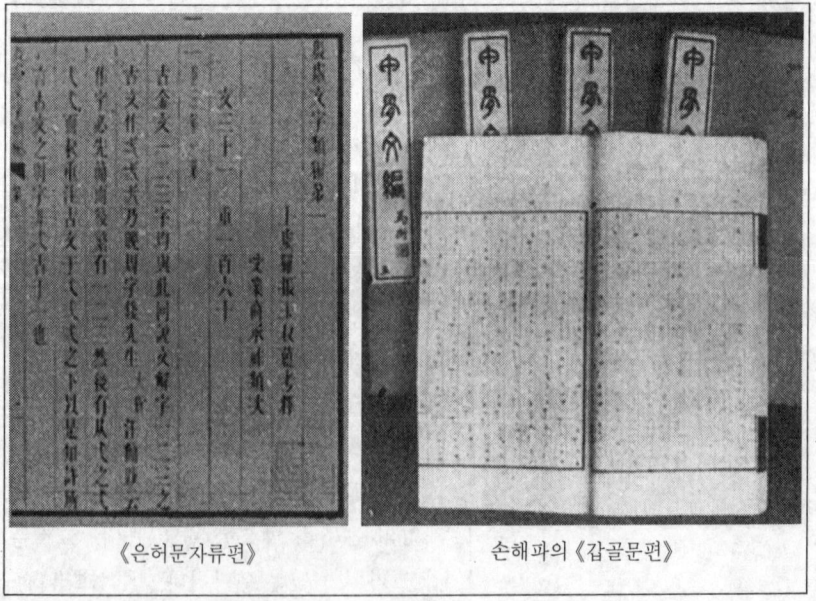

《은허문자류편》　　　　손해파의《갑골문편》

佛) 연경학사燕京學舍에서 석판본으로 출판되었다. 신판은 중국과학원 고고연구소가 손해파에게 위촉하여 새로운 자료를 근거로 구판본을 수정한 것으로, 고고학전간考古學專刊 을종乙種 제14호로 지정되어 1965년 중화서국에서 석판본으로 출판되었다. 손해파(1910—1972)는 자가 함부涵溥이고 하남성 황천潢川 태생으로 북경사범대학 연구원을 졸업한 고문자학자이다.

이 책의 신판과 구판의 체례는 기본적으로 동일한 것이다. 수록된 갑골문 낱글자는 원래의 모습대로 모록摹錄한 것이다. 정편正編 14권은 이미 판독한 글자와 편방에 의거 해서체로 옮겨 적을 수 있는 것을 합쳐서 《설문해자》에 의거하여 분권分卷한 것이다. 《설문》에 있는 글자는 《설문》의 글자순으로 배열한 다음 그 상단에 전서체로 써놓았고, 《설문》에 없는 것은 해당 부수의 끝부분에 별도로 모아 놓은 다음 그 상단에 해서체로 바꾸어 표기하였다. 각글자에 대하여 자형이나 용례에 관한 간단한 주를 달아 놓았다. 합문合文은 별도의 권으로 편성하였다. 알 수 없는 글자는 부록 처리하였다. 책 말미에는 검자표를 부록해 두었다. 각글자들은 대부분이 여러 개의 이체자를 지니고 있다. 갑골문 자료에서 출현 횟수가 그다지 많지 않은 낱글자는 눈에 띌 때마다 기록해 나갔던 것이다. 그러므로 이 책은 글자판독과 자형연구에 유용한 것일 뿐만 아니라, 하나의 갑골문자 색인으로서도 일정 정도의 작용을 하고 있는 것이다. 구판에는 《비사備查》 1권을 덧붙여 놓았다. 그곳에는 갑골문의 상용글자 중에서 수록시키지 아니한 자형의 출처를 명시해 놓았다. 신판에서는 그것을 삭제시켰다. 본래는 동일 성질의 《갑골문색인》을 별도로 편집하여 《갑골문편》과 분리시켜 출판할 예정이었으나, 실현되지 않았다.

신판의 정편에 수록된 낱글자는 1723개(그 중 《설문》에 있는 것은 941자임)이고, 부록에 수록된 것은 2949자이다. 이 두 가지를 합치면 4672자에 달하는 셈이다. 그러나 이 책에서 동일한 글자의 이체를 다른 글자로 오인한 것, 혹은 다른 글자를 이체자로 오인하여 하나로 합친 실정이 없지 아니하므로 위에서 취합한 총글자의 수는 편집 당시 근거로 삼은 갑골문 자료 중의 실제 낱글자 총수와는 다소의 차이가 있을 수 있다.

이 책에 수록된 자료는 비교적 풍부한 편이며, 편찬작업도 비교적 신중을 기한 편이므로 은허갑골문을 학습하고 연구하는 데 있어서 중요한 공구서工具書의 역할을 할 수 있는 것이다. 그러나 갑골문을 원본대로 옮겨 쓰는 것과 글자를 풀이하는 데 있어서 범한 착오가 적지 아니하고, 이미 판식된 글자가 부록에 열거된 사례 또한 수시로 눈에 띄고 있는 실정이다. 이 책이 편찬된 후에 또 다시 상당수의 갑골문 자료가 새로 발견되었고 새로운 연구성과도 적지 않았으므로, 이 책은 이미 해묵은 것이 되고 말았다.(원색화보 참고)

김상항金祥恒이 편집한《속갑골문편續甲骨文編》은 손해파의《갑골문편》구판을 보충한 것이다. 이것은 1959년에 대북臺北 예문인서관藝文印書館에서 출판되었다.

(裵錫圭)

《갑골문합집甲骨文合集》

《갑골문합집》이란 은허갑골의 대형 회편匯編에 해당하는 것이다. **곽말약郭沫若**이 주편主編을 담당하였고, 호후선胡厚宣이 편집총책을 맡아 중국사회과학원 산하 역사연구소에 설치된《갑골문합집》편집위원회에서 편찬하였다. 편집작업이 1960년에 정식으로 실시되었고, 도판 총 13책이 1979년 10월부터 중화서국에서 출판되기 시작하여 1983년 1월에 완간되었다.

《갑골문합집》의 내용은 중앙연구원의 은허 발굴작업을 통하여 발굴해낸 것과 중국 내외에 수장되어 있는 갑골과 그 탁본을 모두 합쳐 총 4만 1956편을 수록해 놓았다. 그 가운데에는 처음으로 발표되는 것도 상당수에 이른다. 편집작업을 수행하는 동안 가짜를 가려내는 일[辨僞]과 중복되는 것을 제거하는 일[去重], 그리고 잔부스러기를 하나로 조합하는 작업[綴合]을 동시에 실시하므로써 이 책이 중화인민공화국이 건립(1949)되기 이전에 발견된 갑골을 가장 많이 수록한 것이 되었다.

《갑골문합집》은 시대별 분류의 배열방식을 채택하고 있다. 즉 갑골을 그것이 만들어진 시기에 따라 5기로 나누었다. 제1기—무정武丁 및 그 이전(自組·子組·午組卜辭는 본기의 후미에 덧붙여 놓았음), 제2기—조경祖庚·조갑祖甲, 제3기—늠신廩辛·강정康丁, 제4기—무을武乙·문정文丁, 제5기—제을帝乙·제신帝辛. 각시기내에서는 다시 사회 역사의 내용별로 분류해 놓았다. 즉 ①계급과 국가 ②사회 생산 ③사상 문화 ④기타. 아울러 찾아보기 편리하도록 21개의 소분류로 나누어 놓았다. 또《갑골문합집》에는 석문釋文과 중요 항목별 색인, 그리고 출처표 및 선본選本을 상세히 소개해 놓았는데 앞으로도 계속해서 출판될 것이다.

(李學勤)

《복사통찬卜辭通纂》

《복사통찬》에 수록된 갑골 탁본

《복사통찬卜辭通纂》은 갑골문에 관한 저작으로 곽말약이 지은 것이다. 1932년에 저자가 일본에 가서 기관이나 개인이 소장하고 있던 은허 갑골이 약 3천 편에 달하는 것을 보고, 그것들을 모아서 한 권의 책으로 정리할 계획을 세웠으나 거의 대부분이 탁본을 떠서 보존한 것이 아닌 관계로 성공을 거두지 못하였다. 당초의 계획을 수정하여 전래되고 있던 갑골을 선별적으로 수집하고 풀이하여, 이 책을 엮어서 1933년에 일본 동경에서 출판한 것이다. 1958년에《고고학전간考古學專刊》을 편집하면서 저자가 직접 교정하고 주석을 다는 한편 풀이에 있어서도 몇몇 전문가들의 의견을 수렴하여 그 내용을 더욱 충실하게 하였다. 과학출판사가 수정 편집함과 동시에 색인을 만들어 놓았다. 책 가운데 실린 탁본과 사진도 다소 바뀐 곳이 있으며, 일부 명확하지 않은 갑골문에 대하여는 모본摹本을 덧붙여 놓았다. 1983년에는 그 책이《곽말약전집》고고편 제2권으로 다시 출판되었다.

이 책은 간지·숫자·세계世系·천상天象·식화食貨·정벌·전유畋游·잡찬雜纂 등 8개 부문으로 세분되어 있으며, 총 8백 편의 갑골을 수록하고 있다. 당시에 이미 출판되었던 저록 중에서 골라 뽑은 것 말고도 마형馬衡의《범장재장갑골문자凡將齋藏甲骨文字》등의 탁본도 실어 놓았다. 책의 말미에 덧붙인 별록 #1은 중앙연구원 소장 대귀大龜 4판을 포함하여《신획복사新獲卜辭》의 탁본, 그리고 하수何遂가 소장한 갑골 탁본 이 세 가지를 실은 것이고, 별록 #2는 일본에 소장되어 있는 갑골의 일부를 수록한 것인데, 〈일본소장갑골택우日本所藏甲骨擇優〉라는 제목을 붙여 놓았다. 이 책에 실려 있는 것은 한결같이 갑골의 정수精粹로 꼽을 수 있는 것만을 골라 놓은 것이기 때문에 갑골을 연구하고 학습하는 데 있어서 대단한 의의를 지니는 것이다.

《복사통찬》의 고석은 정확하고도 상세하여 갑골에 대한 곽말약의 견해를 대표하는 것이라고 볼 수 있으며, 그 가운데에는 저자의 독창적인 견해도 상당수 피력되어 있다. 예를 들어 그 책의 서문과 후기에서 논하고 있는 상왕商王 세계世系 중의 양갑陽甲과 제을帝乙의 천말遷沬 문제는 상대의 역사와 문화를 연구함에 있어서 매우 중요한 관건이 되는 것이다.《복사통찬》의 초판 인쇄 분량은 비교적 적었지만, 발간 후 널리 유포되었고 학술계에서 두루 중시되어서 결국에는 갑골연구 분야에 있어서 영향력이 가장 큰 저작의 하나로 꼽히게 되었다.

(李學勤)

《은계수편殷契粹編》

이 책은 갑골문에 관한 저작으로 곽말약이 지은 것이다. 당시 유명 소장가인 유체지劉體智(호 善齋)가 소장하고 있던 은허갑골은 약 2만 8천 편에 달하였는 바, 그것을 탁본하여 책으로 엮어서 이름을《서계총편書契叢編》이라 지었는데, 그 분량은 총 20책이었다. 1936년 여름 유체지가 김조동金祖同에게 부탁하여 그 책을 일본으로 가져가서 곽말약에게 전해 주어 선록選錄에 참고하도록 하였다. 곽말약은 그 중에서 1595편을 선집選輯하여 그 이듬해 일본에서 출판하였다. 중화인민공화국이 건립된 1949년 후에 중국과학원 고고연구소의 주관하에 그 전부를 새로운 탁본으로 바꾸는 한편 내용도 덧붙이고 호후선胡厚宣이 고석한 문장을 후미에 부록으로 실었다. 그리고 우성오于省吾가 교열校閱을 하였으며, 그의 견해를 몇 가지 담은 문장을 말미에 열거하기도 하였다. 이 책 신판은 과학출판사에서 1965년에《고고학전간考古學專刊》갑종甲種 제12호로 출판되었다.(원색화보 참고)

《은계수편》은 유체지가 소장하고 있던 갑골의 청화菁華를 포함하고 있는 등 많은 중요 자료를 실어 놓은 것이다. 이를테면 곽말약이 서문에서 말한 바 있듯이 그 책의 제1·2편의 갑골에는〈고조기高祖夔〉라는 기록이 보이고 있고, 제3편에는〈기급상갑夔眔上甲〉이라는 기록이 있는 것으로 보아〈기夔〉가 바로 제곡帝嚳이라는 왕국유王國維의 설을 뒷받침할 수 있는 것이다. 그리고 제113편의 갑골에는 상선공세계商先公世系가 기록되어 있으므로 이로써 왕국유가 철합綴合한 제112편의 갑골과 대조해 볼 수 있게 되었다.

이 책의 고석 문장은 저자가 제시한 매우 많은 새로운 견해를 체현하고 있는 것이다. 이 책에 실린 갑골 가운데 갑골의 윤곽을 따라 본떠서 그려낸 것이 적지 않지만, 그렇다고 해서 실물의 문장을 파악하는 데 지장을 주는 것은 아니다. 책의 말미에는 색인도 덧붙여져 있기 때문에 찾아보기에 편리한 것 등 완벽한 체제를 갖추고 있어서 후에 이러한 부류의 책을 만드는 데 있어서 하나의 표본이 될 만한 것이다.　　　　　　　　　　　　　　　　　　　　　（李學勤）

《은허복사종술殷墟卜辭綜述》

이 책은 갑골문에 관한 저작으로 진몽가陳夢家가 지은 것이다. 1956년에 《고고학전간》갑종 제2호로 과학출판사에서 출판하였다.

진몽가는 1932년부터 갑골 연구에 종사하기 시작하여 일찍이 문자의 고석과 상대의 예속·종교·신화에 관한 연구에 몰두하였으며, 후에는 청동기의 시대 구분에 관하여도 깊이 연구하였던 관계로 먼저 시대구분 문제에서부터 착수하여 갑골을 전면적으로 정리하여야 한다고 생각하여 1949년에 《갑골단대학甲骨斷代學》4편을 써서 학술지에 차례로 발표하였다. 《은허복사종술殷墟卜辭綜述》은 1953년부터 짓기 시작하여 1954년말에 완성한 것이다. 전체 내용은 총 20편으로서 총론·문자·문법·단대(上)·단대(下)·연대·역법천상曆法天象·방국지리方國地理·정치구역·선공구신先公舊臣·선왕선비·묘호廟號(上)·

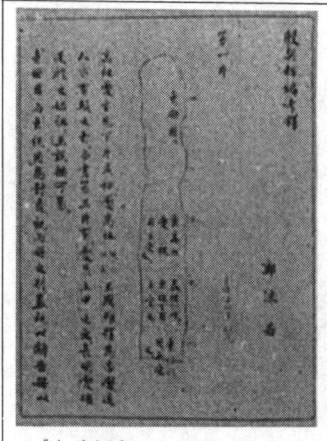

《은계수편고석殷契粹編考釋》

《은허복사종술》

묘호(下)·친속親屬·백관百官·농업 및 기타·종교·신분·총결·부록으로 구성되어 있다.

이 책은 앞서 연구한 사람들의 성과를 종합하고, 새로운 자료를 보충함과 아울러 상당수의 확실한 견해를 제시한 것이다. 고고 발굴자료를 중시하는 한편 전래문헌과 연계를 지으므로써 갑골 연구로 하여금 새로운 국면으로 접어들도록 하였다.

시대구분을 논한 두 장에는《갑골단대학》의 내용이 포함되어 있다. 진몽가는 중앙연구원의 제13차 은허발굴에서 찾아낸 YH127갱의 갑골 및 기타 자료를 분석하여 自組·子組·午組 등등의 복사卜辭를 따로따로 구분해서 그것들이 무정武丁시기의 것에 속한다는 새로운 견해를 제시하였다. 그런데 이 견해는 그것들이 문무정文武丁의 복사라고 추정한 동작빈董作賓의 견해와는 상반되는 것이었다. 이렇듯 중요한 관점은 후에 많은 학자들에 의하여 받아들여져서 큰 영향력을 미쳤던 것이다. (李學勤)

《갑골문자석림甲骨文字釋林》

이 책은 갑골문을 전문적으로 연구한 저작으로 우성오于省吾가 지은 것이다. 이는 우성오가 은허 갑골문자를 고석한 성과의 모음집으로서 1979년에 중화서국에서 출판되었다. 이 책은 3권으로 나뉘어 있는데, 상권에는 53편의 논문이 수록되어 있다. 이것은 40년대에 출판된 구작舊作《쌍검치은계변지雙劍誃殷契騈枝》와 그 속편과 제삼편을 산정한 것이다. 중·하 두 권에 총 135편의 글이 실려 있다. 그 가운데 두 편은 원래 구작과 그 속편에 실어 놓았던 문장을 일부 수정한 것이고, 9편은 이미 발표되었던 논문을 고쳐 쓰거나 수정한 것이며, 그 나머지는 모두 이전에 발표된 적이 없는 것이다. 본문 외에도 부록 두 편이 실려 있는데, 그 중에는 구작을 수정한 것과 신작이 각각 1편씩으로 구성되어 있다. 전서全書는 총 190편의 논문을 싣고 있다. 그 중 절대다수가 하나 혹은 둘 이상의 갑골문자를 고석한 것이거나, 갑골문자 자료 중에 보이는 단어를 고석한 것이다. 종합적으로 논한 문장도 소수 포함되어 있다. 이를테면 제1권에 들어 있는《일에서 십까지의 숫자 해석 釋一至十之紀數字》, 제3권의《부분적인 표음요소를 갖추고 있는 독체상형문자에 대한 풀이 釋具有部分表音的獨體象形字》, 그리고 부록으로 실려 있는《고문자 중에 나타난 인성지사자의 일례에 대한 풀이 釋古文字中附劃因聲指事字的一例》가 그러한 성질의 것이다.

그 책의 전면에는 자서自序와 책 내용을 소개하는 문장이 있는 외에도, 고문자에 대한 풀이방법 문제에 대해서 논급한 것도 있다. 우성오의 고문자풀이에 대한 태도는 비교적 엄격하였던 관계로 그 책 가운데 실려 있는 고석내용 중에는 이미 학술계의 공인을 얻은 것이 적지 않다.

(裵錫圭)

《설문고주보說文古籒補》

이 책은 중국의 진대秦代 이전의 고대 기물에 쓰인 문자를 집록한 책으로 청대 오대징吳大澂(1835—1902)이 편찬한 것이다. 오대징은 자가 청경淸卿, 호는 항헌恒軒이다. 각재愙齋라는 호도 사용하였는데, 강소성江蘇省 오현吳縣 태생이다. 동치同治 연간에 진사에 급제하여 광동廣東·호남湖南 지방에서 관리를 역임하였다. 갑오甲午 전란중에는 산해관山海關 수비책을 맡았다가 실패로 돌아가자 파책당하였다. 그의 집에는 고대 기물이 상당수 소장되어 있었는데, 그것을 집록하여《각재집고록愙齋集古錄》과《항헌길금록恒軒吉金錄》이라는 책으로 만들어냈다. 이 책은 고대 종정이기鐘鼎彝器에 보이는 문자를 집록한 것을 위주로 하고 있지만, 석고문石鼓文·고화폐·고도기문 등에 쓰인 것도 아울러 싣고 있다.《설문해자》의 체례를 따라 〈一〉자에서 시작하여 〈亥〉자로 끝맺는 부수 배열법을 취하였다. 광서光緖 9년(1883)에 발간된 초각본은 3천5백여 자를 수록한 것인데 비하여, 광서 21년(1895)에 호남에서 중각重刻된 것은 그보다 1천2백여 자를 더 수록한 것이다. 이 책에 실린 문자는 모두 원본을 묵탁墨拓한 것을 근거로 판자에 모사摹寫한 것인데, 탁본이 모호한 것은 일률적으로 채록하지 않았다. 이로써 저자가 정확을 기하는 데 극히 신중하였음을 엿볼 수 있다. 하나의 글자가 여러 기물에 동시에 쓰이고 있으면서, 그 필획이 약간 다를 경우에는 일일이 채록하여 놓음과 동시에 그것이 쓰인 기물의 명칭을 밝혀 놓았다. 또 글자의 하단에서는 그

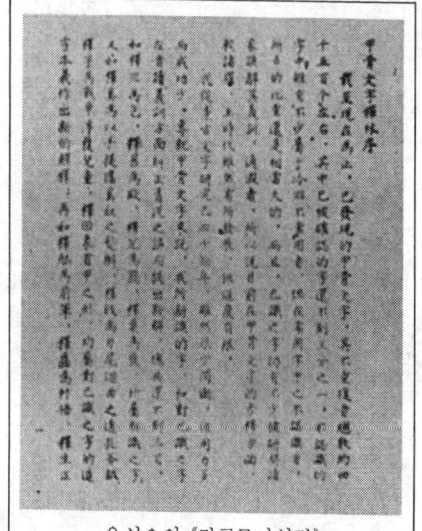

우성오의《갑골문자석림》

것의 뜻풀이와 설명을 간략하게 달아 놓았다. 금문에 대한 연구가 송대에 비롯된 이래 이미 8백여 년이 지났지만, 그것을 연구한 저작으로는 오대징이 지은 《설문고주보說文古籀補》가 처음이었던 것이다. 이 책에 수록된 문자 가운데 대다수가 《설문》에는 없는 것이어서 **고문자학** 연구에 있어서의 그 공적은 실로 대단한 것이다. 그는 고대 기물들의 명문銘文에 쓰인 실례로부터 《설문》 중의 〈고문古文〉이 주나라 말기에 실제로 쓰인 바 있는 것이었고, 기물에 새겨진 적은 바로 서주西周시기의 문자임을 체득하게 되었다. 이러한 견해는 그 이전 사람들의 입에서는 들어볼 수 없었던 사상초유의 것으로서, 《설문》을 연구하는 사람들을 크게 깨우쳐 주었다. 오대징의 《설문고주보》가 선을 보인 이후, 황현黃縣 사람인 정불언丁佛言이 다시 《설문고주보보說文古籀補補》를 지어서 그것의 미비점을 보완시켰다.　　　　　　　　　　　　　　　（周祖謨）

《금문편金文編》

이것은 금문의 글자를 자전식으로 모아 놓은 책으로 **용경容庚**이 지은 것이다. 용경은 어려서부터 《설문해자》를 공부하였고, 1913년에는 오대징의 《설문고주보》 등의 문자학 관계 책을 독파하여 이를 보집補輯할 뜻을 세웠다. 1917년에는 《은주진한문자殷周秦漢文字》 편찬계획을 입안하였는데, 그 계획의 일환으로 《금문편金文編》을 편찬할 마음을 먹었던 것이다. 1922년에 《금문편》 초고를 완성하여 **나진옥羅振玉**에게 교정을 청하고자 천진天津으로 갔다. 1925년에 이르러 초판본(원색화보 참고)을 출간하였다. 이어서 1938년에는 수정 재판을 찍었는데, 그 재판본은 상주시대의 금문 1804자와 부록 1165자를 수록하였다. 1959년에 발간된 교보본校補本은 과학출판사에서 출판한 것으로 《고고학전간考古學專刊》 을종 제9호로 발간된 것이다. 저자는 만년에도 증정增訂 작업을 계속하였으며, 마국권馬國權과 장진림張振林이 그의 작업에 동참하기로 하였다. 1983년 용경이 세상을 떠난 후 장진림에 의하여 완성된 신판본이 1985년 중화서국에서 출판되었다. 신판본은 총 2420자를 수록하였고, 부록으로 1352자를 실어 놓았다.

이 책의 문자배열은 《설문》의 부수 배열법을 따르고 있다. 《설문》에는 보이지 않지만 다른 자서에는 수록되어 있는 글자, 또는 그 형부形符와 성부聲符를 올바로 판독할 수 있는 글자들은 해당 부수의 말미에 따로 모아 놓았다. 판독이 불가한 도형문자는 부록(상)에 실어 놓았고, 형과 성은 구분할 수 있지만

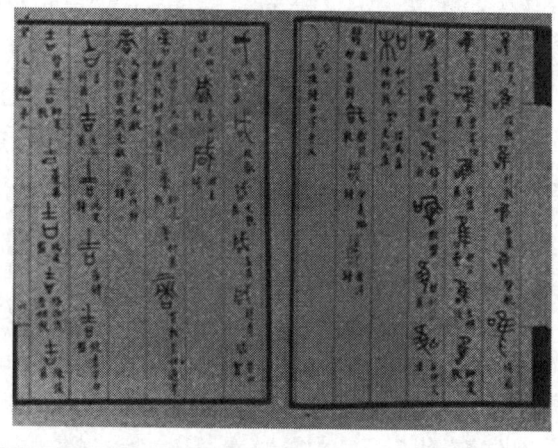
용경의 《금문편》

판독이 불가한 글자의 경우에는 부록(하)에 열거해 놓았다. 용경의 문자풀이는 엄격하였으므로 그 책 가운데 피력되어 있는 그의 설은 대다수가 믿을 만한 것이다. 왕국유는 그가 쓴 초판본 서문에서 그러한 점이 바로 《설문해자》를 저술한 허신의 설에 비견될 만한 것이라고 찬사를 아끼지 않았다. 그 책의 말미에는 《금문편》에 실린 문자를 채록한 청동기의 목록을 덧붙여 놓은 한편 획순으로 정리한 검자표를 실어 놓았기 때문에 찾아보기에 상당히 편리하다.

용경은 또 《금문속편》을 편찬하였는데, 이 책은 진한시대의 금문을 전적으로 수록한 것으로 1935년에 발간되었다. 체례는 대체로 《금문편》과 동일하며, 총 951자와 부록 34자를 수록하고 있다. 말미에는 진한시대 청동기 명문과 검자표가 실려 있다.

(李學勤)

《양주금문사대계兩周金文辭大系》

이 책은 청동기 명문을 연구한 저작으로 곽말약이 지은 것이다. 초판은 1932년에 일본에서 출간되었다. 필사본을 영인한 것으로서 고석한 문장만 실었고, 도판은 갖추지 않았다. 1934년에 저자가 명문銘文과 기형器形 사진을 수집하여 《양주금문사대계도록兩周金文辭大系圖錄》 5책을 편찬하였다. 그 이듬해 다시 《양주금문사대계고석兩周金文辭大系考釋》 3책을 편찬하였다. 이들 모두는 일본에서 출판된 것이다. 이로써 초판본은 폐지되었다. 중화인민공화국이 건립된 이후에 저자가 전체 내용에 대해서 일대 수정보완을 가하고 일부 자료를 증보한 것이 1957년에 과학출판사에서 출판되었다. 그것을 통칭하여 《양주금문사대계도록고석》(이하 약칭《大系》라 함)이라 명명하였는 바, 그 분량은 총 8책이고《고고학전간》갑종 제3호로 등록되었다.

《대계》의 도록 부분은 주로 도편圖編과 녹편錄編으로 구성되었다. 도편은 청동기의 기형 총 263건을 모아서 영인한 것이고, 녹편은 상하 두 권으로 나뉘어 있는데, 상권에는 서주西周시대에 만들어진 청동기 250건의 명문을, 하권에는 동주東周시대의 청동기 261건의 명문을 탁본하여 수록한 것이다. 고석 부분도 상하 두 편으로 나뉘어 있는데, 이는 녹편 두 권에 상응한 것이다.

《대계》는 여러 학자들의 저록에 실려 있는 것 중에서 중요한 것을 골라 뽑아서 매 청동기 명문을 하나하나 고석 연구한 것이다. 이 책에는《이기형상학시탐彝器形象學試探》이라는 제명의 논문이 실려 있는데, 저자는 이것으로 도편의 서설序說을 갈음하였다. 그는 중국 청동기의 발전과정을 네 단계, 즉 남상기濫觴期·발고기勃古期·개방기開放期·신식기新式期로 구별지었다. 녹편과 고석에 있어서는 가급적 수록한 동기의 시대별 및 지역별 구분에 따르고 있으므로써 주대의 청동기에 대한 연구로 하여금 새로운 단계로 접어들도록 하였던 것이다.

이 책의 고석은 문자를 풀이하는 데에만 그치지 아니하고, 고대사회 역사와 유관한 중요 자료를 구명究明하는 데 중점을 둔 것이다. 저자는 그것과 비슷한

곽말약의《금문총고》

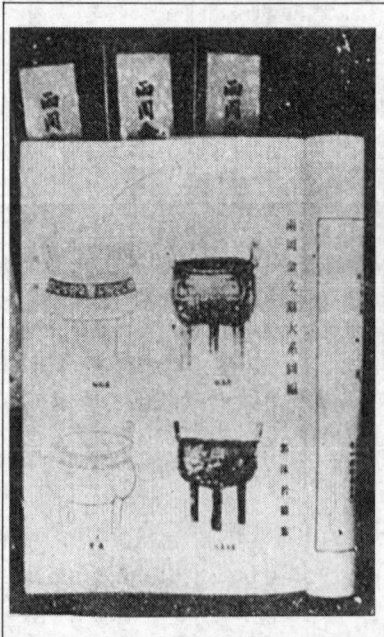

곽말약의《양주금문사대계》

시기에 저술한 《금문총고金文叢考》·《금문여석지여金文餘釋之餘》·《고대명각회고古代銘刻匯考》정속편正續編 등의 책과 짝을 이루게 하므로써 금문 연구를 사회사 연구와 연계시켜서 그 기초를 더욱더 굳건히 다졌던 것이다. 《대계》에 담겨 있는 여러 가지 관점은 고문자학계 및 역사·고고학계에 있어서 깊은 영향을 미쳤다. (李學勤)

《금문총고金文叢考》

이 책은 청동기 명문에 관한 연구저작이다. 곽말약이 1932년에 지은 것으로 《양주금문사대계》의 자매편인 셈이다. 이 책은 《금문총고金文叢考》8편, 《금문여석金文餘釋》석자釋字 16편, 《신출사기명고석新出四器銘考釋》4편, 《금문운독보유金文韻讀補遺》총 40기를 한 군데 실어 놓은 것이다. 그 중에 《금문총고》부분은 금문 중에 나타나 있는 주나라 사람들의 전통사상·시법諡法(공덕을 기리어 죽은 뒤에 명명하는 諡號制度를 말함—역주)의 기원·이기彝器·인명人名의 자의字義·모공정毛公鼎의 연대 등에 관하여 논한 것인데, 고증이 상세할 뿐만 아니라 대부분의 내용이 그 이전에는 찾아볼 수 없는 새로운 창견이었다.

모공정의 연대에 관한 논문은, 명문 가운데 반영된 역사 배경을 고찰함과 동시에 그 문장 중에 쓰인 숙어熟語를 《시경》·《서경》 중의 문구와 비교연구하고, 나아가 청동기의 무늬와 형태 등을 종합적으로 고찰한 결과 그것이 선왕宣王 때 만들어진 것이라고 추정하였으니, 가히 고증 논문의 백미白眉라 말할 수 있는 것이다. 이러한 고증법은 청동기의 시대를 판단하는 데 있어서의 잣대로 삼을 만한 것이다. 그밖에 글자의 뜻을 풀이하고 운각韻脚을 분별한 논문들도 모두 이론의 여지가 없을 정도로 신빙성이 높은 것이다. 1954년에 다시 《금문여석지여金文釋之餘》·《고대명각회고古代銘刻匯考》·《고대명각회고속편》 중 금문과 유관한 논문을 골라 뽑아서 기존의 책에다 보태었는데, 그 이름은 여전히 《금문총고》라 하였다. (周祖謨)

《적미거금문설積微居金文說》

《적미거금문설》은 청동기의 명문을 해석한 책으로 양수달楊樹達이 지은 것이다. 중국과학원 고고연구소에서 편집하여 1952년 9월에 과학출판사에서 출판하였다. 이 책은 주로 청대에 발간된 책 가운데 저록되어 있는 양주 청동기의 명문을 해석한 것으로 수록한 청동기의 수는 총 239기이고, 문장의 수는 286편에 달한다. 1941년부터 1951년까지의 저작시기의 선후에 따라 배열하였고, 총 7권으로 구성되어 있다. 근대 이전의 금석문자학자들과 근대 이후의 고문자학자들이 명문을 해석한 글은 지극히 많다. 그러나 하나의 청동기 명문을 고석함에 있어서 그것의 시대와 지역, 그리고 문자 등에 대한 학자들의 견해가 반드시 일치하는 것은 아니었다. 저자 양수달은 그 이전 학자들이 말한 것을 근거로 삼는 동시에 경전자사經傳子史를 참고하여 그 낱낱에 대하여 옳고 그름을 일일이 고증하였다. 그 이전의 학자들이 언급하지 않은 문제에 대하여도 간략하게 해설을 가해 놓는 등, 그의 노력은 실로 대단한 것이었다. 그 중 상당수가 전인前人들의 설을 능가하는 것인 바, 대체로 글자의 가차假借 현상으로부터 실마리를 찾아낸 것이 대부분으로서 금문을 연구하려는 사람들에게 좋은 참고가 될 수 있는 것이다.

이 책 중에서 참고의 가치가 가장 높은 부분은 《새글자의 판독 유래 新識字之由來》라는 제명의 제1장 부분으로, 고문자에 대한 판독과정과 방법에 관하여 상술한 것이다. 이 장은 14절로 나누어져 있다. 저자는 제14절에서 다음과

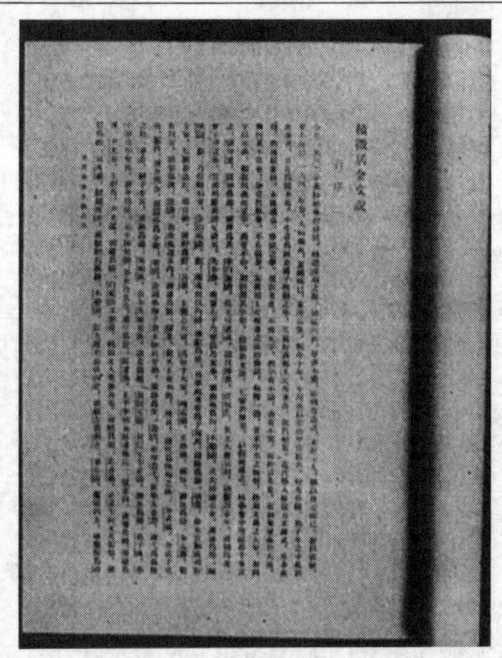

양수달의 《적미거금문설積微居金文說》

같이 말하고 있다.『옛사람들이 쓴 글자의 자형에는 일정한 형체는 없었지만, 그 문장의 의미는 일정함이 있다. 필자는 이런 사실에 입각하여 마땅히 일정함이 있는 것으로써 일정하지 않는 것을 추정하여야 한다고 생각한다. 바꾸어 말하자면, 마땅히 문장의 의미로써 글자의 형태를 확정지어야지 자형에 얽매여서 문장의 뜻을 올바로 파악하지 못하여서는 아니 된다는 것이다. 문장의 뜻이 통하면 그러한 의미의 글자로 인식하면 무방할 것이고, 그 글자대로 읽었을 때 뜻이 통하지 아니하면 마땅히 대담하게 그것을 다른 글자로 바꾸어 읽어야 한다. 古人字形無定, 而文義都有定, 吾人對此, 當以有定決不定. 換言之, 當以文義定字形, 不當泥字形而害文義. 文義當, 則依字讀之可也 ; 依字不通, 則當大膽改讀之』그가 말한 〈개독改讀〉은 바로 문법과 발음에 관한 지식의 도움을 받아 **가차자假借字**를 이용하여 해석하는 방법을 말하는 것이다. 물론 가차자로 인식하는 경우에 있어서는 적절한 해석을 도출할 수도 있고, 억설을 부리는 결과를 초래할 수도 있다.

(周祖謨)

《고문자학도론古文字學導論》

《고문자학도론》은 중국 **고문자학**을 통론적으로 서술한 책으로 **당란唐蘭**이 지은 것이다. 상하 두 편으로 구성되어 있는데, 상편에서는 고문자학의 범위와 역사를 소개한 다음 한자의 기원과 변화과정을 서술하고 있고, 하편에서는 고문자학의 연구방법을 중점적으로 다루고 있다.

이 책은 본래 저자가 북경대학에서 고문자학을 강의하던 강의안을 토대로 한 것으로, 1934—1935년에 그것을 정리한 필사본을 영인하여 단지 2백 부만을 찍어내었던 관계로 널리 유포되지 못하였다. 중화인민공화국이 건립된 이후에는 중앙당中央黨에서 설립한 학교의 역사교연실歷史教研室에서 더 영인하여 교재로 활용한 적이 있다. 1981년 제로서사齊魯書社에서 다시 새로 영인을 하여 도판을 증보하였다. 이 수정재판은 1936년에 저자가 부분적으로 수정한 내용을 삽입하는 한편 1963년에 중앙당립학교에서 찍은 판본에 써놓은 저자의 발문을 수록한 것이다.

《고문자학도론》이 고문자학계에 미친 영향은 실로 광범위하였다. 이 책의 내용 가운데 창조적인 성격을 지닌 견해가 적잖이 담겨 있다. 예를 들면 고문자를 은상계殷商系문자·양주계兩周系문자(춘추시기 말까지에 상당)·육국계六國系문자·진계秦系문자 이상 4계통으로 구분한 것이 그러한 것이다. 문자

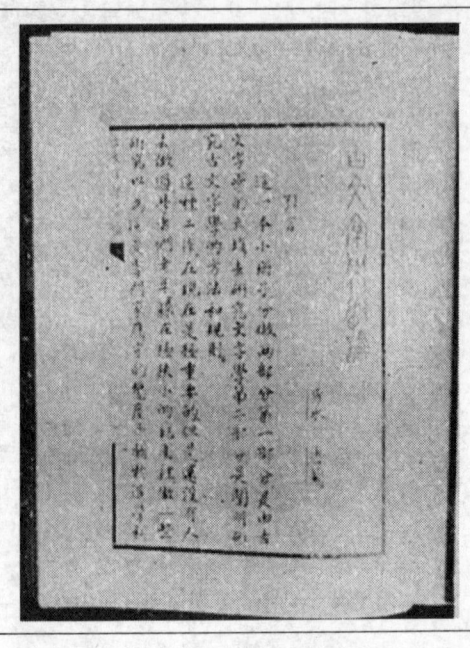

당란의 《고문자학도론古文字學導論》

의 변화과정을 논급할 때 전통적인 육서설六書說을 그대로 답습하지 아니하고, 상형象形·상의象意·형성形聲 이상 세 가지 유형으로 구분하여 고찰하였다. 어떤 학자들은 당란의 이러한 학설을 〈삼서설三書說〉이라고 이름하였다. 고문자의 분류에 대하여 논술함에 있어서는 《설문해자》의 부수를 따르지 아니하고, 상형자를 부수로 삼을 것을 제창하였다. 그는 상형자로부터 분화된 단체상의자單體象意字를 〈부부〉에 예속시키고, 복체상의자複體象意字의 경우에는 〈과科〉에 예속시켰으며, 상형과 상의로부터 파생된 형성자는 〈계系〉에 예속시켰다. 그는 이러한 분류법을 〈자연분류법〉이라 이름하였다.

고문자학의 연구방법에 있어서는 청대 말기의 학자인 **손이양孫詒讓**의 성과를 높이 받들어, 그가 창안한 〈편방偏旁의 분석〉이라는 방법으로 고문자를 해석하는 것에 대하여 상세하게 논술하고 있다.

《고문자학도론》에는 또 저자의 독창적인 관점을 체현하는 내용이 담겨 있다. 예컨대 저자는 **한자**의 기원문제를 논하면서 상대商代에 문자가 고안되었다는 학설에 동의하지 아니하고, 중국의 상형문자는 적어도 1만 년 이상의 역사를 지니고 있다고 생각함과 동시에 하대夏代 초에 이미 역사기록이 존재하였다고 주장하고 있다. 또 한 가지의 예는 고문자학의 원초 형태가 한대에 있은 고문경古文經의 발견과 고문경학의 대두에까지 소급될 수 있다는 것을 상당히 긍정적으로 생각한 것이다. 이러한 몇 가지 관점은 저자가 만년에 저술한 논저 가운데에도 변함 없이 일관되게 반영되고 있다. (李學勤)

허신許慎 |58?—147?

허신은 중국 동한東漢시대의 경학자이자 문자학자이다. 자는 숙중叔重이고, 여남汝南 소릉召陵(지금의 하남성 郾城縣) 태생이다. 《하남통지河南通志》권 49에는 허신의 묘가 언성현 동쪽 35리 소릉성 아래에 있다는 기록이 있다. 언성현문화관의 조사에 따르면 언성현에서 동쪽으로 30리 떨어진 곳에 소릉의 옛성터가 있고, 그곳에서 3리 밖에 허장許莊이 있으며, 허신의 묘는 허장촌 동쪽 1리쯤 떨어진 곳에 있다고 한다. 《후한서後漢書》권109에 허신의 전기가 실려 있지만, 그의 생졸연대는 기재되어 있지 않다. 청대학자 엄가균嚴可均이 쓴 《허군사적고許君事迹考》와 도방기陶方琦가 쓴 《허군연표고許君年表考》등의 고증에 따르면, 허신은 한나라 명제明帝 영평永平 초에 태어나서 환제桓帝 건화建和 초에 세상을 떠났다고 한다.

《후한서》에 있는 전기에서 그를 칭송하여『성품이 순박돈독하였고, 경전에 박학하여 마융이 그를 늘 따르고 존경하였으며, 당시 사람들이 오경에 관한 한 허숙중을 따를 자 없다는 말을 일삼았다 性純篤, 博學經籍, 馬融常推敬之, 時人爲之語: 五經無雙許叔重』라고 적고 있다. 일찍이 군사무소의 공조功曹직을 역임한 후에 처음으로 효렴孝廉에 천거되어 태위부太尉府의 남각제주南閣祭酒, 즉 승상부丞相府 각하閣下의 영사令史를 역임하였다. 안제安帝 영초永初 4년(110)에는 유진劉珍·마융馬融 등과 함께 동관교서東觀校書직을 맡았다. 동한시기에는 고문경古文經이 성행하였는데, 허신은 당시 저명학자이었던 가규賈逵(A.D.30—101)에게 배움을 청하여 대전大篆과 고문에 박통하게 되었다. 당시 일반학자들의 경전 해설 거의가 고문의 의미에 부합하지 않는 것을 본 나머지 그러한 것을 바로잡고자《설문해자》15편을 저술하게 되었다. 이 책은 화제和帝 영원永元 12년(A.D.100)에 완성되었다가, 안제安帝 건광建光 원년(A.D.121)에 아들 허충許冲을 조정에 보내어 왕에게 그 책을 봉헌하도록 하여 세상에 빛을 보게 되었다.

《설문해자》는 소전을 위주로 함과 아울러 진나라에서 사용하던 주문, 그리고 육국의 고문을 함께 채록하였다. 수록 대상글자를 514개(540의 오류) 부수로 나누어 배열하였는데, 소전체로 써놓은 표제글자에 대하여 뜻을 풀이하여

허신

달아 놓은 다음 그 형체의 구조에 대하여 설명하였다. 그리고 간혹 그 글자의 독음을 달아 놓기도 하였다. 이 책은 중국 최초이자 최고의 권위를 지니고 있는 고문자 자전으로서 중국 고대문자의 형음의形音義와 문자 발전 역사에 관한 후대의 연구에 있어서 미친 공헌이 지극히 큰 것이었다. 허신은 그밖에도《오경이의五經異義》와《회남자주淮南子注》를 지었다고 하는데, 일찍이 산일되어 지금은 전해지지 않는다. (《說文解字》조 참고)　　　　(周祖謨)

고야왕顧野王 | 519-581

중국 남조南朝 양진梁陳간의 문자훈고학자이다. 자는 희풍希馮이고, 오군吳郡의 오吳(지금의 江蘇省 吳縣)지방 태생이다. 학문이 넓었고, 경전과 역사 그리고 천문·지리·문자음의에 정통하였다. 양조梁朝 때에는 임하왕臨賀王 소정蕭正의 덕부기실德府記室을 역임하였다. 양나라가 망하자, 진나라로 가서 진陳 선제宣帝 진욱陳頊 태건太建 연간(569—582)에는 도서와 역사편찬 업무를 관장하였고, 후에는 황문시랑黃門侍郎을 역임하였다. 《옥편玉篇》과《여지지輿地志》등의 책을 편찬하는 일에 평생을 바쳤다.《옥편》30권은 허신許愼의《설문해자》와 여침呂忱의《자림字林》을 뒤이어 출판된 자전으로, 그 이전의 것에 비하여 부수의 구분에 약간 변동된 점이 있을 뿐만 아니라 수록된 문자의 수도 증가되었고, 글자 뜻풀이도 보다 상세하였다. (《玉篇》조 참고)

(周祖謨)

서현徐鉉 | 917—992

중국 오대五代시기의 문자학자. 광릉廣陵(지금의 江蘇省 揚州) 사람으로, 자는 정신鼎臣이다. 후양後梁 말 정명貞明 3년에 태어나서 송나라 태종 순화淳化 3년에 세상을 마쳤다. 오대시기에는 남당南唐 이경李璟·이욱李煜 밑에서 벼슬을 살았고, 남당이 망하자 송나라로 가서 태종 때에는 우산기상시右散騎常侍라는 관직을 맡았다가 다시 좌상시左常侍로 좌천되었다. 그의 사적事迹은《송사宋史》제441권에 보이고 있다. 그는 문자학에 정통하였으며, 이사李斯의 소전小篆에 능하였다고 한다. 송 태종 옹희雍熙 초에 왕명을 받들어 구중정句中正·갈단葛湍·왕유공王惟恭 등과 더불어 허신의《설문해자》를 교정校訂하고, 아울러 그 책이 전래되어 오는 동안에 발생한 와오訛誤를 바로잡았다. 그리고 당나라 때 이양빙李陽冰이《설문》을 간정刊定하면서 범한 오류도 개정하였으며, 또 한편으로는 약간의 해설을 가하고 별체別體와 속자俗字를 식별해 냈다.《설문》의 각 전본傳本에는 음이 달려 있었으나 각기 차이가 심하였다. 그래서 서현은 손면孫愐의《당운唐韻》에 있는 반절로 고쳐 달고, 경전에 씌인 적이 있는 글자 중에서《설문》에 수록되지 않은 것을 증보하여 해당 부수의 말미에 열거해 놓았는데, 그러한 글자들을 이름하여〈신부자新附字〉라 하였다. 옹희 3년(986)에 국자감에서 조판한 것이 오늘날까지 전해지고 있다. 현재 일반적으로 통용되고 있는 판본으로는 송각본을 영인한 것과 송각본을 복각한 것이 있는데, 이것이 문자학을 연구하고 소전을 학습하려는 사람들에게 필독서로 쓰이고 있다. 서현은 전서서법에도 정통하였다. 진시황이 동부 회계會稽 지역을 순시하면서 돌에다 그의 공적을 새겨 놓았는데, 원석原石은 이미 훼손되었지만, 다행히 서현이 모사摹寫한 것이 전해지고 있어서《사기·진시황본기》의 내용과 상호 인증해 볼 수 있게 되었다. (周祖謨)

서개徐鍇 | 920—974

중국 오대시기의 문자훈고학자. 광릉廣陵(지금의 江蘇省 揚州) 사람으로 서현徐鉉의 아우이고 자는 초금楚金이다. 후양後梁 말 정명 6년에 태어나서 남당의 조정에서 벼슬을 하다가 결혼한 다음 비서성秘書省 교서랑校書郞을 지냈다. 후주後主 이욱李煜이 집권을 하고 있을 때에는 집현전集賢殿의 학사學士로 자리를 옮겼다가 내사사인內史舍人으로 일생을 마쳤다. 나라가 망하기 1년 전, 즉 송 태조 개보開寶 7년에 세상을 하직하였다. 그는 일평생을 바쳐 저술한 책이 상당히 많았으나,《설문해자계전說文解字繫傳》40권과《설문해자운보說文解字韻譜》10권만이 지금까지 전해지고 있을 따름이다.

서개는 문자훈고학에 정통하였다.《설문해자계전》은 실제로는《설문해자》의 주석서에 상당한다. 허신을 존숭한 나머지 그의 책을 경經으로 간주하였고, 자신이 달아 놓은 풀이는 전傳이라고 낮추어 말하였다. 이 책은 한위漢魏 이후 최초로 나온 것으로 체계적이고도 상세한 주해서이다. 제1권에서 31권까지는《통석通釋》으로 허신의《설문》에서의 풀이를 다시 해설한 것이다. 제31권과

32권은 《부서部敍》로 허신의 540부 배열순서의 의의를 탐색한 것이다. 제33권에서 제35권은 《통론通論》으로서, 이는 문자구조의 의의를 밝혀 놓은 것이다. 제36권 《거망祛妄》은 그 이전 학자들의 오류를 반박한 것이다. 제37권 《유취類聚》는 동일한 명물을 취한 글자들을 하나로 모아 놓고 그러한 글자들이 취한 모양을 설명한 것이다. 제38권 《착종錯綜》은 당시의 일에서 출발하여 옛사람들이 글자를 만든 뜻을 추정한 것이다. 제39권 《의의疑義》는 《설문》에 풀이하지 아니한 글자와 그 글자 모양이 소전체에 부합되지 않는 것을 논한 것이다. 제40권 《계술繫述》은 각편의 저술 취지를 설명한 것이다. 이 책이 비각秘閣(왕실 도서관)에 바쳐진 이후로 세간에 유포된 숫자는 극소수에 불과하였다. 지금 전해지고 있는 것은 송나라 소송蘇頌이 전한 것인데, 제25권이 망일된 관계로 대서본大徐本으로 보충한다 하더라도 원래의 모습을 되찾기 어렵다. 현재 유전되는 판각본으로는 청나라 건륭建隆간에 나온 왕계숙汪啓淑 판각본과 마준량馬駿良이 판각한 《용위비서龍威秘書》본, 그리고 도광道光 19년(1839)의 기준조祁寯藻 판각본이 있다. 이상 세 가지 판각본 중에서 기준조의 것이 가장 양호하다. 이것에는 교감기校勘記 5권이 부록으로 실려 있다. 그 다음으로는 《용위비서》본을 꼽을 수 있다. 그밖에도 《사부총간四部叢刊》으로 나온 것은 전씨술고당초본錢氏述古堂抄本을 영인한 것으로 그 중에는 잘못 새긴 글자들이 상당히 많은 편이다. 청대 문자학자인 왕균王筠이 지은 《설문계전교록說文繫傳校錄》은 참고로 읽어볼 만한 것이다.

《설문해자계전》은 《통석》 부분이 주종을 이루고 있는 바, 여기에는 그 이전 시대에 나온 고서에 근거하여 허신이 풀이한 글자의 뜻을 증명하는 것 이외도 인신引伸된 자의를 적출하고, 아울러 해성자諧聲字의 성방聲旁을 통하여 그 성방과 해당 자의와의 관계를 설명하였다. 이러한 해설은 후대 훈고학자들에게 매우 큰 영향을 주었다. 《통석》 가운데에는 고서상에 있는 가차와 고금의 용자用字 차이에 대하여 설명한 부분이 간혹 눈에 띄고 있으며, 때로는 당시에 쓰이고 있는 말로써 고어를 해석한 부분도 있는 등 내용이 극히 풍부하다. 이러한 사실을 통하여 문자학과 훈고학에 대한 그의 연구가 얼마나 깊었는지를 족히 짐작할 수 있을 것이다. 《설문해자계전》은 문자훈고학 발전사에 있어서 매우 중요한 지위를 차지하고 있는 것이다. (《說文解字》조 참고)

당본唐本 《설문》에는 반절反切이 달려 있었다. 《설문해자계전》에 달려 있는 반절은 주고朱翺가 달아 놓은 것이다. 서개가 편찬한 《설문해자운보》는 당본 《절운切韻》에 따라 문자를 배열한 것이다. 그 목적은 전서체로 쓰인 표제자를 찾아보기에 편리하도록 하기 위한 것이었다. 하지만 원서의 주석은 결코 완벽한 것은 아니었다. 이 책의 판본으로는 풍계분馮桂芬 판각본이 전해지고 있다. 서개의 형인 서현이 당나라 이주李舟의 《절운》에 의거하여 다시 편집한 판본으로는 《함해函海》각본이 전해지고 있다. (周祖謨)

정초鄭樵 | 1104—1162

정초는 중국 송대의 사학자이자 언어문자학자이다. 자는 어중漁仲이고, 송 휘종徽宗 숭녕崇寧 3년에 태어나서 송 고종 소흥紹興 32년에 세상을 떠났다. 복건福建 포전蒲田에서 태어난 정초는, 협제산夾漈山에 거처하면서 사람들과의 왕래를 사절하고 저술활동에만 힘썼다고 한다. 서적수집을 애호하여 수천권의 책을 소장하였고, 고증륜류考證倫類의 학문을 좋아하였다고 한다. 그의 저서 《통지通志》 200권은 연보·기전紀傳·이십략二十略으로 구성되어 있는데, 역사학에 있어서 독창적인 풍격을 갖추고 있는 저작이다. 이십략 중 《칠음략七音略》과 《육서략六書略》은 성운문자에 관한 저서이다. 《칠음략》은 송대 초기에 유전流傳되고 있던 43전轉의 운도韻圖를 보존하고 있는 것으로서 《절운切韻》·《광운廣韻》의 음운계통을 연구함에 있어서 중요한 참고 가치를 지니고 있는 것이다. 《육서략》은 〈육서〉를 이용하여 한자 구조의 차이를 해설한 저작으로 〈육서분류〉를 하나의 학문으로 격상시킨 최초의 서적이다. 그는 또 《이아주爾雅注》를 저술하였는 바, 이는 그 이전 사람이 주석한 것을 그대로 따르지 아니하고 새로운 견해로 일가견을 이룬 것이라 할 수 있다. (周祖謨)

단옥재段玉裁 | 1735—1815

중국 청대의 경학자이자 문자·음운·훈고학자인 단옥재는 자가 약응若膺이고 호는 무당茂堂이며, 만년에는 연북거사硯北居士·장당호거사長塘湖居士·교오노인僑吳老人이라는 호도 사용하였다. 강소성江蘇省 금단현金壇縣 사람으로 옹정雍正 13년에 태어나서 가경嘉慶 20년에 생을 마쳤다. 건륭建隆 25년(1760)에 향시鄕試에 급제한 후에 도회시都會試에 응시하였다가 여러 차례 낙방을 거듭하였다. 건륭 35년(1770)에 이부성吏部省에서 그를 귀주貴州 옥병현玉屛縣 현장으로 발령내렸다. 그후에 그는 사천성四川省의 부순현富順縣·남계南溪현·무산巫山현의 현장을 두루 역임하였다. 벼슬살이로 10년을 보낸 다음

단옥재

에 병을 빙자하여 관직을 버리고 고향으로 돌아갔다. 58세 되던 해에는 소주蘇州 성문 밖에 있는 지원枝園으로 이사하였다.

단옥재는 재경在京시절에 대진戴震을 스승으로 모셨고, 전대흔錢大昕·소진함邵晉涵(1743—1796)·요내姚鼐(1731—1815) 등 당대의 석학들을 알게 되었다. 향리로 돌아간 다음에는 노문초盧文弨(1717—1795)·유태공劉台拱·왕중汪中(1744—1794)·김방金榜(1735—1801) 등과 교분을 맺었다. 55세 되던 해에는 두번째로 입경하였는데, 그때 왕념손王念孫과 왕인지王引之 부자를 알게 되어 음운·훈고 문제를 서로 토의하여 상당히 의기투합하였다고 한다. 건륭·가경 연간에는 한학이 크게 융성하였는데, 단옥재는 왕념손과 더불어 음운·훈고 방면에 있어서 지대한 공헌을 세웠다.

단옥재는 여러 서적을 두루 섭렵하여 많은 저술을 남겼고, 경학을 바탕으로 소학(문자학)에 심혈을 기울였다. 소학에 있어서는 다시 음운학을 바탕으로 하여 문자학과 훈고학을 연구하였다. 그는《육서음운표六書音均表》·《시경소학詩經小學》·《고문상서찬이古文尙書撰異》·《주례한독고周禮漢讀考》·《의례한독고儀禮漢讀考》·《급고각설문정汲古閣說文訂》·《설문해자주說文解字注》·《경운루집經韻樓集》등의 저서를 남겼다.《육서음운표》는 고염무顧炎武의《음학오서音學五書》와 강영江永(1681—1762)의《고운표준古韻標準》을 토대로 더욱 엄밀하게 분석을 가하여 고운古韻을 17부로 나눈 것으로, 이는 고음학사에 있어서 하나의 시대를 긋는 저작이었다.《설문해자주》는 30여 성상의 공력功力을 기울인 끝에 완성한 것이다. 이 저서는 규모가 대단한 것일 뿐만 아니라 내용도 정밀한 것으로서, 그 이전에는 없었던 초유의 것이다. 당초에는 그 책의 이름을《설문해자독說文解字讀》이라 하여 하나하나의 표제글자 아래에다 여러 서적에 쓰인 용례를 두루 인용함과 동시에 그 출처를 상세히 밝혀놓았다가, 만년에 가서 번잡한 문장은 없애 버려서 간략하게 개편하고 그 이름도《설문해자주》로 고쳤다고 한다. 이 책은 가경嘉慶 20년(1815) 5월에 판각이 완성되어 세상에 선을 보이자, 일시를 풍미함과 아울러 많은 학자들이 찬사를 보내는 일에 서로 앞을 다투었다고 한다.《설문해자주》가 나온 이후로《설문》에 관한 연구가 크게 융성해져서 드디어는 하나의 학문으로 발전하게 되었던 것이다. (원색화보 참고)

《설문해자주》의 주요 특색은 다음의 다섯 가지로 요약될 수 있겠다. ①앞서 송대에 **서현**과 **서개** 두 형제가 교감한 것에 비하여 훨씬 더 정확을 기하였다. 즉 여러 시대를 거쳐오는 동안 그것을 옮겨 적거나 판각할 때 발생된 오류를 하나하나 바로잡아 놓았다. ②원서(허신의 《설문해자》)의 체례를 분석해 놓았다. ③경전고적의 인증引證을 통하여 허신의 설을 해석하고, 나아가 그가 그렇게 말한 근거가 어디에 있는가를 하나하나 파헤쳐 찾아 놓았다. ④**허신**의 글자 뜻풀이에만 국한하지 아니하고 글자 의미의 인신引伸과 변천을 설명하였고, 글자의 자형이 고금의 쓰임에 있어 차이가 있는 것과 같이 글자의 의미도 고금의 차이가 있었음을 밝혀 놓았다. ⑤어음과 어의의 관계를 분석하고, 해성자의 **성부聲符**에 근거하여 음의가 서로 통하는 이치를 설명하였다.

《설문해자주》가 거둔 성취는 실로 대단한 것이었다. 단옥재는 처음부터 끝까지 일관성 있게 상세히 주석을 달아 놓았고, 문자·성음·훈고 세 방면에 걸쳐서 《설문해자》의 가치를 하나도 빠짐 없이 밝혀 놓았다. 뿐만 아니라 낱말의 뜻을 연구하는 많은 방법론을 처음으로 개발해내므로써 **한어훈고학**의 발전에 대하여 새로운 분야와 새로운 방법론을 개척하였던 것이다. 《설문해자주》에도 억설이 다소 있기는 하지만, 그 책 가운데 있는 정수精粹 같은 창견은 마멸될래야 마멸될 수 없는 것이다. 그의 책이 나온 후에 뉴수옥鈕樹玉이 《단씨설문주정段氏說文注訂》을, 서승경徐承慶이 《설문단주광류說文段注匡謬》를, 왕소란王紹蘭이 《설문해자단주정보說文解字段注訂補》를, 서호徐灝가 《설문단주전說文段注箋》을 각각 지었다. 비록 새롭게 알아낸 것이 전혀 없는 것은 아니었지만 성취는 대단한 것이 못 되었으며, 틀리지 않은 것을 가지고 틀렸다고 우기는 바람에 오히려 번거로운 점만을 보태 놓은 결과를 초래하기도 하였다. 《설문해자주》의 판본으로 말하자면, 경운루원각본經韻樓原刻本이 있고, 후에 다시 찍은 소주서국번각본蘇州書局翻刻本이 있다. 원각본에는 오자가 적지 아니하므로 번각본이 다소 나은 편이다. 풍계분馮桂芬이 지은 《단주설문고정段注說文考正》은 원서상의 오류를 하나하나 교정해 놓은 것이므로 참고할 만한 가치가 있는 것이다. (《說文解字》조 참고)　　　　　　　　　　(周祖謨)

계복桂馥 | 1736—1805

중국 청대의 문자훈고학자인 계복은 자가 동훼冬卉이고, 호는 미곡未穀이다. 산동성山東省 곡부曲阜 사람으로 건륭乾隆 원년에 태어났다. 건륭 55년

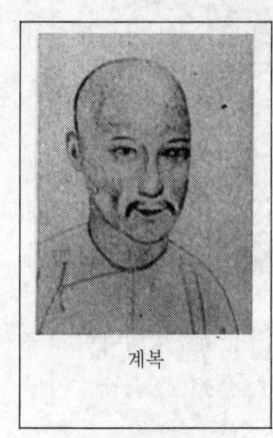
계복

(1790)에 진사에 급제하여 운남雲南 영평현永平縣의 현장으로 부임하였다가 가경嘉慶 10년에 순직하였다. 계복은 여러 서적들을 두루 섭렵하여 금석전각金石篆刻과 문자훈고학에 정통하였다. 평생을 바쳐《설문해자의증說文解字義證》·《찰박札樸》·《만학집晩學集》·《무전분운繆篆分韻》등의 저서를 남겼다.《설문해자의증》총 50권은 40여 년 만에 완성한 것으로 유명하다. 이 저작을 쓴 목적은《설문》의 훈해를 증명하는 데 있었으므로 그 이름에〈의증〉이라는 말을 덧붙였던 것이다. 그는 각각의 글자 아래 고서상의 문구와 낱말의 훈해를 널리 인용하였다. 그의 설은 허신의 설에 비견될 만한 것으로서, 뜻의 항목이 혹은 수 가지 혹은 십수 가지에 이르렀고, 인용자료가 극히 풍부한 것이었다. 그 다음으로는 허신의 원문에 대하여 각각 해설함과 동시에 이서二徐(徐鉉·徐鍇)본의 전사傳寫 오류를 정정하여 놓았다. 이로써《설문》을 연구하려는 사람들이 극히 편리하게 되었다.

계복이 지은《찰박札樸》총 10권은〈온경溫經〉·〈남고覽古〉·〈광류匡謬〉·〈금석문자金石文字〉·〈향리구문鄕里舊聞〉·〈전유속필滇游續筆〉이상 6개 부분으로 구성되어 있다. 그 가운데 다루고 있는 내용범위가 매우 넓어 경사經史·시문詩文·훈고訓詁·방언方言·민속民俗·풍물風物 등에 대한 고석이 정밀하였고, 특히 경전의 의미를 고정考訂한 것이 많다.〈향리구문〉에 기록되어 있는 곡부방언도 눈여겨볼 만한 가치가 있는 자료이다. (周祖謨)

왕균王筠 | 1784-1854

중국 청대의 문자학자인 왕균은 자가 관산貫山이고 녹우菉友라고도 하였다. 산동성 안구安邱 사람으로 도광道光 원년에 향시鄕試에 급제하였다. 건륭乾隆 49년에 태어나 함풍咸豊 4년에 세상을 떠났다. 평생을《설문》연구에 몸바쳐《설문석례說文釋例》20권,《설문해자구독說文解字句讀》30권,《설문계전교록說文繫傳校錄》30권의 저작을 남겼다.《설문해자》에 대한 단옥재의 주해서가 일찍이 발간되어《설문》의 체례에 대하여 논급한 바가 있었지만, 그다지 완벽한 것은 아니었던 관계로 왕균이《설문석례》를 저술하여 보충해 놓았다. 그 중에서 동부중문同部重文과 이부중문異部重文의 예를 일일이 열거한 것은 그 분

왕균

별이 세밀하고도 정확한 것이다.《설문해자구독》은 단옥재의《설문해자주》와 계복의《설문해자의증》, 그리고 엄가균嚴可均의《설문교의說文校議》를 바탕으로 그 잘잘못을 가리고 장점만을 취하여 허신의 설을 상세히 풀이함과 아울러 자기의 견해를 밝혀 놓은 것이다. 특히 읽기 쉽도록 간략하게 서술해 놓은 한편 초학자의 학습에 편리하도록 배려해 놓은 관계로 그 이름에《구독句讀》이라는 말을 덧붙여 놓았던 것이다.

《설문해자구독》의 원고는 전후 세 차례의 수정을 거쳐서 10년 만에 완성된 것이다. 그의 연구태도는 공평착실하였다. 깊이 있고 정밀하게 연구한 단옥재를 존경하였고, 또 해박함과 적합함을 추구한 계복의 연구성과를 높이 떠받들었다. 그러나 견해를 달리하거나 옳지 않은 점이 있을 경우에는, 그 두 학자의 설을 모방답습하지 아니하고 허심탄회하게 잘잘못을 가리어 그 잘못된 점을 하나하나 들추어냈다.《설문계전교록》은 항주杭州 태생의 주문조朱文藻가 지은《설문계전고이說文繫傳考異》를 수정하여 지은 것이다. 대서본大徐本(徐鉉本)《설문》의 여러 가지 판본과 서개《설문해자계전》의 여러 판본들을 서로 비교 증명하므로써 그 시비를 가려 놓았으므로《설문해자계전》을 연구하는 데 좋은 참고가 될 것이다.　　　　　　　　(周祖謨)

주준성朱駿聲 | 1788—1858

중국 청대의 문자훈고학자인 주준성은 자가 풍기豊芑이고, 호는 윤청允倩이다. 강소성江蘇省 오현吳縣 태생인 그는 건륭乾隆 53년에 태어나서 함풍咸豊 6년에 세상을 떠났다. 박학하여 세상에 있는 책 중에서 그가 읽지 아니한 것은 단 한 권도 없었다고 한다. 경전과 역사를 깊이 탐구하였고, 문학에도 조예가 깊었으며 문장을 잘 지었다고 한다. 가경嘉慶 23년(1818)에 향시에 급제하여 안휘安徽 이현黟縣의 훈도訓導직을 맡았었다. 많은 저작을 남겼다고 전하는데, 그 중에서 판각된 것은《설문통훈정성說文通訓定聲》과《전경당문집傳經堂文集》10권뿐이다.

《설문통훈정성》총 18권은 고운의 운부韻部에 따라《설문해자》를 재편성한 책이다. 저자는 그 책의《범례》에서 다음과 같이 말하고 있다.『육서 중에서 형성에 속하는 글자가 9할을 차지한다. 540부수에 따라 배열한 허신의《설문》중에 있는 글자에 대하여 그 형부形符를 버리고 성부聲符를 취하여 분류 귀납시키면 1137모로 나눌 수 있다. 이것을 다시 18운부에 대비하여 보면 문자 독음의 원천이 밝혀지고, 또 이로써 육조시대 이래로 사성을 소홀히 취급한 것을 바로잡을 수 있을 것이다. 六書, 形聲之字十居其九. 是編就許書五百四十部捨形取聲, 貫穿聯綴, 離之爲一千一百三十七母, 比之爲十八部, 以著文字聲音之原, 以正六朝四聲之失』 그가 말한〈모모〉는 해성자의 **성부**를 가리키는 것이다. 그 책의 전체에 걸쳐서 해성자의 성부를 망網으로 삼아서 그것의 음에 따라 고운 18부로 각각 귀속시키고 있다. 하나의 성부에서 파생된 글자들은 모두 한 군데로 귀납시켜서 질서가 정연하였다. 각글자의 하단에 먼저《설문》의 풀이를 다시 해석하고, 고서상의 주석을 인용하여 증명하였다. 즉 이른바〈문자해설 說文〉이라는 것이다. 그 다음에는 그 글자의 **인신의**와 문자 가차로 인하여 발생한 **가차의**를 진술하였다. 즉 이른바〈여러 가지 뜻을 통할함 通訓〉이라는 것이다. 끝으로 상고의 운문 중에 쓰인 바 있는 용운用韻을 찾아내어 그것의 고음을 증명하였다. 같은 운이 서로 압운하는 것을〈고운古韻〉이라고 하며, 비슷한 운끼리 압운하는 것을〈전음轉音〉이라 하였다.〈정성定聲〉이라고 말한 것은 바로 글자의 음을 밝혀 놓은 것을 말한다. 이상 세 가지 부분 중에서 중요한 것은〈통훈通訓〉이다. 그는〈통훈〉부분을 다시〈전주轉注〉와〈가차假借〉두 가지로 나누어 놓고, 하나의 글자가 수 개의 의미를 지니고 있고 그 의미들 사이에 상호 연관성이 있을 경우 그것을〈전주〉라 불렀으며, 의미상 연관성이 없는 것을〈가차〉라 칭하였다. 이러한 정의는 허신이 본래 말한 정의와는 완전히 판이한 것으로 그의 독단적인 견해인 셈이다.

《설문》중에는 표제자로 열거되지는 않았지만 해설 문장 중에 등장하는 것도 있고, 편방偏旁으로는 쓰인 바 있지만 표제자로 열거되지 않은 것도 있다. 그리고 소서본小徐本(徐鍇本)에만 등장하는 것도 있고,《설문》을 인용한 다른 서적의 인용문에만 출현하는 글자도 있다. 주준성은 이상의 경우에 해당하는 글자들 모두를 포괄하여 수록하였다. 아울러《설문》에는 없지만《방언方言》과 **《광아廣雅》**, 그리고 각종 자사전기子史傳記의 서적에 쓰인 바 있는 것까지도 연구에 참고삼을 수 있도록 각부의 말미에 수록해 놓았다. 총수록글자의 수가 1만 7240자에 달하였으니 지극히 많은 분량인 셈이다. 책의 앞부분에 찾아보기에 편리하도록〈검자〉표를 실어 놓았다. 이상 서술한 것을 종합하여 말하자면, 이 저작은 오로지 허신이 말한 것을 해석하기 위하여 지은 것이 아니라,《설문》의 훈해에서 한 걸음 더 나아가 기타의 의미를 상세히 열거하므로써 어느것이 인신의에 속하는 것이고, 어느것이 가차의에 속하는 것인지를 분간하여 의미의 발전과 전변轉變을 연구하는 데 도움을 주고자 저술한 것임을 알 수 있다.

이 책은 도광道光 13년(1833)에 착수하여 십수 년이라는 장구한 시간을 거친 후 도광 28년에 비로소 완성되었고, 29년에 이현학서黟縣學署에서 조판하여 책으로 만들어졌다. 지금은 중화서국의 영인본이 유통되고 있다. (周祖謨)

손이양孫詒讓 | 1848—1908

중국 청말시기의 경학자이자 교감校勘・훈고학자인 동시에 고문자학자인 손이양은 자가 중용仲容이고 호는 주경籒廎이다. 절강浙江 서안瑞安 사람으로 도광道光 28년 8월 14일(1848. 9. 11)에 태어났다. 동치同治 6년(1867)에 향시에 합격하여 광서光緒 전기에 형부刑部의 주사主事직에 발령되어, 잠시 동안 관직에 머물다가 병을 핑계로 사직하고 고향에 돌아와서 저술활동에 전념하였다. 만년에는 일반 백성들의 지식수준이 날로 떨어지고 국력이 약해지는 세상을 유감스럽게 생각한 나머지 향리교육사업에 혼신의 힘을 기울이다가, 광서 34년 5월 22일(1908. 6. 20)에 서거하였다.

손이양의 학문은 매우 광범위하였다. 주로 고서정리와 고문자연구 두 방면에 걸쳐서 대단한 성취를 거둔 바 있다. 고서정리 방면에 있어서의 대표작으로는 《주례정의周禮正義》(1905)・《묵자한고墨子閒詁》(1894, 定本 1910에 나옴)・《찰이札迻》(1894) 등의 저작을 꼽을 수 있다. 고문자 연구 방면에 있어서는 《고주습유古籒拾遺》・《고주여론古籒餘論》・《계문거례契文擧例》・《명원名原》등이 있다. 그의 문집인 《주경술림籒廎述林》(1916)에도 고문자 연구와 관련된 문장, 즉 《주문거자설籒文車字說》(권3)・《모공정석문毛公鼎釋文》・《극정석문克鼎釋文》(권7)이 실려 있다.

《고주습유》 3권은 송대 설상공薛尙功의 《역대종정이기관지법첩歷代鐘鼎彝器款識法帖》과 청대 완원阮元의 《적고재종정이기관지積古齋鐘鼎彝器款識》, 오영광吳榮光의 《균청관금문筠淸館金文》이상 3종의 금문 저록서적 중에 있는 잘못된 풀이를 바로잡은 것으로 광서 14년(1888)에 간행되었다. 《고주여론》 2권은 청대 오식분吳式芬의 《군고록금문攟古錄金文》중의 잘못된 풀이를 바로잡은 것인데 광서 29년(1903)에 탈고하여 1929년에 간행되었다. 손이양은 문자학과 고문헌 방면에 있어서의 조예가 매우 깊었다. 금문을 연구함에 있어

손이양

자형분석에 대하여 상당히 신중하였고, 고서 중의 유관자료를 활용하는 데 능통하였던 관계로 전인들을 뛰어넘는 업적을 올릴 수 있었던 것이다. 《계문거례》 2권은 광서 30년(1904)에 유악劉鶚의 《철운장귀鐵雲藏龜》(1903)를 읽고 나서 쓴 것인데, 1917년에 나진옥이 원고를 영인하여 출판하였다. 이것이 바로 갑골문을 전문으로 다룬 최초의 연구서적이다. 그 가운데에는 착오가 적잖이 발견되고 있지만, 중시할 만한 가치가 있는 견해가 일부 담겨 있다.

《명원》2권은 광서 31년(1905)에 탈고하여 민국民國 초에 발간되었다. 이 책에서 손이양은 갑골문과 금문에 대한 그의 연구를 문자학적인 각도에서 재조명하여 그 성과를 총결지었다. 편방을 분석하고 자형의 번간繁簡 변화 등을 설명하는 데 주력하는 한편, 한자의 원시형태와 변화원인에 대하여도 탐구하였다. 근대 이후의 학자들은 손이양의 저작이 청대 고문자학의 최고 수준을 대표하는 것이라고 간주하고 있다.

參考書目
朱芳圃:《孫詒讓年譜》(中國史學叢書), 商務印書館, 1934.　　　　　(裘錫圭)

나진옥羅振玉 | 1866—1940

중국의 고문자학자이자 금석수집가인 나진옥은 절강浙江 상우上虞 태생으로 자는 숙온叔蘊·숙언叔言이고, 호는 설당雪堂이다. 청대 동치同治 5년(1866) 6월 28일 하급관리의 가정에서 태어나 16세 때 수재秀才로 천거되었다. 광서光緒 22년(1896)부터 상해에서 학농사學農社·동문학사東文學社를 설립하였고, 후에 호북湖北 등의 성에서 농무와 교육 방면의 직무를 맡았었다. 광서 33년에 북경으로 가서 학부學部(지금의 교육부에 상당)의 자문을 역임하였다. 신해혁명 후에는 스스로 유민遺民 행장으로 각지를 떠돌면서 만청 조정의 복원을 획책하였고, 만청 정부수립활동에 참여하였다. 민국 29년(1940) 5월 14일 여순旅順에서 작고하였다. 나진옥은 청년시절 때부터 금석학을 애호하여 평생에 걸쳐 130여 종의 저작을 남겼다. 고서 4백여 종을 새로 간행해내기도 하였다. 만청 이래 발견된 문물, 예컨대 은허갑골·서수간독西陲簡牘·한위석경漢魏石經・청내각대고당안清內閣大庫檔案 등에 대한 수집 및 연구활동에 종사하여 중요한 공헌을 이룩하였다.

은허갑골은 광서 25년(1899)에 발견되었다. 그로 부터 2년 후 나진옥은 유악劉鶚이 소장한 갑골을 보고 나서 그것을 탁본하여《철운장귀鐵雲藏龜》로 엮어내도록 건의하였다. 그런 일이 있은 후 갑골이 출토된 지점을 몸소 답사하였고, 갑골에 새겨진 문장 중에 상나라 왕의 명호名號를 발견하기도 하였다. 선통宣統 2년(1910)에는《은상정복문자고殷商貞卜文字考》를 지었고, 같은 해에 골동상인들을 통하여 수집한 갑골을 선편選編하여《은허서계전편殷墟書契前編》을 편찬하였다. 그 이듬해에는 아우 나진상羅振尙 등에게 명하여 은허로 가서 갑골 등 골동품을 구입하도록 하였다. 민국 4년(1915)에는 다시 은허 지역을 친히 답사하기도 하였다. 갑골에 관한 저작으로는 그밖에도《은허서계고석殷墟書契考釋》・《은허서계청화殷墟書契菁華》・《철운장귀지여鐵雲藏龜之餘》・《은허고기물도록殷墟古器物圖錄》・《은허서계대문편殷墟書契待問編》・《은허서계후편》・《은허서계속편》 등 수 종에 이른다.

나진옥

청동기에 관한 것으로는《몽위초당길금도夢郼草堂吉金圖》・《정송당집고유문貞松堂集古遺文》・《정송당길금도貞松堂吉金圖》 등을 편찬한 바 있고,《삼대길금문존三代吉金文存》20권은 양질의 탁본을 모두 모아 놓은 것으로 금문회편金文匯編 중에서 가장 중요한 것으로 널리 쓰였다.

그밖에도 왕국유王國維와 더불어《유사타간流沙墮簡》을 공저하였고,《명사산석실비록鳴沙山石室秘錄》・《돈황석실유서敦煌石室遺書》・《명사석실일서鳴沙石室佚書》(正・續編)・《명사석실고적총잔鳴沙石室古籍叢殘》・《돈황영습敦煌零拾》・《정송당서수비적총잔貞松堂西陲秘籍叢殘》 등 돈황 사본寫本을 저록하여 사계에 큰 영향을 미쳤다.

(李學勤)

왕국유王國維 | 1877—1927

중국의 사학자이자 언어문자학자인 동시에 문학가인 왕국유는 절강浙江 해녕海寧 태생으로 자는 정안靜安, 호는 관당觀堂이며 영관永觀이라는 호를 사용하기도 하였다. 어려서는 항주杭州에 있던 숭문서원崇文書院에서 공부하였

왕국유

고, 1898년에는 나진옥이 운영하던 동문학사東文學社에 입학하여 외국어와 철학·문학 등 신학문을 익혔다. 1907년에는 나진옥과 함께 북경으로 가서 지금의 교육부에 상당하는 기관에 복무하였다. 신해혁명 후에는 나진옥을 따라 일본 경도京都로 피신하여 그곳에서 고문자 연구를 시작하였다. 1916년에 귀국하여 상해로 가서 영국인 하통(哈同)이 창설한 성명지대학聖明智大學에서 교수로 봉직하였다. 1922년에는 북경대학 대학원 국학문통신도사國學門通信導師를 역임하였다. 1925년에는 북경으로 가서 청화연구원淸華研究院 교수로 봉직하다가 1927년 이화원頤和園(북경 서북쪽 萬壽山 기슭에 있는 庭園으로 光緖 연간에 西太后가 피서하던 곳으로 유명함—역주)에 있는 곤명호昆明湖에 몸을 던져 스스로 목숨을 끊었다.

왕국유는 평생을 저술활동에 몸을 바쳐 많은 저작을 남겼고, 실로 대단한 학술업적을 이룩하여 새로운 학술풍조의 선구적 역할을 담당하였다. 고문자 연구에 있어서 가장 탁월한 업적을 이룬 것은 갑골문에 관한 것이다. 왕국유가 평소에 가까이 모시던 나진옥이 2,3만 편의 갑골을 소장하고 있었기에 그 자료들을 이용하여 많은 글자를 고석해낼 수 있었던 것이다. 뿐만 아니라 지하에서 출토된 실물자료와 역사 문헌자료를 상호 대조연구하는 데 능하여,《은복사중소견선공선왕고殷卜辭中所見先公先王考》·《은복사중소견선공선왕속고》 등 주옥같은 논문을 써서 상대의 선공先公·선왕先王의 명호名號·세계世系·칭위稱謂 문제를 체계적으로 연구하였던 것이다. 입론立論이 정확하여 학자들이 감탄하지 아니할 수 없었다. 하통(哈同)이 편집한《전수당소장은허문자戩壽堂所藏殷墟文字》에 수록된 갑골문자를 고석한 것에서도 새로 알아낸 사실이 많이 담겨 있다. 갑골학에 관한 그의 업적은 형언하기 어려울 만큼 대단한 것이다.

왕국유는 금문 연구에 있어서도 탁월한 업적을 거두었다. 그가 편집한《송대금문저록표宋代金文著錄表》와 《국조(청조)금문저록표國朝(淸朝)金文著錄表》는 송대와 청대의 서적 가운데 저록된 유명有銘 청동기를 찾아보는 데 필요한 중요 참고서이다. 그는 또 청동기 명문을 고석한 10여 편의 문장을 쓰기도 하였는데, 그러한 문장은 모두《관당집림觀堂集林》에 실려 있다. 왕국유의 문자 해석은 극히 신중을 기한 것이었다. 잘 모르는 것이 있을 경우에는 그냥 남겨두었던 관계로 억지로 말을 꾸며내는 일이 없었다. 그는《모공정고석毛公鼎考

釋》서문에서 다음과 같이 말하였다.『오늘날 통용되는 문자는 모든 사람들이 읽어서 알아볼 수 있는 것이다.《시경》과《상서》에 적혀 있는 문장이나 청동기에 새겨져 있는 문장은 옛날에 통용되었던 문자이다. 오늘 우리들이 그것을 판독하기가 어려운 까닭은, 우리들의 고대의 것에 대한 지식이 현대의 것에 대하여 알고 있는 정도로 깊지 못하기 때문이다. 사실 고대의 역사 사실이나 문물제도를 알자면 마땅히 그 시대 상황을 먼저 알아야만 한다. 그렇게 하므로써《시경》이나《상서》를 바탕으로 삼아 고대문자 의미의 통례를 알 수 있고, 고음을 고찰하므로써 그 뜻의 가차현상을 통달할 수 있으며, 청동기 명문을 참고하므로써 고대문자의 변화를 경험할 수 있을 것이다. 이것으로부터 저것을 알아낸다면, 즉 갑으로부터 을을 추론한다면 해석할 수 없는 글자나 통하지 않는 뜻에 대하여 반드시 얼마간의 얻음이 있게 될 것이다. 今日通行文字, 人人能讀之解.《詩》·《書》彝器亦古之通行文字, 今日所以難讀者, 由今人之知古代不如知現代之深故也. 苟考之史事與制度文物以知其時代之情狀, 本之《詩》·《書》以求其文之義例, 考之古音以通其義之假借, 參之彝器以驗其文字之變化, 由此而之彼, 卽甲以推乙, 則于字之不可釋·義之不可通者, 必間有獲焉』이 일단의 말은 바로 청동기 명문을 고석하는 방법론에 관하여 언급한 것이다. 이로써 그가 고문자를 연구함에 있어 얼마나 깊이 있게 생각하였는지를 엿볼 수 있을 것이다. 또한 그가 제기한『전국시대에 진나라에서는 주문籒文을 사용하였고, 육국에서는 고문古文을 사용했었다는 설 戰國時秦用籒文, 六國用古文說』도 많은 학자들에 의하여 받아들여진 학설이다.

왕국유는 고대의 역사·고문자에 관한 연구에 있어서 공헌을 세운 것 이외에도 고음과 훈고에 관하여도 많은 주옥같이 소중한 논저를 남겼다. 예를 들면,《보고우왕씨설문해성보補高郵王氏說文諧聲譜》·《연면자보聯綿字譜》·《여우인논시서중성어서與友人論詩書中成語書》·《이아초목충어조수석례爾雅草木蟲魚鳥獸釋例》·《서곽주방언후書郭注方言後》등은 모두 당대는 물론 앞으로도 계속 중시될 만한 논저로 꼽히고 있는 것이다. 종합하건대 왕국유의 학문 연구는 넓이로 말하자면 실로 바다보다 넓었으며, 시종일관 실사구시 정신에 입각하여 학문에 임하였던 관계로 이전 사람들의 기존 관념에 얽매이지 아니하였고, 세심하게 비교논증하고 실물자료와 문헌자료를 적절히 참고 검증하므로써 옳고 그름을 판단하였으므로, 그의 연구로 말미암아 새롭게 알게 된 사실이 한두 가지에 그치지 아니하였다.

(周祖謨)

용경容庚 | 1894—1983

중국의 고문자학자인 용경은 광동廣東 동완東莞 태생으로 자는 희백希白, 호는 송재頌齋이다. 청년시절 외삼촌 등이필鄧爾匹을 따라서 《설문해자》를 공부하였다. 그때부터 그는 고문자를 연구하기로 뜻을 세웠다고 한다. 1917년에는 《은주진한문자殷周秦漢文字》 편찬계획을 입안하고, 그 계획의 일환으로 《금문편金文編》 편저에 착수하였다. 1922년에는 북경대학 대학원 국학과에 입학하였다. 1926년에 동 대학원을 졸업한 후에 북경대학과 연경대학燕京大學에서 교편을 잡으며 《연경학보》 편집장을 역임하였다. 1927년에는 북평고물진열소北平古物陳列所의 감정위원을 맡았다. 1934년에는 고고학사考古學社의 창설과 《고고사간考古社刊》 출판에 참여하였다. 중일전쟁이 끝난 이후에는 영남대학嶺南大學 중문과 학과장을 역임하였다. 1949년 이후에는 중산대학中山大學 중문과 교수로 봉직하다가 1983년 3월 6일에 작고하였다.

고문자학에 대한 그의 공헌은 주로 금문 연구에 관한 것이 대부분이다. 금문자회字匯에 상당하는 《금문편》의 초판이 1925년에 나왔고, 그후에 다시 증보 재판이 출간되어 상주商周 금문을 학습하고자 하는 학생들에게 필독서로 활용되었다. 이에 뒤이어 편찬된 《금문속편》은 진한시대의 금문을 전적으로 수록한 것이고, 진한 금문에 쓰인 글자들을 모아서 편집한 《진한금문록秦漢金文錄》을 《금문속편》의 자매편으로 출판하였다.

용경은 청동기의 진짜와 가짜를 판명하는 일에도 정통하여, 일찍이 청조 궁궐에 소장되었던 골동품을 감정하는 일에 종사하면서 《보온루이기도록寶蘊樓彛器圖錄》·《무영전이기도록武英殿彛器圖錄》·《서청이기습유西淸彛器拾遺》 등을 편찬하였다. 한편 해외에 유출된 청동기를 선집選輯하여 《해외길금도록海外吉金圖錄》을 출판하였으며, 유체지劉體智가 소장한 청동기를 편선하여 《선재이기도록善齋彛器圖錄》을 엮어냈다. 그 자신이 수장하고 있던 것을 모아서 《송재길금도록頌齋吉金圖錄》과 《속록續錄》을 편찬하였다.

용경

용경이 저술한 《상주이기통고商周彛器通考》는 1941년에 출판되었는데, 이것은 상주 청동기 전반에 대하여 통론식으로 서술한 것으로서, 상편(通論)은 원기原起·발견·유별類別·시대·명문·화문

花紋・주법鑄法・가치・거수去銹・탁묵拓墨・방조倣造・변위辨僞・소훼銷毀・수장收藏・저록 이상 15장으로 구성되어 있고, 하편(各論)은 식기食器・주기酒器・수기水器 및 잡기雜器・악기樂器 이상 4장으로 짜여져 있다. 그리고 많은 분량의 도판을 부록으로 실어 놓아 청동기 연구에 있어서 매우 큰 영향을 미쳤다. 1949년 이후에 장유지張維持와 합편한《은주청동기통론殷周靑銅器通論》이 1958년 과학출판사에서 출판되어《고고학전간考古學專刊》병종 제2호로 등록되었다. 만년에는 서화와 비첩碑帖에 관한 연구에도 심혈을 기울여 적잖은 논저를 남기기도 하였다.

(李學勤)

동작빈董作賓 | 1895—1963

중국의 갑골학자이자 역사학자인 동작빈은 하남성 남양南陽 사람으로 자는 언당彦堂이고, 호는 평려平廬이다. 청대 광서光緒 21년 2월 24일(1895. 3. 20)에 태어났다. 1923—1924년 북경대학 대학원 국학과(國學門)에서 수학하였다. 1928년에는 중앙연구원中央研究院 역사언어연구소歷史言語研究所 편집원으로 종사하다가 후에 연구원으로 승격하였다. 일찍이 여러 차례에 걸친 역사언어연구소의 은허 발굴작업에 참여한 바 있다. 1949년에는 중앙연구원이 대만으로 옮겨감에 따라 그곳으로 가서 역사언어연구소 소장・홍콩대학 동방문화연구원 연구원・대만대학臺灣大學 교수 등을 역임하다가 1963년 11월 23일 대북臺北에서 서거하였다. 주요 저작으로는《갑골문단대연구례甲骨文斷代研究例》(1933,《慶祝蔡元培先生六十五歲論文集》上冊에 수록되어 있음)・《은력보殷曆譜》(1945)・《서주연력보西周年曆譜》(1952, 臺北《中央研究院歷史言語研究所集刊》23本 下冊)・《갑골학오십년甲骨學五十年》(1955, 후에 嚴一萍이《甲骨學六十年》으로 재편함)・《중국연력총보中國年歷總譜》(1959) 등을 남겼다. 대북에 있는 예문인서관藝文印書館에서 동작빈의 저작을 한 군데로 모아서《동작빈선생전집》을 편집하여 1978년에 출판하였다.

동작빈은 1949년 이전에 역사언어연구소에서 주관한 은허발굴을 통하여 찾아낸 대량의 갑골문 자료를 정리한 핵심학자이다. 그는 은허 갑골복사甲骨卜辭 중에〈정인貞人〉의 이름이 적혀 있는 현상(그는 상나라 왕들을 위하여 점을 쳐서 답을 묻는 사람을 일러〈貞人〉이라 하였음)을 제일 먼저 발견하였다. 또한 복사 중에 기록되어 있는 선인先人들에 대한 상왕의 호칭・정인들의 이름 및 복사의 자형・서체 등 여러 방면에 걸친 특색에 근거하여 종합적으로 연구하

동작빈

고, 그 연구결과를 토대로 복사의 시대를 구분지으므로써 갑골문에 대한 단대斷代연구라는 학설을 성립시켰다. 은허 갑골문이 존재하였던 시간은 전후 2백여 년에 상당하는 바, 동작빈은 그것을 다음의 5기로 세분하였다. 제1기—무정武丁 이전, 제2기—조경祖庚·조갑祖甲, 제3기—늠신廩辛·강정康丁, 제4기—무을武乙·문정文丁, 제5기—제을帝乙·제신帝辛. 후에 동작빈은 다시 분파설을 발표하여 분기설의 미비점을 보충하였다. 그는 갑골복사에 반영된 예제禮制를 근거로 조경 이전의 여러 왕과 무을·문정을 구파舊派에 넣고, 그밖의 여러 왕을 신파新派로 구분하였다. 그의 단대학설은 갑골문 연구수준을 크게 제고提高하는 촉진작용을 일으켰다. 그러나 그가 도출한 결론 중 세부적인 내용 모두가 완전히 정확한 것은 아니었던 관계로, 후에 그것을 다시 연구한 사람들이 여러 가지 다른 의견을 개진하였다. 동작빈은 또 〈신파〉의 제사 내용이 담긴 복사를 통하여 상왕이 엄격하게 규정된 일정에 따라 선왕과 선비를 차례차례로 제사지냈다는 이른바 《오종사전五種祀典》(후에 연구한 학자들은 〈주제周祭〉라 칭하였음)을 정리해냈다. 이 학설 또한 갑골학에 있어서 상당히 중요한 공헌을 이룩한 것이다.

參考書目

嚴一萍:《董作賓先生年譜初稿》,《董作賓先生全集》第12册에 실려 있음, 藝文印書館, 臺北, 1978.

(裘錫圭)

우성오于省吾 | 1896—1984

중국 고문자학자이자 훈고학자인 우성오는 요령遼寧 해성海城 태생으로 자는 사박思泊, 호는 쌍검치주인雙劍誃主人·택라거사澤螺居士·숙흥수夙興叟이다. 1896년 12월 23일생이며, 1919년 심양瀋陽국립고등사범을 졸업하였다. 3,40년대에는 보인輔仁대학·연경燕京대학·북경대학 등에서 고문자학을 강의하였다. 1955년부터는 동북인민대학(1958년 〈吉林大學〉으로 개칭됨) 역사과 교수로 봉직하다가 1984년 7월 17일 장춘長春에서 작고하였다.

우성오가 고문자학 방면에 있어서 거둔 업적은 주로 갑골문과 금문 고석에 관한 것이었다. 그는 40년대에 갑골문을 전적으로 고석한 저서 3종, 즉《쌍검치은계변지雙劍誃殷契駢枝》(1940) 및 그 속편(1941)·삼편(1943)을 직접 출판하였다. 50년대에는 또 간행물에다 갑골문을 고석한 문장을 다수 발표하였다. 후에 기발표한 갑골문 고석을 산정刪訂하고, 미발표 문장을 덧붙여서《갑골문자석림甲骨文字釋林》을 편찬하였는데, 그 책은 중화서국中華書局에서 1979년에 출판되었다. 그가 지은《쌍검치길금문선雙劍誃吉金文選》(1933)은 고문자 연구에 종사하기 시작한 초반에 저술한 것이다. 후에 계속해서 금문 연구논문을 다수 발표하였다. 만년에 금문 고석에 관한 기발표 논문과 미발표 원고를 합쳐서《길금문자석림吉金文字釋林》을 편집할 준비를 갖추었는데, 아깝게도 완성을 눈앞에 두고 세상을 떠났다. 그는 고문자를 고석함에 있어 각별한 신중함과 엄격함을 잃지 않았다. 그는 고문자를 연구할 때『각글자마다 제각기 구비하고 있는 자형·자음·자의의 세 방면에 걸친 상호관계 每一個字本身的形·音·義三方面的相互關係』에 대하여 각별히 주의할 것을 강조하였다. 아울러『각글자에 있어서 동시대의 기타 글자와의 횡적관계 每一個字和同時代其他字的橫的關係』와 하나의 글자가 각시대별로 모양을 달리하는〈종적관계縱的關係〉에 주목하여야 한다고 주장하는 한편, 충분한 근거에 입각하지 아니하고 임의로 고문자를 고석하는 것을 반대하였다. (참고《갑골문자석림》서문) 그는 또 일찍이 고대 기물과 고문자 자료의 수집정리에 심혈을 기울인 결과《쌍검치길금도록》(1934)·《쌍검치고기물도록》(1940)·《상주금문록유商周金文錄遺》(1957) 등 자료서를 출간하였다. 고대 기물 중에서 정품精品으로 꼽히는 오왕부차검吳王夫差劍과 소우착금검少虞錯金劍을 일찍이 그가 소장한 적이 있었으므로, 그의 서재명을〈쌍검치雙劍誃〉(〈誃〉는〈簃〉와 통하는 글자로 누각 옆에 붙은 작은 방을 뜻함)라고 하였다고 한다.

우성오는 선진 고적古籍을 전석詮釋하는 데에 있어서도 많은 업적을 거두었다. 이 방면의 주요 저작으로는《쌍검치상서신증雙劍誃尙書新證》(1934)·《쌍검치역경신증》(1936)·《논어신증》(1941)·《쌍검치제자신증》(1940, 신판 1962)·《택라거시경신증澤螺居詩經新證》(1982) 등을 꼽을 수 있다. 그는 선진시대의 고적古籍을 연구함에 있어서는 마땅히 지하에서 발굴된 신자료를 최대한 이용하여야 한다고 생각하여, 갑골문과 금문 등의 자료를 즐겨 이용하여 선진 고

우성오

적에 씌인 문자를 바로잡아서 새로이 해석하였던 관계로 그의 저작 명칭에다 〈신증新證〉 두 글자를 첨가하였던 것이다.

50년대 이후에도 갑골문과 금문 등의 자료에 근거하여 상고 사회·역사에 관하여 연구한 논문을 몇 편 발표하였다. 그는 고문자를 고석할 때에도 상고 사회·역사 및 민족학 등 다방면에 걸친 지식을 최대한 이용하여 문자의 모양과 뜻을 풀이하였다.

參考書目
于省吾《于省吾自傳》,《晉陽學刊》第2期(1982)에 실려 있음. (裘錫圭)

당란唐蘭 | 1901—1979

중국의 고문자학자인 당란은 절강浙江 가흥嘉興 수수현秀水縣 태생이며, 자는 입암立庵이다. 일찍이 강소성江蘇省 무석無錫에 있던 국학전수관國學專修館에서 3년 동안 공부한 후에 《설문해자》와 고문자 연구에 종사하였다. 그 방면의 성적이 남달리 뛰어났기 때문에 나진옥羅振玉과 왕국유王國維는 그를 《설문해자》를 저술한 동한시대의 학자 허신許愼에 버금가는 인재라고 극찬하였다고 한다.

1932년부터 각대학에 초빙되어 고문자학을 강의하였고, 1946년부터 북경대학 교수로 봉직하였다. 1949년 이후부터는 고궁박물관故宮博物館으로 전임되어 진열부 주임·연구원·부원장 등의 직무를 역임하였다. 그가 고문자를 연구함에 있어서 가장 즐겨 이용한 방법은 손이양의 편방분석법偏旁分析法이었다. 그는 지극히 많은 글자를 처음으로 판독하면서, 억측을 꾸미는 일이 없었으므로 많은 학자들이 그의 방법과 견해를 존숭하였다. 저서로는 《고문자학도론》·《은허문자기殷墟文字記》·《천양각갑골문존天壤閣甲骨文存》·《중국문자학》 등 전문서적을 남겼다. 《고문자학도론》은 고문자 연구의 이론과 방법에 관한 것으로서 주옥같이 중요한 견해가 그 가운데 피력되어 있다. 《중국문자학》은 고대문자의 기원과 문자의 발전변화에 대하여 상세히 논술한 것이다. 그는 전통적인 육서설을 따르지 아니하고, 상형象形·상의象意·형성形聲이라

당란

는 삼서설을 별도로 창안하여 일가견을 이룩하였다. 그밖에 고문자를 고증한 논문들을 《국학계간國學季刊》・《고고학보考古學報》・《문물文物》 등 유력 학술지에 발표한 바 있다. 장사長沙 마왕퇴馬王堆 한묘漢墓에서 백서帛書가 출토된 이후, 그 정리작업에 적극 참여하여 거기에 씌어 있는 많은 글자들을 고석하기도 하였다.

(周祖謨)

곽말약郭沫若 | 1892-1978

중국의 문학가이자 사학자인 동시에 고문자학자인 곽말약은 사천四川 요산樂山 태생으로 자는 정당鼎堂이다. 그가 평생을 바쳐 남긴 저서는 수없이 많은데, 특히 고문자 연구에 많은 심혈을 기울인 결과 《갑골문자연구甲骨文字研究》・《은주청동기명문연구殷周靑銅器銘文硏究》・《복사통찬卜辭通纂》・《은계수편殷契粹編》・《금문총고金文叢考》・《양주금문사대계도록고석兩周金文辭大系圖錄考釋》 등 중요 저서를 남겼다. 그의 고문자 연구는 문자를 식별하는 데 치중한 것이 아니라 고대사회의 발전을 그 연구에 결부시켜서 갑골문과 금문에 반영되어 있는 역사 사실을 탐색하는 데 주력한 것이었다.

고문자에 의하여 역사를 조명하고, 역사 사실을 통하여 문자를 고증하므로써 많은 새로운 사실을 밝혀낼 수 있었다. 《복사통찬》은 나진옥이 지은 《은허서계고석殷墟書契考釋》에 뒤이어 세상에 선을 보인 것으로 갑골문을 학습함에 있어서 빼어 놓을 수 없는 필독의 자료서이다. 이 책에서는 갑골복사의 내용을 체계적으로 분류하여 각종 자료를 배열해 놓았다. 양주시대에 만들어진 청동기의 수량은 엄청난 숫자에 달하며, 그러한 것들에 관한 자료가 각종 금석관계 서적에 산재해 있는 실정이었다. 곽말약이 혼신의 힘을 기울여 광범위하게 자료를 수집해서 시대와 지역별로 구분하여 해석・정리하였으니, 그의 공로는 실로 지대한 것이었다. 곽말약은 그밖에도 금문에 관한 논문을 여러 유력 학술지에 발표한 바 있다. 그러한 글들은 그의 《문사론집文史論集》에 모아져 있다. 만년에는 또 《갑골문합집》을 주편主編하기도 하였다. 이 방대한 분량의 책은 갑골문 자료의 총집으로서, 5만여 편에 이르는 갑골을 시기와 내용에 따라 분류 수록하였으니 실로 상대商代 사회・문화와 갑골문자를 연구

곽말약

하는 데 필요한 자료의 보고라 할 수 있는 것이다. (周祖謨)

진몽가陳夢家 | 1911—1966

중국 고문자학자인 진몽가는 절강浙江 상우上虞 사람으로 청년시절에는 신월파新月派 시인으로 활약하여 여러 권의 시집을 남기기도 하였다. 일찍이 중앙대학에서 법률공부를 한 바도 있는데, 1932년에는 연경대학燕京大學에 들어가서 중국 고대종교·신화·예속禮俗을 공부하다가 나중에는 고문자와 고대역사를 연구하는 데 주력하였다. 1937년부터는 곤명昆明에 있던 서남연합대학西南聯合大學에서 고문자학을 강의하였다. 1944년에는 미국으로 건너가 연구와 강의에 종사하는 동안에 유럽으로 가서 그곳에 산재되어 있는 중국 청동기 자료를 수집하기도 하였다. 1947년에 북경으로 돌아와 청화대학淸華大學에서 교수로 봉직하였고, 1952년에는 중국과학원 고고연구소 연구원으로 발탁되었다. 〈문화대혁명〉이 발발한 후 1966년 9월에 박해를 받아 서거하였다.

고문자학에 있어서 진몽가의 연구는 다방면에 걸치고 있다. 청동기 분야에 관한 저작이 가장 많은데, 주로 청동기의 형태학적 연구와 분기 표준문제에 주의를 기울인 것이다. 《고고학보考古學報》에 발표된 《은대동기殷代銅器》(第7冊, 1954)·《서주청동기단대西周靑銅器斷代》(第9冊, 1955—1956年 第4期) 이 두 편의 논문은 그의 대표작으로 꼽히는 것이다. 특히 후자는 전체 중에서 여섯 편만 연재된 것인 바, 고고연구소에서 그의 유고를 정리하여 곧 발표할 예정이라고 한다. 그가 수집한 해외 소장 청동기 자료는 《미제국주의가 겁탈해간 중국 은주청동기집록 美帝國主義劫掠的我國殷周靑銅器集錄》이라는 이름의 책으로 엮어졌다.

갑골학 방면에 있어서의 진몽가의 저작으로는 1956년에 출판된 《은허복사종술殷墟卜辭綜述》이 있다. 이 책은 각 학자들의 연구성과를 종합하여 그 중에서 신빙성 있는 것만을 취합함과 동시에 자신의 새로운 견해를 상당수 피력해 놓은 저작이다. 이 책 중의 《단대》 부분은 기본적으로는 그가 1949년부터 발표한 바 있는 《갑골단대학甲骨斷代學》 4편을 기초로 삼은 것인데, 그는 갑골복사를 〈사조自組〉·〈자조子組〉·〈오조午組〉 등으로 구분하였다. 이러한 학설은 갑골 분기에 있어서 중요한 공헌을 이룩한 것이다.

60년대에는 한간漢簡 연구에 혼신의 힘을 기울였는데, 감숙성甘肅省 무위武威 마취자磨嘴子에서 출토된 동한東漢시대의 간독簡牘을 정리 연구하여 《무위한간武威漢簡》을 출판하였다. 그는 또 이 분야에 관한 많은 논문을 저술하였다. 당시에는 단지 일부만을 발표한 것이었다. 안타깝게도 그가 사인방 무리들에 의하여 처형당하여 세상을 떠난 후, 그의 논문들을 한 군데 모아서 엮은《한간철술漢簡綴述》이 1980년에 출판되었다. 이 책에는 돈황敦煌과 거연居延 등지에서 출토된 한간 자료에 대하여 광범위하게 연구한 내용이 담겨 있다.

진몽가는 또 고대역사와 문헌에 관한 저작도 상당수 발표한 바 있다. 예를 들어《상서통론尙書通論》·《서주연대고西周年代考》·《육국기년六國紀年》등이 그러한 것이다.《육국기년》은 전국문자戰國文字 자료를 이용하여 연구한 것이다.

(李學勤)

상승조商承祚 | 1902—

중국 고문자학자인 상승조는 광동廣東 번우番禺 태생으로 자는 석영錫永, 호는 계재契齋이다. 1921년부터 나진옥을 스승으로 모시고 갑골문과 금문에 관하여 학습하였다. 그후 북경대학 대학원에 수학하였고, 1925년에는 동남대학東南大學 강사를 역임하다가, 1927년에는 중산대학中山大學 교수에 임명되었다. 30년대에는 북평여자사범대학·청화대학·북경대학·금릉대학金陵大學에서 교수를 지냈다. 중일전쟁이 발발하자 금릉대학을 따라 남으로 이주하였다. 그후에 제로대학齊魯大學·중경대학重慶大學·중경여자사범대학 등 각 대학에서 교수로 봉직하였다. 1948년부터는 중산대학으로 돌아와서 현재까지 교수로 봉직하고 있다.

상승조가 1923년에 출판한《은허문자류편殷墟文字類編》은 최초의 갑골문자 자전에 상당하는 것이다. 1933년에 출판된《복씨소장갑골문자福氏所藏甲骨文字》와《은계일존殷契佚存》에는 갑골문을 고석한 문장이 함께 수록되어 있는데, 후자의 것이 비교적 상세하다. 청동기 방면에 있어서는 1935에 우성오·방환경方煥經 등이 소장하고 있던 청동기를 모아서《십이가길금도록十二家吉金圖錄》이라는 책명으로 출판하였다. 그리고 1936년에는 1923년 산서성山西省 혼원渾源 이욕李峪에서 발견된 27건의 청동기를 모아서《혼원이기도渾源彝器圖》를 편찬하였다. 이 두 책도 학술계에서 중시되고 있다. 1933년《금릉학보金陵學報》3권 2기에 발표된《고대이기위자연구古代彝器僞字研究》는 창견이 많이 담겨 있는 논문이다. 그밖에도 갑골·금문에 관한 연구논저가 상당수 있다. 중일전쟁(1937—1945) 초 장사長沙에 간 적이 있는데, 그곳에서 대량의 전국

상승조

戰國시대 문물이 도굴되어 나돌고 있는 것을 목격하고는 그것들을 하나하나 조사하여《장사고물문견기 長沙古物聞見記》를 지어 1939년 성도成都에서 출판하였다. 그후 1955년에 다시《장사출토초칠기도록長沙出土楚漆器圖錄》을 출판하였다. 그의 이 두 가지 저서는 초楚문화 연구에 있어서 귀중한 자료로 쓰이고 있다. 1949년 이래 계속해서 초문화와 유관한 자료, 특히 초나라 문자 자료를 수집연구하여 수 편의 각종 논저를 연이어 발표하였다. 그밖에도《설문중지고문고說文中之古文考》·《석각전문편石刻篆文編》등 수종의 전문서적을 편찬하기도 하였다.　　　　　　（李學勤）

Ⅱ 문자 개혁 부문

백화문운동白話文運動 | Vernacular Movement

1919년 〈5·4〉운동을 전후하여 북경을 시발로 전국으로 확대된 획기적인 문체개혁운동을 백화문운동(Vernacular Movement)이라 한다. 이것은 서면언어를 문언文言으로 쓰지 말고, 백화 즉 구어체로 바꾸어 쓸 것을 제창한 것이다. 백화문운동은 일찍이 〈문학혁명文學革命〉의 구호 아래 발동되었고, 나아가 〈사상혁명思想革命〉의 일환으로 발전된 것으로서, 신문화운동의 한 중요한 마디 역할을 하였다. 이 운동을 제창한 사람은 호적胡適(1891—1962)·진독수陳獨秀(1880—1942)·전현동錢玄同(1887—1939)·노신魯迅(1881—1936) 등이다. 그들은《신청년》잡지를 주요 진지陣地로 삼고서, 북경대학의 진보적인 교수·학생이 주축이 되어서 형형색색의 문언문 옹호자들과 논전論戰을 전개하여 백화문의 승리를 이끌어냈다.

백화문운동의 역사적 배경

문언문文言文은 원래 옛사람들의 입말을 간략하게 간추려 놓은 것으로서 일찍이 선진시대에 부터 쓰이고 있었다. 서한시대에 이르러서는 봉건통치자들이 오로지 유가학파 儒家學派만을 존중하자, 이들 경전을 기록하는 데 사용된 문언문이 바뀔 수 없는 만고萬古의 본보기가 되었던 것이다. 대를 거듭할수록 문언문은 실제의 입말과는 거리가 더욱더 멀어지게 되었다. 이러한 상황으로 말미암아 사회의 발전과 언어의 발전이 서로 조화를 이룰 수 없게 되었다. 당송 이후, 백화문의 서면어가 점차 고개를 들기 시작하였다. 처음에는 입말에 비교적 가까운 〈변문變文〉·〈어록語錄〉류의 문체로써 불교 교의를 전파하다가, 후에 가서는 자본주의 요소가 싹트고 시민계급이 대두됨에 따라 당시의 입말로 써놓은 명청明淸 장회소설章回小說이 출현하게 되었다. 그러나 청대말에 이르기까지 백화문은 단지 통속문학의 범위 이내에 국한되어 있었던 관계로 문언문만이 최고라는 국면을 무너뜨리고서, 그것이 서면언어로 통용된다는 것은 여전히 불가능한 일이었다.

역대로 적잖은 학자들이 더욱 많은 사람들로 하여금 서면문자를 알아볼 수 있도록 하기 위해서는 서면언어가 입말과 일치해야 한다고 주장한 바 있다. 1861년 홍인간洪仁玕(1822—1864)이 홍수전洪秀全의 지시를 받들어《계부문교언유戒浮文巧言諭》를 반포하여 문체개혁의 방침을 다음과 같이 제시하였다.

『반드시 고전의 말을 따를 필요는 없다. 不須古典之言』『언제나 확실하고 명확하여 보는 사람들로 하여금 한눈에 알아볼 수 있게 하여야 한다. 總須切實明透, 使人一目了然』다시 2,30년이 지난 뒤, 자산계층의 개혁파들이 변법유신을 선전하고, 백성들의 지식수준을 끌어올리기 위하여 백화문을 제창하였다. 이를테면 황준헌黃遵憲(1848—1905)은 속어를 인용하여 시를 지어『내 손은 내 입을 쓴다 我手寫我口』《雜感》고 선창하였으며, 구정량裘廷樑(1857—1943)은 『백화가 유신의 근본이다 白話爲維新之本』라고 생각하여『백화를 숭상하고 문언은 폐기해 버리자 崇白話而廢文言』는 구호를 외쳤다. 그리고 진영곤陳榮袞은 신문은 마땅히 백화문으로 고쳐 써야 한다는 점을 명확하게 주장한 첫번째 사람이다. 왕조王照는 자신이 제정한 관화官話 자모는『북방 사람들의 통속적인 입말 北人俗話』의 음을 표기하기 위한 것일 따름이지, 문언의 음을 표기하고자 고안한 것이 아님을 분명하게 밝혀 놓았다. 그들은 또 통속천현通俗淺顯한 문장을 적극적으로 권장하고 몸소 실천하였다. 양계초梁啓超(1873—1929)는 당시 문단의 패권을 차지하고 있던 동성파桐城派 고문가들에게 맨 처음으로 도전장을 낸 사람으로〈신문체新文體〉를 창제하였다. 그가 쓰고 있는 것은 비록 문언문이긴 하지만, 글을 평이하게 서술하는 가운데 속된 말·운어韻語·외국어를 섞어 쓰기도 하였으니, 이미 백화문 쪽으로 한 걸음 나아가고 있었던 셈이다. 이어 백화문으로 된 서적과 신문 들이 각지에서 속속 등장되어 그 세력이 날로 강해지기에 이르렀다. 그 가운데 백화문 신문이 10여 종, 백화 교과서 50여 종, 백화소설 1500여 종에 각각 달하고 있었다. 그러나 신해혁명(1911) 이전까지만 해도 문언문을 백화문으로 대체시키는 중대한 변혁을 자각적으로 실천한 사람은 하나도 없었다. 청대 말년에서 민국(1911) 초년에 이르는 시기에, 문체개혁의 방향을 결정짓게 하는 대사건이 몇 건 연이어 발생하였다. 첫번째는 과거제도의 폐기(1905)이고, 두번째는 신해혁명으로 봉건황제를 무너뜨린 것이고, 세번째는 원세개袁世凱가 황제의 자리에 오르겠다고 하던 헛된 야망을 분쇄시켜 버린 사건이다.《신청년》잡지는 과학과 민주를 제창하고 공가점孔家店을 타도하자는 구호를 발표하였다. 사상의 해방이 문체의 해방을 초래하였고, 수많은 민중들을 크게 각성시켰고, 민주주의의 물결을 고무시켰으며, 백화문운동으로 하여금 민중적 기초를 확립하도록 하였던 것이다.

| 백화문운동의 경과 | 1917년 1월 호적은《신청년》에《문학개량추의文學改良趨議》라는 제목의 글을 발표하였는데, 이것이 백화

문운동의 공개적 신호였다. 그 글에서는 백화문학이 문학의 정종正宗이라고 주장하고 있다. 이렇듯 강령적인 성격을 지닌 의견이 제시되자마자 진독수의 호의적 반응을 얻게 되었다. 전현동도『동성과 고문의 못된 혈통 桐城謬種』을 타도하자, 『괴이한 재앙을 골라내자 選學妖孼』(《寄胡適之》, 1917)라는 구호를 때맞추어 외쳤다. 그리고 제일 먼저, 문언문을 반대하는 입장을 〈독부민적獨夫民賊〉(악한 정치를 일삼는 백성들의 도적 같은 전제군주를 말함―역주)을 반대하고, 백화문장을 파괴하려는 〈문요文妖〉(《嘗試集序》, 1918)들을 반대하는 것과 연계시켰다. 그는 또 진독수와 호적이 〈문학혁명〉을 강조할 즈음, 실용문의 개혁문제를 맨 처음으로 고려하였다. 1918년 1월호《신청년》에다 자신의 주장을 실천에 옮겨서 완전히 백화문으로 바꾸어 쓴 사람도 전현동이었다. 동년 5월 노신魯迅은《신청년》에다《광인일기狂人日記》를 발표하므로써, 문예 방면에 있어서 백화문운동의 선구와 최초의 업적을 기록하였다. 그해 연말에 이대교李大釗(1889―1927)와 진독수는 백화주간인《매주평론每周評論》을 창간하였고, 북경대학의 학생 부사년傅斯年(1896―1950)과 나가륜羅家倫(1897―1967) 등은 백화월간《신조新潮》를 창간하였다. 조금 뒤에 노신은 백화문은 마땅히『4억 중국인의 입에서 나오는 음성』《雜感錄五十七・現在的屠殺者》이어야 한다고 주장하였다. 이 말은 백화문은 현대 중국인의 입말을 기초로 하여야 한다는 것이다.

백화문운동의 각종 구호들이 쏟아져 나온 후, 문언문을 지지하는 몇몇 학자들의 맹렬한 공격에 부딪히게 되었다. 이를테면 고문가 임서林紓(1852―1924)는, 백화문은『수레를 끌며 콩장을 파는 사람들의 말 引車賣漿者言』이라고 비꼬며 공격하였고, 남경南京 동남대학東南大學 교수 호선숙胡先驌(1894―1968)은 백화문이 〈수시로 변천〉되므로 후대 사람들은 알아볼 수 없다고 생각하였다. 당시 북경대학 총장 채원배蔡元培(1868―1940) 등이 논리적인 반박을 들고 일어나므로써 백화문을 지지하는 사람과 문언문을 애호하는 사람 간의 한바탕 논쟁이 벌어지게 되었다.

1919년 반전제・반봉건을 부르짖는 〈5・4〉운동이 폭발하자, 백화문운동은 웅비의 나래를 펴게 되어 큰 발전을 맞이하게 되었다. 그로부터 1년 사이에 백화문으로 쓰인 신문은 적어도 4백여 종 이상에 달하고 있었다. 1920년 북양北洋 정부 교육부는 국민학교의 교과서를 백화문으로 고쳐 쓰도록 명령하였다. 〈문학연구회〉・〈창조사〉 같은 신문학 단체들도 속속 발족되기에 이르렀다.

1921년 이후, 호적은 〈국고國故(언어문자・문학・역사 등 나라의 고유 문화유

산을 말함—역주)를 정리〉하는 일에 종사하였다. 호선숙이 주간한《학형學衡》잡지, 장사교章士釗(1882—1973)가 주간한《갑인甲寅》주간이 봉건세력과 영합하여 다시 간행되어 백화문운동에 대항하여 반격을 가하였다. 공산당과 국민당이 합작으로 반제·반봉건 투쟁을 벌이는 동안에 문화상으로는《향도주보嚮導周報》, 상해《민국일보》등을 주축으로 문언문을 반대하고 백화문을 제창하였다. 이러한 형세에 처해 있을 때, 노신은《고학형估學衡》(1922)·《답KS군》(1925)·《다시 한번 再來一次》(1926) 등의 문장을 연속 발표하였다. 그는 대체로『독은 독으로 공격한다 以毒攻毒』는 방법을 취하고 있으며, 문언문을 고취하는〈학형學衡〉파와〈갑인甲寅〉파들이 실제로 자기 자신들마저 고문을 잘 몰라서 전고典故를 잘못 쓰고 있는 점을 고서상의 근거를 하나하나 들추어서 명백히 밝혀 주었다. 백척주白滌洲(1900—1934)·당월唐鉞(1891—1986)도《아결과 악람 雅潔和惡濫》(1925)·《백화에 대하여 공포를 가하는 사람들에게 고함 告恐怖白話的人們》(1925) 등의 문장 중에서 공격을 가하였다. 이로써 비로소 반대파 무리들이 격퇴되었다.

백화문운동의 결과, 백화문으로 하여금 문학작품과 일반 학술저작의 범위내에서 합법적이고 정통적인 지위를 지니게 하였다. 그 운동의 성취는 먼저 백화문 이론의 확립에서 찾아볼 수 있다. ① 문언문을 백화문으로 대체하는 주장에 관하여 말하자면, 그 근거를 다음의 세 가지로 나누어 고찰할 수 있다. a) 백화가 문학의 정종이라고 하여 문언문의 정통성을 타도하는 데 대하여 역사적인 근거를 제공하였다. b) 백화를 각종 문장을 쓰는 데 응용하므로써, 백화문으로 하여금 통상적인 서면언어로 쓰이도록 하는 것을 백화문 보급의 궁극적인 목적으로 삼았다. c) 백화문은 현대 중국인의 입말을 원천으로 삼으므로써 백화문의 건설을 위한 정확한 방향을 제시하였다. ② 문체개혁의 구체적인 계획에 관하여 말하자면, 주로 산문·실용문·시가 이 세 가지 방면으로 개괄할 수 있다. 첫째, 산문 문체의 개혁에 대한 요구. 호적은 다음 네 가지 내용을 주장한 바 있다. a) 할 말이 있으면 그대로 하라. b) 무슨 말이든지 다 하라, 그리고 어떻게 말하고 싶으면 곧 그렇게 말하라. c) 자기 자신의 말을 하려면, 남의 말을 하지 말라. d) 한 시대의 사람은 그 시대의 말을 하라.《建設的文學革命論》둘째, 실용문 문체의 개혁에 대한 의견. 전현동은《실용문을 시급히 개량하여야 함을 논함 論應用之文亟宜改良》(1917)이라는 제목의 글에서 절실하고도 시행가능한 주장을 적잖이 제시하였다. 이를테면 다음과 같은 것들을 주장하였다. 백화(국어)로 바꾸어 쓸 것, 가장 보편적인 상용자로 골라 쓸 것, 여러 가지 뜻으로 쓰이는 글자의 경우에는 가장 보편적으로 상용되는 한 가지 뜻으로만 쓸 것, 문장의 순서가 도치되는 구법의 사용을 금할 것, 편지글의 격식과 호칭에 있어서는 간단하고 명확함에 힘쓰고 의미가 없는 화려한 문구는 쓰지 말 것, 문장에 표점부호를 찍을 것, 숫자는 아라비아식으로 바꾸어 쓰고, 수학 기호를 이용할 것, 오른쪽에서 시작하여 수직으로 쓰는 방식을 왼쪽에서 시작하여 수평으로 쓰는 방식으로 바꿀 것, 세계적으로 통용되는 서력 기원을 사용할 것, 인쇄체는 반드시 여러 형태로 구분할 것 등등이다. 셋째, 시가 문체의 개혁에 대한 주장. 이 주장은 대체로 두 가지로 나누어진다. 전현동과 호적은 〈자유체自由體〉를 제창한 반면, 종백화宗白華(1897—1986)와 문일다聞一多(1899—1946)는 〈격률체格律體〉를 주장하였다. 이들 두 파는 모두 신시의 형식에 대하여 심도 있게 연구한 바 있다.

　백화문운동의 성취는 주로 백화문으로 쓰인 문학작품에 반영되어 있다. 백화문이 문언문을 대체할 수 있는가를 알려면 그것으로 씌어진 작품을 보아야만 한다. 〈5·4〉운동시기에 발표된 백화논문은 신사상을 표방하고 구사상을 비판함에 있어서 거대한 위력을 발휘한 바 있다. 이를테면 이대교·진독수·노신·호적·전현동·유반농劉半農 등이 쓴 논문은 문장기교에 있어서는 제각기 다른 풍격을 지니고 있지만, 어떤 이치를 서술함에 있어서는 모두 명백하고 뚜렷하고 정확하고 논리정연한 공통적인 특색을 지니고 있다. 이치를 서술하는 데 부적합한 문언문으로 씌어진 문장과 비교해 보면 어느것이 적합한 것임은 불문가지의 일이다. 문학으로 말하자면 산문·소설·시가 등의 문체가 모두 새로운 국면을 맞이하게 되었다. 특히 1921년 노신의 중편소설 《아큐정전阿Q正傳》의 발표와 곽말약郭沫若 시집 《여신女神》의 출판은 백화문학으로 하여금 튼튼한 토대를 다지도록 하였다. 더욱이 《아큐정전》은 중국 현대 백화문학 가운데 맨 처음으로 세계적인 명성을 얻은 걸작이다.

　〈5·4〉백화문운동은 하나의 능동적이고 전진적이고 혁명적인 운동으로서, 문예언어에 있어서 문언문시대의 종말과 백화문시대의 개막을 고하는 것이었다. 수천 년 이래로 중국에 통용되던 서면언어는 백화문의 합법적 지위를 보장하지 않았으며, 입말형태를 벗어난 문언문만이 정통성을 지니고 있는 것으로 간주하였다. 〈5·4〉운동시기에 이르러서야 비로소 이 특이한 국면이 완전히 뒤엎어지게 되었고, 백화문학의 신기원이 열리게 되었다. 이러한 사실은 마침 중국사회가 〈5·4〉운동 기간중에 봉건주의에서 민주주의로 변모된 것과 서로 조화를 이루게 되었다.

| 백화문운동의 영향 | 역사적인 제약으로 말미암아 백화문운동은 신속하고도 철저하게 그 임무를 완수할 수 없었다. 제2차 세계대전 이전까지만 해도 줄곧 정부의 공문·법률·신문 등등은 여전히 문언문 혹은 반문언문을 사용하고 있었다. 문학작품에 있어서 〈정종正宗〉의 지위를 차지한 백화문 가운데 간혹 입말형태를 벗어난 문언투의 글이 끼어들곤 하였다. 그러나 〈5·4〉운동이 개시된 이후로는 백화문의 보급이 이미 시대적인 조류이자 역사적인 필연으로 받아들여지게 되었다. 1930년대에는 다시 한 걸음 더 나아가 대중어운동이 발기되었다. 1949년 중화인민공화국이 건립된 후에는 신문·공문·법률은 일률적으로 백화문을 쓰고 있다. (胡奇光)

대중어운동大衆語運動 | Popular Language Movement

대중어운동(Popular Language Movement)이란, 1934년 상해에서 일어난 것으로 백화문을 씀에 있어서 대중의 입말에 더욱더 가깝도록 할 것을 요구하는 문체개혁운동을 말하는 것이다. 이 운동이 일어나게 된 원인은, 당시 남경 국민당정부의 기관지에 백화문을 반대하고 각급 학교의 문언문교육을 부활시킬 것을 주장하는, 심지어는 국민학교 교과에 경서 강독과정을 넣자는 이른바 〈문언부흥운동〉을 제기하는 글이 연속으로 발표되었기 때문이었다. 이와 반대로 진망도陳望道·진자전陳子展·호유지胡愈之·섭성도葉聖陶·여열문黎烈文 등 상해의 문화교육계 인사들이 주축이 되어 노신魯迅의 지지하에 《신보申報》의 부간副刊인 《자유담自由談》에다 〈대중어〉에 관한 토론을 발기하였다. 이 토론에 관한 소식이 전국의 신문잡지에 신속히 소개되어 호의적인 반응을 얻었다. 연속 3,4개월 동안에 이에 관한 글이 2,3백 편이나 발표되었는데, 전 2개월 동안에는 매일 평균 4편의 새로운 글이 발표되었다. 토론 가운데 문언문을 비판하고, 〈5·4〉이래 반문반백의 백화문에 대하여도 비판을 가하는 한편, 백화문을 더욱 가일층 대중화할 것을 요구하였다. 뿐만 아니라 문체를 철저하게 개혁하려면, 문자개혁을 반드시 동시 단행하여야 한다고 생각하여 문자의 표음화 문제도 제기하는 한편, 소련에서 제정制訂된 중국 **라틴화신문자**를 소개하기도 하였다.

〈5·4〉운동 이후, 백화문은 소설·산문·시가·희극 등 문학 장르에 있어서 매우 큰 진척을 거두었다. 그러나 문학작품과 일반 학술저작 이외의 문화영역, 이를테면 신문의 사설과 기사, 정부의 공문서와 법률조문, 학교의 국문작문과 시험 문제지, 중상류층 사회의 서신과 초대장 등 실용문에서는 여전히 문언문이 잔존하고 있는 실정이었다. 백화문학의 일부 작품들이 일반 군중들에 의하여 환영을 받기도 하였지만, 적잖은 작품들은〈말을 하듯 분명한 明白如話〉경지에 이르지 못하였을 뿐만 아니라, 많은 문언 어구와 문장들이 군데군데 끼어들고 있는가 하면, 서양식 문장과 일본식 문장을 남용하고 있어서 현대 중국 사람들의 언어습관에 크게 위배되는 문언투의 말과 서양투의 말이 뒤범벅이 된 지경에 이른 것이었다. 그래서 문언화되었거나 서양화된 그런 백화문에 대하여 진일보된 개혁을 단행할 필요가 있었던 것이었다.

대중어운동은〈5·4〉백화문운동이 미처 다루지 못한 새로운 문제, 이를테면 백화문의 변질을 어떻게 방지할 것인가, 어떻게 하면 백화문으로 하여금 대중적인 도구로 삼아질 것인가 등등의 문제를 제기하였다. 이들 문제의 제기는 사람들로 하여금〈대중어〉토론의 중요성에 대한 인식을 촉진시키게 되었다. 토론을 통하여 하나의 기본원칙, 즉 문체개혁상의 제반 문제들을 일반 대중의 실제적 수요라는 관점에서 다루어야 한다는 원칙을 많은 사람들이 명확하게 인식하게 되었던 것이다. 구체적으로 말하자면 ① 대중어의 특색에 관하여. 언어의 형식으로 보자면 대중어는 대중들이『말할 수 있고, 알아들을 수 있고, 쓸 수 있고, 해독할 수 있는』(陳望道《大衆語論》) 언어를 말하는 것이다. 그것이 표달하려는 내용으로 보자면, 마땅히 대중의 의식적 언어를 대표하는 것이어야 한다. 이러한 대중어만이 비로소 대중에 의하여 소유되고, 대중에 의하여 필요로 되고, 대중에 의하여 쓰여질 수 있는 것이다. ② 대중어 건설의 전제에 관하여. 첫째로 대중어와 대중생활의 관계를 분명히 알아야 한다. 진망도는 대중어 건설이 반드시 실제적으로 대중에 접근하여야 하며, 대중을 향한 언어학습이어야 한다고 주장하였다.《關於大衆語文學的建設》둘째로 대중어와 백화문의 관계를 분명히 이해하여야 한다. 대중어운동에 관한 토론에서 이미 언급된 바 있듯이 대중어와〈5·4〉이래의 백화문 혹은〈국어〉의 완전한 일치를 반대하며, 더욱이 백화문을 대중어와 대립되는 것으로 보는 견해에도 반대한다. 대중어 건설은〈5·4〉이래 백화문에 대한 합리적인 지양, 즉 백화문 가운데 대중어의 수요와 합치되는 부분을 흡수하고, 대중어의 수요에 합치되지 아니하는 부분을 배제하여야 한다고 생각하였다. ③ 대중어 제고의 과정에 관하여. 대중어로 하여금 더욱더 풍부하고 정밀하게 하기 위하여는 일부 외래어 및 서양식 구법을 받아들이고, 몇몇 고전어휘를 기용하고, 일부의 방언어휘를 선별적으로 받아들이는 것을 필요로 하였다. 이러한 문제들은 오로지 언어 요소에 속하는 문제로서 그들이 반대하는 어록체語錄體·문언투의 말·서양투의 말 같은 류의 어체語體 풍격상의 문제들과는 판이한 것이다. 진망도는 또〈세 가지 길을 동시에 나아갈 것 三路並進〉과〈보편〉적인 대중어 노선을 건립할 것을 제시하였다.〈세 가지 길〉이란, 방언 토속어는〈아래에서 위로 보내고 從下送上〉즉 말에서 문자로 유입시키는 것, 문학·과학 등의 용어는〈위에서 아래로 받아들이게 하고 從上迎下〉즉 문자에서 말로 유입시키는 것, 보급교육과 언어교육 등을 통하여 통용 어휘와 어법을 편정하는 것은〈횡적으로 널리 통하게 하는 從橫通過〉것《怎樣做到大衆語的〈普遍〉》을 각각 일컫는 것이다.

대중어운동은 또 다음과 같은 몇 가지 어문개혁의 새로운 과제를 제시하였다. ① 대중어와 현대 입말의 관계에 관하여. 이것에는 두 개의 상관 문제가 포괄된다. 즉 대중어의 기준 문제, 표준말(보통화)과 방언과의 관계 문제가 그것이다. 대중어의 기준 문제에 관하여. 많은 수의 사람들이 대중어는 마땅히 현대 중국의 표준말이어야 한다고 여기고 있다. 노신은《문외문담門外文談》에서 대중어의 주력은 북방말이라고 지적하였다. ② 대중어와 한자·라틴화신문자와의 관계에 관하여는 토론에 참여한 사람들 가운데 비교적 많은 사람들이 라틴화신문자를 사용하는 것이 한자를 사용하는 것보다는 보다 쉽게〈언문일치 話文一致〉를 달성할 수 있다는 것을 강조하였고, 신문자가 대중어의 최고 이상적인 기록수단이라고 생각하였다.

대중어운동의 결과 문언부흥을 철저히 격퇴시키고, 백화 발달에 역류되는 것을 폐지시키고, 아울러 중국 어문개혁운동을 하나의 새로운 단계로 끌어올리게 되었다. 다시 말하자면, 백화문의 대중화를 추진하고, 라틴화신문자가 국내에서도 연구·보급되는 것을 촉진시켰던 것이다. 대중어운동은〈5·4〉백화문운동이 새로운 사회·언어·환경 중에서 합리적인 발전을 도모하고, 문학창작이 군중언어를 운용하고 독창적인 민족 풍격을 형성하는 데 대하여 적극적인 촉매작용을 수행하였던 것이다. (胡奇光)

국어운동國語運動 | National Language Movement

국어운동(National Language Movement)이란, 청말에서 시작하여 1949년 중화인민공화국이 성립되기 이전까지 추진된 것으로 북경말을 한족 공동어로 삼기 위한 운동을 말한다. 이 운동은 〈언문일치言文一致〉와 〈국어통일國語統一〉이라는 양대 구호를 제시하였다. 〈언문일치〉는 서면언어로 고대 문언을 쓰지 아니하고 현대 백화로 바꾸어 쓰는 것을 말하며, 〈국어통일〉은 현대 백화를 북경말로써 전국에 걸쳐 통용되는 국어로 삼고자 하는 것을 말한다. 이 운동은 현대 한족 공통어의 건립과 그 보급에 대하여, 그리고 문체개혁과 문자표음화에 대하여 일정한 공헌을 세웠다.

【추진 경과】 일본의 명치유신의 영향으로 말미암아, 청조가 망하기 10년 전에 이미 국어통일 문제가 제기된 바 있었다. 최초로 〈국어〉라는 명칭을 사용한 사람은 당시 경사대학당京師大學堂의 총교습總教習직에 피임된 동성파桐城派 고문의 대가 오여륜吳汝綸이었다. 1902년 그는 일본의 교육행정을 시찰가서 일본의 국어(동경말) 보급 실적을 친히 목격하고는 크게 감격한 나머지 귀국 후 관학대신官學大臣 장백희張百熙에게 보낸 서신에서, 학교에서 왕조王照가 만든 관화합성자모官話合聲字母를 가르칠 것과 〈서울말 京話〉〈北京話〉을 표준으로 삼은 국어를 보급시킬 것을 주장하였다. 1909년 청 정부 자정원資政院에서 회의를 개최하였는데, 의원 강겸江謙이 〈관화官話〉를 〈국어〉라는 이름으로 고치고 〈국어편사위원회〉를 설치하여 편정編訂 연구하는 일을 담당케 하여야 한다고 주장하였다. 1911년 학부學部(교육부)에서 〈중앙교육회의〉를 소집하여 《통일국어판법안統一國語辦法案》을 통과시키는 동시에 경성京城에다 국어조사총회를 발족시키고 각 성省에 그 분회分會를 설치하여 낱말·어법·음운에 대한 조사를 실시하고, 〈국어〉의 표준을 심의확정짓고, 국어교재·국어사전과 방언대조표 등을 편집하도록 결의하였다. 민국 성립 후인 1912년에 〈임시교육회의〉를 소집하여, 먼저 한자의 독음을 통일시키는 일부터 착수하는 한편 〈독음통일회〉를 개최할 것을 결정하였다. 1913년 〈독음통일회〉의 회의가 개최되어 한자의 국정독음國定讀音(즉 〈國音〉)과 국음을 표시하기에 적합한 〈주음자모注音字母〉(〈國音字母〉라고도 함)를 정할 것을 결의하였다. 의결 후 북양 정부가 그 공포를 질질 끌며 미루다가 끝내 공포하지 않았다. 그리하여 1916년 북경 교육계 인사들로 구성된 〈중화민국국어연구회〉(간칭 〈국어위원회〉)가 북양 정부측에 재촉하여 주음자모를 공포하고, 학교의 〈국문〉과를 〈국어〉과로 바꾸도록 하는 운동을 전개하였다. 동 연구회는 다음과 같은 5개항의 임무를 규정하였다. ① 각성의 방언 조사 ② 표준어 선정 ③ 표준어 어법 사전辭典 편집 ④ 국민학교 교과서 및 참고서를 표준어로 편집 ⑤ 국어 간행물 편집. 그리고 학교의 〈국문〉 교과서를 〈국어〉 교과서로 개칭하는 의견을 제시

하였다. 이 운동은 전국 각지의 교육계 인사들의 지지와 호응을 얻어냈다. 국어연구회가 발족된 후 4년 만에 회원수가 1만 2천 명으로 늘어났다. 1918년 북양 정부의 교육부에서〈전국고등사범교장회의〉를 소집하여, 전국 고등사범에〈국어강습과〉를 부설하여 주음자모와 국어를 전문적으로 강습하도록 결정하였다. 그리고 동년 11월에〈주음자모〉를 공포하였다. 그해에《신청년》등 간행물에〈문학혁명〉의 구호가 등장하였고, 백화문으로 글을 쓰기 시작하였다. 1919년〈5·4〉운동이 폭발하여 전개되는 가운데 북양 정부 교육부에서는 정부차원의 추진기관인〈국어통일주비회國語統一籌備會〉를 발족시킴과 아울러 전국 각국민학교에 훈령을 내려서〈국문〉과를〈국어〉과로 개명하도록 하였다. 이와 때를 같이하여 또 원래의《국민학교령》을 수정하여 주음자모를 먼저 교육시키도록 규정하고, 교과서의 문체와 교학방법 등을 개혁하도록 하였다. 이리하여 국어운동은 학교교육 방면에 있어서 초보적인 성공을 거두게 되었다.

【〈국어〉의 제정 및 보급】〈5·4〉이후, 국어운동은 추진기에 돌입하였다. 주요 사업은 주음자모를 수정하는 방안, 국어로마자표음법의 제정,〈국음〉의 표준 조정, 국어교육과 응용범위의 확대 및 출판·선전 등에 관한 것이었다. 이에 각사항별로 나누어 서술하자면 대체로 다음과 같다.

① 주음자모의 수정. 공포 당시의 자모순서(〈守溫字母〉순서)를 개변하여, ㄅ·ㄆ·ㄇ·ㄈ의 순서로 고쳤다. ㄜ모(처음에는 ㄛ라고 표기하였음)을 증가시켰다. 그리고 성조표시도 당초〈사성점법四聲點法〉을 부호표조법符號標調法으로 고쳤다.(참고〈注音字母〉)

② 국어로마자표음방식의 제정. 주음자모가 국제적으로 응용되기에는 불편한 점이 있으므로 여금희黎錦熙·조원임趙元任 등이 국어로마자에 대한 연구와 동방안 제정을 발기하였다. 이 방안은 1926년 국어통일주비회에서 발표하여 1928년 대학원(교육부)이 주음자모 제2식으로 삼아서 정식으로 공포하였다.(참고〈國語羅馬字〉)

③〈국음〉표준의 조정. 1913년 독음통일회가 다수결원칙에 입각한 투표방식으로〈국음〉의 표준을 의결하였다. 1919년에《국음자전國音字典》초판본이 출판되었다. 이 표준음을 습관상〈노국음老國音〉이라 부르고 있다. 각계의 이에 대한 의론이 분분하여 북경어음을 표준음으로 정해야 한다는 주장이 제기되었다. 1923년 국어통일주비회가〈국음자전증수위원회〉를 구성하여 북경어음을 표준으로 채택할 것을 결정하였고, 그것을〈신국음〉이라 칭하였다. 1932년 교육부가 공포발행한《국음상용자회國音常用字匯》는〈신국음〉을 채택한

것이다.

④ 교육기관의 국어교육 진흥. 1920년 교육부령으로 국민학교의 교과명인 〈국문〉을 〈국어〉로 바꾸도록 하였다. 1921년 교육부에서『모든 사범학교와 고등사범은 국문시간을 축소 조정하고 국어시간을 늘리도록 하여야 한다』는 훈령을 발포하였다. 1923년 국어통일주비회 제3차 대회를 개최한 후, 중등 이상의 학교에서 국어교육을 실행할 것을 규정하는 의결안을 교육부에 제출하자, 교육부에서 동의를 표하는 회신을 동 주비회에 하달하였다. 같은 해에 학제 學制개혁이 실행되자, 전국교육연합회에서는 〈신학제과정표준기초위원회〉를 조직하여 《중소학각과과정강요中小學各科課程綱要》를 공포하고, 소학(국민학교)·초중(중학교)·고중(고등학교)의 어문과목명을 일률적으로 〈국어〉로 명명하도록 하고, 국민학교 교재를 아동문학을 위주로 내용 개편하도록 규정하였다.

⑤ 국어 교원의 양성. 1920년부터 1923년까지 교육부에서 〈국어강습소〉를 개설하여 각성에 파견할 강사요원 4,5백 명을 양성하였다. 각성의 교육청에서도 각종 단기 훈련반을 개설 운영하였다. 1921년 중화서국中華書局은 〈국어전과학교國語專科學校〉를 창설하였고, 상무인서관商務印書館에서는 〈국어강습소〉를 창설하였다. 이 두 강습소에서 3,4년간 2,3천 명의 국어교원을 양성하여 남방의 각성과 남양南洋 각지에 보내어 국어교육을 담당케 하였다. 1928년에서 1934년 사이에는 국어통일주비위원회 산하에 〈국음자모강습소〉를 8기에 걸쳐서 개설하였는데, 이로써 배출된 교원요원이 170명이나 되었다. 그밖에도 하남·하북·산동·섬서 등의 성에서도 단기 강습소를 설치 운영하였다. 특히 하절기를 이용하여 국어교원을 양성하였다.

⑥ 서적 및 간행물의 출판. 출판 선전 및 국어 연구에 관한 간행물로는 《국어월간月刊》·《국어순간旬刊》·《국어주간周刊》 등이 발간되었다. 1920년에서 1922년 사이에 발간된 신문 잡지류로는 《민국일보》·《시보時報》·《시사신보時事新報》·《신보申報》·《교육잡지》·《주간평론 星期評論》·《상해청년》 등을 꼽을 수 있다. 이러한 각종 간행물의 발간으로 말미암아 국어를 선전하는 문장들이 끊임없이 발표되었다. 각종 교재류로는 《국민학교용신체新體국어교과서》·《신법新法국어교과서》(商務印書館)·《신교육국어과본課本》(중화서국) 등이 출판되었다. 그밖에도 국음으로 표기된 자휘字彙·자전·국어사전·어음교재·어법·회화독본·축음기판 등도 연이어 출판되었다. 국어자휘·자전과 국어사전의 편찬은 국어운동 후반기의 중점사업이었고, 편찬업무를 전문적

으로 관장하는 〈중국대사전편찬처〉가 발족되기도 하였다.

1937년 중일전쟁의 발발 후, 국어 추진은 중지상태에 빠져들었다. 1949년 중화인민공화국이 건립된 이후에는 〈보통화普通話〉라는 명칭으로 개명하여 추진되었다. 〈보통화〉란 북경어음을 표준음으로 삼고, 북방말을 기초방언으로 삼으며, 현대의 전범典範적인 백화문 저작을 어법 규범으로 삼은 것을 말한다. 보통화의 표준은 국어의 표준과 약간 다른 점이 있다. 그러나 운동의 성질은 여전히 전과 동일한 것이니, 국어운동의 후신이라 할 수 있다. 그밖에 광복 후 대만에서의 국어운동 추진은 매우 큰 업적을 거둔 바 있다. 단지 10년이라는 짧은 기간내에 대만 전체 국민들에게 국어를 널리 보급시켰다고 한다.

參考書目
黎錦熙《國語運動史綱》, 商務印書館, 上海, 1934.
周有光《文字改革槪論》, 文字改革出版社, 北京, 1961.
倪海曙《推廣普通話的歷史發展》,《語文現代化》(叢刊), 1980, 第1・2輯.

(顔逸明)

보통화普通話

보통화란 한족 공통어를 말한다. 중화인민공화국 건립 이후 정치・경제・문화의 통일을 위하여, 그리고 사회주의 건설의 순리적 진척을 위하여 한족 공통어를 규범화하고 그것을 크게 진작시키기로 결정하였다. 1955년에 소집된 〈전국문자개혁회의〉와 현대 한어의 규범화 문제에 관한 학술회의에서 민족 공통어의 표준을 확정짓고, 보통화에 대하여 과학적인 정의를 내리고, 진작 방침・정책 그리고 조치사항을 제정하였다.

【보통화의 표준】 민족 공통어는 방언에 상대되는 개념으로서, 규범화라는 각도에서 보자면 보통화는 곧 표준말을 일컫는 것이다. 보통화의 표준은 어음・어휘・어법 이상 세 가지 방면을 포괄하는 것이다. 어음의 계통성은 비교적 강하므로 세계 각민족 언어의 표준은 일반적으로 한 지역 방언의 어음계통을 표준으로 삼고 있다. 북경은 중국의 수도로서, 과거 7, 8백 년 이래로 줄곧 중국 정치・경제・문화의 중심지였던 관계로 과거의 관화官話나 국어도 기본적으로는 북경음을 근거로 한 것이었다. 그러므로 보통화도 〈북경어음으로 표준음을 삼는 것〉이 가장 이상적이었다. 〈북경어음〉은 주로 북경말의 어음계통을

가리키는 것이지만, 북경에서 사용되고 있는 개별적 토착음 부분은 포괄되지 아니한다.

『북방말을 기초방언으로 삼는다』는 것은 보통화가 북방 방언의 기초 위에서 형성되어 점차 발전되어 온 것이고, 북방말의 낱말들이 보통화 낱말의 기초인 동시에 주요 원천이라는 사실을 말하는 것이다. 이를테면 보통화의 〈今天〉(오늘)·〈下〉(내리다)·〈雨〉(비) 이 세 낱말은 북방말의 것과 기본적으로 일치하는 것이지만, 오吳방언·민閩방언에서는 〈今天〉을 〈今朝〉 혹은 〈該日〉로 쓰고, 〈下雨〉를 〈落雨〉·〈落水〉 혹은 〈墮雨〉 등으로 쓰고 있는 것이다. 북방말의 낱말들이 보통화 낱말의 기초가 된다. 그러나 보통화의 낱말수가 북방말의 것에 비하여 훨씬 더 많다. 왜냐하면 보통말은 기타의 방언으로부터 많은 특수 표현력을 지닌 방언낱말들을 흡수한 동시에 고대한어로부터 여전히 생명력을 지니고 있는 많은 옛낱말들을 계승하였으며, 또 외국어로부터 필요한 많은 외래어휘를 빌어쓰고 있기 때문이다. 그러나 보통화는 북방말 중의 일부 토속적인 낱말들을 받아들이지 않았다.

보통화의 어법 표준에 관하여 말하자면, 비록 북방말의 어법이 내부적으로는 대체로 상동하지만 일정 차이가 존재하고 있을 뿐만 아니라, 입말로 말하자면 때때로 불충분하고 완벽하지 못한 실정이므로 보통화의 어법이 북방말, 혹은 북경말의 입말을 표준으로 삼을 수 없어서 제련 가공을 거친 서면언어를 표준으로 삼는다는 것이 바로『전범적인 현대 백화문 저작을 어법 규범으로 삼는다』는 것이다. 이른바 〈전범典範〉적인 저작이란 광범위한 대표성을 지니고 있는 저작, 이를테면 국가의 법률 조문·신문 사설 및 현대 작가의 작품 등을 지칭하는 것이다. 〈현대 백화문 저작〉은 조기의 백화문 저작에 상대적인 개념이다. 시대적인 특성에 따라 송원시기의 백화문과 〈5·4〉시기의 백화문, 그리고 현대의 백화문은 명확하게 구별지어진다. 보통화 어법이 서면어를 표준으로 삼고 있다는 사실은, 보통화가 민족 공통어인 입말인 동시에 통일성 있는 규범적 문학언어라는 것을 말해 주는 것이다.

이상에서 서술한 것으로 보건대, 보통화는 결코 보통의 말이 아니라 현대 한어의 표준말을 지칭하는 것이다. 그것은 현단계 한족 언어의 통일적 기초인 동시에 현대 한어 발전의 주류와 방향인 것이다.

【보통화의 보급】 1956년 국무원에서 《보통화 보급에 관한 지시》를 전국에 걸쳐 시달하였다. 보통화 보급업무의 원활한 추진을 위하여 중앙과 각성·시·자치구에 〈보통화보급실무위원회〉를 설치 운영하였다. 중앙 보통화보급실무

위원회의 주임에는 진의陳毅가, 부주임에는 곽말약郭沫若·오옥장吳玉章 등이 각각 임명되었으며, 43명의 위원을 두었다. 1958년 모택동 주석이『모든 간부들은 보통화를 배워야만 한다』는 명령을 하달하였다. 같은 해에 주은래周恩來 총리가 정협政協전국위원회 석상에서 한 보고서인《당면 문자개혁의 임무 當前文字改革的任務》에서『우리나라 한족漢族 인민들이 노력하고 있는 북경어음을 표준음으로 한 보통화의 보급은 바로 하나의 중요한 정치적 임무이다』라고 지적하였다.

1950년대에서 1960년대 초에 이르는 시기에 보통화 보급 방면에 있어서 대량의 사업이 추진되었다. 보통화 교원을 배양하기 위하여 교육부·언어연구소 및 **중국문자개혁위원회**가 공동으로 〈보통화어음연구반〉을 개설하여, 1956년에서 1961년까지 총 9기에 걸쳐서 교원을 양성하였고, 각성·시에서도 교원양성사업을 각각 시행하였다. 보통화 교학상의 수요에 부응하기 위하여 1957년을 전후하여 전국 **한어**방언 조사사업을 실시하였고, 아울러 그 조사성과를 토대로 방언지역 민중들이 보통화를 학습하는 데 도움을 줄 수 있는 소책자를 편찬함과 동시에 보통화 교재와 참고서적을 대량으로 출판하기도 하였다. 하나의 단어(글자)가 여러 가지 음으로 발음되는 이독사異讀詞들을 정간精簡하게 정리하기 위하여 1956년에 〈보통화심음위원회〉를 발족시켜서 1천8백여 이독사와 1백90여 개 지명地名의 독음에 대하여 심의검토하였다. 1963년 출판된《보통화이독사삼차심음총표초고》는 어음의 규범화에 대한 근거를 제공한 것이다. 보통화 추진 실적을 독려하기 위하여 우수자를 표창하고 경험을 교환하므로써 동 사업을 촉진시켰다. 1958년에서 1964년까지 문개회文改會·교육부·공청단중앙共靑團中央이 연합으로 4차 전국보통화교학성적관마회(〈觀摩會〉는 피차간의 업적을 상호 관찰하고 경험을 교환하고 상호 학습하는 기회를 만들기 위한 모임을 말함—역주)를 개최한 바 있다. 〈문화대혁명〉기간중에는 보통화 보급정책이 무너져서 완전히 중지되고 말았다. 1978년 교육부가《학교의 보통화 및 한어병음 교학강화에 관한 통지》를 시달하였다. 1979년 8월에는 문개회·교육부·공청단중앙이 연합으로 북경에서 5차 전국보통화교학성적관마회를 개최하였다. 1982년 문개회文改會는 보통화심음위원회를 복원시켜《보통화이독사삼차심음총표초고》를 재차 심의하도록 하였다. 3년여간의 심의를 걸쳐 1985년 12월에《보통화이독사심음표》가 통과되어 국가어언문자공작위원회·국가교육위원회·방송영화텔레비젼부(廣播電影電視部)에서 공식으로 공포하였다. 1982년 11월 제5회 전국인민대표대회 제5차 회의에서 통과된《중화인민공화국헌법》에 『국가는 전국에 걸쳐 통용되도록 보통화를 확대 보급한다』는 조문을 삽입하였다. 이로써 보통화 보급으로 하여금 국가적인 임무가 되도록 하였으며, 그것의 법률적 근거를 마련하게 되었다. 30여 년 이래로 보통화 보급운동은 대단한 성과를 거두게 되었다. 전국에 걸쳐 보통화를 알아들을 수 있고 표준에 맞게 말할 수 있는 사람, 혹은 그다지 표준적은 아니지만 말은 할 수 있는 사람들의 수가 과거에 비하여 몇 배 이상으로 늘어났다. 영화·텔레비전·방송에서 사용되는 언어로 보자면, 보통화의 수준이 과거에 비하여 질적으로 그리고 양적으로 대단한 향상을 도모하였다. 대만에서는 〈국어〉라 칭하는 보통화가 이미 완전히 보급되었으며, 싱가폴의 중국 교포사회와 홍콩 등지에서도 1980년대에 보통화 학습 열기가 고조되었다. 그러나 중국내의 전지역으로 보자면, 정부기관·학교·군부대·기업체·서비스업체 등 각방면에 있어서 표준적 통용어 수준으로 끌어올린다는 목표에 이르기까지에는 아직도 요원한 편이다. 보통화 보급운동은 앞으로도 장기간 동안 계속해서 전개되어야 할 것이다.

參考書目

羅常培·呂叔湘 《現代漢語規範問題》, 《現代漢語規範問題學術會議文件匯編》, 科學出版社, 北京, 1956.

王 力《推廣普通話的三個問題》,《語文現代化》(叢刊), 1985, 第2輯.

倪海曙《推廣普通話的歷史發展》(資料整理),《語文現代化》(叢刊), 1980, 第1·2輯. (顏逸明)

한자정리漢字整理 | regularization of Chinese characters

한자에 대하여 수량·자형·자음·글자배열순서를 정하고, 그것을 규범화·표준화하는 작업을 한자정리라 한다. 현재 실시중에 있는 정리작업은 현대의 한자를 그 대상으로 삼고 있다. 주요 내용에 대하여 살펴보면 다음과 같은 것들이 있다. 양적 규모를 확정짓는 일로는 현대 한자의 상용자·통용자·전용자專用字(人名·地名·物名·文言 등에 쓰이는 글자)의 자수를 규정하는 것이 있다. 자형을 확정짓는 일로는 현대 한자의 인쇄체와 필기체(행서·초서를 포괄함)의 자형을 규정하고, **바른 서체**(正體)를 정하고 **번체繁體**·이체異體를 도태시키는 일을 꼽을 수 있다. 자음을 확정짓는 일로는 현대 한자의 표준말

(普通話) 독음을 규정하고, 바른 독음을 정하고 불필요한 다음多音・이독異讀 현상을 제거해 버리는 작업이 있다. 글자배열순서를 확정짓는 일로는 현대 한자의 통일적 배열법과 검자법을 규정하는 작업을 들 수 있다. 이러한 작업의 목적은 표준현대한자를 제정制訂하므로써 학습과 사용에 있어서의 효율을 제고提高시키는 데 있다.

【중국 정부수립 이전까지의 한자정리사업】 춘추전국에서 진한에 이르는 시기에 나온《사주편史籒篇》・《창힐편倉頡篇》・《급취편急就篇》등 아동들을 위한 글자학습용 교재의 편찬이 바로 글자의 양적 규모를 규정하는 작업의 남상濫觴이다. 진나라 때에는 소전체小篆體를 써서 육국의 문자를 통일시켰고, 동한 때의 허신許愼은《설문해자說文解字》를 편찬하여 글자를 해석하고 자형을 분석하는 데 있어서의 권위를 확립하였다. 당대唐代 안원손顔元孫의《간록자서干祿字書》・송대 곽충서郭忠恕의《패휴佩觿》・송대 장유張有의《복고편復古篇》은 당시 자형상의 혼란을 바로잡기 위하여 편찬된 것으로서, 자형을 통일하고자 하는 전형적인 예가 되는 것들이다. 한말漢末에 반절反切이 고안되었고, 위진魏晋 때에는 운서韻書가 편찬되기 시작하였는데, 그 목적은 모두 한자의 독음을 통일시키기 위한 것이었다.《설문해자》는 부수검자법을 창조하였다. 요遼나라 때의 행균行均이 지은《용감수감龍龕手鑒》과 금대金代 한효언韓孝彥의《편해篇海》는 음서검자법音序檢字法의 선하先河를 연 것이다. 명대 매응조梅膺祚가 지은《자회字彙》는 맨 처음으로 필획순배열법을 채택하였다.

1913년 독음통일회讀音統一會에서 매글자에 대하여〈국음國音〉(표준음)을 심정審定하여《국음회편초國音匯篇草》를 편성하였다. 1919년에는《국음자전國音字典》이 처음 출판되었다. 1921년에는 **국어통일주비회國語統一籌備會**의 교정校訂을 거친 다음 재차 출판하여 책이름을《교육부공포교개국음자전》이라 정하였다. 이 자전은 총 1천3백여 자를 수록하고 있고, 중국 정부가 제1차로 공식 공포한 20세기 현행 한자표인 셈이다. 1923년 국어통일주비회가 국음자전증수위원회를 발족시켰다. 이어 1926년에《증수국음자전고》를 완성시켰다. 그후 다시 수정을 거쳐 1932년 5월에 그 이름을《국음상용자회國音常用字匯》라 정하여 교육부에서 정식 공포하였다.《국음상용자회》는 정자正字 9920자를 수록하고 있는데, 별체중문別體重文(異體字) 1179자와 변음중문變音重文(異讀字) 1120자를 합치면 총글자수가 1만 2219자에 이른다. 이것은 북경음을 표준으로〈신국음新國音〉을 새로 확정지은 것으로서 일부의 통용 간체자형을 첨가시켜 놓고 있으며, 주음부호注音符號순으로 글자를 배열하고, 이로부터 문자의 양적 규모·글자의 바른 독음 그리고 글자배열 등 다방면에 걸쳐서 초보적인 규범을 건립해 놓은 것이다.《국음상용자회》의 공포는 중국인민공화국 정부의 수립 이전에 실시된 한자정리사업의 한 이정표였던 것이다.

【중국 정부수립 이후의 한자정리사업】 중화인민공화국이 건립된 이후 정부가 문맹퇴치와 교육보급사업을 중요시하였다. 1952년 6월 교육부에서《2천 상용자표》를 공포하였다. 이것은 1급 상용자 1010자와 2급 상용자 490자, 그리고 보충 상용자 500자로 분류된 것인데, 이로써 문맹퇴치의 표준으로 삼았던 것이다.

글자의 수를 감소시키기 위하여 자형의 혼란현상을 차츰씩 일소시키고자 노력하였다. 1955년 12월 중국문화부와 중국문자개혁위원회가 공동으로《제1차 이체자정리표第一批異體字整理表》를 공포하였는 바, 이 표는 810쌍의 이체자를 열거해 놓은 다음, 종속종간從俗從簡의 원칙(일반적으로 널리 쓰이는 것과 자형이 간단한 것을 따른다는 원칙—역주)에 입각하여 810개의 정체正體를 선별하고 1053개의 이체異體를 도태시켰던 것이다. 이 표는 1956년 2월 1일자로 전국에 걸쳐 공식 실시되었다. 이때부터 동표에 괄호로 묶어 놓은 이체자들의 사용을 전국에서 출간되는 신문·잡지·도서 들은 일률적으로 중지하여야 하고, 기관·단체·기업·학교에서 쓰는 타자기 자판에 있는 이체자들도 점차 개정하도록 의무화하였다. 그러나 예외적인 경우가 없는 것은 아니었는데, 예외는 대체로 다음의 네 가지 경우에 국한시켰다. ①고서를 백화문白話文으로 번역함에 있어 원문원자를 써야 할 필요가 있을 경우 ②일반 도서를 출판함에 있어 기존의 방식대로 이미 조판이 완성된 경우, 또는 속편이 완간되지 않은 경우에는 재판을 찍을 때 개정하도록 함 ③기존의 상점 간판은 제한을 받지 아니함 ④신문·도서 중에서 성씨로 쓰인 경우에는 새로 바꾸어 쓰지 않고 원래대로 쓸 수 있음.

한자가 배우기 어렵고 쓰기가 쉽지 아니한 모순을 조금이라도 해결하기 위하여, 그리고 학습과 쓰기 어려운 점을 감소시키기 위하여 1956년 1월 국무원 國務院에서《한자간화방안》을 공포하였다. 이 방안에는 **간화자簡化字** 515개와 간화편방簡化偏旁 54개를 열거하고 있다. 1964년 중국문자개혁위원회에서는 또 간화편방의 유추類推 사용에 관한 국무원의 지시에 의거하여《간화자총표簡化字總表》를 편제하였다. 1986년 10월에는 국가언어문자공작위원회에서 다시《간화자총표》를 발표하였는 바, 이것은 원래의 것을 조금 수정한 것이다.

(참고〈漢字簡化〉조)

1956년 중국문자개혁위원회에서 표준말심음[普通話審音]위원회를 발족시켜서 1100개의 이독사異讀詞(하나의 글자가 여러 개의 발음으로 읽히는 것—역주)와 190개 지명地名 독음에 대한 심의를 시작하였다. 동 위원회에서는 1957년 10월과 1959년 7월, 그리고 1962년 12월 세 차례에 걸쳐《보통화이독사심음발표초고》의 정편正編·속편·제3편을 발표하였다. 이것은 현대 한어의 어음 규범과 표준말의 보급에 대단한 역할을 수행한 것이다. 언어의 발달에 발맞추기 위하여, 그리고 그 초고 가운데 있는 일부 낱말의 발음이 재차 심의할 필요가 있을 경우를 위하여 어음 규범화의 표준을 만들고, 또 그 초고를 적극적으로 수정보완하였다. 따라서 1982년 6월 표준말심음위원회를 다시 발족시켜서 그 수정보완작업을 수행케 하였다. 표준말의 어음 발전규칙에 부합하도록 수정한다는 원칙에 입각하여 많은 사람들이 표준말을 습득하기에 편리하도록, 일반적으로 널리 사용되는 것에 따르고 언어 현실을 가급적 수용하는 방향으로 추진하는 한편, 그 초고에서 정한 발음을 수정하는 데 대하여는 극히 신중을 기하였다. 1985년 12월 국가언어공작위원회와 국가교육위원회, 그리고 방송텔레비젼부 세 기관의 공동으로 통지문을 발송하여 수정안을《보통화이독사심음표》라는 명칭으로 고쳐서 공포하였다. 그것이 공포된 날 이후로 문교·출판·방송 등의 전국 각급기관과 단체에서는 그것이 정한 바의 표준음을 따르도록 하였다.

　출판사업이 발전됨에 따라 인쇄물상의 자형 혼란현상을 제거하는 것은, 문자표준화를 실현하는 것에 대하여 매우 중요한 의의를 지니는 것이다. 1955년 중국문자개혁위원회에서는 표준자형연구팀을 구성하였다. 1956년 9월에 동 연구팀은《표준자형방안》(초안)을 작성하였다. 1957년 이에 관한 의견을 널리 조회하고 수렴한 것을 토대로 수정 작업을 실시하였고, 이름을《한자자형정리방안》(초안)으로 고쳤다. 1959년 12월 중화인민공화국 문화부에서는 인쇄용 활자의 자형 혁신에 관한 좌담회를 개최하고, 중국문자개혁위원회와 중화인민공화국 교육부 및 중국과학원언어연구소에 위촉하여 세 기관 공동으로 한자자형정리팀을 구성하도록 하였다. 동 정리팀에서는 1960년 9월에《통용한자자형표》(초안)를 발표하였다. 1962년 3월 중화인민공화국문화부가 연석회의를 재차 소집함과 아울러 동 정리팀에 문화부도 참여하도록 결의하여 동 사업을 계속 추진하였다. 이리하여 1964년 5월에《인쇄통용한자자형표》가 제정되어 1965년 1월에 문화부와 중국문자개혁위원회에서 공동으로 반포 시행하였다. 동표는 총 6196자에 대하여 간단하고 널리 쓰이고 있는 것에 따른다는 원칙과

학습과 사용에 편리하도록 한다는 원칙에 입각하여 정리한 것이다. 이로써 통용한자의 인쇄용 활자체(宋體)의 표준자형을 제시하고, 각글자에 대하여 필획수・필획모양・획순・각요소의 위치 등에 대하여 규정한 것이다. 그것은 인쇄용 활자체의 표준인 동시에 문자교육의 표준이기도 한 셈이다. 《인쇄통용한자자형표》의 반포는 중화인민공화국이 건립된 이후에 실시된 한자정리사업의 한 중요 성과로서, 인쇄용 활자체 자형의 통일에 대하여 그리고 글자쓰기의 규범과 중문 문서처리의 편이를 촉진시키는 데 대하여 크게 이바지하였다.

한자 배열순서의 표준화를 위하여 1963년에 문화부・교육부・중국문자개혁위원회・중국과학원언어연구소가 연합으로 구성한 **한자검자법** 정리팀에서는, 음서音序・부수・사각四角번호 및 필획필형 등 네 가지 검자법 방안에 대하여 연구검토를 실시하여 1964년 각방법에 대한 방안의 초안을 작성, 동 초안을 다 방면에 걸쳐 시용試用해 볼 것을 추천하였다. 1983년 6월에 다시 《통일한자부수표》(의견수렴용 원고)를 작성하였는데, 이 표에서는 201개 부수(참고 〈漢字查字法〉)를 설정하였다.

1980년 5월 중국문자개혁위원회는 〈문화대혁명〉이 끝난 후에 열린 제1차 전체회의에서 《표준현대한어용자표》의 연구와 제정에 관한 건의와 과학적 연구계획(초안)을 제출 통과시켜서 〈5・4〉 이래의 현대 한어용자에 대한 전면적이고 계통적・과학적 정리를 실시하여 표준 현대 한자를 정리하고자 하였다. 이 계획을 성사시키기 위하여 1983년부터 중국문자개혁위원회와 무한대학武漢大學 공동으로 전자계산기를 이용하여 1979년판 《사해辭海》 사전에 실린 1만 6296개 낱글자와 이에 실리지 아니한 43개 낱글자를 합친 총 1만 6339개 글자의 구조를 분석 통계하여 필획・부수 및 결합방식 등의 수적數的 근거를 찾아내었다. 1984년에는 또 산서대학山西大學과 공동으로 1982년의 전국인구조사 자료를 이용하여 전자계산기로 17만 4900개 인명人名을 표본추출하여 종합통계를 만들어서 인명에 쓰인 글자들의 수적 근거를 확보하였다. 그밖에도 중국 지명위원회와 합작으로 중국의 지명에 쓰인 글자들을 표본조사한 바 있고, 북경항공대학 등의 기관과 합작으로 〈오사〉 이래의 용자에 대하여 전자계산기로 그 빈율頻率 통계를 작성하였다. 1986년 1월에 소집된 전국언어문자공작회의에서는 〈현행 한자에 대한 연구・정리〉를 언어문자에 관한 주요 당면과제로 채택하였다. 한자정리사업은 앞으로도 장기간에 걸쳐 계속 실시될 것이다.

(費錦昌)

한자검자법[漢字查字法] | indexing method of Chinese characters

한자검자법(indexing method of Chinese characters. 원문에는 〈查字〉로 표기되어 있는데, 본문에서는 이 용어를 일률적으로 〈검자〉라는 말로 대체하였음—역주)은 글자를 찾아보기에 편리한 한자배열법을 규정하는 것을 말한다. 한자검자법에 관한 통일된 규정이 여지껏 마련된 적이 없었다. 부수·번호·필형筆形(筆順 포함)·음서音序(拼音字母順)·획수 등에 따른 각종 배열법이 사회적으로 통용되고 있다. 이러한 각 배열법들은 제각기 다른 방식을 취하고 있기 때문에 혼란스러울 뿐만 아니라 어문교육에 불편한 점이 있고, 자전·사전詞典 등의 편집출판과 자료·문서·색인·목록 등의 배열에 대하여도 적잖은 불편이 야기되고 있는 실정이다.

1961년 11월 문화부와 교육부, 그리고 **중국문자개혁위원회**·중국과학원언어연구소 연합으로 설치한 한자검자법 정리팀에서 각방면의 전문가를 초빙하여 몇 개의 전문단위를 설립하여 각종 검자법 방안을 심사하도록 하였다. 실무진들이 상의하여 정한 검자법 정리원칙은 다음과 같다.

① 검자법 방안을 선택하는 표준은 검색과 학습에 편리한 것을 최우선으로 한다.

② 많은 사람들의 검자 습관을 감안하여 통용 방안을 개선하고, 다시 여러 사람들이 제출한 각종 건의를 종합하여 보다 더 합리적인 방안을 강구한다.

③ 검자법 방안을 정리함에 있어서 반드시 광범위하게 의견을 수렴한다.

④ 끝으로 몇 가지 방안을 제출하여 시행하고 자유로 선택하여 쓰는 것을 허용한다.

한자검자법 정리사업의 실무팀에서는, 전문가들과 일반인들이 제출한 170건의 검자법 방안과 144가지 의견에 대하여 전면적으로 그리고 신중하게 연구검토함과 아울러 수정보완을 반복한 결과, 1964년 4월에 다음의 네 가지 초안을 제출함과 동시에 문화계·교육계 및 출판계에 그 시용試用을 추천하였다.

《병음자모검자법拼音字母查字法》(초안)

1. 이 검자법은 병음자모의 순서에 따라 한자를 검색하는 것이다.

2. 여기에서 말하는 병음자모 순서는《한어병음방안》의 자모표 a·b·c·d·e·f·g·h·i·j·k·l·m·n·o·p·q·r·s·t·u·v·w·x·y·z의 순을 지칭한다. ê는 e 뒤에 배열한다. 예컨대 〈ê〉(欸)는 〈ê〉(餓)의 뒤 〈ēi〉

(誒)의 앞에 위치한다. ü는 u의 뒤에 배열한다. 예컨대 〈nǚ〉(女)는 〈nù〉(怒)의 뒤 〈nuǎn〉(暖)의 앞에 배열한다. ch·sh·zh 성모와 ng 운미는 모두 단자모單子母 순서로 배열한다. ch·ng·sh·zh는 각각 c·n·s·z와 함께 배열한다. 예컨대 〈chā〉(插)는 〈cèng〉(蹭)의 뒤에 배치되고, 〈chuò〉(輟)는 〈cī〉(疵)의 앞에 둔다.

3. 성모 운모가 모두 상동한 글자는 성조, 즉 양평·음평·상성·거성·경성 순으로 배열한다.

예) 巴(bā)·拔(bá)·把(bǎ)·爸(bà)·吧(ba)

4. 독음(성모·운모·성조)이 완전히 동일한 글자들은 맨 첫획의 모양 횡(一)·곧음(丨)·삐침(丿)·점(丶)·바로굽음(乛)·거꾸로굽음(乚)의 순서로 배열한다.

예) 芭捌八笆粑巴

5. 이 검자법은 낱낱의 한자를 찾아보는 데 활용하기 위한 것이다. 복음사를 포함하여 배열할 경우에는 마땅히 그 단자를 기준으로 삼고, 복음사들은 단자의 아래에 배열한다. 첫번째 글자가 상동한 복음사들은 두번째 글자의 음을 순서로 하여 배열하고, 두번째 글자도 같을 경우에는 세번째 글자의 음을 순서로 하여 배열한다. 나머지의 경우는 위의 것에 준한다.

예) 紅　　hóng
　　紅榜　hóngbǎng
　　紅茶　hóngchá
　　紅軍　hóngjūn
　　紅旗　hóngqí
　　紅色　hóngsè
　　紅松　hóngsōng

《부수검자법部首查字法》(초안)

1. 자형에 근거하여 부부를 정한다. 부수는 상·하·좌·우·바깥에 위치하는 것이 통례로 되어 있다. 부수가 가운데자리(中坐)와 왼편위쪽모서리(左上角)에 위치하는 경우도 있다. 대체로 이상 일곱 가지 종류의 부위에 따라 부수를 분류할 수 있는데, 부수의 위치를 확정짓지 못할 경우에는 예외로 처리한다.

2. 부수는 총 250개이며, 필획의 획수에 따라 배열한다. 획수가 같은 글자들은 一(橫)·丨(竪)·丿(撇)·丶(點)·⼀(折) 이상 5종 필형순으로 배열한다.

그밖의 것은 별도로 맨 뒤에 배열한다.

3. 검자방법에 관한 규정은 다음과 같다.

(1) 부수의 일반 위치가 해당 글자의 위·아래·왼쪽·오른쪽·바깥에 있는 경우

 今(人部) 蓸(十部) 厭(厂部) 奉(大部) ―위쪽
 忍(心部) 眉(目部) 且(一部) 盎(皿部) ―아래쪽
 務(矛部) 匙(是部) 臨(丨部) 臧(爿部) ―왼쪽
 新(斤部) 昶(日部) 歐(欠部) 馗(首部) ―오른쪽
 固(囗部) 威(戈部) 巨(匚部) 同(冂部) ―바깥쪽

(2) 부수가 일반 위치에 없을 경우에는 가운데자리를 찾아보고, 그곳도 아닐 경우에는 왼편위쪽모서리를 찾아본다.

 夾(大部) 串(丨部) 辦(力部) 世(一部) ―가운데자리
 疑(匕部) 聽(耳部) 整(束部) 嗣(口部) ―왼편위쪽모서리

(3) 하나의 글자가 수 개의 부수를 지니고 있는 경우에는 아래에 열거한 순서에 따라 부수를 확정한다.

① 위쪽과 아래쪽 모두에 부수가 있을 경우에는 위쪽의 것으로 정한다.

 含(人部 O, 口部 X) 厴(厂部 O, 足部 X)
 思(田部 O, 心部 X) 犇(牪部 O, 牛部 X)

② 왼쪽과 오른쪽 모두에 부수가 있을 경우에는 왼쪽의 것으로 정한다.

 相(木部 O, 目部 X) 划(戈部 O, 刂部 X)
 魁(鬼部 O, 斗部 X) 鴻(氵部 O, 鳥部 X)

③ 안쪽과 바깥쪽 모두에 부수가 있을 경우에는 바깥쪽의 것으로 정한다.

 悶(門部 O, 心部 X) 医(匚部 O, 矢部 X)
 旬(勹部 O, 日部 X) 因(囗部 O, 大部 X)

④ 가운데와 왼편위쪽모서리에 모두 부수가 있을 경우에는 가운데의 것으로 정한다.

 坐(土部 O, 人部 X) 半(丨部 O, 丶部 X)

⑤ 아래쪽과 왼편위쪽모서리 혹은 오른쪽과 왼편위쪽모서리에 부수가 있는 경우에는 아래쪽과 오른쪽의 것으로 정한다.

 渠(木部 O, 氵部 X) 帑(巾部 O, 女部 X)
 楚(疋部 O, 木部 X) ―이상 아래쪽의 것으로 정한 예.
 肄(聿部 O, 匕部 X) 隸(隶部 O, 木部 X)

凱(几部 O, 山部 X) —이상 오른쪽의 것으로 정한 예.

⑥ 동일 부위에 필획수가 많은 부수와 필획수가 적은 부수가 같이 쓰이고 있는 경우에는 필획수가 많은 부수로 정한다.

章竟意 —丶亠立音 네 가지 부수 중 音을 부수로 정함.

磨縻靡 —丶亠广麻 네 가지 부수 중 麻를 부수로 정함.

⑦ 단필單筆부수(즉 一丨丿丶乙)과 복필複筆부수가 공존하고 있는 경우에는 복필부수로 정한다.

吾(口部) —위쪽과 아래쪽이 모두 부수인데, 一은 단필부수이고 口는 복필부수이므로 口를 부수로 정함.

旧(日部) —왼쪽과 오른쪽이 모두 부수인데, 丨은 단필부수이고 日은 복필부수이므로 日을 부수로 정함.

(4) 취할 만한 부수가 없거나, 또는 그 위치가 규정에 부합하지 아니한 것은 예외로 간주한다.

長東農曲 —부수로 취할 만한 것이 없는 것.

壽腰嚮囊 —부수가 일곱 가지 규정적 위치에 있지 아니한 것.

《사각번호검자법四角號碼查字法》(초안)

1. 필획의 모양과 번호

이 검자법은 필획의 모양에 따라 10가지 형태로 나누고, 그 각각에 대하여 다음과 같이 0에서 9까지 10개의 번호를 지정하고 있다.

筆 名		番號	筆 形	字 例	說 明
複筆	頭	0	亠	主病广言	點과 橫의 결합
單筆	橫	1	一	天土	橫
			丿八	活培织見风	挑・橫上鉤와 斜右鉤
	垂	2	丨	旧山	直
			丿丨	千順力則	撇과 直左鉤
	點	3	丶	宝社軍外去亦	點
			丶	造瓜	捺
	叉	4	十	古草	兩筆交叉
			十七×才	对式虎豬	
	串	5	丰	骨承	一筆이 兩筆 혹은 그 이상을 꿰뚫은 것
			才戈丰	打茂桑申吏	

複筆	方	6	ロ ロロ	另扣囩甲曲曲 目四	四角이 가지런한 方形
	角	7	フ ㄱ ㄴ ㄴ 「 ノ	刀写亡表 阳央叉雪	一筆의 轉折 兩筆의 筆頭가 서로 연접되어 이루어진 角形
	八	8	八 人入ソレ	分共 余央象羊午	八字形 八字形의 變形
	小	9	小 ドホルw	尖宗 快木录当兴組	小字形 小字形의 變形

2. 검자방법

(1) 취각取角순서

각글자에 대하여 ①좌상각左上角 ②우상각 ③좌하각 ④우하각이라는 순서에 따라 네 개의 지정번호를 취한다.

예) ① 左上角0 ──┐   ┌── ② 右上角2
                  端   = 0212
    ③ 左下角1 ──┘   └── ④ 右下角2

$^0_2$颜$^1_8$ = 0128 $^4_2$截$^3_5$ = 4325 $^9_8$熔$^7_6$ = 9786

(2) 취각방법

① 한 획에 대하여도 각角을 구분하여 각각의 지정번호를 찾는다.

예) $^2_7$以$^8_0$ $^3_6$乱$^2_1$ $^4_7$七$^0_0$ $^1_5$习$^7_2$ $^0_0$乙$^7_2$ $^7_2$几$^7_1$

② 한 획의 상하 양단兩端이 다른 획과 더불어 소정 필형을 구성할 때, 그 두 각을 나누어 각각의 지정번호를 찾는다.

예) $^1_9$水$^2_0$ $^3_0$大$^4_0$ $^4_0$木$^0_0$ $^3_8$美$^9_0$ $^1_0$火$^7_0$ $^7_9$米$^7_0$

③ 하각下角의 필형이 한쪽으로 치우쳐 있을 경우, 실제의 위치에 따라 지정번호를 찾되 결각缺角에 대하여는 0번호로 처리한다.

예) $^0_2$产$^0_0$ $^0_2$户$^3_0$ $^1_0$亏$^2_0$ $^1_0$飞$^7_2$ $^1_0$弓$^7_2$ $^1_4$妒$^3_0$

단, 〈弓·丂〉등이 편방으로 쓰인 글자의 경우에는 그 글자의 좌하각 번호를 2로 처리한다.

예) $^1_2$張$^2_3$ $^6_2$鄂$^7_2$

④ 바깥 둘레 부분이 〈口·冂(門)·鬥〉이상 세 가지로 이루어진 글자들의 경우에 있어서는, 그 좌우 두 하각은 안쪽에 있는 것의 필형을 근거로 한다.

예) 园 = 6021 囲 = 6040 闭 = 3724 鬧 = 7721

단 상·하·좌·우편에 부가된 필형이 있는 글자는 이에 따르지 않는다.

예) 苗 = 4460 思 = 6033 洞 = 3610 睛 = 6502

简 = 8822 润 = 3712

⑤ 하나의 필형이 이미 전각前角으로 사용된 경우에는 그 후각後角은 0으로 처리한다.

예) $^1_1$王$^0_0$ $^2_0$冬$^7_0$ $^3_3$之$^0_0$ $^4_0$直$^0_0$ $^5_0$中$^0_0$ $^8_0$全$^0_0$

$^2_0$卜$^3_0$ $^0_0$心$^0_0$ $^3_0$斗$^0_0$ $^5_0$持$^0_0$ $^6_9$时$^0_0$

$^1_0$一$^0_0$ $^0_0$十$^0_0$ $^6_0$曰$^0_0$ $^8_0$八$^0_0$ $^9_0$小$^0_0$

《필형검자법筆形查字法》(초안)

1. 필형 : 한자의 필획을 일곱 가지의 필형으로 나누며, 그 명칭과 순서는 다음과 같다.

❖절필折筆은 그 첫부분을 기준으로 삼는다. 예컨대 乙乙는 모두 정절正折( ))로 처리하며, 丩丩는 모두 반절反折(( )로 처리한다.

筆形	ー(σ)	∣(∫)	∕(∫)	ヽ(ヘ)	ㄱ(つフ)	ㄴ(しら)	口(ロロ)
名稱	橫	竪	撇	點	正折	反折	方
順序	1	2	3	4	5	6	7
特徵	→	↓	↙	↘	⌐	⌊	□

2. 자형 : 한자의 자형을 單구조와 多구조 두 유형으로 나눈다.
단구조 글자——글자의 필획이 서로 교차되거나 연결되어 있는 것.

또는 단필이 기타의 필획과 함께 조합되어 있는 것.

다구조 글자——몇 개의 구조로 합성된 것.

3. 검자

① 단구조 글자의 검자법 : 가장 윗부분에 있는 세 필획을 취하여 그것의 필형별로 지정번호에 따라 검자한다. 필획을 취하는 순서는 제일 첫필획을 기준으로 하고, 윗부분이 아랫부분을 우선하며, 높이가 같은 경우에는 왼쪽의 것이 오른쪽의 것보다 우선한다.

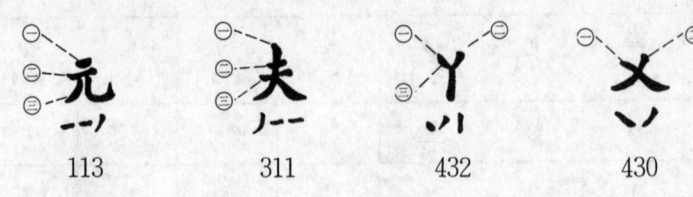

제일 첫필획이 서로 접해 있을 경우에는 맨 나중 필획의 고저에 따르며, 맨 나중 것의 높이마저 같을 경우에는 그것의 좌우에 의하여 판단한다.

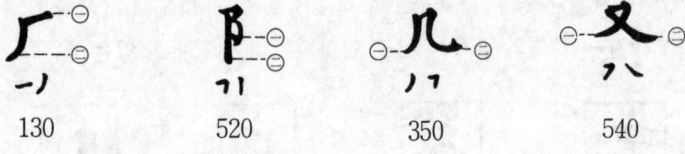

② 다구조 글자의 검자법 : 먼저 그 글자 중의 제1구조(즉〈편방〉)를 찾는다. 각 구조별 우선 순위는 선좌후우・선상후하・선외후내이다.

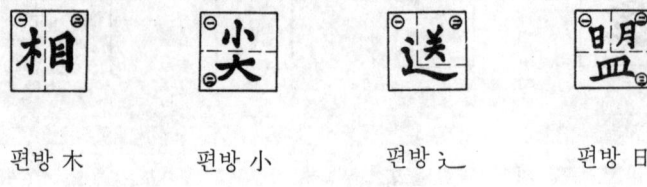

편방에 대한 검자법은 단구조 글자의 경우와 동일하다.
편방을 찾아낸 다음 다시 같은 방법으로 제2구조에 따라 검자한다.

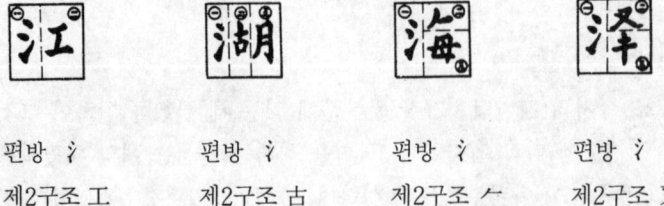

전편의 세 가지 필형이 모두 동일한 구조를 가진 글자의 경우에는 제4필획에 따라 순서를 정한다.

필획 분류는 원래 청대의 관청문서 중에 쓰인 〈원형리정元亨利貞〉·〈강산천고江山千古〉등의 구방법에서 유래된 것인데, 그후로 끊임없이 개선되어 왔다. 1930년 진덕예陳德藝가 편찬한《덕예자전德藝字典》(良友版)은〈一·丨·丶·丿·㇏·丶·㇀〉일곱 가지 유형으로 필획을 구분하였다. 1934년 10월 진립부陳立夫가 편찬한《오필검자학생자전五筆檢字學生字典》은〈丶·一·丨·丿·㇀〉다섯 가지 유형의 필획으로 구분하여 매글자의 제1획·제2획·제3획의 형태를 각각 앞의 다섯 가지 유형에 의거 별도로 계산하였으니 각각에 대하여 5를 곱하면 총 125가지로 분류된다. 예컨대〈立〉자는 제1획이 丶이고, 제2획이 一이고, 제3획이 丶이므로〈丶一丶〉류로 귀납된다. 같은 방식으로,〈夫〉자는〈一一丿〉류에 속하고,〈安〉자는〈丶丶一一丿〉류로 구분된다. 1964년 한자검자법정리공작조에서도 한자의 기본필획을 5종으로 구분하여〈一·丨·丿·丶·㇀〉의 순서에 따라 배열하였다.(《札》字法) 이러한 배열순서는 그후에 출판된 많은 공구서적들에 의하여 채택된 바 있다.

1983년 6월 여러 단체의 요구에 부응하여 중국문자개혁위원회와 문화부출판국 공동으로 한자검자법 통일에 관한 좌담회를 개최하여 통일부수검자법공작조를 발족시켰다. 동 공작조는 상해사서출판사·상무인서관商務印書館·한어대자전편찬처·한어대사전편찬처·중국사회과학원 언어연구소 사전실에서 파견된 사람들로 구성되었다. 통일부수검자법공작조는 두 가지 원칙—자형에 의거 부수를 정함.『큰 것이 작은 것을 포용한다 以大包小』는 것과『구경口徑을 일치시킨다』는 것을 관철시킴—에 입각하여 현재 통용되고 있는 세 가지 자전, 즉《강희자전康熙字典》·《사해辭海》·《신화자전新華字典》의 부수를 참조하여 하나의 초안으로 201개 부수를 설정하였다.(도표 참고)

한자검자법의 정리와 통일을 위한 일은 지금도 진행중에 있고, 좀더 장기적인 과정을 거쳐야만 비로소 완성될 수 있을 것이다. (傅永和)

한자간화漢字簡化 | simplification of Chinese characters

한자간화(simplification of Chinese characters)란 두 가지의 의미를 지니고 있다. 하나는 한자를 간략화하는 일을 가리키는 것이고, 하나는 간화된 한자를

한자부수표

	一畫				
1	一		(阝左)	43	爿(丬)
2	丨		(阝右)	44	广
3	丿	22	刀(⺈刂)		(忄)
4	丶	23	力	45	门(門)
5	乙(一乚乚	24	厶		(氵)
	亅)	25	又	46	宀
	二畫	26	夂		(辶)
			(巳)	47	彐(彐彑)
6	十		三畫	48	尸
7	厂(厂)	27	干	49	己
8	匚	28	工	50	弓
9	卜(⺊)	29	土(士)	51	屮(屮)
	(刂)		(艹)	52	女
10	冂(冂)	30	廾	53	飞(飛)
	(亻)	31	大	54	小(⺌)
	(厂)	32	尢(兀允)	55	子
11	八(丷)		(兀)	56	马(馬)
12	人(入亻)		(扌)		(纟)
	(入)	33	寸		(幺)
	(⺈)	34	弋	57	幺
13	勹(冂)		(⺌)	58	巛
14.	匕	35	口		四畫
15	儿	36	囗	59	王(玉)
16	儿(丿乚)	37	巾	60	无(旡)
17	亠	38	山	61	韦(韋)
18	冫	39	彳		(耂)
	(丷)	40	彡	62	木
19	冖		(犭)	63	支
	(讠)	41	夕	64	犬(犭)
20	凵	42	夂	65	歹(歺)
21	卩(㔾)		(饣)	66	车(車)

67	戈	93	斗	115	穴
68	比		(㇏)		(衤)
	(旡)	94	户	116	疋(⺪)
69	牙		(衤)	117	皮
70	瓦	95	心(忄㣺)		(氺)
71	止		(丯)	118	癶
72	攴(攵)		(月)	119	矛
73	日(曰日)		(小)		(母)
	(月)	96	毋(母)		六 畫
74	贝(貝)	97	水(氵氺)	120	耒
75	见(見)		五 畫	121	耳
76	牛		(玉)	122	老(耂)
77	手(乎扌)	98	示(礻)	123	臣
78	毛	99	甘	124	西(襾西)
79	气	100	石	125	而
	(攵)	101	龙(龍)	126	贝(頁)
80	长(長镸)		(歹)	127	至
81	片	102	业	128	虍(虎)
82	斤	103	目	129	虫
83	爪(爫)	104	田	130	肉
84	父	105	皿	131	缶
	(兂)	106	皿	132	舌
	(爫)		(钅)	133	竹(⺮)
85	月(月)	107	生	134	白
86	氏	108	矢	135	自
87	欠	109	禾	136	血
88	风(風)	110	白	137	舟
89	殳	111	瓜	138	色
90	文	112	鸟(鳥)	139	齐(齊)
91	方	113	广	140	衣(衤)
92	火(灬)	114	立		

141	羊(⺶⺷)	167	辛	188	鬲
142	米		八 畫	189	髟
143	聿(⺻𦘒)	168	靑		(馬)
144	艮	169	卓	190	鬥
145	艸(⺿)	170	雨	191	高
146	羽		(長)		十一畫
147	糸(纟)	171	齿(齒)	192	黃
	七 畫	172	非		(麥)
148	麦(麥)		(虎)		(鹵)
149	走	173	黾(黽)		(鳥)
150	赤	174	隹		(魚)
	(車)	175	阜(⻖左)	193	麻
151	豆	176	金(钅)	194	鹿
152	酉	177	鱼(魚)		十二畫
153	辰		(門)	195	鼎
154	豕	178	隶	196	黑
	(镸)		九 畫	197	黍
155	卤(鹵)	179	革		十三畫
	(貝)		(頁)	198	鼓
	(見)	180	面		(黽)
156	里	181	韭	199	鼠
157	足(⻊)	182	骨		十四畫
158	邑(⻖右)	183	香	200	鼻
159	身	184	鬼		(齊)
160	辵(辶)	185	食(饣)		十五畫
161	釆		(風)		(齒)
162	谷	186	音		十六畫
163	豸	187	首		(龍)
164	龟(龜)		(韋)		十七畫
165	角		(飛)	201	龠
166	言(讠)		十 畫		(龜)

지칭하는 것이다. 일반적으로 뒤의 의미로는 **간화자**簡化字라는 용어를 사용하고 있다. 간화자는 번체자繁體字의 대칭이다. 동일 한자에 있어서 **간체**는 **번체**에 비하여 그 필획의 수가 적은 것이다. 옛날에는 간화자를 **파체**破體·**소사**小寫·**간체자**簡體字·**간이자**簡易字·**간자**簡字·**수두자**手頭字·**속체자**俗體字·**속자**俗字 등의 이름으로 불렸다. 한자를 간화하는 것은 고대에 있어서는 한자 형체의 자연적 연변이었지만, 근대에 이르러서는 자형에 대한 의도적 개혁이 되었다.

| 한자의 간체 |

일찍이 **갑골문**과 **금문** 중에서도 한자는 간체를 지니고 있었다. 소전으로 발전된 시기에 있어서는 더욱더 많은 글자들이 간화되었다. **예서**와 해서단계에 이르러서는 간화된 자체가 더욱 많아졌다. 위진육조시기에 세워진 비각 중에, 그리고 당대唐代에 씌어진 경서經書에도 적잖은 간체자들이 등장하고 있다. 송대 이후 간체자는 비각, 그리고 손으로 씌어진 다음 조판인쇄된 서적상에 광범위하게 유행되었고, 그 수량도 크게 증가되었다. 근대에 이르러서는 태평천국란 때에는 일반 문서에서 옥새玉璽에 이르기까지 모두 간체자를 사용하였다. 1909년 육비규陸費逵가《교육잡지》창간호에 간체자의 사용을 부르짖는 논문《초등교육은 속체자를 채택하여야 함 普通敎育應當採用俗體字》을 발표하였다. 1921년에는 또《한자정리에 대한 의견 整理漢字的意見》논문을 발표하여 한자정리방법을 제시하였다. 이에 따르면 통속적으로 쓰이는 글자의 수를 2천여 자로 한정하고, 그 글자들의 필획을 감소시킴에 있어서 제1차로 사회적으로 이미 쓰이고 있는 간체자를 기초로 삼은 다음, 필획의 수가 비교적 많은 기타의 한자에 대하여 점차 간화시키자는 것이었다. 1922년 전현동錢玄同이 국어통일주비회에다 〈현행 한자의 필획 감소 생략에 관한 제안 減省現行漢字的筆劃案〉을 제출하였는데, 이 문건은 육기陸基·여금희黎錦熙·양수달楊樹達이 서명하였다. 이 제안에서는 간체자를 하나의 사회운동으로 삼아서 추진해 나가자는 구호를 부르짖고 있다. 이 제안에서는 『문자는 본래 도구의 일종이고, 도구는 마땅히 쓰기에 적절한지의 여부가 우열의 표준이 된다. 필획이 많은 것은 쓰기 어렵고 시간적 낭비가 따르므로 반드시 쓰기에 적합한 것이 못 된다. 반면 필획이 적은 것은 쓰기 쉽고 시간도 절약되므로 쓰기에 적합한 것이다』·『음을 표시하는 방법을 바꾸는 것이 근본적인 대책이고, 현행 한자의 필획을 감소시키거나 부분적으로 생략시키는 것은 임시적인 방편이다』·『임시적인 방편이 실제상 현재로서는 가장 적절한 방책이

다』라는 말을 하고 있다. 이 제안은 과거 일반 대중들에게 통용되던 간체자를 모든 정규 서면어에 정식으로 응용하자고 주장한 것이다.

전현동은 간체자의 구성방식을 8종으로 귀납시켰다. ① 전체적으로 삭제 감소되었으나 대강의 윤곽은 보존하고 있는 것(예 : 〈龜〉⇒〈龟〉) ② 초서의 형태에서 빌어온 것(예 : 〈爲〉⇒〈办〉) ③ 본래 글자의 일부만을 쓴 것(예 : 〈聲〉⇒〈声〉) ④ 원래 글자의 일부를 매우 간단한 몇 획으로 대체시킨 것(예 : 〈觀〉⇒〈观〉) ⑤ 고체를 채용한 것(예 : 〈雲〉⇒〈云〉) ⑥ 음부音符를 적은 필획의 것으로 고친 것(예 : 〈燈〉⇒〈灯〉) ⑦ 간체를 별도로 만들어낸 것(예 : 〈響〉⇒〈响〉) ⑧ 다른 글자를 빌어 쓴 것(예 : 〈幾〉⇒〈几〉).

그후 몇 가지 체계로 정리된 간체자를 쓴 다음의 서적들이 연이어 출판되었다. 1928년 상무인서관에서 출판된 호회침胡懷琛의《간이자설簡易字說》은 9종 간이자를 모아 놓은 것으로, 일본식 간이자·역음자譯音字·복음자複音字 외에 3백여 개의 간체자를 수록해 놓았다. 1930년 중앙연구원 역사언어연구소가 출판한 유복劉復·이가서李家瑞가 공동편찬한《송원이래속자보宋元以來俗字譜》는《고열녀전古烈女傳》등 12종 서적을 근거로 찾아낸 1천6백여 개의 간체자를 수록하고 있는데, 이것은 8,9백 년간 간체자 발전상황을 반영한 것이다. 같은 해에 북경 자청사自淸榭 출판 탁정모卓定謀의《장초고章草考》는 106종 장초(초서의 일종,〈草書〉참조) 자료로부터 뽑아낸 장초 3천여 개를 수집한 것이다. 1932년 상무인서관에서 출판된 국어통일주비위원회 편정·국민정부 교육부 공포《국음상용자회國音常用字匯》도 적잖은 간체자를 실어 놓았다.《국음상용자회》의 설명 부분에서『송원 이래로 일종의 통속적인 간체자가 쓰이고 있었던 바, 옛날에는 그것을 파체破體 혹은 소사小寫라 하였다. 그것의 필획은 보통의 것에 비하여 감소된 것이고, 쓰는 속도가 빠른 것으로서 상당히 실용적이었다. 앞으로 마땅히 그것들의 사용을 널리 보급하므로써 글자 쓰기가 간략하고 쉽게 하여야 할 것이다. 따라서 본서는 흔히 보이는 간체자를 약간 수록하고 보통체의 아래에다 작은 글씨로 주석을 달아 놓으므로써 그 사용을 제창하는 바이다』라고 적어 놓았다. 1934년 중국도서관 복무사服務社에서 출판된 두정우杜定友의《간자표준자표簡字標準字表》에는 간체자 353개가 실려 있다. 같은 해에 서칙민徐則敏은《논어반월간論語半月刊》에《550 속자표俗字表》를 발표하였다. 1934년 전현동은 다시 국어통일주비위원회에〈고유의 것을 수집한 것 가운데 활용에 비교적 적합한 간체자안 搜集固有而較適用的簡體字案〉을 제출하였다. 1935년 전현동의 주도하에 편집된《간체자보簡體字譜》

의 초고에는 2천4백여 개의 간체자가 실려 있다.

1935년 봄에 상해의 문화계 인사 진망도陳望道 등이 조직한 〈수두자추진회〉는 그 첫사업의 일환으로 **수두자**手頭字 3백 개를 선정하였다. 그해 2월에는 문화계 인사 2백 명과 《태백太白》·《세계지식世界知識》·《역문譯文》 등 15개 잡지사 대표들이 연명聯名으로 〈수두자 추진에 관한 발기문 推行手頭字緣起〉을 발표하였다. 이리하여 간체자운동이 날로 발전되자, 1935년 8월 국민당 정부의 교육부에서는 부득불 〈제1차간체자표〉를 발표하였던 바, 이것은 324개의 간체자를 수록한 것이다. 이 간체자표는 전현동의 주도하에 편성된 《간체자보》 초고 중의 일부분에 상당하는 것이다. 1936년 2월에는 국민당 정부가 그것을 다시 회수하는 명령을 내렸다. 이상에서 언급한 것 외에 이 시기에 나온 간체자에 관한 출판물로는 다음과 같은 것들이 있다. **용경**容庚이 편저한 《간체자전》이 1936년 10월 연경대학 하바드연경학사(哈佛燕京學舍)에서 출판되었다. 이 자전에는 총 4445개의 간체자가 수록되어 있는데, 모두가 초서에서 유래된 것으로서 필획을 약간씩 생략한 것이지만 구형舊形과는 판이하지 않았고, 원래 글자의 윤곽을 그대로 보존하고 있는 것들이다. 진광요陳光堯가 편저한 《상용간자표》가 1936년 11월 북신서국北新書局에서 출판되었다. 이 책은 3150개 간체자를 수록한 것으로서, 초서체에서 따온 것이 전체의 48%, 속자체에서 유래된 것이 전체의 40%를 차지하고 있는데, 작자가 고쳐 쓴 것들도 일부 있다. 1937년 5월 북평北平연구원 자체字體연구회가 《간체자표》 제1표를 발표하였는데, 이 표에는 1천7백 개의 간체자가 수록되어 있다.

중일전쟁 시기 간체자의 발전은 주로 당시의 해방구解放區(自國軍의 지배하에 있던 지역—역주)에서 행해졌다. 해방구에서 발간된 유인물이나 신문에는 많은 간체자들이 채택되거나 새로 만들어졌다. 중화인민공화국이 건립된 후에는 해방구에서 사용되던 간체자가 전국에 걸쳐 널리 유행되었을 뿐만 아니라, 조직적이고 전문적인 수집·정리연구를 거쳐서 전국적으로 간화자를 통용하는 것을 최종 공포하므로써 간체자의 합법적 지위가 확정되기에 이르렀다.

중국 정부건립 이후의 한자간화사업

1950년 중앙인민정부 교육부 사회교육사가 《상용간체자등기표常用簡體字登記表》를 편제하였다. 당시의 의거원칙은 다음과 같다. 이미 통용되고 있던 간체자를 정리하되 필요시에는 기존 간체자의 간화규칙에 입각하여 적절히 보충하고, 이로써 선정 보충된 간체자는 해서체를 위주로 하며, 간혹 행서와 초서의 것을 채택하되 쉽게 쓸 수 있는 것과 인쇄에 편리한지를 감안하여 정한다. 간체자의 선정 보충은 가장 흔히 쓰이는 한자에 국한시키는 것이지, 번잡하고 어려운 한자 모두를 간화시키는 것은 아니다. 각계의 의견을 수렴한 후, 그 결정은 〈술이부작述以不作〉(새로 만들어내지 아니하고 옛날의 것을 답습해서 쓴다는 뜻—역주)이라는 원칙에 입각하여 1951년에《제1차간체자표第一批簡體字表》를 입안하였던 바, 이 표에는 555개 간화자가 실려 있다.

1952년 2월 5일 중국문자개혁연구위원회가 성립되어《제1차간체자표》를 기초로 하여 반복적으로 연구검토함과 아울러, 각계의 의견을 청취한 후 1954년 연말에《한자간화방안》(초안)을 입안하였다. 이 초안은 3개 부문으로 짜여져 있다. ① 798개 한자간화표 초안 ② 요폐기 대상의 400개 이체자표 초안 ③ 한자편방 쓰기의 간화표 초안. 1955년 2월 2일 중국문자개혁위원회는 중앙의 일급 신문지상에《한자간화방안》(초안)을 발표하였다. 그 중 261개 글자를 3군으로 나누어 전국 각 성省·시·자치구自治區에서 발간되는 50여 종의 신문에서 시용試用토록 하였다. 1955년 7월 13일 국무원이 한자간화방안심정위원회를 구성하였던 바 동필무董必武가 주임위원직을, 곽말약郭沫若·마서륜馬叙倫·호교목胡喬木 세 사람이 부주임위원직을, 장해약張奚若·심안빙沈雁冰·허광평許廣平·주학범朱學範·소력자邵力子·장수죽張修竹·항남項南·서흔徐欣·노사老舍·증소륜曾昭掄·등탁鄧拓·부빈연傅彬然이 위원직을 각각 맡았다. 1955년 9월 중국문자개혁위원회는 각계의 의견을 수렴한 결과를 토대로 수정초안을 제출하였다. 원래의 초안 중에 있던《요폐기 대상의 400개 이체자표 초안》과《한자편방 쓰기의 간화표 초안》을 없애는 한편, 798개 간화자를 512개로 줄이고 간화 편방 56개를 보탠 것이다. 수정초안은 1955년 10월에 개최된 **전국문자개혁회의**에서 심의를 거친 다음 간화자를 512개에서 515개로 늘리고, 간화 편방을 56개에서 54개로 줄였다.

수정 후의 수정초안은 국무원 한자간화방안심정위원회의 심정審訂을 거쳐, 1956년 1월 28일 국무원 전체회의 제23차 회의에 상정 통과되어, 1월 31일《인민일보》에 정식 공포되었다.

《한자간화방안》은 3개의 표로 구성되어 있다. 제1표는 이미 대부분의 인쇄물에 사용되고 있던 것으로 즉시 정식으로 사용 가능한 230개 간화한자를 열거한 것이다.(참고 표1) 제2표는 우선 2개월간의 사용試用을 위한 것으로 수정을 거친 후에 다시 정식으로 보급 사용할 285개 간화자를 열거한 것이다.(참고 표2) 제3표는 우선 2개월간의 시용을 위한 것으로 수정을 거친 다음 다시 정식으

로 보급 사용할 54개 유추 가능 간화편방을 열거한 것이다.(참고 표3)

[표1] 한자간화방안 제1표

罢〔罷〕	妇〔婦〕	团〔團糰〕	关〔關〕
卜〔蔔〕	复〔復複覆〕	难〔難〕	观〔觀〕
备〔備〕	达〔達〕	拟〔擬〕	巩〔鞏〕
宝〔寶〕	斗〔鬥〕	乐〔樂〕	克〔剋〕
报〔報〕	担〔擔〕	类〔類〕	开〔開〕
办〔辦〕	胆〔膽〕	累〔纍〕	垦〔墾〕
板〔闆〕	当〔當噹〕	里〔裏〕	恳〔懇〕
帮〔幫〕	党〔黨〕	礼〔禮〕	困〔睏〕
别〔彆〕	灯〔燈〕	丽〔麗〕	号〔號〕
标〔標〕	敌〔敵〕	厉〔厲〕	后〔後〕
表〔錶〕	淀〔澱〕	励〔勵〕	护〔護〕
边〔邊〕	点〔點〕	离〔離〕	画〔畫〕
宾〔賓〕	电〔電〕	了〔瞭〕	划〔劃〕
补〔補〕	垫〔墊〕	刘〔劉〕	伙〔夥〕
辟〔闢〕	独〔獨〕	帘〔簾〕	怀〔懷〕
朴〔樸〕	夺〔奪〕	联〔聯〕	坏〔壞〕
扑〔撲〕	对〔對〕	粮〔糧〕	会〔會〕
么〔麽〕	断〔斷〕	灵〔靈〕	欢〔歡〕
迈〔邁〕	冬〔鼕〕	罗〔羅囉〕	环〔環〕
霉〔黴〕	东〔東〕	乱〔亂〕	还〔還〕
蒙〔矇濛懞〕	动〔動〕	个〔個〕	几〔幾〕
弥〔彌瀰〕	态〔態〕	盖〔蓋〕	击〔擊〕
蔑〔衊〕	台〔臺檯颱〕	干〔乾幹〕	际〔際〕
庙〔廟〕	头〔頭〕	赶〔趕〕	家〔傢〕
面〔麵〕	体〔體〕	谷〔穀〕	价〔價〕
范〔範〕	铁〔鐵〕	刮〔颳〕	借〔藉〕
奋〔奮〕	条〔條〕	过〔過〕	旧〔舊〕
丰〔豐〕	听〔聽〕	归〔歸〕	艰〔艱〕

荐 [薦]	致 [緻]	师 [師]	义 [義]
歼 [殲]	制 [製]	舍 [捨]	压 [壓]
尽 [盡儘]	执 [執]	晒 [曬]	叶 [葉]
姜 [薑]	这 [這]	寿 [壽]	优 [優]
举 [擧]	折 [摺]	沈 [瀋]	犹 [猶]
剧 [劇]	战 [戰]	伤 [傷]	邮 [郵]
据 [據]	征 [徵]	声 [聲]	养 [養]
卷 [捲]	症 [癥]	帅 [帥]	痒 [癢]
齐 [齊]	证 [證]	双 [雙]	样 [樣]
气 [氣]	朱 [硃]	热 [熱]	蝇 [蠅]
窃 [竊]	筑 [築]	灶 [竈]	应 [應]
乔 [喬]	准 [準]	总 [總]	务 [務]
秋 [鞦]	庄 [莊]	辞 [辭]	袜 [襪]
千 [韆]	种 [種]	才 [纔]	为 [爲]
迁 [遷]	众 [衆]	参 [參]	伪 [僞]
区 [區]	迟 [遲]	惨 [慘]	万 [萬]
确 [確]	丑 [醜]	蚕 [蠶]	余 [餘]
权 [權]	尝 [嘗]	从 [從]	御 [禦]
劝 [勸]	偿 [償]	聪 [聰]	吁 [籲]
牺 [犧]	厂 [廠]	洒 [灑]	郁 [鬱]
系 [係繫]	称 [稱]	扫 [掃]	与 [與]
协 [協]	惩 [懲]	丧 [喪]	远 [遠]
献 [獻]	处 [處]	苏 [蘇嚇]	云 [雲]
咸 [鹹]	触 [觸]	虽 [雖]	运 [運]
衅 [釁]	出 [齣]	随 [隨]	拥 [擁]
向 [嚮]	冲 [衝]	孙 [孫]	
响 [響]	虫 [蟲]	松 [鬆]	
兴 [興]	湿 [濕]	爱 [愛]	
选 [選]	时 [時]	碍 [礙]	
旋 [鏇]	实 [實]	尔 [爾]	
只 [祇隻]	势 [勢]	医 [醫]	

[표2] 한자간화방안 제2표

坝〔壩〕	递〔遞〕	栏〔欄〕	虑〔慮〕
摆〔擺襬〕	迭〔叠〕	烂〔爛〕	滤〔濾〕
笔〔筆〕	堕〔墮〕	砾〔礫〕	驴〔驢〕
币〔幣〕	队〔隊〕	历〔曆歷〕	沟〔溝〕
毕〔畢〕	吨〔噸〕	隶〔隸〕	构〔構〕
毙〔斃〕	摊〔攤〕	篱〔籬〕	购〔購〕
盘〔盤〕	滩〔灘〕	猎〔獵〕	顾〔顧〕
凭〔憑〕	瘫〔癱〕	疗〔療〕	国〔國〕
苹〔蘋〕	坛〔壇罎〕	辽〔遼〕	龟〔龜〕
仆〔僕〕	叹〔嘆〕	浏〔瀏〕	柜〔櫃〕
买〔買〕	誊〔謄〕	炼〔煉〕	广〔廣〕
卖〔賣〕	粜〔糶〕	练〔練〕	夸〔誇〕
麦〔麥〕	厅〔廳〕	怜〔憐〕	扩〔擴〕
梦〔夢〕	涂〔塗〕	邻〔鄰〕	块〔塊〕
灭〔滅〕	图〔圖〕	临〔臨〕	亏〔虧〕
亩〔畝〕	椭〔橢〕	两〔兩〕	矿〔礦〕
发〔發髮〕	恼〔惱〕	俩〔倆〕	合〔閤〕
飞〔飛〕	脑〔腦〕	辆〔輛〕	汉〔漢〕
矾〔礬〕	镍〔鎳〕	岭〔嶺〕	壶〔壺〕
坟〔墳〕	酿〔釀〕	龄〔齡〕	沪〔滬〕
粪〔糞〕	宁〔寧〕	卢〔盧〕	胡〔鬍〕
凤〔風〕	农〔農〕	泸〔瀘〕	华〔華〕
凤〔鳳〕	疟〔瘧〕	芦〔蘆〕	获〔獲穫〕
肤〔膚〕	蜡〔蠟〕	炉〔爐〕	回〔迴〕
麸〔麩〕	腊〔臘〕	庐〔廬〕	秽〔穢〕
带〔帶〕	来〔來〕	虏〔虜〕	汇〔匯彙〕
导〔導〕	垒〔壘〕	卤〔鹵滷〕	轰〔轟〕
单〔單〕	娄〔婁嘍〕	录〔錄〕	饥〔饑〕
邓〔鄧〕	兰〔蘭〕	陆〔陸〕	鸡〔鷄〕
籴〔糴〕	拦〔攔〕	龙〔龍〕	积〔積〕

极〔極〕	牵〔牽〕	斋〔齋〕	杀〔殺〕
继〔繼〕	纤〔縴纖〕	赵〔趙〕	摄〔攝〕
夹〔夾〕	签〔簽籤〕	昼〔晝〕	兽〔獸〕
阶〔階〕	亲〔親〕	毡〔氈〕	审〔審〕
节〔節〕	寝〔寢〕	郑〔鄭〕	渗〔滲〕
疖〔癤〕	蔷〔薔〕	嘱〔囑〕	绳〔繩〕
洁〔潔〕	墙〔牆〕	烛〔燭〕	圣〔聖〕
胶〔膠〕	枪〔槍〕	浊〔濁〕	胜〔勝〕
监〔監〕	庆〔慶〕	专〔專〕	术〔術〕
舰〔艦〕	曲〔麯〕	桩〔樁〕	书〔書〕
鉴〔鑒〕	琼〔瓊〕	壮〔壯〕	树〔樹〕
硷〔鹼〕	穷〔窮〕	装〔裝〕	属〔屬〕
拣〔揀〕	习〔習〕	妆〔妝〕	铄〔鑠〕
茧〔繭〕	戏〔戲〕	状〔狀〕	扰〔擾〕
紧〔緊〕	虾〔蝦〕	钟〔鍾〕	认〔認〕
烬〔燼〕	吓〔嚇〕	肿〔腫〕	让〔讓〕
仅〔僅〕	写〔寫〕	齿〔齒〕	杂〔雜〕
进〔進〕	泻〔瀉〕	彻〔徹澈〕	凿〔鑿〕
将〔將〕	胁〔脅〕	产〔產〕	枣〔棗〕
奖〔獎〕	亵〔褻〕	缠〔纏〕	脏〔臟髒〕
浆〔漿〕	显〔顯〕	搀〔攙〕	赃〔贓〕
桨〔槳〕	宪〔憲〕	谗〔讒〕	钻〔鑽〕
酱〔醬〕	县〔縣〕	馋〔饞〕	纵〔縱〕
讲〔講〕	象〔像〕	忏〔懺〕	灿〔燦〕
惊〔驚〕	乡〔鄉〕	尘〔塵〕	仓〔倉艙〕
竞〔競〕	须〔鬚〕	衬〔襯〕	层〔層〕
惧〔懼〕	悬〔懸〕	长〔長〕	窜〔竄〕
启〔啓〕	逊〔遜〕	础〔礎〕	丛〔叢〕
岂〔豈〕	寻〔尋〕	刍〔芻〕	蔷〔薔〕
壳〔殼〕	滞〔滯〕	疮〔瘡〕	涩〔澀〕
窍〔竅〕	质〔質〕	适〔適〕	伞〔傘〕

肃〔肅〕	业〔業〕	隐〔隱〕	跃〔躍〕
岁〔歲〕	爷〔爺〕	阳〔陽〕	园〔園〕
恶〔惡噁〕	尧〔堯〕	无〔無〕	渊〔淵〕
袄〔襖〕	钥〔鑰〕	雾〔霧〕	愿〔願〕
肮〔骯〕	药〔藥〕	洼〔窪〕	酝〔醞〕
儿〔兒〕	忧〔憂〕	韦〔韋〕	佣〔傭〕
艺〔藝〕	艳〔艷〕	卫〔衛〕	踊〔踴〕
亿〔億〕	厌〔厭〕	稳〔穩〕	痈〔癰〕
忆〔憶〕	严〔嚴〕	网〔網〕	
亚〔亞〕	盐〔鹽〕	屿〔嶼〕	
哑〔啞〕	阴〔陰〕	誉〔譽〕	

〔표3〕 한자간화방안 제3표

纟*〔糸〕	韦〔韋〕	产〔產〕	佥〔僉〕
见〔見〕	页〔頁〕	专〔專〕	农〔農〕
讠*〔言〕	风〔風〕	发〔發〕	宾〔賓〕
贝〔貝〕	饣*〔食〕	单〔單〕	齐〔齊〕
车〔車〕	𠃓〔昜〕	几〔幾〕	寿〔壽〕
圣〔巠〕	呙〔咼〕	乔〔喬〕	监〔監〕
钅*〔金〕	马〔馬〕	只〔戠〕	临〔臨〕
长〔長〕	刍〔芻〕	尧〔堯〕	齿〔齒〕
门〔門〕	师〔師〕	当〔當〕	卖〔賣〕
东〔東〕	芈〔㷓〕	睪〔睪〕	龙〔龍〕
仑〔侖〕	鱼〔魚〕	会〔會〕	罗〔羅〕
冈〔岡〕	乌〔烏〕	肃〔肅〕	亦〔䜌〕
戋〔戔〕	娄〔婁〕	义〔義〕	
収〔𠬪〕	区〔區〕	䒑〔𦥑〕	

*를 해놓은 편방은 일반적으로 왼쪽 편방에만 쓰임.

시용단계를 거친 다음 《한자간화방안》 중의 세 가지 간화편방을 다음과 같이 수정하였다. 钅(金)⇒钅·重(魚)⇒鱼·乌(鳥)⇒鸟·鸟는 鳥의 간화자로 삼았다. 그밖에 세 개의 간화자를 다음과 같이 조정하였다. 娄(婁·嘍)⇒娄(婁), 嘍를 겸하지 아니함·彻(徹·澈)⇒彻(徹), 澈을 겸하지 아니함·仓(倉·艙)⇒仓(倉), 艙을 겸하지 아니함.

한자 간화는 〈약정속성約定俗成, 온보전진穩步前進〉이라는 원칙에 입각하고 있다. 〈약정속성〉원칙은 사회적 관습에 기초를 두고서 실정을 감안하여 잘 정리하고, 이미 유행되고 있던 간체자를 최대한 채택하고 단지 불요불가결한 것만 수정보충한다는 것이다. 이 원칙은 처음 글자를 배우는 학생들이 글자를 익히는 데 쉽게 하기 위한 점을 감안한 동시에, 이미 글자를 습득한 사람들의 사용 습관도 감안하므로써 간화자 활용을 원활하도록 하였다. 〈온보전진〉원칙은 간화할 필요가 있는 글자들을 한꺼번에 해결한다는 것이 아니라 분기적으로 차츰차츰 실시한다는 것이다. 그리고 각기에 있어서도 간화자를 한꺼번에 시행한다는 것이 아니라 분류해서 사용하도록 한다는 것이다.

《한자간화방안》이 취하고 있는 간화방법은 다음의 아홉 가지가 있다.

① 원래 글자의 윤곽을 보존케 한다.
　예)〈龜〉⇒〈龟〉·〈慮〉⇒〈虑〉
② 원래 글자의 특징적인 부분은 보존케 하고, 그밖의 것은 생략한다.
　예)〈聲〉⇒〈声〉·〈醫〉⇒〈医〉
③ 필획이 비교적 간단한 성부聲符로 바꾸어 넣는다.
　예)〈擁〉⇒〈拥〉·〈戰〉⇒〈战〉
④ 새 형성자를 만들어 대체시킨다.
　예)〈驚〉⇒〈惊〉·〈護〉⇒〈护〉
⑤ 음이 같은 글자로 대체시킨다.
　예)〈里〉⇒〈裏〉·〈丑〉⇒〈醜〉
⑥ 초서체를 해서화楷書化한다.
　예)〈專〉⇒〈专〉·〈東〉⇒〈东〉
⑦ 뜻을 모아서 만든다(會意).
　예)〈衆〉⇒〈众〉·〈從〉⇒〈从〉
⑧ 간단한 기호로 복잡한 편방을 대체시킨다.
　예)〈鷄〉⇒〈鸡〉·〈歡〉⇒〈欢〉·〈難〉⇒〈难〉
⑨ 고대의 구자체를 다시 채택한다.

예)〈塵〉⇒〈尘〉

1964년 2월 24일 국무원에서 다시 다음과 같은 내용을 하달하였다.《한자간화방안》중에 있는 간화자를 편방으로 쓸 경우에도 똑같이 간화해서 쓴다. 편방이 하나의 글자로 독립적으로 쓰일 경우에는 〈氵〉·〈饣〉·〈纟〉·〈钅〉이상 4개를 제외하고는 모두 간화하여야 한다. 1964년 5월 중국문자개혁위원회에서는 위와 같은 지시를 근거로《간화자총표簡化字總表》를 편집·출판하였다. 《간화자총표》는 세 가지 표로 세분된다. 제1표는 편방으로 쓰이지 아니하는 간화자 352자를 열거한 것이고, 제2표는 편방으로 쓰일 수 있는 간화자 132자와 간화편방 14개를 열거한 것이며, 제3표는 편방의 간화를 유추한 간화자 1754자를 열거한 것이다. 이상을 합산하면 총 2238자(〈签〉·〈须〉자가 이중으로 계산되었으므로 실제로는 2236자임. 1986년 10월에 새로 발표된 것에는 〈迭〉·〈象〉두 자가 삭제되었음)에 이른다.

《간화자총표》중에는 주해를 달아 놓은 것이 적지 아니하다. 예를 들어〈干〉은〈乾〉(gān)의 간화자이다. 그러나 건곤乾坤의〈乾〉(qián)은 간화하지 않는다. 〈吁〉는〈籲〉(yù)의 간화자이지만〈자꾸 한숨만 쉬다〉는 뜻인〈長吁短嘆〉의〈吁〉는 여전히 xū로 발음된다는 것 등등이 있다.

《간화자총표》에는 두 가지 부록이 실려 있는데, 하나는 1955년 문화부와 중국문자개혁위원회가 공동으로 발표한《제1차이체자정리표》가운데 있는 39개 글자를 뽑아 놓은 것이다. 이것들은 습관상 간화자로 치는 것이다. 다른 하나는 본래 생소한 벽자僻字를 사용하였던 지명을 바꾸어 놓은 것이다.

| 해외 일부 국가 및 중국인 사회의 한자간화 |

1969년 싱가폴공화국 교육부에서 제1차로 간체자 502개를 공포하여 중국인 사회에서 쓰도록 제공하였다. 그 가운데 대부분은 중국에서 공포한 간화자와 동일한 것이고, 다른 것은 단지 67자에 불과하다. 이를테면〈場〉을〈坊〉으로 한 것과〈開〉를〈开〉로 한 것 등이 그러하다. 싱가폴에서는 그것을 일러 이체간화자異體簡化字라 하였다. 1974년 싱가폴 정부의 교육부에서는 다시《간체자총표》를 공포하였는데, 이것에는 총 2248개 간체자가 수록되어 있다. 그 중 10개만이 일찍이 중국에서 간화한 적이 전혀 없는 것이다. 예컨대〈窗〉을〈囱〉으로 간화하고,〈要〉를〈夋〉로 간화한 것 등이다. 그 나머지는 모두 중국의《간화자총표》에 있는 것과 동일하다. 1976년 5월 싱가폴 정부의 교육부에서는 또다시《간화자총표》에 대한 수정작업을 실시하여《간체자총표》

의 수정본을 반포하였는데, 중국에서는 간화하지 아니한 10개 글자와 67개 이체간화자를 삭제시켜서 중국의《간화자총표》와 완전히 일치하도록 한 것이다.

말레이지아에서는 1972년에〈말레이지아 한자간화위원회〉를 발족시켜 말레이지아내 중국인 사회에서 사용코자 한자를 간화하는 것을 연구토록 하였다. 1981년 2월 28일 출판된《간화한자총표》에는 2238개 간화자를 수록해 놓았는데, 이것 또한 중국의《간화자총표》와 완전히 동일한 것이다.

태국 정부의 교육부에서는 본래 모든 중국어동시학습학교에서는 중국에서 공포한 간화자를 일률적으로 가르치지 말도록 규정하였다가, 후에 연합국이 중국의 간화자를 접수하므로써 국제적으로 그 사용이 승인되자, 원래의 제한을 취소한다는 것을 선포하고 일부의 중국어동시학습학교에서 그것을 가르치는 것을 허용하였다. 1983년 12월 18일에는 다시 모든 중국어학교에서 간화자교육을 실시하는 것에 동의하였다. 태국의 교육부는 또 각급 유관기관에 간체자와 번체자 대조용 소책자를 발간 배포함과 아울러 중국어동시학습의 소학교 교재에다 간체자와 번체자 대조표를 부록으로 실어 놓도록 하였다.

일부 한자 사용 국가의 한자간화

【일본의 간화자】일본의 한자 사용은 1천 9백여 년의 긴 역사를 지니고 있고, 몇몇 간화자들이 민간에서 장기에 걸쳐 유행되어 오고 있었다. 1946년 11월 16일 일본 내각 훈령 제2호와 내각 고시告示 제32호로 1850자의《당용한자표當用漢字表》를 공포하였는데, 그 중에는 131개 간화자가 실려 있다. 이 131개 간화자 중에는 중국과 동일한 것이 53개에 이른다. 즉 宝·参·蚕·惨·痴·虫·担·辞·胆·当·党·灯·点·独·断·堕·国·号·会·挟·尽·来·礼·励·楼·乱·欧·麦·寝·区·声·湿·寿·枢·属·数·双·狭·献·学·医·余·昼·嘱·装·壮·状·随·台·体·万·峡·旧 자형이 조금 다른 것으로는 9개가 보이고 있다.

중국 觸 寫 條 竊 与 譽 爐 殴 稱
일본 触 写 条 窃 与 誉 炉 殴 称

【한국의 간화자】1983년 4월 26일 한국《조선일보》는 제1차 간화자 90개를 공포하여《조선일보》에 사용하기로 하였다. 그 중 중국과 상동한 것으로는 区·国·欧·旧·担·断·独·当·胆·党·乱·礼·宝·寿·属·数·湿·声·辞·随·医·余·蚕·嘱·虫·会·学·献·号 이상 29개이고, 자형이 조금 다른 것으로는 殴·与·誉·触 이상 4개이다.　　　（葉籟士·傅永和）

수두자手頭字 | conventional Chinese characters

수두자(conventional Chinese characters)란 민간의 필기에 자주 쓰이고 있는 속체자를 말한다. 1935년초 상해의 문화교육계 인사 진망도陳望道・호유지胡愈之・도행지陶行知 등이 이러한 종류의 속체자를 인쇄물에도 활용하므로써 인쇄체와 필기체가 일치하도록 하자고 주장하였다. 1935년 1월 그들은〈수두자추진회〉를 조직하고, 제1차로 수두자 3백여 개(그림 참고)를 선정하였다. 동년 2월 채원배蔡元培・소력자邵力子・곽말약郭沫若・정진탁鄭振鐸 등 2백여 명과 15개 잡지사 대표들이 연명으로《수두자 추진에 관한 발기문 推行手頭字緣起》을 발표하였다. 이 발기문에는『우리들은 일상적으로 많은 간편한 글자들을 쓰고 있다. 손으로는 모두들 한결같이 이렇게 쓰고 있는데, 책에는 그렇게 인쇄되어 있지 않다. 하나의 글자를 습득함에 있어 두 종 이상의 형체를 익혀야 하니 어찌 불편하지 않으랴! 지금 우리들은〈수두자〉를 인쇄물상에도 쓰므로써 배우는 사람들이 수 종의 글자체를 기억하여야 하는 번거로움을 덜어주고, 문자를 비교적 쉽게 습득하게 하며 쓰기에도 쉽게 하여 대중들에게 더욱 많은 양을 보급할 것을 주장한다. 이러한 주장을 한 사람들이 이전에도 있었지만, 그들이 실제로 실행에 옮기지 않았으므로 어떠한 영향도 주지 못하였다. 현재 우리들은〈수두자〉를 주물로 조판하여 책을 찍어내기로 결정하였다. 먼저 필기체에 상용되고 있는 3백여 자를 골라내어서 제1차로 추진할 대상 글자들을 모아서 자전을 만들고, 이후에 다시 점차적으로 그것을 보강하여 궁

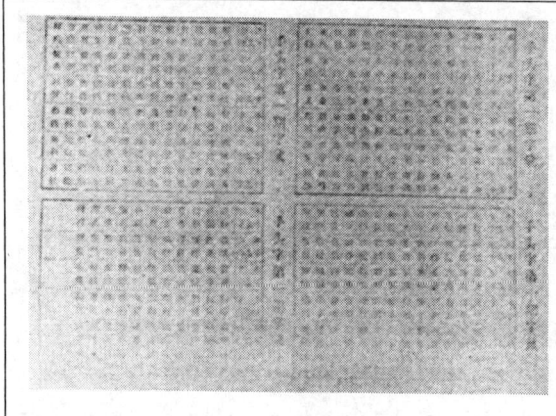

제1차 수두자

극적으로는 〈수두자〉가 인쇄체와 완전히 일치하도록 하고자 한다. 문화에 관심이 높은 여러 선생님들께서 우리들의 주장에 동의하시와 이 자전을 가급적 많이 활용해 주실 것을 희망하는 바이다』라고 적고 있다. 이 3백 개의 수두자는 거의 대부분이 후에 나온《한자간화방안》에 의하여 채택되었다.　　**(傅永和)**

라틴화신문자[拉丁化新文字]│Latinized New Writing

라틴화신문자(Latinized New Writing)란 20세기 30년대 초부터 1958년 한어병음방안漢語拼音方案이 공포되기 이전까지 군중들 사이에 추진되던 한어병음문자방안을 말하며, 일반적으로 이를 줄여서 〈신문자〉라고 부른다. 이것은 북방화北方話를 기초로 한 것 이외에도 방언을 기초로 한 것이 있는데, 북방화라틴화신문자가 그 대표적인 것이었다. 그래서 또 이를 간칭하여 〈뻬이-라北拉〉라 부른다. 이것은 중국문자개혁운동을 추진하는 가운데 일어난 중요 활동인 병음문자방안들 중의 하나이다. 이것이 지니고 있는 몇 가지 특성은 한어병음방안 가운데로 흡수되었다.

| 탄생 경과 | 10월혁명 후 소련은 레닌에 의하여 〈동방의 위대한 혁명〉이라 명명된 문자라틴화운동의 기치를 높이 치켜 세웠다. 이 운동의 영향하에, 당시 소련내의 원동遠東지구 10만 중국인 노동자에 대한 문맹퇴치사업을 진작시키기 위하여, 모스크바 노동자공산주의대학의 〈중국문제연구소〉가 중국문자의 라틴화 문제를 연구하기 시작하였다. 소련에 있던 중국공산당원인 구추백瞿秋白・오옥장吳玉章・임백거林伯渠・소삼蕭三 등과 소련의 한학자 곽질생郭質生・래혁첩萊赫捷・사평청史萍靑 등이 연구에 참여하였다. 1929년 2월 구추백은 곽질생의 협조하에 제1차 중문라틴화방안을 입안함과 아울러, 그해 10월 소책자인《중국라틴화자모中國拉丁化字母》한 권을 집필하였다. 출판된 후에 소련의 언어학계에 대단한 호응을 얻었다. 1930년 4월 레닌그라드 소련과학원 동방학연구실의 한학자 드레고노프(龍果夫)와 구추백・곽질생 이 세 사람이 전문연구팀을 조직하여 그 방안을 수정하는 책임을 맡았다. 그후 얼마되지 아니하여 구추백은 중국으로 돌아가고, 오옥장과 임백거 등은 원동지방의 블라디보스톡으로 이주하여 레닌그라드 소련과학원 동방학연구소가 조직한 〈중문라틴화위원회〉에서 계속해서 그 작업을 이어받아 수행하게 되었다. 동 위원회의 총책임자는 아레크시예프가 맡고, 간사장직은 드레고노프

가 맡았으며, 소삼蕭三과 몇몇 소련 한학자들이 일원으로 참여하였다. 동 위원회는 반복적으로 연구함과 아울러 '과거 중국에서 제시된 몇 가지 주요 방안들을 참고한 후, 구추백이 제기한 방안을 기초로〈중국의 라틴화신문자방안〉을 입안하였다. 1931년 5월 이 방안은 전소신자모중앙위원회全蘇新字母中央委員會의 비준을 거쳐, 동년 9월 26일 블라디보스톡에서 개최된〈중국문자 라틴화 제1차 대표대회〉에 상정되어 정식 통과되었다.

| 라틴화신문자의 원칙과 방안 | 블라디보스톡 대회에서 통과된 라틴화신문자 방안은 원칙과 방안이라는 두 가지 내용으로 구성되어 있다.

【라틴화신문자의 원칙】총 13조로 짜여져 있는데, 그 가운데 주요 골자를 뽑아보면 대체로 다음과 같다. ① 통속적이고도 대중적이며, 현대 과학의 요구에 부응하고 국제화된 일종의 병음문자를 반드시 창조해낸다. ② 반드시 라틴자모를 채용한다. ③ 병음문자화의 대상언어는 서면언어가 아니고, 북경지방의 방언을 표준으로 한〈국어〉도 아니며, 각 대방언구大方言區의 대중 입말을 대상으로 삼는다. ④ 정치적으로 해로운 점이 있거나 사상적으로 정확성이 결여된 낱말들은 반드시 깨끗하게 없애 버리고, 편벽한 토속말도 없애 버린다. 그리고 국제적 혁명·정치·과학·기술에 관한 낱말들을 유기적으로 수입한다. ⑤ 중국문자의 라틴화가 불가능하다고 여기는 소극적인 관점에 반대하며, 한자를 즉각 폐기한다는〈좌파〉관점에도 반대한다. ⑥ 중국 방언에 대한 연구는 지극히 중요하므로 그 연구를 반드시 대대적으로 전개해 나간다.

이상의 원칙을 종합해서 말하자면, 한어병음문자는 반드시 현대화·국제화·대중화·방언화를 이룩해야 한다는 것이다.

【라틴화신문자의 방안】대회에서 통과된 방안은 단지 북방화라틴화신문자의 일종일 따름이다. 그것의 어음 표준은〈옛 국음 老國音〉에 근사한 것으로 첨음尖音(中古時代의 舌尖자음 ts-·tsh-·s- 등에서 변해온 tɕ-·tɕh-·ɕ- 음을 尖音이라고 함—역주)과 단음團音(中古時代의 舌根자음 k-·kh-·x- 등에서 변해온 tɕ-·tɕh-·ɕ- 음을 團音이라고 함. 예를 들어〈經〉과〈晶〉은 현대 북경어에서는 모두 자음의 tɕ-로 발음되어 차이가 없지만, 중고시대에는〈經〉은 k-로,〈晶〉은 ts-로 각각 달리 발음되었던 바, 전자는 단음에 속하는 예이고 후자는 첨음에 속하는 예임—역주)을 구분하지 않는다고 하였고, 성조는 표시하지 않는다고 되어 있다. 방안 내용을 4개 부문으로 나누어 살펴보자면 다

음과 같다.

① 자모字母와 성모(원명〈字音〉) 운모(원명〈母音〉)표. 자모표에는 총 28개 자모로 구성되어 있으며, 그 중 5개는 복자모로 표시되어 있다.(참고 표1)

[표1] 자모표

字母		讀音		字母		讀音	
大寫	小寫	注音符號	漢字	大寫	小寫	注音符號	漢字
A	a	ㄚ	啊	Ng	ng	ㄜ	
B	b	ㄅ	伯	O	o	ㄛ	哦
C	c	ㄘ	雌	P	p	ㄆ	潑
Ch	ch	ㄔ	痴	R	r	ㄦ	兒
D	d	ㄉ	得	Rh	rh	ㄖ	日
E	e	ㄜ	呃	S	s	ㄙ	思
F	f	ㄈ	佛	Sh	sh	ㄕ	詩
G	g	ㄍ	革	T	t	ㄊ	特
I	i	ㄧ	衣	U	u	ㄨ	烏
J	j	ㄧ	衣	W	w	ㄨ	烏
K	k	ㄎ	克	X	x	ㄏ	赫
L	l	ㄌ	勒	Y	y	ㄩ	迂
M	m	ㄇ	墨	Z	z	ㄗ	姿
N	n	ㄋ	納	Zh	zh	ㄓ	知

성모는 22개이다. 성모 〈ㄐ〉(ㄐ)·〈欺〉(ㄑ)·〈希〉(ㄒ)를 별도로 열거하지 아니하고, g(ㄍ)·k(ㄎ)·x(ㄏ)의 변독變讀 표시로 바꾸어 놓았다. 즉 i(ㄧ)· y(ㄩ)의 앞에서는 g(ㄍ)·k(ㄎ)·x(ㄏ)가 연음軟音〈ㄐ〉·〈欺〉·〈希〉로 변독된다는 것이다. 운모는 35개가 있는데, 그 중 단운모는 6개이고 복운모는 14 개이며, 대성운모帶聲韻母(즉 鼻韻母)는 15개이다.(참고 표2)

② 음절(원명〈音段〉)의 구성. 다음의 3종 형식으로 나뉜다. a) 성모와 운모

[표2] 성운모표

聲母 (22)	b	ㄅ(伯)	p	ㄆ(潑)	m	ㄇ(墨)	f	ㄈ(佛)		
	d	ㄉ(得)	t	ㄊ(特)	n	ㄋ(納)	l	ㄌ(勒)		
	g	ㄍ(革)	k	ㄎ(克)	(ng)	ㄫ	x	ㄏ(赫)		
	zh	ㄓ(知)	ch	ㄔ(痴)	sh	ㄕ(詩)	rh	日(日)		
	z	ㄗ(姿)	c	ㄘ(雌)	s	ㄙ(思)	r	ㄦ(兒)		
			j	ㄐ(衣)	w	ㄨ(烏)				
單韻母 (6)	a	ㄚ(啊)	i	ㄧ(衣)	u	ㄨ(烏)	y	ㄩ(迂)		
	e	ㄜ(呃)	ia	ㄧㄚ(鴉)	ua	ㄨㄚ(挖)				
	o	ㄛ(哦)			uo	ㄨㄛ(我)	yo	ㄩㄛ(藥)		
複韻母 (14)	ai	ㄞ(爱)			uai	ㄨㄞ(歪)				
	ao	ㄠ(奧)	iao	ㄧㄠ(要)						
			ie	ㄧㄝ(耶)			ye	ㄩㄝ(月)		
	ei	ㄟ(欸)			ui	ㄨㄟ(威)				
	ou	ㄡ(歐)	iu	ㄧㄡ(又)						
帶聲韻母 (15)	an	ㄢ(安)	ian	ㄧㄢ(烟)	uan	ㄨㄢ(彎)	yan	ㄩㄢ(淵)		
	ang	ㄤ(益)	iang	ㄧㄤ(央)	uang	ㄨㄤ(汪)				
	en	ㄣ(恩)	in	ㄧㄣ(因)	un	ㄨㄣ(溫)	yn	ㄩㄣ(氳)		
	eng	ㄥ(鞥)	ing	ㄧㄥ(英)	ung	ㄨㄥ(翁)	yng	ㄩㄥ(雍)		
變音	g,k,x — 列聲母 在 i,y 兩行韻 母前面變讀ㄐ (ㄐ),ㄑ(欺), ㄒ(希)		gi	ㄐㄧ(几)			gy	ㄐㄩ(居)		
			ki	ㄑㄧ(欺)			ky	ㄑㄩ(區)		
			xi	ㄒㄧ(希)			xy	ㄒㄩ(虛)		

가 같이 결합되는 것. b) 성모가 단독으로 음절을 이루는 것, 즉 zh·ch·sh·rh·z·c·s·r 이상 8개 성모. c) 운모가 단독으로 음절을 이루는 것.
③ 낱말의 표기법. 다음의 아홉 가지로 구성되어 있다. a) 낱말의 연결 표기. b) 낱말 끝머리와 (뒤편) 낱말의 연결 표기. c) 음을 구분짓는 법(즉 隔音法).

d) 숫자의 표기법. e) 의성사의 표기법. f) 조사助詞의 표기법. g) 성어成語의 표기법. h) 약어略語와 줄임 표기(縮寫). i) 특수 표기법(자주 등장하는 소수의 同音詞를 구분하는 것).

④ 말의 표기법. 주로 크게 쓰기와 작게 쓰기·표점부호의 용법·행을 옮기는 법(移行法)과 분절법分節法 등에 관하여 규정하고 있다.

⑤ 표음 예시(葉籟士 編《工人識字班用的拉丁化課本》에서 따옴)

Ba sin wenz nianxui ixou, iao shchang yng sin wenz kanshu siesin.
把 新 文字 念會 以後, 要 時常 用 新 文字 看書 寫信.
(신문자를 읽을 수 있게 된 다음에는 늘 신문자로 책을 보고 편지를 써야 한다.)

Gang kaish siedi shxou, shuiie mianbuliao iou cowu. Dansh bu iao xaipa.
剛 開始 寫的 時候, 誰也 免不了 有 錯誤. 但是 不要 害怕.
(막 쓰기 시작할 무렵에는 누구라도 잘못을 범하지 않을 수 없는 것이다. 그러나 두려워할 필요는 없다.)

iao buduandi sie, buduandi yng, iding manmandi xui shuliankilaidi.
要 不斷地 寫, 不斷的 用, 一定 慢慢地 會 熟練起來的.
(끊임없이 쓰고, 늘 사용하면 반드시 차츰차츰 숙달될 것이다.)

라틴화신문자의 추진 【소 련】1931년 9월 26일 블라디보스톡에서 개최된 〈중국문자 라틴화 제1차 대표대회〉 석상에서 〈원동지구신자모위원회〉를 발족시켜 추진업무를 관장토록 하였다. 대회가 종료된 다음 소련의 원동지구에 거주하는 중국인 노동자들에게 북방화라틴화신문자를 학습시키고, 그후에는 소련 국경내로 철수해간 동북지구 항일의용군 부대원들에게도 그것을 학습시켰다. 〈원동지구신자모위원회〉는 신문자학습·보충수업반·단기학교를 많이 개설하는 한편, 교재·부교재·독서물·공구서적을 편집 출판하였다. 그리고 신문자 육일보六日報인 《Yngxu Sin Wenz》(擁護新文字)를 하바로프스크에서 창간하고, 한자신문인 《노동자의 길 工人之路》에 신문자 전란專欄을 특설하였다. 소련과학원 동방학연구소 1933년 통계에 의하면, 3년간 출판된 교재·독서물·문법서·사전 등의 서적류가 총 10만여 책에 달하였다고 한다.

1932년 10월 26일 중국문자라틴화대표대회의 제2차 회의가 소집되어 라틴화신문자의 출판과 교육문제를 토의하는 한편, 11인으로 구성된 특별위원회를 조직하여 방안과 표기법에 대하여 약간의 수정을 가하도록 하였다.

【중　국】당시 국민당 정부의 신문 봉쇄로 말미암아 1932년에야 비로소 소련이 추진하고 있는 중국라틴화신문자에 관한 소식이 간단하게 보도되었다. 이어서 1933년에 세계어(에스페란토) 옹호자인 초풍焦風(方善境)은 소삼蕭三이 지은 《중국어 표기의 라틴화 中國語書法之拉丁化》를 번역 소개하여 몇몇 세계어 옹호자들의 주목을 불러일으켰다. 상해의 세계어 옹호가들이 소련의 세계어 옹호가들을 통하여 비로소 라틴화신문자에 관한 각종 자료를 얻을 수 있게 되어, 상해 세계어협회에서 발간하던 《세계》지의 부간附刊인 《언어과학》에 계속해서 발표하였다. 이로써 각계의 인사들이 주의를 기울이고, 또 그것에 대하여 토론하게 된 계기를 구축하였던 것이다. 1934년 상해의 문화계 인사 진망도陳望道·호유지胡愈之 등이 발기하여 〈대중어〉 제창을 토의하였고, 상해에 살던 세계어 옹호가 섭뢰사葉籟士 등이 토론중에 라틴화신문자를 소개하면서 그것이 대중어의 표기체계 마련과 일반 민중들에 대한 문화과학지식의 보급에 가장 적절한 도구라는 점을 강조하였다. 그의 의견은 노신魯迅의 큰 지지를 얻었고, 노신은 《대중어에 관하여 논함 論大衆語——조취인 선생에 답함 答曹聚仁先生》·《문외문담門外文談》·《한자와 라틴화 漢字和拉丁化》·《중국어문의 새로운 탄생 中國語文的新生》·《신문자에 관하여 關於新文字》 등 저명 문장을 연이어 발표함과 아울러 그 원고료를 라틴화신문자 서책의 출판 경비에 충당하도록 기부하였다. 라틴화신문자는 간단하고 배우기가 쉬운 것이었기 때문에 국민당 정부와 일부 사람들이 반대했음에도 불구하고, 청년 학생들과 젊은 직공들에게 빠른 속도로 보급되었다.

중국내에서의 라틴화신문자 보급과정은 네 단계로 나누어진다. 제1단계는 1934년 8월에 〈중문라틴화연구회〉가 발족된 것에서 시작하여 1937년 중일전쟁 직전까지에 해당된다. 상해上海·북평北平·광주廣州·민남閩南 등지가 그 중심이 되었다. 이 단계에서는 1935년 〈12·9〉 학생구국운동을 전후하여 최고조에 달하였다. 제2단계는 1937년 중일전쟁의 발발에서부터 1945년 중일전쟁이 종식될 때까지에 해당한다. 상해·무한武漢·광주·홍콩·연안延安 등지가 중심이 되었다. 이 단계에서는 1938년 상해난민수용소의 신문자 실험과 1940—1942년 섬감녕변구陝甘寧邊區의 신문자 동계학습을 최고조로 꼽을 수 있다. 제3단계는 1945년 중일전쟁의 종식에서 1949년 중화인민공화국의 건립에 이르는 시기이고, 상해와 홍콩이 그 중심지역이었다. 빅이벤트는 1947년 민주운동을 전후하여 일어난 일련의 사건이다. 제4단계는 중화인민공화국의 성립에서 1955년 전국문자개혁회의의 개최까지에 상당한다. 상해·광주·무한·여대旅大 등지가 중심지역이었고, 빅이벤트로는 건국 초기의 복구사업 추진을 꼽을 수 있다.

라틴화신문자는 시작에서 종말에 이르기까지 줄곧 민중운동의 일환으로 추진되었기 때문에, 그 추진방식에 있어서도 변함 없이 민중운동적 특색을 지니고 있었다. 그것의 추진은 주로 다음에 열거한 몇 가지 방식을 채택하고 있었다.

① 단체의 발족. 라틴화신문자를 부르짖는 단체가 상당수 발족되었는데, 그러한 단체들은 연구회·학회·협회·촉진회·추진회 등의 명칭을 사용하였다. 통계에 따르면, 운동 초기에 전국에 걸쳐 발족된 각종 단체가 80여 개에 이르렀으며, 시기적으로 가장 일렀던 것은 상해의 〈중문라틴화연구회〉(1934년 8월)였다고 한다. 단체가 가장 많이 발족되었던 곳은 〈12·9〉학생구국운동 발발시기의 북평이었다. 전국적인 규모의 단체는 1935년 12월 도행지陶行知 등이 상해에서 발기한 〈중국신문자연구회〉였다. 중일전쟁이 발발한 후에 성립된 단체도 적지 않았는데, 그 수가 4,50여 개나 되었지만 모두 사업을 추진해 나가는 데 곤란을 겪었다. 중화인민공화국이 건립된 후인 1949년에서 1950년 사이에는 전국적으로 20여 개의 시·현에서 단체들이 발족되었다.

② 방언라틴화신문자 방안의 제정制訂. 각지에서 제정된 바 있는 방언라틴화신문자 방안으로는 상해말[上海話](후에 〈江南話〉로 개명됨)·소주말[蘇州話]·무석말[武錫話]·영파말[寧波話]·온주말[溫州話]·복주말[福州話]·하문말[廈門話]·객가말[客家話]·광주말[廣州話]·조주말[潮州話]·광서말[廣西話]·호북말[湖北話]·사천말[四川話] 등 13종 방언을 기초로 한 것이다. 그 중에서 상해말신문자방안의 제정이 가장 일러서, 1936년 2월에 공포 보급되었다.

③ 저명인사들의 창도倡導. 중일전쟁 이전에 이 운동을 지지한 인사로서 가장 적극적이었던 사람은 노신이었고, 그 이외에 저명 교육가인 도행지陶行知도 그러하였다. 중일전쟁 초기에는 교육가인 진학금陳鶴琴과 어문학자인 진망도陳望道가 상해의 신문자 추진단체를 조직 영도하였다.(참고 그림 1) 북평에서는 중일전쟁 이전에 몇몇 교수들, 예컨대 언어학자인 왕력王力 등도 이 운동에 동참하였다. 홍콩에서 이 운동을 적극 지지한 사람은 북양北洋 정부 시대에 주음자모注音字母를 열성으로 추진한 장일린張一麐 외에도, 그곳에서 저명인사로 꼽히던 풍유방馮裕芳과 홍콩대학 교수 허지산許地山·마감馬鑒·진군보陳君葆 등이었다. 섬감녕변구陝甘寧邊區에서는 모택동毛澤東·주덕朱德·오옥장吳玉章·서특립徐特立·임백거林伯渠·사각재謝覺哉 등이 모두 라틴

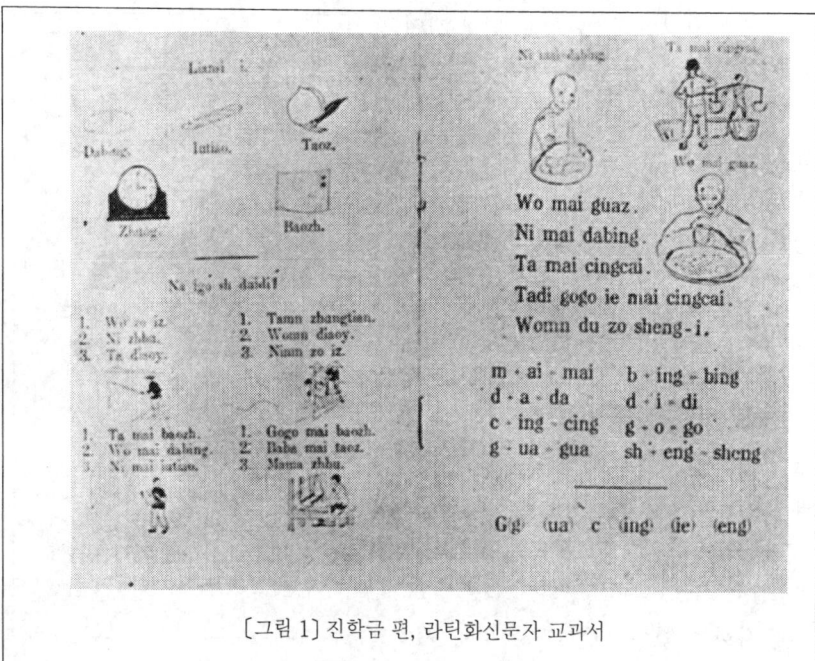

[그림 1] 진학금 편, 라틴화신문자 교과서

화신문자운동을 적극 창도하였다. 중화인민공화국 건립 후, 전국 각성·시와 각고등학교와 대학에서 성립된 신문자 단체에는 거의 모두 저명학자와 교수들이 참여하였다.

④ 교육기관의 개설. 전국 각지에서 개설된 학습반으로는 각종 강사요원 훈련반·강습반·식자반識字班(즉 문맹자를 위한 특별반)이 있었고, 전후해서 대략 1천여 개소에 이르렀다. 이에 참가하여 학습한 학생의 수는 10여만 명에 달하였다. 중일전쟁 초기 상해에서는 난민難民신문자반이 많이 개설되었고 섬감녕변구陝甘寧邊區에서는 동학冬學신문자반이 상당수 개설되었으며, 중화인민공화국 건립 후에는 동북지구의 각철로국이 신문자 철로전보를 위하여 직원들을 대상으로 신문자반을 설치 운영하였다.

⑤ 각종 도서 발간. 중일전쟁 이전에 전국 각지에서 출판된 각종 도서는 개론서를 포함하여 교과서·독서물·공구서가 61종에 달하였고, 신문잡지류는 36종이나 되었다. 중일전쟁 초기 상해에서 출판된 것으로는 도서가 54종이고 신문잡지류가 23종이었다. 섬감녕변구陝甘寧邊區에서 출판된 것으로는 도서 16종, 신문잡지류 1종이었다. 그 가운데 비교적 큰 영향을 미친 도서는 상해에서 출판된 중문라틴화연구회 편《중국말 표기법의 라틴화 中國話寫法拉丁化

―이론·원칙·방안》(참고 그림 2)이고, 간행물로는 상해에서 출판된《Sin Wenz》(新文字) 월간,《Zhungguo Yjan》(中國語言) 반월간과《어문語文》월간, 북평에서 출판된《Beiping Sin Wenz》(北平新文字) 반월간이 있었고, 신문으로는 상해에서 발간된《Womndi Shgie》(我們的世界)·《Dazhung Bao》(大衆報), 섬감녕변구陝甘寧邊區에서 발간된《신문자보新文字報》가 있었다. 중화인민공화국 건립 초기 신문자에 관한 도서와 간행물의 판매량이 크게 증가하여 130여만 부나 되었다. 상해의 신문자운동가협회가 편집한《어문지식》월간은 매기마다 15만 부나 발행하였다.

[그림 2]《중국말 표기법의 라틴화
―이론·원칙·방안》

⑥ 사회적 활용. 라틴화신문자의 사회적 활용은 주로 동북지구 철로·전보와 해군의 깃발·신호등·무선통신 등의 방면에 걸친 것이었다. 1950년부터 1958년《한어병음방안》이 공포되기 이전까지 전국 해군의 깃발·신호등·무선통신은 모두 신문자를 사용하고 있었다. 그밖에 교과서와 자전의 표음·속기速記·색인 및 외국인의 중국어 학습 등의 방면에 있어서도 신문자가 국부적으로 사용되었다.

參考書目

中文拉丁化硏究會編《中國話寫法拉丁化―理論·原則·方案》, 拉丁化硏究會出版部, 上海, 1935.

吳玉章《文字改革文集》, 中國人民大學出版社, 北京, 1978.

倪海曙《中國拼音文字運動史簡編》, 時代出版社, 上海, 1948.

　　　《拉丁化新文字運動的始末和編年記事》, 知識出版社, 上海, 1987.

　　　《中國語文的新生―拉丁化中國字運動二十年論文集》, 時代出版社, 1949.

(倪海曙·尹斌庸)

중국문자개혁위원회와 교육부가 연합으로 주최한 제1차 문자개혁회의가 1955년 10월 15일—23일 북경에서 거행되었다. 서장西藏을 제외한 전국 28개 성·시·자치구 및 중앙의 문자개혁·교육·과학·작협作協·외교·우전郵電·신문·방송·출판·민위民委·총정總政·전총全總·청년단·부련婦聯 등의 대표로 구성된 총 207명이 이 회의에 참석하였다. 이 회의의 임무는 《문자간화방안文字簡化方案》과 보통화普通話 확대 보급에 관한 안건을 통과시키는 것이었다.

중국문자개혁위원회가 제출한 《한자간화방안수정초안》과 《제1차이체자정리표초안》은 회의석상에서 충분한 토론을 거친 후 수정 통과되었다. 동 회의에서는 또 보통화의 정의를 다음과 같이 정하였다. 즉 북경어음을 표준음으로 삼고, 북방말을 기초방언으로 삼으며, 전범적典範的인 현대 백화문 저작을 어법 규범으로 삼는다고 제정하였다. 아울러 보통화를 전국적으로 확대 보급시키고, 국민학교·중고등학교·사범학교에 우선적으로 실시한다는 방침에 일치 동의하였다. 동 회의 개최기간중에 중국문자개혁위원회에서는 〈중국문자개혁문헌자료 전람회〉를 개최하기도 하였다. 동 회의에서 통과된 8개 항의 결의내용은 다음과 같다.

① 수정을 마친 《한자간화방안》을 중국문자개혁위원회가 국무원에 제청提請하여 심정審定 공포 실행할 것을 건의한다.

② 각종 보도 및 문화교육기관으로 하여금 간화한자를 널리 선전하도록 하고 각급 학교들이 간화한자를 사용할 것, 출판 및 인쇄기관들이 즉각 간화한자의 조판용 활자를 주조하고 그것을 신속히 채택해 씀과 아울러 《제1차이체자정리표》에 의거 인쇄물상에 이체자를 쓰지 않도록 할 것을 요구한다.

③ 중국문자개혁위원회가 한자의 간화 및 이체자 정리사업을 계속 추진함과 아울러 계속해서 널리 의견을 청취하여 조속한 시일내에 동 사업을 완결짓기를 요구한다.

④ 중화인민공화국 교육부는 우선적으로 전국 각지의 국민학교·중고등학교·각급사범학교에 각각 지시를 내려 북경어음을 표준음으로 한 보통화를 크게 확대 보급시킬 것과 각급 교육행정기관에도 지시하여 각급학교의 어문교사들의 보통화 학습을 계획적으로 실시하도록 할 것을 요구한다. 군부대의 보통화 보급방법에 관하여는 중국인민해방군 총정치부에 건의하여 결정짓도록 한다.

⑤ 전국 각성·시에 보통화 보급업무를 관장하는 실무위원회를 구성하여 사

회적 역량을 결집토록 건의한다. 특히 방송국과 문화관으로 하여금 보통화 학습 및 사용을 크게 부르짖도록 할 것을 건의한다.

⑥ 중국과학원과 각유관 대학교가 협력하여 전국방언조사를 실시하고, 보통화 교재와 참고서를 편찬하므로써 각방언지역 인민들의 보통화 학습이 편리하도록 할 것을 건의한다.

⑦ 중화인민공화국 문화부에 건의하여 신문・잡지・도서의 횡서 조판을 가일층 확대 실시하도록 한다.

⑧ 중국문자개혁위원회는 조속한 시일내에 《한어병음문자방안》의 초안을 입안하여 전국 각계 인사들에게 송부하여 토의・시용해 보도록 할 것을 건의한다.

(葉籟士)

《송원이래속자보宋元以來俗字譜》

《송원이래속자보》(*A Glossary of Popular Chinese Characters Since Song and Yuan Dynasties*)는 송・원・명・청대의 한자간화에 관한 중요 자료로서, 유복 劉復・이가서李家瑞가 편집한 것이며, 1930년 중앙연구원 역사언어연구소에서 출판되었으며, 1957년에 문자개혁출판사에서 새로이 발간하였다.

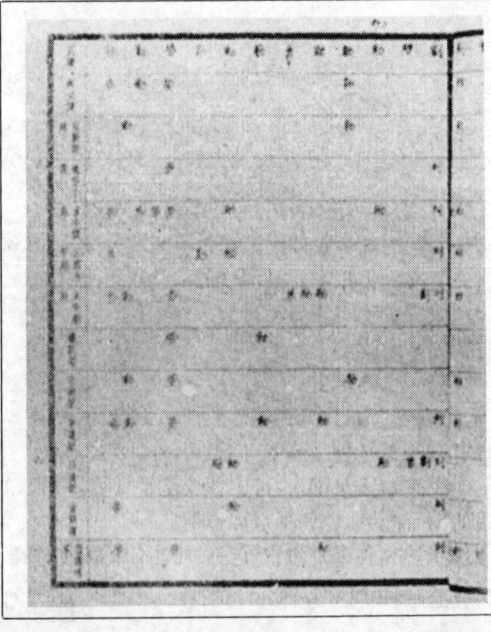

유복・이가서가 편찬한
《송원이래속자보》

이 책은 송·원·명·청대의 12종 민간 각본刻本 중에 쓰인 바 있는 간화자 6240개를 한 군데 모아 놓은 것이다. 출처별로 집계하자면 다음과 같다.《고열녀전古列女傳》349개,《대당삼장취경시화大唐三藏取經詩話》179개,《경본통속소설京本通俗小說》600개—이상은 송대에 간행된 것임.《고금잡극30종古今雜劇三十種》963개,《전상삼국지평화全相三國志平話》385개,《조야신성태평악부朝野新聲太平樂府》628개—이상은 원대에 간행된 것임.《교홍기嬌紅記》397개,《설인귀과해정동백포기薛仁貴跨海征東白袍記》304개,《악비파로동창기岳飛破虜東窓記》374개—이상은 명대에 간행된 것임.《목련기탄사目蓮記彈詞》(殘) 852개,《금병매기서전후부金甁梅奇書前後部》470개,《영남일사嶺南逸史》739개—이상은 청대에 간행된 것임. 그 중〈宝〉·〈尽〉·〈礼〉·〈声〉·〈双〉·〈万〉·〈与〉이상 일곱 글자는 모든 책에 등장하고 있고,〈执〉·〈称〉는 11종 서적에,〈听〉·〈旧〉는 10종 서적에,〈个〉·〈芦〉는 9종 서적에 각각 중복해서 출현하고 있다. 이러한 간화자 6240개의 번체자는 1604자이므로 번체자 1자당 평균 3.9개의 각기 다른 간화자를 지니고 있는 셈이다. 현《간화자총표》와 동일한 글자는 实·宝·礼·声·会·怜·怀·搀·罗·听·万·庄·梦·阳·虽·医·凤·义·乱·皱·台·办·战·归·党·辞·断 등 330개에 달하고 있다.

(費錦昌)

《당면 문자개혁의 임무 當前文字改革的任務》

《당면 문자개혁의 임무》(*Present-Day Tasks of Language Reform*)는 주은래周恩來 총리가 1958년 1월 정협전국위원회政協全國委員會가 주최한 보고회 석상에서 한 보고서이다. 이 보고서의 목적은 당시 일부 사람들(주로 지식인 계층)의 문자개혁에 대한 오해와 우려를 불식시키고, 문자개혁정책을 모든 사람들의 적극적인 지지하에 촉진해 나가도록 하기 위한 것이었다. 이 보고서는 중국문자개혁정책에 있어서 중요한 지침이 되는 문건으로서 문자개혁의 건실한 발전을 위하여 적극적인 촉매작용을 한 것이다.

이 보고서의 내용은 다음의 세 가지로 대별된다. 첫째 부분은 한자의 간화에 관하여 담론한 것이다. 간화자가 노동자·농민·국민학생 및 교사 들을 위시한 국내의 광대한 민중들로부터 열렬한 환영을 받고 있는 점을 지적하고 있다. 주은래 총리는 『한자의 간화가 대다수 인민들의 이익에 부합된다는 점이 이미 밝혀졌으므로 우리 지식인들도 마땅히 이 정책을 적극적으로 지지하여야지 소극적인 자세로 관망만 하고 있어서는 아니 될 것입니다. 우리들은 문자개혁 문제를 6억 인구의 입장에서 고려하여야 마땅하지, 한 개인의 습관이나 일시적인 편리라는 입장에서 이 문제를 접근한다면 아니 될 것입니다』라고 말하고, 한자간화방안을 제정하여야만 이미 사회적으로 통용되고 있는 일부 간화자들의 모양이 약간씩 다른 현상을 하나의 통일적 규범으로 인도引導할 수 있을 것이란 점을 지적하였다. 아울러 서법 예술은 한자간화의 제한을 받지 않는다는 점도 천명하였다.

둘째 부분은 **보통화**의 확대 보급에 관하여 담론한 것이다. 그는 현중국이 당면하고 있는 심각한 방언 분기현상이 『우리나라 인민들의 정치·경제·문화생활에 대하여 불리한 영향을 미치고 있다』는 점을 지적하였다. 특히 중화인민공화국의 건립 이래로 역사상 유래를 찾아볼 수 없는 국가통일을 실현하였으므로, 일종의 공통언어를 사용하여야 하는 절박한 수요를 많은 사람들이 갈수록 절실하게 느끼고 있는 것이다. 〈따라서 우리나라 한족 인민들에게 북경어음을 표준음으로 하는 보통화를 확대 보급하는 것은, 바로 하나의 중요한 정치적 임무인 것이다.〉 보통화를 확대 보급하는 것은 마땅히 학교교육을 중심으로 하여야 하며, 아동들과 청년들에게 우선적으로 학습시켜야 한다. 교육대상에 따라 요구 수준도 마땅히 달라야 한다. 보통화 보급이 방언의 금지나 소멸을 의미하는 것은 아니다.

셋째 부분은 한어병음방안의 제정 및 추진에 관하여 말한 것이다. 먼저 한어병음방안을 사용하면 한자 학습과 보통화 보급에도 도움을 준다는 점과, 그것이 바로 한자의 표음문자화를 의미하는 것은 결코 아니라는 점을 설명하므로써 일부 사람들의 오해와 우려를 불식시켰다. 한어병음방안은 이상의 것 말고도 기타의 용도를 지니고 있다는 점을 밝혔다. 이를테면 각 소수민족들이 문자를 창제하거나 혹은 개혁하는 데 있어서 공통적인 기초로 삼을 수 있으며, 외국인들의 **한어** 학습에도 도움을 주며, 국제적 문화교류를 촉진시킬 수 있으며, 외국의 인명·지명 및 과학기술 용어의 음을 기록하는 것과 색인을 만드는 일 등등에도 유용하다는 점을 제시하였다. 그는 이러한 용도로 보자면, 한어병음방안의 제정은 중국 인민의 문화생활에 있어서 일대 대사임에 틀림없다고 생각하였다.

이 보고서는 또 한자와 표음문자의 난이도·한어병음방안의 역사적 연원·한어병음방안이 라틴자모를 채택한 이유 등등에 대하여도 언급하고 있다. 그는 한자개혁의 필요성에 관하여 당장에 급히 결론을 내리지 않아도 된다고 생각하였다. 그러나『한자가 언젠가는 변화시켜야 하는 것임은 과거의 한자변화가 증명해 주고 있다』『바라건대 여러분들이 문자개혁사업을 적극 지지하시와, 그것이 촉진되도록 하여야지 퇴보되도록 해서는 안 될 것이다. 중국문자로 하여금 안정적이고도 적극적으로 개혁될 수 있게 하므로써 6억 인민들이 문화적 낙후상태에서 벗어나게 하는 데 필요한 수요와 각지역에서 사회주의 사업이 보다 많고 빨리, 그리고 잘 이행되는 데 필요한 수요에 부응할 수 있도록 해주면 좋겠다』라고 말하였다.

(葉籟士)

중국문자개혁위원회中國文字改革委員會 | Committee for Language Reform of China

중국문자개혁위원회(Committee for Language Reform of China)는 중화인민공화국의 국가문자개혁기관으로서 국무원 직속기관이다. 1954년 12월에 설립되었으며, 설립 당시의 위원은 정서림丁西林・왕력王力・주학범朱學範・오옥장吳玉章・여숙상呂叔湘・소력자邵力子・계선림季羨林・임한달林漢達・호교목胡喬木・호유지胡愈志・마서륜馬叙倫・위각韋慤・육지위陸志韋・부무적傅懋勣・섭공작葉恭綽・섭성도葉聖陶・섭뢰사葉籟士・동순재董純才・조평생趙平生・여금희黎錦熙・섭감노聶紺弩・위건공魏建功・나상배羅常培 이상 23명이었다. 오옥장이 주임위원, 호유지가 부주임위원, 위각・정서림・섭공작이 상무위원, 섭뢰사가 비서장직을 각각 맡았다. 1959년 국무원이 호유지・위각・정서림・섭뢰사를 부주임에 임명하였다. 1980년 3월에는 적잖은 위원들이 세상을 떠났으므로 말미암아 마대유馬大猷・왕죽계王竹溪・주덕희朱德熙・진한백陳翰伯・장우어張友漁・장지공張志公・주유광周有光・전위장錢偉長・예해서倪海曙・증세영曾世英 이상 10명의 위원들이 추가로 임명되었다. 주임위원에는 동순재, 부주임위원에는 호유지・장우어・여숙상・왕력・섭뢰사가, 비서장에는 예해서가 각각 임명되었다. 1983년 7월에는 다시 예해서・당수우唐守愚가 부주임위원으로 증원 임명되었고, 당수우가 비서장을 겸임하게 되었다. 1984년 8월에는 다시 유도생劉導生이 주임위원에 임명되었고, 진원陳原・진장태陳章太・왕균王均이 부주임위원에, 호유지・여숙상・왕력・섭뢰사・예해서・당수우・주유광이 고문으로 위촉되었다. 1985년 12월 16일부로 동 위원회의 명칭이〈국가언어문자공작위원회〉로 개명되었다.

발족 후 30여 년간 중국문자개혁위원회는 한자의 간화 및 정리・보통화의 확대 보급・한어병음방안의 제정制訂 및 추진이라는 당면 문자개혁의 3대 임무를 수행하였으며, 그것을 위하여 많은 업무를 추진한 바 있다. 특히 첫 10년 동안에 수행한 일이 가장 많았는데, 그 일들을 간추려 보면 대체로 다음과 같다. 한자의 간화 및 정리 방면에 있어서는 《한자간화방안》을 공포하였고(1956), 《간화자총표》를 편인編印하였으며(1964), 문화부와 연합으로 《제1차 이체자정리표》를 발표하는(1955) 동시에 편벽한 글자로 표기하던 지명 35개를 상용한자로 대체시킨 바 있으며, 문화부와 공동으로 《인쇄용한자자형표》를 공포하기도(1964) 하였다. 보통화 확대 보급 방면에 있어서는, 교육부·언어연구소와 공동으로 보통화어음연구반을 개설하여 9기(1956—1961)에 걸쳐서 인재를 양성하였으며, 교육부·공청단중앙共靑團中央과 공동으로 주관한 전국보통화교학성적발표회를 4차에 걸쳐 개최하였고, 언어연구소와 합작으로 보통화심음위원회를 발족시켜(1956) 이독사異讀詞 1800여 개와 지명 독음 190여 개를 심의하여 《보통화이독사삼차심음총표초고》를 작성하였다. 한어병음 추진 방면에 있어서는 한어병음방안을 제정·추진한 것을 들 수 있다. 1958년 가을부터 전국 국민학교에서 한어병음 교육을 실시하였다. 산서성山西省 등 성·시에서 주음식자注音識字 교육을 전개하였던 바, 한어병음을 이용하여 문맹퇴치에 도움을 주게 되었다. 산서성 만영현萬榮縣에서 거둔 성과가 가장 컸었다. 중공중앙中共中央에서는 이를 위하여 1960년 9월에 《주음식자 보급에 관한 지시》를 하달하였다. 그밖에 소수민족의 문자 창조, 소수민족과 외국인의 한어학습 등 방면에 있어서도 한어병음방안은 대단히 유용하게 활용되었다. 첫 10년 동안 문개회 소속 문자개혁출판사가 편집 출판한 문자개혁 유관 간행물이 6백여 종에 달하였으며, 그 중의 대다수 서적들은 음을 별도로 달아 놓으므로써 읽기 편리하도록 한 것이다.

〈문화대혁명〉기간중에 중국문자개혁위원회의 공작은 엄중한 침해를 입었다가 그후에는 점차 회복되었다. 주요 업적은 대체로 다음과 같다. 계산기를 이용하여 《사해辭海》 사전에 수록되어 있는 1만 6천 자에 대하여 한자구조 및 그 구성요소에 대한 분석통계를 만들었으며, 1977—1982년 사이에 한자 사용 실태에 대한 빈율통계를 작성하였다. 전국 인구 센서스 자료를 이용하여 10개 성·시의 성씨 인명에 사용된 글자를 표본 추출하여 통계를 냄과 아울러, 3개 성구省區의 지명에 쓰인 글자 가운데 생벽生僻한 글자를 모아서 표를 만들었다. 그리고 《보통화이독사삼차심음총표》(초고)를 수정하는 작업을 실시하였다. 한어병음방안이 국제적으로 공인되도록 하기 위하여 연합국지명표준화회의와 국제표준화기구(ISO)에 요청하여, 중국 지명의 영문표기와 일반 문헌 한

자음 영문표기의 국제표준을 한어병음방안을 이용하도록 결정하였다. 한어병음을 이용한 국민학교 어문교육에 대한 파격적 개혁, 즉『한자를 학습시키기 이전에 먼저 한어병음을 읽고 쓰게 하는 注音識字, 提前讀寫』실험을 감행하였다. 그리고《한어병음 정사법正詞法 기본규칙》(시용원고)를 발표하기도 하였다. 상해·광동·호북·길림·하남 등 성·시에 성시일급省市一級 문자개혁위원회를 설립하였다. 그와는 별도로 일부 성에다 문자개혁협공실文字改革協公室을 설치하였다.

(葉籟士)

II 문자 개혁 부문

III 훈고학 부문

한어훈고학漢語訓詁學

　　중국언어문자학 중 어휘 및 어의에 대한 전통적인 해석방법에 관한 학문을 한어훈고학이라 한다. 〈훈訓〉은 〈설명 해석〉이라는 뜻이고, 〈고詁〉의 본의本義는 〈옛날 말〉이라는 뜻인데, 인신되어 〈고어를 해설하다〉는 뜻으로도 쓰인다. 〈훈고〉의 원래 뜻은 사람들이 알기 쉽지 아니한 옛글자의 옛뜻을 통상적인 말로 해석한다는 것이고, 그 목적은 고서의 문장 뜻을 달통하게 하고, 글자의 뜻을 명확하게 설명하는 데 있다. 후에는 낱말의 음의音義를 해석하는 것을 통칭하는 말로 쓰이게 되었다.

　　〈훈고訓詁〉라는 말을 반고班固의 《한서漢書》에서는 〈훈고訓故〉라고 적고 있다. 〈고故〉는 바로 〈고어古語〉를 가리키는 것이다. 예컨대 《유흠전劉歆傳》에는 『고문 《춘추좌씨전》을 보고 유흠이 크게 기뻐하였다. ……초, 《좌씨전》에는 옛글자와 옛말이 많았는데, 배우는 사람들이 옛말에 대하여 전을 달아 놓았을 따름이었다. 유흠에 이르러서는 《좌씨》를 연구하면서 그 전문을 인용하여 경전을 풀이하고 상호 대조하여 뜻을 명백하게 하였으니, 이로써 문장을 분석하고 의미를 밝히는 방법이 갖추어지게 되었던 것이다 見古文《春秋左氏傳》, 歆大好之. ……初, 《左氏傳》多古字古言, 學者傳訓故而已. 及歆治《左氏》, 引傳文以解經, 轉相發明, 由是章句義理備焉』라는 기록이 있고, 《양웅전揚雄傳》에는 『양웅은 어려서부터 공부하기를 좋아하였다. 그는 장구는 하지 않았으나 훈고를 해두어 뜻이 통하도록 하였고, 많은 책을 널리 탐독하여 읽지 않은 것이 없었다 雄少而好學, 不爲章句, 訓詁通而已, 博覽無所不見』라는 기록이 보인다. 〈훈고訓詁〉와 〈훈고訓故〉는 같은 뜻이다. 〈장구章句〉는 문장을 나누고 문구를 파헤쳐서 매문장과 문구의 의미를 해석한다는 뜻이고, 〈훈고訓詁〉는 전적으로 문자의 음의를 설명하는 것만을 지칭하는 것이므로 그 두 용어는 서로 다른 의미이다. 훈고학이란 바로 낱말 해석과 말뜻 연구에 관한 학문을 말한다. 옛날에는 단지 〈소학小學〉의 한 부문으로 취급하였으나, 오늘날에 와서는 과학적 체계를 갖춘 독립학문으로서의 한어어의학漢語語義學으로 점차 발전되고 있는 과정중에 있다.

　　언어 내부에서의 낱말은 시대에 따라 변천되기 마련이어서 고금의 차이가 발생하였으며, 지역적으로 다름에 따라서 방언 차이가 있게 된다. 때문에 후대 사람들이 고대의 저작을 읽을 때 해독할 수 없으면, 금어今語로써 고어를 풀이하려 든다. 그리고 동일 사물이라 할지라도 각지역에서 쓰는 명칭이 간혹 다름에도 불구하고 통어通語로써 방언을 풀이하고자 한다. 언어는 끊임없이 발전되고 있으며, 사용 도중에 낱말의 의미가 때때로 약간씩 달라진다. 하나의 낱말이 하나의 의미에서 인신引伸 발전되어 별개의 의미를 지니게 되어 결국에는 하나의 다의사多義詞로 변모하게 된다. 다의사는 사용되는 때와 장소에 따라서 다른 의미로 쓰이는 것이다. 따라서 잘못 이해되지 않도록 하기 위해서도 때로는 보충 해설을 가할 필요가 있게 된다. 이러한 것들이 바로 훈고가 일어나게 된 까닭이다. 오랜 기간을 거친 후에 비로소 글자와 단어의 뜻을 풀이하는 것을 집중적으로 다루고 있는 책이 등장하게 되었다. 그러한 종류의 책을 훈고서라고 부른다. 언어는 각방면에 걸쳐서 모두 일정한 체계를 지니고 있는 것이다. 어음의 성운聲韻도 체계를 갖추고 있으며, 어휘의 짜임도 일정한 체계를 지니고 있고, 낱말의 음과 뜻 그리고 낱말과 그 낱말의 소리와 뜻과의 관계에 있어서도 유추 가능한 규칙성을 띠고 있다. 그렇기 때문에 한 글자 한 단어에 대한 해석에서 한 걸음 더 나아가서 연관적·체계적 어의語義 연구에 적극적으로 종사하여 과학적인 이론을 창조해낸다면, 한어 발전역사에 대한 이해는 물론 고서 해독·자전 및 사전편찬에 대하여 그리고 어문교육에 대하여도 중요한 공헌을 세울 수 있을 것이다.

훈고학의 내용과 임무 훈고학이 단어의 뜻을 연구하는 학문이기 때문에 그 연구대상은 바로 고대 문헌상의 언어재료를 주대상으로 하고, 현대 방언의 입말자료를 보조대상으로 삼고 있다. 고대의 글말을 연구하려면, 응당 문자·어휘·어법 및 어음사에 관한 기본학식을 구비함은 물론, 언어문자의 일반적 발전규칙에 대해서도 깊이 알고 있어야지만 비로소 이전 시대의 훈고자료를 정리연구하는 일에 종사할 수 있으며, 옛사람들이 말뜻을 연구하는 데 사용한 이론과 방법을 총결지음과 동시에 그것에서 다시 한 걸음 더 나아가서 새로운 길을 개척하여 광범위한 연구를 깊이 있게 할 수 있을 것이다.

전대前代의 어휘해석 자료는 극히 많은 양에 달하고 있으므로, 그것에 대하여 연구하려면 마땅히 시대적 선후와 각각의 성질에 따라서 여러 층차로 구분하여서 정리하여야 한다. 이전 시대의 훈고학자들이 어휘를 해석할 때 응용한 방법은 다종다양하다. 즉 훈고학상 이른바 **형훈形訓·의훈義訓·성훈聲訓**이라는 것 등이 바로 그러한 것이다. 형훈은 자형의 구조로써 그것에 담겨진 말뜻을 설명하려는 것이다. 의훈은 현대인들이 이해하고 있는 바의 말로써 서면언어에 쓰인 글자의 함의含義를 해석하려는 것으로, 뜻이 같거나 비슷한 단어 혹은 문장을 취하여 해석하는 것을 말한다. 성훈은 음훈音訓이라고도 하는데, 이 방법은 단어의 독음에 착안하여 음의가 서로 통하는 단어를 써서 말뜻을 설명하는 것을 말한다. 간혹 의도적으로 음으로부터 출발하여 말뜻의 내원來源을 구하기도 하였다. 이상 세 가지 방법 중에서 가장 광범위하게 활용되고 있는 것은 의훈이다. 그러나 의훈을 어떻게 활용하는가라는 문제는 각단어에 따라서 달라진다. 이전 시대의 훈고를 연구하려면, 고대의 훈고서·**자서字書**·**음의서音義書**·운서韻書 중에서 개별 어휘를 어떻게 해석하고 있는가? 고정적인 형태를 취하고 있는 사조詞組와 연면사聯綿詞를 어떻게 해석하는가? 문장의 뜻을 설명함에 있어서 단어들간의 통용通用과 가차假借 문제, 그리고 글자의 음이 달라짐에 따라 그 의미가 바뀌는 사례에 관한 제반문제들을 어떻게 설명하고 있는지? 등등의 문제들은 모두 부문과 부류별로 구분 정리하여 그 통칙을 찾아내고, 옳고 그름을 분간해내고, 그러한 가운데 실제언어에 부합하는 유용한 경험을 체득하는 것을 필요로 하고 있다.

좀더 자세히 말하자면, 모든 학술분야는 필연적으로 제각기의 이론과 방법을 지니고 있다. 이전 시대의 많은 훈고 연구전문가들은 실제로 말뜻을 해석하는 가운데 많은 소중한 견해를 제시한 바 있다. 이를테면 단어와 단어간의 음의音義 상비相比관계·공통어와 방언간의 동실이명同實異名(실체는 같은 것이지만 이름은 다른 것—역주)관계·해성자의 **성부聲符**와 자의字義와의 관계·**본의**와 **인신의**·**가차의**와의 상호간의 관계 등등이 그러한 것들이다. 이론에 있어서는 〈우문설右文說〉·〈자의기어자음설字義起於字音說〉(글자의 뜻은 그 글자의 음에서 비롯된다는 학설—역주)·〈**일성지전설一聲之轉說**〉·〈고가차필동부설古假借必同部說〉(청대 段玉裁가 주장한 것으로 고대 문헌에서 서로 가차된 두 글자는 古音의 韻部가 같다는 학설을 말함—역주) 등을 들 수 있다. 그뿐만 아니라 또 말뜻을 탐구하는 몇 가지 방법을 제시하기도 하였다. 이를테면 형·음·의 세 요소를 동시에 고려하는 방법, 말소리에 근거하여 뜻을 찾아내는 방법, 문장 구절이 비슷한 것들을 모아서 서로 비교하여 증명하는 방법, 『뜻이 의문스러운 글자의 경우에는 그 글자의 음에 의거하여 의혹을 풀고, 음이 이상한 글자의 경우에는 뜻으로써 그것을 바로잡는다 疑於義者以聲求之, 疑於聲者以義正之』(戴震《轉語二十章序》)는 방법 등등이 그러한 것들이다. 이상의 이론과 방법 들은 모두 《시경》·《상서》에 대하여 옛사람들이 뜻풀이해

둔 것에 관한 연구가 하나의 학문으로 성숙되기에 이르게 된 연유이다. 오늘날의 언어연구자들은 전인들의 성과를 계승·총결지은 것을 기초로 삼고 현대 언어학의 원리에 근거하여 말뜻의 인신, 구단어에서 신단어가 파생되는 규칙, 그리고 말뜻의 정확한 해석방법을 연구하는 동시에 또 동의사 변별법칙, 말뜻과 어법간의 관계, 수사법修辭法이 말뜻에 미치는 영향 등등에 관한 제반문제를 연구하여야 할 것이다. 그리하여 결국에는 하나의 과학적인 체계를 갖춘 한어어의학漢語語義學을 건립하여야 할 것이다.

훈고학의 탄생과 그 발전역사

한어는 장구한 역사를 지니고 있으며, 그 문자 기록은 이미 4천여 년이라는 오랜 시간을 경과하였다. 그런데 언어라는 것은 사회의 발전에 따라서 부단히 변화하는 것이다. 춘추전국시대 이전에 있어서는 하나의 글자가 곧 하나의 낱말인 경우가 대부분이었다. 춘추전국 이후 구사법構詞法이 발전되어 쌍음사雙音詞가 점차 많아졌고 글자의 수도 증가하였을 뿐만 아니라, 글자의 뜻에 있어서도 인신引伸과 변천이 생기게 되었다. 고서 중에 쓰인 말뜻을 이해하려면 그것을 해석해 보지 않을 수 없었다. 그래서 선진시대 서적의 자의를 해설하는 데 필요한 재료가 적잖이 등장하게 되었던 것이다. 그 중에는 자형에 근거하여 뜻을 해설하는 것이 있었다. 예컨대《좌전左傳》선공宣公 12년편에『무릇 글자로 말하자면, 止와 戈가 합쳐서 武가 된다 夫文, 止戈爲武』라는 말이 있고, 15년편에는 『옛날 문자에 있어서는 正자를 반대로 하면 乏자가 된다 故文, 反正爲乏』는 말이 있으며, 소공昭公 원년편에는『문자로 말하자면, 皿과 蟲을 합치면 곡식벌레 고蠱자가 된다 于文, 皿蟲爲蠱』는 기록이 보이며, 그 글자의 음으로부터 그것의 뜻을 찾아내는 사례도 있었다. 이를테면《맹자孟子·등문공滕文公(上)》에 보이는『상·서라는 학교를 설립하여 그들을 가르쳤다. 庠이란〈기른다〉는 뜻이고, 校라는 것은〈가르친다〉는 뜻이며, 序는〈화살을 쏜다〉는 뜻이다. 하나라에서는 校라 하였고, 은나라 때에는 序라 하였으며, 주나라 때에는 庠이라 하였다 設爲庠序學校以敎之. 庠者養也, 校者敎也, 序者射也. 夏曰校. 殷曰序, 周曰庠』라는 구절이 그러한 예이다.〈상庠〉과〈양養〉,〈교校〉와〈교敎〉, 그리고〈서序〉와〈사射〉는 모두 음운이 서로 비슷한 것들이다.《역경易經》에도 그러한 예가 보이고 있다. 즉《설괘說卦》편에 나오는〈건乾, 健也〉·〈곤坤, 順也〉·〈감坎, 陷也〉·〈리離, 麗也〉라는 풀이는 모두 음을 토대로 뜻을 풀이한 것들이다. 또 뜻이 같은 글자를 이용하여 풀이한 예도 있다. 이를테면《역경·

잡괘雜卦〉에 나오는 〈항恒, 久也〉·〈절節, 止也〉·〈해解, 緩也〉·〈건蹇, 難也〉라는 풀이가 그러한 것으로서, 글자의 상용의常用義를 풀이한 것들이다. 어떤 글자들의 경우 그것이 대표하는 개념이 비교적 알기 어렵거나, 혹은 특별히 가리키는 바가 따로 있을 때에는 비교적 긴 어구語句를 이용해서 설명하고 있다. 예컨대 《역경易經·계사繫辭》에 나오는 『幾(조짐)라는 것은 길흉에 앞서서 나타나는 것을 뜻한다 幾者運之微, 吉凶之先見者也』는 풀이, 《설괘說卦》편에 있는 『신이라는 것은 만물을 신령스럽게 하는 것을 가리켜서 말하는 것이다 神也者, 妙萬物而爲言者也』라는 풀이, 《맹자孟子·양혜왕梁惠王(下)》에 있는 『늙어서도 아내가 없는 사람을 홀아비라 하고, 늙어서도 남편이 없는 사람을 과부라 하고, 늙어서도 자식이 없는 사람을 독부獨夫라 하고, 어려서 아비가 없는 사람을 고아라 한다 老而無妻曰鰥, 老而無夫曰寡, 老而無子曰獨, 幼而無父曰孤』는 풀이들이 그러한 예에 속하는 것이다. 일일이 구분하여 설명하고, 힘써 명확성을 기하므로써 의혹됨을 없앴던 것이다. 전국시대에는 〈명가名家〉라는 일시적 현학顯學이 등장하여 실체와 이름을 변별 분석하였던 바, 그 정도가 지극히 정밀하였다. 예컨대 《묵자墨子·경상經上》에 나오는 『평平, 同高也(높이가 같은 것)』·『중中, 同長也(길이가 같은 것)』·『원圓, 一中同長也(하나의 중심으로부터 길이가 같은 것)』·『신信, 言合於意也(말이 뜻에 합치되는 것)』·『간間, 不及旁也(곁에 이르지 아니하는 것)』·『영盈, 莫不有也(없는 것이 없는 것)』·『몽夢, 臥而以爲然也(누워서 〈잠을 자면서〉도 실제와 같이 느껴지는 것)』라는 풀이들은 과학적인 정의와 근사한 것들이다.

주대에 평왕平王이 낙읍雒邑으로 동천한 이후에는 왕실의 세력이 날로 쇠약해지자, 제후들이 패권을 다투게 되었던 관계로 전쟁이 빈발하였고, 불안을 느낀 백성들은 자주 거처를 옮기게 되었다. 언어 또한 그러한 실정에 부수하여 매우 큰 변화를 초래하게 되었다. 북방의 황하 유역에는 지역 공통어가 생겨났다. 모든 고어 혹은 방언들은 일반 사람들이 이해할 수 없는 것이었기 때문에 당시에 통용되던 언어, 즉 이른바 〈아언雅言〉으로 해석하는 것을 필요로 하였다. 《논어·술이述而》에는 『공자께서는 늘 아언으로 말하였다. 《시경》·《서경》·집례는 모두 아언으로 씌어진 것이다 子所雅言, 詩·書·執禮皆雅言也』는 기록이 보이는데, 〈아언〉은 바로 〈중하中夏〉 지역의 말을 가리키는 것이다. 제齊나라 경공景公이 태사太師에게 악곡을 지어 보라고 명하였던 바, 태사가 지은 시구 중에 『畜君何尤』라는 말이 있는데, 《맹자·양혜왕(하)》에서 그 구절을 해석하기를 『축군이라는 것은 임금을 좋게 하는 것을 뜻한다 畜

君者, 好君也』라고 하였다. 또《맹자·등문공(하)》에는《서경·대우모大禹謨》에 나오는『洚水警余』라는 구절을 해석하면서『홍수라는 것은 큰 물이라는 뜻이다 洚水者, 洪水也』(洚과 洪은 사실은 一字異體의 관계에 있는 글자들임—역주)라고 한 풀이가 있다. 그리고, 또《좌전》선공 4년에는『초나라 사람들은〈젖먹이다〉는 뜻으로 곡穀자를 쓰고,〈호랑이〉를〈오토〉라고 말한다 楚人謂乳, 穀; 謂虎, 於菟』는 기록이 있다. 이상의 예들은 통어通語(공통어)로 방언을 해석한 예이기도 한 것들이다. 이상에서 설명한 것으로부터 훈고가 춘추전국시대에 흥기된 것임을 충분히 이해할 수 있을 것이다.

훈고학풍이 춘추전국시대에 흥기된 까닭은 대체로 다음의 4가지로 말할 수 있을 것이다. ① 언어가 발전되자 시대적 차이와 방언적 차이가 있게 되었다. ② 서면언어에서의 낱말과 구두언어에서의 낱말이 서로 달랐다. ③ 사회가 끊임없이 발전하였고, 명물名物이 번잡다단해지자 하나의 낱말이 여러 가지 뜻을 동시에 지니는 현상이 비교적 보편적으로 발생하였다. ④ 낱말을 활용하여 사상을 표달하는 작용에 대한 이해와 인식이 제고되었고, 논리적인 사유思維가 날로 엄밀해졌다. 이상과 같은 몇 가지 원인으로 말미암아 훈고풍조가 춘추전국시대에 매우 양호한 발판을 마련하게 되었던 것이다.

【양한시기의 훈고서적과 경전의 주석】 한대는 훈고학이 싹튼 후 발전을 이룩한 시기이다. 진나라 말기에 사회가 쑥대밭이 되는 지경에 이르므로 말미암아 언어에 있어서도 매우 큰 변화를 일으켰던 바, 선진시대의 고적古籍들은 대개 입에서 입으로 전수된 후 예서체隸書體로 다시 옮겨 씌어진 경전, 즉 이른바〈금문경今文經〉이 등장하게 되었다. 그러나 한 무제武帝 이후로는 전대前代에 씌어진〈고문경古文經〉이 날로 많이 발견되었다. 그 중에는 당시에는 쓰지 않던 옛글자와 옛날의 뜻으로 씌어진 것들이 많았던 관계로 사람들이 완벽하게 해독할 수 없었기 때문에 훈고학자들이 그것에 대하여 주석을 달게 되었다. 그러나 서한시기에 금문경이 성행하고 있을 때에 이미 오경五經에 주석을 달아서 풀이한 사람들이 상당수에 달하였다.《시경》으로 말하자면 제齊·노魯·한韓 3대가가 있었는데, 그들이 사용한 문자가 상당히 달랐다. 기타의 각 경전에 대하여 장을 나누고 구절을 분석하여 뜻을 풀이하는 류의 것도 있었다. 한대의 훈고학은 바로 경학에 부수되어 발전하였고, 그 당시에 이미 낱말들을 전문적으로 해석한 훈고서적이 등장하였다. 주요 훈고서적들로는《이아爾雅》·《방언方言》·《설문해자說文解字》·《석명釋名》이상 4종이다. 이 4종 서적들은 제각기의 특색을 구비하고 있는 것으로서, 중국훈고학의 초석이 되는 것들

이다.

《이아》는 고대로부터 유전流傳되어 내려온 중국 최초의 훈고서적인데, 작자의 이름은 기록되어 있지 않다. 내용으로 미루어 보건대, 전국에서 진한에 이르는 시기의 경학자와 소학자 들이 교대로 증보하므로써 완성된 것임이 분명한 것 같다. 구설舊說에는 주공周公이 지은 것이라고도 하고, 혹자는 공자 문인門人들이 지은 것이라고도 하는데, 모두 신빙성이 없는 견해이다. 《한서漢書·예문지藝文志》에 3권 20편篇이 저록著錄되었었다고 하는데, 현존해 있는 것은 19편뿐이다. 그 중 《석고釋詁》·《석언釋言》·《석훈釋訓》 3편은 사물의 이름 이외의 낱말들을 풀이한 것이고, 그밖의 16편은 각종 사물들의 명칭, 이를테면 친속親屬·궁실宮室·기물·산천·초목·벌레와 고기·새와 짐승 등의 이름에 대하여 풀이한 것이다. 이 책에 풀이되어 있는 낱말들은 주로 경전·고서에 등장하고 있는 것들이다. 〈이爾〉는 〈가깝다 近〉는 뜻이고, 〈아雅〉는 〈바르다 正〉는 뜻이니, 《이아》라는 것은 바로 언사言辭가 아정雅正에 가깝다는 뜻이 된다. 이 책 중에는 한대의 금어今語로 고어를 해석한 것도 있고, 아언雅言으로 방언을 풀이한 것도 있으며, 또 어떤 것은 속어로 아언을 풀이한 것도 있다. 《석고》·《석언》·《석훈》 3편은 주로 일반적으로 의미가 서로 같거나 비슷한 낱말들을 한 군데 모아 놓은 다음 하나의 통용어로 해석하고 있는 것이다. 예)《석고》:〈초初〉·〈재哉〉·〈수首〉·〈기基〉·〈조肇〉·〈조祖〉·〈원元〉·〈태胎〉·〈숙俶〉·〈락落〉·〈권여權輿〉·〈시야始也〉(처음이라는 뜻이다) ……이상은 모두 〈처음〉·〈시작하다〉는 뜻이다. 기타 각편은 주로 동일 부류의 사물 명칭을 한 군데 모아 놓은 다음 각각 해석한 것이다. 이런 형태로 되어 있는 것 중에는 고금의 명칭이 다른 것, 이름은 다르지만 실제로는 같은 사물인 것, 이름은 같지만 실제로는 별개의 사물인 것 등이 있는데, 한 글자의 낱말로는 해석할 수 없는 경우에는 한 구절, 혹은 그 이상의 말로 해석하였다. 물품의 종류가 다방면에 걸치고 있으므로 훈석訓釋방법도 각기 다른 것이었다. 이 책은 한대 조기의 훈고의 총집으로서 후대에 이르러서는 말뜻풀이의 중요 근거로 활용할 수 있게 되었다. 한대 훈고학 또한 이 책을 필두로 발전되기 시작한 것이었다.(참고《爾雅》조)

《이아》에 뒤이어 서한 말기에는 양웅揚雄이 《방언》을 지었고, 동한 화제和帝 때에 가서는 허신許愼이 《설문해자》를 저술하였으며, 동한 말기에 이르러서는 유희劉熙가 《석명》을 지었던 바, 이러한 책들은 지극히 소중한 저작으로 꼽히고 있다.

《방언》은 《유헌사자절대어석별국방언輶軒使者絕代語釋別國方言》을 줄여서 부른 서명이다. 《수서隋書·경적지經籍志》가 그것을 《방언》이라 간칭하였다. 저자 양웅은 촉군蜀郡 성도成都 태생으로 한漢 성제成帝 때 장안長安으로 와서 벼슬을 살았다. 그는 전국 사방에서 장안으로 올라온 효렴孝廉(漢 武帝 이후로 각고을에서 효행이 지극한 사람을 천거하게 하여 벼슬을 주었는데, 그렇게 천거된 사람을 효렴이라 함―역주)과 위졸衛卒(각지방에서 차출되어 중앙에 올라온 병사를 말함―역주)들의 입말을 토대로 지역 방언을 조사한 다음 조리 있게 배열 정리해서 책으로 엮었다. 원서는 15권이었는데, 지금은 13권만이 전해지고 있다. 이 책은 방언 어휘를 전문적으로 해석한 저작이다. 해석 대상 어휘들 가운데 어떤 것은 고대의 방언이고, 어떤 것은 당시의 각지역 방언이다. 의미가 서로 비슷한 것들을 하나의 조목으로 모아 놓은 다음 당시 널리 통용되던 동의사를 이용하여 풀이함과 동시에 각방언 어휘들의 통용 지역을 각각 설명하고 있다. 이것은 중요 훈고서적의 하나일 뿐만 아니라, 중국의 고대 방언을 연구하는 데 있어서도 중요한 의미를 지니는 저작이기 때문에 중국언어학사상 매우 높은 가치를 지니고 있는 것이다.

《이아》·《방언》의 뒤를 이어서 출현한 《설문해자說文解字》는 동한 화제和帝 때 허신許愼이 지은 것이다. 이 책은 자형의 편방에 따라 부수를 구분하여 글자를 배열하고 있는 중국 최초의 자전으로서 엄밀한 의미에서는 자서字書로서의 성격을 지니고 있지만, 훈고서로서의 성격도 동시에 지니고 있다. 허신은 가규賈逵(A.D.30―101)의 제자로 오경에 정통하였으며, 금문경을 통달하였음은 물론 고문경에도 해박한 지식을 겸비하였다. 그는 《설문해자》에서 여러 가지 방식을 동원하여 글자의 뜻을 해설하였는데, 자형의 구조를 근거로 조자造字 본의本義를 설명한 것을 보면 『리理, 治玉也(옥을 다듬다)』·『망忘, 不識也(알지 못하다)』·『수須, 面毛也(얼굴의 털)』·『돌突, 犬從穴中暫出也(개가 구멍 안으로부터 별안간 나오다)』·『자炙, 炮肉也(고기를 굽다)』 등이 그러한 예이다. 또 고훈古訓을 근거로 상용어의 뜻을 설명하였다. 예컨대 『자慈, 愛也(사랑하다)』·『경勁, 彊也(강하다)』·『벽辟, 法也(법)』 등이 그러한 것들이다. 허신이 풀이한 것 가운데 상당수는 그 글자의 고의古義에 해당하는 것이다. 이를테면 『말沫, 灑面也(얼굴을 씻다)』·『욕浴, 灑身也(몸을 씻다)』·『조澡, 灑手也(손을 씻다)』·『세洗, 灑足也(발을 씻다)』·『송頌, 貌也(同容)(모양)』·『옹翁, 頸毛也(목덜미에 난 털)』·『석奭, 盛也(울창하다)』·『애愛, 行貌(길을 가는 모양)』·『홍澒, 丹砂所化爲水銀也(卽〈汞〉)(단사가 변하여 된 수은)』등이 그러한 예에 속한다.

이 책 중에는 성음을 토대로 해석한 것도 보이고 있다. 예컨대『시詩, 志也(의지)』·『미尾, 微也(작다)』·『마馬, 怒也(화내다), 武也(굳세다)』·『야夜, 舍也(집), 天下休舍也(천하가 쉬는 집이다)』·『진晉, 進也(나아가다), 日出萬物進也(해가 뜨면 만물이 나아간다)』등이 그러한 것들이다. 또 그 글자의 성부聲符로써 말뜻을 풀이한 것도 있다. 예컨대『비斐, 分別文也(분별되는 문체)』·『빈貧, 財分少也(재물을 나누어서 적어졌다)』등이 그러한 것들이다. 또 방언을 근거로 풀이를 하는 것도 보인다. 예컨대『과夥, 齊謂多爲夥(제나라 지역에서는〈많다〉는 뜻으로〈夥〉라고 말한다)』·『동瞗, 吳楚謂瞋目顧視曰瞗(오나라와 초나라 지역에서는〈눈을 부릅뜨고 돌아다보다〉는 뜻으로〈瞗〉이라고 말한다)』등이 그러한 것들이다. 《설문》은 하나의 글자를 해석하면서 형·음·의 3방면으로부터 착상하고 있으며, 정밀하고 깊이 있게 뜻을 풀이하고 있는 것으로서, 그보다 뒤에 나오게 된 자서들과 훈고서들에게 미친 영향이 지극히 컸다.(참고《說文解字》조)

《석명釋名》또한 훈고관계 서적의 일종이다. 저자 유희劉熙는 전적으로 낱말의 소리에서 출발하여 그 사물이 그러한 이름으로 불리게 된 유래를 고찰하였으며, 음이 동일한 낱말 혹은 성운聲韻이 서로 비슷한 낱말을 이용하여 해석하였다. 이러한 해석방법을 훈고학에서는〈성훈聲訓〉이라고 부르며,〈음훈音訓〉이라고 부르기도 한다. 성훈은 본래 전국시대 말기에 비롯되었는데, 서한시대의 금문경학자들은 거의가 성음을 이용하여 자의를 해설하곤 하였다. 유희가 언어로부터 출발하여 각사물의 명명命名 연유를 연구하려는 까닭은 금문경학자의 경우와 같은 것이 아니었다. 그는 어음과 어의를 의식적으로 연계시켰다. 즉 소리에 근거하여 뜻을 찾아내려고 하였던 것이다. 예컨대《석명·석천釋天》에서『하늘 천天자를 예주豫洲·사주司洲·연주兗洲·기주冀洲 일대에서는 설면음舌面音으로 발음한다. 天자는 顯(드러내다)자와 같은 뜻도 가지고 있다. 위에서 높이 드러낸다는 뜻이다. 청주青洲와 서주徐洲 일대에서는 (天자를) 설두음舌頭音으로 발음한다. 天자는 坦자와 같은 뜻을 지닌다. 평탄하게 높고도 멀리 펼쳐 있다는 뜻이다 天, 豫司兗冀以舌腹言之, 天顯也, 在上高顯也；青徐以舌頭言之, 天坦也, 坦然高而遠也』라고 말하고 있다. 그의 말은 주관적이고 유심론적인 요소를 벗어나지 못한 것이긴 하지만, 성음에서 출발하여 각종 사물의 명칭 속에 함유되어 있는 뜻을 유추하고, 유사類似 어원語源을 모색하였던 것인 만큼 훈고학의 발전에 대하여 상당한 영향을 미쳤던 것이

다.(참고《釋名》조)

한대의 훈고관계 서적으로는 또《소이아小爾雅》와《통속문通俗文》을 더 꼽을 수 있다. 총괄적으로 말하자면, 말뜻을 해석하는 각종 방법은 한대에 이미 모두 구비되었던 셈이다. 가장 두각을 나타낸 저명 훈고학자들은 대부분이 고문경학자들이었다. 동한시기 고문경이 성행하자 가규賈逵·마융馬融(A.D.79—166)·복건服虔·정현鄭玄은 모두 경전에 주석을 달아 놓는 작업을 한 학자들이다. 정현은 금문경과 고문경을 모두 통달하였으며, 그가 달아 놓은 주석이 가장 많다. 그는 각경전의 원문과 글자의 성류聲類(聲類를 聲紐라고도 하는데, 이 말은 자음의 유형을 뜻함—역주)에 대하여 하나하나 뜻을 풀이함과 동시에 요점을 잘 간추려 놓았으며, 문제점을 발굴하여 바른 해독을 구하였던 관계로〈한학漢學〉의 대가로 꼽히게 되었고, 허신과 더불어〈허정許鄭〉이라는 칭호로 숭상되었다.

【위진남북조시기의 훈고의소의 학】 위진시기의 가장 저명한 훈고학자로는 장읍張揖과 곽박郭璞 두 사람을 꼽을 수 있다. 장읍은 삼국시기 위나라 명제明帝 태화太和 연간에 박사博士를 지냈다. 그는 한대 이전의 고서에 있는 낱말들과 당시 전해지고 있던 고훈古訓을 총망라하여《광아廣雅》를 찬집纂集하였다. 이 책의 체제는 완전히《이아》를 본뜬 것으로,《이아》에 미비된 것을 보충하였으므로 이름을《광아》라 하였던 것이다. 장읍은 그밖에도《고금자고古今字詁》와《난자難字》를 지었다고 하는 기록이《수서隋書·경적지經籍志》에 보이고 있으나, 그러한 책들은 일찍이 소실되어 지금은 전해지지 않는다. 곽박郭璞은 동진東晉 하동河東 사람으로 홍농태수저작랑弘農太守著作郞을 역임하였으며, 학문이 넓고 아는 것이 많았으며, 훈고에 정통하였다. 고서 주석 분야에 있어서 가장 중요한 그의 저술로는《이아주爾雅注》와《방언주方言注》를 들 수 있다.《이아》에 주를 달아 놓은 서적은 한대에 이미 몇 종류가 있었는데, 곽박이 새로 주를 달아 놓은 것은 그 이전 사람들의 것을 훨씬 능가하는 것이었다. 그는 금어今語로써 고어를 풀이할 수 있는 능력을 지녔을 뿐만 아니라, 방언으로써 아언雅言을 풀이할 수 있는 능력도 겸비하였다. 그리고 각종 물품들의 모양을 자세히 고찰하였으며, 그것들의 기능과 용도 등에 대하여도 매우 명확하게 밝혀 놓았던 것이다.(참고《爾雅》조) 그가 저술한《방언주》는 고금을 관통하여 진대晉代 방언으로 고대 방언을 해석하고 있으며, 또한 어음과의 연계성에 착안하여 음이 통시적으로 변화한다는 사실을 제시하므로써 훈고 연구에 있어서 새로운 방법을 하나 더 첨가시켰던 것이다.

위진남북조시기에는 사회가 도탄에 빠지고, 백성들은 이곳저곳으로 자주 옮겨 살게 됨에 따라 그들이 사용하는 언어에도 커다란 변화가 일어나게 되자, 고서에 나오는 말들이 당시 사람들에게는 매우 어려운 말이 되어서 쉽사리 그 내용을 이해하지 못하게 되었다. 그래서 고서에 주석을 다는 풍조가 날로 성행하였던 것이다. 위진시기에는 《역경》·《서경》·《시경》·《좌전》·《곡량穀梁》·《논어》 등 유가경전에 주를 단 것이 간행되었다. 그뿐만 아니라 《사기》·《한서》·《노자》·《장자》 같은 고서와 사부辭賦류의 서적들에 대하여도 주를 달아 놓았다. 이리하여 훈고의 학이 크게 융성하게 되었다. 그 중에는 높은 수준에 달한 것이 상당히 많았고, 신빙성이 높고 취할 만한 견해도 상당수에 달하였다. 송宋·제齊 이후에는 경문經文과 주문注文을 동시에 풀이한 〈의소義疏〉체가 출현하였는데, 이를테면 양대梁代 국자조교國子助敎를 역임한 황간皇侃이 지은 《예기의소禮記義疏》·《논어의소論語義疏》가 이런 예에 속하는 저서이다. 의소의 흥기는 아마도 불교경전의 〈강소講疏〉로부터 받은 영향 때문이었을 것으로 보인다.

위진 이후에는 경전에 주석을 단 것 이외에도, **자서字書**와 사서辭書도 많이 간행되었다. 자서와 사서의 증가는 언어어휘의 양적 확대와, 그리고 문자의 증가는 일사다의一詞多義 현상과 각각 직접적인 관계를 맺고 있는 것이다. 진대에는 임성任城 사람인 여침呂忱이 《자림字林》7권을 저술하였는데, 이 자서는 《설문해자》를 모방한 것으로 글자수를 좀더 보강한 것이다. 송대에는 하승천何承天이 《찬문纂文》3권을 지었으며, 북위北魏에서는 양승경楊承慶이 《자통字統》21권을 편찬하였다. 그리고 양대 원효서阮孝緖가 《문자집략文字集略》6권을, 고야왕顧野王이 《옥편玉篇》30권을 각각 찬술하였다. 현재 전해지고 있는 것은 당대唐代 사람이 증보하고 송대에 일부 수정을 거친 《대광익회옥편大廣益會玉篇》뿐이다. 고야왕이 지은 원래의 책은 단지 5권의 잔권殘卷(완벽하게 보존된 것이 아니라 일부가 훼손 또는 소실된 것을 말함—역주)만 보존되어 있을 따름이다. 그밖의 책들은 원래의 것은 없어지고, 청대의 학자들이 만들어 놓은 집일본輯佚本(여러 책에 인용되어 있는 것들을 뽑아내어 재구성하여 원래의 모습대로 다시 만들어낸 책을 말함—역주)만 있을 뿐이다.

【수당시기의 훈고학】 수당시기에는 위진남북조 때의 고서 주석풍조를 계승하여 더욱더 많은 주석서들이 편찬되었다. 수대의 육선경陸善經이 《소명문선주昭明文選注》를 지었으며, 당대의 이선李善도 《문선주文選注》를 지었다. 공영달孔穎達(574—648)은 왕의 조칙을 받들어 《오경정의五經正義》를 지었

는데, 이 책은 《모시毛詩》·《상서》·《주역》·《예기》·《춘추좌씨전》을 망라한 것이다. 같은 시기에 가공언賈公彦이 《주례주소周禮注疏》를, 서언徐彦이 《춘추공양전주소春秋公羊傳注疏》를, 양사훈楊士勛이 《춘추곡량전주소春秋穀梁傳注疏》를 각각 저술하였다. 이러한 책들은 모두 그 이전 시대에 이미 있었던 주석에 대하여 취사선택하고 약간 수정 보완한 것들이다. 그 중에서 이선이 지은 《문선주》는 문장과 문자의 뜻을 자세히 풀이한 것 이외에도 글자의 음에 대하여, 그리고 음이 같은 글자들끼리의 통차通借현상에 대하여도 명확하게 주를 달아 놓았으며, 문장 구절의 출전出典에 대하여도 특히 세심한 주의를 기울이고 있어서 주석류 서적의 표본으로 꼽히고 있다. 공영달의 《오경정의》는 경문經文뿐만 아니라 주문注文에 대하여도 풀이하였으며, 허사虛詞와 문법에 대하여도 적잖이 해설하였다. 이러한 점은 그 이전의 고서 주석에서는 흔히 볼 수 없는 것이다.

경부經部와 집부集部 이외에 자부子部·사부史部의 서적들에 대하여도 주석을 단 것이 나왔다. 이를테면 양경楊倞의 《순자주荀子注》·성현영成玄英의 《남화진경의소南華眞經義疏》·사마정司馬貞의 《사기색은史記索隱》·장수절張守節의 《사기정의史記正義》·안사고顏師古의 《한서주漢書注》·장회태자章懷太子 이현李賢의 《후한서주後漢書注》, 이 책들은 모두 당시의 기풍을 대표하는 저작들이다. 문장 순서대로 뜻을 풀이하는 것이긴 하지만, 이전 시대의 많은 훈고 자료를 회집匯集하여 두었던 관계로 참고의 가치가 높은 것들이다.

수당시기에는 운서韻書가 성행하였으나, 자서字書도 적잖이 등장하였다. 예컨대 수대隋代 제갈영諸葛穎의 《계원주총桂苑珠叢》100권, 당 무측천武則天의 《자해字海》100권, 당 현종玄宗의 《개원문자음의開元文字音義》30권이 그러한 것들로서 분량이 극히 많아 참고의 가치가 높은 것들이지만 애석하게도 일찍이 망일亡佚되어 현존하지 않는다. 하지만 전시대의 책 가운데 인용되어 있는 그 책들의 내용으로 보건대, 말뜻에 대한 풀이가 예전의 것에서는 볼 수 없었던 것으로서 대충 얼버무리는 것에서 탈피하여 분석적이고 명확한 면모를 띠는 추세에 접어들었던 동시에, 서면언어로 뜻을 풀이하는 상투적인 것에서 한 걸음 더 나아가 당시의 입말을 사용하여 의미를 풀이하고 있었음을 볼 수 있다. 이러한 사실은 분명 일종의 새로운 변화이었던 것이다. 단어 해석의 범위로 말하자면, 전문적으로 쌍음사雙音詞만을 해석하고 있는 것(예 《兼名苑》)이 있는가 하면, 또 일상적으로 사용되던 입말 어휘만을 전문적으로 다루고 있는 것도 있었다. 현재 볼 수 있는 것으로는 돈황 석굴에서 발견된 《자보쇄금字

寶碎金》과《속무요명림俗務要名林》은 극히 진귀한 자료이다.

당대에는 자서·운서 이외에도 또 음의서音義書가 있었다. 음의서는 위진 때에 비롯된 것인데, 주로 경서經書에 음을 명시한 것이었다. 육덕명陸德明이 전시대의 사람들이 만든 서음書音(경서 이외에도 《노자》·《장자》·《효경》·《논어》·《이아》도 망라되어 있음)을 모아 《경전석문經典釋文》30권을 찬집하였는데, 음을 달아 놓은 것 이외에도 때로는 자의에 대해서도 언급하고 있다. 북제北齊 때에는 일찍이 스님들이 불교경전의 음의를 풀이한 바 있었다. 후에 당 고종高宗 때 현응玄應이 《대당중경음의大唐衆經音義》(통칭 《一切經音義》)를 지었고, 당 헌종憲宗 때에는 석혜림釋慧琳이 다시 현응의 책을 근거로 확대 보충하여 《일체경음의一切經音義》를 저술하였다. 이 두 책은 모두 《경전석문》의 체례를 본받은 것으로 원래의 경문에서 글자를 하나씩 뽑아낸 다음 그 뜻을 풀이하고 있다. 이에 인용된 고대의 훈고 자료의 수가 극히 많을 뿐만 아니라, 그러한 것들을 하나하나 변별 분석하고 있기 때문에 전통적인 소학서적 중에서 독특한 한 부류를 형성하는 것임은 물론, 이전 시대의 훈고를 연구하는 데 대하여 극히 중요한 구실을 하는 것이다. 그러므로 장경藏經과 더불어 줄곧 지금까지 보존되어 오고 있다. 청대학자들이 그 자료로부터 많은 훈고 재료를 집록輯錄한 바 있다.

【송원명시기의 자의字義 연구】 송대의 학자들은 오대시기의 고문기자古文奇字에 대한 연구기풍을 이어받아, 그 당시 대량으로 출토된 바 있는 종정이기鍾鼎彛器를 널리 수집하므로써 안목을 크게 넓히게 되었고, 학술사상도 그러한 일로 인하여 크게 진작되었다. 경학 방면에 있어서는 옛사람들의 기존 견해를 그대로 따르기만 하던 풍조에서 다소 벗어나서 따로 새로운 해석을 가하기도 하였다. 이를테면 구양수歐陽修의 《시본의詩本義》, 왕질王質의 《시총문詩總聞》이 바로 그러한 것들이다. 문자해설 방면에 있어서는 왕안석王安石(1021—1086)이 지은 《자설字說》이 세상에 선을 보였다. 이 책은 모든 형성자를 회의자라고 하였던 관계로 〈육서六書〉가 〈오서五書〉로 된 결과를 초래하였다. 예를 들어 말하자면, 〈與邑交〉(邑과 交가 합친 것)가 〈郊〉자가 되고, 〈同田〉(밭을 같이하는 것)이 〈富〉자가 되며, 『다툴 송訟자는 〈공에게 원망을 말한다〉는 것이다 訟者言冤於公』라는 것 등은 완전히 주관적인 억설에서 비롯된 것으로, 비록 일시적으로 유행되었기는 하였지만 결국에는 사람들에 의하여 완전히 무시당하였다.

그러나 같은 시기에 또 한 학자가 있었으니, 그는 바로 왕자소王子韶라는 사람으로〈우문설右文說〉을 제창하여 형성자의 **성부聲符**는 표음뿐만 아니라 표의 기능을 보유하고 있다고 주장하였다. 해성諧聲 성부가 상동한 모든 글자들은 대부분 모두가 하나의 공통된 기본 의미를 지니고 있다는 것이다. 이를테면 〈전戔〉은 적다는 의미를 지니고 있는 글자인데,〈천淺〉은 물이 적은 것을,〈전錢〉은 금이 적은 것을,〈천賤〉은 조개(貝 : 옛날에는 조개가 화폐로 사용되었으므로, 그것이 돈을 의미하기도 함—역주)가 적은 것을 각각 의미하고 있다. 한자의 형성자는 일반적으로 형방形旁이 왼편에 위치하여 표의 수단으로 활용되며, 성방聲旁은 오른편에 위치하여 표음 기능을 수행하고 있으므로 성방을 **우문右文**이라 칭하였던 것이다. 왕자소는 자가 성미聖美이며, 절우浙右 사람으로《자해字解》20권을 저술하였다고 하나 전해지지는 않는다. 그가 창안한 성방이 뜻을 지니고 있다는 학설은, 후대 훈고학자들이 제출한 인성구의因聲求義(성부에 의거하여 뜻을 찾는다는 뜻임—역주)라는 방법에 대하여 매우 큰 계발작용을 한 것이었다.

송대의《이아》연구자로는 형병邢昺(932—1012)과 **정초鄭樵** 두 사람을 들 수 있다. 형병의《이아소爾雅疏》는 곽박이 지은《이아주爾雅注》의 미비점을 보충한 것이며, 정초의《이아주爾雅注》는 옛서적들을 인용하여 곽박이 단 주해의 내용을 증명한 것으로, 이 두 책들이 새로이 밝혀낸 사실은 실로 적지 아니하였다. 남송 때의 주희朱喜(1130—1200)는 훈고를 매우 중요시한 사람으로《주역본의周易本義》·《시집전詩集傳》·《사서장구집주四書章句集注》·《초사집주楚辭集注》등의 책을 저술하였다. 그는 이전 시대 사람들이 달아 놓은 주해의 뛰어난 점을 뽑아 쓰는 동시에 새로운 견해를 참작하였고, 경전상에 쓰인 문자를 해설하는 것을 종정이기鍾鼎彛器의 명문을 해독하는 데에도 활용하고 있다. 그의 이러한 훈고방법은《시경》의《대아大雅》·《행위行葦》·《기취旣醉》·《강한江漢》등 여러 편에 주석을 단 문장 속에 반영되어 있으며, 그 이전 시대의 훈고학자들의 것에서는 드물게 보이는 것이었다.

송대 이전의 학자들은 고금음이古今音異에 대하여 비교적 모호하였다. 남송 시기에 이르러서야 비로소 고운古韻 문제에 대하여 주의를 기울이기 시작하였다. 오역吳棫이《운보韻補》를 저술하였는데, 이것은 고대의 운문韻文 자료로부터 옛사람들의 분운分韻과《광운廣韻》과의 차이를 고찰한 것이다. 항안세項安世의《항씨가설項氏家說》도〈시운詩韻〉이 후대의 음과 같지 않음을 밝힌 것이다. 정상鄭庠도《고음변古音辨》을 지어《시경》분운分韻의 대류大類에 관하여 언급하였다. 그들의 연구가 청대학자들이 고운을 연구하게 된 데 대하여 선도적인 역할을 한 것이다. 또한 말뜻 연구에 대하여도 상당한 도움을 주었다.

원대의 자학字學은 남송시기의 〈육서〉의 학을 이어받았으나, 훈고 연구에 대하여는 결코 주의를 기울이지 않았으므로 훈고 방면에 있어서는 2,3종의 경전 주석 이외에는 별다른 성과가 없었다.

명대의 학술은 부진하였고, 학자들이 오로지 뿌리가 없는 공리공담만을 일삼았던 것은 송대 성리학性理學의 영향 때문이었던 것으로 보입니다. 명대에 나온 훈고서적으로는 만력萬曆 때 주모위周謨煒가 지은 《변아駢雅》가 있다. 이 책은 고서 중에 쓰인 바 있는 비슷한 뜻을 지닌 쌍음사들을 가려내어 《이아》의 체제에 따라 분류한 후, 매조별로 해석을 가한 것이었으므로 그 이름을 《변아》라 하였던 것이다. 이것은 아학雅學에 속하는 책이다. 만력 이후에는 고대 학문을 연구하는 기풍이 날로 성해졌다. 예컨대 강녕江寧 사람인 초횡焦竑(1541—1620)·성도成都 사람인 양신楊愼(1488—1559)·동성桐城 사람인 방이지方以智(1579—1671) 등은 모두 글자의 뜻을 밝히는 것에 관한 저술을 남겼다. 방이지의 《통아通雅》는 고대의 언어에 관한 자료에 근거하여 음과 뜻이 서로 통하는 이치를 설명함과 아울러 방언·속어에 관하여도 논급하였는데 창견이 극히 많았으며, 청대학자들에게 적잖은 계시를 주었다.

【청대의 훈고학 이론 건립】 청대학자들은 명대 말기의 초횡·양신 등이 고학古學을 부르짖었던 것에 영향을 받아서 한대의 경학과 소학을 극력 추숭하고, 고거考據를 중요시하고 실증을 추구하였으나 공리공담만을 일삼던 성리학에 대하여는 떠받들지 않았다. 건륭乾隆 가경嘉慶시기에 이르러서는 이른바 〈한학漢學〉이 크게 창성하여, 경서經書와 자서字書에 주해를 달아 풀이한 사람들이 무수히 등장하였다. 경전을 해석하기 위해서는 문자·음운·훈고에 대한 연구를 도외시할 수 없었기 때문에 언어문자의 학이 일시에 극성하였다. 《설문說文》·《이아爾雅》는 학생들이 반드시 읽어야만 하는 책이었다. 《설문》·《이아》를 연구한 중요 저작이 쏟아져 나왔는데, 많은 것은 10종 이상이나 되었다. 어떤 것은 문자를 간정刊正하는 데 있어서, 또 어떤 것은 고훈古訓의 뜻을 밝히는 데 있어서 각기의 특색을 살리고 있었다. 그밖에도 《방언》·《석명》·《소이아小爾雅》·《광아》 등에 대하여도 그 뜻을 좀더 명확하게 하고 용례를 들어 증명하려는 사람들이 나타났다. 훈고학은 이로써 극대의 성취를 거두게 되었던 것이다. 저명 훈고학자들만 해도 너무 많아 그 숫자를 이루 다 헤아릴 수 없을 정도였다.

청대 훈고학의 발전은 고음학古音學의 성취와 밀접한 연관을 맺고 있다. 청대 초기에 고염무顧炎武는《음학오서音學五書》를 저술하였는데, 그는《역경》·《시경》등책의 운자韻字를 토대로 처음으로 고운古韻을 10부部로 구분하였다. 그후 강영江永(1681—1762)·단옥재段玉裁·왕념손王念孫·공광삼孔廣森(1752—1786)·강유고江有誥 등이 그 문제를 계속 연구하여 좀더 자세히 구분하여 22부로 나누었다. 같은 시기에 대진戴震은 음류통전音類通傳 학설을 내놓았다. 성모聲母 방면에 있어서는 전대흔錢大昕이 성전설聲轉說을 제기하였다. 그는 또 경순음輕脣音이 고대에는 중순음重脣音으로 발음되었으며, 설두음舌頭音과 정치음正齒音이 고대에는 설두음이었다는 설을 주장하였다. 이렇듯 새로이 밝혀진 사실들은 모두 선진고적을 연구하는 것과 자의를 탐구하는 것에 있어서 새로운 근거로 활용되었던 것들이다.

청대의 훈고학 이론으로 말하자면, 청대의 학자들이 남긴 훈고학상의 최대 공헌은 언어와 문자의 관계를 확실하게 밝힌 데 있다. 그들은 문자와 자의에 대하여 연구함에 있어서는 반드시 성음聲音에 대하여 이해하여야 한다고 주장하였다. 만약 성음을 이해하지 못한다면 문자의 형체로 보아서는 도저히 해결할 수 없는 문제에 대하여 속수무책일 뿐만 아니라, 심한 경우에는 미망에 빠져서 도저히 빠져 나올 수 없을 것이라고 생각하였던 것이다. 언어는 성음으로써 의미를 전달하는 것이며, 문자는 단지 어음을 기록하는 부호에 지나지 않기 때문에 반드시 문자의 성음을 이해하고 있어야만 하며, 성음에서 출발하여 의미를 탐구하여야만 하는 것이다. 대진戴震은『훈고와 음성은 서로 표리적인 관계에 있다 訓詁音聲相爲表裏』《六書音均表序》고 말하였는데, 그의 그러한 견해는 매우 중요한 의미를 지니는 것이다. 후에 왕념손은《광아소증廣雅疏證》의 자서自序에서『나의 소견으로는 훈고의 본지는 소리에 뿌리를 두고 있다고 생각한다. 발음은 같은데 글자는 다른 것이 있고, 발음이 비슷하고 뜻이 같은 경우도 있기 때문이다. 비록 혹간에 어떠한 부류로 모아지기도 하고 나누어지기도 하지만, 실제로는 하나의 가닥으로 다 꿰뚫어지는 것이다 竊以詁訓之旨, 本於聲音. 故有聲同字異, 聲近義同, 雖或類聚群分, 實亦同條共貫』라고 피력하였으며, 단옥재도 왕념손의《광아소증廣雅疏證》의 서문에서『성인이 글자를 만듦에 있어서는 먼저 뜻이 있고 난 뒤에 음이 있었고, 음이 있은 후에 형태를 만들어냈던 것이다. 공부하는 사람이 글자를 고찰함에 있어서는 형태를 보고서 그 독음을 알아내고, 그 음으로써 그것의 뜻을 밝혀야 한다. 경전을 읽음에 있어서 바른 뜻을 찾아내는 것보다 중요한 것이 없고, 바른 뜻을 구하는 데 있어서는 소리보다 더 절실히 요구되는 것이 없다 聖人之制字有義而後有音, 有音

而後有形. 學者之考字, 因形以得其音, 因音以得其義, 治經莫重於得義, 得義莫切於得音』고 하였다. 이상 두 사람의 말은 매우 일리 있고 합당한 것이다. 청대학자들은 훈고 연구에 있어서 그것을 하나의 잣대로 삼아서 자의를 고찰하는 많은 이론과 방법을 고안하였고, 부분적으로 여기저기 흩어져 있는 지식들을 하나로 관통시키므로써 훈고학으로 하여금 중국언어학 가운데 체계적이고 이론적이며 엄격한 방법을 가진 하나의 학문으로 승화되도록 하였던 것이다.

청대 사람들의 훈고 연구목적은 실용적인 의의로 말하자면, 먼저 경전과 기타 수당 이전 시대의 고서를 해석하려는 데 있었다. 그들이 활용한 방법은 대체로 다음의 몇 가지 종류가 있다.

① 성음으로부터 문자의 가차현상을 탐구한다. 고서를 해독하기가 어려운 까닭은 첫째로 고자고의古字古義현상이 있으므로 말미암은 것이고, 둘째로는 문자상의 가차假借현상이 존재하고 있었으므로 인한 것이다. 고자고의를 밝혀내기 위해서는 마땅히 《이아》·《설문》 및 기타 고서 중의 훈고 내용을 고찰하는 것이 급선무이고, 문자상의 가차현상을 밝히기 위해서는 마땅히 먼저 그것의 본자本字를 찾아내는 것이 급선무이다. 왕념손은『훈고의 본지는 소리에 바탕을 두고 있다. 소리(발음)가 같은 글자들은 경전에서 때때로 가차되곤 한다. 공부하는 사람은 (마땅히) 소리로써 뜻을 구하여야 한다. 즉 가차된 글자 대신에 본자로써 해독한다면, 얼음이 녹아 없어지듯이 의문이 확 풀어질 것이다 詁訓之旨, 存乎聲音, 字之聲同聲近者. 經傳往往假借, 學者以聲求義, 破其假借之字, 而讀以本字, 則渙然冰釋』(王引之《經義述聞序》)라고 천명하였다. 그렇다면 가차와 본자의 관계는 먼저 음이 같거나 혹은 비슷한 관계에 있음을 알 수 있다. 단옥재는『가차는 반드시 동일 운부韻部내에서 찾아진다 假借必取諸同部』(《六書音均表》古假借必同部說)라고 하였다. 이른바 〈동부동부〉라 하는 것은 바로 고운이 동일 운부韻部에 속하는 것을 말한다. 따라서 고운에 관한 지식에 의지하고, 문자상의 동음 또는 음근音近관계에 의거하고, 다시 문장의 뜻을 참작하여 본자를 찾아낸다면 고서 중의 난해한 문구와 옛사람들이 부기해 놓은 훈고상의 문제들을 해결할 수 있게 된다. 이러한 방법이 바로 청대학자들의 훈고 연구방면에 있어서의 일대 발견인 것이다.

② 각글자의 본의本義를 확실하게 규명하고, 그 본의를 토대로 인신의를 설명한다. 청대에 이르러서야 비로소 사람들이 음이 고금에 따라 차이가 있음을 인식하게 되었으며, 동시에 말뜻에 있어서도 옛의미와 당시의 의미가 다를 수 있고, 본래의 의미와 그것이 확대되거나 축소된 의미(引伸義)가 있음을 인식

하게 되었다. 예를 들어〈증曾〉자는 허사로 쓰이고, 옛뜻은〈내乃〉(이에)와 같았으나, 지금에 와서는〈일찍이〉(曾經)라는 뜻으로 쓰인다.〈근僅〉은 당대 이전에는〈대략 ~에 가깝다〉는 뜻으로 쓰였는데, 지금에는〈단但〉과 같은 뜻(단지, 다만)으로 쓰인다. 이러한 것들은 옛뜻과 지금의 뜻이 차이가 난다는 것을 말해 주는 예이다. 또〈회薈〉자를《설문》에서는 『草多貌(풀이 많은 모양)』라고 풀이하였는데, 그것이 인신되어 어떤 물건이든지〈많이 쌓여 있다〉는 뜻을 지니게 되었다.(《說文》段注)〈과過〉자는《설문》에서는 『度也(건너다)』라고 풀이되어 있는데, 그것이〈지나간〉이란 뜻으로 인신되었다.(《說文》段注) 이상의 예들은 본의와 인신의의 관계를 말해 주는 것이다. 한어의 낱말 중에는 하나의 낱말이 여러 가지 의미를 동시에 지니고 있는 현상이 보편적으로 눈에 띈다. 단옥재는 『무릇 (경전에 쓰인) 글자들 중에는 본의로 쓰인 것이 있는가 하면, 인신 가차라는 여의餘義로 쓰인 것도 있기 마련이다. 본의만을 고집하고 여의로 쓰였을 가능성을 배제하는 잘못을 범하는 경우가 있는데, 그러한 잘못을〈쓸데없는 고집〉이라고 하며, 그 글자의 여의에 대하여는 잘 알고 있으면서도 그것의 본의에 대하여는 완전히 망각하는 잘못을 범하는 경우가 있는데, 그러한 잘못을〈사리에 어두움〉이라 한다. 쓸데없이 고집을 부리거나 사리에 어두워서는 경전을 잘 해독할 수 없는 것이다 凡字有本義焉, 有引伸假借之餘義焉. 守其本義, 而棄其餘義者, 其失也固; 習其餘義, 而忘其本義者, 其失也蔽. 蔽與固皆不可以治經』(《經韻樓集》卷一〈濟盈不濡軌〉條)라고 말한 바 있다. 그와 같이 시대적 발전이라는 안목을 가지고서 말뜻의 발전을 설명하고, 글자의 뜻을 변별 분석하는 것은 지극히 중요한 것이 아닐 수 없다.

③ 문장 구절을 비교 논증하므로써 그 낱말의 뜻을 상고하여 확정짓는다. 고서들 가운데 같은 문장 구절들을 한 군데 모아 놓고 서로 비교 논증하여 낱말의 뜻을 고찰하는 방법은 송대 사람들에 의하여 이미 활용된 바 있다. 청대의 사람들도 그러한 방법을 특히 중요시하였다. 단옥재의《설문해자주》와 **유태공 劉台拱**의《논어변지論語騈枝》는 모두 실증적인 면에서 출발하여 고훈을 해석한 것들이다. 왕념손・**왕인지** 부자父子는 고서의 자료를 이용하여 그때까지 해결되지 못한 문제들을 푸는 데에 특히 뛰어난 재량을 보였다. 예를 들어《시경》에 나오는 『終風且暴』이라는 문구를 『바람이 맹렬히 몰아치다가도 旣風且暴』라고 풀이하였고(『終…且…』를 『旣…且…』〈…하다가도 …하다〉라는 뜻으로 해석하였다는 뜻임—역주), 『邦之司直』이라는 문구 중의 『司直』을 『사람들의 잘못을 바로잡는 일을 관장하는 직책 主正人過』이라고 풀이하였는데(《經義

述聞》卷五), 이러한 것들은 모두 반론의 여지가 조금도 없는 것이다. 왕념손이 쓴《독서잡지讀書雜志》는 그러한 방면에 있어서 특히 우수한 성과를 거두었던 관계로 많은 사람들의 칭송이 자자하던 저작이다. 왕인지가 저술한《경전석사 經傳釋詞》는 고서상에 쓰인 허사들을 전문적으로 해석한 것이다. 각종 고서 중의 용례를 종합하여 상호 비교 논증하므로써 해석상의 정확성을 기한 이 저작은 고대 문헌을 연구하는 데 대하여 큰 도움을 주고 있다. 그의 이 책은 어법 범주에 연계되고 있는 것이라는 점에서도 주목할 만한 것이다. 그의 뒤를 이어 어떤 사람이 그 책을 보완시키기도 하였다.

④ 소리에 의거하여 뜻을 탐구한다. 자의 연구가 성음 측면에서부터 고찰되어야 한다는 것은 청대 이전에도 일부 사람들에 의하여 제기되기도 하였다. 이를테면 남당 때《설문해자계전說文解字繫傳》을 쓴 서개徐鍇,《자해字解》를 저술한 송대의 왕자소王子韶,《육서고六書故》를 쓴 원대의 대동戴侗,《통아通雅》를 지은 명대의 방이지方以智 등이 그러한 사람들이다. 그러나 그들은 전면적이고도 체계적인 연구를 한 것은 아니었으며, 그 문제를 종결지어서 어떤 규칙을 발견해낸 것도 아니었다. 그러한 까닭은 고음 지식의 결핍에 있었다. 청대 사람들은 선진시기의 고음에 관한 지식을 보유하게 되었으므로, 그 이전 시대 사람들이 한 말 가운데 내재되어 있는 어떤 계시를 받은 다음 다시 진일보하여 인성구의因聲求義라는 원리를 터득하였던 것이다. 즉 그들은 형·음·의라는 문자의 3대 요소를 하나로 묶은 다음, 형에 의거하여 음을 판별하고 음에 의거하여 뜻을 탐구하므로써 훈고 연구에 있어서 새로운 과학적인 접근방법을 개척하였던 것이다.

단옥재가《설문해자주》에서 처음으로 그 원리를 천명하였다. 그는『소리와 뜻은 같은 뿌리에서 나온 것이므로 해성자 편방의 뜻은 그 글자의 뜻과 서로 비슷하다 聲與義同原, 故諧聲之偏旁多與字義相近』(示部〈禛〉字注)고 말하였으며, 다시 진일보하여『무릇 발음이 같은 글자들은 거의가 뜻도 같다 凡同聲多同義』(言部〈譬〉字注)라고 말하기도 하였다. 예컨대〈농農〉자를 성부로 취하고 있는 글자들은 두텁고 무겁다[厚重]는 뜻을 지니고 있다. 즉 농濃(짙다·두텁다)·농醲(맛이 진한 술)·농膿(진한 국물·고름) 등이 그러하다.〈진辰〉자를 성부로 취하고 있는 해성자들은 거의 움직이다라는 뜻을 지니고 있다. 즉 진振(움직이다·떨치다)·진震(흔들리다)·진唇(놀라다) 등이 그러한 것들이다. 물론 그러한 것들이 절대적인 것은 아니다. 동일한 성부를 취하고 있는 글자들이 반드시 단지 한 가지의 의미만을 공통적으로 지니고 있는 것은 아니며,

성부가 다르더라도 그 음이 같거나 비슷한 경우에도 뜻이 같은 관계를 맺고 있을 수 있다. 단옥재가 그러한 현상을 지적하였는데, 그의 견해는 전인들이 제창한 우문설右文說에 비하여 새롭게 인식한 것이다. 왕념손이 지은 《광아소증》은 고음에 의거하여 고의를 밝히고, 다시 고서 중의 음이 비슷하고 뜻이 통하는 현상과 유관한 글자들을 연계시켜서 해석을 가하였다. 그리고 그는 『의미의 확대와 축소 유형이 글자의 형체에 국한되지 아니한다 引伸觸類, 不限形體』고 생각하여 언어측면에서 그들 상호간의 음의 상통相通과 성음 상전相轉관계를 설명하는 데 치중하였다. 이러한 방법은 단어가족(詞族, word family) 연구에 접근하는 것으로서 그 이전에는 없었던 완전히 독창적인 것이었다. 왕념손은 또 《석대釋大》 1편을 지었는데, 이것은 성모 방면에 치중하여 성모가 상동하고 뜻도 서로 비슷한 현상을 관찰한 것으로, 이것 또한 일종의 새로운 시도였던 셈이다. 왕념손과 같은 시기의 사람인 정요전程瑤田은 《과라전어기果蠃轉語記》를 지어, 물건들의 형상·작용이 같거나 비슷한 경우 때때로 그 명칭의 성모가 상동한 것이 많지만 자형은 반드시 같지는 않다는 사실을 지적하였다. 그의 말은 성모가 비슷하고 뜻이 비슷한 도리를 확실하게 천명한 것이다. 청대의 훈고학은 왕씨 부자에 이르러 하나의 참신한 단계로 돌입하게 되었다. 연구범위가 단지 단음사에만 그치지 아니하고 쌍음사에까지도 주의를 기울였으며, 실사實詞에 대한 연구에서 진일보하여 허사까지도 연구하였으며, 초보적이긴 하지만 어법분야에도 손을 대기 시작하였고, 고서 해독에 대하여 많은 새로운 견해를 제시하는 등 그들의 공헌은 실로 지대한 것이었다.

　　청대 사람들이 훈고 연구에 활용한 주요 방법을 이상의 몇 가지로써 요약해 보았다. 그들은 고서에 대한 주석과 고대 훈고저작에 대한 소증 말고도, 또 일부의 고대 종정이기鍾鼎彛器의 관지款識(〈銘文〉의 異稱—역주)를 연구하여 몇 가지 문자의 고의古義를 탐구하기도 하였다. 뿐만 아니라 고대 훈고 음의 서적들 중에서 소실되어 전하지 않는 책에 대하여 집일輯佚하는 일을 수행하기도 하였다. 이를테면 황석黃奭의 《한학당총서漢學堂叢書》, 마국한馬國翰의 《옥함산방집일서玉函山房輯佚書》, 임대춘任大椿의 《소학구침小學鉤沈》, 고진복顧震福의 《소학구침속편》 등이 그러한 방면의 자료서적이다. 그밖에도 청대 사람들은 적잖은 훈고서를 편찬하였다. 예컨대 오옥진吳玉搢(1698—1773)의 《별아別雅》, 사몽란史夢蘭(1813—1898)의 《첩아疊雅》, 하섭夏燮의 《습아拾雅》, 홍량길洪亮吉(1746—1809)의 《비아比雅》 등의 책이 그러한 것들이다. 완원阮元이 주편한 《경적찬고經籍纂詁》는 고서상에 쓰인 글자들을 모아서 매글자별로 훈석訓釋한 것을 한 군데 종합해 놓았기 때문에, 어떤 한 글자의 여러 가지 의미를 한꺼번에 파악할 수 있는 것이다. 훈고자료의 총집이라 할 수 있는 이 책은 극히 유용한 공구서이다. 역대 서적 중에는 많은 방언자료를 내포하고 있는 것들이 있어서 그러한 것들을 수집하여 엮은 책이 나오기도 하였다. 예를 들어 항세준杭世駿(1696—1773)의《속방언續方言》2권, 정제성程際盛의《속방언보정續方言補正》1권, 정선갑程先甲의《광속방언廣續方言》이 그러한 것들이다. 그리고 방언·속어를 집록한 것도 있었다. 예컨대 전대흔錢大昕의《항언록恒言錄》, 호문영胡文英의《오하방언고吳下方言考》, 모기령毛奇齡(1623—1716)의《월어긍계록越語肯綮錄》, 적호翟灝(1736—1788)의《통속편通俗編》등등이 그러한 것으로서, 고금 방언과 속어에 대한 연구에 많은 편이를 제공하였다.

청대 사람들의 훈고 연구성과는 매우 컸지만, 결점이 전혀 없는 것은 아니다. 결점은 대체로 두 가지로 집약될 수 있다. 첫째로 단옥재 이후 일부 학자들이《설문》을 지나치게 믿었던 관계로《설문》에 수록되어 있는 글자들은 모두가 본자本字이며,《설문》에서 풀이된 뜻은 모두가 본의本義이고, 어떤 낱말이든지 불문하고 모두《설문》에서 그 본자를 찾아내어야 한다고 생각하였다. 그래서 어떤 때에는 오히려 장애가 되어서 통하기가 어렵게 된 경우도 있었다. 그들은《설문》에 실려 있는 9353자 가운데 고자古字가 있는 동시에 한대에 편방을 새로 첨가시키는 방식에 의하여 새로이 만들어진 이른바 후기자後起字가 들어 있고, 시기적으로 전후의 각각 다른 탄생 층차를 지니고 있기 때문에 단순히 수평적으로 취급해서는 안 된다는 사실을 모르고 있었다.《설문》에 풀이되어 있는 뜻은 대부분이 통용의通用義에 해당하는 것이며, 그것들 모두가 본자본의에 속하는 것은 결코 아님이 갑골문甲骨文과 금문金文에 의하여 대부분 증명할 수 있다. 둘째로는 훈고 해석에 있어서 음의 전변轉變을 너무 무리하게 도입하였으며, 이른바〈어전語轉〉이니〈일성지전一聲之轉〉이니 하는 류의 말들이 선진시기의 고음에 반드시 부합하는 것은 아니었으며, 통전설通轉說을 남용하였던 관계로 오류를 많이 범하였다. 이를테면 전역錢繹이 지은《방언전소方言箋疏》류의 책들이 그 표본이 되는 것이므로 주의를 해야 한다.

【근대 이래 훈고학의 발전】 20세기 초에서 현대에 이르기까지의 훈고 연구자들은 청대학자들의 연구성과를 계승하는 동시에 외국의 몇 가지 초기 언어학의 지식들을 흡수하여 새로운 연구과제를 개척하기도 하였다. 그 중 주요한 것을 꼽아보자면 대체로 다음과 같다.

① 자원 및 어근에 대한 연구. 장병린章炳麟이 지은《문시文始》는《설문》중의 독체자獨體字 및 반독체자 510개를 각각〈초문初文〉및〈준초문〉이라 칭한 다음, 동일〈초문〉에서 파생되어 나온 글자들 중에서 음과 뜻이 서로 관계 있는 낱말을 찾아냈다. 무릇 음과 뜻이 모두 서로 비슷한 것들을〈자유孶乳〉라고 불렀으며, 음이 비슷하고 뜻이 서로 통하는 것을〈변역變易〉이라 명하였다. 그의 목적은〈어원語源〉을 구하고, 낱말들 상호간의 친속親屬관계를 구하는 데 있었다. 그러나 애석하게도 문자의 형체라는 속박에서 벗어날 수 없었기 때문에 그가 찾아낸 것은〈어원〉이 아니라 결과적으로는 문자의 원천, 즉 자원字源이었다. 그가 활용한 방법은 귀납법이 아니라 연역법이었으며, 성음의 통전通轉이라는 기초 위에 다시 그가 정한《성운도成均圖》를 근거로 하였지만 사실과 관계 없는 억설을 편 점이 없지 않았다.

그후 심겸사沈兼士는《훈고학상 우문설의 연혁 및 그 내용을 밝힘 右文說在訓詁學上之沿革及其推闡》이라는 제목의 논문에서 다음과 같은 내용을 주장하였다. 즉 형성자를 출발점으로 삼되 귀납적인 방법을 써서 형성자의 동일 성부가 표현하고 있는 바의 기본 의미를 연구하여야 할 것이다. 그러나 다 같은 성부라 할지라도 그것이 표현하는 바의 의미는 반드시 한 가지에만 국한되지 아니하고, 때에 따라서는 다른 의미도 지닐 수 있는 것이다. 형성자의 여러 성부들 중에서 음과 뜻이 서로 같거나 비슷한 것들을 모두 모아 놓으면 하나의 사족詞族을 구성할 수 있을 것이다. 이러한 것에서 다시 음운과 연계시키고, 고음 지식(성모와 운모를 모두 포함해서)의 도움을 받으므로써 그것의 어근語根을 구할 수 있을 것이다. 주관적인 상상에 의거하여 단정지을 것이 아니라 실제적인 증거를 위주로 하여야만 그 결과가 비교적 믿을 만할 것이라고 주장하였다. 이상과 같은 심겸사의 이론이 정확한 것임에는 틀림이 없다. 그의 연구방법으로 말하자면, 언어문자를 하나의 계통적인 정체整體로 삼아서 그 원천과 말단에 이르기까지 샅샅이 탐구하였으며, 또한 창신적創新的인 정신을 구비하였던 관계로 많은 학자들이 그의 견해를 소중하게 여겼던 것이다. 후에 그가 주편한《광운성계廣韻聲系》는 바로 그러한 분야의 연구에 있어서의 좋은 본보기가 되는 저작이다.

② 동원자 연구. 동원자同源字란 음이 비슷하고 뜻이 같은 것과 뜻이 비슷하고 음이 같은 글자들을 말한다. 한 마디로 요약하자면 하나의 어원에서 나온 것을 말하는 것이다. 동원자를 모으는 취지는 어원을 찾아내는 데 있다. 동원자 연구란 사실은 바로 어원 연구를 의미하는 것이다. 동원자라는 것은 거의

대부분이 동의사同義詞 혹은 의미상관어휘에 해당하는 것들이다. 원시시대 때에는 본래 하나의 어휘로서 어떤 하나의 기본 개념을 대표하는 것이었다가, 후에 가서는 어음이 두 개 이상의 독음으로 분화되므로써 비로소 미세한 의미 차이를 야기시켰던 것이다. 그러나 모든 동의사가 동원자인 것은 아니다. 왜냐하면 모든 동의사들이 음이 서로 비슷한 관계를 지니고 있는 것은 아니기 때문이다. 왕력王力이 이러한 분야에 있어서 심도 있고 세밀한 연구를 하였다. 그는 고대의 훈고자료들을 근거해서 미세한 것과 잘 알려지지 않은 것까지도 샅샅이 파헤쳐서《동원자전同源字典》을 편찬하였다. 이 책은 고음 운부와 성뉴聲紐(자음을 뜻함—역주)를 기준으로 조리 있고 질서 정연하게 정리한 한어 사의학詞義學 연구에 있어서 새로운 분야를 개척한 저작이다.

③ 허사虛詞 연구. 근대에 접어들면서부터 어법학의 흥기로 말미암아 허사 연구에 새로운 발전이 있게 되었다. 그 중 가장 두드러진 변화는 허사를 연구하는 사람들이 허사의 사류詞類와 용법에 대해서도 비교적 분명하게 설명하고 있다는 점이다. 양수달楊樹達은 일찍이《마씨문통馬氏文通》을 토대로 하여《고등국문법高等國文法》을 지었으며, 그후 다시《고등국문법》을 기초로 하고 왕인지王引之의《경전석사經典釋詞》를 참고하여《사전詞詮》을 저술하였다. 이 책은 허사를 전문적으로 해설하고 있는 것이다. 그후 배학해裵學海가 다시《고서허자집석古書虛字集釋》을 지어 전인들이 말한 것들을 집록함과 아울러 잘못을 바로잡고, 미비한 점을 보완하므로써《사전》과 더불어 이 방면의 쌍벽으로 꼽히게 되었다. 여숙상呂叔湘이 지은《문언허자文言虛字》는 핵심적인 것을 간명하게 풀이해 놓은 것으로서 고대 문언문을 학습하는 데 있어서 중요한 참고서의 하나로 활용되고 있다.

④ 지하 출토의 고대 청동기 명문을 토대로 고서의 훈석訓釋에 대한 상고 정정. 선진시대의 고서들은 모두 **전서篆書** 고문으로 씌어진 것이었다. 한대에 이르러 옮겨 써진 후에 다시 **예서隷書**로 옮겨 써졌기 때문에 문자가 잘못 씌어진 경우가 많았으며, 그로 말미암아 한대 이래로 해석상의 오류도 왕왕 발생되었다. 현대에는 상주商周시대의 청동기 명문의 도움을 받아서 이전 시대의 의훈義訓상에 보이는 병폐 문제를 해결할 수 있게 되었다. **왕국유王國維**가 처음으로 동기 명문에 의거하여《시경》·《상서》중의 상용어휘를 해석하므로써 새로운 국면을 맞이하게 되었다.(《觀堂集林》卷二《與友人論詩書中成語書》) 후에 몇몇 고문자학자들이 연이어 등단하므로써 새로이 획득한 내용들이 더욱 많아졌다. 이러한 분야에 있어서 가장 많은 성취를 거둔 사람은 **우성오于省吾**이다.

그는 왕념손을 평생토록 흠모하였기 때문에 그가 저술한 책들은 한결같이 실증을 소중하게 여겼다. 그래서 허공을 헤매는 논술은 그에게는 용납되지 않았다. 이를테면 《상서신증尙書新證》·《시경신증詩經新證》·《초사신증楚辭新證》 등은 전인들이 잘못 해석한 것을 일일이 반박하고 바로잡은 것이 한두 가지가 아니었다. 특히 고문자 자료를 이용하여 고서를 간정刊正하는 데 있어서 새로운 길을 열어 놓았던 것이다.

⑤ 당송 이후에 나온 낱말에 대한 고석에 이르기까지의 연구범위 확대. 서면기록상에 흔히 눈에 띄는 입말어휘를 한 군데 모아 놓은 서적들이 청대에 이미 등장하고 있었다. 그러한 서적들은 대부분이 붓 닿는 대로 작성해 둔 일종의 찰기(메모) 형식으로 된 것으로서, 출처만을 간단하게 적어 놓은 것일 따름이다. 해설을 덧붙여 놓은 것은 그다지 많지 않았다. 근대 이래로 **나진옥羅振玉**이 《속설俗說》이라는 책을 저술하여 전인들의 저작 가운데 미비한 점을 다소 보충하기는 하였지만, 찰기적인 형식에서 여전히 탈피하지 못하고 있는 관계로 훈고연구라고 보기에는 다소 거리감이 없지 않은 것이었다. **장상張相**이 지은 《시사곡어사회석詩詞曲語詞匯釋》이 등장하므로써 비로소 당 이후의 시詩·사詞·희곡戱曲에 보이는 어휘에 대한 연구가 시작되었던 것이다. 시·사·희곡에는 상용되고 있지만, 일반 사람들은 쉽사리 알 수 없는 입말어휘가 매우 많음에도 그러한 것을 해석해 놓은 사전이 없었는데, 장상이 그것들을 일일이 열거한 다음 비교 논증하고 상세하게 고찰함과 동시에 그 뜻을 풀이해 놓았으니 새로운 성취라 아니할 수 없는 것이다. 그것과 같은 부류에 속하는 것으로 육담안陸澹安의 《소설사어회석小說詞語匯釋》·《희곡사어회석戱曲詞語匯釋》과 장례홍蔣禮鴻의 《돈황변문자의통석敦煌變文字義通釋》을 더 꼽을 수 있다. 이 책들도 모두 매우 정확한 해석을 담고 있는 관계로 당 이후의 문학작품을 통독하는 데 있어서 참고와 편이를 제공하고 있는 것들이다.

| 훈고 연구의 장래 | 중국의 전통 훈고학은 일찍이 선진 춘추전국시대에 비롯되었다. 훈고가 성행한 가장 근본적인 원인은 언어가 사회의 발전에 부수하여 변화를 일으켰기 때문이었다. 옛날에 쓰이던 낱말들은 후대 사람들이 알아볼 수 없었기 때문에 그것을 해석해 주는 사람이 없으면 안 되었다. 방언이 여러 갈래로 분화되었고, 간혹 어떤 낱말들은 본래의 표의 내용에 새로운 의미를 부가받았던 관계로 일반 사람들은 그러한 것들을 분간할 수 없었기 때문에 그러한 것들을 해설하는 것이 반드시 필요하였던 것이다.

이상과 같은 사유와 필요성에 기인하여 훈고학이 탄생하게 되었다.

훈고학의 시대적 발전을 살펴보자면, 훈고학의 흥성은 양한과 청대라는 두 개의 최고봉을 형성하고 있다. 양한시대 학자들의 저작과 경전 주석은 훈고학이 전면적으로 발전되도록 하는 발판이 되었다. 양한시대 훈고학의 흥성은 언어의 급격한 변화 및 고문경의 전포와 극히 밀접한 관계를 지니고 있다. 청대에 이르러 훈고학이 이론과 방법을 구비하게 되므로써 언어학의 한 분야로 발전된 까닭은 경학 사학의 고증 및 고음학 등의 성취와 매우 긴밀한 관계를 지니고 있다. 근대 이래로는 학자들이 언어학과 어법학의 영향을 받으므로써 이론과 연구방법에 있어서는 물론 연구범위에 있어서도 새로운 실적을 거두게 되었다. 그리고 고훈古訓을 오로지 묵수墨守하기만 하고, 문자의 형체라는 속박에 얽매이고, 옛것만을 중시하고 새로운 것은 간과하던 지난날의 훈습에서 탈피하여 새로운 길을 활짝 열어젖혔던 것이다.

훈고 연구는 고서 해독, 고대의 과학문화에 대한 이해, 언어 발전역사에 대한 고증, 고서 교감, 자전 및 사서의 편찬 등에 대하여 중대한 역할을 하고 있다. 앞으로 훈고학은 이론과 실용이라는 두 측면에서 과학적 체계를 지닌 한어 어의학語義學을 건립시키는 방향으로 발전되어야 할 것이다. 이론의 개발은 장차 어휘학語彙學(詞匯學)과 사전학詞典學에 대하여 과학적인 근거를 제공하게 될 것이다. 구체적인 사안으로 말하자면, 전인들의 성과를 우선적으로 총결짓는 것, 전인들의 연구경험을 거울삼고 외국에서 개발한 어의語義 연구방면의 이론을 도입하는 것, 통시적으로는 역사적 발전을 연계시키고, 공시적으로는 각방언들을 두루 섭급하고 층차와 선후를 구별하는 것, 말의 의미 발전의 각종 현상을 연구함과 아울러 그것의 일반적 규칙을 찾아내는 것 등을 꼽을 수 있겠다. 이상의 일들을 원활히 수행하므로써 어문교학과 사전편찬에 대하여 도움을 줄 수 있도록 하여야 할 것이다. 그리고 고금 각시대별 어음계통에 의거하고, 음과 뜻의 관련성으로부터 출발하여 낱말과 낱말간의 관계를 규명하고 다시 한 걸음 더 나아가 전면적인 단어가족(詞族) 연구로 발전되어야 할 것이다. 이러한 사안들이 완성된다면 한어발전사에 새로운 중요 내용을 하나 더 보탤 수 있게 될 것이다.

參考書目

段玉裁《說文解字注》, 經韻樓原刻本, 上海古籍出版社影印.

郝懿行《爾雅義疏》, 家刻本, 上海古籍出版社影印, 1983.

王念孫《廣雅疏證》, 家刻本, 江蘇古籍出版社影印, 南京, 1985.
王引之《經義述聞》, 家刻本, 江蘇古籍出版社影印, 南京, 1985.
黃　侃《訓詁述略》,《制言》雜志, 1935, 第7期.
陸宗達《訓詁簡論》, 北京出版社, 1980.
洪　城《訓詁學》, 江蘇古籍出版社, 南京, 1984.　　　　　　（周祖謨）

형훈形訓

한자의 형체 구조를 근거로 글자의 뜻을 풀이하는 훈고방식을 형훈이라 한다. 형에 의거하여 뜻을 해설하는 방식은 선진시대의 고서에 이미 등장한 바 있다. 예를 들어《좌전左傳》선공宣公 12년에『무릇 문자로 말하자면, 싸움(戈)을 그치게(止) 하는 것을〈武〉라고 한다 夫文, 止戈爲武』하였고, 소공昭公 원년에는『문자로 보자면 그릇(皿)에 있는 벌레(蟲)를 蠱(곡식 속에 있는 벌레)라 한다 於文, 皿蟲爲蠱』하였으며,《한비자韓非子·오두五蠹》에는『옛날에 창힐이라는 사람이 글자를 만들었다. 자기 자신을 두르고 있는 것을 사厶(私의 초문)라 하고, 사사로운 것에 등지는 것을 公이라 한다 古者倉頡之作書也, 自環者謂之厶, 背厶謂之公』하였다. 이러한 말들은 모두 자형의 구조에 의거하여 그 글자의 뜻을 풀이한 것들이다.〈무武〉자는〈지止〉와〈과戈〉를 조합하여 만든 것으로, 무력으로 난을 평정한다는 의미를 나타낸다.〈고蠱〉자는〈충蟲〉과〈명皿〉이 합쳐진 것으로 그릇 가운데 벌레가 있으니 뱃속에 벌레가 있는 것과 같이 해롭다는 뜻이다.〈공公〉자는〈팔八〉과〈사厶〉(私)가 조합된 것으로〈八〉은 등지다(背)라는 뜻이므로〈背私〉하는 것이〈公〉이라고 하였던 것이다. 한대의 허신이 지은《설문해자》는 문자의 형과 뜻을 해설하는 데 치중하고 있는 책인데, 그 중에는 각 표제글자 아래에다 형훈에 속하는 해석을 가하고 있는 예가 매우 많이 포함되어 있다. 몇 가지를 인용해 보면 다음과 같다.

〈시示〉: 天垂象見吉凶, 所以示人也. 从二(古文〈上〉字). 三垂. 日月星也. 觀乎天文, 以察時變. 示神事也.
　　　　하늘에 늘어뜨려져 있는 상으로 길흉을 보이므로써 사람들에게 보여 준다는 뜻이다. 二를 형부로 취하고 있다. 아래로 늘어뜨려져 있는 세 가닥은 해·달·별을 나타낸다. 천문을 보고서 때의 변화를 살핀다. 示는 신이 하는 일이다.

〈왕王〉: 天下所歸王也. 董仲舒曰 : 古之造文者, 三劃而連其中謂之王. 三者, 天地人也, 而參通之者王也.
천하는 모두 왕에게 귀속된다. 동중서가 말하기를 『옛날에 그 글자를 만들 때, 세 획을 긋고 그 중앙 부분을 연결시켜서 왕』이라고 하였다. 세 획은 각각 하늘·땅·사람을 나타내며, 그 세 가지를 모두 통하게 하는 것이 왕이다.

〈소小〉: 物之微也. 从八.丨見而分之.
물건이 작은 것을 말한다. 八을 형부로 취하고 있다. 丨는 그것을 나누었다는 것을 보여 주는 것이다.

〈공公〉: 平分也, 从八厶(段玉裁注 : 八厶背私也. 八猶背也. 韓非曰 : 背厶爲公).
공평하게 나눈다는 말이다. 八과 厶를 따른 회의자이다. 단옥재는 『八厶라는 것은 사사로운 것을 저버리다는 뜻이다. 八은 背와 같은 뜻이다. 한비자는 사사로운 것을 저버리는 것이 公이라고 하였다』는 주를 달아 놓았다.

〈우右〉: 手口相助也. 从又从口(段玉裁注 : ㄓ者, 手也. 手不足, 以口助之).
손과 입으로 서로 돕는다는 뜻이다. 又(손)과 口(입)를 형부로 취하고 있다. 단옥재는 『ㄓ는 손을 그린 것이다. 손이 부족하여 입으로 그를 돕는다는 것이다』라는 주를 달아 놓았다.

〈명名〉: 自命也. 从口从夕. 夕者冥也. 冥不相見, 故以口自名.
자신의 이름을 외친다는 말이다. 口(입)와 夕(저녁)을 형부로 취하고 있다. 저녁은 어둡다. 어두우면 서로를 알아볼 수 없으므로 상대방에게 자신을 알리기 위해서 입으로 자신의 이름을 외친다.

〈품品〉: 众庶也, 从三口.
많다는 말이다. 三口(세 입)를 따른 회의자이다.

〈품喿〉: 鳥群鳴也. 从品在木上.
새가 무리를 지어 울어댄다는 말이다. 나무(木) 위에 있는 品(많다)을 따른다.

〈고古〉: 故也. 从十口, 識前言者也.
옛날이라는 뜻이다. 十과 口를 따르고 있는 것은 옛날 말을 알고 있는 사람을 말하는 것이다.

〈십十〉: 數之具也. 一爲東西, 丨爲南北, 則四方中央備矣.

숫자의 도구를 말한다. 一은 동서를, ㅣ는 남북을 가리키므로 사방 중앙을 다 갖추고 있는 셈이다.

이상의 예들은 모두 형훈에 속하는 것이다. 형훈이란 것은 훈고방식의 일종에 불과한 것이며, 그 취지는 조자造字 본의本義를 찾아내는 데 있다. 그러나 그 결과가 주관적인 추측에 치우칠 경우가 흔히 있다. 최초로 문자를 만들 당시의 원래 의미가 무엇인지를 명확하게 밝혀내기가 때로는 상당히 곤란한 경우가 있다. 고문자로부터 그 일부분을 엿볼 수 있을 따름이다.　　　(周祖謨)

의훈義訓

어떤 낱말의 의미를 해석함에 있어서 자형의 구조 혹은 음의 관계로써 분석 추론하는 것이 아니라, 서면언어에서 실제로 된 그 낱말의 의미를 통하여 직접적으로 해석하는 훈고방식을 〈의훈義訓〉이라 한다. 의훈은 **형훈形訓**과 **성훈聲訓**의 상대적인 개념이다. 고서의 문구 아래 부기해 놓은 주해와 자서·사서에 달아 놓은 해석은 일반적으로 모두 다 의훈에 속하는 것이다. 의훈은 쉽사리 알기 어려운 글말·고어 혹은 방언 속어들을 언제나 **통어通語·상언常言**으로 해석한다. 예를 들어『조肇, 始也(시작이란 말이다)』·『간干, 求也(요구하다는 뜻이다)』·『규揆, 度也(헤아린다는 뜻이다)』·『극克, 能也(능하다는 말이다)』·『괴愧, 慙也(부끄럽다는 말이다)』(이상은《이아》에서 인용한 것임) 등이 그러하다. 이러한 것들은 모두 통훈通訓에 해당하는 것이다. 물건의 명칭에 관한 것은 통상 그것의 부류·모습·색깔·쓸모를 설명하는 것으로 대신한다. 이를테면『벽璧, 瑞玉環也(둥근 고리 모양의 옥)』(옛날 천자가 제후를 봉할 때 이것을 信標로 주는 데 사용함—역주)·『황璜, 半璧也(半圓形)(반원형의 패옥)』·『훈薰, 香草也(향기나는 풀)』·『채菜, 草之可食者(먹을 수 있는 풀)』·『취翠, 青羽雀也(비취색 날개를 가진 참새, 즉 물총새)』·『사鉏(鋤), 立薅所用也(서서 김을 맬 때 사용하는 것, 즉 자루가 긴 호미)』·『간澗, 山夾水也(산골짜기에 흘러내리는 물)』·『겹袷, 衣無絮(솜을 넣지 않은 옷)』·『롱籠, 擧土器也(토기를 드는 데 쓰는 그릇)』(이상은《설문해자》에서 따온 것임) 등이 그러한 것들이다. 이것들은 모두 의훈에 속하는 예이다.

의훈의 해석방식은 여러 가지이다. 흔히 쓰이는 것으로는 〈某, 某也〉라는 것 말고도, 〈某謂之某〉 혹은 〈某曰某〉라는 방식을 쓰기도 한다. 예를 들어《이아

爾雅・석궁釋宮》에『대궐의 문을 위라고 말하며, 그것보다 작은 것을 규라고 말하고, 작은 규를 합이라고 말한다 宮中之門謂之闈, 其小者謂之閨, 小閨謂之閤』하였고,《석기釋器》에『(짐승의) 고기(가 썩어 문드러진 것)를 패라고 하고, 생선(이 썩어 문드러진 것)을 뇌라고 한다 肉謂之敗, 魚謂之餒』하였으며,《석친釋親》에『부인이 남편의 아버지를 칭하여 구라고 말하고, 남편의 어머니를 칭하여 고라고 말한다 婦稱夫之父曰舅, 稱夫之母曰姑』하였고,《석수釋水》에『강물이 흐르는 가운데에 사람이 거주할 수 있는 땅을 (삼각)주라고 말하고, 주보다 좁은 곳을 저라고 말하고, 저보다 좁은 곳을 지라고 말하고, 지보다 좁은 땅을 지(모래톱)라고 한다 水中可居者曰洲, 小洲曰渚, 小渚曰沚, 小沚曰坻』등이 그러한 것들이다. 이상의 것들은 모두 고서의 뜻풀이 가운데 자주 보이는 방식들이다. (周祖謨)

성훈聲訓

낱말의 성음 측면에서 출발하여 그 낱말뜻의 내원來源을 찾아보는 것으로, 음이 같거나 비슷한 낱말로 풀이하고, 그렇게 명명된 까닭을 설명하는 훈고방식을 성훈이라 하며, 음훈音訓이라고도 한다. 성훈의 기원은 상당히 이르다. 예컨대《역경》의『건乾, 健也(굳세다는 뜻이다)』・『곤坤, 順也(온순하다는 뜻이다)』・『쾌夬, 決也(터지다는 뜻이다)』・『감坎, 陷也(빠지다는 뜻이다)』와《맹자・등문공滕文公(上)》의『庠(상)者 養也(기른다는 뜻이다), 校(교)者 敎也(가르친다는 뜻이다), 序(서)者 射也(화살을 쏜다는 뜻이다)』등이 그러한 것들이다. 성훈은 한대에 이르러 비교적 널리 응용되었다. 한말에 유희劉熙가 지은《석명釋名》은 전문적으로 성훈이라는 방식을 사용하여 말뜻을 풀이한 것이다. 풀이하는 낱말과 풀이되는 낱말간의 성음관계에 따라 성훈은 다음의 4종으로 구분될 수 있다.
① 음이 같은 것(同音)
『경景(볕), 경竟(끝・끝나다)也, 所照處有竟限也(빛이 비치는 곳은 끝나는 한계가 있다는 것이다)』
『구晷(해그림자), 규規(그리다)也, 如規畫也(그림 그린다는 것과 같다)』
『토土(땅), 토吐(토하다)也, 吐生萬物也(만물을 토해낸다는 것이다)』
『맹盲(장님), 망茫(아득하다)也, 茫茫無所見也(너무 아득하여 보이지 않는다는 것이다)』

② 성모가 같은 것(雙聲)

『성星(별), 산散(흩어지다)也, 列位布散也(이리저리 흩어져 있다는 것이다)』

『화火(불), 화化(멸하다)也, 消化物也(만물이 다 없어진다는 것이다)』

『목木(나무), 모冒(가리다)也, 華葉自覆冒也(꽃잎이 저절로 덮어 가린다는 것이다)』

③ 운이 같은 것(疊韻)

『山中叢木曰林(산 가운데 빽빽이 솟아 있는 나무들을 수풀이라고 한다). 림林(수풀), 삼森(나무가 빽빽이 들어서다)也, 森森然也(빽빽하다는 것이다)』

『시矢(화살), 지指(손발가락)也, 言其有所指向迅疾也(손가락으로 신속하게 가리킨다는 것을 말하는 것이다)』

『곡轂(바퀴통·수레), 각埆(굳다·딱딱하다)也, 體堅埆也(몸체가 견고하고 딱딱하다는 것이다)』

④ 음이 서로 비슷한 것(音轉相近)

『선船(배), 순循(따르다)也, 循水而行也(물을 따라간다는 것이다)』

『선癬(옴—피부병의 한 가지), 사徙(옮기다)也, 浸淫移徙處日廣也(몸의 으슥한 곳에 파고들어서 감염되는 곳이 날로 넓어지는 것이다), 故靑徐謂癬爲徙也(청주와 서주 지방에서는 선을 사라고 말한다)』

『고鼓(북), 곽郭(벌리다·펴다)也, 張皮以冒之, 其中空也(껍질 즉 가죽을 펴서 겉을 덮어씌우고 그 중간은 비워두는 것이다)』

『비轡(고삐), 불怫(닦아내다)也, 牽引拂淚以制馬也(잡아당겨서 눈물을 닦아주므로써 말을 제지한다는 것이다)』

이상 열거한 예들은 주로 모습·성질·현상·쓸모 및 일반 사람들의 느낌 등 다방면에 걸쳐서 착안하여 그 사물명칭의 유래를 설명하고 있는 것들이다. 그 중에는 참고할 만한 가치를 지니고 있는 것이 있다. 그러나 모든 사물의 명칭이 다 그런 것은 아니고, 성훈에 의한 해석의 대부분이 주관적인 추측에서 비롯된 것이므로 전부 다 믿을 만한 것은 아니다. 예컨대 《석명》에 있는 『산山(뫼), 산産(낳다·자라나게 하다)也, 産生物也(식물들이 자라나게 한다는 것이다)』라는 식의 풀이나, 《설문》에 나오는 『산山, 선宣(발양하다)也, 宣氣散生萬物(기를 널리 발양하여 만물이 자라게 한다)』라는 식의 풀이는 뜻이 서로 비슷하기는 하지만 서로 똑같은 것은 아니어서, 어느것이 옳은 것인지를 가려내기 힘들다. 그러나 이러한 재료들을 이용하여 고음을 고찰할 수 있을 것이다. 그리고 성훈 속에 반영되어 있는 소리에 의거하여 뜻을 구하는 방법을 취하여 어원을 탐구할 수 있을 것이다. 청대의 훈고학자들이 《석명》으로부터 받은 영향은 비교적 대단한 것이었다.　　　　　　　　　　　　　　　　　(周祖謨)

호훈互訓 | mutual commenting

두 개의 글자를 서로 맞바꾸어 풀이하는 것, 즉 갑자로 을자를 해석하고 을자로 갑자를 풀이하는 훈고방식을 호훈(mutual commenting)이라 한다. 한 언어내에는 매우 많은 동의사, 혹은 유의어(義近詞)가 존재하고 있기 때문에 경전의 주해와 자서 및 훈고서에는 때때로 이러한 방식을 써서 말뜻을 풀이하므로써 많은 단어를 사용하여 풀이하는 번잡성을 피하고 있다. 한대 허신이 저술한《설문해자》에는 그러한 예들이 매우 많이 수록되어 있다. 몇 가지만 열거해 보자면 다음과 같은 것들이 있다.『노老(늙다), 고考(곰곰이 생각하다)也』·『考, 老也』;『경更(바꾸다), 개改(고치다)也』·『改, 更也』;『추追(쫓다), 축逐(쫓다)也』·『逐, 追也』;『기寄(부치다), 탁託(부탁하다)也』·『託, 寄也』;『봉奉(받들다), 승承(이어받다)也』·『承, 奉也』;『절切(칼로 베다·썰다), 할割(칼로 베어 끊다)也』·『割, 切也』;『극極(용마루), 동棟(마룻대)也』·『棟, 極也』이상은 모두 호훈에 속하는 것들이다. 후대에 나온 자서들도 거의가《설문》의 이러한 훈고방식을 답습하고 있다. 호훈방식이 간편한 것임은 두말할 나위가 없는 것이다. 그러나 두 글자 중 한 글자의 뜻을 모르는 독자에게는 아무런 도움을 줄 수 없으며, 의미 범주가 조금이라도 차이가 나는 경우에는 완벽하게 해설하기가 힘든 것이다. 그런 까닭에 현대의 사서에서는 가급적이면 호훈방법을 활용하지 아니하고, 정확한 설명으로 그것을 대신하고 있다.　(周祖謨)

혼언渾言

동일 부류의 사물에 대한 통칭을 혼언이라 한다. 동일 부류에 속하는 사물에 대하여 세부적으로 분별하고 차이점과 공통점을 변별 분석한 다음 각각에 대하여 부여한 별도의 명칭을〈석언析言〉이라고 한다. 예를 들어 설명하자면 다음과 같다.《설문해자》의 주부走部에서『주走, 趨也(종종걸음으로 빨리 걷다)』라고 풀이하였는데, 단옥재段玉裁는 그것에 대하여『《석명》에서 풀이하기를 천천히 가는 것을 보라고 하고, 빨리 가는 것을 추라고 하며, 추보다 더 빨리 가는 것을 주라고 한다고 하였는데, 허(신의 풀이)는 석언에 해당하는 것이다. 그는 혼언과의 (차이점)을 구별해 놓지 않았다《釋名》:徐行曰步, 疾行曰趨, 疾趨曰走. 此析言之. 許渾言不別也』라는 주를 달아 놓았다. 또 동책의 조부鳥部에서『鳥鳥, 長尾禽總名也(꼬리가 긴 날짐승의 총칭이다)』고 풀이하고 있는데, 단옥재는 그것에 대하여『꼬리가 짧은 것을 추라고 이름하고, 꼬리가 긴 것을 조라고 이름한다. 석언하자면 그러하지만, 혼언하자면 구별하지 않고 (같은 뜻으로 쓰인다) 短尾名隹, 長尾名鳥, 析言則然, 渾言則不別也』라는 주를 달아 풀이하였다. 단옥재는 〈혼언渾言〉을 〈통언統言〉이라고도 칭하였다. 예컨대《설문》의 시부示部에는『제祭, 祭祀也(제사)』·『사祀, 祭無已也(무사의 제)』라는 풀이가 있는데, 단옥재는 이에 대하여『통언하자면 제와 사를 구분하지 않지만, 석언하자면 무사의 제를 사라고 한다 統言則祭祀不別也, 析言則祭無已曰祀』는 주를 달아 놓았다.

또한 옛날 사람들은 통상적으로 의미 부류가 서로 근접한 글자들을 조합하므로써 만들어진 복합사複合詞들을 이용하여 습관적으로 통칭하고 있는데, 그러한 것들을 세부적으로 구분하자면 그 의미가 완전히 동일한 것은 아니다. 고서의 훈고에 보이고 있는 예들로는 다음과 같은 것들이 있다.

언어言語《시詩·대아大雅·공유共劉》모전毛傳『직언하는 것을 〈언〉이라고 하며, 논란하는 것을 〈어〉라고 한다. 直言曰言, 論難曰語』

조탁雕琢(새기고 쫌)《시·역박棫樸》모전『쇠(에다 새기는 것)을 〈조〉라고 하고, 옥(에다 새기는 것)을 〈탁〉이라 한다. 金曰雕, 玉曰琢』

상가商賈(장사하다)《주례周禮·대재大宰》정현주鄭玄注『(이곳저곳) 다니면서 (장사하는 것)을 〈상〉이라고 하고, 일정한 곳에서 (장사하는 것)을 〈가〉라고 한다. 行曰商, 處曰賈』

도야陶冶《상서·재재梓材》위공전僞孔傳『흙으로 빚은 그릇을 잘 다듬는 것을 〈도〉라고 하고, 쇠로 만든 그릇을 잘 다듬는 것을 〈야〉라고 한다. 治土器曰陶, 治金器曰冶』

이별離別《초사楚辭·이소離騷》왕일주王逸注『가까운 곳(으로 떠나는 것)을 〈이〉라고 하고, 멀리 (떠나는 것)을 〈별〉이라고 한다. 近曰離, 遠曰別』

면서綿絮(솜)《급취편急就篇》안주顔注『가는 솜은 〈면〉이고, 굵은 솜은 〈서〉이다. 새 솜은 〈면〉이고, 묵은 솜은 〈서〉이다. 精者爲綿, 粗者爲絮;新者爲綿, 故者爲絮』

이상의 복합사들은 후대에도 줄곧 사용되었고, 지금까지도 그렇게 사용되고 있으며, 엄밀한 의미로 분별하여 활용되지 않고 있다. (周祖謨)

석언析言 ☞ 혼언渾言

통훈通訓

자서 혹은 고서의 주해에서는, 다의자(詞)를 풀이할 때 통상 사용되는 의미를 근거로 해석한다. 예컨대 〈용庸〉자는 〈용用〉(쓰다)·〈상常〉(평소·보통)·〈중衆〉(많은) 등의 글자로써 뜻을 풀이한다. 그 중에서 〈用〉자로 풀이한 것이 가장 보편적인 훈석인데, 이러한 것을 바로 통훈이라고 한다. 한 가지 예를 더 들어보면, 〈단端〉자는 〈정正〉(바르다)·〈시始〉(첫머리)·〈본本〉(큰줄기[大端]·근본)·〈단말耑末〉(끝)로 해석하는데, 고서 중에는 〈정正〉자로 풀이한 것이 가장 흔한 훈석이니, 〈정正〉이 바로 통훈에 해당하는 것이다. 그렇지만 〈용庸〉을 〈常〉으로 풀이한 것과 〈衆〉으로 풀이한 것, 그리고 〈端〉을 〈始〉로 풀이한 것과 〈本〉으로 풀이한 것도 똑같이 자주 사용되는 의미이다. 일반적으로 자주 쓰이는 해석들 모두를 통훈이라고 말할 수 있다. 그러나《좌전左傳》소공昭公 13년에『나의 공이 많을 것 같다 吾庸多矣』의 〈庸〉은 〈공功〉(공적·공훈)으로 해석하며,《예기禮記·악기樂記》의『검은 옷에 면류관을 쓰고 옛음악을 듣는다 端冕而聽古樂』의 〈端〉은 현의玄衣(검은 옷)를 뜻하는데, 이러한 해석은 통훈에 속하는 것이 아니다. (周祖謨)

본의本義 | original meaning

어떤 한자가 최초로 씌어졌을 때, 그 자형에 반영되어 있는 의미를 본의(original meaning)라 한다. 예를 들어 〈종从〉자는 갑골문에서는 〈从〉로 쓰며, 한 사람이 다른 한 사람의 뒤를 따라가는 모양으로서 서로 따른다(相從)는 의미를 표시하고 있다. 이것이 바로 〈从〉자의 본의인 것이다.《설문해자》에서는 『서로 듣는다 相聽也』라고 풀이하고 있는데, 이것은 본의로부터 인신 발전되어 나온 의미이다. 한 가지 예를 더 들어보면, 〈막莫〉자의 전서체篆書體는 〈일日〉을 따르고 〈茻〉를 따르는 구조되어 있는데, 〈茻〉는 많은 풀을 표시하고, 그

두 가지가 합쳐서 많은 풀 속으로 해가 지는 것을 나타내어 해가 진다(日暮)는 뜻을 표시하고 있다. 《설문》에서 그 글자를 『날이 다시 어두워지다 日且冥也』라고 풀이하고 있는데, 그러한 뜻이 바로 〈莫〉자가 최초로 만들어질 때의 본의인 것이다. 후에 그것이 부정사로 차용되자, 다시 〈모暮〉(해가 지다)자를 새로 만들어서 원래의 의미를 대표시켰다. 이와 같이 후에 새로 만들어낸 글자가 이른바 **후기본자後起本字**라고 하는 것이다. 본의는 **인신의引伸義 · 전의轉義 · 가차의假借義**의 상대적인 의미로 일컬어지는 것으로서 기본의미라고도 한다. 한자의 수량은 매우 많다. 소수의 상형자나 표의자를 제외한 대부분의 한자의 경우는 최초의 의미를 밝혀내기가 매우 곤란하다. 단지 고대 문헌으로부터 그것이 최초로 사용된 의미만을 알 수 있을 따름이다. 한대 **허신**이 저술한 《설문해자》는 고대 경적 중의 훈석을 채록하므로써 많은 글자들의 본의를 밝혀 놓은 것이다. 그러나 그 중 어떤 것들은 상주商周 고문자를 참고로 검증해 보면 그가 잘못 풀이한 것임이 증명될 수 있는 것들이다. (周祖謨)

전의轉義

한어의 낱말 중에는 고유 의미에서 전환되거나 다른 것으로부터 차용한 별개의 의미를 지니고 있는 경우가 흔히 있는데, 그렇게 고유 의미로부터 전환된 의미를 전의라고 한다. 예를 들어 〈석昔〉자의 **갑골문** 〈答〉는, 해가 물결 밑에 있는 양을 본뜬 것이었으니 조석潮汐(저녁 때에 밀려 들어왔다가 나가는 바닷물)의 〈汐〉자의 본자임이 분명하다. 후에 그것이 〈일석一夕〉(하룻저녁)의 〈夕〉이라는 의미로 전환되었음을 알 수 있다. 《춘추곡량전春秋穀梁傳》 장공莊公 8년에는 『해가 떨어진 때로부터 별이 막 보이기 시작하는 때까지를 〈석〉이라 말한다 日入至於星出謂之昔』라고 하였는데, 《장자莊子 · 제물론齊物論》에는 『그는 오늘 월나라로 가려고 하면서도 어제 (이곳에) 왔다 是今日適越而昔至也』라는 기록이 있는 것으로 보아, 그것이 다시 〈왕석往昔〉(예전) · 〈석일昔日〉(지난날 · 어제)이라는 의미로 전환되었음을 알 수 있다. 또 〈사직社稷〉이라는 낱말에 대하여 살펴보면, 옛사람들은 땅의 신을 〈社〉라고 칭하고, 〈稷〉은 오곡五穀의 으뜸을 가리키는 것이었다. 〈稷〉에 대하여 제사를 지낸다는 말은 〈稷〉이 바로 곡신穀神을 지칭하는 것임을 알 수 있다. 예전에는 천자와 제후들이 모두 사직에 제사를 지내야만 하였다. 그런 일이 있은 후로 〈사직〉이라는 낱말이 국가라는 뜻으로 쓰이게 되었던 것이다. 또 〈치齒〉자는 아치牙齒(이

빨)라는 뜻이다. 그런데 연령年齡(나이)을 연치年齒(나이)라고도 일컫는다. 사람들의 서열을 정함에 있어 통상 연령을 기준으로 삼는데, 연령 차이가 많아서 동등한 서열에 넣을 수 없는 경우를 〈불치不齒〉라고 한다. 일상 쓰는 말 가운데 〈치랭齒冷〉이라는 낱말이 있는데, 이것은 자꾸 비웃는다는 의미이다. 입을 크게 벌리고 웃기를 오래하면 이빨이 추위를 타게 되므로 〈치랭〉이라는 것이 비웃는다는 말로 쓰이게 되었던 것이다. 이상의 예들은 모두 전의에 속하는 것들이다. 전의와 본래의 의미 내용은 언제나 어느 정도는 상관관계를 지니게 마련이다. 그러나 가차의假借義와는 아무런 관계가 없다. 이러한 차이를 혼동하지 말아야 할 것이다.

(周祖謨)

인신의引伸義|transferred meaning

한 낱말의 본의本義에서 인신 발전된 상관 의미를 인신의引伸義(transferred meaning)라고 한다. 예를 들어 〈생生〉자를 《설문》에서는 『초목이 땅 위로 솟아나오는 양을 본뜬 것 象艸木生出土上』이라고 풀이하였고, 《광아廣雅・석고釋詁(二)》에서는 『生, 出也(나오다)』라고 풀이하였다. 이러한 풀이는 〈생生〉의 기본의미이다. 즉 본의이다. 그러한 본의로부터 〈생양生養〉(기르다)・〈생산生産〉・〈생활生活〉・〈생명生命〉 등의 의미가 생겨났다. 또 〈도徒〉자의 본의를 《설문》에서는 『步行也(걸어다니다)』라고 풀이하였다. 걸어다닌다는 것은 바로 수레를 타지 않고 걸어서 간다는 것이다. 옛날에는 보병步兵을 도병徒兵이라고도 불렀다. 그러한 본의가 인신되어 〈중衆〉(무리)이라는 의미를 지니게 되었다. 이를테면 〈성인지도聖人之徒〉(성인의 무리)라는 말이 그러한 뜻으로 쓰인 것이다. 〈도徒〉자는 또 〈공空〉(비어 있다)이라는 인신의도 함유하고 있다. 『집안의 사방 벽이 텅텅 비어 있다 家徒四壁』는 말과 『한갓 애만 쓰고 공을 들인 보람이 없음 徒勞無功』이라는 말이 그런 의미로 쓰인 예이다. 인신의는 통상 본의에 상대적 개념으로 쓰인다. 인신의는 필연적으로 본의와는 의미 범주상으로 일정한 연계성을 띠고 있다. 그렇지 않다면 인신의라고 할 수 없는 것이다. 예를 들어 《설문》에서는 『향向, 北出牖也(북쪽으로 설치된 들창)』이라고 풀이하였다. 그러한 뜻이 인신되어 〈향배向背〉(좇음과 등짐)의 〈向〉・〈방향方向〉의 〈向〉으로 쓰였던 것이다. 그러나 〈향시向時〉(접때・지난번)의 〈向〉은 인신의로 쓰인 것이 아니라, 가차자로 인하여 생겨난 가차의인 것이다. 주준성朱駿聲은 그것이 〈향曏〉(접때・이전)의 가차자(참고 〈假借義〉

조)라고 하였다. (周祖謨)

가차의假借義

다른 글자로 빌어 쓰므로써 본래의 뜻과는 무관한 의미를 지니고 있는 것을 가리켜 가차의라고 한다. 가차의는 **본의本義** 및 **인신의引伸義**와는 다른 것이다. 본의는 그 글자가 처음 만들어질 때 원래 지니고 있던 의미를 말하는 것이며, 인신의는 원의로부터 확대 또는 축소된 의미를 말한다. 예를 들어 〈수須〉자의 금문은 〈彡〉인데, 《설문》에서는 『面毛也(얼굴의 털)』이라고 해석하였다. 〈須〉는 바로 〈호수鬍鬚〉(수염)의 〈鬚〉이고, 〈面毛〉가 곧 그것의 본의이다. 고서에서는 그것이 〈등대等待〉(기다리다)라는 의미로 쓰였으며, 후에는 또 〈필수必須〉(반드시)라는 의미로 쓰였는데, 이러한 의미들은 모두 그 글자의 가차의에 해당하는 것들이다. 또 〈령令〉자의 본의는 〈명령命令〉(명령하다)·〈호령號令〉(큰 소리로 꾸짖다)이다. 그러나 옛사람들이 『令聞令望(아름다운 명성)』(《詩經·大雅·卷阿》6章에 나오는 문구임—역주)이라고 하던 말의 〈令〉은 〈선善〉(좋은·아름다운)이라는 뜻으로 쓰이고 있는 것으로서 〈善〉은 그것의 가차의이다. 또 〈상常〉자를 《설문》에서는 『下帬也(치마)』라는 뜻으로 풀이하고 있다. 그런데 그 글자는 〈항恒〉(늘)이라는 의미를 지니고 있으며, 이 뜻은 그것의 가차의에 속하는 것이다. 또 〈탄誕〉자는 〈대언大言〉(허풍)·〈망언妄言〉(거짓말)이라는 뜻을 지니고 있으며, 또 〈탄생誕生〉(태어나다)·〈생육生育〉(아이를 낳다)이라는 의미도 지니고 있는데, 후자의 두 가지 뜻은 가차의이다. 가차의의 본자가 어떤 글자를 명확하게 단정짓기가 곤란할 때가 왕왕 있다.

(周祖謨)

비유의比喩義 | metaphoric meaning

한자의 원래 있던 어떤 뜻이 비유比喩로 인하여 새로 생겨난 의미를 비유의(metaphoric meaning)라 한다. 비유의는 인신의의 일종이다. 예컨대 〈륜輪〉은 바퀴살이 달려 있는 수레바퀴를 가리키는 것으로 굴러갈 수 있는 것이다. 이로써 〈윤반輪班〉(교대하다)·〈윤환輪換〉(바꾸어가며 교대하다)·〈윤류輪流〉(순번대로 하다)라는 의미가 생겨났다. 이러한 의미는 명사에서 동사로 전환된 것들이다. 이러한 것들이 비유의에 해당하는 것이다. 마찬가지로 〈고鼓〉는 악기의 일종이며, 둥근 모양의 것으로 가운데가 비어 있는 것이다. 본의는 명사인데, 그것이 울퉁불퉁 튀어나오다라는 뜻을 지니고 있다. 예컨대 〈고출래鼓出來〉(볼록 튀어나오다)・〈고기래鼓起來〉(부풀어오르다)가 그러한 것으로, 명사가 동사로 전환된 것이다. 이러한 것도 일종의 비유라고 할 수 있다. 또 〈회심灰心〉이라는 낱말은 《장자・제물론》의 『모양이 딱딱하기가 말라죽은 나무 같고, 마음이 푹 가라앉음이 불꺼진 재 같다 形固可使如槁木, 而心固可使如死灰乎?』에서 유래된 것으로서, 풀죽은 마음이 마치 꺼져 버린 재와 같다는 뜻으로 〈회심灰心〉이라고 하는데, 이것도 일종의 비유이다. 낱말의 뜻이 비유에서 비롯된 것은 쌍음사에서 비교적 많이 나타난다. 예컨대 〈미목眉目〉은 〈단서端緒〉를 가리키고, 〈형극荊棘〉은 어렵고 험난한 것을 비유하는 것이다. 그리고 〈기계機械〉는 융통성이 없다는 것을 비유하는 등등이 그러한 예이다. 비유의는 수사학에서 말하는 비유와는 다른 것이다. 문장 수사상의 비유는 작자가 임시로 착상한 것인데 비하여 **한어훈고학**에서 말하는 비유의는 오랜 기간을 거치는 동안 사람들이 관습적으로 사용하므로써 굳어 버린 것이므로, 그 두 가지는 엄격한 차이를 내포하고 있다.　　　　　　　　　　　　　　(周祖謨)

독약讀若

〈독여讀如〉・〈독약모동讀若某同〉・〈독여모동讀與某同〉이라고도 한다. 이러한 용어들은 한대의 학자들에 의하여 창안되어 역대로 연용沿用되어 왔다. 위의 네 가지 용어 중에서 〈독여讀如〉는 전주傳注 문장에 자주 등장하는 것이고, 나머지는 모두 《설문해자》에서 처음으로 쓰여진 것들이다. **단옥재段玉裁**는 《주례한독고周禮漢讀考》의 서문에서 『독여・독약이라는 것은, 그 글자의 음을 헤아려서 말한 것이다. 예전에는 반절이 없었으므로 견주어서 말하였던 것이다 讀如・讀若者, 擬其音也. 古無反切, 故爲比方之詞』라고 피력하였다. 청대의 학자들은 거의가 이에 대하여 달리 풀이하고 있다. 전대흔錢大昕은 『허신이 지은 책에서 〈독약〉이니 〈독여〉니 하는 것은 모두 고서 가차의 예를 말하는 것이다. 그 글자의 음을 빌림과 아울러 그 글자의 뜻까지도 빌렸다는 것이다. 음이 같아서 뜻조차도 그것을 따랐다는 것이니, 후세 사람들이 (흔히) 음에 빗대어서 말하는 것과는 동일시할 수 없는 것이다 許氏書所云讀若・云讀與同, 皆古書假借之例, 假其音幷假其義, 音同而義亦隨之, 非後世譬況爲音者可同日而語也』《潛研堂文集・古同音假借說》라고 풀이하였다. 왕균王筠의 《설문석례

說文釋例》와 장행부張行孚의 《설문발의說文發疑》에서는 그러한 용어들은 음을 밝히기(明音) 위한 목적과 가차현상을 밝히기(明假借) 위한 목적 두 가지를 동시에 지니고 있는 것이므로, 어느 한 가지만을 가지고 전부가 그렇다고 말해서는 안 된다고 주장하였다. 홍이훤洪頤煊은 그의 저서 《설문독례說文讀例》에서 〈독약〉이 글자의 음과 가차현상을 풀이하는 기능 이외에도 글자의 뜻을 풀이하는 기능을 하였다고 주장하고 있다. 근대학자들의 연구결과를 종합해서 말하자면 대체로 다음과 같다. 《설문》 중의 〈독약〉의 기본 기능은 피석자被釋字(풀이 대상글자)의 독음을 견주어 말하는 것이고, 독약자와 피석자가 음이 같거나 비슷한 이상 견주어서 언급한 글자(독약자)는 또 때때로 비교적 많이 통용되는 글자이거나, 혹은 사람들이 쉽게 알아볼 수 있는 성어成語 방언方言이었던 것이다. 그렇기 때문에 독약자가 피석자의 **가차자**이거나 혹은 피석자와 의미가 상통한 것일 가능성이 다분히 있다. 예를 들어 『소䆞, 門戶疏窓也(문에 창을 달아 놓은 것이다). 讀若疏(독음은 〈소〉와 같다)』·『화龢, 調也(조화되다는 뜻이다), 讀與和同(〈화〉자와 같이 읽는다)』·『안雁, 鳥也(새[의 일종]이다), 讀若鴈(독음은 〈안〉과 같다)』라는 것들이 그러하다. 고대 문헌에서는 〈疏〉를 썼고 〈䆞〉는 쓰지 않았다. 〈疏〉자가 〈䆞〉의 가차로 쓰인 경우가 흔히 있다. 〈龢〉와 〈和〉 그리고 〈雁〉과 〈鴈〉은 예전에는 거의 통용되었다.

전주傳注 중에 있는 〈독여讀如〉에 대하여는 의견이 대체로 일치되고 있다. 즉 음을 설명하기 위한 것이 동시에 가차를 가리키는 말이라고 보고 있다. 예를 들어 《주례·춘관春官·남무男巫》에 나오는 『봄에 미병 ― 활을 잘 쏘는 병사들 ― 을 불러모았다 春招弭』라는 문구에 대해 정현鄭玄이 『두자춘은 〈弭〉자를 미병의 〈彌〉자같이 읽었다 杜子春讀弭如彌兵之彌』는 주를 달아 놓았다. 그리고 《예기禮記·유행儒行》에 나오는 『기거하여 결국에는 그의 뜻을 펼쳤다 起居竟信其志』라는 구절에 대하여, 정현이 『〈信〉자는 〈굴신〉(굽힘과 폄)의 〈伸〉자같이 읽는다. (信은 伸의) 가차자이다 信, 讀若屈伸之伸, 假借字也』라는 주를 달았다. 두자춘과 정현 두 사람은 〈弭〉와 〈信〉은 각각 〈彌〉와 〈伸〉의 가차라고 생각하였던 것이다.

독약과 독여 등으로 풀이한 것 가운데는 본자本字를 들어서 해석한 사례가 흔히 있다. 때로는 해당 글자가 음은 한 가지뿐이지만 뜻은 여러 가지인 경우가 있을 수 있는데, 그럴 때에 독약·독여 등의 용어를 사용하여 그 글자가 그곳에서는 응당 어떤 뜻으로 쓰였음을 명시하기도 하는 것이다. 또 때로는 그 글자의 음과 뜻이 한 가지뿐이라고 하더라도 독약·독여라는 용어를 써서 상용어휘나 통속적인 어휘를 인용하여 그 글자의 음과 뜻을 명확하게 말해 주기도 하는 것이다. 전자에 속하는 예를 들어보면,《주례周禮·천관天官·대재大宰》에 있는 『여섯번째로는 〈主〉라는 것인데, 이것은 백성들을 이롭게 한다는 것이다 六曰主, 以利得民』라는 구절에 대해, 정현이 『〈利〉자는 웃사람들이 백성들을 사랑하고 이롭게 한다는 뜻의 〈리〉자로 읽는다 利讀如上思利民之利』라고 주를 달아 풀이하였다.(〈利〉자는 날카롭다·날래다·이롭게 하다·탐하다·이익·이자·힘·승리 등 여러 가지 뜻이 있는데, 이 경우에는 이롭게 하다는 뜻으로 보아야 한다는 의미로 필자가 이 예를 들어 놓은 듯하다—역주) 그리고《설문》에서는 『橋, 數祭也(제사를 헤아리는 말이다). 讀若春麥爲橋之橋(보리를 찧는 썰매라는 뜻의 〈교〉로 읽는다)』라고 하였다. 후자에 상당하는 예로《주례·고공기考工記·도인陶人》의 『庚實二觳』에 대한 정현鄭玄의 주 『〈庚〉자는 이익을 청하여 창고에 넣다라는 뜻의 〈유〉자로 읽는다 庚讀如請益, 與之庚之庚』와《설문》의 『견堅, 固也(견고하다는 뜻이다). 讀若《詩》赤舄掔掔(《시경》의 『빨간 신 질기고 질기다』는 구절의 〈掔〉자같이 읽는다)』을 들 수 있다.

전주傳注 문장 중에서는 독여讀如와 **독위讀爲**를 구분하지 아니하고 마구 쓴 예가 간혹 보이고 있다. 이를테면 정현鄭玄이《주례·천관天官》의 『胥十有二人』에 대한 주에서는 『〈胥〉(서로·아전)자는 〈諝〉(슬기·지혜)자같이 읽는다. 재주와 지혜가 있는 사람을 십장으로 삼는다는 말이다 胥, 讀如諝, 謂其有才知爲什長』라고 하여 〈독여讀如〉라는 용어를 사용한 반면,《주례·대인행大人行》의 『七歲屬象胥』에 대한 주에서는 『〈胥〉자를 〈諝〉자로 읽는다 胥, 讀爲諝』라고 하여 〈독위讀爲〉라는 용어를 쓰고 있는 것이다. (許嘉璐)

독여讀如 ☞ 독약讀若

독위讀爲

〈독왈讀曰〉이라고 하며, 한대 훈고학자들이 창안한 용어로서 지금까지도 그대로 사용되고 있다. 주로 전주傳注 문장 가운데 흔히 쓰이고 있으며, 어떤 다른 글자로 바꾸어 읽는다는 의미를 지니고 있다. 단옥재段玉裁는《주례한독고周禮漢讀考》의 서문에서 『독위·독왈이라는 것은 그 글자를 (다른 글자로) 바꿔서 (해독한다) 것이다. 바꾸어 해독함에 있어서는 그것과 음이 비슷한 글자로 한다. 그러므로 변화라는 말과 같다 讀爲·讀曰者, 易其字也, 易之以音相

近之字, 故爲變化之詞』그리고『변화시키는 대상은 차이점이 있었으므로 글자는 달라져도 뜻은 분명해지는 것이다 變化主乎異, 字異而義憭然也』라고 설명하였다. 이른바〈글자를 바꾼다 易字〉는 것은 본자本字로 바꾸어서 가차자를 해석하는 것을 말하는 것이다. 예를 들어《시경・위풍衛風・맹氓》에 실린『기수강에도 언덕이 있고 따비밭에도 둑이 있건마는! 淇則有岸, 隰則有泮』(이 말은 모든 일이 끝이 있는데 오로지 자신의 시름만은 끝이 없음을 한탄한 말임—역주)에서 정전鄭箋의『〈泮〉은〈畔〉(밭둑)으로 바꾸어 해독하여야 한다 泮, 讀爲畔』라는 풀이가 그러한 것이다.〈반泮〉자는 본래『제후들이 활쏘기 대회를 끝내고 향연을 베풀던 궁전을 가리키는 것 諸侯饗射之宮也』《說文繫傳》인데, 이곳에서는 물언덕(涯岸)이라는 뜻으로 쓰였으므로 정현이 그것을〈畔〉의 가차자로 본 것이다. (정현의 풀이는 타당한 것이지만, 이 글의 필자가 해설한 것은 다소 문제가 있다고 생각된다.〈泮〉의 本義가《說文繫傳》에서 풀이된 것과 같이 어떤 특정 용도의 궁전을 뜻한다고 보는 것은 잘못 풀이한 것 같다. 역자의 생각으로는〈泮〉의 본의는〈물의 가장자리〉즉〈물가〉를 뜻하는 것이고,〈畔〉의 本義는〈밭의 가장자리〉즉〈밭둑〉을 뜻하는 것이다. 문자의 본의를 추정함에 있어서 그 글자의 義符가 지칭하는 의미 범주를 뛰어넘어서는 안 되기 때문에《설문계전》의 풀이는 본의가 아니라고 말할 수 있다. 정현이 풀이한 뜻은 음이 같아서〈밭둑〉을 뜻하는〈畔〉자가〈물가〉를 뜻하는〈泮〉자로 가차되었으므로 그것을 本字로 바꾸어서 해독하여야 한다는 것으로 보아야 한다—역주)《예기禮記・악기樂記》의『武坐, 致右, 憲左』에 대하여 정현은『〈憲〉(법・모범)은〈軒〉(난간・높이 올라감)자로 바꾸어 해독하여야 한다. 음이 비슷하여 잘못 쓴 것이다 憲, 讀爲軒, 聲之誤也』라는 주를 달아 놓았다. 그의 설명은〈憲〉이〈軒〉의 가차자인데, 그렇게 쓴 까닭은 그 두 글자의 음이 서로 비슷하여 잘못 썼기 때문이라는 것이다.《상서尙書・순전舜典》의『백 가지 곡식을 심다 播時百穀』에 대하여 정현이『〈時〉자는〈蒔〉(모종하다・이식하다)자로 바꾸어 해독하여야 한다 時, 讀曰蒔』라고 주를 달아 풀이하였다.〈時〉자는 심다라는 뜻이 없으므로〈蒔〉자로 바꾸어 해독한다면 그 뜻이 명백해진다는 의미이다.

　후대의 훈고학자들이 써놓은 주석 중에서는〈독讀〉혹은〈음音〉같은 낱글자로만 표시한 사례가 흔히 보이고 있는데, 그 기능이 때에 따라서는 독위讀爲(讀曰)와 같은 때가 있다. 이를테면《회남자淮南子・주술훈主術訓》의『틀이 단단하지 못한데도 일이 느리지 아니하다 器械不苦而職事不媠』에 대하여, 고유高誘는『〈苦〉(입맛이 쓰다)자는〈鹽〉(무르다・단단하지 못하다)자로 바꾸어 읽어야 뜻이 통하며, 〈嫚〉(업신여기다·욕보이다)자는 완만하다는 뜻의 〈慢〉자로 바꾸어 해독하여야 한다 苦讀鹽. 嫚讀慢緩之慢』라고 주를 달면서 〈讀〉자 하나만을 쓰고 있다. 즉 〈苦〉와 〈嫚〉은 각각 〈鹽〉와 〈慢〉의 가차자라는 것이다. 〈鹽〉는 단단하지 못하다는 뜻이고 〈慢〉은 느리다는 뜻이다. 《한서漢書·식부궁전息夫躬傳》의 『서울에는 비록 정예부대 병사들이 있었지만, 단지 반 발짝만이라도 앞장설 수 있는 자가 없었다 京師雖有武蠱精兵, 未有能窺左足而先應者也』에 대하여 소림蘇林이 『窺音跬』라는 주를 달아 놓았는데, 이것은 〈跬〉가 바른 글자이고, 〈窺〉(엿보다)자는 가차자라는 뜻이다. 〈跬〉는 반 걸음이라는 뜻을 가진 글자이다.

　독약讀若(讀如)의 경우와 마찬가지로, 독위讀爲(讀曰·讀·音)라는 용어를 써서 풀이한 것들 가운데에는 본자本字를 찾아내어 뜻을 풀이한 사례가 흔히 있다. 이를테면 《한서·고제기高帝記》의 『오월 병인일에 장릉에서 장례를 지낼 예정을 이미 아랫사람에게 통보하였다 五月丙寅, 葬長陵. 已下』에 대하여, 소림蘇林이 『〈下〉자는 하서—웃어른이 보낸 글—의 〈下〉자와 같은 음이다 下音下書之下』라는 주석을 달아 놓았다. 〈下〉자는 옛날에는 상성上聲과 거성去聲의 두 가지 독음이 있었는데, 소림의 주는 〈下〉자를 거성으로 읽어야지 실제상으로 그 뜻도 명확해지며, 〈下〉는 아랫사람에게 보낸다라는 뜻이라는 것을 설명하는 것이다. 이러한 해독을 후대 학자들은 〈파독破讀〉이라고 이름하였다.
(許嘉璐)

독왈讀曰 ☞ 독위讀爲

당위當爲

　당작當作이라고도 하는데, 한대 훈고학자들에 의하여 창안된 이래 대대로 사용되어 온 용어이다. 이 용어는 모 글자는 틀린 글자이므로 마땅히 모 글자로 써야 맞다는 뜻이다. 단옥재는 《주례한독고周禮漢讀考》의 서문에서 『당위라는 것은 글자가 잘못되었거나 음이 잘못되어서 그것을 바로잡는다는 뜻이다. 바른 것을 구한다는 말이다 當爲者, 定爲字之誤, 聲之誤而改其字也, 爲救正之詞』그리고 『글자가 잘못된 것을 바로잡는 것과 음이 잘못된 것을 바로잡는 것 모두를 일러 당위라 한다 字誤聲誤而正之, 皆謂之當爲』라고 그 용어에 대하여 설명하였다. 글자가 잘못되었다는 것은 두 글자의 형체가 서로 비슷하여 잘못 쓴 경우를 말하며, 음이 잘못되었다는 것은 두 글자의 음이 서로 같거나 비슷하므로 말미암아 잘못 쓴 것을 말한다. 예를 들어《주례·천관天官·내옹內饔》에 실린『돼지가 눈이 멀어서 눈을 감았다 豕盲眡而交睫, 腥』에 대해, 정현이『〈腥〉(날고기·더럽다)자는 마땅히〈星〉자로 써야 옳다. 음이 같아서 잘못 쓴 것이다 腥, 當爲星, 聲之誤也』라는 주를 달아 놓은 것이다.〈星〉은 살코기 중의 조충란條蟲卵을 가리키는 말이다.〈腥〉과 음이 같아서 잘못 쓴 것이다. 또 같은 책《소재小宰》의『나라의 궁형을 제정하여 왕궁의 정령을 관장한다. 각종 궁의 단속은…… 掌建邦之宮刑以治王宮之政令, 凡宮之糾禁……』에 대하여, 정현이『두자춘이 말하기를 (윗글에 쓰인 모든)〈宮〉자들은 모두〈官〉자로 바꾸어 써야 옳은 것들이다 杜子春云, 宮皆當爲官』고 하는 주를 달아 놓았다.〈官〉자를 써야 하는데〈宮〉자로 쓴 것은 자형이 비슷하여 잘못 쓴 예에 속한다. 당위當爲(當作)라는 것이『바른 것을 구한다는 뜻을 가진 용어 救正之詞』였으므로 후대의 교감학校勘學에서도 그대로 사용되고 있다.

(許嘉璐)

당작當作 ☞ 당위當爲

통명通名

여러 지역에 걸쳐서 널리 사용되고 있는 한 사물의 명칭을 통명이라 한다. 예를 들어〈옥미玉米〉(yùmǐ 옥수수)라는 것은 일반적인 명칭인 동시에 통명인 것이다. 그런데〈옥촉서玉蜀黍〉는 그것의 학명學名이고,〈포곡苞穀〉은 방언이다. 또 볍쌀이라는 말을 고서에서는〈속粟〉이라는 명칭으로 썼으며, 현재에는 통칭〈소미小米〉(xiǎomǐ)라고 부른다.〈무우〉라는 것은 서면언어에서의 명칭은〈내복萊菔〉이고, 한약방에서 쓰는 명칭은〈내복자萊菔子〉라고 부르는데, 구어에서 사용하는 명칭은〈나복蘿蔔(蘿卜)〉(lúopō)이다.〈옥미玉米〉·〈소미小米〉·〈나복蘿卜〉이라는 명칭들은 비교적 널리 통용되고 있는 것이므로, 그러한 것들을 이름하여 통명이라 하는 것이다.

(周祖謨)

별명別名

어떤 사물에 대하여 통상적으로 부르는 명칭 이외에 달리 부르는 명칭을 별명이라고 한다. 서면언어에서 다같이 사용되는 것도 있고, 구어에서 다같이 사용되는 것도 있다. 예를 들어 《이아爾雅·석초釋草》의 『하荷(연), 부거芙渠(연의 별칭)』에 대해 **곽박郭璞**의 주注에서는 『별명은 부용이고 강동 지역에서는 〈하〉라고 말한다 別名芙蓉, 江東呼荷』라고 하였다. 〈별명〉을 〈일명一名〉이라고도 한다. 예컨대 《이아·석충釋蟲》의 『담蟫(반대좀―곤충명), 백어白魚(반대좀의 별칭)』에 대해 곽박이 주를 달면서 『옷이나 책에 있는 벌레를 말하며, 일명 병어라고도 한다 衣書中蟲, 一名蛃魚』라고 하여 〈일명〉이라는 용어를 사용하였다. 〈일명〉을 〈역명亦名〉이라고도 한다. 《이아·석충》의 『실솔蟋蟀(귀뚜라미과에 속하는 곤충), 공蛬(귀뚜라미)』에 대한 곽박의 주석에서는 『요즘은 촉직(가을 밤에 집안에서 우는 곤충의 하나. 귀뚜라미. 길쌈을 재촉하느라 운다는 뜻에서 이름함―역주)이라고 하는 것이다. 역명 청렬이라고도 한다 今促織也. 亦名青蛚』라고 하여 〈역명〉이라는 용어를 사용하였다. 〈별명〉·〈일명〉·〈역명〉이란 용어들은 모두 같은 의미로서 통상적인 명칭 이외의 명칭을 가리키는 말이다. 통용 지역의 넓고 좁음에 따라 구별되는 것이 아니다.

(周祖謨)

통어通語

광대한 지역에 걸쳐서 통상 공통적으로 사용되는 낱말을 통어라고 한다. 양웅揚雄이 쓴 《유헌사자절대어석별국방언輶軒使者絶代語釋別國方言》(간칭 《方言》)에 처음으로 등장한 용어이다. 〈통어〉란 〈방언〉에 대하여 상대적인 개념으로 말하는 것이다. 즉, 어느 특정 지역의 말이 아니라는 뜻이다. 예를 들어 《방언》 권1의 『〈아〉·〈영〉은 〈호〉(곱다)라는 뜻이다. 진秦 지방에서는 〈아〉라고 하고, 송·위 지방에서는 〈영〉이라 한다. 진秦·진晉 지방에서는 곱고 가벼운 것을 일러 모두 〈아〉라고 말하며, 관동 지역과 하제 지역에서는 〈모〉 또는 〈교〉라고 하며, 월·위·연·대 지방에서는 〈주〉 또는 〈봉〉이라 한다. 관서 지역과 진秦·진晉 지역의 옛도시에서는 〈연〉이라 말한다. 〈호〉가 그것의 통어이다 娥·嬴, 好也. 秦曰娥, 宋魏之間謂之嬴. 秦晉之間, 凡好而輕者謂之娥 ; 自關而東, 河濟之間謂之媌, 或謂之姣, 越魏燕代之間曰姝, 或曰妦. 自關而西, 秦晉之故都曰妍. 好, 其通語也』라고 한 예이다. 여기서 양웅이 말한 〈통어〉는 바로 각지에서 능히 통용될 수 있는 보통 어휘를 지칭하는 것이다. 그것의 함의가 일반성을 띠고 있으므로 각지 특유의 방언 어휘와는 다른 것이다. 양웅의 책에

서는 〈통어〉 대신에 〈범어凡語〉라는 용어를 사용하기도 한다.　　（周祖謨）

범어凡語

각지에서 일반적으로 그리고 보편적으로 사용되는 낱말을 말한다. 양웅이 지은 《방언》에 처음으로 등장하는 용어이다. 예를 들면 《방언》 권1에 『〈가〉·〈서〉·〈조〉·〈적〉은 〈왕往〉(가다)이라는 뜻의 말이다. 집에서 나가는 것을 〈가〉라고 하며, 여자가 출가하는 것을 〈가〉라고 말하는 것과 같다. 〈서〉는 진秦·진晉 지방의 말이며, 〈조〉는 제 지방의 말이고, 〈적〉은 송·노 지방의 말이다. 〈왕〉은 범어이다 嫁·逝·徂·適, 往也. 自家而出謂之嫁, 由(猶)女出爲嫁也. 逝, 秦晉語也 ; 徂, 齊語也 ; 適, 宋魯語也. 往, 凡語也』라는 풀이가 있다. 여기에서 말하는 〈범어〉는 바로 일반적으로 통용되는 것을 지칭하는 용어이다. 양웅의 책에서는 〈범어〉와 같은 뜻으로 〈통어通語〉라는 용어를 사용하기도 하였다.　　（周祖謨）

아언雅言

이 용어는 《논어論語》에 최초로 등장하는 것이다. 《논어·술이述而》편에 『子所雅言, 《詩》·《書》·執禮皆雅言也』라는 구절이 있는데, 이 말의 뜻은 공자가 《시경》과 《서경》을 독송할 때와 예의를 차려야 하는 자리에서 하는 말은 모두 아정雅正한 말이었다는 것이다. 즉 당시의 중하中夏 지역의 공통어를 말하는 것으로 명청시대의 이른바 〈관화官話〉라는 것과 같은 것이다.

청대의 유태공劉台拱이 지은 《논어변지論語騈枝》에서는 『子所雅言』이라는 구절을 해석하기를 『다섯 지방의 토속말들은 억지로 같게 할 수 없는 것이다. 어떤 것은 의미는 같은데 말은 다른 것이 있는가 하면, 혹은 말은 같은데 음은 다른 경우도 있어서 지방말들을 종합적으로 모아서 표준말로 풀이함에 있어 각종 물건들을 부류에 따라 유사한 것들을 한데 모아 놓았으므로 〈이아〉라 이름하였던 것이다. 《시경》에 있는 〈풍〉·〈아〉도 역시 그러한 것이다. 왕의 도읍지에서 사용되는 말이 가장 표준적인 것이므로 〈아〉라는 말을 넣어서 이름하였던 것이다. 열국들에서 사용되는 말은 모두가 표준적인 것은 아니었으므로 〈풍〉이라는 말을 써서 이름하였던 것이다. ……〈아〉라는 것은 〈하〉 지역을 일컫는 것이다. 손경이란 사람은 《영욕편》에서 「월나라 사람은 바로 월나라 말로 말하고, 초나라에서는 바로 초나라 말을 하기 마련이지만, 군자는 모름지기 표준말을 써야 한다」고 말하였다. ……또 그는 《유효편》에서는 「초나라에 사는 사람은 초나라 말로 말하고, 월나라에 사는 사람은 월나라 말로 말하고, 하나라에 사는 사람들이 하나라의 말을 하는 것은 천성적인 것이 아니라 후천적으로 그렇게 된 것이다」라고 말하였다. 그렇다면 〈아〉자와 〈하〉자는 예전에는 서로 통하는 것이었을 터이다 五方之俗不能強同, 或意同而言異, 或言同而聲異, 綜集謠俗, 釋以雅言, 比物連類, 使相附近, 故曰爾雅.《詩》之有風·雅也亦然. 王都之音最正, 故以雅名; 列國之音不盡正, 故以風名. ……雅之爲言夏也. 孫卿《榮辱篇》云:「越人安越, 楚人安楚, 君子安雅.」……又《儒效篇》云:「居楚而楚, 居越而越, 居夏而夏, 是非天性也, 積靡使然也.」然則雅夏古字通」라고 하였다. 이러한 해석에 근거하여 〈아언〉이라는 것은 일반적인 〈방언〉과는 다소 다른 점이 있는 것임을 이해할 수 있다. 아언이 구역간의 공통어이고 통용 지역이 넓은 것이라고 한다면, 광대한 지역의 표준말이라고 하는 것과 같은 것이 되는 셈이다. 방언은 그렇지 않다. 단지 어떤 특정 지구에서만 통용되는 것일 따름이다. 따라서 〈아언〉이라는 것이 〈방언〉에 대칭되는 것임을 알 수 있다.

〈아언〉이라는 단어는 또 한 가지의 의미를 지니고 있다. 즉 〈속언俗言〉과 서로 대칭되는 개념이 그러한 것이다. 〈아언〉은 문아文雅한 언어를 가리키는 말인 동시에 일반 서면언어에서 말하는 것을 가리키는 것이다. 〈속〉은 구어의 삿된 속어를 지칭하여 하는 말이다. 이를테면 〈청와淸蛙〉(청개구리)는 아언이고, 〈합마蛤蟆〉([청]개구리)는 속칭인 것이다. 〈실솔蟋蟀〉(귀뚜라미)은 서면언어에서 사용되는 말인데 비하여 〈곡곡아蛐蛐兒〉(귀뚜라미)는 바로 구두어에서 사용되는 것이다.

(周祖謨)

속명俗名

〈속언俗言〉·〈속호俗呼〉라고도 하는데, 이 말은 입으로 보통 말하는 명칭을 가리키는 것이다. 이를테면《이아·석목釋木》의『준邅, 양조羊棗(양대추)』라는 풀이에 대하여, 곽박郭璞은『열매가 작고 둥근 모양이며, 자흑색이다. 요즘은 그것을 속칭하여 〈양시조〉라고 한다. 맹자는「일찍이 대추나무 중에서는 양조가 좋다」라고 말하였다 實小而貝. 紫黑色. 今俗呼之爲羊矢棗. 孟子曰:曾晳嗜羊棗』라는 주를 달아 놓았다. 곽박의 주에 의거하면 양시조라는 것은 지금의 북방 속명은 〈흑조黑棗〉이며, 모양은 감을 닮았고, 크기는 작고 색은 검은 색이며 맛은 극히 달콤한 것이다. 같은 책《석초釋草》의『해荄, 근根(뿌리)』에 대하여 곽박은『두 가지 이름으로 나뉜다. 보통하는 말로는 부추의 뿌리를 〈荄〉라고 한다 別二名, 俗呼韭根爲荄』라는 풀이를 달아 놓았다. 〈속俗〉은 보통 〈아雅〉에 대하여 상대적으로 말하는 것이며, 〈아雅〉는 서면적인 글말에 접근되는 것인데 비하여 〈속俗〉은 입말언어에서만 사용되는 것이다. (周祖謨)

속언俗言 ☞ 속명俗名

상언常言

통속적으로 보통하는 말을 가리키는 것이다. 이를테면 일상생활중에 친속親屬·호칭·예의풍속·거주·여행·음식·의류·장식·인사 등에 관한 통속적인 명칭, 혹은 일반적인 성어成語·언어諺語 같은 것들을 말하는 것이다. 동일 사물에 대한 명칭은 여러 지방에서 각기 다른 고유의 명칭을 지니고 있을 수 있는데,〈상언〉이라는 것은 바로 그 통용이 비교적 보편적인 명칭을 두고 한 말이다. 근대 사람인 손금표孫錦標가 지은 《통속상언소증通俗常言疏證》에는 많은 성어成語들까지도 포함하고 있다. 〈상언〉은 〈상담常談〉이라는 말로도 불린다. 송대에는 《석상담釋常談》이라는 책이 나왔는데, 저자는 밝혀지지 않았다. 〈상언〉은 또 〈항언恒言〉이라고도 한다. 청대학자 전대흔錢大昕이 《항언록恒言錄》을 저술하였다. (周祖謨)

항언恒言 ☞ 상언常言

전어轉語

낱말의 음이 변화되므로 말미암아 그 낱말이 또 하나의 의미를 지니게 되는 바, 그러한 낱말을 일러 〈전어〉라고 한다.

언어의 변화에는 시간의 흐름에 기인한 것이 있고, 방언 지역이 다름에 따라 달라진 것도 있다. 진대晉代 곽박郭璞이 주를 달아 놓은 《이아》·《방언》에는, 〈어성전語聲轉〉·〈어전語轉〉·〈성전聲轉〉 같은 용어들이 자주 등장하고 있다. 이를테면 《이아·석고釋詁》에서의 『앙卬, 我也(〈나〉라는 뜻이다)』라는 풀이에 대하여, 곽박은 『〈姎〉(여자가 스스로를 일컬어 〈姎我〉라고 함—역주)과 같은 뜻이다. 말[음]이 변화된 것일 따름이다 㘷, 猶姎也, 語之轉耳』라고 주석을 달아 놓았다. 또 같은 책《석조釋鳥》에서의 『〈필립〉새는 오디새를 말한다 鵖鴔, 戴鵀』라는 풀이에 대하여, 곽박은 『〈필립〉새는 머리꾸미개새의 별칭이다. 말의 음이 달라진 것일 따름이다 鵖鴔猶鶭䲷, 語聲轉耳』라는 주석을 달았다. 이러한 것들은 모두 성모가 서로 유사하고 의미가 같은 단어들이다. 또《방언》권1의『진·진 지방에서는 사람이 큰 것을 일러〈奘〉이라 하며, 혹은〈壯〉이라고도 한다. 연 지방의 북쪽 마을과 제·초 지역에서는〈京〉혹은〈將〉이라고 말한다. 이러한 말들은 모두 고금어이다 秦晉之間, 凡人之大謂之奘, 或謂之壯 ; 燕之北鄙·齊楚之郊或曰京, 或曰將, 皆古今語也』라고 풀이한 것에 대하여, 곽박은 『말의 소리가 달라진 것일 따름이다 語聲轉耳』라는 주석을 달아 놓았다. 또 같은 책 권3의 『〈소〉·〈개〉는 풀을 말한다 蘇·芥, 草也』라는 것에 대하여, 곽박은 『〈소〉는 〈로〉(갈대) 비슷한 풀을 말한다. 말이 변화된 것이다 蘇猶蘆, 語轉也』라는 주석을 달아 놓았다. 또 같은 책 권5의 『〈파〉(밭고무래)를 송·위 지방에서는 〈거나〉라고 하며, 혹은 〈거소〉라고도 말한다 杷, 宋魏之間謂之渠挐, 或謂之渠疏』라는 풀이에 대해, 곽박은 『말이 변화된 것이다 語轉也』라는 주석을 달아 놓았다. 또 같은 책 같은 권에 있는 『〈박〉(발) 숲을 송위·진초·강회 지역에서는 〈곡〉이라 말하며, 〈국〉이라고 말하기도 한다 薄, 宋魏·陳楚·江淮之間謂之苗, 或謂之麹』는 것에 대하여, 곽박은 『이것은 곧 속된 말로서, 음이 바뀐 것이다(〈楚〉는 傖楚[속된·촌뜨기]라는 뜻임) 此直語楚, 聲轉也』라고 주를 달아 놓았다. 이상의 예들은 모두 운모가 상동하고 의미도 상동한 낱말들이다. 곽박이〈어전語轉〉·〈성전聲轉〉이라는 개념을 처음으로 사용한 이후로, 청대학자들의 훈고 연구는 성음이 바뀌어도 의미가 상통한다는 하나의 규칙을 들어서 고서 중에 보이는 음과 뜻이 서로 관련 있는 낱말들을 설명하게 되었다. 그들은 그러한 관계를 지니고 있는 단어들을 고금어古今語, 혹은 방속어方俗語라고 하였다.

〈전어轉語〉라는 명칭은 양웅이 쓴《방언》에 처음으로 등장하기 시작한 것이다. 예를 들어《방언》권10에〈과〉는 불이라는 뜻이다. 초 지역의 방속어이다. 제 지방에서 말하는〈훼화〉와 같은 것이다 煀, 火也. 楚轉語也, 猶齊言㷄火』라고 말한 것이 있다. 청대학자 대진戴震은《전어이십장轉語二十章》을 지었다고 하는데, 원본은 전해지지 않지만 그 책의 서문이《대동원집戴東原集》에 실려 있다. 그는 음의 변화를 두 가지 유형으로 구분하였다. 하나는 〈동위

同位)이고 다른 하나는 〈위동位同〉이다. 〈동위〉는 정전正轉을 말하고, 〈위동〉은 변전變轉을 말한다. 이러한 용어를 성모를 예로 들어 말하자면, 〈동위〉는 발음부위가 동일한 것을 말하고, 〈위동〉은 발음방법이 동일한 것을 말하는 것이다. 예를 들어 〈단端〉·〈정定〉 두 성모의 상전相轉은 〈동위〉이고, 〈단端〉과 〈정精〉 혹은 〈정定〉과 〈종從〉 성모들의 상전은 〈위동〉인 것이다. 그는 『동위인 모든 것은 정전이고, 위동인 모든 것은 변전이다. ……동위인 모든 것은 그 성이 같다. 성이 같다면 그것들의 뜻이 서로 통하게 된다. 위동인 모든 것은 성이 변해도 같은 것이다. 성이 변해도 같다면 그러한 것들의 뜻 또한 비교적 통하게 된다 凡同位爲正轉, 位同爲變轉……凡同位則同聲, 同聲則可以通乎其義. 位同則聲變而同, 聲變而同, 則其義亦可以比之而通』라고 설명하였다. 그는 그렇기 때문에 『뜻에 의문이 있는 것에 대하여는 음에 근거하여 그것을 탐구할 수 있으며, 음에 의문이 있는 경우에는 뜻에 근거하여 그것을 탐구할 수 있다 疑於義者以聲求之. 疑於聲者以義求之』고 생각하였다. 종합적으로 말해서, 음과 뜻에 근거하여 상호간의 의문점을 탐구해야지만 비로소 산만한 재료를 재정리하여 체계적인 지식으로 전환시킬 수 있다는 것이다. 위로 거슬러 올라가서는 어근語根을 탐구할 수 있으며, 아래로 내려가서는 낱말 분화의 연유를 해석할 수 있다는 것이다. 왕념손王念孫의 《광아소증廣雅疏證》, 학의행郝懿行의 《이아의소爾雅義疏》, 전역錢繹의 《방언전소方言箋疏》 이상의 저작들은 모두 위와 같은 이론에 입각하여 훈고를 천발闡發하여 극히 큰 성취를 거둔 것들이다.

대진戴震과 동시대의 사람인 정요전程瑤田이 지은 《과라전어기果臝轉語記》는, 어음의 조직형태가 동일한 것으로 구성된 복음사들에 있어서 각글자의 의미가 모두 상통하는 것이라는 사실을 설명한 것이다. 그는 『성은 형에 따라 명명되며, 자는 성에 의하여 세워진다. 그 사물이 자주 바뀌어도 그 이름은 바뀌지 아니하고, 그 문이 자주 바뀌어도 그것의 성을 떠날 수는 없는 것이다 聲隨形命, 字依聲立 ; 屢變其物而不易其名, 屢易其文而不離其聲』라고 말하였다. 이 말은 많은 쌍음절 낱말들에 있어서 글자는 다르더라도 그것의 음의는 상통한 것이 있는데, 그러한 것들에 대하여도 연구범위에 포함시켜야 한다는 것이다. 청대의 훈고학에서는 어원을 탐구하는 데 있어서도 한 걸음 나아가고 있었다.

(周祖謨)

일성지전一聲之轉

훈고서적 가운데 두 개의 낱말들의 독음이 서로 같은 경우, 그 낱말들의 의미가 상통하는 현상을 해설함에 있어서 그러한 현상을 일러 왕왕《일성지전》이라고 이름한 것들이 자주 눈에 띈다. 바꾸어 말하자면, 쌍성상전雙聲相轉의 관계에 있는 것을《일성지전》이라 말한 것이다. 예를 들어 왕념손의《광아소증》의《석고釋詁(1) 上》에서『〈로〉·〈략〉은 (모두) 취하다는 뜻이다 撈·略, 取也』는 것에 대해『〈로〉는 〈로〉와 (뜻이 서로) 통한다.《제어》에서는「희생불략, 즉우마수」라 되어 있는데,《관자·소광》편에서는「희생불로, 즉우양육」이라 적혀 있다. 〈로〉·〈략〉 두 글자는 일성지전으로 모두〈탈취하다〉는 뜻을 지니고 있다 撈, 通作勞.《齊語》「犧牲不略, 則牛馬逢.」《管子·小匡》篇作「犧牲不勞, 則牛羊育.」勞·略一聲之轉, 皆謂奪取也』라는 소증을 달아 놓았다. 또《석고釋詁(4) 下》에서『〈언〉·〈어〉·〈위〉는 시들다는 뜻이다 蔫·菸·矮, 蕜也』에 대하여『모두 일성지전에 속하는 것들이다. 〈언〉자(에 대하여 말하자면),《설문》에서는「언은 (풀이나 나무가) 시들다는 뜻이다」라고 풀이하였고, ……〈어〉자(에 대하여 말하자면),《설문》에서는「어는 병들어 말라비틀어지다는 뜻이다」고 풀이하였다. ……〈위〉자로 말하자면《설문》에는「위는 (나무나 풀이) 병들다는 뜻이다」고 풀이되어 있다.《소아·곡풍》편에는「무목불위—병들지 아니한 나무가 없네」라는 구절이 있다. 〈萎〉는 〈矮〉와도 같은 뜻이다.《중경음의》권10에서는「(그러한 뜻의 말을) 지금의 관서 지방에서는 〈어〉라 하고, 산동 지역에서는 〈언〉이라 하고, 강남 지방에서는 〈위〉라 말하고 있다」고 하였다. 〈원〉자에 (대하여 말하자면),《옥편》에서는「(그것은) 죽다·시들다는 뜻이다 皆一聲之轉也. 蔫者,《說文》:「蔫, 菸也.」……菸者,《說文》:「菸, 矮也.」……矮者,《說文》:「矮, 病也.」《小雅·谷風》篇云:「無木不萎.」萎與矮亦同.《衆經音義》卷十云:「今關西言菸, 山東言蔫, 江南言矮.」蕜者,《玉篇》云:「敗也, 萎蕜也」」라고 풀이하였다. 〈로撈〉와 〈로勞〉 두 글자는 〈래來〉모母 쌍성자이고, 〈언蔫〉·〈어菸〉·〈위矮〉·〈원蕜〉자들은 〈영影〉모 쌍성자이므로《광아소증》은 그들 각각에 대해 일성지전이라고 설명하였던 것이다. 쌍성관계를 통하여 말뜻이 서로 통하는 것을 설명하는 것은 훈고학상 매우 유용한 방법의 일종이었다. 학의행郝懿行이 쓴《이아의소爾雅義疏》중에서는 그러한 방법이 더욱 자주 등장되고 있다. 그러니 단순히 〈일성지전〉이라는 말만으로 말뜻의 상동 혹은 상근관계를 설명하는 것은 충분조건을 충족시키는 것이 못 된다. 문헌자료상의 증거를 확보하는 것이 가장 요긴한 것이다. 증거는 대개 두 가지 종류가 있다. 하나는 자서나 훈고서로부터 찾아내는 것이고, 다른 하나는 전인들이 쓴 문장내에 명백히 있는 용례를 찾아내는 것이다. 만약 그렇게 하지 아니하고 함부로 입론立論한다면 착오를 범하기 십상이다.　　　　(周祖謨)

중언重言

두 개 이상의 한자를 중첩시켜서 만들어진 것을 〈중언〉이라 한다. 중언은 통상 하나의 낱말로 간주하고 있다. 글자라는 측면에서 말하여 〈첩자疊字〉라고도 부른다. 고대 사람들은 일자一字를 일언一言이라고 불렀다. 이를테면 《사기·노장신한열전老莊申韓列傳》에는 노자가 지은 책은 총 5천 언言이라고 기록되어 있는데, 5천 언言이라는 것은 바로 5천 자字라는 것이다. 중언이라는 명칭은 명대 방이지方以智가 쓴 《통아通雅·석고釋詁》에 처음으로 등장한 이래 지금까지 줄곧 연용沿用되고 있다. 청대의 문자학자인 **왕균王筠**이 《모시중언毛詩重言》이라는 책을 지었는데, 이것은 《시경》 중에 쓰인 중언을 전적으로 다루고 있다.

《시경》에는 하나의 글자를 중첩시킨 단어들이 매우 많이 등장하고 있다. 그러한 단어들 중에는 사물의 음을 모방한 것도 있고, 사물의 모양이나 상태를 형용한 것도 있다. 이를테면 〈관관關關〉은 새의 울음 소리를, 〈유유呦呦〉는 사슴의 울음 소리를, 〈요요喓喓〉는 벌레 소리를, 그리고 〈정정丁丁〉은 나무를 베는 소리를 각각 묘사한 것들이고, 〈의의依依〉는 버드나무의 잎사귀들이 흔들리는 모습을, 〈초초楚楚〉는 옷이 선명하게 빛나는 모습을, 〈준준蹲蹲〉은 춤을 추는 모습을, 〈지지遲遲〉는 천천히 길을 가는 상태를 각각 형용한 것들이다. 사물의 발성發聲과 사물의 동작 자태는 늘 지속적이고도 중복적인 것이기 때문에 그러한 것들을 나타내는 말에서 중언형식을 채택하여 표시하고 있는 것이다. 이러한 현상은 다른 언어에서는 흔치 않는 한어 특유의 것이다. 그러한 것이 발전해서 의미를 가중시키는 수사修辭 기교의 일종으로 활용되기도 하였다. 이를테면 〈양양득의洋洋得意〉(득의만면한 모습)·〈선선래지姍姍來遲〉(비틀거리며 천천히 걸어오는 모습)·〈과과기담夸夸其談〉(과장되게 말하는 모양)·〈급급가위岌岌可危〉(높고 높아서 위태로운 모양)·〈망망일편茫茫一片〉([바다나 들판이] 아득히 넓은 모양)·〈황황불안惶惶不安〉(심히 두려워서 마음이 안정되지 않은 상태) 등등이 그러한 것들이다.

현대 표준 중국어(**普通話**)의 입말에서 사용하는 친속 호칭에도 대부분이 중언형식으로 된 말을 쓰고 있는데, 이러한 단어들도 아마 소리를 표시하는 중언에서 유래된 것일 터이다. 예컨대 〈爸爸〉(bàba 아버지)·〈媽媽〉(māma 어머니)·〈姐姐〉(jiějie 언니·누나)·〈妹妹〉(mèimei 여동생)·〈哥哥〉(gēge 형·오빠)·〈弟弟〉(dìdi 남동생)·〈爺爺〉(yéye 할아버지)·〈奶奶〉(nǎinai 할머니)·〈姑姑〉(gūgu 고모)·〈舅舅〉(jiùjiu 외삼촌) 등이 모두 그러한 것들이다. 이들 단어의 두번째 음절은 일반적으로 모두 경성輕聲으로 발음한다. 다만 〈姐姐〉(jiějie 언니·누나)와 〈奶奶〉(nǎinai 할머니)의 두번째 음절은 반半 3성으로 발음한다.　　　　　　　　　　　　　　　　　　　　　　(周祖謨)

첩자疊字

동일한 한자를 중첩시켜 놓은 것을 가리키어 〈첩자〉라 한다. 그러한 것들 가운데 어떤 것들은 하나의 사실이나 동작의 중복을 의미하기도 한다. 즉 두 낱말을 하나로 합쳐서 말한 것일 따름이다. 이를테면 《시경·부이芣苢》에 실린 『질경이를 캐고 캐자 캐어 오자 采采芣苢, 薄言采之』의 〈采采〉는 연속적인 동작을 의미하는 것이지 한 번만 캐는 것을 의미하는 것이 아니므로 두 번 중첩시키고 있는 것이다. 또 어떤 것들은 말의 의미를 가중시켜서 감염력을 증강시키기 위한 것들도 있다. 예컨대 《문선文選·고시십구수古詩十九首》에 실린 『푸르디푸른 강가의 풀 같고, 무성하디무성한 뜰안의 버들가지 같도다. 예쁘디예쁜 누각 위의 아낙네가, 밝디밝은 달빛 비친 창에서, 곱디곱게 붉은 단장하고, 가늘디가는 하얀 손 내미네 靑靑河畔草, 鬱鬱園中柳. 盈盈樓上女, 皎皎當窓牖, 娥娥紅粉妝, 纖纖出素手』같은 것이 그러한 예이다. 이렇듯 문자를 중첩시켜 놓는 것은 또 특수 수사기교의 일종으로 쓰이는 경우도 있다.

통상 언어 중에 쓰인 첩자는 서면언어이든 구두언어이든간에 실제로는 첩음疊音 형식을 띠고 있는 것으로 두 개의 음절로 구성된 하나의 낱말인 것이다. 이를테면 《시경·백주柏舟》에서의 『편찮게 잠 못 이룸은 남모를 시름 때문인가 耿耿不寐, 如有隱憂』와 《초사楚辭·상군湘君》에서의 『돌여울 물은 좔좔 흐르고, 계수나무 배는 횡횡 잘도 떠가는데, 교분에 불충하여 원망은 길어만 가고, 약조를 불신하여 짬이 없다 말하누나 石瀨兮淺淺(jiānjiān), 飛龍兮翩翩, 交不忠兮怨長, 期不信兮告予以不閑』, 백거이白居易의 《장한가長恨歌》 가운데 실린 『하늘은 높고 땅은 멀다 하나 끝이 있는데, 이내 요원하여 끝날 날 없구나 天長地久有時盡, 此恨綿綿無盡期』, 온정균溫庭筠의 《몽강남夢江南》에서의 『지나간 천 척 돛단배는 모두 아니고, 저녁 햇살은 끊임없고 강물도 유유히

흐르는데, 창자를 끊는 듯한 비통은 백평주에 걸려 있네 過盡千帆皆不是, 斜暉脈脈水悠悠, 腸斷白苹洲』등, 이상의 첩자들은 모두 하나의 낱말로서 낱글자의 의미와는 무관한 것이다. 어떤 것은 단독적으로는 쓰이지 아니하고 반드시 중첩적으로만 쓰이는 것도 있다. 이를테면 〈편편翩翩〉(빠르게 날아가는 모양)이 그러한 예이다. 〈翩〉(훌쩍 날다)은 〈翩翩〉이라는 낱말의 한 사소詞素일 따름이다. 그밖에도 〈초초迢迢〉(먼 모양·높은 모양)·〈선선姍姍〉(비틀거리며 걷는 모양)·〈미미娓娓〉(친절히 되풀이하여 가르치는 모양)·〈간간侃侃〉(강직한 모양)·〈정정婷婷〉(예쁜 모양)·〈처처萋萋〉(풍성한 모양) 등도 그러한 것들이다.

입말 가운데 응용되고 있는 첩자들도 매우 많다. 예를 들어 〈紅彤彤〉(새빨간)·〈白花花〉(은빛 찬란한)·〈綠油油〉(푸르고 생기 있는)·〈黑黝黝〉(먹같이 새까만)·〈亂糟糟〉(혼잡한 모양)·〈懶洋洋〉(싫증난 모양) 등 같은 류의 첩자는 형용사의 뒤편에 일종의 접미사 성분을 첨가하므로써 낱말뜻으로 하여금 형상화되고 어감이 증강되도록 하는 것이다. 또 〈淸淸楚楚〉(매우 명료하다)·〈庸庸碌碌〉(매우 평범하다)·〈慌慌張張〉(매우 당황하다)·〈冷冷淸淸〉(매우 쓸쓸하다)·〈悽悽慘慘〉(매우 슬프고 외로워서 마음이 울적하다)·〈彷彷彿彿〉(매우 흡사하다)·〈空空洞洞〉(내용이 매우 부실하다) 등 같은 류는 한 낱말의 두 개 사소詞素들을 각각 중첩시키므로써 어의를 더욱 강하게 한 것이므로 이것도 첩자형식의 일종으로 볼 수 있다. 이러한 것들은 한어에서만 볼 수 있는 특수한 양상이다. 이러한 언어 내적으로 성음상의 중첩을 이용하므로 말미암아 말이 귀를 즐겁게 하는 성음미聲音美를 조성한다. 첩자를 중언重言이라고도 부른다.

(周祖謨)

연어謰語

〈연어連語〉라고도 한다. 이 용어는 명대 방이지方以智가 쓴 《통아通雅》의 《석고釋詁》편에 처음 등장한 말이다. 방이지는 『연어라는 것은 쌍성관계에 있는 말이 연접된 것이다 謰語者, 雙聲相轉而語謰讀也』라고 설명하였다. 〈연류〉는 곧 연접부단連接不斷이라는 뜻이다. 〈연어〉란 것은 두 개의 글자가 합성되어 하나의 낱말을 구성하는 것이므로 낱낱으로 분리되면 말이 안 되는 것이다. 《통아》중에 언급된 것들은 모두 쌍성雙聲관계에 있는 낱말이다. 하지만 두 개의 글자가 서로 첩운疊韻인 것도 〈연어〉의 부류에 속한다. 예를 들어 〈맹면黽勉〉(부지런히 힘씀)·〈영롱玲瓏〉(곱고 투명한 모양)·〈강개慷慨〉(의분에 북받

치어 슬퍼하고 한탄함)·〈소식消息〉(안부·편지) 이상은 모두 쌍성사이고, 〈창망蒼茫〉(푸르고 아득한 모양)·〈종용從容〉(조용한 모양)·〈은근殷勤〉(친절함)·〈파사婆娑〉(너울너울 춤추는 모양)는 모두 첩운사이다. 이러한 낱말들은 낱낱으로 분리해서 말할 수 없는 것이다. 〈연어〉라는 용어는 지금은 〈연면자聯綿字〉혹은 〈연면사聯綿詞〉라고 통칭하고 있다. (周祖謨)

연면자聯綿字 | disyllabic roots

두 개의 글자를 합친 것으로 각각 분리해서 사용되지 아니하는 쌍음절사를 연면자(disyllabic roots)라 한다. 언어의 측면에서는 그것을 〈연면사聯綿詞〉라 한다. 한어에서의 연면사의 기원은 매우 이른 편이다. 선진시대 이전의 상고시대에 있어서는 단음사 외에도 복합사와 연면사가 쓰이고 있었다. 다만 연면사의 수량이 그다지 많지 않았을 따름이다. 〈연면〉이라는 명칭은 송대 사람인 장유張有가 지은 《복고편復古編》에 처음 보이고 있다. 연면자는 세 가지 부류로 나뉜다. 즉 쌍성자雙聲字·첩운자疊韻字·비쌍성첩운자非雙聲疊韻字 이상 세 가지 부류가 그러한 것들이다. 예를 들어 〈유예猶豫〉(머뭇거리다)·〈유련留連〉(놀기에 팔려 객지에서 오래 머물다)·〈초췌憔悴〉(고생이나 병에 시달려 얼굴빛이 파리함)·〈임염荏染〉(부드러운 모양) 같은 것은 두 글자가 쌍성관계에 있는 것이며, 〈방황彷徨〉(하릴없이 이리저리 돌아다니다)·〈난만爛漫〉(광채가 발산하는 모양)·〈정녕叮嚀〉(정성스러움)·〈배회徘徊〉(천천히 이리저리 왔다갔다 하다) 같은 것은 첩운관계에 있는 것이고, 〈담막淡漠〉(집착이 없는)·〈고상翺翔〉(빙빙 돌며 날다)·〈전패顚沛〉(엎어지고 자빠지고 하다)·〈방타滂沱〉(비가 죽죽 내리는 모양) 같은 것은 쌍성도 아니고 첩운도 아닌 것들이다. 이상 세 가지 부류의 것 말고도 〈첩자疊字〉(重言이라고도 함)를 연면자의 범주에 포함시키는 사람도 있다. 예컨대 왕국유王國維의 《연면자보聯綿字譜》가 그러한 것이다. 연면자 가운데 일부는 고서 중에 쓰인 형태가 모두 다 일치하는 것은 아니었다. 예를 들어 〈번만煩懣〉(신열이 나고 가슴 속이 답답함)을 〈번민煩悶〉이라고 쓰기도 하였으며, 〈위이逶迤〉(구불구불 가는 모양)를 〈위이委移〉라고 쓰기도 하였고, 〈소요逍遙〉(이리저리 거닐며 바람을 쐼)를 〈소요消搖〉라고 쓰기도 한 것 등이 그러한 류의 것이다. 글자는 비록 달랐어도 음은 같거나 비슷한 것이었으니 같은 낱말임은 두말할 나위가 없다. (周祖謨)

우문右文

우문右文이란 한자 자형의 오른편에 위치한 **성부聲符**를 가리키는 말이다. 한자 중에서 형성자가 대다수를 점하고 있으며, 형성자 중에서는 **의부意符**가 왼편에 있고 성부가 오른편에 있는 것이 가장 많다. 예컨대〈木〉·〈水〉·〈人〉·〈言〉을 의부로 취하고 있는 글자들의 성부는 대부분이 오른편에 위치하고 있는 것이다. 성부는 본래 표음을 위한 것이다. 그러나 문자의 발전과정중에 있어서는 동일한 성부를 취하고 있는 글자들이 그 의미에 있어서도 일정한 관계를 맺고 있는 것이 있다. 그러한 것이 바로 성부가 뜻을 겸하는 것이다. 당대唐代 구양순歐陽詢이 지은《예문유취藝文類聚·인부人部》에서 일찍이 진대晉代 양천楊泉의《물리론物理論》을 인용하면서『쇠에 있어서는〈견〉이라 하고, 풀에 있어서는〈긴〉이라 하고, 사람에 있어서는〈현〉이라 한다 在金曰堅, 在草曰緊, 在人曰賢』라고 하였다. 이것은 진대 사람들이 이미 성부가 같은 글자들, 예컨대〈견堅〉·〈긴緊〉·〈현賢〉은 모두〈臤〉를 성부로 취하고 의미상으로도 연관이 있다는 것에 주목하고 있었다는 점을 설명해 주고 있다. 송대에 이르러서는 전적으로 성부 측면에서 자의를 해설하려는 사람이 등장하였다. 심괄沈括(1029—1093?)이 지은《몽계필담夢溪筆談》권14에는『왕성미라는 사람은 자학을 깊이 고찰하여 우문을 통하여 글자의 뜻을 알기 쉽게 설명하였다. (그의 설명에 따르면) 고대의 자서들은 모두 좌문을 따르고 있다. 모든 글자(의 구조)에 있어서 부류(를 표시하는 것)은 왼편에 있고, 뜻(을 표시하는 것)은 오른편에 있다. 이를테면 목류(에 속하는 것)은 그 글자의 좌문이 모두〈목木〉(나무)자를 취하고 있다. 이른바〈우문〉이라는 것은〈전戔〉(얼마 안 되는 모양)·〈소小〉(적다) 같은 것을 말하는 것이다. 물이 적은 것을〈천淺〉([물이] 얕은)이라 하고, 금이 적은 것을〈전錢〉(돈)이라 하며, 뼈만 앙상하고 적은 것을〈잔殘〉(쇠잔하다·나머지)이라 하고, 조개(상고시대의 중국에서는 조개를 화폐 수단으로 사용하였음—역주)를 적게 가진 사람을〈천賤〉(지위나 신분이 낮음, 천하다고 경멸함)이라고 한다. 이와 같은 류는 모두 그 의미가〈戔〉에서 비롯된 것이다 王聖美治字學, 演其義以爲右文. 古之字書皆從左文. 凡字, 其類在左, 其義在右. 如木類, 其左皆從木. 所謂右文者, 如戔·小也. 水之小者曰淺, 金之小者曰錢, 歹而小者曰殘, 貝之小者曰賤. 如此之類, 皆以戔爲義也』라는 기록이 있다. 이 말은〈戔〉을 성부로 삼고 있는 모든 글자들은 모두 내적으로〈적다〉는 뜻을 지니고 있다는 것을 설명하고 있다.《송사宋史》권329에는, 왕자소王子韶는 자가 성미聖美이고 태원太原 사람으로 신종神宗 희녕熙寧 때 왕안석王安石을 추종하였는데, 신종이 그와 더불어 자학字學(文字學)을 논해 보고는 자선당資善堂에 머물면서 《설문》을 수정修定하는 일을 맡게 하였다고 기록되어 있다. 심괄은 그가 자의를 해설함에 있어서 오른편의 성부에 근거하여 정하였다고 말하였다. 〈우문〉이라는 명칭은 이것에서 비롯된 것이다. 오른편에 있는 성부를 근거로 자의를 해설하는 이러한 학설을 〈우문설右文說〉이라 부른다.

송나라 신종 때 왕안석이 영상을 역임하면서 조야에 큰 세력을 형성하고 있었다. 그가 일찍이 《자설字說》24권을 저술하였다는 기록이 《송사·예문지》에 보이고 있다. 《송사·왕안석전》에 있는 『처음에 왕안석이 《시경》·《상서》·《주례》를 풀이한 원고를 완성한 다음 학관들에게 반포하였더니, 많은 사람들이 〈새로운 견해〉를 얻은 것이라고 입을 모아 찬탄하였다. 만년에 금릉에 살면서 또 《자설》을 저술하였다. 이 책의 내용은 대부분이 근거 없이 억지로 말을 꾸며낸 것이었는데도 불구하고, 그러한 그의 설법이 불가와 도가 학자들에 의하여 받아들여졌으며, 당시 글하는 사람들은 감히 그것을 전습하지 않을 수 없었다. 그리고 과거시험관이 그것에 의거하여 등용시켰기 때문에 선비들은 자신의 견해를 하나도 밝힐 수가 없었다고 한다. 이리하여 이전 시대의 학자들이 (경전에 달아 놓은) 전문이나 주문 들은 일체 폐기되어 더이상 쓰이지 않게 되었던 것이다 初, 安石訓釋《詩》·《書》·《周禮》旣成, 頒之學官, 天下號曰「新義.」晚居金陵, 又作《字說》, 多穿鑿傅會, 其流入於佛·老. 一時學者無敢不傳習, 主司純用以取士, 士莫得自名一說, 先儒傳注, 一切廢不用』라는 기록으로 보건대, 당시 그의 명성과 세력이 얼마나 대단한 것이었는지를 짐작하고도 남음이 있다. 그러나 그의 잘못된 망언은 철종哲宗 원우元祐 때에 이르러 완전히 종식되고 말았다. 육전陸佃이 지은 《이아신의爾雅新義》에는 왕안석의 설법을 따른 것이 간혹 눈에 띄는데, 이것은 훌륭한 저작이라고 보기는 어려운 것이다.

우문설은 북송北宋시기에 창안되었는데, 송말 원초 때에도 그 학설을 부연한 학자가 있었다. 핵심적인 문제는 성부와 자의간에 절대적인 연관성이 있는지, 그 여부에 관한 것이다. 사실상 상관이 있는 것이 일부 있기는 하지만, 조금도 연관이 되지 않는 것도 있는 실정이다. 동일 성부를 지닌 해성자諧聲字들은 서로 다른 의미를 지니고 있을 가능성이 있다. 예를 들어 〈叚〉자를 성부로 삼고 있는 〈하瑕〉(옥의 흠)·〈하騢〉(붉은빛과 흰빛이 섞여 얼룩얼룩한 말)·〈하霞〉(노을)·〈하蝦〉(두꺼비, 새우—〈鰕〉와 같이 쓰임) 등의 글자들은 〈붉은색깔〉의 의미를 지니고 있다. 《설문해자》에서 『하瑕, 玉小赤也(옥에 조그마한 붉은 반점이 있는 것을 말한다)』,『하騢, 馬赤白雜毛, 謂色似鰕魚也(붉은색과 흰색의 털이 뒤섞여 있는 말을 가리킨다. 그 색깔이 새우와 비슷하다는 말이다)』라고 풀이되어 있다. 또 대서본大徐本《설문》의 신부자新附字에는『하霞, 赤雲氣也(붉은빛 구름이다)』라는 풀이가 있다. 그러나 〈叚〉자를 성부로 삼고 있는 글자들 가운데〈가假〉(빌리다)·〈하嘏〉(크다·복받다)·〈가暇〉(틈·짬)·〈하遐〉(멀다·요원하다) 등은 위의 예들과는 다른 의미를 지니고 있으며,〈붉은 빛깔〉과는 아무런 관계가 없는 것이다. 형성자의 성부들 중에 어떤 것은 단지 표음 기능만 수행하고 있지 뜻을 표시하는 것과는 전혀 거리가 먼 것이 있다. 이를테면〈강江〉(양자강·큰 하천)·〈호湖〉(호수)·〈하河〉(황하·운하) 등의 글자의 성부는 뜻을 의미하는 것이 아니다. 따라서 소수의 예를 가지고 전부가 그렇다고 근거 없이 억지를 꾸며서는 아니 될 것이다.

하지만 우문설이 훈고학에 있어서 전혀 몰가치한 것은 결코 아니다. 이러한 학설은 낱말 의미의 본원을 탐구함에 있어 매우 유용한 것이 될 수 있다. 예를 들어 말하자면〈侖〉을 성부로 취하고 있는 글자, 즉〈륜淪〉(잔물결·거느리다)·〈륜輪〉(바퀴·돌다)·〈륜倫〉(인륜·차례)·〈론論〉(사물의 이치를 말하다)·〈륜綸〉(줄·끈·다스리다) 등의 글자들은 모두〈조리가 있다 有條理〉·〈서열이 있다 有倫次〉는 의미를 지니고 있으므로, 이러한 사실을 토대로 간단한 이치를 찾아내어 복잡한 현상의 맥을 짚어낼 수 있을 뿐만 아니라, 한 글자 조합에 공통적으로 존재하고 있는 최소의미단위 즉〈의소義素〉를 찾아낼 수도 있을 것이다. 이러한 이론은 남당南唐 때 문자학자인 서개徐鍇가 쓴《설문해자계전說文解字繫傳》에서 이미 그 싹이 돋아났었는데, 청대에 이르러서는 많은 학자들이 그러한 이론에서 한 걸음 더 나아가서〈인성구의因聲求義〉라는 훈고방법(형성자의 성부를 근거로 그 글자의 의미를 탐구하는 것을 말함—역주)을 제창하였으며, 다시 한 걸음 더 나아가〈자족字族〉혹은〈사족詞族〉을 연구하는 길로 접어들었던 것이다. 이러한 사실을 종합적으로 검토한 다음에 우문설의 득실을 명확하게 따져야 할 것이다.

參考書目

沈兼士《右文說在訓詁學上之沿革及其推闡》,《慶祝蔡元培先生六十五歲論文集》에 실려 있음, 1933.

(周祖謨)

자족字族

〈족族〉은 족류族類라는 뜻이다. 한자는 역사발전과정에서 주로 많은 형성자를 발생시켰다. 그 가운데 동일 성부를 취하고 있는 글자들이 매우 많이 있게 되었던 것이다. 형성자의 성부들 가운데 어떤 것들은 단지 표음 기능만을 수행하는 것이 있는가 하면, 또 어떤 것은 표음 기능뿐만 아니라 표의 기능까지도 수행하고 있다. 표음과 표의를 겸하고 있는 것을 한 군데로 귀납시켜 그러한 것들(즉, 단순히 표음 작용만 하는 것은 제외함)을 일러 〈자족〉이라 부른다. 다음에 열거한 예로부터 그러한 사실을 명료하게 이해할 수 있을 것이다.

① 공工(장인·기술이 교묘하다)·공功(힘을 들여 이룬 결과)·공攻(정돈하다·학문을 연구하다·문질러 윤기를 내다)—이상은 모두〈공을 들여 다듬다 攻治〉라는 뜻을 지니고 있다.

② 공空(비다·구멍)·강腔(빈 속·체내의 공허한 곳)·강椌(악기의 일종—柷이 큰 북)—이상은 모두〈속이 비었다〉는 뜻을 지니고 있다. (稑·埪·箜·蛬·箜도 그러하다.)

③ 비非(어긋나다·헐뜯다)·비扉(門扇)·배排(차례로 서다·늘어선 줄)·비騑(곁말—옆으로 나란히 선 네 마리의 말 가운데 맨 바깥쪽의 두 마리의 말)·배輩(무리·짝·수레의 행렬)—이상은 모두〈배열하다〉·〈분열하다〉는 뜻을 지니고 있다. (緋·翡도 그러하다.)

④ 비緋(붉은빛·붉은 비단)·비翡(물총새—〈翡翠〉는 물가에 살며 물고기를 잘 잡아먹는 새, 등의 빛이 암록색임·비취—녹색옥)·비痱(뾰루지—작은 종기)—이상은 모두〈붉은색〉의 뜻을 지니고 있다.

⑤ 룡龍(용·얼룩망—흑백의 반점.『上公用龍』《周禮》)·방龐(난잡함·어지러움)·롱嚨(목구멍·인후)—이상은 모두〈잡된〉·〈잡색〉이라는 뜻을 지니고 있다. (犖·矓도 그러하다.)

⑥ 회會(모이다)·회薈(해와 달이 교회하는 곳)·회澮(봇도랑—전답 사이의 수로)·괴襘(띠매듭·옷깃이 합치는 자리)·회繪(그림·색칠하여 그리다)—이상은 모두〈함께 모이다〉라는 뜻을 지니고 있다. (燴도 그러하다.)

⑦ 교喬(높이 우뚝 서다)·교驕(뻣뻣하다·씩씩하다)·교觩(높은 뿔)·교橋(다리)·교轎(가마)—이상은 모두〈높이 튀어나오다〉라는 뜻을 지니고 있다. (蹻·鐈·嶠·趫·癄도 그러하다.)

⑧ 구句(굴곡·구절)·구鉤(갈고리)·구枸(굽다·굽은 나무)·구跔(곱다—발가락이 몹시 차서 잘 움직이지 아니하다)·구痀(곱사)—이상은 모두〈둥글게

구부러지다〉라는 뜻을 지니고 있다.

　이상에서 열거한 몇 조組의 글자들은 성부가 동일한 것으로 의미도 서로 유사한 것이다. 다만 지칭하는 사물이 각기 다름에 따라 형부形符가 차이가 날 뿐이다. 번잡하고 다단한 한자 가운데 음의를 상호 대조하는 방법으로 귀납시켜서 과학적인 규칙을 찾아내므로써 자의 연구에 관하여 보다 심층적으로 이해할 수 있을 것이다. 그러나 동일한 성부에 포함되어 있는 의미가 반드시 단지 한 가지에 국한되지 아니할 것이며, 한 가지라 하더라도 그것이 시대의 흐름에 따라 변천될 수 있으므로 갈수록 불어나서 결국에는 두 가지 혹은 세 가지가 될 수도 있는 것이다. 위에 예로 제시한 것 가운데 ①과 ②, 그리고 ③과 ④가 바로 그러한 예인 것이다.

(周祖謨)

동원자同源字 | words derived from the same root

　한자들 가운데에는 음이 같고 뜻이 유사한 것이나 음이 근사하고 뜻이 같은 글자들이 매우 많다. 이러한 류의 글자들은 왕왕 동일 어원에서 나온 말이다. 이를테면 〈광廣〉(넓은)과 〈광曠〉(넓다·광활하다)·〈견堅〉(단단한)과 〈긴緊〉(견고한)·〈공空〉(비다·구멍)과 〈공孔〉(구멍)·〈관寬〉(면적이나 용적이 크다)과 〈활闊〉(면적이 크다·거리가 멀다)·〈개改〉(고치다)와 〈경更〉(고치다) 같은 류의 낱말은 말뜻이 상통相通(혹은 相同)하고 성음이 상근相近(혹은 **通轉**)한 것이므로 그러한 것을 일컬어 동원자(words derived from the same root)라고 하는 것이다. 만약 어음이 조금도 연관성이 없거나, 혹은 어음은 근사하지만 의미가 서로 무관한 것이라면 동원자라고 할 수 없다. 어음이 같거나 근사한 것인지의 여부가 동원관계를 추정하는 데 있어서의 열쇠가 된다. **가차자**와 **이체자**는 동원자와는 거리가 먼 것이다. 가차자假借字는 동의사同義詞나 근의사近義詞가 아니며, 이체자異體字는 하나의 글자가 두 가지 혹은 그 이상의 형체를 지닌 것이므로 동원이라고는 말할 수 없는 것들이다. 원천이 같다는 것은 역사적인 개념이다. 한자의 발전과정에 있어서 하나의 글자가 하나의 의미를 지닌 것이 확실히 적지 않으나, 하나의 글자가 여러 가지 뜻을 동시에 지니고 있는 것 또한 매우 많다. 만약 그 여러 가지의 뜻이 서로 관련이 없는 것이라면, 실제상으로는 그 글자가 여러 개의 낱말을 대표하고 있는 것이나 다름없다. 즉 그러한 낱말들이 동음이라는 것일 따름이므로, 그러한 것들은 동원과는 거리가 먼 것이다.

동원자는 실제로는 동원사인 셈이다. 여러 가지 문자가 동원이라는 것은 어원에 소급되는 문제이다. 동원 여부를 판별함에 있어서, 어음에 관하여는 반드시 상고음의 성운 부류를 기초로 탐구한 상고시기의 독음을 근거로 하여야 하고, 그리고 의미에 관하여는 반드시 고대의 훈고와 고대 서적 중에 쓰인 바 있는 말뜻을 근거로 하여야 한다. 동원자를 연구하는 것은 매우 까다롭고 어려운 일이 아닐 수 없다. 자형·자음·자의 3요소간의 관계를 모두 고려하여 탐구하여야 할 것이다. (참고 字族·詞族)

參考書目
王 力《同源字典》, 商務印書館, 北京, 1982.　　　　　　　　（周祖謨）

아학雅學

《이아爾雅》를 연구하는 학문을 일컬어 〈아학〉이라 한다. 예전에는 그것을 〈창아의 학 倉雅之學〉이라고 명명한 사람도 있었다. 〈창倉〉은 《창힐편倉頡篇》을 지칭한 것이고, 〈아雅〉는 《이아爾雅》를 지칭한 것이다. 《창힐편》은 내용상 자서字書에 속하는 것이고, 《이아》는 훈고서訓詁書에 속하는 것이다. 〈창아의 학〉이라는 것은 바로 문자훈고의 학에 상당하는 셈이다. 《이아》는 경전經傳에 씌인 문자에 대한 훈고를 모아서 엮어 놓은 중국 최초의 훈고서이다. 이 책은 전국시대에서 진한시대에 이르는 시기에 문자 뜻풀이를 연구하는 사람들에 의하여 편집된 것이다. 한위漢魏시기에 이미 그 책에 주를 단 것이 나왔었다고 한다. 예컨대 번광樊光·이순李巡·손염孫炎이 주석을 달아 풀이한 책이 있었다. 손염은 또 《이아음爾雅音》이라는 책도 저술하였다고 한다. 동진東晉시기에 이르러 곽박郭璞이 이상 세 사람의 것을 종합하는 한편 그 오류와 미비점을 보완하여 《이아주爾雅注》3권을 지었다. 이 책은 내용이 광범위하고 주도 면밀하게 풀이된 것이었던 만큼 전인들의 것보다 훨씬 더 월등한 것으로서 지금까지도 고스란히 전해지고 있다. 곽박 이후로 《이아》를 연구한 서적들이 줄이어 많이 간행되었다. 위진魏晉시기에서 양진梁陳시기에 이르기까지에는 《이아음爾雅音》혹은 《이아음의爾雅音義》류의 서적 몇 종이 간행되었다는 기록이 육덕명陸德明이 쓴 《경전석문經典釋文》에 보이고 있다. 송대에 이르러서는 곽박의 《이아주》에 대하여 다시 소疏를 달아 풀이한 책이 나왔다. 형병邢昺이 지은 《이아소爾雅疏》가 그러한 것이다. 그리고 《이아》에 대해 별도로 주를 단 것이 있었는데, 정초鄭樵의 《이아주爾雅注》가 그러한 것이다. 청대에 이르러서는 더욱더 많은 책들이 쏟아져 나왔다. 《이아》에 씌인 문자를 교정校訂한 것, 《이아》의 체례를 해설한 것, 《이아》의 체례를 답습하여 고서상의 훈해를 모아서 책으로 엮은 것 등이 발간되었던 바, 이러한 것들이 모두 〈아학〉의 반열에 끼이는 것들이다. 청대 광서光緒 연간에 호남湖南 사람인 호원옥胡元玉이 쓴 《아학고雅學考》가 《장사호씨잡저長沙胡氏雜著》에 수록되어 있는데, 이 책은 청대 이전에 발간된 《이아》에 관한 저작에 대하여 기술한 것으로서 참고할 만한 것이다. 청대는 아학에 관한 저작이 극히 많이 쏟아져 나왔기 때문에 아학의 창성시기라고 부를 수 있겠다.

參考書目
周祖謨 《重印雅學考跋》·《續雅學考擬目》,《問學集》下冊, 北京, 中華書局, 1966.
(周祖謨)

음의서音義書

한자의 독음과 의미를 해설해 놓은 책을 총칭하여 〈음의서〉라 한다. 고인들은 고서를 통독하면서 그것 가운데 씌인 낱글자를 골라내어 그것의 독음과 자의를 풀이하여 주를 달아 놓았는데, 그러한 것이 중국 고서에서만이 발견되는 특유한 체제의 일종인 것이다. 기록에 따르면 한漢에서 위魏로 접어드는 시기에 그런 종류의 책이 있었다고 한다. 일찍이 위나라 때 손염孫炎이 지었다고 하는 《이아음의爾雅音義》가 그 예이다. 진송晉宋 이후부터는 〈음의〉류의 책이 더욱더 많아졌다. 일부의 책은 사승師承관계가 다르므로 말미암아 음을 풀이하는 것도 달랐으며, 그러한 가운데 어떤 것은 뜻풀이를 겸하기도 하였다. 어떤 것은 또 글자의 정오에 대하여 언급하기도 하였다. 이러한 종류의 책은 전통 〈소학小學〉 저작 중에서 하나의 부류를 형성하는 것으로서 자서字書·운서韻書·훈고서訓詁書와는 체례가 다른 것이었다. 그렇기 때문에 일반적으로 그러한 서적들을 일컬어 〈음의서〉라 불렀으며, 혹은 〈서음書音〉이라고 칭하기도 하였다. 위진魏晉에서 양진梁陳에 이르는 시기에 나온 〈서음〉들은 일찍이 망일되어 지금은 그 모습을 볼 수 없고, 육덕명陸德明이 지은 《경전석문經典釋文》에 그러한 서적들의 내용이 상당량 인용되어 있을 뿐이다. 당대에 이르러서는 《사기》·《한서》에 대하여 음의를 풀이한 책이 나오기도 하였는데, 원본은 일찍이 망일되어 버렸다. 사부史部에 속하는 서적에 대하여 음의를 풀이한 책으로는 천보天寶 연간에 하초何超가 지은 《진서음의晉書音義》뿐이었다. 이것은 《진서》와 함께 지금까지 전해지고 있다.

불교 경전의 음을 풀이한 책은 북제北齊 때 등장하였다. 당대에 이르러서는 이름이 널리 알려진 두 가지의 음의서가 세상에 선을 보였다. 하나는 당 고종 때 승려 현응玄應이 지은 《중경음의衆經音義》이고, 다른 하나는 당 헌종憲宗 때 승려 혜림慧琳이 지은 《일체경음의一切經音義》이다. 이 두 서적은 방대한 분량에 내용도 극히 광범위하여 고음과 고의를 연구하는 데 있어서 중요한 참고자료로 활용되고 있다.

(周祖謨)

《이아爾雅》

낱말의 뜻을 풀이한 책 중에서 중국 최초의 것이다. 《한서·예문지》에 《이아》 3권 20편이 저록되어 있다. 지금 전해지고 있는 것은 19편뿐이다. 《이아》의 내용은 《석고釋詁》·《석언釋言》·《석훈釋訓》·《석친釋親》·《석궁釋宮》·《석기釋器》·《석악釋樂》·《석천釋天》·《석지釋地》·《석구釋丘》·《석산釋山》·《석수釋水》·《석초釋草》·《석목釋木》·《석충釋蟲》·《석어釋魚》·《석조釋鳥》·《석수釋獸》·《석축釋畜》으로 구분되어 있다. 원래 저자의 이름이 밝혀져 있지 않았다. 한대 정현鄭玄은 그가 지은 《박오경이의駁五經異義》에서 『어떤 사람에게 듣기로, 《이아》라는 책은 공자의 제자가 지은 것으로 육예의 본지를 풀이한 것이라 하는 바, 대체로 틀림이 없는 것 같다 某之聞也, 《爾雅》者孔門人所作, 以釋六藝之旨, 蓋不誤也』라고 말하였다. 위魏나라 태화太和 연간의 박사였던 장읍張揖은 《상광아표上廣雅表》에서 주공周公이 《이아爾雅》 1편篇을 지었다고 주장하면서 『지금 전해지고 있는 3편은 혹자는 공자가 증보한 것이라고 하고, 혹자는 자하가 보탠 것이라고 하며, 혹자는 숙손통이 보충한 것이라고 하며, 혹자는 패군의 양부가 상고한 것이라고 하는 바, 이러한 주장들은 해설가들이 말한 주장으로 전대의 스승들로부터 구전되어 왔는데, ……의혹스럽게도 (그러한 주장을) 명확하게 확인할 방도가 없다 今俗所傳三篇, 或言仲尼所增, 或言子夏所益, 或言叔孫通所補, 或言沛郡梁父所考, 皆解家所說, 先師口傳……疑不能明也』라고 피력하였다. 후대 사람들은 대부분 진한秦漢간에 나온 것으로 한 사람이 지은 것이 아니라, 여러 학자들이 훈고 주석들을 채집하여 대대로 그것을 증익함으로써 이루어졌을 것으로 보고 있다. 〈이아爾雅〉라는 말은 바른 것에 가깝다(近正)는 의미이다. 한말 때 사람인 유희劉熙가 지은《석명釋名》에는『다섯 지방의 말이 달라서, 모두 바른 것에 가까운 것을 위주로 하였다 五方之言不同, 皆以近正爲主也』는 기록이 있고, 당초 때 사람인 육덕명陸德明이 지은《경전석문經典釋文》의 서록敍錄에서는『이爾, 近也(비슷하다·가깝다) : 아雅, 正也(바르다·옳다). 言可近而取正也(비슷한 것이라 할 수 있어서 옳은 것으로 취할 만하다는 것을 말하는 것이다)』라고 풀이하였다. 동한 때에 벌써 유흠劉歆·번광樊光·이순李巡 같은 몇 사람의 학자들이《이아》에 주를 달기 시작하였다. 위魏나라 때에는 또 낙안樂安의 손염孫炎이 주를 달기도 하였다고 한다. 그런데 이상의 주석서는 모두 일찍이 망일되어 버렸다. 현재 전해지고 있는 것 가운데 시기적으로 가장 이른 주석서는 곽박郭璞이 주를 달아 놓은《이아주爾雅注》전3권이다. 곽박은《이아음의爾雅音義》2권을 저술하기도 하였다는데, 지금은 잔존하지 않는다. 곽박은 훈고에 대하여 깊이 연구하였으며, 전인들의 연구결과를 두루 섭렵하는 한편 그들이 소홀히 한 점을 보완하므로써 하나의 학풍을 조성하였으므로 없어지지 아니하고 전래되면서 줄곧 사람들의 중시를 받아왔다. 북송北宋 진종眞宗 때 형병邢炳(932—1012)이 주를 단《이아소爾雅疏》10권은 곽박이 쓴 것과 쌍벽을 이루는 것이다. 곽박이 주를 단《이아》는 경전의 문구를 인용하여 그것의 훈석을 증명하는 한편 그 당시의 뜻으로 고대의 뜻을 풀이하였고, 또 한편으로는 진대晉代의 방언을 인용하여 고어를 해석한 것이다. 형병의《이아소》는 곽박이 단 주석을 더 소상하게 설명함과 아울러《이아》의 조례에 대하여 새롭게 고찰한 것이었으니, 결코 헛되이 옛날 이야기만 너절하게 늘어 놓는 것에 지나지 않았다.

　남송 고종 때에 이르러 정초鄭樵가 다시《이아》에 주를 달아 놓는 한편, 그러한 작업을 통하여《이아》의 본문을 공박하기도 하였다. 그는 수십 가지 낱말이 같은 의미를 지니고 있다는 것은 이치에 어긋나는 것이며,《시경》의 의미를 여러 가지 글자를 들어 해석하는 것은 거의가 사물의 실상에 어두웠기 때문이라고 생각하여 그러한 것들을 변증하고자 하였다. 또 효종孝宗 순희淳熙 원년(1174)에 나원羅願 (1136—1184)이《이아익爾雅翼》32권을 저술하였던 바, 이것은 전적으로 풀·나무·새·짐승·벌레·물고기의 명칭과 모습에 대하여 풀이한 것이다. 원래의 문구에 따르지 아니하였고 눈으로 직접 확인할 수 있는 것을 중요시한 것이 그 특색이다. 그 이후로 청대에서 근대에 이르기까지《이아》를 연구한 사람은 줄잡아 20여 명에 달한다. 그들의 저서를 내용별로 분류하자면 대체로 다음의 네 가지 부류로 나눌 수 있다.

　① 내용을 교정한 것.《이아》는 손에서 손으로 옮겨 쓰는 방식으로 전래되어진

까닭에 잘못 옮겨진 것이 없을 수 없으므로 그러한 것들을 바로잡는 것이 급선무였다. 완원阮元의 《이아주소교감기爾雅注疏校勘記》가 그 대표적인 예이다. 그후로 엄원조嚴元照(1773—1817)가 지은 《이아광명爾雅匡名》 20권은 《설문해자》를 주요 근거로 삼아서 잘못된 것을 교정함과 아울러 그것에 씌인 가차자를 설명한 것이다.

② 곽박의 주와 형병의 소를 보완수정한 것. 주춘周春(1729—1815)이 지은 《이아보주爾雅補注》4권과 번연동潘衍桐의 《이아정곽爾雅正郭》3권이 그러한 것들이다.

③ 《이아》를 소증疏證한 것. 소진함邵晉涵(1743—1796)이 지은 《이아정의爾雅正義》 20권과 학의행郝懿行(1757—1825)이 지은 《이아곽주의소爾雅郭注義疏》20권이 그 대표적인 저작이다. 전자는 《이아》의 뜻풀이와 《이아》에 대한 한대 사람들의 여러 가지 주석을 채집함과 동시에 사물명칭에 있어서 곽박의 주석이 미비한 점을 보충한 것이다. 그것은 문장이 간결 명료하고 정밀한 것으로서 형병이 소를 단 것의 수준을 능가하는 것이었다. 후자는 사물의 명칭을 변별 고석함에 있어서 눈으로 직접 확인할 수 있는 것을 중시한 점에 있어서는 전자에 비하여 높은 수준의 것이었고, 글자의 뜻을 풀이함에 있어서 음에 의거하여 뜻을 구하는 방식을 취하고 있다는 점에서는 전자에 비하여 약간 진보된 것이었다. 그러나 소진함이 지은 책의 내용을 그대로 베껴 쓴 곳이 극히 많다는 점은 실로 큰 흠집이 아닐 수 없고, 그로 말미암아 많은 사람들에 의하여 천박하게 취급되는 것도 어쩔 수 없는 사실이다.

④ 《이아》의 체례를 해석한 것. 이러한 방면에 있어서 성과를 거둔 학자는 두 명이 있다. 첫번째로는 근대 사람인 진옥수陳玉澍(1853—1906)를 꼽을 수 있다. 그는 《이아석례爾雅釋例》5권을 저술하였는데, 이 책에는 비록 창견이 많기는 하지만 그가 찾아낸 조례가 너무 번잡하여 《이아》의 바른 본지를 파악하는 데 오히려 어려움을 안겨 주는 흠이 있다. 두번째로는 왕국유王國維를 꼽을 수 있다. 그가 지은 《이아초목충어조수석례爾雅草木蟲魚鳥獸釋例》는 《관당집림觀堂集林》권5에 실려 있는데, 이 글은 고금의 명명命名에 있어서의 잘잘못을 따지는 것과 《이아》의 어휘풀이 체례에 대하여 새로이 발견해낸 것이 지극히 많았다. 그러한 점은 그 이전 사람들의 글에서는 결코 찾아볼 수 없는 것이었으므로 참으로 값진 것이라 아니할 수 없는 것들이다. 그밖에도 황작黃焯이 편찬한 황간黃侃의《이아음훈爾雅音訓》이 있는데, 이 책은 음에 근거하여 뜻을 풀이한 것으로서 탁월한 점이 상당히 많은 편이므로 참고할 만한 것이라 할 수 있다.(원색화보 참고)　　　　(周祖謨)

곽박의 《이아주》

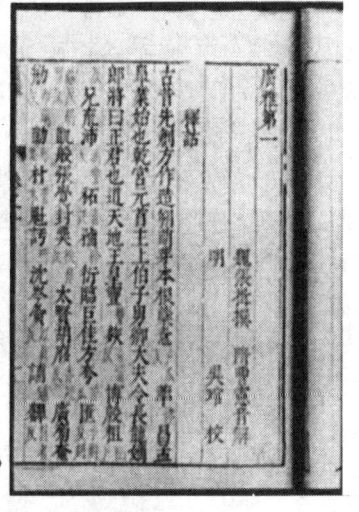
장읍의 《광아》

광아廣雅

훈고류 서적에 속하는 것으로 삼국시대의 위魏나라 사람인 장읍張揖이 지었다. 장읍은 자가 치양稚讓이고 위나라 명제明帝 태화太和 때 박사博士에 오른 학자이다. 그는 《상광아표上廣雅表》라는 글에서, 《이아》에 채집되어 있는 훈고는 그다지 완벽한 것이 못 되므로 여러 가지 서적들에 쓰인 문구는 같은데 뜻이 다른 것과 음이 변화되어 잘못 발음하는 것, 여러 가지 방언어휘, 여러 가지 물건들의 명칭, 그리고 《이아》에 상세하게 소개되지 아니한 것들을 모아서 새로이 책을 엮어보고자 하였노라고 밝혀 놓았다. 그는 《이아》를 확대 증보하는 데 뜻을 두고 있었으므로, 내용 분류를 여전히 《이아》와 동일하게 하였다. 즉 《석고釋詁》·《석언釋言》·《석훈釋訓》에서 시작하여 《석수釋獸》·《석축釋畜》에 이르는 총 19편으로 엮어져 있다. 《광아》에 수록된 훈석들은 극히 광범위한 것으로서 한대 이전의 모든 경전에 등장하는 훈고를 열거함은 물론이고, 《초사楚辭》·《한부漢賦》의 주석 및 한대의 자서·《방언》·《설문해자》 등의 책에 나오는 해설들을 모두 망라해 놓았다. 《광아》가 한위漢魏 이전의 어휘와 그 훈고를 연구하는 데 있어서 중요한 저작물임은 더 말할 나위가 없는 것이다.

《광아》는 본래 상·중·하 3권으로 구분되어 있었다. 수대 조헌曹憲이 음을 표기하면서 수나라 양제煬帝의 휘諱가 광廣이었으므로 그것을 피하기 위하여

《박아博雅》로 개칭하고, 자신의 저서 제목을 《박아음博雅音》이라 하였다. 조헌이 음을 표기하는 데 사용한 《광아》는 4권이었다고 《수지隋志》에 기록되어 있다. 《당지唐志》에서는 그것이 10권이었다고 기록되어 있으며, 책이름도 《광아》라고 기록되어 있다. 그후로 지금까지 《광아》라는 이름으로 불리고 있다.

청나라 건륭乾隆・가경嘉慶 때에는 언어음운 훈고의 학문이 크게 성행하였다. 그러한 시기에 **왕념손**이 처음으로 《광아》를 연구하기 시작하여 《광아소증 廣雅疏證》10권을 저술하였다. 이 책은 각권을 다시 상・하로 구분하였다. 청대학자들은 『대체로 장읍이 지은 책을 빌어 각종 견해를 두루 서술하고 있는데, (그 중에는) 장읍이 언급하지 않은 새로운 사실이 많이 언급되어 있다. 글하는 사람들은 그것을 역도원이 지은 《수경주》에 비견하면서 주석이 본문보다 낫다고 말들한다 蓋藉張揖之書以納諸說, 而實多揖所未知, 學者比諸酈道元之注《水經》, 注優於經云』고 그의 저서를 예찬하였다고 한다. 왕념손이 직접 저술한 것은 제9권까지이다. 제10권은 그의 아들인 **왕인지王引之**가 쓴 것이다. 《광아소증》의 최대 특색은 고음에 근거하여 고의를 탐구하고, 의미의 확대와 축소를 추정함에 있어 자형에 구속되지 아니하였다는 것이다. 그 책 가운데 〈음이 비슷하고 뜻이 같은 **聲近義同**〉・〈음이 바뀌었어도 뜻이 비슷한 **聲轉義近**〉 이치를 추정하여 밝혀 놓은 것이 곳곳에 등장하고 있다. 이 책은 성음으로써 훈고를 달통한 것인 바, 본문 가운데 『모라고 말하는 것은 모의 뜻이다 某之言某也』라고 풀이한 것이 자주 눈에 띈다. 그리고 단어의 어원(詞源)과 단어가족(詞族)을 탐구한 예도 자주 등장하고 있다. 학의행郝懿行이 지은 《이아의소爾雅義疏》와 전역錢繹이 지은 《방언전소方言箋疏》는 그것의 영향을 직접적으로 혹은 간접적으로 받으므로써 이루어진 저작이다.

《광아》의 구각본舊刻本에는 잘못된 글자들이 비교적 많았고, 게다가 조헌이 정문正文 아래에 표기해 놓은 음에 있어서도 잘못을 범한 것이 있었는데, 왕념손과 왕인지가 그러한 것을 일일이 교감해 놓았다. 조헌이 음을 표기해 놓은 것을 가려내어 《광아》 원서의 말미에다 열거하므로써 모양이 더욱 산뜻해졌다. 《광아소증》의 판본으로는 학해당본學海堂本・기보총서본畿輔叢書本・왕씨가각본王氏家刻本이 있다. 근래 북경 중화서국과 상해고적출판사에서 그 영인본을 발간한 바 있다. 강소고적江蘇古籍出版社에서는 고우왕씨高郵王氏의 저서 4종을 영인 출판하였는데, 그 중에 포함되어 있는 《광아소증》에는 어휘색인이 부록으로 실려 있어서 찾아보기가 극히 편리하다. 《광아소증》이 간행된 후에도 저자가 그 내용을 끊임없이 수정보완하였다. 수정보완한 내용을 모아 놓은 《광아소증보정廣雅疏證補正》 1권을 1918년 상해광창학군上海廣倉學 宭에서 발간하였다. 또한 1929년에 인쇄된 《은예재사당총서殷禮在斯堂叢書》 에 실려 있는 것도 있는데, 그것은 저자가 손으로 직접 써놓은 원고의 초록抄 錄을 근거로 나진옥羅振玉이 출판한 것이다. 왕념손과 왕인지 이후에도 몇몇 사람들이 《광아소증》에 대한 보완작업에 종사하였으나, 높은 수준에 달한 것 은 많지 않았다.

왕념손과 같은 시기에 《광아》를 연구한 사람으로는 전대소錢大昭를 꼽을 수 있다. 그가 지은 《광아의소廣雅義疏》 20권은 당시에는 손으로 베껴 쓴 것만이 있었고, 책으로는 발간되지 않았으며 영향도 그다지 크지 않았다. 계복桂馥이 일찍이 그 원고를 읽어보고는 그 내용이 정심精審함에 감탄한 적이 있다고 한 다. 그밖에도 노문초盧文弨가 쓴 《광아석천이하주廣雅釋天以下注》가 《광아의 소》 가운데 끼어 있다. 일본에서 간행된 《정가당총서靜嘉堂叢書》에 실려 있는 판본이 중국내의 큰 도서관에 소장되어 있다. (원색화보 참고)　　　　(徐 復)

《소이아小爾雅》

한대의 훈고서이다. 반고班固의 《한서·예문지藝文志》에 그 1편이 저록되 어 있으나, 저자는 밝히지 않았다. 《한서·예문지》는 유흠劉歆의 《칠략七略》 에 근거하여 그 책이 서한시대에 이미 읽히고 있었다고 단정하고 있다. 하지만 현존 《소이아》는 《공총자孔叢子》 제11편에 있는 것을 베껴 쓴 것이므로 《예문 지》에 일부 있는 것과는 다른 것이다. 《수서隋書·경적지經籍志》에는 이궤李 軌가 《소이아해小爾雅解》 1권을 지었다는 기록이 보이고 있다. 후지모또 사요 (藤元佐世)가 지은 《일본견재서목日本見在書目》에서는 이궤가 약찬略撰한 것 이라고 말하고 있으나, 일찍이 소실되고 지금은 전해지지 않는다. 금본今本 《공총자》는 송나라 인종仁宗 가우嘉佑 연간에 송함宋咸이 주를 단 것인데, 원 서는 공부孔鮒가 지었다고 적혀 있다. 공부는 진말의 진섭박사陳涉博士를 지 낸 사람이므로 청대학자는 그것이 위서僞書라고 판정하였다. 그 책은 아마도 한말에 나왔을 가능성이 있다. 《소이아》가 《공총서》에 실려 있는 점을 감안하 면, 그것이 나온 시대가 매우 이를 가능성이 희박하다. 《소이아》는 《광고廣 詁》·《광언廣言》·《광훈廣訓》·《광의廣義》·《광명廣名》·《광복廣服》·《광기 廣器》·《광물廣物》·《광조廣鳥》·《광수廣獸》·《광도廣度》·《광량廣量》·《광 형廣衡》 이상 총 13장으로 엮어져 있다. 전 10장은 대체로 《이아》에 미비된 점을 보충한 것으로 대상 명물을 다소 증가시킨 것이다. 후3장은 《이아》에서는 완전히 빠져 있는 도량형에 관하여 해석한 것이다. 청대의 건륭乾隆·가경嘉慶시기에는 《소이아》가 그다지 중시받지 못하였으나, 도광道光 이후에는 그것에다 주를 다는 학자들이 다수 등장하였다. 예컨대 송상宋翔이 《소이아훈찬小爾雅訓纂》 6권을, 호승공胡承珙이 《소이아의증小爾雅義證》 13권을 각각 저술하였던 것이다. 이러한 것들은 경정 훈해를 흡수 참증參證한 소중한 자료이다. 그밖에도 주준성朱駿聲이 《소이아략주小爾雅約注》 1권을, 갈기인葛其仁이 《소이아소증小爾雅疏證》 5권을, 임조린任兆麟이 《소이아주小爾雅注》 8권을 각각 지었는데, 모두가 참고할 만한 것들이다.　　　　　　　　(徐 復)

《이아익爾雅翼》

훈고서에 속하는 《이아익》은 송대 나원羅願이 지은 것이다. 이 책은 《이아》에 있는 풀·나무·짐승·곤충·물고기 등 각종 명물에 대하여 재해석하므로써 《이아》의 보익輔翼으로 삼으려는 뜻에서 저술한 것이므로, 그 이름을 《이아익》이라 하였다.(원색화보 참고)

저자 나원은 자가 단량端良이고 휘주徽州 흡현歙縣 태생이다. 이 책은 남송 효종孝宗 순희淳熙 원년(1174)에 완성되었다. 도종度宗 함순咸淳 6년(1270)에 왕응린王應麟이 휘주의 태수를 역임하고 있을 때 나원羅願의 종증손從曾孫의 집에 소장되어 있던 것을 얻어서 군청에서 판각하였다.

이 책은 32권으로 구성되어 있다. 권1에서 권8까지는 풀에 대하여 풀이한 것이고, 권9에서 권12까지는 나무에 대하여, 권13에서 권17까지는 새에 대하여, 권18에서 권23까지는 짐승에 대하여, 권24에서 권27까지는 벌레에 대하여, 권28에서 권32까지는 물고기에 대하여 각각 풀이한 것으로 내용이 매우 광범위한 편이다. 각 사물에 대하여 원류를 자세히 고찰하고 있는 관계로 의문시되는 점이 조금도 없다. 전서全書는 약 5만여 자로 되어 있다. 지금 전해지고 있는 판본은 원나라 인종仁宗 연우延祐 7년(1320)에 홍염조洪焱祖가 음석音釋한 것으로 청대 장해붕張海鵬이 각한 《학진토원學津討原》 제4집에 실려 있다.

(周祖謨)

《비아埤雅》

훈고서인 《비아》는 송대 육전陸佃(1042—1102)이 지은 것이다. 육전은 자가 농사農師이고, 월주越州 산음山陰 태생이다. 북송 신종神宗 때 상서좌승尙書左丞을 지냈으며, 《이아신의爾雅新義》20권을 지었다. 《비아》20권은 명물을 전문 해석하여 《이아》를 보충한 것이므로, 그 이름을 《비아》라고 하였던 것이다. 이 책은 물고기에 대하여 해석한 것을 필두로 하여 이어서 짐승·새·벌레·말·나무·풀에 대하여 풀이하였고, 끝으로 천문에 대하여 언급하고 있다. 저자 육전은 당시에는 《시경》의 함의를 잘 해석하는 것으로 저명하였는데, 이 책에서 명물에 대하여 풀이할 때에도 《시경》에 나오는 문구를 인용하므로써 《시경》에 씌인 뜻을 구명한 사례가 많았다. 글자의 뜻을 해석함에 있어서는 왕안석의 《자설字說》같은 억설을 끼어 놓았는데, 그러한 점은 좋지 못한 점이다. 책머리에는 선화宣和 7년(1125)에 그의 아들 육재陸宰가 쓴 서문이 실려 있다. (원색화보 참고)

(周祖謨)

《통아通雅》

여러 가지 사물들의 명칭을 해설한 훈고서이자 음운서로, 명대 방이지方以智가 지은 것이다. 전서는 52권·권수卷首 3권으로 구성되어 있다. 《사고전서총목四庫全書總目》에서는 그것을 잡가잡고류雜家雜考類에 넣어 놓았다.

방이지(1579—1671)는 자가 밀지密之이고 안휘安徽 동성현桐城縣 사람이다. 숭정崇禎 13년(1640)에 진사 시험에 급제하여, 일찍이 한림원翰林院 검토檢討·예부禮部의 시랑侍郞·동각東閣 대학사大學士를 역임하였다. 명나라가 망하자 출가하여 승려가 되었는데, 법명을 홍지弘智라 하였으며 자는 무가無可였다. 청나라 강희 10년(1671)에 세상을 떠났다. 평생에 걸쳐 수많은 책들을 두루 섭렵한 그는『학문에 있어서는 고훈이 최고이고 널리 익혀야 요약할 수 있다 學惟古訓, 博乃能約』고 말하였다. 《통아》는 저자가 평소에 독서를 하는 도중에 자의와 자음을 고석한 것을 모아서 찬집하므로써 이루어진 것이다. 그의 박학한 학식을 토대로『고금의 전체를 살펴보려는 觀古今之通』취지에서 쓴 것이므로 이름을 《통아》라고 명명한 것이다.

서수書首 권1은 《음의잡론音義雜論》이고, 권2는 《독서류략讀書類略》과 《소학대략小學大略》이며, 권3은 《시설詩說》과 《문장신화文章薪火》이다. 서중書中의 권1에서 권52까지는 의시疑始·석고釋詁·천문·지여地輿·신체·칭위稱謂·성명·관제官制·사제事制·의례儀禮·악곡·악무樂舞·기용器用·의

복・궁실・음식・산수・식물・동물・금석・언원諺原・절운성원切韻聲原・맥고脈考 등에 대하여 풀이한 것인데, 그 분류가 매우 세밀하였다. 명칭과 사물의 음의에 대하여 사실적으로 고찰하여 구설의 오류를 바로잡았다.

방이지는『소학에는 훈고의 학과 자서의 학, 그리고 음운의 학이 포함된다 小學有訓詁之學, 有字書之學, 有音韻之學』고 말하였다.《의시疑始》와《절운성원切韻聲原》은 고금의 음운에 관하여 논술한 것이고,《석고釋詁》는 전적으로 말뜻에 관하여 토론한 것이다.《언원諺原》은 방언・속어에 관하여 말한 것이다. 그의 이 저술로부터 문자・성음・훈고에 관한 많은 새롭고 정확한 견해들을 접할 수 있다. 예를 들어 그가『고의에 대하여 능통하고 싶으면, 먼저 고음에 대하여 능통하여야 한다 欲通古義, 先通古音』(《音義雜論》〈方言說〉條)라고 한 말은 매우 소중한 견해가 아닐 수 없는 것이다. 그는 음과 뜻간의 관계를 이해하고 있었으므로 말미암아 고금의 방언・속어 어휘들을 해석함에 있어 음의 변화측면에서 그러한 현상들을 해박하게 알 수 있었던 것이다. 예를 들어 그는 권1의《의시疑始》에서『〈爾〉・〈你〉・〈而〉・〈若〉은 곧 하나의 음에서 전환된 것이다 爾你而若乃一聲之轉』라는 조목 아래에『〈爾〉가 또 〈尔〉가 된다. 〈尔〉는 〈寧禮切〉(네)이라는 음으로도 발음되며, 속자로는 〈你〉라고 쓴다. 이러한 현상은 〈兒〉가 〈倪〉(예)라는 음을 가지고 있는 것과 같다 爾又爲尔, 尔又音寧禮切, 俗作你, 猶兒之有倪音也』라고 설명하였다. 또한 권49《언원》에서는『〈모某〉는 〈매梅〉의 고문이다. 〈모母〉・〈묘畝〉・〈매每〉・〈마馬〉의 성음은 모두 통전되는 것이다. 그러므로 지금의 수도 지역에서는 〈마麽〉라고 써놓고 〈마麻〉라고 발음한다. 강북과 초 지역에서는 〈마麽〉자를 〈모母〉자같이 읽는다. 그러나 남도에서는 그러한 뜻으로 〈심甚〉자를 쓴다. 소주와 항주에서는 〈심甚〉자를 〈신가반申駕反〉(사)으로 발음하며, 중주에서도 그렇게 읽는다. 그런데 진진秦晋 지역에서 말하는 〈자咱〉는 〈즘怎〉이 전환된 것이다 某, 古梅字. 母・畝・每・馬聲皆通轉. 故今京師曰作麽, 讀如麻 ; 江北與楚皆曰麽事, 讀如母 ; 而南都但曰甚. 蘇杭讀甚爲申駕反, 中州亦有此聲. 而秦晋之咱, 則怎之轉也』라고 기술하였다. 이렇듯 여러 가지 음들을 하나로 꿰매는 방법으로 낱말의 음의를 연구하는 것은 청대의 사람들에게 매우 큰 영향을 미쳤다.　　(周祖謨)

《변아騈雅》

쌍음사를 해석한 훈고서로서 명대 주모위朱謀㙔가 지은 것이다. 주모위는 자가 명부明父이고 욱의郁儀라는 자도 사용하였으며, 예장豫章 사람이고 영헌왕寧獻王 주권朱權의 증손자이다. 안 본 책이 없었을 정도로 박학다문博學多聞하였으며, 《명사明史》에 있는 그의 전기에 의하면 그가 지은 책이 112종에 달하였는데, 그 중에서 《수경주전水經注箋》이 가장 유명하였다고 한다.

　《변아》는 명대 만력萬曆 15년(1587)에 완성되었는데, 주로 쌍음사를 위주로 해설한 것이다. 두 글자가 하나의 뜻을 구성하는 것과 글자는 다른데 뜻은 같은 것들을 모두 모은 다음 부류를 나누어 해석을 가하였으므로 그 이름을 《변아》라 하였던 것이다. 실제 내용은 두 가지로 나뉜다. 하나는 일반 어휘이고, 다른 하나는 사물의 명칭이다. 《이아》의 체례와 편제를 그대로 답습하여 《석고釋詁》·《석훈釋訓》·《석명칭釋名稱》·《석관釋官》·《석복식釋服食》·《석기釋器》·《석천釋天》·《석지釋地》·《석초釋草》·《석목釋木》·《석충어釋蟲魚》·《석조釋鳥》·《석수釋獸》 이상 13목으로 구분하였고, 총 7권으로 짜여져 있다. 수록되어 있는 어휘들은 주진양한周秦兩漢에서 육조六朝시대까지의 경사문집經史文集과 당송시대의 유서類書에 나오는 것을 뽑은 것들이다. 그 중에는 독음상의 관련이 있지만 쓰기체계는 다른 어휘들이 많이 포함되어 있으며, 그러한 것들은 출처가 분명하지 않은 것으로서 이해하기가 쉽잖은 것들이다.

　《변아》가 예전에는 장해붕張海鵬이 간행한 《차월산방총서借月山房叢書》에 포함되어 있었다. 청대 도광道光 연간에 위무림魏茂林이 《변아훈찬騈雅訓纂》을 지었다. 이것은 원서 7권을 다시 16권으로 나눈 다음 어휘별로 각각 주를 달아 놓은 것인데, 그 책에 인용된 경사자집經史子集의 서적수는 256종에 달하고 있다. 저자 위무림은 이상의 방대한 서적을 인용할 때에는 책명은 물론 편명篇名과 권수卷數를 명시해 놓았고, 그가 인용한 책의 판본까지도 밝혀 놓았다. 만약 이미 없어진 일서佚書일 경우에는 그것을 어느 책에서 전록轉錄한 것인지를 명시하여 놓았다. 《변아》의 원서상에는 음이 표시되지 않았는데, 위무림이 모든 어휘에 대하여 독음을 달아 놓았다. 즉 《옥편玉篇》·《광운廣韻》·《집운集韻》의 반절反切을 인용하여 독음을 표시하였다. 청대학자들이 주해한 고서 중에서는 위무림의 《변아훈찬》이 가장 완벽한 체례를 갖추고 있는 것이다. 지금 통용되고 있는 것은 도광 25년(1845)에 불위재不爲齋에서 각인刻印한 것이다.

(周祖謨)

《변자분전騈字分箋》

어휘의 의미를 훈해訓解한 책으로 청대 정제성程際盛이 지은 것이다. 정제성은 강소江蘇 오현吳縣 사람이다. 이 책은 상하 두 권으로 구성되어 있다. 그 책에 풀이되어 있는 것은 〈일월日月〉·〈한서寒暑〉·〈원야原野〉·〈표리表裏〉·〈목욕沐浴〉·〈효우孝友〉·〈절차切磋〉·〈고상翺翔〉·〈질투嫉妬〉·〈전주田疇〉 등과 같은 병렬어휘들이다. 이러한 것들은 고서에서 뽑아낸 것이며, 의미는 고서에 쓰인 뜻을 풀이하는 것을 위주로 하고 있다. 이 책에 수록된 어휘들은 대체로 사물 부류에 따라 배열되어 있어 홍량길洪亮吉이 지은 《비아比雅》와는 대조적이다.

(周祖謨)

《첩아疊雅》

청대 사몽란史夢蘭이 지은 훈고서이다. 사몽란(1818—1898)은 자가 향애香厓이고, 호는 연농硯農이며, 악정樂亭 태생이다. 《첩아》는 총 13권으로 이루어져 있으며, 서문序文은 동치同治 3년(1864)에 씌어졌다. 저자는 고대의 경사자집經史子集과 여러 가지 주소류注疏類 서적들에 쓰인 첩자疊字들을 모두 가려내어 한 곳에 모아 놓은 다음 《이아爾雅·석훈釋訓》의 체례에 따라 의미가 동일한 것들을 하나의 조목으로 분류하여 풀이하였다. 이 책에 수록된 첩자들은 《이아》·《소이아》·《광아》·《변아》·《비아》에 수록되지 아니한 것들이다. 비교적 상당한 분량의 첩자를 한 군데 모아 놓았다는 특징 이외에도 자세한 풀이와 광범위한 용례 인용 등을 특징으로 꼽을 수 있다. 이 책에 인용된 바 있는 서적들은 경사자집·유서類書·자서·운서·훈고서·석고문石鼓文 및 《일체경음의》·《태평광기太平廣記》등에 이르기까지 방대한 양에 달하고 있다. 인용시에는 경서經書나 자서子書의 경우 그 편명을 표기하였으며, 사서史書인 경우에는 어느 사람의 전기傳記인지를 명시해 두었고, 시詩 작품에서 인용하였을 경우에는 그 제목과 작자의 시대를 표기하는 등 주도면밀하여 조금도 소홀히 취급됨이 없었다. 말미에 별도 부록으로 실려 있는 《쌍명록雙名錄》1권은 쌍자雙字로 이름을 지은 고대 사람들을 모두 집록해 놓은 것이다. 그러한 사례도 첩자에 속하는 것이라고 생각하였던 관계로 책 말미에 부록으로 실어 놓았던 것이다.

(周祖謨)

《비아比雅》

의미가 서로 비슷한 단어들을 변별 해석한 책으로 청대 홍량길洪亮吉이 편집한 것이다. 저자 홍량길은 건륭乾隆 11년(1746)에 태어나서 가경嘉慶 14년(1809)에 세상을 떠났다. 그는 강소江蘇 양호陽湖 사람으로 자는 군직君直이고 치존稚存이라는 자도 있었다. 호는 북강北江이며, 건륭 때에 진사 시험에 합격하여 귀주貴洲의 학정學政을 맡았었다. 가경 때에는 상서上書를 논사論事함에 있어 말이 너무 격렬하였던 탓으로 사형에 버금갈 정도의 중벌을 받았다가 후에 사면되었다. 그는 평생토록 경사經史와 지리를 깊이 연구하였으며 시 짓기에 뛰어난 기량을 보였다. 저작으로는 《홍북강전집洪北江全集》이 있다.

《비아》는 《이아》의 체례를 본받아서 만든 저작으로 고서상의 뜻풀이를 수집 기록하여 한 권의 책으로 집성한 것이다. 본래는 유고遺稿로 정리가 되지 아니한 것이었는데, 후에 어떤 사람이 《이아》의 편집 배열방식에 의거하여 정리하였다. 《석고釋詁》에서 시작하여 《석축釋畜》으로 끝맺고 있으며, 총 19류로 구분되어 있다. 《이아》에 비하여 편차와 명목이 약간 달라졌다. 즉 《석천釋天》·《석지釋地》·《석산釋山》·《석수釋水》를 《석친釋親》보다 앞에 배열하였으며, 《석친釋親》을 《석인釋人》으로 고쳤고 《석구釋丘》를 《석산釋山》에다 합병시켜 놓았으며, 《석수釋水》에서 《석주釋舟》를 따로 떼어냄과 동시에 그곳에다 《석거釋車》를 합병시켰던 것이다. 원서가 미정 원고였던 관계로 귀류가 잘못된 부분이 적잖았다.

저자의 저작목적은 고서 중의 의미 유사어휘들에 대한 풀이를 한 군데 가지런히 모아 놓으므로써 찾아보기와 이해 증진의 편리와 시간 절약을 기하기 위한 것이었다. 남북조시대의 송나라 하승천何承天(370—447)이 지은 《찬요纂要》(清 任大椿의 《小學鉤沈》안에 輯錄되어 있음)와 당대 서견徐堅(659—729)의 《초학기初學記》와 유사한 점들이 있다. 예컨대 《석훈釋訓》에서는 《시경모전詩經毛傳》의 『광洸, 洸武也(굳센 힘을 뜻한다), 궤潰, 潰怒也(성내다는 뜻이다)』, 《통속문通俗文》의 『길지 아니한 것을 〈마ㅁ〉라고 하고, 가늘고 작은 것을 〈마麼〉라고 한다 不長曰ㅁ, 細小曰麼』, 왕일王逸의 《초사주楚辭注》에 실린 『재물을 좋아하는 것을 〈탐貪〉이라 하고, 음식을 좋아하는 것을 〈람婪〉이라 한다 愛財曰貪, 愛食曰婪』를 인용하고 있다. 그리고 《석산釋山》에서는 《시경모전》의 『초목이 없는 산을 〈호岵〉라 하고, 초목이 있는 산을 〈기屺〉라고 한다 山無草木曰岵, 山有草木曰屺』를 인용하고 있다. 또 《석수釋水》에서는 고유 高誘의 《여람주呂覽注》의 『물이 있는 곳을 〈택澤〉이라 하고, 물이 없는 곳을 〈수藪〉라고 한다 有水曰澤, 無水曰藪』를 인용하였다. 이 책은 훈고서적들 가운데 독특한 성격을 지니는 저작으로 문사文辭를 섭렵하고 자의를 고구考求하는 데 있어서 매우 유용하게 쓰이는 것이다. 그러나 이 책에 수록된 일부의 낱글자들은 현대에 와서는 복합사를 구성하게 된 것으로서 그 자체가 하나의 낱말이 되는 것들이 아니었다.

《비아》의《월아당총서粤雅堂叢書》본을 상무인서관商務印書館에서《총서집성叢書集成》의 하나로 조판중이라고 한다. (周祖謨)

《별아別雅》

쌍음사를 위주로 풀이하고 있는 책으로 청대 오옥진吳玉搢이 지은 것이다. 총 5권으로 엮어져 있다. 오옥진(1698—1773)은 자가 자오藉五이고 호는 산부山夫로 강소江蘇 회안淮安 사람이다. 늠공생廩貢生(淸朝 때 生員의 第一等을 말함—역주)으로 봉양부鳳陽府의 훈도訓導를 역임하였다. 이 책의 원명은《별자別字》였는데, 후에《별아別雅》로 고쳤다. 이에 실린 단어들은 모두 자형은 다르지만 음의는 상동한 쌍음사들이 대부분이지만 소수의 단음사도 포함되어 있다. 체례는《이아爾雅》의《석고釋詁》·《석훈釋訓》의 것과 유사한 것으로서, 음의가 상통한 동의사를 단독으로 해석한 경우도 있고, 수 개의 음의 상통 동의사들을 동시에 해석한 것도 있다. 이 책에 수록된 해석대상 어휘들은 대부분이 경서經書·제자諸子·사전史傳 및 한대의 비각碑刻에 등장하는 것들인데, 그러한 것들의 글자 모양은 통상적으로 쓰는 형태와는 차이가 있는 것들이었다. 예를 들어보자면 다음과 같다.

① 『종용從頌, 從容也(마음이 여유가 있다는 뜻이다)』라는 구절에 대하여 주를 달기를《사기史記·노중연전魯仲連傳》에 『세상 사람들은 포초가 마음의 여유가 부족하여 자살하였다고 여겼는데, 그것은 사실이 아니다 世以鮑焦爲無從頌而死者皆非也』라는 문장이 있는데 이중의 〈從頌〉은 음이 〈從容〉과 같다고 하였다.

② 『〈부어扶於〉·〈부소扶疏〉(비쓱거리는 모양)·〈부소扶蘇〉(어린 나무)·〈부서扶胥〉·〈부소扶疎〉(초목의 가지와 잎이 무성한 모양)也』라는 구절에 대하여 주를 달기를 『《사기》에 실려 있는 사마상여의 작품《상림부》에는 〈늘어진 나뭇가지가 무성하도다〉라는 구절이 있는데, 곽박은 〈扶於〉라는 낱말은 〈扶疎〉라는 말과 같이 가지와 잎이 무성한 모양을 가리키는 것이라고 하였다. 오신이 편찬한《문선文選》에 실려 있는《상림부》에는 그것이 과연 〈扶疎〉라

고 적혀 있다. 〈疎〉자가 속자인 까닭에 이선이 편찬한《문선文選》에서는 이것을 〈扶疏〉라고 고쳐 놓았다.《설문》에는 〈扶疏(부소), 四布也〉(사방에 널리 퍼져 있는 나무다)라는 문장이 있고,《여씨춘추》에는 〈나무에 거름을 주어도 잎이 무성하게 되지 않았다〉는 구절이 있다. ……《시경·정풍·산에는 큰나무》1장에는 〈산에는 잎이 무성한 나무가 있고〉라는 구절이 있다. ……무릇 예전에는 〈어於〉·〈소疏〉·〈서胥〉·〈소蘇〉 이상 네 글자가 서로 통용되었다. 그래서 〈고소姑蘇〉를 〈고서姑胥〉라고도 썼던 것이다《史記》司馬相如《上林賦》「垂條扶於.」郭璞曰:「扶於, 猶扶疏也.」五臣本竟作扶疎. 疎乃俗字. 故李善本改作扶疏. 注引《說文》曰:「扶疏, 四布也.」《呂氏春秋》曰:「樹肥無使扶疏,」……《詩·鄭風》「山有扶蘇,」……蓋古於·疏·胥·蘇皆相通, 猶姑蘇亦作姑胥』라고 하였다.

주문 중에서는 출처를 밝혀 놓은 것 외에도『모모 두 글자는 예전에 음이 유사하여 통용하였음 某與某二字相近古通用』·『모모 글자는 하나의 음에서 전환된 것이므로 거의 통용됨 某與某一聲之轉, 故多通用』·『모모 글자는 음이 같아서 서로 가차됨 某某音同, 故兩相假借』같은 토를 달아 놓기도 하였다. 그리고『예전 사람들은 형성이 상근한 글자들을 거의 통용하여 따로 가리지 않았다. 그러한 것이 바로 가차·전주에 해당하는 것이었는데, 오늘날의 사람들은 그러한 도리를 모르는 까닭에, 하나의 글자에 대하여 하나의 의미만을 시종일관 고집하고 있다. 그러나 일상적으로 상용되고 있는 글자들 또한 그것의 본의 말고도 가차 통용되는 의미를 지니고 있는 예들이 이루 다 헤아릴 수 없을 만큼 많은데도, 배우는 사람들은 어려서부터 무작정 따라 익히기만 하고 이상하게 생각하지 않았을 따름이었다 古人形聲相近之字多通用無別, 此卽假借轉注之義, 今人不知此理, 始株守一字以爲一義, 然日用尋常之字, 其非本意而能假通用者不可勝數, 學者童而習之, 不以爲怪耳』·『여러 가지 변체라 할지라도 그 의미는 똑같다. 무릇 고인들은 차성 이외에도 때로는 형의가 서로 비슷한 것들도 구애됨이 없이 바꾸어 쓰곤 하였다 凡諸變體, 其義則一, 蓋古人不惟借聲, 見形義相近者, 時牽率書之』·『형용하는 말들은 모두 애시당초에는 정자가 없었고, 음이 같은 글자를 빌어 썼다 凡形容之辭初無正字, 皆假借同音之字書之』라는 말들을 하였는데, 이러한 그의 견해는 거의 대부분이 정확한 것이었다.

이 책에 인용된 자료들은 많은 분량의 것이었다. 초횡焦竑의《속서간오俗書刊誤》, 주백기周伯琦의《육서정와六書正訛》, 방이지方以智의《통아通雅》등을 인용하고 있다. 방이지의《통아》로부터 받은 영향이 특히 많았던 것 같다.

근대 주기봉朱起鳳의 저작인《사통辭通》은《별아》에 비하여 조금 더 상세하게 한 것이다.《별아》의 판본으로는 건륭 7년(1742) 신안新安 정씨程氏 독경당督經堂에서 간행한 것이 있다. 이 판본의 전면에는 경호鏡湖 왕가분王家賁의 서문과 수남水南 정사립程嗣立의 서문이 실려 있다. 그후 도광道光 말 때 나온 중각본重刻本이 있다. 그밖에도 기주沂州 사람인 일조日照 허한許瀚이 지은《별아정別雅訂》5권이《방희재총서滂喜齋叢書》에 실려 있다. 이 책은《별아》의 잘못된 해설을 정정한 것으로 참고할 만한 가치가 있다. (周祖謨)

《사통辭通》

고서 중의 이체 동의사를 해석한 사전辭典으로 근대 사람인 주기봉朱起鳳이 편술한 것이다. 주기봉(1875—1948)은 자가 단구丹九이고 절강浙江 해녕海寧 사람이다. 이 책은 청 광서光緒 22년(1896)에 처음으로 기획되어 민국民國 19년(1930)년에 완성되었으니 전후 30여 년이 걸린 셈이며, 10여 차례나 수정을 거친 사실로 보건대 힘을 얼마나 기울였는가를 가히 짐작하고도 남음이 있다. 이 사전에 수록된 것은 고서적 중에 두 글자로 구성된 이형異形 동의사同義詞들이다. 저자는 어느것이 음근가차音近假借에 해당하는 것이며, 어느것이 의동통용義同通用에 속하는 것이고, 어느것이 자형와오字形訛誤에 상당한 것인지를 일일이 밝혀 놓았으며, 그 분석 변별이 극히 상세하였다. 모든 어휘들은《패문운부佩文韻府》106운의 운차韻次에 의거 배열되었으며, 평상거입의 사성四聲에 따라 구분되어 있다. 경사자집經史子集에 등장하는 어휘들은 모두 가장 일반적인 자형으로 써놓은 다음 몇 가지의 이문별체異文別體를 그것이 출현하고 있는 경사자집의 순서대로 배열하였다. 체례가 근엄하고 질서가 정연하였다. 그 중에 하나의 어휘가 많은 경우에는 10여 종의 자형을 열거하고 있는 것도 있다. 그런 자료를 토대로 성음 전변轉變 통가通假의 도리를 연구할 수 있을 뿐만 아니라, 문자가 사용과정에서 어떻게 연변되었는지를 연구할 수도 있을 것이다. 이 사전에 열거된 것은 이전에 찬집된 경전이문經典異文 및 오옥진吳玉搢의《별아別雅》, 전점錢坫의《십경문자통정十經文字通正》같은 류의 서적에 실린 것에 비하여 훨씬 더 광범위한 것이다.

이 사전의 원명은《신독서통新讀書通》이었는데, 1934년에 개명서점開明書店에서 출판된 것은《사통》으로 개명된 것으로서 총 24권으로 엮어진 것이다. 이 사전의 최대 특색은 각 어휘에 대하여 거의 대부분 저자의 설명문이 부기되어 있는 것이다. 즉 성운을 위주로 하여 서로 다른 자형들간의 관계를 설명해 두었으며, 어느것이 **가차자假借字**이고, 어느것이 성근의통자聲近義通字이며, 어느것이 동성통용同聲通用에 해당하는 것이며, 어느것이 형오形誤이고, 어느것이 별체別體에 속하는 것인지를 일일이 자세하게 밝혀 놓았다. 또 어떤 경우에는 구주舊注상의 잘못된 해석을 바로잡아 놓기도 하였다. 저자는 자서自序에서 『이 사전의 주음과 뜻풀이는 청대 이전에 나온 책의 주해를 연용한 것이 많고, 또 한편으로는 청대학자들의 말을 따른 것도 있는데, 그러한 경우 필자 자신의 의견을 참작하여 절충한 것이다 此書音訓, 有沿用舊注多, 有採清儒之說者, 要皆參以己意, 折衷一是』라고 말하고 있다. 지금 그의 견해를 살펴보건대, 창견에 상당하는 것이 상당히 많은 것 같다. 그러나 고음의 부류에 대하여는 그다지 상세하게 고찰하지 못한 것 같으며, **일성지전一聲之轉**이라고 말한 것에 있어서도 불비한 점이 있고, 심지어는 잘못을 범한 것도 눈에 띈다. 권말에는 보유補遺 7조條가 부기되어 있고, 또 글자는 같지만 뜻이 다른 어휘 99조를 부기해 놓기도 하였다. 1982년에 나온 상해고적上海古籍출판사의 중인본重印本이 있다.

(周士琦)

《연면자보聯綿字譜》

고대의 **연면자聯綿字**를 집록한 책으로 **왕국유王國維**가 편찬한 것이다.《해녕왕정안선생유서海寧王靜安先生遺書》에 실려 있다. 이 책은 〈쌍성의 부 **雙聲之部**〉와 〈첩운의 부 **疊韻之部**〉 그리고 〈비쌍성첩운의 부 **非雙聲疊韻之部**〉라는 세 가지 부류에 따라 배열한 것이다. 쌍성의 부는 성모의 유별을 23류, 즉 〈영影〉·〈유喩〉·〈효曉〉·〈갑匣〉·〈견見〉·〈계溪〉·〈군群〉·〈의疑〉·〈단지端知〉·〈투철透徹〉·〈정징定澄〉·〈니양泥娘〉·〈래來〉·〈일日〉·〈정조精照〉·〈청천清穿〉·〈종상從牀〉·〈심심心審〉·〈사선邪禪〉·〈방비邦非〉·〈방부滂敷〉·〈병봉並奉〉·〈명미明微〉로 구분하였다. 그리고 첩운의 부에서는 21부, 즉 〈동東〉·〈증蒸〉·〈침侵〉·〈담談〉·〈양陽〉·〈경耕〉·〈진眞〉·〈순諄〉·〈원元〉·〈가歌〉·〈지支〉·〈지至〉·〈지脂〉·〈제祭〉·〈합盍〉·〈집緝〉·〈지之〉·〈어魚〉·〈후侯〉·〈유幽〉·〈소宵〉로 구분하였다. 성모의 유별은 장병린章炳麟《신방언新方言》의 21조組와 근사하며, 운부의 분류는 **왕념손王念孫**이 정한 것(王引之《經義述聞》卷31)과 완전히 동일하다. 이 책에 수록된 연면자는 선진양한시대의 경전經傳·제자諸子·초사楚辭 및 《이아》·《방언》·《설문해자》 등에 나오는 것들에만 국한시키고 여타 것은 수록하지 않았다. 쌍성 부분에서는 첩자疊字도 같이 포함시켜 놓았다. 매연면자에 대하여 그 출처를 상세히 밝혀 놓았는데, 이러한 점이 바로 이 책으로 하여금 연면사 연구에 있어서 빼어 놓지 못할 유용한 자료서가 되도록 한 것이다. 독음에 의거하여 뜻을 모색하고, 연면사들 중에 나타난 음의상관 문제를 해결하는 데 있어서는 이 책을 근거로 삼으면 될 것이다. (周祖謨)

《연면자전聯綿字典》

쌍성첩운 어휘를 해설해 놓은 사전으로 근대 사람인 부정일符定一이 편찬한 것이다. 1943년에 초판본이 출판되었고, 1946년 중화서국中華書局이 재판본을 찍었으며, 재판본의 말미에는 색인이 덧붙여져 있다. 부정일은 호남湖南 형산衡山 사람이다. 총 36권으로 구성되어 있으며, 체례는 《강희자전康熙字典》을 따른 것으로서, 자子・축丑・인寅・묘卯에서 술戌・해亥에 이르는 12집集으로 구분되어 있으며, 글자 배열은 부수에 의거하고 있다. 이에 수록된 것은 쌍성雙聲・첩운疊韻의 어휘 위주로 되어 있는데, 일반적인 쌍음복사雙音複詞들도 일부 실려 있다. 이를테면 〈피로疲勞〉・〈발견發見〉・〈진위眞僞〉・〈신채神采〉・〈수재秀才〉・〈종시終始〉 등의 어휘들이 뒤섞여 있어서 체례가 혼잡한 편이다. 매단어들의 하단에는 《설문해자》 대서본大徐本에 의거한 반절反切이 달려 있다. 《설문해자》에 없는 글자의 경우에는 《광운廣韻》・《집운集韻》의 반절을 부기해 놓았다. 그런 다음에 뜻을 풀이해 놓음과 아울러, 고서상의 용례와 원서의 주문注文을 열거해 놓았다. 이러한 자료들은 대부분이 전인들의 저작에서 발췌한 것들이다. 경서나 사서의 주해 이외에도 제자諸子・《초사楚辭》・《문선文選》의 주문과 당대 이후의 유서類書・음의서音義書・소학서小學書에 있는 것들을 발췌하였다. 발췌 채록採錄의 공은 컸지만, 해석 판단의 공은 미미하였다. 저자가 이른바 〈쌍성〉이라고 한 것은 황간黃侃이 정한 19가지 성모가 서로 같은 것을 가리키며, 〈첩운〉은 고운 22부가 같은 것을 가리킨다. 저자는 성운의 통전通轉 문제에 어두웠기 때문에 그가 부기해 놓은 자신의 견해는 대부분이 타당치 못한 것들이다. 또한 저자가 고대에는 중순음重脣音이 없었고 대신에 경순음輕脣音만이 있었다고 주장한 것은, 언어 사실에 부합하지 않는 것으로서 황당한 견해가 아닐 수 없다. 이 책은 연면자들을 검색하는 데 필요한 일종의 재료서에 불과한 것 같다. (周祖謨)

《석명釋名》

　낱말의 뜻을 훈해한 책으로 한말 때 **유희劉熙**가 지은 것이다. 유희는 자가 성국成國이고, 북해北海 사람이다. 한말 때 난을 피하여 교지交趾(漢나라 때의 郡名. 지금의 越南 북부의 통킹·하노이 지방에 상당함—역주)까지 갔었다고 한다. 《삼국지·오서吳書·위요(소)전韋曜(昭)傳》에는, 위요가 옥중에서 왕에게 글을 올리면서『또한 유희가 지은 《석명》이란 책을 보옵건대, 뛰어난 점이 많은 것으로 믿사옵니다 又見劉熙所作《釋名》, 信多佳者』라고 유희가 쓴 책을 칭찬하는 구절이 있다. 위요는 손호孫皓 봉황鳳凰 2년(273)에 투옥되었다고 한다. 이러한 사실로 미루어 보아《석명》이 오나라 말 때 이미 널리 유포되어 학자들의 중시를 받았다는 사실을 알 수 있다.

　《석명》은 언어의 소리라는 각도에서 글자뜻의 유래를 탐구한 것이다. 유희는 그 책의 자서에서『필자가 생각건대, 자고로 천지간의 조화와 그릇 제조 그리고 입상에 이르기까지의 각종 명칭들은 태초에 그 물건이 있게 된 이래로 근대에 이르는 도중에 어떤 것은 예의와 의식에 의하여 명명되었고, 어떤 것은 서민들의 입말에서 유래되기도 하였다. 그리고 명칭상에는 표준말과 속된 말의 차이가 있었으며, 각 골짜기마다 달리 일컬어지기도 하였다. ……무릇 실물에 의거하여 명명함에 있어서 의미 유형이 각기 달랐음에도 일반 백성들은 나날이 사용하면서도 그것이 그렇게 불리게 된 까닭을 모르고 있었다. 그렇기 때문에 하늘과 땅·음양·네 가지 절기·나라·도시·시골·수레·의복·초상에 관한 일, 그리고 아래로는 서민들이 일용하는 여러 가지 그릇들에 이르기까지의 각종 명칭들에 대하여 그 의미를 논술하는 책을 짓게 되었으니, 그것을 이름하여《석명》이라 하였는 바 총 27편에 달하였다 熙以爲自古造化製器立象, 有物以來, 迄於近代, 或典禮所制, 或出自民庶, 名號雅俗, 各方多殊. ……夫名之於實, 各有義類, 百姓日稱而不知其所以之意. 故撰天地·陰陽·四時·邦國·都鄙·車服·喪紀, 下及民庶應用之器, 論敍指歸, 謂之《釋名》, 凡二十七篇』라고 그 책을 쓰게 된 동기를 서술하고 있다.

　금본 27편은 8권으로 구성되어 있다. 이 책에 풀이되어 있는 어휘들을 내용별로 분류하여 보면, 하늘·땅·산·물(강)·구릉·길·지역·형체·모양·장유長幼·친속·언어·음식·비단·장식·의복·궁실·상장床帳·서계書契(문자)·전예典藝·용기·악기·군사·수레·선박·질병·상제喪制 등이다.

이러한 것들은 저자인 유희가 어휘가 표시하고 있는 사물을 어떻게 분류하였는지를 말해 준다.

유희가 사물명칭의 연유를 해석한 것은 완전히 음성에 착안하여 탐색한 것이다. 예컨대『일日, 실實(충만하다)也』·『월月, 궐闕(줄어들다)也』같은 해석은 이미《설문해자》에 있는 것이다. 그러나 유희는 그러한 풀이에 담긴 도리를 말하기 위해서 한 걸음 더 나아가고 있다. 즉 그는『일日, 실實(충만하다)也, 光明盛實也(광명이 가득히 충만하기 때문이다)』·『월月, 궐闕(줄어들다)也, 滿則[復]闕也(가득찬 다음에는 [다시] 줄어들기 때문이다)』라고 덧붙여 풀이하고 있다. 처음부터 끝까지 이렇게 음의간의 관계를 고찰하여 그 연유를 풀이하고 있다. 예를 들어『성星, 산散(흩어지다)也, 列位布散也([그것이] 흩어져 열거되어 있기 때문이다)』·『춘春, 준蠢(꿈틀거리다)也, 萬物蠢然而生也([그 시기에는] 만물이 꿈틀거리며 돋아나기 때문이다)』·『동冬, 종終(멈추다)也, 物終成也([그 시기에는] 식물들이 성장을 멈추기 때문이다)』·『혜성彗星, 光梢似彗也(빛의 줄기가 꼬리별과 흡사하다)』·『신身, 신伸(기지개 켜다·펴다)也, 可以屈伸也(구부렸다가 폈다가 할 수 있는 것이다)』·『피皮, 피被(덮다)也, 被覆體也(몸을 덮고 있는 것이다)』·『척脊, 적積(쌓다)也, 積續骨節終上下也(뼈마디의 끝을 상하로 쌓아서 연결시키고 있는 것이다)』등이 그러한 것들이다.

이러한 유형의 것들이 바로 음에 의거하여 뜻을 유추하는 훈고의 한 방식인데, 훈고학에서는 그것을 **성훈聲訓**이라고 하며, 음훈音訓이라고도 부른다. 유희가 열거한 성훈의 예들 가운데 어떤 것은 전혀 일리가 없는 것은 아니지만, 그의 대부분의 예들이 주관적인 상상에 불과한 것으로서 실증적인 근거가 희박한 것들이다. 그리고 계통적인 탐색을 통하여 도출한 것이 아니므로 과학성이 결여된 것이라고 할 수 있다. 그러나 지금으로부터 1천7백여 년 전에 어원학적인 성질을 갖춘 서적이 등장하였다는 것은 실로 경탄하지 않을 수 없는 일인 동시에 그것을 소중하게 다루지 않을 수 없는 일인 것이다. 그 책이 없어지지 아니하고 지금까지 고스란히 전해질 수 있었던 까닭은, 많은 사람들이 어원을 추측해 보고 싶어하는 심리와 무관하지 않았을 것이다.《석명》은 후대 학자들이 제창한 인성구의因聲求義라는 훈고방법에 대하여도 매우 큰 영향을 미쳤던 것이다.

《석명》중에 기록되어 있는 많은 한대의 상용어휘들은《이아》·《설문》등의 책에 실려 있는 것과 비교 참증參證될 수 있을 것이다. 이 책은 처음부터 끝까지 성음에 의거하여 뜻을 풀이하고 있는 바, 어떤 것은 동음자를 취하여 뜻을

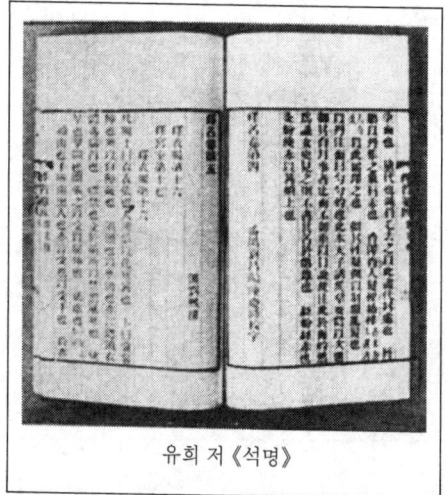
유희 저 《석명》

풀이한 것이고, 어떤 것은 운모가 같거나 비슷한 글자로써, 또는 성모가 같거나 비슷한 글자로써 훈을 달고 있는 것이므로 이러한 자료를 이용하면 한대 말기의 어음을 고증考證해낼 수 있을 것이다. 이러한 점에서 본다면, 이 책은 지대한 가치를 지닌 것이라 아니할 수 없으므로 소홀히 다루어서는 아니 될 것이다. 중국의 학자는 물론이고, 외국학자들까지도 이 책에 관한 연구논문을 발표한 바 있다.

《석명》의 판본으로는 송대의 것을 명대에 다시 찍어 놓은 것이 가장 이른 것인데, 이 판본은 빠진 글자와 잘못된 글자들이 많다. 청대학자인 필원畢沅이 저술한《석명소증釋名疏證》은 그것의 와오訛誤를 잘 교감해 놓았기 때문에 참고 가치가 매우 높은 것이다. 왕선겸王先謙이 다시《석명소증보釋名疏證補》를 지어 계속 바로잡아 놓았으므로, 이것 또한《석명》을 연구하는 데 있어서 없어서는 아니 될 책이다.(원색화보 참고)

參考書目
周祖謨《書劉熙釋名後》,《問學集》中華書局, 北京, 1966. (周祖謨)

《광석명廣釋名》

청대 장금오張金吾가 찬집撰集한 훈고서이다. 장금오는 자가 신전愼旃이고, 호는 월소月霄이다. 강소江蘇 소문昭文(지금의 江蘇省 常熟縣) 사람으로 건륭乾隆 52년(1787)에 태어나서 도광道光 9년(1829)에 작고하였다. 저서로는《언구록言舊錄》·《애일정려장서지愛日精廬藏書志》를 남겼다. 이 책은 가경嘉慶 19년(1814)에 지은 것으로 총 2권으로 구성되어 있으며, 한말 유희劉熙의《석명釋名》을 증보하기 위하여 쓴 것이다.《석명》은 어음측면에서 낱말의 뜻이 유래된 것을 추구推求함과 아울러 해설을 가한 것인데, 그러한 훈고방법을 성훈聲訓이라 한다. 고서상에 등장하고 있는 어음을 토대로 말뜻을 풀이한 자료들을 장금오가 다시 수집한 다음《석명》의 낱말 분류 유목類目에 따라 배열해 놓았다. 즉《석천釋天》·《석지釋地》·《석주국釋州國》에서《석상제釋喪制》에 이르기까지 어휘내용의 유형별로 구분하여 배열하였으므로, 그것을 이름하여 《광석명》이라 하였던 것이다. 그가 인용한 책들은 모두 한대에 만들어진 책들이다. 즉《이아爾雅》·《시모전詩毛傳》·《좌전》·《주례周禮》(鄭玄 注釋本)·《백호통의白虎通義》·《회남자淮南子》(高誘 注釋本)·《설문해자說文解字》등등에서 성훈자료를 인용하였던 것이다. 그러나 한대 서적 중에 보이는 성훈자료가 모두 수록된 것은 아니고 일부는 가감삭제되었다. 포정박鮑廷博이 편찬한《지부족재총서知不足齋叢書》중에 그 판각본이 포함되어 있다. (周祖謨)

《광류정속匡謬正俗》

뜻을 잘못 풀이하기 쉬운 글자들과 음을 잘못 읽기 쉬운 글자들을 바로잡아 놓은 책으로 당대 안사고顔師古가 지은 것이다. 사고師古는 본래 그의 자이다. 본명은 안주顔籒이다. 그의 조상들은 산동山東의 낭아琅邪 임기臨沂 태생이었는데, 후에 경조京兆 만년萬年(지금의 陝西省 長安 境內)으로 옮겨갔다고 한다. 그는 수나라 문제文帝 개황開皇 원년(581)에 태어났다가 당나라 태종 정관貞觀 19년(645)에 작고하였다. 당 태종 정관 때에 중서사인中書舍人(궁중도서관의 도서를 관리하던 벼슬. 궁중내에서 거처하였음—역주)으로 재직하다가 후에 비서감秘書監(궁중도서관의 총책임자—역주)으로 승격하였다. 왕의 명을 받아 공영달孔穎達(574—648)과 더불어《오경정의五經正義》를 편찬하였으며,《한서주漢書注》100권과《급취편주急就篇注》4권의 저서를 남기기도 하였다.

이 책은 본래 미완성의 유고였다. 그의 아들인 안양정顔揚庭이 8권으로 엮어서 당 고종 영휘永徽 2년(651)에 조정에 헌정하였는데, 한 관리가 베껴 쓴 부본副本이 비서각秘書閣(궁중도서관—역주)에 보존되어 있던 관계로 지금까지 고스란히 전해질 수 있었다. 송대 사람이 판각할 때 송 태조의 이름인 조광윤趙匡胤을 피휘避諱하기 위해서, 책이름을《간류정속刊謬正俗》이라 고쳤다고 한다.

안사고는 박학다식하여 문자·음운·훈고 등의 학문에 정통하였다. 이 책은 182종의 글자를 수록하고 있다. 전인들의 오해를 가려내고 고대서적을 옮겨 쓰는 과정에서 발생된 오류와 일반 사람들이 잘못 읽기 십상인 어음을 바로잡아 놓으므로써 학자들이 참고토록 하였다. 그 중에는 정확하고 신빙성이 있는 풀이가 과연 적지 않지만, 억지로 꾸며서 우기는 논술도 일부 보이고 있다. 그러나 이와 같이 와오訛誤를 반박하여 바로잡아둔 책은 당대 이전에는 흔치 않았다. 당대 중기 이후에서 송대에 이르러서야 비로소 필기잡고筆記雜考류의 책이 많이 등장하였을 따름이다. 안사고의 이 책은 새로운 풍조의 선구적인 역할을 수행하였다고 말할 수 있다. 청대의 노견증盧見曾이 판각한 《아우당총서雅雨堂叢書》에 실려 있는 판본에는 글자가 빠졌거나 잘못된 것이 많다. 황비열黃丕烈(1763—1825)이 송대의 초본抄本을 영인한 판본이 있는데, 이것은 금본의 오류를 많이 간정할 수 있는 것이다. 북경도서관에 소장되어 있는 판본은 가경嘉慶 19년(1814)에 장소인張紹仁이 교정하여 옮겨 쓴 것이다.

參考書目
周祖謨《景宋本刊謬正俗校記》, 載《輔仁學志》, 1938.　　　　　　（周祖謨）

《정와잡록訂訛雜錄》

글자 쓰는 방법과 독음상의 오류를 정정訂正한 책으로 청대 호명옥胡鳴玉이 지은 것이다. 호명옥은 자가 정패廷佩이고, 강소江蘇 청포青浦 태생이다. 《정와잡록》은 건륭乾隆 초년에 판각되었다가 후에 다시 중각되었다. 가경嘉慶 18년(1813)에 소산蕭山 사람인 진陳씨가 판각한 호해루조본湖海樓雕本의 전면에는 건륭 23년(1758)에 장주長洲 심덕잠沈德潛이 쓴 서문이 실려 있다. 이 책은 총 10권으로 구성되어 있으며, 당대 안사고顏師古가 지은 《광류정속匡謬正俗》과 흡사하다. 글자 쓰는 방법과 독음에 있어서 흔히 눈에 띄는 오류와 예전부터 관습적으로 답습하고 있는 오류들을 고증함과 아울러 조목조목 나누어 바로잡아 놓았으므로, 이름을 《정와잡록》이라 하였다. 호명옥은 고서의 교감에 능통하여 상세하고 명확하게 고정考訂하였고, 간혹 전인들의 견해, 이를테면 고염무顧炎武의 《일지록日知錄》과 왕사정王士禎의 《거이록居易錄》에 있는 것들을 인용하여 놓았으므로 참고 가치가 없지 않은 것이다.　　（周祖謨）

《자고字詁》

글자의 뜻을 풀이한 책으로 명말 청초 때 학자인 황생黃生이 지은 것이다. 황생은 자가 부맹扶孟이고 호는 백산白山이다. 안휘安徽 흡현歙縣 사람으로 명나라 희종熹宗 천계天啓 2년(1662)에 태어났으나 작고한 연도는 미상이다. 명나라에서는 제생諸生(학생)으로 공부만 하다가 청나라 때에서야 말단 벼슬을 얻었다고 한다. 육서학과 훈고학에 밝았다고 한다.《자고》는 전 1권으로 되어 있고, 총 107조목으로 구성되어 있으며, 여러 서적들에 쓰인 낱말들을 골라 뽑아내어 그 음의를 고찰 변별하여 잘못된 것들을 바로잡아 놓은 것이었으니, 안사고顔師詁의《광류정속匡謬正俗》과 흡사한 것인 셈이다. 황생은 학문에 매우 깊었던 관계로 성음을 근거로 자의를 고찰해낼 수 있었으며, 문자 형체에만 얽매이지 아니하였으니 명대학자들 중에서는 돌출한 학자였다. 예를 들어 설명하자면, 〈복희伏羲〉와 〈포희包羲〉는 고음이 상동하다고 해설한 것, 〈분分〉을 의부義符로 취하고 있는 글자들은 모두 〈란亂〉(어지럽히다)이라는 뜻을 지니고 있다고 한 것, 〈즘怎〉이 〈작마作麽〉의 합음슴音이라고 말한 것, 〈자咱〉가 〈자가自家〉의 합음이라고 풀이한 것 등등은 모두 적절한 해석이었던 만큼 그의 이러한 풀이가 청대의 한학자들에 대하여 영향을 미치지 않았다고는 볼 수 없다. 황생이 남긴 또 하나의 저작《의부義府》는《자고》에 비하여 내용이 더욱 광범하고 깊이를 더하는 것이다. (周祖謨)

《의부義府》

훈고서의 일종으로 명말 청초 때의 학자인 황생黃生이 지은 것이다. 황생은 자가 부맹扶孟이고 호는 백산白山이다. 안휘安徽 흡현歙縣 사람으로 명나라 희종熹宗 천계天啓 2년(1662)에 태어났다고 하는데, 작고한 연대는 밝혀지지 않았다. 명나라 때에는 제생諸生(학생)으로 공부만 하다가 청나라 때에 가서야 말단 벼슬자리를 얻었다고 한다. 문자·성운·훈고의 학문에 정통하였다.

《의부》는 상하 두 권으로 되어 있는데, 주로 경사자집의 서적 중에 쓰인 낱말 문구를 골라내어 해석해 둔 것이다. 이에 부수하여 송대 조명성趙明誠이 지은《금석록金石錄》·홍적洪適이 지은《예석隸釋》·북위北魏의 역도원酈道元이 지은《수경주水經注》에 실려 있는 고대 비문과 양梁나라 도굉경陶宏景이 지은《주자량명통기周子良冥通記》에 출현하는 일부 어휘들을 자세히 풀이하고 있는데, 고증이 매우 상세하고 명확하였으며 억지로 말을 꾸미는 일이 전혀 없었다. 예를 들어《상서·고요모皐陶謨》에 나오는 말인『천명외天明畏는 바로 천명위天明威(하늘이 위엄을 밝혔다) 天明畏卽天明威』라는 말이라고 풀이하였다. 그리고《상서·소고召誥》에 나오는『厥旣得卜, 則經營』의 〈경영經

營〉을 『(토지를 측량하여) 그 터를 잡아 보는 것 相步其基址』이라는 뜻으로 풀이하였다. 《주서周書·무성武成》의 『血流漂杵』를 『血流漂櫓』라 풀이하였는 바, 〈로櫓〉는 큰 방패(大盾)란 뜻이다. 《시경·패풍邶風》에 있는 『死生契闊』이라는 구절의 〈계활契闊〉이 만나는 것과 이별하는 것(合離)이라는 뜻으로서 그 앞의 〈死生〉과 댓구가 되는 것이라고 풀이하였다. 《맹자·공손축公孫丑(下)》에 나오는 『과인이 반드시 직접 가서 본 것이다 寡人如就見者也』라는 구절의 〈여如〉자를 〈의宜〉(마땅히)자로 삼아 풀이하였다. 《주례·고공기考工記·옥인玉人》의 『大圭, 杼上終葵首』를 풀이하면서 대규(큰홀: 고대 제후가 조회 회동할 때 손에 지니고 가는 옥. 천자가 제후를 봉할 때 줌—역주) 윗부분은 경사지게 뾰족하며 끝부분은 송곳 모양을 하고 있는 옥이라고 말하였다. 그리고 〈종규終葵〉 두 글자는 〈추椎〉자의 절음切音으로서 그것을 급하게 발음하면 〈椎〉가 되고 천천히 발음하면 〈終葵〉가 되는 것이라고 풀이하였다. 이상과 같은 예들은 모두 정확하게 풀이한 것들이다. 이 책에는 《사기史記》·《한서漢書》에 나오는 어휘들을 해석한 것도 많은데, 그러한 것들 중에는 전인들이 잘못 풀이한 것을 바로잡아 놓은 것이 특히 많이 포함되어 있다. 그는 음이 서로 비슷한 글자들끼리는 때때로 통용되는 사례가 많고, 글자의 모양이나 음이 전환되더라도 뜻은 불변한다는 이치를 알고 있었던 관계로 새로운 사실을 많이 발견해 냄과 아울러 전인들의 오류를 간정刊正해낼 수 있었다. 그의 고증 공로는 방이지方以智(1579—1671)의 《통아通雅》의 것에 비하여 손색이 없을 정도이다.

황생은 또 《자고字詁》 1권을 지었다. 《자고》와 《의부》는 본래 필사본 상태로 전해지다가 건륭乾隆 때에 《사고전서四庫全書》에 실리게 되었다. 도광道光 때 황생의 족손族孫인 황승길黃承吉(字 春谷, 江蘇 江都人)이 문종각文宗閣 《사고전서》에 있던 것을 옮겨서, 그 두 책을 하나로 엮어 자신의 의견을 부기해 놓고는 그 이름을 《자고의부합안字詁義府合按》이라 하였다. 《안휘총서安徽叢書》에 실려 있는 판본은 바로 황승길의 것을 영인한 것이다. 《자고》·《의부》 이 두 책은 전희조錢熙祚가 발간한 《지해指海》에도 실려 있다. 《총서집성叢書集成》에 있는 것은 《지해》에 수록된 것을 다시 찍어 놓은 것이다. (참고 《字詁》)

(周祖謨)

《통속편通俗編》

통속적인 어휘를 집록하여 해석한 책이며, 속어의 원천을 고찰한 책이라고도 볼 수 있는 것으로서 청대 사람인 적호翟灝가 편집한 것이다. 적호는 자가 대천大川이고, 청강晴江이라는 자를 쓰기도 하였다. 절강浙江 인화仁和 태생으로 건륭乾隆 원년(1736)에 태어나서 건륭 53년(1788)에 작고하였다. 건륭 19년에 진사進士 시험에 합격하여 금화부학金華府學의 교수를 역임하였다. 《통속편》은 전대의 서적들에 쓰인 바 있는 각종 상용어휘를 채록한 다음 천문·지리·시서時序·윤상倫常·벼슬·정치·문학·무공武功·예의범절·축청祝請·품목·행사·교제·경우境遇·성정性情·신체·언소言笑·호칭·신귀神鬼·석도釋道·예술·부녀·재화·거처·복식·기용器用·음식·가축·고기·초목·배우俳優·수목數目·어사語辭·상모狀貌·성음聲音·잡자雜字·옛날 이야기·식여識餘 등 38부류로 나누었다. 각부류마다 한 권으로 짜여져 있어서 총 38권이고 5천여 어휘들을 수록하고 있다. 매어휘에 대하여 그 출처를 명시하여 놓았다. 경서와 사서에서 따온 것도 있고, 필기筆記·시문詩文에서 따온 것도 있는데, 대부분이 일반 입말에서 자주 쓰이는 단어들로서, 어휘의 해석과 고사故事의 출전 및 민간 풍속 등을 연구하는 데 있어서 매우 유용한 것들이다. 그러나 분류가 복잡다단한 것과 작자·권수 편명 등의 기재사항이 그다지 완벽하지 못하다는 것이 결점이다. 같은 시기에 전당錢塘 사람인 양동서梁同書가 지은 《직어보정直語補正》이 등장하였던 바, 이 책은 《빈라암유집頻羅庵遺集》 권14에 수록되어 있다. 전적으로 민간 입말 속어들을 기록해 둔 것으로 《통속편》과 상호 보충적으로 활용할 수 있는 것이다. 이 두 책은 1958년 상무인서관商務印書館에서 출판되었다. (周祖謨)

《항언록恒言錄》

상용 속어를 고증해 놓은 책으로 청대 전대흔錢大昕이 지은 것이다. 이 책은 통상적인 입말 가운데 응용되고 있는 단어들을 채집하여 그 원류를 밝혀 놓은 것이다. 총 6권으로 엮어져 있으며, 길어吉語·인신人身·교제交際·훼예毀譽·상어常語·단자單字·첩자疊字·친속칭위親屬稱謂·사환仕宦·선거選擧·법금法禁·화재貨財·속의俗儀·거처기용居處器用·음식의식飮食衣飾·문한文翰·방술方術·성어成語·속언俗諺 등 총 19부류로 나누어 놓았다. 수록어휘의 수는 약 8백여 가지이고, 각각에 대하여 출처를 명시해 놓았다. 생전에 판각되지 않았다가 가경嘉慶 10년(1805) 완상생阮常生(阮元의 아들)이 본래의 원고와 정장감程長鑑의 보주補注를 판각하여 《문선루총서文選樓叢書》에 실어 놓았다.

1958년 상무인서관商務印書館이 해녕海寧 진전陳鱣 가경 19년(1814)에 지은 《항언광증恒言廣證》의 필사 원고를 발견해냈다. 이 책은《항언록》을 보충하기 위하여 지은 것으로서, 총 6권으로 짜여져 있다. 이에 수록된 속어는 더욱더 광범위한 것이었으므로 동 출판사에서《항언록》과 함께 출판하였다.

통속어휘를 고증하는 일은 동한東漢 때 복건服虔이 지은《통속문通俗文》에서 비롯된 것이다. 복건이 쓴 책은 없어진 지 오래되었다. 송대에 나온 저자 미상의《석상담釋常談》과 왕무王楙의《야객총서野客叢書》에 의하면 공이정龔頤正이 지었다고 하는《속상담續常談》이 있는데, 이러한 책에 수록되어 있는 단어의 수는 그리 많지 않다.《항언록》은 청대 적호翟灝가 지은《통속편通俗編》에 비하여 체례가 더욱 엄밀하고 그것보다는 덜 번잡하다. 전대흔의 아우인 전대소錢大昭가 지은《이언邇言》6권과 근대의 나진옥羅振玉이 지은《속설俗說》1권은 이 책의 내용을 대조 보완하는 데 있어서 좋은 참고자료가 되는 것들이다.

(周士琦)

《춘추명자해고春秋名字解詁》

훈고서에 속하는 서적으로 청대 왕인지王引之가 지은 것이다.《경의술문經義述聞》권22·23에 실려 있다. 고대 사람들의 이름과 자字는 뜻이 상응相應하는 사례가 많았다. 그래서 뜻이 불분명한 글자의 뜻을 해석함에 있어서 옛사람의 이름을 이용하여 고찰하는 경우가 있었던 것이다. 허신의《설문해자》에서는 고인의 이름자를 인용하여 글자의 뜻을 풀이한 예가 자주 등장하고 있다. 이를테면〈㫃〉부의〈㫃〉자에 대하여《설문》은『〈㫃〉자는 깃발이 땅바닥에 닿을 정도로 늘어뜨려진 모양을 가리키는 글자로, 발음은〈언偃〉과 같다. 옛날에〈㫃〉이라는 이름을 가진 사람이 있었는데, 그의 자는〈자유〉였다 㫃, 旌旂之遊㫃蹇之貌, 讀若偃. 古人名㫃, 字子遊』라고 풀이하였다. 그 글자가 상용자가 아니라서 뜻을 풀이하기가 어려웠던 관계로 이름과 자가 서로 대비되는 것을 이용하여 그것의 뜻을 풀이하였던 것이다.《좌전左傳》성공成公 6년에는 정공鄭公 자언子偃의 자가 자유子遊라는 기록이 있고, 소공昭公 14년에는 사언駟偃의 자도 자유子遊라고 기록되어 있다. 그밖에도《사기·중니제자열전仲尼弟子列傳》에서는 언언言偃이, 그리고《장자莊子·제물론齊物論》에서는 안성언顔成偃이 각각 자가 자유子遊라는 기록이 있다. 이러한 것들이 명확한 증거가 되는 것들이다. 그렇기 때문에 왕인지가 허신의 뜻을 따라서《춘추명자해고春

秋名字解詁》2권을 저술하였던 것이다. 이 저서는 깊이 숨겨진 의미를 샅샅이 훑어내는 한편 의미가 확대 또는 축소된 것들을 낱낱이 살펴보는 동시에 문자의 가차현상을 밝혀내고, 음을 근거로 뜻을 풀이하는 등 창의적인 방법을 많이 활용하고 있는 저서로서 훈고 연구에 대하여 새로운 길을 개척하였다. 고인의 이름과 자간의 의미상응관계를 고찰함에 있어서 저자 왕인지의 연구결과는 대체로 다음과 같은 다섯 가지로 집약될 수 있다.

① 동훈同訓. 즉 이름과 자가 동의사同義詞인 경우이다. 이를테면《사기·중니제자열전》에는 노魯나라 사람인 재여宰予의 자가 자아子我이고, 시지상施之常의 자가 자항子恒이라는 기록이 있다. 그리고《좌전》양공襄公 28년에는 제齊나라 사람인 경사慶嗣의 자가 자식子息이라는 기록이 있다.

② 대문對文. 이것은 의미가 서로 반대 또는 대조되는 사례를 말하는 것이다. 예컨대《국어·진어晉語》에 진나라의 염몰閻沒이라는 사람의 자가 명明이라는 기록이 있다. 〈몰沒〉은 옛날에는〈매昧〉자와 통용되었고,〈昧〉는 어둡다(暗)는 뜻이니 그의 자에〈명明〉자를 사용한 것은 상반되는 의미를 취한 사례인 것이다.《좌전》양공襄公 28년에 제齊나라 경봉慶封이라는 사람의 자가 자가子家였다고 한다.〈封〉자는 邦(방나라)과 같은 뜻이며,〈邦〉은〈家〉와 상대적인 개념의 글자이다. 또 양공 27년에는 초나라 공자인 흑굉黑肱의 자가 자석子晳이라는 기록이 있고, 동 29년에는 정공鄭公 손흑孫黑이란 사람의 자도 자석子晳이라고 적혀 있는 바,〈석晳〉은 희다(白)는 의미이므로 흑黑(검다)자와는 상반되는 글자이다.

③ 연류連類. 이것은 의미가 서로 비슷한 경우를 말하는 것이다. 예컨대《사기·중니제자열전》에는 노나라 사람인 남궁괄南宮括의 자가 자용子容이라는 기록이 있는데,〈괄括〉은 포용包容하다는 뜻을 가지고 있다. 또 노나라의 원헌原憲이라는 사람의 자는 자사子思라고 하는데,〈헌憲〉은 생각하다(思)는 뜻을 지니고 있는 것이다.

④ 지실指實. 실물과 관계되는 자字를 말한다. 이를테면《좌전》소공昭公 13년에는, 정鄭나라의 연단然丹이란 사람의 자가 자혁子革이라는 기록이 있는 바, 고인들은 가죽(革)을 사용할 때에는 대개 붉은색(丹色)으로 물을 들여 사용하였던 관계로 그의 자를 자혁子革이라 하였던 것이다. 또 양공襄公 6년에는 초나라의 공자인 계계啓의 자가 자려子閭라는 기록이 있다.〈려閭〉는 마을의 문(里門)을 가리키는 글자인데, 자에〈閭〉자를 넣은 것은 문을 열다(啓門)는 뜻을 취한 것이다. 또《사기·중니제자열전》에는 변卞이라는 고을(魯나라의 卞

지방, 즉 지금의 山東省 泗水縣에 상당함—역주)에 살던 중유仲由의 자가 자로 子路였다는 기록이 있는 바, 이것은 〈길을 가려면 반드시 길을 따라가야 한다 行必由路〉는 뜻을 취한 것이다. 《국어·노어魯語》에는, 전획展獲이라는 사람은 금擒자를 써서 자를 지었다는 기록이 있는데, 이것은 사로잡다(獲擒)는 뜻을 취한 것이다.

⑤ 변물辨物. 이것은 사물의 명칭을 취하여 이름이나 자를 지은 사례를 지칭하는 것이다. 예컨대 《좌전》 양공襄公 15년에는, 진관陳瓘이라는 사람의 자가 자옥子玉이었다는 기록이 있다. 〈관瓘〉은 옥돌의 한 명칭이므로 자를 자옥子玉이라 하였던 것이다. 《사기·중니제자열전》에 있는 양전梁鱣이라는 사람의 자 숙어叔魚와 《사기·공자세가孔子世家》에 나오는 노나라 공리孔鯉의 자 백어伯魚는 모두 사물의 이름자를 써서 자를 지은 사례들이다.

왕인지는 이상 다섯 가지 방법 이외에도 소리에 근거하는 방법을 활용하기도 하였다. 즉 해석하기가 곤란한 소수 예에 대하여 소리에 입각하여 고찰 변별하였는데, 이러한 방법은 그 이전의 사람들은 활용하지 않았던 방법이다. 후에 유월兪樾(1821—1906)이 왕인지의 저작을 교정 보완하여 《춘추명자해고보의春秋名字解詁補義》 1권을 지었고, 호원옥胡元玉이 또 이와 유사한 《주진명자해고보周秦名字解詁補》를 지었는데, 이 두 가지 책은 《취학헌총서聚學軒叢書》에 수록되어 있다.

(周祖謨)

《경전석사經典釋詞》

경전經傳의 고적 중에 씌인 허사를 해석한 전문서적으로 청대 **왕인지王引之**가 지은 것이다. 허사를 전문적으로 다루고 있는 책으로는 왕인지가 지은 《경전석사》가 나오기 이전에 유기劉淇가 지은 **《조자변략助字辨略》**이 있었는데, 왕인지는 아마도 그 책을 보지 못했던 것 같다. 유기의 책은 강희康熙 연간에 나온 것이고 왕인지의 이 책은 가경嘉慶 연간에 완성되었으니, 후자가 전자에 비하여 80여 년이 늦은 셈이다. 왕인지가 이 책을 쓸 때에는 고거考據의 학문이 크게 성행하였다. **단옥재段玉裁**와 **왕념손王念孫**이 많은 연구를 하여 공전空前의 업적을 거두었다. 왕인지는 그의 부친의 학업을 이어받아서 더욱이 심화시켰던 만큼 그가 지은 책이 유기가 쓴 책에 비하여 훨씬 더 뛰어난 것이었음은 당연한 귀결이었다. 유기가 쓴 책은 비록 세밀하지 못하고 간략한 것이긴 하지만, 가깝게는 당송시대의 서적에 씌인 허사까지도 인용 고증하고 있는 데 비하여 왕인지가 쓴 것은 서한시대의 것에 그치고 있는 것이었다. 그러한 까닭을 살펴보자면 왕인지가 쓴 책은 《경전經傳》을 이름으로 취한 이상 《경전》 이외의 책에 대하여는 논급을 하지 않았기 때문이었던 것이다. 비록 《전국책戰國策》과 《사기史記》 등을 인용하고 있기는 하였지만, 그의 생각에 따르면 그러한 것들은 경전의 부용품附庸品에 지나지 않았던 것이다.

《경전석사》는 총 160개의 허사를 수록하고 있으며, 단음單音 허사가 주종을 이루고 있지만, 뜻이 같은 허사들을 연용連用한 것에 대하여도 간혹 언급하고 있다. 이를테면 〈용庸〉자를 풀이한 후에 이에 부수하여 〈용하庸何〉(어찌)·〈용안庸安〉(어찌하여)·〈용거庸詎〉(어찌)·〈용숙庸孰〉(어느) 이상 네 가지 단어를 언급하고 있다. 이러한 점이 바로 이 책의 우수한 점이다. 그러나 《경전석사》에 결점이 없는 것은 아니다. 첫째로 빠뜨린 것이 비교적 많다는 점이다. 《경의술문經義述聞》에 논급되었던 것조차도 실수로 빠뜨린 예가 있다. 《경의술문》에서는 《좌전》 선공宣公 12년에 나오는 『또 어찌 큰 구경거리라고 여깁니까 又可以爲京觀乎』라는 문구 중에 쓰인 〈可〉가 〈하何〉(어찌)의 뜻으로 쓰인 것임을 증명한다는 사실을 언급한 바 있었는데, 《경전석사》에서는 그러한 것을 언급하지 않았던 것이다. 〈可〉자가 숫자상의 대략을 표시하기도 하는데, 즉 《사기·한장유전韓長孺傳》에 실린 『태후와 만공주가 안국에게 대략 1천여 금에 상당하는 재물을 다시 하사

왕인지 저 《경전석사》

하였다 太后·長公主更賜安國可直千餘金』의 〈可〉는 〈대략·약〉이라는 뜻으로 쓰인 것이다. 왕인지는 아마도 〈可〉자의 이러한 용법이 〈경전〉에서는 쓰인 바 없었다고 여긴 까닭에 이러한 것에 대하여는 언급을 하지 않았던 것 같다. 둘째로는 고서 문장의 의미를 잘못 풀이한 사례가 간혹 발견되며, 심한 경우에는 그 때문에 문장의 끊어 읽기에 있어서도 잘못을 범한 경우가 있다는 점이다. 예를 들어 권2에서 〈언焉〉자를 풀이하면서 《장자·칙양편則陽篇》에 나오는 문구를 『君爲政, 焉勿鹵莽 ; 治民, 焉勿滅裂』로 단구하여, 〈焉〉자를 억지로 〈그래서〉(於是)라는 뜻이라고 풀이하였다. 사실은 〈焉〉자를 바로 앞의 글자에 붙여서 읽어야 마땅하다.(『君爲政焉, 勿鹵莽 ; 治民焉, 勿滅裂』로 끊어 읽어야 옳다

는 뜻이다. 『임금이 정치를 함에 있어서는 소홀함이 없어야 할 것이며, 백성을 다스림에 있어서는 산산이 조각나게 함이 없어야 할 것이다』—역주) 그밖에도 해석이 부적절한 것이 약간 보이고 있는데, 양수달楊樹達의《사전詞詮》에서는 그러한 점을 따르지 아니하였다. 이상과 같은 결점이 있음에도 불구하고 이 책은 오늘날까지도 상당한 참고 가치를 지니고 있다.《경전석사》는 당초에는 가각본家刻本만 있었다가 후에 학해당學海堂의《황청경해皇淸經解》에 수록되었으며, 전희조錢熙祚가 편찬한《수산각총서守山閣叢書》에도 실려 있다. 중화서국中華書局에서 찍어낸 책에는 몇 가지 부록도 첨가되어 있다. 호남湖南 악록서사岳麓書社에서 발간한 책에는 황간黃侃·양수달의 보충설명 370여 조條가 덧붙여 있다. 그 보충설명이 모두 다 정확한 것은 아니라 할지라도 독자들에게 많은 계발을 주고 있는 것이란 사실에는 틀림이 없다. (楊伯峻)

《조자변략助字辨略》

고대서적에 쓰인 허사들을 찾아내서 해석해 놓은 책으로 청대 유기劉淇가 지은 것이다. 청대 이전까지만 해도 허사를 연구해 놓은 책은 흔치 않다. 원대 사람인 노이위盧以緯가 태정泰定 원년(1324) 이전에 쓴《어조語助》라는 책이 허사를 전적으로 다루고 있는 것으로서는 아마도 최초의 서적일 것 같다. 그러나 이 책은 안타깝게도 단지 어린아이들에게 글을 깨우치기 위한 것일 따름이므로 저술로 보기에는 다소 미흡한 점이 없지 않다. 중시할 만한 가치가 있는 허사 연구서적으로는 유기가 지은《조자변략》을 꼽을 수 있으며, 그 저자인 유기를 허사 연구의 창시자라 불러도 무방할 것이다. 유기는 청나라 초기 때 사람이다. 왕원계王元啓가 지은《제녕도기인물열전濟寧圖記人物列傳》에 따르면, 유기의 본적은 각산确山인데 실지로는 산동山東의 제녕濟寧에서 오랫동안 거주하였다고 한다. 그는《조자변략》외에도《위원집衛園集》을 남겼다고 하는데, 그 당시에 이미 망일되어 지금은 찾을 길이 없다. 또《청사고예문지급보편淸史稿藝文志及補編》에는 노승염盧承琰과 유기가 편한《당읍현지堂邑縣志》20권이 실려 있다. 유기의 저서로는 이상이 전부인 것 같다.

《조자변략》은 사실상 처음으로 등장한 고적 허사 연구서적으로서 수준도 비교적 높은 편이다. ①이에 수록된 단음사는 음이 같아서 상통相通되는 것을 제외하면 476자에 이른다. 왕인지王引之《경전석사》의 160자에 비하여 근 3배에 이를 정도로 많은 것이다. ②이에 수록된 용례는 선진양한시대의 고적에 쓰인 것은 물론 당시唐詩 송사宋詞에 쓰인 것까지도 수록되어 있어서 그 범위가 대단히 넓다. ③복음사도 적잖이 수록되어 있는데, 심지어는〈等頭〉(동등하다·가벼이 여기다)·〈等閑〉(보통이다·등한시하다)·〈者邊〉(이쪽·저쪽) 등 당송시대 사람들이 상투적으로 사용하던 어휘를 수록해 놓기도 하였다. 이에 수록된 복음사의 총수는 대략 1140조條에 달한다. 유기는 원대 희곡작품에 씌인 것은 수록하지 않고, 단지『훗날 다시 별도의 책으로 엮어보겠다 他日別爲一編』고만 말하였다. 근인 장상張相이 편저한《시사곡어사회석詩詞曲語辭匯釋》은 당송원명시대의 시詩·사詞·희곡의 문학작품에 씌인 특수어휘를 전문적으로 풀이해 놓은 저작이다. 장상은 그 책 서문에서『《조자변략》의 수록범위는《경전석사》에 비하여 넓어서 고서 외에도 시와 사에 씌인 것까지도 언급해 놓았는데 애석하게도 원곡元曲 부분이 빠져 있는 바, 자신의 서문에서 말하기를 그것들을 훗날에 별도로 엮어내겠다고 하였는데 아직까지 그것이 나오지 않고 있다《助字辨略》範圍較《經傳釋詞》爲廣, 古書而外, 旁及詩詞, 惜元曲部分, 自序云別編續出, 迄未見有傳本』고 밝혔다. 이러한 그의 언급으로 알 수 있듯이 장상의《시사곡어사회석》은 유기의 영향을 받은 것으로서 그것의 미비점을 보충하기 위한 것이었다.

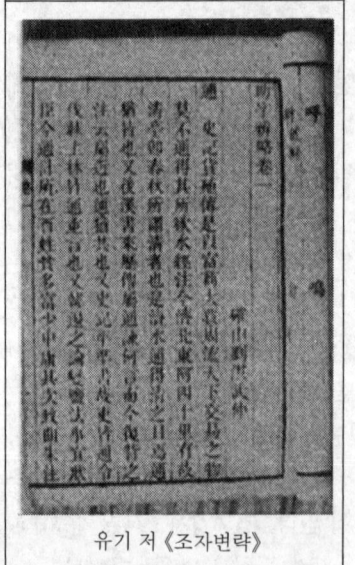

유기 저《조자변략》

《조자변략》은 청대 강희康熙 50년(1711)에 처음 판각되었다고 하는 것으로 보아서, 그것이 탈고된 때는 그해로부터 얼마 이전일 것으로 추정된다. 왕인지의《경전석사》는 자신의 서문에서 말하였듯이 청 가경嘉慶 3년(1798)에 탈고되었다고 하니, 유기의 책보다는 80여 년이 뒤늦은 것임을 알 수 있다. 왕인지는 한학이 한참 융성했던 건륭乾隆·가경嘉慶 연간에 태어나 그 연구성과의 혜택을 입고 있었던 만큼, 그의 이 저서가 유기의 것보다 더욱 뛰어난 것이었음은 당연한 일이다. 그러나 많은 험난함을 무릅쓴 유기의 선구적 공적은 실로 마멸될 수 없는 것이다. 왕인지의《경전석사》는 비록 깊이 있게 고찰한 것이지만, 유기가 지은 책에 미치지 못한 점이 있다. 특히 그는《좌전》선공宣公 12년에 나오는 구절인『그들을 타일러 말하기를, 백성들을 잘 살게 하는 것은 쉽지 않습니다 ……라고 하였다 訓之于民生之不易』의〈우于〉자를〈이以〉자의 뜻으로 해석하였는데, 양수달楊樹達은《조자변략》의 발문에서 그의 해석 중에서〈가장 뛰어난 것 最爲精核〉이라고 칭찬하였다. 유기의 이 책은 일찍이 몇 차례에 걸쳐 목각본이 발간되었다고 하는데, 아직까지 목각본은 발견되지 않았다. 개명서점開明書店에서 장석침章錫琛이 교주校注한 판본을 찍어냈다. 장석침은 빠진 글자나 잘못된 글자들을 낱낱이 교정校訂함은 물론 각가各家의 주석과 해설을 모아서 관련단어의 뒤에 옮겨 놓았으며, 색인도 덧붙여 놓았기 때문에 글자를 찾아보기가 매우 편리하였다. 지금은 중화서국中華書局의 재판본을 시중에서 구해 볼 수 있다.

(楊伯峻)

《사전詞詮》

고서 중에 쓰인 허사들을 모아서 해석해 놓은 책으로 양수달楊樹達이 지은 것이다. 저자는 일찍이 1920년대에 청화대학淸華大學의 교수를 역임하면서 중국문법 과목을 강의한 바 있으며,《고등국문법》을 저술하였다.《사전》은 바로 그 책의 자매편인 셈이다.《고등국문법》은 품사의 특성면에서 허사에 대하여 논급한 어법서인데 비하여《사전》은 주음부호순으로 허사를 배열한 다음 그 용법을 예를 들어 설명한 것이었으니, 고대한어 허사를 연구하는 데 있어서 없어서는 안 될 필독서인 셈이다. 허사 문제를 다루고 있는 서적으로서《사전》보다 먼저 나온 것으로는 유기의《조자변략》과 왕인지의《경전석사》등이 있다. 그러한 것들에 비하여《사전》은 다음과 같은 세 가지 특색을 갖추고 있다. ① 이 책은 라틴어 어법이 중국에 소개된 후, 즉 마건충馬建忠이 지은《마씨문통馬氏文通》이 유행된 이후에 발간된 것으로 각 허사에 대하여 그것의 품사적 특성을 해설해 놓은 것이다. 이러한 점은 시대의 흐름에 부응하여 학술이 진보되는 것을 반영해 주는 징표가 되는 것이다. ② 이 책은 유기와 왕인지 및 손경세孫經世・마건충・동비童斐 등의 연구업적을 종합한 것이라고 볼 수 있다. 즉 그들의 장점은 취하고 부적절함은 취하지 않았으니, 그 이전에 허사에 대하여 논술한 서적들을 종합적으로 검토해 놓은 결과와 마찬가지가 된 것이다. ③ 양수달은 선진양한에서 육조시대에 이르기까지 모든 서적들에 대하여 해박한 지식을 겸비하고 있었을 뿐만 아니라, 문법에 대한 새로운 지식도 갖추고 있었던 만큼 허사에 대하여 새롭게 알아낸 사실이 특히 많았음은 당연한 일이 아닐 수 없다. 수록된 허사의 수로 비교하자면,《경전석사》가 겨우 160여 개에 불과한 반면《사전》은 5백여 개에 달하고 있으므로 약 세 곱절이나 많은 셈이다. 뜻풀이면에서도 전인들이 몰랐던 사실을 새로이 알아낸 것도 많다. 줄곧 지금에 이르기까지도 매우 상당한 참고 가치를 인정받고 있는 책으로 손꼽히고 있다.

(楊伯峻)

《고서허자집석古書虛字集釋》

고서의 허자虛字를 모아서 해석해 놓은 책으로 1932년에 배학해裵學海가 지은 것이다. 전체는 총 10권으로 이루어져 있으며, 허자들을 그 성모의 후음喉音・아음牙音・설음舌音・치음齒音・순음脣音순으로 배열하고 있다. 이에 수록된 허자의 총수는 290자이다.

고서 허자의 해석에 관한 책으로는 그 이전에 몇몇 서적들이 출판된 바 있다. 좋은 호응을 얻은 것으로는 청대 유기가 지은《조자변략》과 왕인지가 지은《경전석사》, 그리고 오창영吳昌瑩이 지은《경사연석經詞衍釋》, 유월劉樾이 지은《고서의의거례古書疑義擧例》가 있다. 근대에는 양수달이《사전》을 지어 계속 보충하여서 연구범위가 더욱 넓어졌다. 그러나 천 가지 생각 중에서 하나의 실수가 있는 것은 지식인이라고 하더라도 어찌할 수 없는 것이다. 이 책의 저자는 1927년부터 고서에 씌인 허자를 연구하는 일에 종사하기 시작하였다. 그

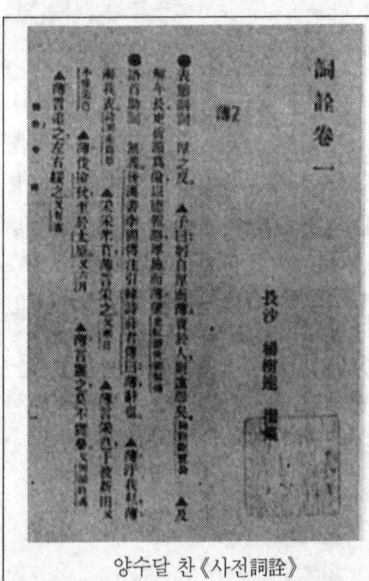

양수달 찬《사전詞詮》

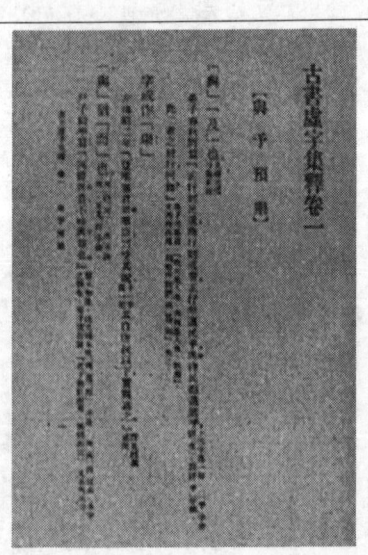

배학해 저《고서허자집석》

는 주진양한의 고적들 중에 씌인 바 있는 모든 허자를 수집하여 낱낱이 해석을 하는 한편, 전인들의 관련저술을 참고하여 하나하나 분석해서 하나의 책으로 엮어냈다. 그는 전인들의 저술 중에서 주로 왕인지가 지은《경전석사》를 참고하였다. 또 한편으로는 전인들의 미비점을 보완함과 아울러 그들의 잘못을 바로잡아 놓았으며, 그러한 가운데 많은 창견을 피력하였던 것이다. 이 책은 고서를 해독하는 데 많은 도움을 줄 수 있는 것이다. (周祖謨)

《시사곡어사회석詩詞曲語詞匯釋》

당시唐詩・송사宋詞・원곡元曲에 자주 등장하는 낱말들만을 골라내어 해석해 놓은 책으로 장상張相이 지은 것이다. 장상은 문학과 역사에 정통하였으며, 당시・송사・원곡에 대하여도 조예가 깊었다. 이 책은 총 6권으로 짜여져 있는데, 당송금원명시대의 사람들이 지은 시・사・곡 작품 중에 상용된 특수어휘들, 이를테면〈수須〉(오히려・비록)・〈즉則〉(단지・비록)・〈각却〉(또・오히려)・〈진鎭〉(늘・오래도록)・〈측厠〉(화장실・섞이다)・〈해도解道〉(다른 사람의 말을 듣건대)・〈즘생怎生〉(어떻게)・〈즉개則箇〉(구말 어기사로 쓰임.〈著〉・〈者〉와 동일하며 원명시대의 희곡과 소설 작품에 자주 등장함—역주)・〈잔지剗地〉(눈앞에)・〈단적端的〉(명백히・과연)・〈올자兀自〉(여전히) 등 같은 것들에 대하여, 그 뜻과 용법을 예를 들어서 상세히 풀이해 놓았던 것이다. 이러한 류의 어휘들은 대부분이 그 당시의 통속적인 입말에서 나온 것으로서, 시가詩歌나 사곡詞曲 또는 전기소설傳奇小說에 흔히 등장하는 것이었다. 그것들에 대하여 전문적으로 해설한 책은 그 이전까지만 해도 아무것도 없었고, 하나의 단어가 반드시 하나의 의미만을 지니고 있는 것이 아니었다. 당시・송사・원곡 작품을 총망라하여 문자의 의미를 탐구하고 어기語氣를 추정하므로써 확실한 함의含義를 탐색해 볼 필요성이 제기되었다. 간신히 옳은 풀이를 도출해냈다손 치더라도 다른 작품에 쓰인 예에도 적용될 수 있는지를 검증해 본 후에야 확정지을 수 있었으니 여간 어려운 작업이 아니었다. 이 책의 저자는 8년이라는 긴 세월을 바쳐서 이러한 작업에 전문적으로 종사한 후에야 완성할 수 있었던 것이다. 이 책에 수록된 표제글자의 수는 573개이며, 이에 부수하여 풀이하고 있는 어휘의 수는 6백여 條조에 달한다. 이 책이 당나라 때 이후의 문학작품을 연구하는 데 있어서 이바지한 공로는 지극히 대단한 것이었다. 이 책이 나오기 이전에 여금희黎錦熙가 북경사범대학에서 강의할 때 사용한《근대어연구

近代語硏究》강의안이 있었으나, 애석하게도 책으로 출판되지 않은 채 없어지고 말았다고 한다.

장상張相은 이 책의 첫머리에 써놓은 서문에서 낱말의 뜻을 탐구한 과정에 대하여 다음과 같이 서술해 놓았다. ①성운聲韻을 체득한다. ②자형字形을 변별한다. ③장법章法을 파악한다. ④스토리의 전개를 파헤친다. ⑤의미를 상호대조한다. 이 의미를 상호대조한다는 것은 이의상대異義相對・동의호문同義互文・전후상응前後相應・문종생략文從省略 등 몇 가지 방법을 써서 비교한다는 것을 말한다. 이것은 말뜻 연구에 있어서 청대 유기劉淇의《조자변략助字辨略》, 왕인지王引之의《경전석사經典釋詞》에 비하여 더욱 세밀하여진 것이다. 근대 중국어의 말뜻을 연구하는 오늘날의 많은 학자들은 장상의 책으로부터 다소간의 영향을 받고 있음을 부인할 수 없다. 이 책의 결점은 의미항목의 구별이 다소 번잡한 점이 있다는 것과 글자는 같지만 음이 다른 낱말에 대하여 정확한 음을 달아 놓지 않았다는 것이다. 이 책은 저자가 작고한 후인 1952년에야 비로소 중화서국中華書局에서 출판되었다. (周祖謨)

《소설사어회석小說詞語匯釋》

중국의 고대소설에 쓰인 낱말들을 골라내어 풀이해 둔 책으로 육담안陸澹安이 편저한 것이다. 1964년 중화서국에서 출판되었다. 이 책은 청대 이전의 통속소설 64종을 선정하여 그 가운데 쓰인 낱말 중 해독하기가 쉽지 아니한 것들을 한 군데 모아 간단히 풀이하고, 그러한 것들의 출처를 밝혀 놓은 것이다. 해석 문장 중에는 원곡元曲에 등장하는 예도 아울러 제시한 경우가 많이 있으므로 원대의 희곡작품에 쓰인 것을 알아보는 데에도 좋은 참고가 된다. 이에 수록된 어휘의 숫자는 총 8천여 가지에 상당한다. 그 중에는 방언이나 일반 사람들은 잘 모르는 각종 업무상의 전문용어들도 간혹 끼어 있으므로 수록대상 어휘의 범위가 비교적 넓은 편이다. 고대 화본소설話本小說을 통독하는 데 있어서 매우 유용하게 쓰일 수 있는 책이다. 그러나 흔히 사용되는 것이 아닌 일부의 난자難字에 대하여 독음을 달아 놓지 않은 것이 흠이라면 흠이다. 이 책은 일반 어휘를 열거한 다음에《소설성어회찬小說成語匯纂》2천여 가지를 부록으로 덧붙여 놓았다. 이 부록에 수록된 것들은 대부분이 옛날부터 입에서 입으로 전해져 내려오는 입말들이므로, 언어의 역사를 연구하는 것에는 물론 일반인들의 풍습・사상・도덕・문화 등을 연구하는 데 있어서도 참고할 만한 가

치를 보유하고 있는 것들이다. (周祖謨)

《희곡사어회석戲曲詞語匯釋》

금원시대의 희곡작품에 씌인 낱말들을 해설해 놓은 책으로 육담안陸澹安이 편저한 것이다. 상해고적출판사에서 1981년에 출판하였다. 이 책에 수록된 어휘들은 주로 금원시대의 원본잡극院本雜劇과 제궁조諸宮調에 등장하는 것들이다. 명청시기의 전기소설傳奇小說에 씌인 것들은 수록되지 않았다. 제궁조에 속하는 작품으로는 《유지원제궁조劉知遠諸宮調》와 동해원董解元의 《서상기西廂記》를, 원본잡극으로는 장진숙臧晉叔의 《원곡선元曲選》·《원잡극삼십종元雜劇三十種》·《고본원명잡극孤本元明雜劇》 등의 책에 씌인 것들을 수록하고 있다.

낱말들의 배열은 첫번째 글자의 필획순으로 되어 있다. 각낱말들에 대하여 용례와 그 출처를 밝혀 놓았다. 하나의 낱말이 여러 가지 의미로 쓰였을 경우에는 각의미 항목별로 나누어서 해설하였다. 그 중 어떤 낱말들은 원명시기의 소설작품에 씌인 것과 동일한 의미를 지니고 있는 경우도 있는데, 해석하는 문장에서는 그러한 용례도 일일이 밝혀 놓았다. 희곡용어들 중에 일반 사람들은 잘 모르는 각종 업무상의 전문용어와 일반 민중들의 토속어, 그리고 소수민족 사람들이 사용하는 언어 등, 일반적인 어휘와는 거리가 먼 어휘들이 있을 경우 그러한 것들에 대하여 일일이 그 출처를 밝혀 놓았다. 그러나 상용자가 아닌 소수의 글자에 대하여 음을 달아 놓지 아니한 것이 결점이라 할 수 있겠다. 인용자료의 목록을 적어두지 아니한 것도 옥의 티라 할 수 있다. 희곡작품 중에는 상투적으로 사용되는 성어成語들이 상당수 등장하고 있으므로, 저자가 그러한 것들을 따로 모아 놓은 《희곡성어회찬戲曲成語匯纂》1권을 말미에다 부록으로 실어 놓았다. 이것은 성어를 연구하려는 사람들에게 참고가 될 만한 것이다.

(周祖謨)

《돈황변문자의통석敦煌變文字義通釋》

당대唐代 변문變文의 낱말뜻을 풀이해 둔 책으로 장례홍蔣禮鴻이 편저한 것이다. 장례홍은 자가 운종雲從이고 절강성浙江省 가흥嘉興 태생으로 훈고학에 정통한 사람이다. 돈황 석실石室에서 발견된 변문은 당唐·오대五代간에 걸쳐 민간에 유행한 문학작품을 말한다. 그 중에는 당시의 입말 재료가 적잖이 보존되어 있었다. 그러한 것들 가운데 일부는 지금 사람들로서는 쉽사리 알아볼 수 없는 것으로 비교검증 연구를 거친 다음에야 비로소 그 의미를 명확하게 알 수 있는 것이었다. 이 책의 저자는《돈황변문집敦煌變文集》에 있는 그런 류의 어휘들을 취하여 해석하였다. 이에 풀이된 각각의 낱말들을 의미 부류에 따라 여섯 가지로 나누어 놓았다. ①석칭위釋稱謂 ②석용체釋容體 ③석명물釋名物 ④석사위釋事爲 ⑤석정모釋情貌 ⑥석허자釋虛字. 이상 여섯 가지 중에서 네 번째의 것이 양적으로 제일 많은 것일 뿐만 아니라 해독하기가 가장 힘든 것들이다. 이 여섯 가지 부류의 범위는 대단히 광범위한 것이어서 종합적으로 비교함과 아울러, 당·오대의 시사詩詞·필기筆記·소설 같은 관련작품에 쓰인 것과 연계시켜서 상호 검증해 보아야 그 의미를 바로 알아낼 수 있는 것이었다. 저자는 많은 힘을 기울였음을 엿볼 수 있으며, 의미 추정에 있어서도 상당히 엄격을 기하였음을 알 수 있다. 새로이 알아낸 사실 또한 지극히 많았다. 또한 수차에 걸쳐 보충 수정을 가하기도 하였다. 이 책은 당·오대 민간문학과 한어 어휘의 발전사를 연구함에 있어서 크게 도움을 얻을 수 있다. 장상의《시사곡어사회석》과 더불어 쌍벽을 이루는 것으로서 다같이 흔히 볼 수 있는 그런 저작이 아닌 것이다. 이 두 가지 책이 출판된 이후로 당대 이후의 입말어휘에 관한 연구가 크게 발전될 수 있었다. 1981년에 상해고적출판사에서 제4차 증정본을 발간하였다. (周祖謨)

《경전석문經典釋文》

유가 경전에 씌인 문자의 음의를 해석해 놓은 책으로 당대 육덕명陸德明이 지은 것이다. 총 30권으로 짜여져 있다. 서적에 음의를 달아 놓는 것은 한말위진 때에 창시되어 많은 학자들이 그러한 작업을 실시하였던 바, 그들이 달아 놓은 음의는 각기 달랐다. 학자들이 음과 훈을 달아 놓은 서적들 중에는 유가에서 존숭하던 오경 및《효경孝經》·《논어》류가 주종을 이루고 있었다. 그러나 남쪽 지방과 북쪽 지방의 말이 달랐고, 고금의 음이 서로 달랐기 때문에 서로 일치할 수가 없었던 것이다. 육덕명은 그 책의 자서에서『나는 어려서부터 고대의 전적을 즐겨 보고 예술과 문학에 뜻을 두었는데, 비록 세상일에는 관심 밖이었으나 저술에는 마음이 쏠렸다. 계묘년에 대학에서 강의하는 일자리를 얻게 되었다. 이전부터 전해오던 음을 따라 가르쳤으나 그것이 너무 간략하여 애를 먹었다. ……드디어 한가한 틈을 이용하여 그것들의 부족한 점을 보완하였다. ……대수롭지 않게도 오경·《효경》·《논어》 및 《노자》·《장자》·《이아》 등에 음을 다는 일을 마무리지어서 총 3질, 30권이 되었는데 이름하여 《경전석문》이라 하였다. 고음과 금음을 다같이 기록해 넣고, 그러한 것들 중에서 가장 요긴한 것들을 포괄하였으며, 경문과 주문을 함께 모아서 상세하게 하였으며, 아울러 뜻풀이도 변별해 놓았다 余少愛墳典, 留意藝文, 雖志懷物外, 而情存著述. 粤以癸卯之歲, 承乏上庠, 循省舊音, 苦其太簡. ……遂因暇景, 救其不逮. ……輒撰集五典·《孝經》·《論語》及《老》·《莊》·《爾雅》等音, 合爲三袠, 三十卷, 號曰《經典釋文》. 古今幷錄, 括其樞要, 經注畢詳, 訓義兼辨』라고 피력하였다. 이상의 말로부터 다음과 같은 사실을 알 수 있다. 그가 이 책을 지은 때는 남조南朝 진陳나라 후주后主 지덕至德 원년에 해당하는 계묘년(583)에 공경대부의 자제들이 다니던 대학에 조교를 역임할 때이고, 이 책은 고금학자들이 부기해 놓은 음(反切)을 상세하게 기록해 놓았을 뿐만 아니라, 경전의 본문은 물론 주문注文까지도 함께 열거하여 뜻풀이도 겸해서 명확하게 하였던 것이다. 그는 유가의 경서에 주해를 다는 외에도 《노자》·《장자》의 음의에 대해서도 찬집하였다. 왜냐하면 진송晉宋시대에는 《노자》와 《장자》가 비교적 널리 읽히고 있었기 때문이다. 《이아》는 각종 어휘와 물품 들의 명칭을 풀이한 훈고서적인데, 그 이전에 많은 사람들이 그것을 주해하였으므로 그러한 것들을 한 군데로 모아 놓으므로써 경전을 해독하는 데 있어 보조가 될 수 있도록 할 필요성을 크게 느꼈을 것이다.(원색화보 참고)

진대陳代 이전의 학자들이 음을 단 것은 대다수가 경전의 본문에만 음을 달아 놓았을 따름이다. 즉 주문에 대하여는 음을 달아 놓지 않았던 것이다. 그리고 음을 표기함에 있어서는 경문經文의 전체 구절을 그대로 옮겨 적어 놓았다. 육덕명은 이상과 같은 전통적인 면모를 완전히 탈피하여 경문에 독음을 표기해 놓는 것 이외에도 주문에 대하여도 음을 달았다. 그리고 각서적에 대하여 먼저 편명을 표시한 다음 글자를 가려내서 그 음과 뜻을 명확하게 표기하였다. 꼭 필요한 경우에만 문장 전체를 모두 옮겨 놓았던 것이다. 오직 《효경》만은 당시 어린아이들이 막 글자를 익히기 시작할 때 사용한 교재였고, 《노자》는 판본이 여러 가지였으므로 각판본마다 글자가 약간씩 달랐기 때문에 특별히 이 두 가지 책의 경우에는 문구 전체를 옮겨 적어 놓았다. 그는 전대前代의 책에 달아져 있는 음에 대하여 약간의 가공을 하였던 것 같다. 대체로 주를 단 사람이 이해한 바의 원서의 문의를 감안하여 독음을 채록하였던 것 같다. 전적에 상용된 것들 중에서 그의 생각에 합리적이고 시기에 부합하는 것을 전면에 표기하고, 그밖의 독음들 중에서는 취할 만한 것들을 골라서 한꺼번에 표기하였다. 성씨로 쓰일 경우의 독음을 별도로 분명히 표시해 놓아서 혼란되는 것을 방지하였다. 이러한 방법은 후에 나온 음의서의 표본으로 활용되었다. 육덕명은 진陳나라 말기에 태어났으므로 그가 직접 통독한 고서는 극히 많은 양이었을 것이다. 그러므로 각가의 주해를 종합할 수 있었을 것이다. 그가 채록한 각가의 주해는 230여 가지에 달하고 있다. 그는 이 책의 첫머리에 《주역》·《고문상서》·《모시》·《삼례三禮》·《춘추》 삼전三傳·《효경》·《논어》·《노자》·《장자》·《이아》의 전수과정과 주해를 달아 놓은 사람들에 대하여 극히 상세하게 소개하고 있다. 이것은 고적의 전래역사를 연구하는 데 대하여 중요한 참고자료가 되는 것이다. 각서적 저자의 성명·사회적 지위와 명망·관직에 대하여 자세하게 기록하고 있어서 사서史書에 있는 해당 전기에 결여된 점을 보충할 수 있는 것이다. 이 책에 기재되어 있는 음의는 진송晉宋 이후의 음운변천과 고대 말뜻의 전변轉變 및 일자다음다의 一字多音多義 현상을 고증하는 데 있어서 매우 큰 쓸모를 지니고 있다. 이것이 지대한 가치를 지니고 있는 언어 연구 자료서임에는 두말할 나위도 없다.

《경전석문》의 판본은 청대 서건학徐乾學(1631—1694)이 지은 《통지당경해通志堂經解》에 실려 있는 것과 노문초盧文弨(1717—1795)의 포경당抱經堂에서 판각한 것이 있는데, 이 두 가지는 모두 명나라 말 때 섭림종葉林宗이 송본宋本을 옮겨 쓴 것에 의거한 것이다. 섭림종이 베

육덕명 저 《경전석문》

껴 쓴 것은 전겸익錢謙益의 강운루絳雲樓에 소장되어 있던 송본에 의거하여 옮긴 것으로서, 그 안에는 빠뜨렸거나 잘못 옮겨 쓴 곳이 상당히 많은 편이다. 청조의 내부內府에 남송 때 만들어진 판본이 소장되어 있었으나, 얼마 전까지만 해도 일반에 알려지지 않았는데, 지금은 그것을 북경도서관에서 소장하고 있다. 이 판본은 청각본淸刻本의 착오를 바로잡을 수 있는 곳이 극히 많다. 또 돈황敦煌의 석실石室에서

발견된 고적들 중에는《경전석문》10여 종이 포함되어 있어서 교감에 활용할 만하다.《경전석문》의 원서는 본래 음과 의를 겸비하고 있었는데, 송대 이후의 전본傳本들은 거의가 뜻을 풀이한 부분을 삭제하고 독음을 표기해 놓은 부분만을 싣고 있으니, 원래 육덕명이 그 책을 저술한 본지와는 거리가 먼 것이 되고 말았다. 최근에 황작黃焯이 쓴《경전석문회교經典釋文匯校》가 나왔다. 이것은《통지당경해》판본을 바탕으로 삼아서 청대학자들의 교정을 집록함과 아울러, 당사본唐寫本과 남송각본을 비교 교감한 결과를 지극히 상세하게 기록해 놓은 것이다. 이 교감본은《경전석문》을 연구하려는 사람에게 대단한 편이를 제공하고 있다.《경전석문회교》는 중화서국에서 1983년에 출판되었다.

參考書目
吳承仕《經典釋文序錄疏證》, 北平中國學院國學系 초판본, 1933.
　　　1984년 中華書局 재판본(點校)
黃　　焯《經典釋文匯校》, 中華書局, 北京, 1983.　　　　　(周士琦)

《일체경음의一切經音義》(현응玄應)

불경의 자의를 해석해 놓은 책으로 당대 대자은사大慈恩寺에서 불경 번역을 관장하던 스님 석현응釋玄應이 지은 것이다. 총 25권으로 구성되어 있다.《당서唐書·예문지藝文志》에 실려 있는데, 이름이《중경음의衆經音義》라고 적혀 있다. 이것은 원래의 명칭이다. 대장경大藏經에 있는 당나라 석도선釋道宣이 지은《대당내전록大唐內典錄》과 이 책에 있는 도선道宣(終南 太一山 釋氏)의 서문에서는 모두《대당중경음의大唐衆經音義》라고 표제하였다. 책 제목을《일체경음의》라고 한 것은 당지승唐智昇이 지은《개원석교록開元釋敎錄》에서 처음으로 고쳐 불렀던 것에서 비롯되었다. 이 책은 석장釋藏 중에 보존되어 있다. 석현응의 사적事迹은《대당내전록》에 기록되어 있다. 그 책에 의하면『대자은사의 현응법사가 정관 말 때 왕의 명을 받들어 불경에 전을 다는 작업에 참여하였다. 여러 장경을 모아서 음과 뜻을 풀이하였는데, 주석을 달아 풀이함에 있어서 여러 서적들을 두루 원용하였으니 증거가 매우 분명하기 때문에 한번에 명확하게 이해할 수 있게 되었다. 애석하게도 그 작업이 막 종료되고 나서 미처 다시 살펴보기도 전에 세상을 하직하고 말았다 大慈恩寺玄應法師以貞觀末歷勅召參傳, 捃拾藏經爲之音義, 注釋訓解, 援引群籍, 證據卓明, 煥然可領.

恨敘綴才了, 未及復疏, 遂從物故』고 한다.(《개원석교록》에도 동일한 내용으로 기록되어 있다.) 《대당내전록》은 고종 인덕麟德 원년(664)에 만들어진 것이니, 이로써 현응이 인덕 원년 이전에 작고하였음을 알 수 있다. 현응 이전에 북제北齊의 스님이었던 석도혜釋道慧가 일찍이 《일체경음一切經音》을 지었다고 한다. 현응이 그의 뒤를 이어서 이 책을 찬집하였으므로 당시 사람들에 의하여 많은 호응을 얻었다.

이 책도 육덕명의 《경전석문》의 체제를 따랐다. 주로 불경에 씌인 글자들을 골라내어 형·음·의 세 방면에 걸쳐 고찰하였다. 범어로 된 이름자에 대하여도 일률적으로 독음을 명시하여 해당 문자에 대한 음역 가능 여부를 해설하였다. 주문 중에 인용된 고서로는 경전주석 외에도 고대의 자서와 훈고서들도 인용하였다. 그러한 것들 중에 《이아》·《방언》·《설문해자》·《광아》·《석명》·《옥편》 같은 서적들은 지금까지도 전해지고 있는 것들이며, 《창힐편》·《삼창三倉》·《통속문通俗文》·《고금자고古今字詁》·《비창埤倉》·《성류聲類》·《운집韻集》·《자림字林》·《자서字書》 같은 류는 일찍이 망일되어 지금은 그 모습을 볼 수 없는 것들이다. 청대의 학자가 이 책을 발견한 이후에 이 책에 인용되어 있는 것으로부터 각종 일문佚文의 내용을 집록하였다. 이러한 작업은 고대

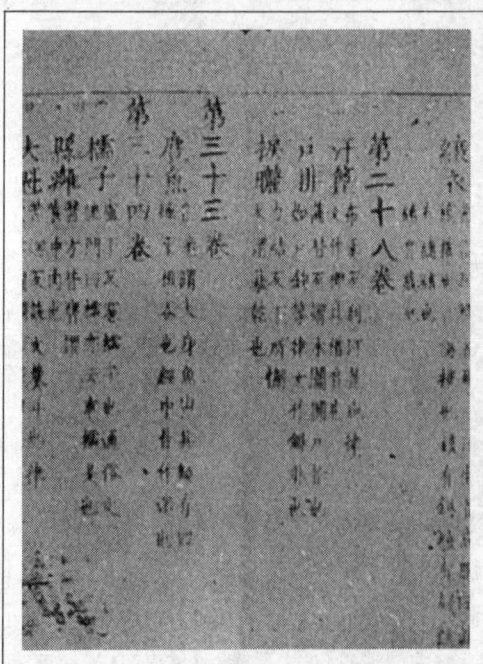

현응 찬 《일체경음의》

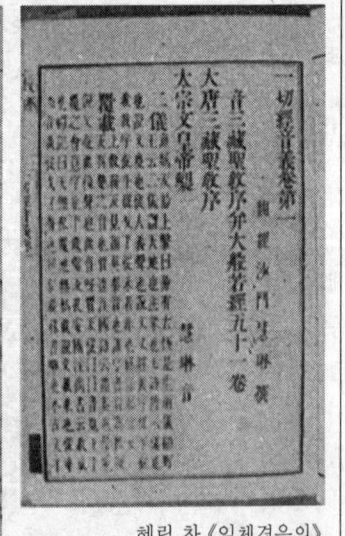

혜림 찬 《일체경음의》

의 훈고를 연구하는 데 있어서 지극히 유용한 것이었다.

《대장경》은 북장판北藏板과 남장판南藏板이 있는 바, 남장판은 명나라 홍무洪武 연간에 남경南京에서 판각된 것이고, 북장판은 명나라 영락永樂 연간에 북경北京에서 판각된 것이다. 건륭乾隆 51년(1786)에 무진武進 사람인 장흔莊炘이 함녕咸寧에서 관리로 있을 때 그곳의 대흥선사大興善寺에 소장되어 있던 남장본을 간행함과 아울러, 전점錢坫·정돈程敦·홍량길洪亮吉·손성연孫星衍 등과 더불어 교정을 하였다. 그러나 대부분이 《설문》의 것을 종주로 삼고 있으며, 그들의 교정이 모두 타당한 것은 아니었다. 동치同治 연간에 항주杭州 사람인 조주曹籒가 다시 그 재판을 찍어냈다. 그러나 잘못된 부분이 여전히 많은 편이었다. 1935년 상무인서관商務印書館이 남송 소주蘇州 진호연陳湖延의 성원적사聖院磧砂대장경을 영인 발간하였다. 이 책은 일어일행一語一行으로 조판되어 있으며, 인쇄가 지극히 명료할 뿐만 아니라 잘못 찍힌 글자도 적었다. 이것은 당나라 때 나온 판본의 면모를 그대로 보존하고 있는 것이다. 돈황의 석실에서 발견된 서적들 가운데 이 책의 일부 잔권이 끼어 있어서 참고로 삼을 만하다. 중국내에는 또 산서山西 월성越城대장경이 전해지고 있다. 한국에는 고려대장경이 보전되어 있고, 일본에는 대치大治 연간에 석각엄釋覺嚴수초본手抄本이 전해지고 있는데, 이러한 것들은 중국내에 있는 것보다 약간 나은 편이다. 일본학자 야마다 다카오(山田孝雄)가 고려대장경을 참고하여 대치본大治本을 새로 편찬하였는데, 이것은 대장경을 교감하는 데 있어서 매우 유용한 것이다.(원색화보 참고)　　　　　　　　　　　　　　　(周祖謨)

《일체경음의一切經音義》(혜림慧琳)

불경의 자의를 해석해 놓은 책으로 당나라 때 불경 번역에 종사하였던 스님인 석혜림釋慧琳이 지은 것이다. 당나라 정관貞觀 연간에 현응이 일찍이 《중경음의衆經音義》25권(후에는 《一切經音義》라고도 불렀음)을 지은 바 있었다. 혜림이 주를 달아 놓은 것은 정관 이후에 새로이 번역해낸 경론經論과 현응이 주석을 달지 아니한 몇 가지 불경을 대상으로 한 것이다. 총 1백 권에 달하며, 《대반야경大般若經》에서 시작하여 《호명법護命法》으로 끝맺고 있다. 이에 수록된 불경의 수는 총 1천3백 부, 5천7백여 권에 이른다. 그의 책은 현응이 지은 것과 혜원慧苑의 화엄음의華嚴音義도 함께 수록하고 있으므로 가히 불경음의를 집대성해 놓은 책이라 할 수 있다. 그 책 첫권에 실려 있는 시태상시試太常

寺 봉례랑奉禮郎 경심景審의 서문에서 그를 다음과 같이 칭송하고 있다. 대흥선사 혜림법사는 사가私家의 성이 배裵씨이고 소륵국疏勒國 사람으로 불공삼장不空三藏의 제자이다. 그는 밀교密敎에 정통하였으며, 화하華夏의 문자와 성운 그리고 인도의 성명聲明에 대하여도 깊이 연구한 바 있다. 이 책에서 정해 놓은 자음字音은 원정견元庭堅의 《운영韻英》과 장전張戩의 《고성考聲》을 준칙으로 삼은 것이다. 뜻을 풀이함에 있어서는 《설문해자》·《자림》·《옥편》·《자통字統》·《고금정자古今正字》·《문자전설文字典說》·《개원문자음의開元文字音義》 등의 책을 주로 참고함과 아울러 경전과 역사서의 주석을 인용하기도 하였다. 전적을 훈고하는 데 20여 년의 심혈을 기울였다. 즉 덕종德宗 건중建中 말년(783)에 시작하여 헌종憲宗 원화元和 2년(807)에서야 비로소 완성되었던 것이다. 원화 12년(817) 2월 30일 서명사西明寺에서 탈고하였다. 혜림의 사적에 대한 기록은 송나라 찬녕贊寧이 지은 《송고승전宋高僧傳》에도 보이고 있는데, 그 책에는 덕종 정원貞元 4년(788)에 그 책을 집필하기 시작하여 원화 5년(810)에 탈고하였으며, 원화 15년 경자庚子(820)에 세상을 떠났으니 향년 84세였다고 기록되어 있다. 이러한 사실은 경심이 기록한 것과 약간 차이가 있는데, 경심이 같은 시대에 살았던 사람이었으니 경심의 기록이 마땅히 더 옳을 것 같다.

혜림의 책이 완성된 시기는 중당中唐시기에 해당한다는 사실로 보자면, 그가 본 고서는 극히 많았으리라는 짐작이 간다. 그의 책은 문자의 성운에 대하여 깊이 고찰함과 아울러 자의를 깊이 통찰한 그의 심혈이 처음에서 끝까지 일관되고 있어서 현응이 지은 것에 비하여 상세한 편이다. 글자의 음을 논함에 있어서 진음秦音을 주로 하고 오음吳音은 취하지 아니하였다. 이를테면 권4에서 〈부포浮泡〉 아래에 다음과 같은 주를 달아 놓았다. 『上輔無反.(윗글자의 음은 보무반[부]이다)《廣雅》: 부浮, 표漂(떠다니다)也. 鄭注《禮記》: 在上曰浮. (수면에 떠 있는 것을 〈부〉라 한다) 賈注《國語》: 부浮, 경輕(가볍다)也.《說文》: 범泛(물 위에 뜸)也. 从水孚聲也.(의부는 〈수水〉이고 성부는 〈부孚〉인 형성자이다) 吳音薄謀反, 今不取.(오음은 박모반[보]인데, 이 책에서는 이것을 취하지 않는다)』 필자가 생각건대, 〈박모반[보]〉은 《절운切韻》 음으로 마땅히 육조시대까지 전해지고 있던 구음舊音이고, 〈보무반[부]〉은 분명히 《운영韻英》의 음으로 당대의 북방음이었을 것이다.(필자의 보충 설명은 위의 내용과 다소 상반되는 것 같음—역주) 혜림이 당시의 독음을 채용하고 있는 것은 일리가 있는 것이다. 글자의 뜻을 풀이함에 있어서는 자형을 변별 분석하고, 그러한 풀이의 근거를 상세하게 소개해 놓았다. 이 책은 문자훈고를 연구함에 있어서 유용한 데 그치지 아니하고, 없어진 고서를 집록輯錄하고 고서를 교감하는 데 있어서도 크게 유용한 것이다.

이 책은 한국에 보존되어 있는 고려대장경에 수록되어 있는 판본이 가장 완벽하다. 일반적으로 통용되고 있는 것은 1737년 일본 사곡獅谷 백련사白蓮寺 번각본翻刻本이다. 1924년에 발간된 정복보丁福保 영인본影印本에는 통검표通檢表가 부록으로 실려 있어서 찾아보기에 매우 편리하다. 근년에 한국에서 고려대장경을 새로 찍어낸 것이 발간된 바 있는데, 이것은 원본의 참모습을 그대로 보존하고 있을 뿐만 아니라 글자가 커서 보기에 편하고, 정복보의 영인본에 비하여 더욱 명확하다.(원색화보 참고)　　　　　　　　　　(周祖謨)

《속일체경음의續一切經音義》

불경의 자의를 해석한 책으로 요遼나라의 승려 희린希麟이 지은 것이다. 희린은 연경燕京에 있는 숭인사崇仁寺의 스님이었다. 당대 혜림이 지은 《일체경음의》는 《개원석교록開元釋教錄》에 실려 있는 불교 경론에 대해서 음의를 해설해 놓은 것이었는데, 《개원석교록》이 나온 이후에 번역된 경론經論과 율전律傳에 대해서는 음의서가 없었으므로 희린이 혜림의 책을 모방하여 음의를 해설하였던 것이다. 이 책은 총 10권으로 구성되어 있는데, 《대승이취육바라밀다경大乘理趣六波羅蜜多經》에서 시작하여 《속개원석교록》으로 끝맺고 있다. 이에 수록되어 있는 각종 불경은 총 226권에 달한다. 그리고 이에 인용되어 있는 고서의 종류는 매우 많은데, 인용방식과 용도는 혜림의 책의 경우와 동일하다.

진원陳垣이 지은 《중국불교사적개론》에서 고정한 것에 따르면 희린의 책은 송나라 태종 옹희雍熙 4년(987), 즉 요나라 성종聖宗 통화統和 3년에 지었다고 한다. 이 책은 1745년 일본 고야산高野山 북실원北室院의 승려 요창堯昌이 고려대장경에 실려 있는 판본을 근거로 찍어낸 것이 있다. 정복보丁福保가 일찍이 그것을 영인하여 혜림의 《일체경음의》와 함께 발간하였다. (참고 《일체경음의》 혜림)　　　　　　　　　　(周祖謨)

《신역화엄경음의新譯華嚴經音義》

《신역화엄경음의》는 《화엄경華嚴經》 중의 문자에 대한 음의를 풀이한 책으로 통상《화엄경음의》라 약칭한다. 당대 승려 혜원慧苑이 지었다. 이 책은 지승智昇이 편집한《개원석교록開元釋敎錄》에 수록되어 있는데,《신당서新唐書・예문지藝文志》에는 저록되지 않았다.《개원석교록》에는『혜원 스님은 경조 태생으로 화엄장 국사의 제자였다. 그는 학문하는 데 열성을 다하여 조금도 게으름을 피우지 아니하였다. 중외 학술에 두루 정통하였고, 특히 화엄종에 깊이 통달하였다. 새로이 번역되어 나온 불경에 대하여 음의를 풀이한 책이 없었던 까닭에 독자들이 참고로 할 만한 것이 없어 곤란을 겪자, (그가) 각종 자서들을 참조하여 2권의 책을 편찬해 놓았으므로 독자들은 더이상 스승을 찾아 먼 길을 헤매지 않아도 글자의 뜻을 바로 알게 되었다 慧苑, 京兆人, 華嚴藏法師上首門人. 勤學無惰, 內外兼通, 華嚴一宗, 尤所精達. 以新譯之經未有音義, 披讀之者取決無從 ; 遂博覽字書, 撰成二卷, 俾讀之者不遠求師, 以決於字義也』라고 소개되어 있다. 이상의 문장에서〈신역〉이라는 것은, 당나라 무후武后 증성證聖 연간에 실의난타實義難陀가 번역한 총 80권의 불경을 가리키는 것으로서 동진東晉 의희義熙 말 때 불타발타라佛陀跋陀羅가 번역한 불경 60권과 다른 것이다. 화엄장 법사는 자가 현수賢首이고 강거康居 태생으로 당나라 현종玄宗 선천先天 원년(712)에 작고하였다고 한다. 혜원 스님은 성당盛唐 때 태어났던 만큼 그가 이 책을 쓰면서 참고한 고서의 주해와 고대 자서들은 상당히 많았을 것이다. 이 책은 이미 없어진 일서佚書를 재집록하는 데 있어서 기초자료로 활용될 수 있는 것인 동시에 고대 훈고를 연구하는 데 있어서도 참고자료가 되는 것이다.

이 책의 판본으로는 2권짜리와 4권짜리가 있다.《개원석교록》에 따르면, 본래는 2권으로 엮어져 있었다고 한다. 송장宋藏과 명남장明南藏은 2권으로 되어 있으며, 명북장明北藏에 이르러서는 각기 두 권으로 다시 분리되어 총 4권으로 바뀌게 되었다. 청대 장용당臧鏞堂의 산절본刪節本, 그리고《수산각총서守山閣叢書》와《월아당총서粵雅堂叢書》에 실려 있는 판본이 전해지고 있다. 이상의 판본들에는 책명이《대방광불화엄경음의大方廣佛華嚴經音義》라고 표기되어 있다.

(周祖謨)

《자치통감석문資治通鑑釋文》

사마광司馬光의《자치통감》중에 씌인 문자에 대하여 그 음의를 풀이한 책으로, 송대 우선의랑右宣義郎 감성도부監成都府 양료원糧料院에서 근무하던

사소史炤가 저술한 것이다. 제1권에는 소흥紹興 30년(1160) 3월에 좌조산랑左
朝散郎 권발權發이 여주黎州와 군주軍州에 파견하여 학무를 주관하고 있던 진
운縉雲 풍시행馮時行이 쓴 서문이 실려 있다. 사소는 사천四川 미산眉山 태생
으로 자는 견가見可이고, 소식蘇軾 형제에게 사사받은 적이 있다고 한다.
　이 책은 총 30권으로 구성된 것으로 《자치통감》 원서(249권)의 순서에 따라
어려운 글자를 골라내서 음의를 풀이하였다. 그 체제는 육덕명陸德明의 《경전
석문經傳釋文》과 하초何超의 《진서음의晉書音義》와 유사하지만, 참고한 전대
의 서적을 보다 더 상세하게 명시하고 있다는 점에서는 그것들보다 나은 편이
다. 풍시행의 서문에서 『의심스러운 글자나 어려운 글자가 있을 때에는 관련역
사 전고를 찾아보고, 그래도 마땅한 근거를 발견해내지 못하였을 경우에는 여
섯 가지 경전과 제자백가의 서적을 두루 찾아보아서 그 음을 풀이하였다고 한
다. 그리고 《설문》·《이아》 및 고금의 소학가들이 밝혀 놓은 훈고변석·지리·
성찬·단문소설 등 관련자료를 섭렵하느라 갖은 정력을 다 소모하여 오랫동안
몸져누운 적도 있었다고 하며, 그렇게 10여 년의 공력을 들인 끝에 그 책이 비
로소 완성되었다고 한다 字有疑難, 求於本史, 本史無據, 則雜取六經諸子釋音,
《說文》·《爾雅》及古今小學家訓詁辨釋·地理·姓纂·單聞小說. 精力疲疚, 積
十年而書成』고 소개해 놓았다. 이러한 기록으로써 사소가 참고한 자료가 얼마
나 방대한 것이었는지를 짐작해 볼 수 있을 것이다. 참고로 그 내용을 인용
해 볼 것 같으면, 《자치통감》 제1권에 있는 임금이 쓴 서문(御制序) 중에 있는
〈찰札〉(글씨를 쓰는 데 사용한 조그마한 나무조각)자 하단에 『〈찰〉은 빗 모양을
뜻한다. 나무조각을 빗살같이 엮어 놓은 것이 바로 간찰이다. 참고, 당《소악연
의》札者櫛也, 編木如櫛齒, 卽簡札也. 見唐《蘇鶚演義》』라고 풀이해 놓았다. 또
〈기요其要〉 하단에는 『음은 일소절(오)이고, 묶다는 뜻이다. 가위공(창조)의
《군경음변》에서는 요는 모두 모아 놓은 것을 말한다고 하였다 一笑切, 約也.
賈魏公(昌朝)《群經音辨》云 : 要者總最之稱』라는 풀이를 달아 놓았다. 기타 각
권 중에서도 전인들의 설법을 인용한 것이 극히 많이 등장한다. 간혹 전인들의
견해를 반박하여 바로잡아 놓은 곳도 눈에 띈다. 이를테면 어제서御制序의 〈무
간無間〉 하단에 실린 『구설에서와 같이 〈사이에 끼다〉는 뜻의 〈간〉자로는 (합
당하게 해석하기가) 불가능하다. 필자의 소견으로는 (그것을) 〈한가한 틈〉이라
는 뜻의 〈한〉자로 보아야 한다고 생각한다. (그 말은) 우왕이 덕망이 매우 높
아서 한가하게 의논할 틈이 없다는 것을 말하는 것이다 舊說不能間厠其間, 竊
謂間乃閒隙之閒, 言禹之德至盛無閒隙可議』라고 한 것이 그 일례이다. 이 책에

표기된 음은 전대의 서적들 가운데 명시되어 있는 음을 취한 것인데, 그 중에서 《집운集韻》의 반절反切을 채택한 것이 비교적 많다. 예컨대『지砥(숫돌), 音軫視切(음 진시절[지])』・『질質(바탕), 音職日切(음 직일절[질])』・『별別(나누다), 音筆列切(음 필열절[펼])』・『격檄(격문), 音邢狄切(음 형적절[혁])』・『부鈇(도끼), 音匪父切(음 비부절[부])』・『린隣(이웃), 音離軫切(음 리진절[린])』・『로櫓(노), 音籠五切(음 롱오절[로])』이상의 반절들은 모두 《절운》에서 따온 것들이다. 이러한 예는 너무나 많아서 이루 다 헤아릴 수 없을 정도이다. 이 책은 호삼성胡三省이 주를 단 책이 나오기 전까지 《자치통감》의 중요 음의 자료로 활용되었다. 후에 호삼성이 지은 《통감석문변오通鑑釋文辨誤》 12권은 사소의 책을 간정한 것으로서, 그와 더불어 이 방면의 쌍벽을 이루는 저작이다.

(周祖謨)

《소학구침小學鉤沈》

고대의 훈고자료를 집록해 놓은 책으로 청대학자인 임대춘任大椿이 편집한 것이다. 총 19권으로 구성되어 있다. 임대춘(1738—1789)은 자가 유식幼植 또는 자전子田이고, 강소江蘇 흥화현興化縣에서 태어나 건륭乾隆 34년(1769)에 진사 시험에 급제하여 예부禮部에 근무하다가 후에 사고서관四庫書館에 전임되어 도서를 모아 정리하는 일을 담당하였다. 그후에는 섬서도陝西道 감찰어사監察御史에 오르기도 하였다. 이 책은 이미 망일되어 없어진 각종 자서・운서・훈고서 가운데 전대의 고서에 단편적으로 인용되어 있는 자료들을 긁어 모아서, 그 일문逸文을 해당 서적별로 편록한 것이었으므로 이름을 《소학구침》이라 하였다. 그가 그렇게 집록해 놓은 서적들로는 《창힐편》(倉頡訓詁・倉頡解詁가 부록으로 실려 있음)・《삼창》(三倉訓詁・三倉解詁가 부록으로 실려 있음)・《범장편凡將篇》・《고문관서古文官書》(古文奇字・郭訓古文奇字가 부록으로 실려 있음)・《권학편勸學篇》・《성황편聖皇篇》・《통속문通俗文》・《비창埤倉》・《고금자고古今字詁》・《잡자雜字》・《성류聲類》・《변석명辨釋名》・《운집韻集》・《잡자해고雜字解詁》・《주성난자周成難字》・《소학편小學篇》・《자원字苑》・《자림字林》・《운보韻譜》(李槩)・《찬문纂文》(何承天)・《찬요纂要》・《문자집략文字集略》・《광창廣蒼》・《자통字統》(楊承慶)・《운략韻略》(陽休之)・《증속음證俗音》・《문자지귀文字指歸》・《절운切韻》・《자서字書》・《자체體》・《이자원異字苑》・《자류字類》・《자시字諟》・《고금자음古今字音》・《성보

聲譜》·《증속문證俗文》·《이자음異字音》 등이 있으며, 이러한 책들이 대체로 연대순으로 배열되어 있다. 임대춘은 또《자림고일字林考逸》·《심의석례深衣釋例》·《변복석례弁服釋例》·《석증釋繒》 등의 책을 저술하기도 하였다.《소학구침》 총 19권 중에서 전12권은 왕념손王念孫이 교정하고 후7권은 그의 아들 왕인지王引之가 간정하였다. 이 책의 전면에는 본래 의징儀徵 시조간施朝幹이 지은 묘지墓志와 가경嘉慶 22년(1817)에 왕정진汪廷珍이 쓴 서언序言이 실려 있었다고 하는데, 지금은 모두 없어졌다. 현재 통용되고 있는 것은 광서光緒 연간에 나온 판각본이다.(원색화보 참고)　　　　　　　　　　(周祖謨)

《소학수일小學蒐佚》

　문자 음운훈고류의 서적들 가운데 이미 망일되어 없어진 76종의 서적을 집록해 놓은 것으로 청말 용장龍璋(1854—1918)이 편찬하였다. 청대학자들 중에서는 임대춘任大椿(1738—1789)과 손성연孫星衍(1753—1818)이 필두로 일서佚書를 집록하기 시작하였다. 임대춘은《자림고일字林考逸》·《소학구침》을 편찬하였으며, 손성연은《창힐편》을 집록하였다. 그들이 주로 참고한 자료는 당대 승려 현응이 지은《일체경음의》에 인용되어 있는 것들이었다. 청 광서光緒 7년(1881) 여서창黎庶昌(1837—1897)이 일본에 사신으로 파견되었을 때, 대량의 고대 일서佚書들이 그곳에 잔존해 있음을 목격한 일이 있다고 한다. 이를테면 고야왕顧野王의《옥편玉篇》 원본과 두대경杜臺卿의《옥촉보전玉燭寶典》 등을 보았는데, 그것들은 중국에서는 오래 전에 이미 없어져서 자취를 찾을 수 없는 것들이었다. 그런 일이 있은 후에 당대 승려 혜림慧琳이 지은《일체경음의一切經音義》1백 권과 요遼나라 승려 희린希麟이 지은《속일체경음의》 10권이 또다시 일본으로부터 계속하여 반입되었다. 이에 따라 그러한 서적들에 인용되어 있는 자료들을 가려내어 일서를 집록하는 사람들이 점차 많아졌던 것이다. 이를테면 고진복顧震福의《소학구침속편小學鉤沈續編》과 진기영陳其榮이 집록한《소학삼종小學三種》이 그러한 것들이다. 이 두 책은 인용서적의 권수卷數와 표열標列이 상세하지 않을 뿐만 아니라 집록한 일서의 수도 50여 종에 불과하였다. 따라서 용장이 다시 집록작업을 실시하였던 것이다. 그의《소학수일》은《창힐》이하 총 76종에 달하는 일서를 집록한 것이다. 상·하 두 편으로 나누어져 있는데, 상편은 자서와 훈고서에 속하는 서적 54종을 집록한 것이고, 하편은 음운류에 속하는 서적 22종을 집록한 것이었으니, 가히 고대 소학서의 대관大觀을 모아 놓은 것이라고 말할 수 있을 것이다. 이 책은 주로 혜림의 《일체경음의》에 실려 있는 자료를 근거로 한 것이며, 인용서적에 대하여는 그 권수를 자세히 설명해 놓았다. 자서 부문에 있어서는 《설문해자》·《옥편》의 부수와 그 편차에 따라 집록해 두었으며, 음운 부문에 있어서는 《광운廣韻》의 사성四聲 분운分韻에 따라 편록하였기 때문에 글자를 찾아보기가 상당히 편리하다. 이 책은 전인들이 집록한 소학서들에 비하여 월등히 우수한 것이다. 다만 호남湖南에서 인쇄되었던 관계로 인쇄 분량이 많지 않아서 널리 유포되지 않았음이 유감일 따름이다. (周士琦)

《경적찬고經籍纂詁》

고서 중에 있는 문자 뜻풀이 자료를 모아 놓은 훈고서이다. 청대 완원阮元이 찬집撰集하고, 장용당臧鏞堂과 장례당臧禮堂이 정리교정하였다. 가경嘉慶 3년(1789)에 간행되었다. 이 책은 《패문운부佩文韻府》의 분운分韻에 의거 글자를 배열하였는데, 《패문운부》에 없는 글자의 경우에는 《광운廣韻》 또는 《집운集韻》에 의거하여 증보하였다. 권차卷次 《패문운부》의 매운별로 1권으로 엮었기 때문에 전체는 106권으로 구성되었다. 보유補遺 106권이 별도로 구분되어 정편正編의 각권 말미에 덧붙여 놓았다. 이 책에 집록된 문자의 뜻풀이는 모두 당 이전의 경전자사經傳子史에 있는 주해와 당 이전의 훈고서·자서·운서·음의서 가운데 있던 기존의 자료를 모아 놓은 것이다. 이에 참고한 서적은 총 1백여 종에 달하며, 수록글자의 수는 1만 3349자(異體字 불포함)이다. 고대의 문자 뜻풀이와 각종 고서의 문구 중에 있는 훈석訓釋들은 거의 모두 함께 이 책에 모아진 셈이다.

채록한 훈석들을 각글자의 하단에 열거함에 있어서, 성음이 서로 비슷한 글자들에 대한 풀이를 맨 앞에 배치하였으며, 그 다음에 본의本義에 해당하는 풀이를 배치하였다. 인신의引伸義와 서로 바꾸어서 풀이되는 것을 그 다음에 두었으며, 사물의 명칭을 해설한 것을 맨 뒤에 배치하였다. 각의미에 대하여 그러한 풀이가 등장하는 서적명과 그 원문을 분명하게 밝혀 놓았다. 만약 똑같은 풀이가 여러 서적에 산견될 경우에는 순서대로 열거하므로써 그러한 풀이가 확실히 똑같은 것임을 증명하였다. 또 하나의 글자가 두 가지 독음으로 읽히는 것과 성조가 달라짐에 따라 그 의미도 달라지는 것에 대하여는, 운서상의 반절에 따라 분류하여 해당 운별로 질서정연하게 나누어 놓았다. 어느 권을 펼치더라도 운이 같은 글자들이 가지런히 모아져 있고, 어느 글자를 찾아보더라도 각종 서적에 쓰인 의미와 그것이 들어 있는 문장 용례를 한눈에 알아볼 수 있도록 배려해 놓았다. 그리고 독자들로 하여금 그 책에 수록되어 있는 자료를 근거로 글자의 의미를 심사 변별할 수 있도록 해놓았다. 즉 통상적으로 많이 쓰이는 의미, 어느 특정 문구 가운데에만 나타나는 특수 의미, 본의本義, 이른 시기에 쓰였던 의미, 인신의引伸義, 후대에 가서야 있게 되었던 후기後記 의미 등을 알아볼 수 있도록 해놓았던 것이다. 다시 한 걸음 더 나아가서 하나의 글자 아래 열거된 각종 훈석을 참고하므로써 어느 서적의 어떤 주해가 정확한 것인지의 여부를 가늠할 수 있도록 하였다. 이러한 까닭에 이 책은 고대의 말뜻을 탐색하고 훈고를 연구하는 데 있어서 없어서는 안 될 필수의 참고서로 꼽히고 있는 것이다. 《신당서新唐書》에 따르면, 안진경顔眞卿이 《운해경원韻海鏡源》 360권을 저술하여 고서의 훈해를 상세하

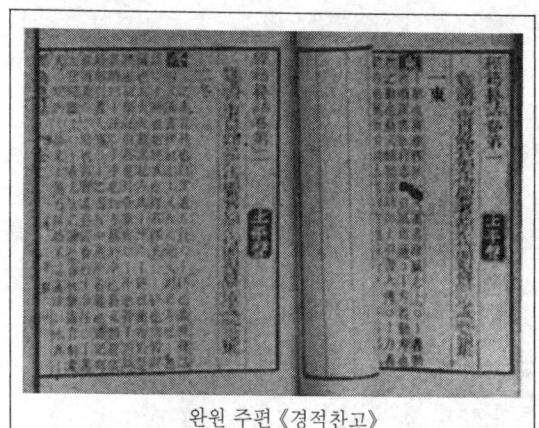

완원 주편 《경적찬고》

게 열거하였다고 하는데, 애석하게도 오래 전에 망일되어 지금은 전해지지 않고 있다. 완원이 주편한 이 책은 당 이후에 거둔 창거創擧라 할 수 있다.

이 책에 수록되어 있는 분량은 극히 많다. 글자에 대한 풀이 이외에도 경전상의 이문異文, 문자의 가차와 고문이체古文異體 등의 현상에 대하여도 언급하고 있는데, 그러한 예가 있는 경우 해당 글자의 말미에 열거해 두었다. 《옥편》·《광운廣韻》·《집운集韻》 등에도 글자의 의미가 풀이되어 있는데, 이 책에서는 그러한 것들을 일률적으로 수록하지 않았다. 그런 책들에 수록되어 있는 것들은 대부분이 전시대의 경전자사의 주해에서 따온 것이므로 중복을 피하기 위하여 그렇게 하였던 것이다. 이 책은 여러 사람들의 손을 거쳐서 이루어졌기 때문에 채록할 때 잘 모르고 빠뜨린 것이 없잖을 뿐만 아니라 잘못 옮긴 것도 없지 않았다. 그러므로 이 책을 이용하는 사람은 명기되어 있는 출처 원서를 꼭 확인해 보지 않으면 안 된다. 이 책은 음을 표기해 놓지 않은 점과, 하나의 글자가 두 가지 독음을 지닌 것이나 성조가 다른 경우 각각의 의미를

열거할 때 명확하게 구분하지 않은 것이 흠이다.(원색화보 참고)　　　　（周士琦）

정현鄭玄 | 127—200

정현은 중국 동한시대의 경학자이자 훈고학자이다. 자는 강성康成이고 북해 北海 고밀高密(현 山東省 高密縣) 태생으로 한 순제順帝 영건永建 2년에 태어나 헌제獻帝 건안建安 2년에 세상을 떠났다. 《후한서後漢書》제35권에 그의 전기가 실려 있다. 그는 젊은 시절에 향색부鄕嗇夫(訴訟과 賦稅 업무를 맡은 고을 관직으로 秦나라 때 처음으로 설치된 이래 漢·晉·南朝의 劉宋 때까지 존속된 후에 폐지되었음—역주)직을 역임하면서 고을의 송사訟事를 심리審理하는 일과 세금을 부과하고 거두어들이는 일을 관장하였다. 후에 태학太學에 들어가 수업하고 경전을 두루 학습하였다. 그후 다시 유학을 가서 마융馬融에게 사사를 받았다. 유학을 떠난 지 10년 만인 40세에 고향으로 돌아왔다. 당고지화黨錮之禍(東漢 桓帝 때 조정의 환관들이 陳蕃 등 우국지사들을 옥에 가두고 仕進의 길을 막았으며, 靈帝 때에는 그들이 陳蕃 등 우국지사 1백여 명을 살해한 사건을 말함—역주)로 인하여, 문을 걸어 잠그고 집 안에서

정현

교학에만 열중하였는데, 그에게 수업하러 온 학생들의 수가 수백 명에 달하였다고 한다. 14년 후에야 비로소 사면령이 발포되어 그의 덕망과 재지才智를 인정받아 대장군 삼사부三司府로 발탁되었으나, 끝내 거절하였다. 그는 평생을 저술활동에 전념하여 많은 저작을 남겼다. 특히 고문경古文經에 정통하였던 바 《주역》·《상서》·《모시》·《의례儀禮》·《예기》·《논어》등의 서적에 주를 달아 풀이하였다. 많은 학자들이 그를 존숭하여, 그의 학문을 대대로 이어받아서 끊임이 없었다. 정현은 경전에 주를 닮에 있어서 오로지 한 가지 유파만을 고집하지 아니하고 여러 경전들을 두루 섭급하였으며, 바른 풀이를 얻기 위해서 많은 땀을 흘렸다. 특히 명물名物에 대한 훈고에 정통하였다. 경서에 쓰인 문자들 가운데에는 가차현상이 있음을 인지하고 **본자**를 찾아내서 그것으로 해석하므로써 의혹시되던 문제들이 봄볕에 눈녹듯이 싹 풀어지곤 하였다. 청대 학자들은 이른바 〈한학〉을 각별히 존중하였는데, 그를 **허신許愼**과 더불어 병칭하여 〈허정許鄭〉이라는 칭호로 불렀다.(원색화보 참고)　　　　（周祖謨）

유희劉熙

중국 동한시대의 경학자이자 훈고학자이다. 자는 성국成國이고, 북해北海(지금의 山東省 高密 일대) 태생으로 한대 말기 환제桓帝・영제靈帝 때 태어나 헌제獻帝 건안建安 무렵에 교주交州로 피난간 적이 있다고 한다. 진수陳壽의 《삼국지三國志》에 의하면, 오吳나라의 정병程秉・설종薛綜과 촉蜀나라 허자許慈 등이 모두 그에게 배웠다고 한다. 그가 지은 《석명釋名》 27편은 음에 근거하여 사물의 명칭이 그렇게 불리게 된 연유를 설명한 것으로서, 후대 훈고학의 인성구의론因聲求義論에 대하여 매우 큰 영향을 미쳤다. 그 책은 줄곧 지금까지도 전해지고 있다. 유희는 또 《맹자주孟子注》를 지었다고 하는 사실이 당대 혜림慧琳이 지은 《일체경음의一切經音義》에 인용되어 있으나, 일찍이 망일亡佚되어 지금은 전해지지 않고 있다.

(周祖謨)

장읍張揖

중국 삼국시기의 문자훈고학자이다. 사서史書상에는 장읍의 전기가 실려 있지 않다. 당나라 안사고顔師古가 쓴 《후한서서례後漢書敍例》에는 『위나라 초에 박사를 지낸 청하 출신의 장읍이 《비창》・《광아》・《고금자고》를 저술하였다. 그는 여러 가지에 대하여 연구하여 많은 사실들을 보완하였으며, 많은 자료를 모아서 빠진 것을 보충해 넣었고 사물들의 부류에 대한 훈고를 증강시켰다. 또한 문자에 대해서도 많은 것을 보충 해설하였다. 그가 지은 《고금자고》는 허신의 《설문해자》에 비견될 만한 것으로서 고대의 글자와 당시에 새로 만들어진 것까지 모두 수록하여 해설한 것인데, 어떤 것은 오류를 범한 것도 있지만 신빙성 있는 것이 적잖았다 魏初博士淸河張揖著《埤倉》・《廣雅》・《古今字詁》. 究諸埤廣, 綴拾遺漏, 增長事類, 抑亦於文爲益者, 其《字詁》方之許篇, 古今體用, 或得或失』《北史・江式傳》고 실려 있다. 장읍은 문자훈고에 정통하였음을 알 수 있다. 그의 저작 중에서 오로지 《광아》만이 지금에 전해지고 있으며, 《비창》과 《고금자고》는 송 이후에 소실되었는데, 당나라 때 간행된 《일체경음의》에 각각 일부가 인용되어 있을 따름이다. 청대 사람에 의하여 집록輯錄된 것이 몇 종류 있다. 그 중에서 용장龍璋의 《소학수일小學蒐佚》에 집록되어 있는 것이 가장 상세하다.

(周祖謨)

곽박郭璞 | 276—324

중국 진대晉代의 문자훈고학자이자 문학가이다. 《진서晉書》에서는『곽박은 자가 경순이고, 하동 문희 태생이다. 그는 경술을 애호하였으며 박학하고 재주가 많았으나 말하는 데에는 재주가 없었는지 눌변이었고, 사부문학을 중흥시킨 데 있어서는 으뜸가는 공을 세웠다. 고문과 이상한 글자를 해독하는 데 큰 흥미를 느꼈으며, 음양술과 역법에도 조예가 깊었다 郭璞字景純, 河東聞喜(今山西聞喜縣)人也. ……璞好經術, 博學有高才, 而訥於言論, 詞賦爲中興之冠. 好古文奇字, 妙於陰陽算曆』(卷72 郭璞傳)라고 그의 다재다능을 칭송하였다. 혜제惠帝·회제懷帝간에 선성태수宣城太守 은호참군殷祜參軍을 역임하였다. 명제明帝 때 왕돈王敦이 모반하였을 때 왕돈에 의하여 살해당하였다. 곽박은 《이아》에 주를 닮과 동시에 그것의 음과 뜻을 고찰하여 《음의》와 《도보圖譜》를 찬술하였다. 아울러 《삼창三倉》·《방언》·《목천자전穆天子傳》·《산해경山海經》은 물론 《초사》·《자허부子虛賦》·《상림부上林賦》같은 문학작품에 대하여도 주석을 달아서 풀이하였다. 그는 고훈古訓의 뜻을 소통시키는 일과 방언을 널리 채집하는 일에 심혈을 기울였으며, 속어를 이용하여 아언雅言을 해석하고 당시의 말을 이용하여 고어를 풀이하는 방법을 창안하므로써 훈고학은 물론 역사지리학 및 동식물학에 대하여도 매우 큰 공헌을 세웠다. (周祖謨)

정요전程瑤田 | 1725—1814

중국 청대의 학자로 자는 이주易疇이고 안휘성安徽省 흡현歙縣 태생이다. 옹정雍正 3년에 출생하여 가경嘉慶 19년에 세상을 떠났다. 건륭乾隆 35년(1770)에 거인擧人으로 발탁되어 가정현嘉定縣 현립학교의 교관으로 선임되었다. 가경 원년(1796)에는 효렴孝廉 방정方正으로 천거되었다. 그는 경학·제도·여지輿地·성률聲律 및 각종 명물名物에 대하여 연구를 깊이하여 《통예록通藝錄》42권을 위시하여 《석궁소기釋宮小記》·《석충소기釋蟲小記》·《석초소기釋草小記》·《고공창물소기考工創物小記》·《해자소기解字小記》·《구곡고九穀考》등 24종의 각종 저작을 남겼다. 그러한 저작은 거의가 새로이 밝혀낸 사실을 많이 담고 있으며, 명물 훈고에 대하여 상당한 도움을 주는 것들이다. 그밖에도 또 《과라전어기果蠃轉語記》를 저술하였던 바, 이 책은 성음통전聲音

通轉(음운상의 차이 발생—역주)의 도리를 통하여 사물 형상이 유사한 것과 서로 유사한 특징을 지니고 있는 경우 그것들의 명칭이 서로 유사한 것들이 많다는 점을 설명하였다. 그는『음은 형태를 보고서 붙여진 것이고, 글자는 음에 의하여 결정된다. 그 물체가 다소 다른 것이라 하더라도 그 이름은 바뀌지 아니하며, 그 이름에 쓰인 글자가 다소 바뀐다 하더라도 그것의 음을 벗어나지 않는다 聲隨形命, 字依聲立, 屢變其物而不易其名, 屢易其文而弗離其聲』라고 말하였다. 그의 이 말은 사물명칭의 명명命名과 성음과의 관계를 서술한 것으로서, 우리들이 사족詞族을 고찰 조사하는 것에 대하여 상당한 계발작용을 해 준 것이다. 그러나 그러한 문제를 다룸에 있어서는 반드시 증거를 중요시하여야 하며, 마음 내키는 대로 아무렇게나 입설하거나 우연한 현상을 가지고 필연적인 규칙이라고 우겨서는 아니 될 것이다. (周祖謨)

유태공劉台拱|1751—1805

중국 청대의 경학자이자 훈고학자이다. 자는 단림端臨이고 강령江嶺이라는 자를 쓰기도 하였다. 강소성江蘇省 보응寶應 태생으로 건륭乾隆 16년 음력 5월 초이튿날 태어나서 가경嘉慶 10년 5월 22일에 하직하였다. 21세에 지방에서 보는 거인擧人 시험에 합격하였으나, 중앙에서 거행하는 회시會試의 예부禮部에는 합격하지 못하여 경사京師에 머무르면서 공부를 더하였다. 건륭 50년 (1785)에는 단도현丹徒縣의 훈도訓導직을 맡았었다. 그의 학문탐구는 천문·음악에서 성음·문자에 이르기까지 미치지 않는 것이 없었다. 한대와 송대의 유학에 대하여는 편협하게 하나의 종파만을 신봉하지 아니하고, 두루 섭렵하였다. 일생 동안 왕념손王念孫·단옥재段玉裁·왕중汪中·완원阮元 등과 사귀었다. 그가 지은 저작은 양적으로는 그리 많지 않지만, 내용에 있어서는 모두가 대단한 것이었다. 광아서국廣雅書局에서 발간한《유씨유서劉氏遺書》에 《논어변지論語騈枝》·《경전소기經傳小記》·《국어보교國語補校》·《순자보주荀子補注》·《회남자보교淮南子補校》·《방언보교方言補校》·《한학습유漢學拾遺》·《문집文集》등 총 8권이 실려 있다. 그는《논어》에 나오는 말인『공자께서 아언을 말씀하셨다 子所雅言』의〈雅言〉(中夏 지역 말, 즉 당시의 표준말—역주)과『힘써 仁義를 행함에 있어 나는 다른 사람들과 차이가 없다 文莫吾猶人也』의〈文莫〉의 함의를 정확하게 해석하였으며,『두루마기 자락을 걷어올리고 당채로 올라갔다 攝齋升堂』(《漢書》에 나오는 말임—역주)의〈攝〉에 대한 풀이

및《문집》중에 있는《전주가차설轉注假借說》은 모두 확실한 것이었다. 고서에 대한 그의 교정校訂은 증거가 확실하고 상세하게 언급하였으며 억측을 부리는 병폐를 조금도 범하지 아니하였다. 이러한 점은 청대학자들 중에서는 그리 흔치 아니한 것이었다.

(周祖謨)

왕념손王念孫 | 1744—1832

중국 청대의 음운학자·훈고학자·교감학자校勘學者이다. 강소성江蘇省 고우현高郵縣 사람으로 자는 회조懷祖이고 호는 석구石臞이다. 건륭乾隆 9년에 태어나 도광道光 12년에 세상을 하직하였다. 어렸을 적부터 아버지 왕안국王安國에게 글을 배웠으며, 성장하여서는 휴녕休寧 대진戴震에게 수업하였다. 건륭 40년 을미년(1775)에 서길사庶吉士(翰林院 소속의 官職으로 문학과 서예에 뛰어난 進士를 골라 선임하였음—역주)에 발탁되었다가 공부工部 도수사都水司의 주사主事로 전임되었다. 가경嘉慶 초에는 직예直隸의 영정하永定河 경비 직책을 맡았다. 몇 해 동안은 치수를 잘하였는데, 끝내는 영정하의 강물이 이상변동으로 범람하여 관리를 잘못하였다는 죄로 파

왕념손

직당하였다. 그후 경사京師에 있는 전단사旃檀寺에 기거하면서 저술활동에만 전념하였다. 저작으로는《광아소증廣雅疏證》10권(참고《廣雅》조)과《독서잡지讀書雜志》82권을 남겼다. 그는 각종 경전과 제자백가 사상에 가장 열중하였으며, 대진을 스승으로 모시고 음운학을 익혔다. 일찍이《시경》·《초사》·《회남자淮南子》·《역림易林》등의 용운用韻을 변별 분석하여 고운古韻을 21부部로 구분하였으며, 고서 중에 활용된 바 있는 문자의 가차와 성음의 통전通轉에 대하여도 깊이 있게 고찰하여 유래를 찾아볼 수 없는 독창적인 업적을 거두었다. 그는『훈고의 요지는 음에 뿌리를 두고 있다. 그런 까닭에 음이 같고 글자는 다른 경우와 음이 유사하고 뜻이 동일한 경우가 있으므로 訓詁之旨本於聲音, 故有聲同字異, 聲近義同』고음에 근거하여 고의를 찾아내야지 문자의 형체에만 얽매일 필요가 없다고 생각하였다. 그는 이전의 훈고학을 기초로 하여 새로운 발전을 거두었고, **자족字族**·사족詞族 연구에 접근할 수 있는 기틀을 구축하였다.《독서잡지》는 고서상에 보이는 오류를 교정하고 전인들이 풀

이한 것 가운데 의혹시되는 문제들을 재해석한 것인데, 그의 견해는 대부분이 정확하고 신빙성 있는 것들이어서 교감학의 발전에 대하여도 매우 대단한 영향을 미쳤던 것이다. 예전에는 《광아소증》·《독서잡지》의 목각본이 있었는데, 현재에는 새로 영인한 것만이 전해지고 있다. 그는 또 《방언소증보方言疏證補》·《석대釋大》·《모시군경초사고운보毛詩群經楚辭古韻譜》등의 저작을 남겼는데, 나진옥羅振玉이 유고遺稿를 근거로 하여 《고우왕씨유서高郵王氏遺書》라는 책에다 한데 묶어 놓았다.

(周祖謨)

왕인지王引之 | 1766—1834

중국 청대의 훈고학자이다. 강소성江蘇省 고우高郵 사람으로 그의 조부 왕안국王安國은 이부상서吏部尚書를 지냈으며, 아버지인 왕념손王念孫은 직예直隸에 있는 영정하永定河 병비도兵備道(구역내의 안녕질서를 책임지는 관직—역주)를 지냈다. 왕인지는 자가 백신伯申으로 건륭 60년(1795)에 지방의 거인擧人 시험에 합격하였고, 가경嘉慶 4년(1799)에는 중앙에서 보는 진사進士 시험에 합격하였다. 처음에는 한림원翰林院의 편수編修를 맡았다가 예부상서禮部尚書로 승진하였고, 그후 다시 공부상서工部尚書로 전임되었다. 일생토록 경학을 공부하고 훈고학을 깊이 연구하였다. 그가 남긴 저작으로는 《경의술문經義述聞》32권과 《경전석사經傳釋詞》10권이 있다. 《경의술문》에 서술되어 있는 내용은 《역경》·《시경》·《주관周官》·《의례》·《대대기大戴記》·《소대기小戴記》·《춘추내외전春秋內外傳》·《공양전公羊傳》·《곡량전穀梁傳》·《이아》 등의 책을 두루 섭급하고 있다. 그가 진술한 것은 허공을 헤매는 말이 아니었음은 물론 묵수적인 견해도 아니었다. 이전 시대의 사람들이 논란을 벌이던 문제들을 하나하나 자세히 풀이하여 경전의 내용에 부합하도록 하였다. 그는 한학漢學을 숭상하는 문호門戶에 속하는 학자이기는 하였지만, 한학이 지니고 있는 속박에 얽매이지 아니하였다. 음에 의거하여 뜻을 구하는 이론에 밝아서 전인들이 알지 못했던 점을 새로이 밝혀내었으며, 가차자로 쓰인 경우에는 그것의 본자本字를 찾아내므로써 바

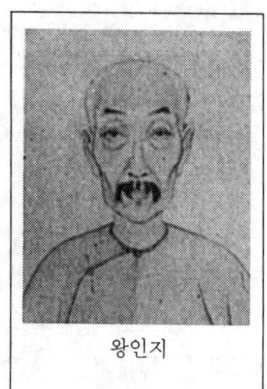
왕인지

른 해석을 도출하였던 관계로 그가 거둔 업적이 가장 많았다. 더욱이 《경의술

문》의 말미, 즉 권31·32에 실려 있는 〈통설通說〉 53조는 참으로 그의 학설의 정수精粹가 담겨 있는 것이다.《경전석사》는 전적으로 경전 중에 씌인 낱말만을 해석해 둔 것이다. 9종의 경서와 3종의 주석서, 그리고 주진양한周秦兩漢 시대에 나온 서적들에 쓰인 모든 허사들에 대하여 하나하나 자세히 풀이함에 있어『본문의 내용을 헤아려 보아 그것과 조화될 수 있도록 하고, 다른 서적의 용례와 대조하여 통하게 하였다. 揆之本文而協, 驗之他卷而通』그의 연구방법은 후대의 허사 연구를 위하여 새로운 길을 개척해 둔 것으로서, 그의 공헌은 실로 지대한 것이었다.　　　　　　　　　　　　　　　　　　(周祖謨)

완원阮元 | 1764—1849

중국 청대의 경학자이자 훈고학자이다. 강소江蘇 의징儀徵 사람으로 자는 백원伯元이고 호는 운대雲臺이다. 건륭乾隆 29년에 태어나 도광道光 29년에 세상을 떠났다. 건륭 54년(1789)에 진사進士 시험에 급제하여 한림원翰林院의 편수역관編修歷官에 임명되었다가 후에 호부戶部·예부禮部·병부兵部·공부工部의 시랑侍郎을 두루 역임하였으며, 산동성山東省과 절강성浙江省의 학정學政을 맡기도 하는 한편, 절강·하남·강서 등지의 난동을 평정하였으며, 양절兩浙(江蘇와 浙江) 총독總督·양광兩廣(廣東과 廣西) 총독·운귀雲貴(雲南과 貴州) 총독을 두루 역임한 후, 태자태보太子太保 체인각體仁閣 대학사大學士(황태자의 교육을 담당하는 직책——역주)를 지냈다. 평생에 걸쳐 한학을 제창하고 고서를 출판하고 후진을 양성하는 일에 주력하였다. 반란을 수습하러 강서江西에 부임하였을 때《십삼경주소十三經注疏》를 교정 출판하였다. 모든 경서에 대하여 교감기校勘記를 적어 놓았는데, 여러 판본들을 나열한 다음 각각의 차이를 비교하여 옳은 것을 골라 놓았기 때문에 독자들에게 많은 편리를 주었다. 그가 광동으로 가서 양광 총독으로 재직하고 있을 때에는 학해당學海堂을 운영하면서《황청경해皇淸經解》를 출판하였다. 이것은 청대학자들이 지은 각종 경서에 대한 신주新注와 경전문자 해석 가운데 걸작들만을 골라내어 조판한 것이다. 180여 종의 저작 1천4백 권 및 속각續刻 8권에 달하는 실로 방대한 것으로서, 청대 학술의 발전에 대하여 지대한 영향을 끼쳤다. 그는 또《경적찬고經籍纂詁》의 편찬 업무를 주관하였다. 이 책은 당 이전의 고서 중에 있는 문자 훈석을 매글자별로 모아 놓은 것으로서, 한 글자의 여러 가지 용례와 뜻을 일목요연하게 알아볼 수 있도록 한 것이었던 만큼 자의를 연구하는 데 있어서 참으로 중요한 자료이다. 자의 연구방법에 대하여 그는 창의적인 견해를 상당수 제시한 바 있으며, 그 방면에 있어서 **왕념손·왕인지** 부자의 학술 견해에 비견될 만하였다. 그는 왕인지의 스승이기도 하다. 저작으로는 《연경실집翠經室集》 58권을 남겼다. (周祖謨)

왕선겸王先謙 | 1842—1917

중국 청대의 경학자이자 훈고학자이다. 호남湖南 장사長沙 태생으로 자는 익오益吾, 호는 규원葵園이다. 도광道光 22년에 태어나서 민국民國 6년에 세상을 떠났다. 동치同治 때에 진사에 급제하여 국자감國子監의 좨주(祭酒)를 역임하였고, 강소江蘇 지구의 학정學政과 호남 악록서원岳麓書院·성남서원城南書院의 산장山長(書院·私塾 등의 장—역주)을 담임하였다. 평생을 경학과 사학에 주력하였으며, 훈고 연구와 고서 주석작업에도 종사하였다. 저서로는 《시삼가의집소詩三家義集疏》·《한서보주漢書補注》·《후한서집해後漢書集解》·《순자집해荀子集解》·《장자집해莊子集解》 등의 책을 남겼다. 필원畢沅이 지은 《석명소증釋名疏證》은 주석이 너무 개략적이어서 왕선겸이 다시 《석명소증보》를 지어 그것의 미비점을 보완하였다. 저작활동 이외에도 완원阮元의 작업을 계승하여 《황청경해속편皇淸經解續編》 209권을 집간輯刊하므로써, 청대의 경학 연구에 대하여 상당한 편이를 제공하였다. (周祖謨)

유사배劉師培 | 1884—1919

중국 청말민초淸末民初시기의 언어문자학자이자 경학자이다. 자는 신숙申叔이었고, 일찍이 광한光漢이라는 이름을 사용하였으며 좌암左盦이라는 별자別字도 사용하였다. 강소江蘇 의징儀徵 사람으로 조상 때부터 《춘추좌씨전春秋左氏傳》 연구의 명가名家로 꼽혔다. 그는 어려서부터 가학을 이어받은 탓으로〈오경五經〉·문자·음운·훈고에 능통하였다. 20세의 젊은 나이에 이미 저술활동에 전념하여 《국수학보國粹學報》의 주요 집필자로 활동하였다. 저서로는 《국학발미國學發微》·《중국문학교과서中國文學敎科書》·《경학교과서經學敎科書》 등을 남겼다. 일본에 갔을 때 장병린章炳麟을 알게 되었고, 장씨가 지은 《신방언新方言》에 서문을 써주기도 하였다. 당시 그의 사상은 혁명 쪽으로 기울어 있었으며, 귀국 후에는 청나라 조정관리들에게 빌붙는 것을 반대하였다. 신해혁명 후 1917년에는 북경대학의 채원배蔡元培 총장의 초빙에 응하여 교수로 부임해서 경서와 역사에 관한 강의를 주로 담당하였다. 그가 〈국고國故〉(언어문자·문학·역사 등 고유의 문화 유산을 말함—역주)를 제창한 것은 신문화운동에 정면으로 배치되는 것이었다.

유사배의 저술은 대단히 풍부하였다. 언어문자학 방면에 있어서 그가 남긴 공적은 청대 훈고학자들이 제창한 인성구의설因聲求義說을 발양함과 아울러 음근의통론音近義通論을 제기한 데 있다. 《좌암집左盦集》에는 《자의기어자음설字義起於字音說》(글자의 뜻은 음에서 비롯된다는 학설)이라는 제목의 논문이 실려 있다. 그는 『옛사람들은 사물을 관찰함에 있어 의상으로 구별하였지 체질로써 구별한 것이 아니었다. 또 의상에 착안하여 이름을 부여하였으므로 여러 가지 사물의 의상이 동일하면 명명 또한 동일하게 되는 법이다. 언어에 바탕을 두고서 문자를 만듦에 있어서는 명물의 음으로 그 글자의 음을 삼고 있으므로 의상이 상동하면 그 글자의 성부 또한 같게 되는 것이다. 성부가 같은 경우에 있어서 각각의 편방이 첨가되지 않았을 때에는 오로지 같은 글자였다. 즉 성부 글자를 빌어 사용하였던 것이다 古人觀察事物, 以義象區, 不以質體別, 復援義象制名, 故數物義象相同, 命名亦同. 及本語言制文字, 卽以名物之音爲字音, 故義象相同, 所從之聲亦同 ; 所從之聲旣同, 在偏旁未益以前, 僅爲一字, 卽假所從得聲之字以爲用』라고 하였다. 이상이 그의 학설의 주요 요지이다. 그는 또 《상고시대의 음이 같은 운부에 속하는 글자들은 그 뜻이 거의가 서로 비슷하다는 학설古韻同部之字義多相近說》(左盦集)과 《정명우론正名隅論》(左盦外集)을 주장하여 성음이 상동하거나 유사한 글자들이 모두 동의라 생각하였는데, 그러한 그의 주장은 소수의 일례로 전체를 개괄하는 오류에 빠지는 것을 면하기 어려운 것이다. 그러나 《중국문학교과서》중에서 훈고학에 관하여 논급한 부분에는 취할 만한 것이 많다. 그는 비교적 해박한 지식을 겸비하고 있었으며, 한대와 위진남북조시기의 문학과 학술에 조예가 깊었고, 사회학과에 대하여도 상당한 연구를 하였는데 아깝게도 30여 세에 세상을 떠나 버렸다. (周祖謨)

심겸사沈兼士 | 1886—1947

중국의 언어문자학자이자 문헌학자이다. 절강성浙江省 오흥현吳興縣 사람인데, 문학가이자 서예가인 그의 형 심윤묵沈尹默(1883—1971)과 더불어 명성이 대단하였다. 광서光緖 6년 음력 6월 11일에 태어나 민국民國 36년 음력 8

월 2일 세상을 하직하였다. 심겸사는 어린 나이에 일본에 유학해서 동맹회同盟會에 참가하여 마유조馬裕藻·전현동錢玄同·허수상許壽裳 등과 더불어 장병린章炳麟에게 사사받았다. 귀국 후에는 북경대학과 북경고등사범학교 교수를 역임하면서 문자학·《설문해자》 등의 과목을 강의하였다. 아울러 북경대학에서 연구소국학문硏究所國學門을 개설하여 주임직을 맡으면서 사학·언어문자학·고고학 등 각방면의 과학연구 인재를 적극 양성하였다. 또 민간가요 조사·방언 조사를 제창하여 새로운 학풍을 개척하는 한편 후진양성 및 장학에도 많은 힘을 기울였다. 그의 지도·계발을 받은 사람들 중에서 저명한 학자로 성장한 사람들이 매우 많았다.

심겸사는 학식이 해박할 뿐만 아니라 시문에도 정통하여 일찍이 시인 번증상樊增祥과 화창하였다. 일찍이 북평고궁박물원 문헌관 관장을 역임하면서 내각대고內閣大庫에 보관되어 있던 명청시대의 중요 문서를 정리하는 일을 주관하였고, 북평보인대학北平輔仁大學의 문과대 학장으로 봉직하면서 문자학과 훈고학에 관한 과목을 강의하였다. 그는 평소 학문을 함에 있어 유관분야를 두루 섭렵할 것을 주장하였으며, 근거 없이 함부로 입설하는 것을 경계하였다. 따라서 문자훈고에 대하여 새로이 밝혀낸 것이 특히 많았으며, 근대중국에 있어서 업적이 가장 두드러진 훈고학자로 꼽히고 있다. 그의 주요 견해는 총체적인 면에서 한어 낱말의 어근을 탐구하고, 형·음·의 세 방면에 걸쳐서 반영되어 있는 낱말의 연변을 찾아내고, 형성자의 성부를 이용하여 한자의 자족에 대하여 연구하므로써 한어어원학과 자족학字族學을 건립할 것을 제창한 것이다. 가장 널리 알려진 그의 논저는 《훈고학사상 우문설의 연혁 및 그 전망 古文說在訓詁學上之沿革及其推闡》이라는 논문과 《광운성계廣韻聲系》라는 책이다. 그가 쓴 단편문장이나 글들은 《단연재잡문段硯齋雜文》에 수록되어 있다. 최근 중화서국에서 《심겸사학술논문집》을 편찬중에 있다고 하는데 머지 않아 곧 출판될 것이다.

《광운성계》는 처음에는 보인대학에서 1944년에 출판한 것이다. 이 책은 《광운》에 수록된 모든 글자들을 해성계통에 따라 재편집한 것으로 체제는 청대학자가 편찬한 《설문해성보說文諧聲譜》와 유사하다. 청대에 나온 것은 고운의 운부 순서로 배열한 것인데 비하여, 이 책은 41성류聲類(〈자음〉과 같은 뜻임─역주)를 기준으로 하여 해성자의 성부의 자음이 같은 것 모두를 하나의 류로 귀속시키고 있다. 그는 동책의 《편집취지》에서 『우리들이 한어학을 건립시키려면, 반드시 한어 자족에 대하여 먼저 연구하여야 할 것이다. 자족을 연구하려면, 먼저 형성자의 해성계통을 정리하지 않으면 안 된다 吾人欲建設漢語學, 必須先研究漢語之字族;欲作字族之研究, 又非先整理形聲字之諧聲系統不可』고 피력하였다. 이 책의 주요 취지는, 대체로 다음의 4가지를 꼽을 수 있겠다. ①주진양한 이래 해성자 발달의 사적史迹을 서술 열거하는 것. ②주해자主諧字와 피해자被諧字간의 훈고 문법상의 각종 관계를 제시하는 것. ③주해자와 피해자간의 독음 분합分合현상을 비교하는 것. ④주해자를 기준으로 배열하는 자전의 본보기를 창안하는 것. 이로써 알 수 있듯이 이 책은 저자가 한어 자족을 연구하기 위하여 시도한 것인데, 매우 중요한 자료서로서 1945년 보인대학에서 출판되었다. 1986년 중화서국에서 원고본을 근거로 영인 출판하였다. 부록으로 색인을 달아 놓았기 때문에 찾아보기에 매우 편리해졌다. (周祖謨)

장상張相 | 1877―1945

중국 언어문자학자이다. 원명은 정상廷相이고 자는 헌지獻之로 절강浙江 항주杭州 사람이다. 일찍이 항주의 각학당에서 교사를 역임하면서 고문과 역사에 관하여 강의하였다. 후에 상해 중화서국의 초빙에 응하여 편집일을 담당하였다. 문사文史 방면의 교재 편집을 주관한 것 외에도《고금문종古今文綜》10책을 편집하였다. 1936년에는 서신성舒新城·심이沈頤·서원고徐元誥 등과 더불어《사해辭海》를 주편하였다.《사해》는 일반 어휘와 백과百科 어휘를 포함하고 있으며, 체제가 근엄謹嚴하고, 내용이 풍부하여 출판되자마자 대단한 호응을 얻었다. 50세 이후에는 시詩·사詞·곡曲 등에 씌인 말 가운데 풀이된 적이 없는 것만을 골라서 전문적으로 연구하여 6,7년간의 노력 끝에《시사곡어사회석詩詞曲語辭匯釋》을 탈고하였다.(1953년 中華書局에서 출판함) 이 책은 탁월한 업적을 올린 것으로서 고전문학 및 근대 어휘의 연구에 대한 공헌이 대단히 컸다. (周祖謨)

주조모周祖謨 | 1914―

중국의 언어학자인 주조모는 자가 연손燕孫이며 북경 태생이다. 1932년 북경대학 중국언어문학과에 입학하여 1936년에 졸업한 다음 중앙연구원의 연구원 선발시험에 합격하여 역사언어연구소 언어조語組의 조리助理 연구원직을 맡았다. 1938년부터 보인대학輔仁大學 국문과의 교수로 봉직하였으며, 1949

년부터 북경대학 중국언어문학계 중문과 교수를 역임하였다. 중국언어학회 상무이사, 북경시 언어학회 부회장, 북경시 진秦문학회 회장, 중국음운학연구회 명예회장 등의 직책을 역임하였다.

주조모는 광박廣博한 학식을 보유한 학자이다. 청년시절 때부터 중국의 언어와 문자에 대한 연구에 몰두하였다. 그의 학술 연구성과가 가장 뛰어난 분야는 음운과 훈고 방면이다. 그가 쓴 40여 편의 논문을 모아 놓은《문학집問學集》에는 고한어 성운의 부류,《절운切韻》의 성질 및 그 음계 기초 등의 방면에 관한 그의 창견創見이 고스란히 담겨 있다. 그 저작은 현대 언어학 이론을 응용하여 중국 고대의 많은 언어학 분야 저작들의 시비是非와 득실得失을 가름하여 평술評述한 것이다. 평가기준이 엄격하고 근거 없이 함부로 입론한 곳은

주조모

눈을 닦고 보아도 찾아볼 수 없다. 그의 또 하나의 논문집인《어언문사논집語言文史論集》은 언어·문학·역사 등의 분야를 망라한 50여 편의 논문을 모아서 엮은 것이다. 또 그가 저술한《한위진남북조운부연변연구漢魏晉南北朝韻部演變研究》(그 중 第一分冊은 羅常培와 共著)는 주진周秦에서 진수陳隋에 이르기까지 8백 년간의 운부 연변과정을 논술한 것으로서 국내외 언어학계의 대단한 중시를 얻은 것이었다. 1984년에 출판된《당오대운서집존唐五代韻書集存》은 오대의 운서를 총집하고, 그것들의 원류를 고석한 대작으로 작자가 30여 년간에 걸쳐 수집·정리·고정考訂한 성과의 산물이며, 돈황敦煌 투루판(吐魯番)에서 출토된 고서를 정리한 것으로서 전대미유前代未有의 전문저작인 것이다. 이 책은 한어의 음운·어휘·훈고를 연구하는 데 대하여 많은 중요자료를 제공하고 있다.

주조모는 고대서적의 정리와 교감校勘에도 뛰어난 기량을 보여서,《광운교본廣韻校本》·《방언교전方言校箋》·《이아교전爾雅校箋》·《석명교전釋名校箋》·《낙양가람기교석洛陽伽藍記校釋》등의 책을 저술하였다. 그는 어문 지식의 보급을 위하여 한어 규범화·표준말(普通話) 어음·사전 편찬 등의 분야에 관하여도 적잖은 문장을 발표한 바 있다. 일례로 그가 쓴《한어사회강화漢語詞匯講話》는 많은 독자들의 호응을 얻은 것이다. 그는 장기간 대학교육에 종사하면서 새로운 세대의 어문 연구자를 양성하기 위하여 많은 노력을 기울였다.

(王紹新·施光亨)

III 훈고학 부문

색 인

《Beiping Sin Wenz》 232
《Dazhung Bao》 232
《Sin Wenz》 232
《Womndi Shgie》 232
《Yngxu Sin Wenz》 228
《Zhungguo Yjan》 232
가공언賈公彦 253
가규賈逵 6,69,155,249,251
가방賈魴 111
가이즈까 시게끼(貝塚茂樹) 38
가차假借 6,41,65,69,72,105,123,125,164,315
가차의假借義 106,107,118,164,165,244,275, 276,277
가차자假借字 9,10,13,54,67,100−102,103,104, 153,276,277,279,281,282,299,317
《가훈家訓·서증편書證篇》 135
각부刻符 88,89
《각재집고록愙齋集古錄》 147
《**간록자서干祿字書**》 8,95,96,108,133−135, 195
《간류보결절운刊謬補缺切韻》 96
《간류정속刊謬正俗》 322
간이자簡易字 211,212
《간이자설簡易字說》 212
간자簡字 211
《간자표준자표簡字標準字表》 212
《간전루인보看篆樓印譜》 31
간체簡體 98,99,211
간체자簡體字 3,57,83−85,99,211−213,222
《간체자보簡體字譜》 212,213
《간체자전》 213
《간체자표》 213
간화자簡化字 57,96,99,100,196,211,220−222
《간화자총표簡化字總表》 99,196,221,222,235, 238
《간화한자총표》 222
갈기인葛其仁 308

갈단葛湍 157
갈홍葛洪 7
《갑골단대학甲骨斷代學》 145,146,176
갑골문甲骨文 3,15,16,32,34,37,38,40,43−45, 59,66−68,70−72,73,87,90,101,115,140, 143−145,166,168,171,172,174,175,177,211, 262,274,275
《갑골문단대연구례甲骨文斷代研究例》 36, 71,171
《갑골문단대연구법의 재검토》 38
《갑골문색인》 141
《갑골문석림甲骨文釋林》 38
《**갑골문자석림甲骨文字釋林**》 146,147,173
《갑골문자연구甲骨文字研究》 175
《갑골문자집석甲骨文字集釋》 38
《**갑골문편甲骨文編**》 16,38,71,108,140−142
《**갑골문합집甲骨文合集**》 16,38,71,142,175
갑골학 32,37
《갑골학오십년甲骨學五十年》 171
《갑골학육십년甲骨學六十年》 171
《갑인甲寅》 183
강겸江謙 188
강소講疏 252
강영江永 160,257
강유고江有誥 257
《**강희자전康熙字典**》 7,11,54,64,108,116,128, 129,130,131,207,318
《개원문자開元文字》 137
《개원문자음의開元文字音義》 8,137,253,344
《개원석교록開元釋教錄》 341,342,345,346
《거이록居易錄》 323
《검자檢字》 130
격률체格律體 184
《겸명원兼名苑》 253
《경문가차經文假借》 104
《경본통속소설京本通俗小說》 235
경봉慶封 328

경사慶嗣 328
《경사연석經詞衍釋》334
《경송본간류정속교기景宋本刊謬正俗校記》 323
경심景審 344
《경운루집經韻樓集》160
《경의술문經義述聞》104,259,260,267,317,327, 330,357
《경의술문서經義述聞序》258
《경적찬고經籍纂詁》 261,350−352,358
《경전석문經典釋文》 8,67,78,136,254,300,301, 303,338−341,342,347
《경전석문서록소증經典釋文序錄疏證》341
《경전석문회교經典釋文匯校》341
《경전석사經典釋詞》 260,264,329−331,332− 336,357,358
《경전소기經傳小記》355
《경학교과서經學教科書》359
계啓 97
《계문거례契文舉例》15,165,166
계복桂馥 12,13,31,33,118,161,162,163,307
《계부문교언유戒浮文巧言論》180
계선림季羨林 237
《계원주총桂苑珠叢》253
《계직季直》 92
고가차필동부설古假借必同部說 244,258
《고고도考古圖》9,26,73
《고고도석문考古圖釋文》26,74
《고고사간考古社刊》170
《고고학보考古學報》175,176
《고고학전간考古學專刊》143−145,148,150, 171
《고공창물소기考工創物小記》354
《고금문종古今文綜》362
《고금법서원古今法書苑》88
고금어古今語 288
《고금운회古今韻會》127,130
《고금운회거요古今韻會舉要》12
고금자古今字 13,23,54,55,105,106,107
《고금자고古今字詁》7,251,342,348,353
《고금자음古今字音》348

《고금잡극30종古今雜劇三十種》235
《고금정자古今正字》344
《고기물명古器物銘》73
고기물학古器物學 35
《고대명각회고古代銘刻匯考》151
《고대명각회고속편》151
《고대이기위자연구古代彝器僞字研究》177
《고도문읍록古陶文舀錄》39
《고등국문법高等國文法》264,333
고명각학古銘刻學 37
고문古文 3,5,6,16,17,22−24,26,28,31,33,41,55, 75−78,80,83,90,93,114,115,127,148,155,169
고문경古文經 5
《고문관서古文官書》23,348
《고문논어古文論語》5
《고문사성운古文四聲韻》9,24,29,78,108
《고문상서古文尚書》5,340
《고문상서찬이古文尚書撰異》160
《고문심古文審》15
《고문원古文苑》86
고문자학古文字學 3,9,10,14−17,20−41,148, 151,153,154,172,174,176
《고문자학도론古文字學導論》 20,36,40,41, 153−155,174
《고문자학초개古文字學初階》41
《고본원명잡극孤本元明雜劇》337
《고새문자징古璽文字徵》39,40
《고서의의거례古書疑義舉例》334
《고서허자집석古書虛字集釋》 264,334,335
《고성考聲》344
고애길顧靄吉 14
고야왕顧野王 6,7,54,58,63,108,116,120−122, 156,252,349
《고열녀전古烈女傳》212,235
고염무顧炎武 97,160,257,323
《고우왕씨유서高郵王氏遺書》357
고운古韻 118,160,164,255,318
《고운표준古韻標準》160
고유高誘 281,313,322
고음古音 13
《고음변古音辨》13,255

고음학古音學 256
《고새문편古璽文編》39
고자古字 102,106,107
《고전대사전古錢大辭典》39
고정룡顧廷龍 39
《고주습유古籀拾遺》15,30,74,165
《고주여론古籀餘論》30,74,165
《고주편古籀編》40
고진복顧震福 261,349
《고학형估學衡》183
고훤顧烜 120
《곡랑비谷朗碑》92
《곡량穀梁》252
《곡량전穀梁傳》357
공광삼孔廣森 257
공리孔鯉 329
공부孔鮒 307
공씨고문孔氏古文 76
《공양전公羊傳》357
공영달孔穎達 252
공이정龔頤正 327
공자진龔自珍 30
《공총자孔叢子》307
공풍鞏豊 27
《과라전어기果臝轉語記》261,289,354
곽말약郭沫若 16,18,36 – 39,71,75,142 – 144,
 149,151,175,176,184,193,214,223
《곽말약전집》143
곽박郭璞 8,111,251,255,284,286 – 288,300,303,
 304,314,354
곽약우郭若愚 139
곽질생郭質生 224
곽충서郭忠恕 9,24,78,195
《관당고금문고석오종觀堂古金文考釋五種》
 34
《관당집림觀堂集林》113,168,264,304
관섭초管燮初 75
《관어대중어문학적건설關於大衆語文學的建
 設》186
《관자管子·입국入國》104
관화官話 285

《광류정속匡謬正俗》322,323,324
《광석명廣釋名》311,321,322
《광속방언廣續方言》262
《광아廣雅》164,251,256,305,307,312,342,353,
 356
《광아廣雅·석고釋詁》276
《광아석천이하주廣雅釋天以下注》307
《광아소증廣雅疏證》13,14,257,261,267,289,
 290,306,307,356,357
《광아소증보정廣雅疏證補正》307
《광아의소廣雅義疏》307
《광운廣韻》107,130,159,255,311,318,350,351,
 361
《광운교본廣韻校本》363
《광운성계廣韻聲系》263,361
《광인일기狂人日記》182
《광종정전운廣鐘鼎篆韻》10,26
《광창廣蒼》348
광초狂草 89,91,92
괵계자백반虢季子白盤 81
《교육부공포교개국음자전》195
《교육잡지》190,211
《교홍기嬌紅記》235
《구경자양九經字樣》108,137,138
《구곡고九穀考》354
《구당서舊唐書·안고경전顔杲卿傳》133
구석규裘錫圭 142,147,166,172,174
구양부존歐陽溥存 130
구양수歐陽修 9,10,26,27,254
구양순歐陽詢 93,295
구정량裘廷樑 181
구중정句中正 9,25,157
구추백瞿秋白 224,225
《국민학교령》189
《국민학교용신체新體국어교과서》190
《국수학보國粹學報》359
《국어》328,329
국어라마자國語羅馬字 189
《국어보國語補校》355
《국어순간》190
국어운동國語運動 187 – 191

《국어운동사강國語運動史綱》191
《국어월간》190
《국어주간》190
국어통일주비회國語統一籌備會 189,190,195
《국음상용자회國音常用字彙》189,195,196, 212
국음자모國音字母 188
《국음자전國音字典》189,195
《국음회편초國音匯篇草》195
《국조금문저록표國朝金文著錄表》168
《국학계간國學季刊》175
《국학발미國學發微》359
《국학총간國學叢刊》138
《군경음변群經音辨》347
《군고록금문捃古錄金文》15,29,73
《군서신정자양群書新定字樣》133
《굴송고음의屈宋古音義》13
굴원屈原 90
권발權發 347
《권학편勸學篇》86,348
《균청관금문筠清館金文》15,29,165
《극정석문克鼎釋文》165
《금릉학보金陵學報》177
금문金文 3,15,16,25,26,29,30,33−35,40,48,59, 63,66,72−75,87,90,101,115,148,149,165− 168,172,174,175,177,211,262
금문경수文經 113
《금문고림金文詁林》39
《금문고림보金文詁林補》39
《금문고림부록金文詁林附錄》39
《금문속편金文續編》149,170
《금문여석金文餘釋》151
《금문여석지여金文餘釋之餘》151
《금문운독보유金文韻讀補遺》151
《금문저록표金文著錄表》15
《금문총고金文叢考》151,175
《금문통석金文通釋》39
《금문편金文編》16,39,73,75,108,148,149,170
《금병매기서전후부金瓶梅奇書前後部》235
《금석략金石略》27
《금석록金石錄》10,324

금석문자金石文字 27
금석학金石學 25,28,34,35,37,73
금자今字 102,106,107
금초今草 49,89,91,93
《급고각설문정汲古閣說文訂》12,160
급총고문汲冢古文 24
《급취장急就章》89,91
《급취장고이急就章考異》113
《급취편急就篇》5,108,110,111−113,195, 273
《급취편주急就篇注》322
《기고실길금문술奇觚室吉金文述》31
기준조祁寯藻 117,158
《길금소견록吉金所見錄》30,31
김방金榜 160
김상항金祥恒 142
김조동金祖同 144
나가륜羅家倫 182
나복이羅福頤 39
나상배羅常培 194,237,363
나원羅願 303,308
나진상羅振尙 167
나진옥羅振玉 15,16,26,32,34,35,38,70,74,97, 108,138,140,148,166,167,168,174,175,177,265, 307,327,357
《낙양가람기교석洛陽伽藍記校釋》363
《난자難字》251
《난정서蘭亭叙》94
남궁괄南宮括 328
《남화진경의소南華眞經義疏》253
노견증盧見曾 323
노국음老國音 189
《노동자의 길 工人之路》228
노문초盧文弨 307,340
노사老舍 214
노승염盧承琰 331
노신魯迅 180,182−185,229,230
노이위盧以緯 331
《노자》252,254,339,340
《논어論語》22,76,136,252,254,285,338,339,340, 352,355

《논어·술이述而》 246
《논어·자로子路》 105
《논어·향당鄕黨》 102
《논어반월간論語半月刊》 212
《논어변지論語駢枝》 259,285,355
《논어신증論語新證》 173
《논어의소論語義疏》 252
《논형論衡·무형無形》 104
누기婁機 108
누증자累增字 107
뉴수옥鈕樹玉 161
다까다 다다지까(高田忠周) 40
《다시 한번 再來一次》 183
《단씨설문주정段氏說文注訂》 161
《단연재잡문段硯齋雜文》 361
단옥재段玉裁 12-14,33,80,118,159-161,162, 163,244,257,258,260,262,266,268,272,273,278, 280,282,329,355
《단주설문고정段注說文考正》 161
단체상의자單體象意字 154
《답KS군》 183
당란唐蘭 16,20,36-41,58,71,153,154,174,175
《당면 문자개혁의 임무 當前文字改革的任務》 193,235-237
《당서唐書》 135
《당서·예문지藝文志》 341
당수우唐守愚 237
《당오대운서집존唐五代韻書集存》 363
《당용한자표當用漢字表》 222
《당운唐韻》 117,157
당월唐鉞 183
당위當爲 282,283
《당읍현지堂邑縣志》 331
당작當作 282,283
당지승唐智昇 341
당현탁唐玄度 8,108,133,137
《대광익회옥편大廣益會玉篇》 7,252
《대계大系》 150
《대당내전록大唐內典錄》 341,342
《대당삼장취경시화大唐三藏取經詩話》 235
《대당중경음의大唐衆經音義》 254,341

《대대기大戴記》 357
대동戴侗 10,27,108,124,125,260
《대동원집戴東原集》 288
《대반야경大般若經》 343
《대방광불화엄경음의大方廣佛華嚴經音義》 346
대서본大徐本 117,118,158,163,297,318
《대승이취육바라밀다경大乘理趣六波羅蜜多經》 345
대전大篆 4,11,22,23,48,80-82,84,88,89,109, 113,114,155
《대중어에 관하여 논함 論大衆語——조취인 선생에 답함 答曹聚仁先生》 229
《대중어론大衆語論》 186
대중어운동大衆語運動 185-187
대진戴震 68,160,244,257,288,289,356
《덕예자전德藝字典》 207
도광경陶宏景 324
도방기陶方琦 155
《도보圖譜》 354
도선道宣 341
도행지陶行知 223,230
도혜道慧 342
《독서잡지讀書雜志》 260,356,357
독약讀若 12,278-280,282
독약모동讀若某同 278
독약자讀若字 279
독여讀如 278-280,282
독여모동讀與某同 278
독왈讀曰 280-282
독위讀爲 280-282
독체獨體 10
독체자獨體字 50,58,59,64
돈황敦煌 8
《돈황변문자의통석敦煌變文字義通釋》 265,337,338
《돈황변문집敦煌變文集》 338
《돈황석실유서敦煌石室遺書》 167
《돈황영습敦煌零拾》 167
동비童斐 333
동순재董純才 237

동원사同源詞 300
동원자同源字 263,299,300
《동원자전同源字典》 300
동유董逌 27
동음가차자同音假借字 53
동작빈董作賓 16,36－38,71,146,171,172
《동작빈선생년보초고董作賓先生年譜初稿》 172
《동작빈선생전집董作賓先生全集》 171,172
동중서董仲舒 90,268
동필무董必武 214
동해원董解元 337
《동향서씨인보서桐鄉徐氏印譜序》 35
두대경杜臺卿 349
두림杜林 5
두보杜甫 105
두연업杜延業 133
두자춘杜子春 69,279
두정우杜定友 212
두탁杜度 90,94
두태경杜台卿 120
《두통肚痛》 89
두호부杜虎符 81
드레고노프(龍果夫) 224,225
《득시得示》 89
등문원鄧文原 112
《등운절음지남等韻切音指南》 129
등이필鄧爾匹 170
등탁鄧拓 214
라틴화신문자[拉丁化新文字] 185,186,224－232
래혁첩萊赫捷 224
마감馬鑒 230
마건충馬建忠 333
마국권馬國權 148
마국한馬國翰 261
마대유馬大猷 237
마서륜馬叙倫 214,237
《마씨문통馬氏文通》 264,333
마유조馬裕藻 361
마융馬融 155,251,352

마준량馬駿良 158
마형馬衡 143
막우지莫友芝 117
《만학집晚學集》 162
매응조梅膺祚 11,63,108,116,127,128,129,195
《매주평론每周評論》 182
맹서盟書 37
《맹자孟子》 325
《맹자·등문공滕文公》 245,247,270
《맹자·양혜왕梁惠王》 246
《맹자주孟子注》 353
맹호연孟浩然 135
《명사明史》 311
《명사산석실비록鳴沙山石室秘錄》 167
《명사석실고적총잔鳴沙石室古籍叢殘》 167
《명사석실일서鳴沙石室佚書》 167
《명원名原》 15,33,34,74,165
《모공정고석毛公鼎考釋》 168,169
《모공정석문毛公鼎釋文》 165
모기령毛奇齡 262
《모시毛詩》 5,253,340,352
《모시고음고毛詩古音考》 13
《모시군경초사고운보毛詩群經楚辭古韻譜》 357
《모시중언毛詩重言》 291
모의毛扆 12
모인摹印 88,89
모준牟準 86
모진毛晉 12
모택동毛澤東 193,230
《목련기탄사目蓮記彈詞》 235
《목천자전穆天子傳》 24,354
《몽강남夢江南》 292
《몽계필담夢溪筆談》 295
《몽위초당길금도夢鄔草堂吉金圖》 167
《무영전이기도록武英殿彝器圖錄》 170
《무위한간武威漢簡》 176,177
무전繆篆 30
《무전분운繆篆分韻》 31,162
무측천武則天 8,80,253
《묵자墨子·경상經上》 246

《묵자한고墨子閒詁》165
《문견기聞見記》119,121
《문견기·문자편文字篇》54
《문기집問奇集》19
《문물文物》175
《문사론집文史論集》175
《문선文選》314,315,318
《문선·고시십구수古詩十九首》292
《문선루총서文選樓叢書》326
《문선주文選注》252,253
《문시文始》263
《문언허자文言虛字》264
《문외문담門外文談》187,229
문일다聞一多 184
문자文字 2,64,70,73,76,82,89,103,113,152,236, 238,242,295
《문자간화방안文字簡化方案》233
문자개혁 3,224,233,237
《문자개혁개론文字改革概論》191
《문자전설文字典說》344
《문자지귀文字指歸》8,348
《문자집략文字集略》7,348
문자학文字學 2-4,6,7,18,19,23,34,37,44,45
《문집文集》355,356
《문학개량추의文學改良芻議》181
《문학집문學集》321,363
《물리론物理論》295
《민국일보》183,190
민문閩方言 192
민제급閩齊伋 28
바른 서체(正體) 194
《박고도록博古圖錄》26,28,73
《박아博雅》306
《박아음博雅音》306
《박오경이의駁五經異義》302
《박학편博學篇》4,54,80,82,109,111
반경盤庚 43
반고班固 2,4,6,242,307
《반고소려금문고석攀古小廬金文考釋》74
반절反切 117,123,130,131,136-138,157,158, 195,318,348,350

반절음反切音 129
《방언보교方言補校》355
방속어方俗語 288
《방언方言》42,164,247-249,256,284-288, 305,317,342,354
《방언교전方言校箋》363
《방언소증보방언疏證補》357
방언자方言字 3
《방언전소方言箋疏》262,289,306
《방언주方言注》251
방이지方以智 256,260,291,293,309,310,315,325
방준익方濬益 15,29,30,74
방환경方煥經 177
《방희재총서滂喜齋叢書》316
《방희편滂喜篇》111,112
배학해裵學海 264,334
백거이白居易 292
백자白字 53,97
백척주白滌洲 183
《백호통의白虎通義》322
백화문운동白話文運動 180-185,186
《백화에 대하여 공포를 가하는 사람들에게 고함 告恐怖白話的人們》183
번광樊光 300,303
번연동潘衍桐 304
번증상樊增祥 361
번체繁體 98,99,194,211
번체자繁體字 99,211,222
범어凡語 285
《범장재장갑골문자凡將齋藏甲骨文字》143
《범장편凡將篇》5,112,348
《벽담癖談》30
벽중서壁中書 114
《변복석례弁服釋例》349
《변사辨似》130
《변석명辨釋名》348
《변아駢雅》256,310,311,312
《변아훈찬駢雅訓纂》311
《변자분전駢字分箋》311,312
별명別名 283,284
《별아別雅》261,314-316

《별아정別雅訂》316
별자別字 97,314
별체자別體字 95
《병음자모검자법》199
《보고우왕씨설문해성보補高郵王氏說文諧聲譜》169
보통화普通話 187,191-194,233,236,237,291,363
《보통화이독사삼차심음총표초고》193,238
《보통화이독사심음발표초고》197
《보통화이독사심음표》197
복건服虔 251,327
《복고편復古編》108,195,294
《복사통찬卜辭通纂》36,142-144,175
《복씨소장갑골문자福氏所藏甲骨文字》177
복음자複音字 212
복체상의자複體象意字 154
복희伏羲 324
본의本義 100,106,244,274,275,276,277
본자本字 100-102,258,281,352,357
봉연封演 54,119,121
부무적傅懋勣 237
부빈연傅彬然 214
부사년傅斯年 182
부수部首 10,63-64,68,108,110,115,122,126,127,129,141,147,154,155
《부수검자법》200
《부수검자표》64,132
부영화傅永和 207,223,224
부정일符定一 318
북방화라틴화신문자 224,225,228
《북사北史·강식전江式傳》353
북평신문자北平新文字 232
분별문分別文 107
분별자分別字 56
분호자양分毫字樣 122
불타발타라佛陀跋陀羅 346
비금창費錦昌 198,235
《비별자碑別字》97,108
《비사備查》141
비쌍성첩운非雙聲疊韻 317

《비아坤雅》308,309
《비아比雅》261,309,312-314
비유의比喩義 132,277,278
《비창坤倉》7,342,348,353
《비초서非草書》90
《빈라암유집頻羅庵遺集》326
《사각번호검자법》202
사각재謝覺哉 230
《사고전서四庫全書》325
《사고전서총목四庫全書總目》107,309
《사고전서총목제요四庫全書總目提要》2
《사기史記》252,301,325,327-330
《사기·노장신한열전老莊申韓列傳》291
《사기·노중연전魯仲連傳》314
《사기·중니제자열전》328
《사기·진시황본기》157
《사기·한장유전韓長孺傳》330
《사기색은史記索隱》253
《사기정의史記正義》253
사마광司馬光 54,105,108,116,122,346
사마상여司馬相如 5,314,315
사마자어司馬子魚 78
사마정司馬貞 253
사몽란史夢蘭 261,312
《사부총간四部叢刊》117,122,127,158
《사서장구집주四書章句集注》255
사성四聲 126,316,350
사소史炤 347
사신부언史信父甗 25
사유史游 5,108,112
《사전詞詮》264,331,333,334
사전학詞典學 266
사족詞族 263,297,300,355,356
사주史籀 25
사주대전史籀大篆 76
《사주15편》80
《사주편史籀編》4,22,23,80-82,195
《사주편소증史籀編疏證》34,80
《사체서세四體書勢》84
《사통辭通》316,317
사평청司萍青 224

《사해辭海》 198,207,238,362
《산해경山海經》 354
《삼국지三國志》 319,353
《삼대길금문존三代吉金文存》 15,74,167
《삼례三禮》 340
《삼창三倉》 109,111,342,348,354
《삼창주三倉注》 111
삼체석경三體石經 24,77,83
《상광아표上廣雅表》 305
《상림부上林賦》 314,315,354
상사象事 6,65,69
《상서尚書》 22,24,45,76,77,169,244,253,264,
 273,296,324,352
《상서·순전舜典》 281
《상서신증尚書新證》 265
《상서통론尚書通論》 177
상성象聲 6,65,69
상승조商承祚 38,140,177,178
상앙량商鞅量 81
상언常言 269,287
《상용간자표》 213
《상용간체자등기표常用簡體字登記表》 213
상의象意 6,16,41,65,69,103,154,174
《상주금문록유商周金文錄遺》 173
《상주이기통고商周彝器通考》 170
《상해청년》 190
상형象形 6,16,41,65,66,69,72,81,82,103,115,
 123-125,154,174
상형자象形字 27,44,47,50,52,54,58,275
색정索靖 112
생성省聲 62
생형省形 62
서개徐鍇 9,12,17,116,117,157-159,161-164,
 260,297
서개본徐鍇本 117
서건학徐乾學 340
서견徐堅 313
《서경書經》 76,113,136,151,252
《서경·대우모大禹謨》 247
《서계총편書契叢編》 144
《서곽주방언후書郭注方言後》 169

《서단書斷》 87,88
서동백徐同柏 29
《서보書譜》 89
서복徐復 307,308
《서상기西廂記》 337
서서暑書 88,89
서승경徐承庚 161
서신성舒新城 362
서언徐彦 253
서원고徐元誥 362
《서유희석명후書劉熙釋名後》 321
서음書音 301
《서주금문어법연구西周金文語法研究》 75
《서주동기단대西周銅器斷代》 39
《서주연대고西周年代考》 177
《서주연력보西周年曆譜》 171
《서주청동기단대西周青銅器斷代》 176
서중서徐中舒 20,58
《서청고감西清古鑒》 14,28,29
《서청속감갑편西清續鑒甲編》 28
《서청속감을편西清續鑒乙編》 28
《서청이기습유西清彝器拾遺》 170
서칙민徐則敏 212
서특립徐特立 230
서현徐鉉 9,19,116-118,156,157,159,161-163
서호徐灝 161
서흔徐欣 214
《석각전문편石刻篆文編》 178
《석경石經》 92
석고문石鼓文 25,26,27,81
《석궁소기釋宮小記》 354
《석대釋大》 261,357
《석명釋名》 247,248,251,256,270,272,273,303,
 319-321,322,342,353
《석명교전釋名校箋》 363
《석명소증釋名疏證》 321,359
《석명소증보釋名疏證補》 321,359
《석상담釋常談》 287,327
석언析言 272,274
석온옥石蘊玉 14
《석증釋繒》 349

《석초소기釋草小記》354
《석충소기釋蟲小記》354
《석훈釋訓》305
《선재이기도록善齋彝器圖錄》170
《선진고기기先秦古器記》73
《선화박고도宣和博古圖》10
《선화서보宣和書譜·행서서론行書敍論》95
《설문각전說文斠詮》12
《설문계전說文繫傳》281
《설문계전고이說文繫傳考異》163
《설문계전교록說文繫傳校錄》158,162,163
《설문고주보說文古籀補》 14,29,31 – 33,74,
    147,148
《설문고주보보說文古籀補補》39,148
《설문교의說文校議》163
《설문구독說文句讀》12,13,118
《설문단주광류說文段注匡謬》161
《설문단주전說文段注箋》161
《설문독례說文讀例》279
《설문발의說文發疑》279
《설문석례說文釋例》12,33,107,119,162,278,
    279
《설문의증說文義證》12,13,33
《설문중지고문고說文中之古文考》178
《설문통훈정성說文通訓定聲》12,110,118,
    119,163
《설문해성보說文諧聲譜》13,361
《설문해자說文解字》 4,6 – 8,10 – 14,16 – 20,
    22,23,25,27,33,34,41,45,54,55,62,63,65 – 68,
    73 – 78,80 – 84,88,90,99,101,103,107,108,110,
    113 – 119,120,122,123,125,127,132,135,136,
    140,141,147 – 149,154 – 158,161 – 164,170,
    174,195,247 – 250,252,256,259,262,263,267,
    269,271,272,274 – 277,279,280,296,297,304,
    305,315,317,318,320,322,327,342 – 344,347,
    350,353,361
《설문해자계전說文解字繫傳》9,12,117,157,
    163,260,297
《설문해자고림說文解字詁林》119
《설문해자구독說文解字句讀》162,163
《설문해자단주정보說文解字段注訂補》161

《설문해자오음운보說文解字五音韻譜》118
《설문해자운보說文解字韻譜》9,117,157,158
《설문해자의증說文解字義證》118,162,163
《설문해자주說文解字注》12,14,33,118,160,
    161,163,259,260,266
《설부說郛》28
설상공薛尙功 10,26,29,30,73,74
《설인귀과해정동백포기薛仁貴跨海征東白袍
    記》235
설종薛綜 353
섭감노聶紺弩 237
섭공작葉恭綽 237
섭뢰사葉籟士 229,237
섭림종葉林宗 340
섭성도葉聖陶 185,237
《성류聲類》342,348
성방聲旁 61
《성보聲譜》348,349
성부聲符 14,60,61,62,67,72,96,161,164,244,255,
    295,298,361
성부자聲符字 107
성어成語 337
성운聲韻 74
《성운도成均圖》263
성전聲轉 287,288
성현영成玄英 253
《성황편聖皇篇》348
성훈聲訓 243,244,269,270 – 272,320,321
《세계》229
세계어 229
《세계지식世界知識》213
《세설신어世說新語》97
소남蕭楠 38
《소당집고록嘯堂集古錄》10,26,73
《소대기小戴記》357
《소둔남지갑골小屯南地甲骨》71
소력자邵力子 214,223,237
소림蘇林 282
《소명문선주昭明文選注》252
소사小寫 211,212
소삼蕭三 224,229

소서본小徐本 117,118,164
《소설사어회석小說詞語匯釋》265,336,337
《소설성어회찬小說成語匯纂》336
소송蘇頌 158
소식蘇軾 27,347
《소악연의蘇鶚演義》347
소역蕭繹 120
소연蕭衍 97
《소이아小爾雅》251,256,307,308,312
《소이아략주小爾雅約注》308
《소이아소증小爾雅疏證》308
《소이아의증小爾雅義證》308
《소이아주小爾雅注》308
《소이아해小爾雅解》307
《소이아훈찬小爾雅訓纂》308
소전小篆 4,6,11,20,22−24,28,33,40,48−50,63, 68,73,75,76,80−85,87−89,111−114,155, 157,211
소전체小篆體 5,115,195
소진함邵晉涵 160,304
소학小學 2,3,5,12,20,28,29,64,92,95,242,310
《소학구침小學鉤沈》261,313,348,349
《소학구침속편小學鉤沈續編》261,349
《소학삼종小學三種》349
《소학수일小學蒐佚》349,350,353
《소학편小學篇》7,348
《소학회함小學匯函》112,138
《속갑골문편續甲骨文編》142
《속개원석교록續開元釋教錄》345
《속고고도續考古圖》26
속명俗名 286,287
《속무요명림俗務要名林》8,254,
《속방언續方言》262
《속방언보정續方言補正》262
《속상담續常談》327
《속서간오俗書刊誤》108,315
속석束皙 24
《속설俗說》265,327
《속어난자俗語難字》7
속언俗言 287
《속일체경음의續一切經音義》345,349

속자俗字 3,211
속체俗體 96,114,127
속체자俗體字 17,55,57,96,99,132,211,223
속호俗呼 286
손강孫強 7,54,121,
손경孫卿 285,286
손경세孫經世 333
손과정孫過庭 89
손금표孫錦標 287
손면孫愐 117,157
손성연孫星衍 113,117,343,349
손염孫炎 300,301,303
손이양孫詒讓 15,29,30,32,33,70,74,154,165, 166,174
《손이양연보孫詒讓年譜》166
손해파孫海波 16,38,108,140−142
손흑孫黑 328
《송고승전宋高僧傳》344
송공란宋公欒戈 78
송기宋祁 122
《송대금문저록표宋代金文著錄表》168
《송사宋史》156
《송사・예문지藝文志》296
《송사・왕안석전王安石傳》296
송상宋翔 308
《송원이래속자보宋元以來俗字譜》96,212, 234,235
《송재길금도록頌齋吉金圖錄》170
《송재길금속록頌齋吉金續錄》170
송함宋咸 307
《쇄금碎金》8
《수경주水經注》324
《수경주전水經注箋》311
수두자手頭字 211,213,223,224
《수두자 추진에 관한 발기문 推行手頭字緣起》223
《수산각총서守山閣叢書》331,346
수서叟書 30,88,89
《수서隋書・경적지經籍志》23,111,119,120, 249,251,307
《수선표受禪表》86

숙손통叔孫通 302
《순자보주荀子補注》 355
《순자주荀子注》 253
《순자집해荀子集解》 359
순조荀勗 24
《습아拾雅》 261
《승선태자비액升仙太子碑額》 80
《시경詩經》 13,75,76,113,136,151,169,244,247, 252,255,257,259,264,280,291,296,309,315,325, 356,357
《시경·백주柏舟》 292
《시경·부이芣苢》 292
《시경·빈풍豳風·칠월七月》 104
《시경·소아小雅·곡풍谷風》 290
《시경·소아·교언巧言》 100
《시경·소아·습상隰桑》 104
《시경·소아·원류苑柳》 104
《시경·위풍衛風·맹氓》 281
《시경·진풍陳風·완구宛丘》 103,104
《시경모전詩經毛傳》 313
《시경소학詩經小學》 160
《시경신증詩經新證》 265
시광형施光亨 363
시라가와 시즈까(白川靜) 38,39
시마 구니오(島邦男) 38
《시모전詩毛傳》 322
《시보時報》 190
《시본의詩本義》 254
《시사곡어사회석詩詞曲語辭匯釋》 265,332, 335,336,338,362
《시사신보時事新報》 190
《시삼가의집소詩三家義集疏》 359
《시용요자時用要字》 8,17
시조간施朝幹 349
시지상施之常 328
《시집전詩集傳》 255
《시총문詩總聞》 254
《신가구경자양新加九經字樣》 8,133,137
신공반뉴도神珙反紐圖 122
《신교육국어과본課本》 190
신국음新國音 189

《신당서新唐書》 351
《신당서·예문지藝文志》 346
《신당서·재상세계표宰相世系表》 135
《신독서통新讀書通》 316
신문자新文字 224,232
《신문자보新文字報》 232
《신문자에 관하여 關於新文字》 229
《신방언新方言》 317,359
《신법新法국어교과서》 190
《신보申報》 185,190
신부자新附字 117,157
《신역화엄경음의新譯華嚴經音義》 345,346
《신조新潮》 182
신처호부新鄭虎符 81
《신청년》 180,181,189
《신출사기명고석新出四器銘考釋》 151
《신화자전新華字典》 64,131,132,207
《신획복사新獲卜辭》 143
《실용문을 시급히 개량하여야 함을 논함 論應用之文亟宣改良》 183
실의난타實義難陀 346
심겸사沈兼士 263,297,360-362
심괄沈括 295,296
심덕잠沈德潛 323
심안빙沈雁冰 214
심윤묵沈尹默 360
《심의석례深衣釋例》 349
심이沈頤 362
심지유沈之瑜 139
《십가재양신록十駕齋養新錄》 12
《십경문자통정十經文字通正》 316
《십삼경주소十三經注疏》 358
《십육장락당고기관식고十六長樂堂古器款識考》 29
《십이가길금도록十二家吉金圖錄》 177
《십종산방인거十鐘山房印擧》 31
《쌍검치고기물도록雙劍誃古器物圖錄》 173
《쌍검치길금문선雙劍誃吉金文選》 173
《쌍검치상서신증雙劍誃尚書新證》 173
《쌍검치역경신증雙劍誃易經新證》 173
《쌍검치은계변지雙劍誃殷契駢枝》 146,173

《쌍검치제자신증雙劍誃諸子新證》 173
쌍성雙聲 290,293,294,317,318
《아결과 악람 雅潔和惡濫》 183
아레크시예프 225
《아문적세계我們的世界》 232
아언雅言 246,248,251,285,286
《아우당총서雅雨堂叢書》 323
《아큐정전阿Q正傳》 184
아학雅學 256,301
《아학고雅學考》 301
《악비파로동창기岳飛破虜東窗記》 235
안고경顔杲卿 133
안사고顔師古 8,112,133,253,322-324,353
안성언顔成偃 327
《안씨자양顔氏字樣》 133
안양정顔揚庭 322
안일명顔逸明 191,194
안원손顔元孫 8,95,96,108,133-135,195
안지추顔之推 135
《안진경顔眞卿》 351
《안휘총서安徽叢書》 325
《애일정려장서지愛日精廬藏書志》 321
《야객총서野客叢書》 327
야마다 다카오(山田孝雄) 343
양경楊倞 253
양계초梁啓超 181
양남중楊南仲 9,26
양동서梁同書 326
양백준楊伯峻 331,333,334
양사훈楊士勛 253
양수달楊樹達 38,39,151,152,211,264,331,333,334
양승경楊承慶 54,252,348
양시정梁詩正 28
양신楊愼 256
양웅揚雄 5,54,242,248,249,284,285,288
양원명楊元明 26
양전梁鱣 329
양정楊政 112
《양주금문사대계兩周金文辭大系》 36,75,149-151

《양주금문사대계고석兩周金文辭大系考釋》 149,150
《양주금문사대계도록兩周金文辭大系圖錄》 149
《양주금문사대계도록고석兩周金文辭大系圖錄考釋》 175
《양주금석문운독兩周金石文韻讀》 74
양천楊泉 295
양환楊桓 11,28,108,124
양휴지陽休之 348
《어문語文》 232
《어문지식》 232
《어문현대회語文現代化》 191,194
어법語法 243
어서魚書 78
어성전語聲轉 287
《어언문사논집語言文史論集》 363
어전語轉 262,287,288
《어조語助》 331
어휘학語彙學(詞匯學) 266
《언구록言舊錄》 321
언어言語 180,236,242,287,294,319,340
《언어과학》 229
언어문자학 18,36
언어학 245,362,363
엄가균嚴可均 155
엄원조嚴元照 304
엄일평嚴一萍 171,172
여금희黎錦熙 189,191,211,237,335
여대림呂大臨 9,26,73,74
《여람주呂覽注》 313
여서창黎庶昌 349
여숙상呂叔湘 194,237,264
《여신女神》 184
《여씨춘추呂氏春秋》 315
여열문黎烈文 185
《여우인논시서중성어書與友人論詩書中成語》 169
《여지지輿地志》 156
여침呂忱 6,54,116,119,156,252
《역경易經》 76,245,252,257,270,357

《역대종정이기관식歷代鐘鼎彝器款識》 29
《역대종정이기관식법첩歷代鐘鼎彝器款識法帖》 10,26,73,165
역도원酈道元 306,324
《역림易林》 356
역명亦名 284
《역문譯文》 213
역음자譯音字 212
《연경실집罨經室集》 359
《연경학보》 170
연단然丹 328
연면사聯綿詞 294,318
연면자聯綿字 294,317,318
《연면자보聯綿字譜》 169,294,317,318
《연면자전聯綿字典》 318
연어連語 293,294
연어諺語 293-294
《연정오종본棟亭五鍾本》 123
염몰閻沒 328
《영남일사嶺南逸史》 235
《영수감고寧壽鑒古》 14,28
영정嬴政 97
《예경禮經》 76
《예기禮記》 22,76,136,253,352
《예기·악기樂記》 102,104,274,281
《예기·옥조玉藻》 102
《예기·유행儒行》 279
《예기의소禮記義疏》 252
《예문유취藝文類聚》 295
예변隸辨 14
예서隸書 5,6,8,11,14,20,22,24,41,47,49,50,57,64,83-86,87-93,95,98,108,109,111,132,135,211,247,264
예서체隸書體 5,85,98,99,112,113,119,132
《예석隸釋》 10,324
《예술총편藝術叢編》 139
《예천명醴泉銘》 93
예초隸草 87
《예편隸篇》 14
예해서倪海曙 191,194,232,237
오吳방언 192

《오경문자五經文字》 8,58,108,133,*135-137*,138
《오경이의五經異義》 156
《오경정의五經正義》 252,322
오공吳恭 120
오대징吳大澂 14,15,26,29-33,35,74,147,148
오서五書 254
오식분吳式芬 15,29,73,165
오승사吳承仕 341
오여륜吳汝綸 188
오역吳域 13,255
오영광吳榮光 15,29
오옥장吳玉章 193,224,225,232,237
오옥진吳玉搢 261,314,316
오왕자우과吳王子于戈 78
《오종사전五種祀典》 172
오창영吳昌瑩 334
《오필검자학생자전五筆檢字學生字典》 207
《오하방언고吳下方言考》 262
오황상吳皇象 89
《옥촉보전玉燭寶典》 120,349
《옥편玉篇》 7,9,11,54,58,63,108,116,*120-122*,123,127,156,252,290,311,342,344,349,351
《옥편광운지남玉篇廣韻指南》 122
《옥함산방집일서玉函山房輯佚書》 261
온정균溫庭筠 292
옹희雍熙 117
와체訛體 127
완상생阮常生 326
완원阮元 15,29,74,165,261,304,326,350,351,355,358,359
완효서阮孝緒 7
왕가분王家賁 316
왕걸王杰 28
왕계숙汪啓淑 158
왕구王俅 10,26,73
왕국유王國維 4,15,16,18,34,35,38,40,70,74,77,80,81,113,139,144,*167-169*,174,264,294,304,317
왕균王筠 12,33,107,118,119,158,162,163,237,278,291

왕념손王念孫 13,160,257,259-261,265,267,
　　289,290,306,307,317,329,349,355,356,357,359
왕돈王敦 354
왕력王力 194,230,237,264,300
왕망王莽 83
왕무王楘 327
왕보王黼 73
왕부재王復齋 30
왕사정王士禎 323
왕선겸王善謙 321,359
왕성미王聖美 110,295
왕소王劭 7
왕소란王紹蘭 161
왕소신王紹新 363
왕수王洙 122
왕안국王安國 357
왕안석王安石 10,254,296,309
왕양王襄 38
왕연王衍 97
왕원계王元啓 331
왕유공王惟恭 157
왕응린王應麟 112,308
왕의王義 7
왕의영王懿榮 15,32,70
왕이보王夷甫 97
왕인지王引之 12,104,130,160,258-260,264,
　　267,306,307,317,327-336,349,357,358,359
왕인후王仁昫 96
왕일王逸 313
왕자소王子韶 254,260
왕정진汪廷珍 349
왕조王照 181,188
왕죽계王竹溪 237
왕중汪中 160,355
왕질王質 254
왕차중王次仲 86-88,92,94
왕창王昶 117
왕초王楚 10,26,74
왕헌지王獻之 92,93
왕후지王厚之 26
왕흡王洽 91,93

왕희지王羲之 89,91-94,112
《요각삼운본본姚刻三韻本》123
요근원姚覲元 123
요내姚鼐 160
요문영廖文英 11
《요용자원要用字苑》7
《요재지이聊齋志異》105
요창堯昌 345
《용감수감龍龕手鑒》126,195
《용감수경龍龕手鏡》126,127
용경容庚 16,39,73,75,108,148,149,170,171,213
《용위비서龍威秘書》158
용장龍璋 349,353
우문右文 255,295-297
우문설右文說 244,255,260,296,297
《우문설재훈고학상지연혁급기추단右文說在
　　訓詁學上之沿革及其推闡》297
우성오于省吾 16,38,71,144,146,147,172-174,
　　177,264
《우성오자전于省吾自傳》174
《운략韻略》348
《운보韻補》13,255,348
운부韻部 9,74,163,317
운서韻書 2,8,17,96,98,107,195,244,254,301,312,
　　348,350
《운영韻英》344
《운집韻集》342,348
《운창만고雲窓漫稿》35
《운해경원韻海鏡源》351
웅충熊忠 12
《원곡선元曲選》337
《원력편爰歷篇》4,54,80,82,109,110,111
원례爰禮 111
《원상편元尚篇》5
원세개袁世凱 181
《원잡극삼십종元雜劇三十種》337
원정견元庭堅 344
원헌原憲 328
《월아당총서粵雅堂叢書》314,346
《월어긍계록越語肯綮錄》262
월왕구천검越王句踐劍 78

월왕자지어사모越王者旨於賜矛 78
월왕자지어사종越王者旨於賜鐘 78
위각韋慤 237
위건공魏建功 131,237
위경중衛敬仲 23
《위경후비양문魏敬侯碑陽文》86
《위고문상서僞古文尙書·함유일덕咸有一德》105
위교魏校 28,124
위기衛覬 86
위무림魏茂林 311
위부인衛夫人 112
《위서魏書·강식전江式傳》119
《위석경고魏石經考》34
위요韋曜 319
《위원집衛園集》331
위항衛恒 24,84
유기劉淇 329,331−333,336
유덕승劉德升 94
유도생劉導生 237
유목劉睦 90
유반농劉半農 184
유방劉邦 97
유복劉復 212,234
유사배劉師培 359,360
《유사타간流沙墮簡》167
유송양劉宋羊 92,95
유심원劉心源 15,29,31
《유씨유서劉氏遺書》355
유악劉鶚 15,32,70,166,167
유월劉樾 329,334
《유지원제궁조劉知遠諸宮調》337
유진劉珍 155
유창劉敞 9,73
유체지劉體智 144,170
유태공劉台拱 160,259,285,355,356
《유편類篇》7,11,54,108,116,122,123,127
《유헌사자절대어석별국방언輶軒使者絕代語釋別國方言》249,284
유효劉孝 97
유흠劉歆 2,6,64,65,66,69,242,303,307

유희劉熙 248,250,270,303,319−321,353
유희해劉喜海 15
육국고문六國古文 77
《육국기년六國紀年》177
육기陸基 211
육담안陸澹安 265,336,337
육덕명陸德明 78,254,300,301,303,338−342,347
육법언陸法言 54,134
육비규陸費逵 130,211
육서六書 5,6,10,11,17,18,23,27,28,40,64,65−70,72,78,83,108,115,121,123−125,154,174,254
《육서고六書故》10,27,28,108,124−126,260
《육서략六書略》70,108,123,124,125,159
《육서본의六書本義》124
《육서서六書序》124
《육서설六書說》115
《육서음운표六書音均表》160,258
《육서장전六書長箋》124
《육서정온六書精蘊》28,124
《육서정와六書正訛》124,315
《육서증六書證》124
《육서통六書統》11,28,108,124
《육서통六書通》28
《육서팔체六書八體》121
육서학六書學 324
육선경陸善經 252
육심원陸心源 117
《육예략六藝略》2
육재陸宰 309
육전陸佃 296,309
《육조별자기六朝別字記》97
육종달陸宗達 267
육지위陸志韋 237
《육체천자문六體千字文》93
윤무용尹武庸 232
《은계수편殷契粹編》36,144,145,175
《은계일존殷契佚存》177
《은대동기殷代銅器》176
《은력보殷曆譜》16,171

《은문존殷文存》15
《은복사중소견선공선왕고殷卜辭中所見先公先王考》168
《은복사중소견선공선왕속고殷卜辭中所見先公先王續考》168
《은상정복문자고殷商貞卜文字考》15,32,34, 138,167
《은예재사당총서殷禮在斯堂叢書》307
《은이중도형문자지일해殷彝中圖形文字之一解》36
《은주금문집성殷周金文集成》16,39
《은주진한문자殷周秦漢文字》148,170
《은주청동기명문연구殷周青銅器銘文研究》36,175
《은주청동기통론殷周青銅器通論》171
《은허고기물도록殷墟古器物圖錄》167
《은허문자殷墟文字·갑편》71
《은허문자·을편》71
《은허문자기殷墟文字記》38,174
《은허문자류편殷墟文字類編》38,140,177
《은허복사종류殷墟卜辭綜類》38
《은허복사종술殷墟卜辭綜述》16,38,41,71, 145,146,176
《은허서계殷墟書契》15,70,138,139
《은허서계고석殷墟書契考釋》15,34,140,167, 175
《은허서계대문편殷墟書契待問編》167
《은허서계속편殷墟書契續編》139,167
《은허서계전편殷墟書契前編》138,139,167
《은허서계청화殷墟書契青華》138,167
《은허서계후편殷墟書契後編》139,167
음운학音韻學 3,18,19
《음의音義》354
음의서音義書 244,254,301,350
《음의잡론音義雜論》310
《음학오서音學五書》160,257
음훈音訓 244,250,270,320
《의례儀禮》352,357
《의례한독고儀禮漢讀考》160
의부意符 59-61,295
《의부義府》324,325

의소義疏 252
의소義素 297
《의시疑始》310
의차意借 19
의훈義訓 243,244,269-270
이가서李家瑞 212,234
이개李概 348
이경李璟 156
이궤李軌 307
《이기형상학시탐彝器形象學試探》150
이대교李大釗 182,184
이도李燾 118
이또 미찌하루(伊藤道治) 38
이문중李文仲 108
《이백억구유시李白憶舊游詩》92
이사李斯 4,48,80-82,89,108,109,111,116,156
이선李善 252,253,315
이세민李世民 97
이순李巡 300,303
《이아爾雅》7,107,110,136,247,248,249,251, 254-256,269,270,285,300,301,302-304,305, 307-309,311-314,317,320,322,339,340,342, 347,354,357
《이아·석고釋詁》287
《이아·석목釋木》286
《이아·석초釋草》284,287
《이아·석충釋蟲》284
《이아곽주의소爾雅郭注義疏》304
《이아광명爾雅匡名》304
《이아교전爾雅校箋》363
《이아보주爾雅補注》304
《이아석례爾雅釋例》304
《이아소爾雅疏》255,303
《이아신의爾雅新義》296,309
《이아음爾雅音》300
《이아음의爾雅音義》300,301,303
《이아음훈爾雅音訓》304
《이아의소爾雅義疏》266,289,290,306
《이아익爾雅翼》303,308
《이아정곽爾雅正郭》304
《이아정의爾雅正義》304

《이아주爾雅注》159, 251, 255, 300, 301, 303
《이아주소교감기爾雅注疏校勘記》304
《이아초목충어조수석례爾雅草木蟲魚鳥獸釋例》169, 304
이양빙李陽冰 9, 17, 25, 116, 117, 157
《이언邇言》327
이연李淵 97, 98
이욱李煜 156, 157
《이자원異字苑》348
《이자음異字音》349
이장李長 5
이주李舟 118, 159
《2천상용자표》196
이체간화자異體簡化字 221, 222
이체자異體字 7, 42, 54, 55, 57, 61, 76, 80, 83, 89, 96, 106, 195, 299, 350
이학근李學勤 38–40, 139, 142, 144–146, 149, 155, 167, 171, 177, 178
이현李賢 253
이효정李孝定 38
인경引經 12
《인민일보》214
《인쇄용한자자형표》238
《인쇄통용한자자형표》197, 198
인신의引伸義 56, 106, 118, 132, 164, 165, 244, 258, 275, 276, 277, 350, 351
일명一名 284
《일본견재서목日本見在書目》120, 307
일성지전一聲之轉 244, 262, 289–291, 315, 317
일왈一日 12
《일지록日知錄》97, 323
《일체경음一切經音》342
《일체경음의一切經音義》120, 254, 302, 312, 341–345, 349, 350, 353
임대춘任大椿 6, 120, 261, 313, 348, 349
임백거林伯渠 224, 225, 230
임서林紓 182
임조린任兆麟 308
임한달林漢達 237
《자감字鑒》108
《자고字詁》323, 324, 325

《자고의부합안字詁義府合按》325
《자류字類》348
《자림字林》6, 7, 8, 11, 54, 116, 119, 120, 122, 136, 156, 252, 342, 344, 348
《자림고일字林考逸》120, 349
《자림고일보본字林考逸補本》120
《자림음의字林音義》120
《자모절운요법字母切韻要法》129
자방팔분字方八分 88
《자보字寶》8
《자보쇄금字寶碎金》253, 254
자서字書 2, 5, 8, 11, 42, 55, 57, 63, 95, 96, 98, 107, 108, 109, 111, 119, 120, 122, 125–128, 244, 252, 254, 300, 301, 312, 342, 348, 350
《자서첩自敍帖》89
《자설字說》10, 14, 29, 33, 74, 254, 296, 309
《자시字諟》348
《자양字樣》8, 132, 133
자양학字樣學 17
《자원字苑》348
《자유담自由談》185
자유체自由體 184
《자의기어자음설字義起於字音說》244, 360
《자전고증字典考證》12, 130
자족字族 297–300, 356, 361
《자체字體》348
《자치통감資治通鑒》105, 346, 347
《자치통감석문資治通鑒釋文》346–348
《자통字統》54, 252, 344, 348
자학字學 2
《자해字海》8, 253
《자해字解》255, 260
《자허부子虛賦》354
《자회字匯》7, 11, 63, 108, 116, 127, 128, 129, 195
《잡자雜字》7, 348
《잡자해고雜字解詁》348
장금오張金吾 321, 322
장례당臧禮堂 350
장례홍蔣禮鴻 265, 337
장백희張百熙 188

장병린章炳麟 263,317,359,361
장봉張鳳 92
《장사고물문견기長沙古物聞見記》178
《장사교章士釗》183
장사준張士俊 122
《장사출토초칠기도록長沙出土楚漆器圖錄》 178
《장사호씨잡저長沙胡氏雜著》301
장상張相 265,332,335,336,338,362
장석침章錫琛 333
장소인張紹仁 323
장수절張守節 253
장수죽張修竹 214
《장안획고편長安獲古編》15
장옥서張玉書 116,129
장용당臧鏞堂 350
장우석掌禹錫 122
장우어張友漁 237
장욱張旭 89,92
장위張位 19
장유張有 108,195,294
장유지張維持 171
장읍張揖 7,8,251,302,305,306,353
장일린張一麐 230
《장자莊子》252,254,327,339,340
《장자·제물론齊物論》275,278
장자렬張自烈 11,63,108,128,129
《장자집해莊子集解》359
장전張戩 344
장정랑張政烺 39,70,72,75,78,80,81,83,86,88,92, 93,111
장정서章程書 91-93,95
장정제張廷濟 31
장지芝張芝 90,91,93
장지공張志公 237
장진림張振林 148
장진숙藏晉叔 337
장차립張次立 122
장참張參 8,58,108,133,135,136,137
장창張敞 22
장초章草 49,89,91,93,112

《장초고章草考》212
《장한가長恨歌》292
장해章楷 91
장해붕張海鵬 308,311
장해약張奚若 214
장행부張行孚 279
장흔莊炘 343
재여宰予 328
저초문詛楚文 27,81
《적고재종정이기관식積古齋鐘鼎彝器款識》 15,29,74,165
《적미거금문설積微居金文說》39,151-153
적운승翟雲升 14
적호翟灝 262,326,327
전겸익錢謙益 340
《전경당문집傳經堂文集》163
전국문자개혁회의全國文字改革會議 191, 214,232-235
《전국시기에 진나라는 주문을 사용하고 그 밖의 육국에서는 고문을 썼을 것이라는 설 戰國時秦用籒文六國用古文說》34,77
《전국책戰國策·조일趙一》105,330
전기錢起 136
전대소錢大昭 307,327
전대흔錢大昕 12,30,160,257,262,278,287,326, 327
《전록錢錄》30
전문篆文 12,16,47,114
《전상삼국지평화全相三國志平話》235
전서篆書 5,6,8,9,11,14,18,20,23,25,27,33,34,41, 49,51,57,64,66,78,79,82,83,85,87,89,93,98,108, 109,113,116,135,264
전서체篆書體 98,116,119,132,158,274
《전수당소장은허문자戩壽堂所藏殷墟文字》 139,168
《전수당소장은허문자보정戩壽堂所藏殷墟文字補正》139
《전수당은허문자고석戩壽堂殷墟文字考釋》 16
전어轉語 287-289
《전어이십장轉語二十章》288

전역錢繹 262,289,306
전예篆隸 3
전운轉韻 164
전위장錢偉長 237
전의轉義 132,275,276
전점錢坫 12,13,29,316,343
전주篆籀 87
전주轉注 6,65,68,69,72,123-125,164,315
《전주가차설轉注假借說》356
전현동錢玄同 180,182-184,211,212,361
전획展獲 329
전희조錢熙祚 325,331
《절운切韻》9,54,118,133,134,158,159,344,348,
  363
《절운성원切韻聲原》310
《절운지장도切韻指掌圖》131
《정가당총서靜嘉堂叢書》307
정도丁度 122
정돈程敦 343
정막程邈 84,88,89
《정명우론正名隅論》360
정병程秉 353
정복보丁福保 39,119,345
정불언丁佛言 39,148
정사립程嗣立 316
정상鄭庠 13,255
정서正書 50,92,93
정서림丁西林 237
정선갑程先甲 262
정성定聲 164
《정송당길금도貞松堂吉金圖》167
《정송당서수비적총잔貞松堂西陲秘籍叢殘》
  167
《정송당집고유문貞松堂集古遺文》167
《정와잡록訂訛雜錄》323
정요전程瑤田 31,261,289,354,355
정자正字 97,100
정자체正字體 92
《정자통正字通》7,11,63,108,128,129
정장감程長鑑 326
정전鄭箋 281

정제성程際盛 262,312
정중鄭衆 65,69
정진탁鄭振鐸 223
정체正體 95,96,127
정체자正體字 89,91
정초鄭樵 10,27,70,108,123,124,159,255,301,303
정해正楷 47
정현鄭玄 6,69,251,279-281,283,302,322,352
《제1차이체자정리표第一次異體字整理表》
  196,221,238
《제1차이체자정리표초안》233
제갈영諸葛穎 253
제곡帝嚳 144
《제녕도기인물열전濟寧圖記人物列傳》331
조경趙敬 98
조고趙高 4,82,109,111
조고칙趙古則 124
조광윤趙匡胤 322
조구성趙九成 26
조맹부趙孟頫 93,112
조명성趙明誠 10,26,324
조서鳥書 78
조선익曹先擢 102,103,106,107
《조야신성태평악부朝野新聲太平樂府》235
조원임趙元任 189
조인曹寅 123
조일趙壹 90
《조자변략助字辨略》329,331-333,334,336
조전鳥篆 78,80
조주曹籀 343
조지겸趙之謙 97
조충서鳥蟲書 78-80,89
조평생趙平生 237
조헌曹憲 8,305,306
조환광趙宧光 124
《종고당관식학從古堂款識學》29
종백화宗白華 184
종부정宗婦鼎 81
종소림鐘少林 71
종요鐘繇 90,92-95,112
《종정관식鐘鼎款識》26,30

《종정전운鐘鼎篆韻》 10,26,74
좌구명左丘明 76
《좌암집左盦集》 360
《좌전左傳》 102,247,252,267,274,322,327 –
　330,332
《주간평론》 190
《주경술림籀廎述林》 15,165
주고朱翺 158
《주관周官》 357
《주관해고周官解詁》 65
《주금문존周金文存》 73
주기봉朱起鳳 316
《주나라 소왕시대의 청동기 명각을 논함 論
　周昭王時代的靑銅器銘刻》 39
《주대 초기 청동기 명문 중에 있는 역괘에
　대한 시석 試釋周初靑銅器銘文中的易卦》
　39
주덕朱德 230
주덕희朱德熙 40,237
《주례周禮》 6,23,64,65,273,296,322,325,
《주례・고공기考工記・도인陶人》 280
《주례・대인행大人行》 280
《주례・보씨保氏》 5
《주례・지관地官・보씨保氏》 64,69
《주례・천관天官・내옹內饔》 283
《주례・천관・대제大宰》 280
《주례・천관・해인醢人》 102
《주례・천관・형인亨人》 102
《주례・춘관春官・남무男巫》 279
《주례정의周禮正義》 165
《주례주소周禮注疏》 253
《주례한독고周禮漢讀考》 160,278,280,282
주모위周謨煒 256,310
주문주文 4,5,14,16,17,22,23,25,26,33,55,63,66,
　76,80,81,82,84,88,109,114,115,155,169
《주문거자설籀文車字說》 165
주문조朱文藻 163
주방포朱芳圃 166
주백기周伯琦 124,315
주법고周法高 39
주사기周士琦 62 – 64,89,111,123,127,129,130,
　132,133,317,327,341,350,352
《주서周書》 89,325
《주성난자周成難字》 348
《주역周易》 136,253,340,352
《주역본의周易本義》 255
주유광周有光 191,237
주은래周恩來 193,235,
주음부호注音符號 195
주음자모注音字母 188,189
주이존周彛尊 135
《주자량명통기周子良冥通記》 324
주조모周祖謨 58,59,61,96 – 100,108,112,119,
　120,124,126,131,135,137,138,140,148,151,153,
　156,157,159,161 – 163,165,169,175,176,266,
　269,270,272,275 – 278,283 – 289,291 – 293,
　297,299,301,302,304,308 – 312,316,318,321 –
　326,329,335 – 338,343,345 – 347,349,352 –
　360,362,363
주주籀 22,81
주준성朱駿聲 12,13,110,118,119,163 – 165,
　276,308
《주진명자해고보周秦名字解詁補》 329
주춘周春 304
주학범朱學範 214,237
주희朱熹 255
《중경음의衆經音義》 290,341,343
《중국라틴화자모中國拉丁化字母》 224
《중국말 표기법의 라틴화 中國話寫法拉丁
　化》 231
중국문자개혁위원회中國文字改革委員會
　42,57,99,193,197,199,233,237 – 239
《중국문자학中國文字學》 20,58,174
《중국문학교과서中國文學敎科書》 359,360
《중국불교사적개론》 345
《중국어 표기의 라틴화 中國語書法之拉丁
　化》 229
《중국어문의 새로운 탄생 中國語文的新生》
　229
중국언어中國言語 232
《중국연력총보中國年歷總譜》 171
중문重文 115

《중소학각과과정강요中小學各科課程綱要》 190
중언重言 291,292,293,294
《중화대자전中華大字典》 130,131
《증광종정전운增廣鐘鼎篆韻》 26
증세영曾世英 237
증소륜曾昭掄 214
《증속문證俗文》 349
《증속음證俗音》 348
《증수국음자전고增修國音字典稿》 195
지광智光 126
《지부족재총서知不足齋叢書》 322
지사指事 65,66,72,81,82,115,123－125
지사자指事字 45,47,50,67
지승智昇 346
지영智永 93
《지해指海》 325
《직어보정直語補正》 326
직음直音 130,131,136－138
진개기陳介祺 28,31,32,33
진공궤秦公簋 81
진공박秦公鎛 81
진공종秦公鐘 81
진관陳瓘 329
진광요陳光堯 213
진군보陳君葆 230
진기영陳其榮 349
진덕예陳德藝 207
진독수陳獨秀 180,182,184
진립부陳立夫 207
진망도陳望道 185－187,213,223,229,230
진몽가陳夢家 16,38,39,41,71,145,176,177
《진서晉書》 354
진서眞書 50,79,86,88,91,92,93,95,108,132
《진서음의晉書音義》 302,347
진수陳壽 353
《진양학간晉陽學刊》 174
진영곤陳榮袞 181
진예秦隸 83,85,87
진옥수陳玉澍 304
진원陳原 237
진원陳垣 345
진의陳毅 193
진자전陳子展 185
진장태陳章太 237
진전秦篆 82
진정경陳廷敬 129
진제陳第 13
진창치陳昌治 117
《진초천자문眞草千字文》 93
진팽년陳彭年 121
진학금陳鶴琴 230
《진한금문록秦漢金文錄》 170
진한백陳翰伯 237
진행眞行 95
진호연陳湖延 343
《집고록集古錄》 10
《집고인보集古印譜》 28
《집운集韻》 122,123,130,131,311,318,348,350,351
《차월산방총서借月山房叢書》 311
찬녕贊寧 344
《찬문纂文》 7,252,348
찬요纂要 313,348
찰박札樸 162
《찰이札迻》 165
창힐倉頡 42,109
《창힐고倉頡故》 5
《창힐편倉頡篇》 4,5,7,54,80,82,108,109－111,112,195,300,342,348,349
《채고래능서인명採古來能書人名》 95
채문희蔡文姬 88
채옹蔡邕 86,89,90,92
채운蔡雲 30
채원배蔡元培 171,182,223,360
채후산과蔡侯產戈 78
처사處事 65
《천양각갑골문존天壤閣甲骨文存》 174
《철운장귀鐵雲藏龜》 15,32,70,166,167
《철운장귀지여鐵雲藏龜之餘》 167
《철유재이기관식고석綴遺齋彝器款識考釋》 30,74

《첩아疊雅》261,312
첩운疊韻 293,294,317,318
첩자疊字 291,292,293,294,312,318
《청사고예문지급보편清史稿藝文志及補編》331
《청의각고인우존清儀閣古印偶存》31
《초사楚辭》13,273,318,354,356
《초사·상군湘君》292
《초사신증楚辭新證》265
《초사주楚辭注》313
《초사집주楚辭集注》255
초상령初尙齡 30
초서草書 6,8,14,49,57,89−92,93−95,108,212
《초서세草書勢》91
초서체草書體 99,100,112
초왕손어과楚王孫漁戈 78
초왕염장과楚王舍璋戈 78
초월初月 89
《초자회草字匯》14
초풍焦風 229
《초학기初學記》313
초횡焦竑 108,256,315
《총서집성叢書集成》58,138,314,325
최원崔瑗 91
《추광보통화적삼개문제推廣普通話的三個問題》194
《추광보통화적역사발전推廣普通話的歷史發展》191,194
추안鄒安 73
《춘추春秋》24,76,77,136,340
《춘추곡량전春秋穀梁傳》275
《춘추곡량전주소春秋穀梁傳注疏》253
《춘추공양전주소春秋公羊傳注疏》253
《춘추내외전春秋內外傳》357
《춘추명자해고春秋名字解詁》327−329
《춘추명자해고보의春秋名字解詁補義》329
《춘추전春秋傳》76
《춘추좌씨전春秋左氏傳》5,22,242,253,259
충서蟲書 78,88,89
《취학헌총서聚學軒叢書》329
《칠략七略》2,6,64,307

《칠음략七音略》159
탁정모卓定謀 212
《태백太白》213
《택라거시경신증澤螺居詩經新證》173
《통감석문변오通鑑釋文辨誤》348
통명通名 283
《통속문通俗文》251,313,327,342,348
《통속상언소증通俗常言疏證》287
《통속편通俗編》262,325,326,327
《통아通雅》256,260,293,309,310,315,325
《통아·석고釋詁》291
통어通語 269,284,285
통언統言 273
《통예록通藝錄》31,354
통용자通用字 104−106
《통용한자자형표》197
《통일국어판법안統一國語辦法案》188
《통일한자부수표》198
통전通轉 299,318,356
《통지通志》27,123,159
《통지·육서략六書略》10,27
《통지당경해通志堂經解》340,341
통훈通訓 164,269,274
파독破讀 282
파체破體 211,212
팔분八分 83,84,86−88,89,91−93,95
팔체八體 78,88,89,121
《패문운부佩文韻府》131,316,350
패인沛人 111
편방분석법偏旁分析法 15
《편해篇海》195
《평진관총서平津館叢書》117
포송령浦松齡 105
포초鮑焦 314
포희包羲 324
표의자表意字 54,58,275
표준말(普通話) 194,195
《표준자형방안》197
《표준현대한어용자표》198
풍계분馮桂芬 159,161
풍시행馮時行 347

풍유방馮裕芳 230
피석자被釋字 279
피혐명避嫌名 98
피환용자被換用字 105
피휘자避諱字 97,98
필원畢沅 321,359
《필형검자법 筆形查字法》 204
필홍술畢弘述 28
《하남통지河南通志》 155
하섭夏燮 261
하송夏竦 9,24,78,108
하수何邃 143
하승천何承天 7,252,312,348
《하첩賀捷》 92
하초何超 302,347
학의행郝懿行 266,289,290,304,306
《학진토원學津討原》 112,308
《학형學衡》 183
《한간汗簡》 9,24,78,108
《한간철술漢簡綴述》 177
한비자韓非子 268
《한비자·오두五蠹》 267
《한서漢書》 242,252,301,325
《한서·고제기高帝記》 282
《한서·교사지郊祀志》 22
《한서·두업전杜鄴傳》 5
《한서·서역전西域傳》 105
《한서·식부궁전息夫躬傳》 282
《한서·예문지藝文志》 2,4,5,6,23,80,248,302,307
《한서보주漢書補注》 359
《한서주漢書注》 253,322
《한어고자자형표漢語古字字形表》 20,58
한어漢語 2,41,51,59,63,191,236,238,245,275,291,294,361
한어문자학漢語文字學 2-20
한어방언 193
《한어병음문자방안》 234,238
《한어병음방안漢語拼音方案》 199,224,232,236,237,239
《한어사회강화漢語詞匯講話》 363

한어어의학漢語語義學 242,245
한어훈고학漢語訓詁學 161,242-267,278
한예漢隸 83,86,87
《한예자원漢隸字源》 108
《한위진남북조운부연변연구漢魏晉南北朝韻部演變研究》 363
한자漢字 2,41-58,59,61,62,64,65,70,73,75,78,80,82,83,86,88,89,92-96,98-100,102-104,106,107,119,120,123,125,126,128,132,133,154,187,194,237,238,267,274,277,295,298,299,361
한자간화漢字簡化 100,196,207-223
《한자간화방안》 196,214,221,224,238
《한자간화방안수정초안》 233
한자검자법〔漢字查字法〕 198,199-207
《한자와 라틴화 漢字和拉丁化》 229
《한자자형정리방안》 197
한자정리漢字整理 194-198
《한진인장도보漢晉印章圖譜》 28
《한진서수목간회편漢晉西陲木簡匯編》 92
《한학당총서漢學堂叢書》 261
《한학습유漢學拾遺》 355
한효언韓孝彦 195
《함해函海》 159
합문合文 59,141
합의合誼 68
합체合體 10
합체자合體字 50,58
항남項南 214
항세준杭世駿 262
《항씨가설項氏家說》 255
항안세項安世 255
항언恒言 287
《항언광증恒言廣證》 327
《항언록恒言錄》 262,287,326,327
《항헌길금록恒軒吉金錄》 15,147
《해녕왕정안선생유서海寧王靜安先生遺書》 317
해서楷書 3,8,11,17,47,50,64,79,80,86-88,92,93,95,98,100,211
해서체楷書體 99,132,133,141
해성諧聲 65,123,124

해성자諧聲字 14,164,296
해예楷隸 49,87,88,93
《해외길금도록海外吉金圖錄》170
《해자소기解字小記》354
행균行均 126,195
행서行書 3,8,49,57,93−95,108,132,135
행서체行書體 99
행압서行押書 95
《향도주보嚮導周報》183
허가로許嘉璐 282,283
허광평許廣平 214
《허군사적고許君事迹考》155
《허군연표고許君年表考》155
허수상許壽裳 361
허신許愼 4,6,9,11,16,20,22,23,25,33,41,54,62,63,
65,66,68,69,72,76−78,80,82−84,88,90,99,
103,108,110,113,115,117−119,123,125,149,
155,156,157,161−164,174,195,248249,251,
267,275,278,327,352,353
허자許慈 353
허정許鄭 251
허지산許地山 230
허창許昌 86
허충許沖 83,113,155
허한許瀚 29,74,316
《현대한어규범문제現代漢語規範問題》194
《현대한어규범문제학술회의문건회편現代漢
語規範問題學術會議文件匯編》194
현응玄應 254,302,341,343,349
형방形旁 59
형병邢昺 255,300,303,304
형부形符 67,96
형성形聲 16,41,65,67,72,115,125,154,174
형성자形聲字 10,14,19,42,50,52,54,55,59,61−
63,67,68,72,107,116,126,254,255,263,295
《형양태수갈조비액衡陽太守葛祚碑額》92
형훈形訓 243,267−269
혜림慧琳 120,254,302,343,344,345,349,350,353
혜원慧苑 343,346
호교목胡喬木 214,237
호기광胡奇光 185,187

《호명법護命法》343
호명옥胡鳴玉 323
호무경胡毋敬 4,82,109,111
호문영胡文英 262
호삼성胡三省 348
호선숙胡先驌 182,183
호소胡昭 94
호숙胡宿 122
호승공胡承珙 308
호원옥胡元玉 301,329
호유지胡愈之 185,223,229,237
호적胡適 180−184
호해胡亥 109
호회침胡懷琛 212
호후선胡厚宣 38,71,142,144
호훈互訓 68,272
혹체或體 96,114,127
혼언渾言 272−274
《혼원이기도渾源彝器圖》177
홍량길洪亮吉 261,312,313,343
《홍무정운洪武正韻》11
《홍북강전집洪北江全集》313
홍성洪城 267
홍수전洪秀全 180
홍염조洪焱祖 308
홍이훤洪頤烜 279
홍인간洪仁玕 180
홍적洪適 10,324
화교和嶠 24
《화엄경음의華嚴經音義》346
황간黃侃 267,304,318,331
황비열黃丕烈 323
황산곡黃山谷 92
황상皇象 112
황생黃生 323−325
황석黃奭 261
황승길黃承吉 116,325
황작黃焯 304,341
황준헌黃遵憲 181
《황청경해皇淸經解》331,358
《회남자淮南子》322,356

《회남자·주술훈主術訓》281
《회남자보교淮南子補校》355
《회남자주淮南子注》156
회소懷素 89,92
회의會意 65－68,72,82,115,123－125
회의자會意字 10,27,47,50,58,63,67,68,116,254
《효경孝經》76,254,338－340
후기본자後起本字 55,101,102,103,275
후기자後起字 107,262
후지모또 사요(藤原佐世) 111,307
《후지부족재총서後知不足齋叢書》138
《후한서後漢書》155,352
《후한서서례後漢書敍例》353
《후한서주後漢書注》253
《후한서집해後漢書集解》359
훈고訓詁 2,8,18,74,107
《훈고간론訓詁簡論》267
훈고서訓詁書 244,301,348,350
《훈고술략訓詁述略》267
훈고학訓詁學 3,18,19,242,256,261,265－267,
　　289,297,320,324,337,360
《훈찬편訓纂篇》5,54,111,112
흑굉黑肱 328
《희곡사어회석戲曲詞語匯釋》265,337
《희곡성어회찬戲曲成語匯纂》337
희린希麟 345,349
《희평석경熹平石經》86－89

全廣鎮
1955년 경북 김천 출생
成均館大學校 중어중문학과 졸업
國立臺灣師範大學 대학원 졸업(문학석사)
國立臺灣大學 대학원 졸업(문학박사)
慶熙大學校 중어중문학과 조교수·부교수 역임
현재 成均館大學校 중어중문학과 교수
저서:《兩周金文通假字硏究》(1989, 臺灣, 學生書局)
《뿌리를 찾는 한자》(2001, 조선일보사) 외 4권
논문:〈《方言》的體例及其在漢語語言學史上的地位〉,〈漢藏語同源詞研究〉
〈한자의 성질에 관한 제학설 탐구〉외 20여 편

문예신서
81

中國文字訓詁學辭典

초판발행 : 1993년 9월 20일
2쇄발행 : 2003년 3월 20일

지은이 : 周祖謨 [外]
옮긴이 : 全廣鎭
총편집 : 韓仁淑
펴낸곳 : 東文選
제10-64호, 78. 12. 16 등록
110-300 서울 종로구 관훈동 74
전화 : 737-2795

ISBN 89-8038-381-X 94150
ISBN 89-8038-000-3 (문예신서)

【東文選 現代新書】

1	21세기를 위한 새로운 엘리트	FORESEEN 연구소 / 김경현	7,000원
2	의지, 의무, 자유 — 주제별 논총	L. 밀러 / 이대희	6,000원
3	사유의 패배	A. 핑켈크로트 / 주태환	7,000원
4	문학이론	J. 컬러 / 이은경·임옥희	7,000원
5	불교란 무엇인가	D. 키언 / 고길환	6,000원
6	유대교란 무엇인가	N. 솔로몬 / 최창모	6,000원
7	20세기 프랑스철학	E. 매슈스 / 김종갑	8,000원
8	강의에 대한 강의	P. 부르디외 / 현택수	6,000원
9	텔레비전에 대하여	P. 부르디외 / 현택수	7,000원
10	고고학이란 무엇인가	P. 반 / 박범수	8,000원
11	우리는 무엇을 아는가	T. 나겔 / 오영미	5,000원
12	에쁘롱 — 니체의 문체들	J. 데리다 / 김다은	7,000원
13	히스테리 사례분석	S. 프로이트 / 태혜숙	7,000원
14	사랑의 지혜	A. 핑켈크로트 / 권유현	6,000원
15	일반미학	R. 카이유와 / 이경자	6,000원
16	본다는 것의 의미	J. 버거 / 박범수	10,000원
17	일본영화사	M. 테시에 / 최은미	7,000원
18	청소년을 위한 철학교실	A. 자카르 / 장혜영	7,000원
19	미술사학 입문	M. 포인턴 / 박범수	8,000원
20	클래식	M. 비어드·J. 헨더슨 / 박범수	6,000원
21	정치란 무엇인가	K. 미노그 / 이정철	6,000원
22	이미지의 폭력	O. 몽젱 / 이은민	8,000원
23	청소년을 위한 경제학교실	J. C. 드루엥 / 조은미	6,000원
24	순진함의 유혹 〔메디시스賞 수상작〕	P. 브뤼크네르 / 김웅권	9,000원
25	청소년을 위한 이야기 경제학	A. 푸르상 / 이은민	8,000원
26	부르디외 사회학 입문	P. 보네위츠 / 문경자	7,000원
27	돈은 하늘에서 떨어지지 않는다	K. 아른트 / 유영미	6,000원
28	상상력의 세계사	R. 보이아 / 김웅권	9,000원
29	지식을 교환하는 새로운 기술	A. 벵토릴라 外 / 김혜경	6,000원
30	니체 읽기	R. 비어즈워스 / 김웅권	6,000원
31	노동, 교환, 기술 — 주제별 논총	B. 데코사 / 신은영	6,000원
32	미국만들기	R. 로티 / 임옥희	근간
33	연극의 이해	A. 쿠프리 / 장혜영	8,000원
34	라틴문학의 이해	J. 가야르 / 김교신	8,000원
35	여성적 가치의 선택	FORESEEN연구소 / 문신원	7,000원
36	동양과 서양 사이	L. 이리가라이 / 이은민	7,000원
37	영화와 문학	R. 리처드슨 / 이형식	8,000원
38	분류하기의 유혹 — 생각하기와 조직하기	G. 비뇨 / 임기대	7,000원
39	사실주의 문학의 이해	G. 라루 / 조성애	8,000원
40	윤리학 — 악에 대한 의식에 관하여	A. 바디우 / 이종영	7,000원
41	흙과 재 〔소설〕	A. 라히미 / 김주경	6,000원

42	진보의 미래	D. 르쿠르 / 김영선	6,000원
43	중세에 살기	J. 르 고프 外 / 최애리	8,000원
44	쾌락의 횡포·상	J. C. 기유보 / 김웅권	10,000원
45	쾌락의 횡포·하	J. C. 기유보 / 김웅권	10,000원
46	운디네와 지식의 불	B. 데스파냐 / 김웅권	8,000원
47	이성의 한가운데에서 — 이성과 신앙	A. 퀴노 / 최은영	6,000원
48	도덕적 명령	FORESEEN 연구소 / 우강택	6,000원
49	망각의 형태	M. 오제 / 김수경	6,000원
50	느리게 산다는 것의 의미·1	P. 쌍소 / 김주경	7,000원
51	나만의 자유를 찾아서	C. 토마스 / 문신원	6,000원
52	음악적 삶의 의미	M. 존스 / 송인영	근간
53	나의 철학 유언	J. 기통 / 권유현	8,000원
54	타르튀프 / 서민귀족 〔희곡〕	몰리에르 / 덕성여대극예술비교연구회	8,000원
55	판타지 공장	A. 플라워즈 / 박범수	10,000원
56	홍수·상 〔완역판〕	J. M. G. 르 클레지오 / 신미경	8,000원
57	홍수·하 〔완역판〕	J. M. G. 르 클레지오 / 신미경	8,000원
58	일신교 — 성경과 철학자들	E. 오르티그 / 전광호	6,000원
59	프랑스 시의 이해	A. 바이양 / 김다은·이혜지	8,000원
60	종교철학	J. P. 힉 / 김희수	10,000원
61	고요함의 폭력	V. 포레스테 / 박은영	8,000원
62	고대 그리스의 시민	C. 모세 / 김덕희	7,000원
63	미학개론 — 예술철학입문	A. 셰퍼드 / 유호전	10,000원
64	논증 — 담화에서 사고까지	G. 비뇨 / 임기대	6,000원
65	역사 — 성찰된 시간	F. 도스 / 김미겸	7,000원
66	비교문학개요	F. 클로동·K. 아다-보트링 / 김정란	8,000원
67	남성지배	P. 부르디외 / 김용숙·주경미	9,000원
68	호모사피언스에서 인터렉티브인간으로	FORESEEN 연구소 / 공나리	8,000원
69	상투어 — 언어·담론·사회	R. 아모시·A. H. 피에로 / 조성애	9,000원
70	촛불의 미학	G. 바슐라르 / 이가림	근간
71	푸코 읽기	P. 빌루에 / 나길래	8,000원
72	문학논술	J. 파프·D. 로쉬 / 권종분	8,000원
73	한국전통예술개론	沈雨晟	10,000원
74	시학 — 문학 형식 일반론 입문	D. 퐁텐느 / 이용주	8,000원
75	진리의 길 위에서	A. 보다르 / 김승철·최정아	근간
76	동물성 — 인간의 위상에 관하여	D. 르스텔 / 김승철	6,000원
77	랑가쥬 이론 서설	L. 옐름슬레우 / 김용숙·김혜련	10,000원
78	잔혹성의 미학	F. 토넬리 / 박형섭	9,000원
79	문학 텍스트의 정신분석	M. J. 벨멩-노엘 / 심재중·최애영	9,000원
80	무관심의 절정	J. 보드리야르 / 이은민	8,000원
81	영원한 황홀	P. 브뤼크네르 / 김웅권	9,000원
82	노동의 종말에 반하여	D. 슈나페르 / 김교신	6,000원
83	프랑스영화사	J. -P. 장콜 / 김혜련	근간

84	조와(弔蛙)	金教臣 / 노치준·민혜숙	8,000원
85	역사적 관점에서 본 시네마	J. -L. 뢰트라 / 곽노경	8,000원
86	욕망에 대하여	M. 슈벨 / 서민원	8,000원
87	산다는 것의 의미·1—여분의 행복	P. 쌍소 / 김주경	7,000원
88	철학 연습	M. 아롱델-로오 / 최은영	8,000원
89	삶의 기쁨들	D. 노게 / 이은민	6,000원
90	이탈리아영화사	L. 스키파노 / 이주현	8,000원
91	한국문화론	趙興胤	10,000원
92	현대연극미학	M. -A. 샤르보니에 / 홍지화	8,000원
93	느리게 산다는 것의 의미·2	P. 쌍소 / 김주경	7,000원
94	진정한 모럴은 모럴을 비웃는다	A. 에슈고엔 / 김웅권	8,000원
95	한국종교문화론	趙興胤	10,000원
96	근원적 열정	L. 이리가라이 / 박정오	9,000원
97	라캉, 주체 개념의 형성	B. 오질비 / 김 석	9,000원
98	미국식 사회 모델	J. 바이스 / 김종명	7,000원
99	소쉬르와 언어과학	P. 가데 / 김용숙·임정혜	10,000원
100	철학적 기본 개념	R. 페르버 / 조국현	8,000원
101	철학자들의 동물원	A. L. 브라-쇼파르 / 문신원	근간
102	글렌 굴드, 피아노 솔로	M. 슈나이더 / 이창실	7,000원
103	문학비평에서의 실험	C. S. 루이스 / 허 종	8,000원
104	코뿔소 [희곡]	E. 이오네스코 / 박형섭	8,000원
105	《제7의 봉인》 비평연구	E. 그랑조르주 / 이은민	근간
106	《쥘과 짐》 비평연구	C. 르 베르 / 이은민	근간
107	경제, 거대한 사탄인가?	P. -N. 지로 / 김교신	7,000원
108	딸에게 들려 주는 작은 철학	R. 시몬 셰퍼 / 안상원	7,000원
109	도덕에 관한 에세이	C. 로슈·J. -J. 바레르 / 고수현	6,000원
110	프랑스 고전비극	B. 클레망 / 송민숙	8,000원
111	고전수사학	G. 위딩 / 박성철	10,000원
112	유토피아	T. 파코 / 조성애	7,000원
113	쥐비알	A. 자르댕 / 김남주	7,000원
114	증오의 모호한 대상	J. 아순 / 김승철	8,000원
115	개인—주체철학에 대한 고찰	A. 르노 / 장정아	7,000원
116	이슬람이란 무엇인가	M. 루스벤 / 최생열	8,000원
117	간추린 서양철학사·상	A. 케니 / 이영주	근간
118	간추린 서양철학사·하	A. 케니 / 이영주	근간
119	느리게 산다는 것의 의미·3	P. 쌍소 / 김주경	7,000원
120	문학과 정치 사상	P. 페티티에 / 이종민	8,000원
121	가장 아름다운 하나님 이야기	A. 보테르 外 / 주태환	8,000원
122	시민 교육	P. 카니베즈 / 박주원	9,000원
123	스페인영화사	J.- C. 스갱 / 정동섭	8,000원
124	인터넷상에서—행동하는 지성	H. L. 드레퓌스 / 정혜욱	9,000원
125	내 몸의 신비—세상에서 가장 큰 기적	A. 지오르당 / 이규식	7,000원

126 세 가지 생태학	F. 가타리 / 윤수종	8,000원
127 모리스 블랑쇼에 대하여	E. 레비나스 / 박규현	근간
128 위뷔 왕 〔희곡〕	A. 자리 / 박형섭	8,000원
129 번영의 비참	P. 브뤼크네르 / 이창실	8,000원
130 무사도란 무엇인가	新渡戶稻造 / 沈雨晟	7,000원
131 천 개의 집 〔소설〕	A. 라히미 / 김주경	근간
132 문학은 무슨 소용이 있는가?	D. 살나브 / 김교신	7,000원
133 종교에서―행동하는 지성	J. 카푸토 / 최생열	근간
134 노동사회학	M. 스트루방 / 박주원	근간
135 맞불·2	P. 부르디외 / 김교신	근간
136 믿음에 대하여―행동하는 지성	S. 지제크 / 최생열	9,000원

【東文選 文藝新書】

1 저주받은 詩人들	A. 뻬이르 / 최수철·김종호	개정근간
2 민속문화론서설	沈雨晟	40,000원
3 인형극의 기술	A. 훼도토프 / 沈雨晟	8,000원
4 전위연극론	J. 로스 에반스 / 沈雨晟	12,000원
5 남사당패연구	沈雨晟	10,000원
6 현대영미희곡선(전4권)	N. 코워드 外 / 李辰洙	절판
7 행위예술	L. 골드버그 / 沈雨晟	절판
8 문예미학	蔡 儀 / 姜慶鎬	절판
9 神의 起源	何 新 / 洪 熹	16,000원
10 중국예술정신	徐復觀 / 權德周 外	24,000원
11 中國古代書史	錢存訓 / 金允子	14,000원
12 이미지―시각과 미디어	J. 버거 / 편집부	12,000원
13 연극의 역사	P. 하트놀 / 沈雨晟	절판
14 詩 論	朱光潛 / 鄭相泓	9,000원
15 탄트라	A. 무케르지 / 金龜山	16,000원
16 조선민족무용기본	최승희	15,000원
17 몽고문화사	D. 마이달 / 金龜山	8,000원
18 신화 미술 제사	張光直 / 李 徹	10,000원
19 아시아 무용의 인류학	宮尾慈良 / 沈雨晟	절판
20 아시아 민족음악순례	藤井知昭 / 沈雨晟	5,000원
21 華夏美學	李澤厚 / 權 瑚	15,000원
22 道	張立文 / 權 瑚	18,000원
23 朝鮮의 占卜과 豫言	村山智順 / 金禧慶	15,000원
24 원시미술	L. 아담 / 金仁煥	16,000원
25 朝鮮民俗誌	秋葉隆 / 沈雨晟	12,000원
26 神話의 이미지	J. 캠벨 / 扈承喜	근간
27 原始佛敎	中村元 / 鄭泰爀	8,000원
28 朝鮮女俗考	李能和 / 金尙憶	24,000원
29 朝鮮解語花史(조선기생사)	李能和 / 李在崑	25,000원

30 조선창극사	鄭魯湜	7,000원
31 동양회화미학	崔炳植	18,000원
32 性과 결혼의 민족학	和田正平 / 沈雨晟	9,000원
33 農漁俗談辭典	宋在璇	12,000원
34 朝鮮의 鬼神	村山智順 / 金禧慶	12,000원
35 道敎와 中國文化	葛兆光 / 沈揆昊	15,000원
36 禪宗과 中國文化	葛兆光 / 鄭相泓・任炳權	8,000원
37 오페라의 역사	L. 오레이 / 류연희	절판
38 인도종교미술	A. 무케르지 / 崔炳植	14,000원
39 힌두교의 그림언어	안넬리제 外 / 全在星	9,000원
40 중국고대사회	許進雄 / 洪 熹	30,000원
41 중국문화개론	李宗桂 / 李宰碩	23,000원
42 龍鳳文化源流	王大有 / 林東錫	25,000원
43 甲骨學通論	王宇信 / 李宰碩	근간
44 朝鮮巫俗考	李能和 / 李在崑	20,000원
45 미술과 페미니즘	N. 부루드 外 / 扈承喜	9,000원
46 아프리카미술	P. 윌레뜨 / 崔炳植	절판
47 美의 歷程	李澤厚 / 尹壽榮	22,000원
48 曼荼羅의 神들	立川武藏 / 金龜山	19,000원
49 朝鮮歲時記	洪錫謨 外/李錫浩	30,000원
50 하 상	蘇曉康 外 / 洪 熹	절판
51 武藝圖譜通志 實技解題	正 祖 / 沈雨晟・金光錫	15,000원
52 古文字學첫걸음	李學勤 / 河永三	14,000원
53 體育美學	胡小明 / 閔永淑	10,000원
54 아시아 美術의 再發見	崔炳植	9,000원
55 曆과 占의 科學	永田久 / 沈雨晟	8,000원
56 中國小學史	胡奇光 / 李宰碩	20,000원
57 中國甲骨學史	吳浩坤 外 / 梁東淑	35,000원
58 꿈의 철학	劉文英 / 河永三	22,000원
59 女神들의 인도	立川武藏 / 金龜山	19,000원
60 性의 역사	J. L. 플랑드렝 / 편집부	18,000원
61 쉬르섹슈얼리티	W. 챠드윅 / 편집부	10,000원
62 여성속담사전	宋在璇	18,000원
63 박재서희곡선	朴栽緒	10,000원
64 東北民族源流	孫進己 / 林東錫	13,000원
65 朝鮮巫俗의 硏究(상・하)	赤松智城・秋葉隆 / 沈雨晟	28,000원
66 中國文學 속의 孤獨感	斯波六郎 / 尹壽榮	8,000원
67 한국사회주의 연극운동사	李康列	8,000원
68 스포츠인류학	K. 블랑챠드 外 / 박기동 外	12,000원
69 리조복식도감	리팔찬	절판
70 娼 婦	A. 꼬르벵 / 李宗旼	22,000원
71 조선민요연구	高晶玉	30,000원

72 楚文化史	張正明 / 南宗鎭	26,000원
73 시간, 욕망, 그리고 공포	A. 코르뱅 / 변기찬	18,000원
74 本國劍	金光錫	40,000원
75 노트와 반노트	E. 이오네스코 / 박형섭	절판
76 朝鮮美術史硏究	尹喜淳	7,000원
77 拳法要訣	金光錫	30,000원
78 艸衣選集	艸衣意恂 / 林鍾旭	20,000원
79 漢語音韻學講義	董少文 / 林東錫	10,000원
80 이오네스코 연극미학	C. 위베르 / 박형섭	9,000원
81 중국문자훈고학사전	全廣鎭 편역	23,000원
82 상말속담사전	宋在璇	10,000원
83 書法論叢	沈尹默 / 郭魯鳳	8,000원
84 침실의 문화사	P. 디비 / 편집부	9,000원
85 禮의 精神	柳肅 / 洪熹	20,000원
86 조선공예개관	沈雨晟 편역	30,000원
87 性愛의 社會史	J. 솔레 / 李宗旼	18,000원
88 러시아미술사	A. I. 조토프 / 이건수	22,000원
89 中國書藝論文選	郭魯鳳 選譯	25,000원
90 朝鮮美術史	關野貞 / 沈雨晟	근간
91 美術版 탄트라	P. 로슨 / 편집부	8,000원
92 군달리니	A. 무케르지 / 편집부	9,000원
93 카마수트라	바짜야나 / 鄭泰爀	10,000원
94 중국언어학총론	J. 노먼 / 全廣鎭	18,000원
95 運氣學說	任應秋 / 李宰碩	15,000원
96 동물속담사전	宋在璇	20,000원
97 자본주의의 아비투스	P. 부르디외 / 최종철	10,000원
98 宗敎學入門	F. 막스 뮐러 / 金龜山	10,000원
99 변 화	P. 바츨라빅크 外 / 박인철	10,000원
100 우리나라 민속놀이	沈雨晟	15,000원
101 歌訣(중국역대명언경구집)	李宰碩 편역	20,000원
102 아니마와 아니무스	A. 융 / 박해순	8,000원
103 나, 너, 우리	L. 이리가라이 / 박정오	12,000원
104 베케트연극론	M. 푸크레 / 박형섭	8,000원
105 포르노그래피	A. 드워킨 / 유혜련	12,000원
106 셸 링	M. 하이데거 / 최상욱	12,000원
107 프랑수아 비용	宋 勉	18,000원
108 중국서예 80제	郭魯鳳 편역	16,000원
109 性과 미디어	W. B. 키 / 박해순	12,000원
110 中國正史朝鮮列國傳(전2권)	金聲九 편역	120,000원
111 질병의 기원	T. 매큐언 / 서 일·박종연	12,000원
112 과학과 젠더	E. F. 켈러 / 민경숙·이현주	10,000원
113 물질문명·경제·자본주의	F. 브로델 / 이문숙 外	절판

114	이탈리아인 태고의 지혜	G. 비코 / 李源斗	8,000원
115	中國武俠史	陳 山 / 姜鳳求	18,000원
116	공포의 권력	J. 크리스테바 / 서민원	23,000원
117	주색잡기속담사전	宋在璇	15,000원
118	죽음 앞에 선 인간(상·하)	P. 아리에스 / 劉仙子	각권 8,000원
119	철학에 대하여	L. 알튀세르 / 서관모·백승욱	12,000원
120	다른 곳	J. 데리다 / 김다은·이혜지	10,000원
121	문학비평방법론	D. 베르제 外 / 민혜숙	12,000원
122	자기의 테크놀로지	M. 푸코 / 이희원	16,000원
123	새로운 학문	G. 비코 / 李源斗	22,000원
124	천재와 광기	P. 브르노 / 김웅권	13,000원
125	중국은사문화	馬 華·陳正宏 / 강경범·천현경	12,000원
126	푸코와 페미니즘	C. 라마자노글루 外 / 최 영 外	16,000원
127	역사주의	P. 해밀턴 / 임옥희	12,000원
128	中國書藝美學	宋 民 / 郭魯鳳	16,000원
129	죽음의 역사	P. 아리에스 / 이종민	18,000원
130	돈속담사전	宋在璇 편	15,000원
131	동양극장과 연극인들	김영무	15,000원
132	生育神과 性巫術	宋兆麟 洪 熹	20,000원
133	미학의 핵심	M. M. 이턴 / 유호전	14,000원
134	전사와 농민	J. 뒤비 / 최생열	18,000원
135	여성의 상태	N. 에니크 / 서민원	22,000원
136	중세의 지식인들	J. 르 고프 / 최애리	18,000원
137	구조주의 역사(전4권)	F. 도스 / 김웅권 外 I·II·IV 15,000원/III	18,000원
138	글쓰기의 문제해결전략	L. 플라워 / 원진숙·황정현	20,000원
139	음식속담사전	宋在璇 편	16,000원
140	고전수필개론	權 瑚	16,000원
141	예술의 규칙	P. 부르디외 / 하태환	23,000원
142	"사회를 보호해야 한다"	M. 푸코 / 박정자	20,000원
143	페미니즘사전	L. 터틀 / 호승희·유혜련	26,000원
144	여성심벌사전	B. G. 워커 / 정소영	근간
145	모데르니테 모데르니테	H. 메쇼닉 / 김다은	20,000원
146	눈물의 역사	A. 벵상뷔포 / 이자경	18,000원
147	모더니티입문	H. 르페브르 / 이종민	24,000원
148	재생산	P. 부르디외 / 이상호	18,000원
149	종교철학의 핵심	W. J. 웨인라이트 / 김희수	18,000원
150	기호와 몽상	A. 시몽 / 박형섭	22,000원
151	융분석비평사전	A. 새뮤얼 外 / 민혜숙	16,000원
152	운보 김기창 예술론연구	최병식	14,000원
153	시적 언어의 혁명	J. 크리스테바 / 김인환	20,000원
154	예술의 위기	Y. 미쇼 / 하태환	15,000원
155	프랑스사회사	G. 뒤프 / 박 단	16,000원

번호	제목	저자/역자	가격
156	중국문예심리학사	劉偉林 / 沈揆昊	30,000원
157	무지카 프라티카	M. 캐넌 / 김혜중	25,000원
158	불교산책	鄭泰爀	20,000원
159	인간과 죽음	E. 모랭 / 김명숙	23,000원
160	地中海(전5권)	F. 브로델 / 李宗旼	근간
161	漢語文字學史	黃德實·陳秉新 / 河永三	24,000원
162	글쓰기와 차이	J. 데리다 / 남수인	28,000원
163	朝鮮神事誌	李能和 / 李在崑	근간
164	영국제국주의	S. C. 스미스 / 이태숙·김종원	16,000원
165	영화서술학	A. 고드로·F. 조스트 / 송지연	17,000원
166	美學辭典	사사키 겡이치 / 민주식	22,000원
167	하나이지 않은 성	L. 이리가라이 / 이은민	18,000원
168	中國歷代書論	郭魯鳳 譯註	25,000원
169	요가수트라	鄭泰爀	15,000원
170	비정상인들	M. 푸코 / 박정자	25,000원
171	미친 진실	J. 크리스테바 外 / 서민원	25,000원
172	디스탱숑(상·하)	P. 부르디외 / 이종민	근간
173	세계의 비참(전3권)	P. 부르디외 外 / 김주경	각권 26,000원
174	수묵의 사상과 역사	崔炳植	근간
175	파스칼적 명상	P. 부르디외 / 김웅권	22,000원
176	지방의 계몽주의	D. 로슈 / 주명철	30,000원
177	이혼의 역사	R. 필립스 / 박범수	25,000원
178	사랑의 단상	R. 바르트 / 김희영	근간
179	中國書藝理論體系	熊秉明 / 郭魯鳳	23,000원
180	미술시장과 경영	崔炳植	16,000원
181	카프카 — 소수적인 문학을 위하여	G. 들뢰즈·F. 가타리 / 이진경	13,000원
182	이미지의 힘 — 영상과 섹슈얼리티	A. 쿤 / 이형식	13,000원
183	공간의 시학	G. 바슐라르 / 곽광수	근간
184	랑데부 — 이미지와의 만남	J. 버거 / 임옥희·이은경	18,000원
185	푸코와 문학 — 글쓰기의 계보학을 향하여	S. 듀링 / 오경심·홍유미	근간
186	각색, 연극에서 영화로	A. 엘보 / 이선형	16,000원
187	폭력과 여성들	C. 도펭 外 / 이은민	18,000원
188	하드 바디 — 할리우드 영화에 나타난 남성성	S. 제퍼드 / 이형식	18,000원
189	영화의 환상성	J. -L. 뢰트라 / 김경온·오일환	18,000원
190	번역과 제국	D. 로빈슨 / 정혜욱	16,000원
191	그라마톨로지에 대하여	J. 데리다 / 김웅권	근간
192	보건 유토피아	R. 브로만 外 / 서민원	근간
193	현대의 신화	R. 바르트 / 이화여대기호학연구소	20,000원
194	중국회화백문백답	郭魯鳳	근간
195	고서화감정개론	徐邦達 / 郭魯鳳	근간
196	상상의 박물관	A. 말로 / 김웅권	근간
197	부빈의 일요일	J. 뒤비 / 최생열	22,000원

198 아인슈타인의 최대 실수	D. 골드스미스 / 박범수	16,000원
199 유인원, 사이보그, 그리고 여자	D. 해러웨이 / 민경숙	25,000원
	F. 드 생글리 / 최은영	20,000원
	M. 세르 / 김웅권	24,000원
히트까지의 텍스트들	J. 세레 外 / 홍지화	24,000원
	W. 바이셰델 / 최상욱	근간
	모제스 I. 핀레이 / 최생열	16,000원
	M. 로베르 / 이창실	18,000원
	J. 자일스·T. 미들턴 / 장성희	근간
	P. 부르디외 / 임기대	근간
	金光錫	40,000원
	P. M. 코헨 / 최하영	16,000원
	鄭泰爀	16,000원
	J. 보드리야르 / 배영달	19,000원
	F. 바누아 / 송지연	근간
	R. 바르트 / 김희영	15,000원
	B. 라트롱슈 / 김경온·오일환	근간
	이용주	15,000원
국 사회	홍성민 外	18,000원
	R. 바르트 / 김주경	근간
	J.-P. 링가르 / 박형섭	18,000원
	G. 들뢰즈 / 허 경	근간
	宋在璇	근간
	M. 퐁티 / 남수인·최의영	근간
	H. 식수 / 박혜영	근간
	R. 아모시 / 장인봉	근간
	J. 버거 / 이영주	근간
	A. 드 브리스 / 이원두	근간
	R. 바르트 / 이화여대기호학연구소	18,000원
	R. 바르트 / 남수인	10,000원
	林東錫 譯註	각권 30,000원
	林東錫 譯註	30,000원
	林東錫 譯註	20,000원
	林東錫 譯註	각권 30,000원
	V. 포레스테 / 김주경	7,000원
	高 明·葛英會	20,000원
	高 明	절판
	容 庚	36,000원
	P. 들레름·M. 들레름 / 박정오	8,000원
	이외수 편	4,000원

귀신부리는 책
혼백론

인류 최초로 공개되는
혼백론(魂魄論), 귀신론(鬼神論)

만약 귀신(鬼神)이 없다면, 신(神)이 없다면 인류 문명은 지금 어떤 모습일까? 귀(鬼)는 무엇이고, 신(神)은 무엇인가? 인간의 정신(精神)은? 그리고 혼백은? 혼(魂)과 백(魄)은 같은가, 다른가? 영혼(靈魂), 혼령(魂靈), 심령(心靈), 정령(精靈)… 다 그게 그건가? 초문명의 시대, 이런 것 하나 제대로 정리도 안해 놓고 천당이니 지옥이니, 윤회니 해탈이니 하면서 무조건 엎드리라고만 하는데 과연 믿어도 될까? 혼백과 귀신을 모르고는 그 어떤 종교도 철학도 진리(지혜)에 이를 수 없다.

인간은 자신을 속이는 유일한 동물이다. 인간에겐 '헛것'이 가장 크고, '없는 것'이 가장 무겁다. 버리기 전에는 절대 못 느낀다. 그렇지만 '있는 것'은 버려도 '없는 것'은 못 버리는 게 인간이다. 수행은 그 '없는 것'을 버리는 일이다.

본서는 특정한 종교나 방술, 신비주의를 선전코자 쓴 책이 아니다. 오로지 건강한 육신에 건강한 영혼이 깃든다는 명제 아래 유사 이래 인간이 궁금해하던 것, 오해하고 있던 오만가지 수수께끼들을 과학적이고 논리적인 관점에서 풀어냈는데, 이미 많은 독자들이 "왜 진즉에 이 생각을 못했을까!"하고 탄식을 하였다. 더하여 수행자는 물론 일반인의 건강과 치매 예방을 위해 사색산책법, 호보(虎步), 축지법(縮地法), 박타법(拍打法) 등 갖가지 무가(武家)와 도가(道家)의 비전 양생법들도 최초로 공개하였다. 이제까지 아무도 말해 주지 않았던 비밀한 이야기들로 한 꼭지 한 꼭지가 수행자나 탐구자들이 일생을 통해 좇아다녀도 얻을 수 있을까말까 하는 산지혜들이다. 문명의 탄생 이래 인류가 감춰야만 했던 엄청 불편한 진실 앞에 '천기누설'이란 단어를 절로 떠올리게 된다.

東文選

신성대 지음 / 상·하 각권 19,000원 / 전국서점 판매중

■ 고독하지 않은 홀로되기
■ 그리하여 어느날 사랑이여

- ■ 딸에게 들려 주는 작은 지혜　　N. 레흐레이트너 / 양영란　　　　　　6,500원
- ■ 노력을 대신하는 것은 없다　　R. 쉬이 / 유혜련　　　　　　　　　　5,000원
- ■ 노블레스 오블리주　　　　　　현택수 사회비평집　　　　　　　　　　7,500원
- ■ 미래를 원한다　　　　　　　　J. D. 로스네 / 문 선·김덕희　　　　　8,500원
- ■ 사랑의 존재　　　　　　　　　한용운　　　　　　　　　　　　　　　3,000원
- ■ 산이 높으면 마땅히 우러러볼 일이다　　　　유 향 / 임동석　　　　5,000원
- ■ 서기 1000년과 서기 2000년 그 두려움의 흔적들 　J. 뒤비 / 양영란　8,000원
- ■ 서비스는 유행을 타지 않는다　B. 바게트 / 정소영　　　　　　　　　5,000원
- ■ 선종이야기　　　　　　　　　홍 희 편저　　　　　　　　　　　　　8,000원
- ■ 섬으로 흐르는 역사　　　　　김영희　　　　　　　　　　　　　　　10,000원
- ■ 세계사상　　　　　　　　　　창간호~3호: 각권 10,000원 / 4호: 14,000원
- ■ 십이속상도안집　　　　　　　편집부　　　　　　　　　　　　　　　8,000원
- ■ 어린이 수묵화의 첫걸음(전6권)　趙 陽 / 편집부　　　　　　　　　각권 5,000원
- ■ 오늘 다 못다한 말은　　　　　이외수 편　　　　　　　　　　　　　7,000원
- ■ 오블라디 오블라다, 인생은 브래지어 위를 흐른다　무라카미 하루키 / 김난주 7,000원
- ■ 인생은 앞유리를 통해서 보라　B. 바게트 / 박해순　　　　　　　　　5,000원
- ■ 잠수복과 나비　　　　　　　　J. D. 보비 / 양영란　　　　　　　　　6,000원
- ■ 천연기념물이 된 바보　　　　최병식　　　　　　　　　　　　　　　7,800원
- ■ 原本 武藝圖譜通志　　　　　　正祖 命撰　　　　　　　　　　　　　60,000원
- ■ 隸字編　　　　　　　　　　　洪鈞陶　　　　　　　　　　　　　　　40,000원
- ■ 테오의 여행 (전5권)　　　　　C. 클레망 / 양영란　　　　　　　　각권 6,000원
- ■ 한글 설원 (상·중·하)　　　　　임동석 옮김　　　　　　　　　　　각권 7,000원
- ■ 한글 안자춘추　　　　　　　　임동석 옮김　　　　　　　　　　　　8,000원
- ■ 한글 수신기 (상·하)　　　　　임동석 옮김　　　　　　　　　　　각권 8,000원

東文選 文藝新書 101

중국역대명언경구집
가결歌訣

李宰碩 편역

　사람들은 흔히 처세나 수양이나 건강 등에 관한 名言이나 警句들을 붓으로 써서 서재나 응접실 같은 곳에 붙여 두거나, 또는 수첩이나 비망록 같은 곳에 적어둔다. 그 이유는 이것들을 수시로 보며 마음에 새기기 위해서일 것이다.
　중국의 고대 문헌 중에서 명언이나 경구는 浩如煙海라고 할 만큼 많다고하는 것이 주지의 사실이나, 이를 〈歌訣〉로 엮은 것은 그렇게 쉽게 접할 수 있는 것이 아니다.
　〈歌訣〉은 원래 〈口訣〉이라고 하는데, 佛家나 道家에서 구두로 전수하는 道法 혹은 秘術의 要語를 말한다. 후에는 암기하기에 편리하도록 사물 내용의 요점에 근거해서 편성한 韻文 및 비교적 整齊된 文句를 모두 〈歌訣〉(또는 〈訣歌〉·〈訣語〉)이라고 지칭하게 되었다.
　〈歌訣〉은 표현이 간결하고 의미가 함축적이며 운율을 가지고 있어 기억하기가 쉽다는 등의 특징을 가지고 있다.
　본서는 고대 중국 문헌 속에서 名言이나 警句라고 할 수 있는 것들을 모아 哲理·修身·論政·讀書·處事 등 23가지 주제별로 분류하였으며, 이를 모두 4언·5언·7언의 〈歌訣〉 형식으로 재구성한 것이다. 따라서 서예인들의 훌륭한 공구서로서 뿐만 아니라 일반 교양인들에게도 더 할 나위 없는 수신서가 되고 있다.

東文選 文藝新書 40

중국고대사회

― 文字와 人類學의 透視

許進雄 지음
洪 熹 옮김

 중국과 그밖의 고대 문명의 문자는 모두 그림에서 기원하고 있다. 상형문자는 고대인의 생활환경, 사용하였던 도구, 생활방식, 심지어는 사물을 처리하는 방법과 사상 관념까지도 반영하고 있다. 이들은 고대인들의 생활상을 이해하는 데 아주 크나큰 도움을 주고 있다. 만일 일상생활과 관련된 古文字의 창제시의 의미를 설명하고, 다시 문헌과 지하에서 발굴된 고고재료를 보충하여 될 수 있는 한 쉽고 간결한 설명과 흥미있는 내용으로 이와 관련된 시대배경을 토론한다면, 아마도 고고나 역사를 전공하지 않은 학생들에게 중국 문화를 배우고자 하는 흥미를 불러일으킬 수 있을 것이다. 더욱이 중국의 고대 문자는 表意를 위주로 창제되었으므로 이 방면의 재료가 훨씬 더 풍부하다.
 본서는 상형문자를 중심으로 고고학·인류학·민속학·역사학 등의 학문과 결부하여 고대인의 생활과 사상의 허다한 실상을 탐색하고 있으며, 인류 문명의 발전과정을 20장으로 나누어 음식·의복·주거·행위·교육·오락·생사·공예·기후·농업·의약·상업·종교·전쟁·법제 및 고대인의 생활과 밀접하게 관련된 갖가지 사항들을 토론하고 있다.
 이 책은 깊이 있는 내용들을 알기 쉽게 표현하기 위해 많은 도판들을 제공하고 있으며, 상고시대부터 한대 혹은 현대까지 문자의 연속된 발전과정을 계통적으로 소개하였다.

東文選 文藝新書 58

꿈의 철학
−꿈의 미신, 꿈의 탐색

劉文英 지음
何永三 옮김

　꿈의 미신과 꿈의 탐색은 종교와 과학이라는 서로 다른 두 개의 범주에 속한다. 저자는 꿈의 미신에서 占夢의 기원과 발전, 占夢術의 비밀과 流傳, 꿈에 대한 갖가지 실례와 해석을 들어 고대인들의 꿈에 대한 미신을 종교학적 측면에서 다루고 있으며, 꿈의 탐색에서는 꿈의 본질과 특징, 꿈에 관한 구체적 문제들과 꿈을 꾸는 생리적·정신적 원인들에 관한 토론을 계통적으로 연구하고 있다.

　프로이트 이후 최대의 업적으로 평가받고 있는 이 책은, 그동안 꿈에 대한 서양식의 절름발이 해석에서 벗어나 동양인의 서양인과는 다른 독특한 사유구조와 이에 반영되어 있는 문화체계를 이해하는 데에 크게 도움을 줄 것이다. 꿈에 대한 미신은 인간의 꿈에 대한 일종의 몽매성을 반영하고 있으므로 해서 중국 문화를 연구하는 현대 학자들은 오랫동안 일고의 가치도 없는 것으로 여겨 왔다. 그러나 꿈에 대한 미신은 하나의 문화현상으로 그 역사적인 측면에서도 매우 오래 된 원류를 갖고 있을 뿐만 아니라, 사회생활과 사회심리학적인 수많은 부분에 대해 영향을 미쳐 왔으니 만큼, 각종의 다른 종교를 대하는 것과 마찬가지로 진지하게 이를 분석하고 연구해야 할 것이다.
　이 책의 저자는 오랫동안 중국 고대 철학을 전공한 학자로서 꿈에 관련된 갖가지 문화현상을 둘러보고, 그로부터 고대 중국인들의 심리상태와 그들이 추구하고자 했던 바와 사유방식 등을 이해하고자 하였다. 이를 위해 저자는 중국 고대 해몽의 기원과 발전에서부터 현대의 꿈에 대한 정신적 분석에 이르기까지 방대한 자료와 해박한 지식으로 명쾌하게 꿈을 분석해 나가고 있다.

東文選 文藝新書 84

중국서예논문선

郭魯鳳 옮김

　서예라는 것은 문자를 빌려서 추상적인 점과 선을 통하여 작가의 정감을 표현하는 예술이라 할 수 있다. 옛날에는 이러한 서예가 문자를 즐겨 사용하는 사대부들의 전유물이었으며, 또한 이를 통하여 그 사람의 인품을 가름하기도 하였다. 이렇게 작가와 서예의 관계를 규정짓는 말로 우리는 흔히 〈서여기인書如其人〉이라는 말을 사용하니, 이는 서예의 풍격은 작가의 성격과 같고 서품은 바로 작가의 인품과 같다는 것이다. 이 말은 다시 말하여 서예 작품에는 작가의 학식, 수양, 흥취, 정서, 사상, 사람됨 등의 정신 요소가 들어 있다는 것이다.
　사실 서예라는 것은 직접적으로 외형의 형식으로 정감의식을 표현하는 예술이지 소설, 희곡, 회화와 같은 도덕적인 내용을 전달하는 것이 아니다. 따라서 사람의 성격과 수양이 서예의 창작에 영향을 주는 것은 틀림없지만, 도덕적이고 정치적인 품행과 서예의 우열과는 반드시 필연적인 관계를 가지고 있지는 않다. 이는 다시 말하자면 재주가 있는 사람이면 비록 그가 학문적으로나 도덕적으로 다소 미흡하더라도 글씨를 잘 쓸 수 있다는 말도 될 수 있다. 그리고 서예는 점과 선으로 표현되어지는 추상적인 예술이기 때문에 이에 대한 전문적인 안목을 갖추지 않고서는 옥석을 쉽게 구분하기가 힘들다. 그렇기 때문에 먼저 이론이 정립되어야만 서예가 올바른 자리에 서며 무한히 발전할 수 있을 것이다.
　여기에 수록된 논문은 모두 20여 편으로 이 중에는 서예의 이론, 기법, 역사의 연원, 비첩 고증, 문자학, 서예 감상 및 서예가의 실제 체험 등이 실려 있다.

東文選 文藝新書 115

中國武俠史

陳 山 지음
姜鳳求 옮김

영국의 웰스는 《인류의 운명》에서 〈대부분의 중국 사람들의 영혼 속에는 한 명의 유가儒家, 한명의 도가道家 그리고 한명의 도적(土匪)이 싸우고 있다〉는 관점을 인용하였다. 문일다聞一多는 웰스가 말한 〈도적〉은 중국 무협을 포함하고 있고, 도가는 다만 유가에 대한 보완일 뿐이라고 했다. 근래 어떤 학자는 〈묵협정신墨俠精神이 민간문화를 이루어 상층문화 정신과 대립하고 있다〉는 관점을 제시한 바 있다. 현대 작가 심종문沈從文은 민간사회 중에서 『유협정신游俠精神이 침윤侵潤되어 과거를 만들었고 미래도 형성하게 될 것이다』라고 했다. 결과적으로 말하면 상·하층문화 중에서 유儒와 俠은 중국 전통문화 정신의 중요한 두 체제인 것이다.

중국에 있어 협俠은 유儒와 마찬가지로 선진先秦시대에 나타나 계속 존재해 오고 있는 오랜 역사를 지닌 사회계층이다. 협俠과 유儒의 문화정신은 일종의 〈초월의미超越意味〉를 내포하고 있어 심리적으로 광범위하고도 지속적인 영향을 주며, 중국 문화의 심층구조에 침투해 있다. 중국 지식인의 영혼 속에 부지불식不知不識 중 유儒의 그림자가 숨겨져 있다면, 중국 평민의 마음 깊은 곳에는 협俠의 그림자가 희미하게 반짝이고 있다. 그러므로 중국 역사상의 무협 현상을 연구하는 것은 중국 문화 기초인 민간문화의 뿌리를 깊게 연구하고, 이를 전면적으로 이해하기 위하여 매우 중요한 의미가 있는 일이다.

東文選 文藝新書 85

禮의 精神

柳 肅 지음
洪 熹 옮김

  이 책에서 다루고 있는 〈예〉는, 현재 의미상의 문명적인 예의뿐만 아니라 사회의 도덕가치·민족정신·예술심리·풍속습관 등 여러 방면에 이르는 극히 넓은 문화적 범주를 뜻한다.
  〈예〉는 인류 문명의 자랑할 만한 많은 것들을 창조하였지만, 동시에 후인들로 하여금 지금까지 내던져 버리기 어려운 보따리를 짊어지게 하였다고 전제하고, 어떻게 하면 이 둘 사이에서 적합한 문명 발전의 길을 찾느냐를 모색하고 있다.
  정신문화상으로는 동양의 오랜 문명과 예의를 가지며, 물질문화상으로는 서양의 선진국가를 초월하여 동서양 문화의 성공적인 결합을 이루고자 함에 있어 그 정신을 다시 한번 되짚는다.
  또한 이 책은 〈예〉라는 한 각도에서 그 문화적인 심층구조와 겉으로 드러난 형태 사이의 관계를 논술하면서 통치자인 군주의 도덕윤리적 수양을 비롯하여, 일반 평민의 가족관계를 유지하고 사회의 안정을 유지하는 기초적인 조건에 이르기까지 저마다 자각하고 준수해야 할 도덕규범을 민족정신과 문화현상을 통해 비교분석하고 있다.

  【주요 내용】禮의 기원과 작용 / 예의 제도와 禮樂의 교화 / 예와 중국의 민족정신 / 예악과 중국의 정치 / 국가와 가정 / 예의 권위 / 체제와 직능 / 윤리화된 철학 / 조상 숭배와 천명사상 / 儒學의 연원 / 예의 반란 / 종교감정과 현실이성 / 신화와 전통 / 士官의 문화와 巫祝의 문화 / 美와 善의 합일 / 詩教와 樂教 / 예의 형상 표현 / 정치윤리 / 집단주의 / 여성의 예교와 여성의 정치 / 예의의 나라 / 윤리강령의 통속화 / 가족과 정치 / 예악의 문화 분위기 / 민족정신의 확대 / 정치적 곤경

《얀 이야기》 © 2000 JUN MACHIDA

東文選 文藝新書 9

神의 起源

何 新 지음
洪 熹 옮김

　문화란 단층이나 돌연변이를 낳지 않는다. 따라서 중국의 상고시대에 대한 연구는 신화의 바른 해석에서부터 시작되어야 하며, 그 방법은 고고학·인류학·민속학·민족학은 물론 언어학까지 총동원되어야 한다. 그래야만 과학적 접근을 통한 인간 삶의 본연의 모습을 오늘에 적용할 수 있기 때문이다.
　중국의 소장학자 何新이 쓴 《神의 起源》은 문자의 훈고와 언어 연구를 기초로 한 실증적 방법과 많은 문헌 고고자료를 토대로 중국 상고의 태양신 숭배를 중심으로 중국의 원시신화, 종교 및 기본적 철학 관념의 기원을 계통적으로 거슬러 올라가 탐구하고 있다.
　'뿌리를 찾는 책'이라는 저자의 말처럼 이 책은 중국 고대 신화계통에 대한 심층구조의 탐색을 통하여 중국 전통문화의 뿌리가 되는 곳을 찾아보려 하고 있다. 즉 본래의 모습을 찾되 단절되거나 편린에 그친 현상의 나열이 아님을 강조한 것이다.
　이 때문에 그는 이 책의 체제도 우선 총 20여 장으로 나누고 있다. 그 속에는 원시신화 연구의 방법론과 자신의 입장을 밝힌 十字紋樣과 太陽神 부분을 포함하고, 민족문제와 황제, 혼인과 생식, 龍과 鳳에 대한 재해석, 지리와 우주에 대한 인식, 음양논리의 발생, 숫자와 五行의 문제 등을 고대문자와 언어를 과학적으로 분석하여 근거로 제시했으며, 여러 문헌의 기록도 철저히 재조명해 현대적 해석에 이용하고 있다.
　그외에도 원시문자와 각종 문양 및 와당의 무늬 등 삽화자료는 물론, 세계 여러 곳의 동굴 벽화까지도 최대한 동원하고 있다. 특히 도표와 도식·지도까지 내세워 신화와 원시사회의 연관관계를 밝힌 점은 아주 새로운 구조적 분석이라 할 수 있다. 이렇게 하여 그는 일반적 서술 위주의 학술문장이 자칫 범하기 쉬운 '가시적 근거의 결핍'을 극복하고 있다.

東文選 文藝新書 18

신화, 미술, 제사

張光直 지음
李 徹 옮김

신화·예술·정치를 통해서 본 중국 고대 문명의 기원과 그 특징.

아득한 고대로부터 현재에 이르기까지 중국 문명은 전세계 문명의 체계 중 어떠한 지위를 차지하고 있을까? 그것의 가치는 어디에 있으며, 그 특징은 무엇인가? 이 모든 것은 지금도 변화하고 있는 문화환경 속에 처해 있는 사람들이 생각지 않을 수 없는 문제이다. 본서의 저자는 이에 대해 특수한 각도에서 우리에게 명확한 해답을 제시해 준다. 아울러 그는 중국 문명의 기원이 되는 관건은 정치적 권위의 흥기와 발전에 있다고 보면서 이러한 정치 권력은 주로 도덕·종교, 희귀한 자원의 독점 등의 수단으로 취득하는데, 그 중 가장 중요한 것은 하늘과 땅, 인간과 신을 소통시켜 주는 수단의 독점이라고 피력하면서 세심한 논증을 하였다.

저자는 고대 중국에서 정치적 권위를 획득하는 데 있어 필수불가결한 조건들로서 씨족·제사·예술·문자·도덕적 권위·무력·재력 등을 나열하고, 그것들의 내용 및 상관관계를 추적하고 있다. 그 서술방식이 간결명료하고 긴밀히 연결되어 있어 어느 한 구절도 그냥 지나칠 수 없으며, 곳곳에서 저자의 참신한 견해를 만날 수 있게 된다. 특히 제4장에서 청동기 위에 새겨진 동물 문양과 정치 권위 및 종교 행위와의 관계를 설명한 부분은 가히 독보적인 견해라고 할 수 있다.

東文選 文藝新書 72

초문화사

장정밍 / 남종진 옮김

고대의 중국 문화는 다원복합적인 것으로 그 주체가 되는 화하華夏 문화에 대해 말하자면 이원복합적이다. 여기에서 '이원'이란 간단히 말해서 북방 문화와 남방 문화를 의미한다. 만약 춘추 전국 시대로 한정짓는다면 황하 중·하류 문화와 장강 중·하류 문화를 가리킨다. 북방은 산천이 웅장하고, 남방은 경치가 아름답다. 초楚는 남방의 표준이다. 황제黃帝의 신성함과 염제炎帝의 광괴狂怪함 가운데 초민족은 염제 계통에 속한다. 용龍은 위엄 있고 씩씩하여 왠지 두려움을 느끼게 되고 봉鳳은 빼어나고 아름다워 가까이할 만한데, 초는 용을 억누르고 봉을 발양하였다. 유가儒家는 윤리를 중시하고 도가道家는 철리哲理를 중시하였는데, 초는 도가의 고향이다. 《시경詩經》은 바르면서도 꽃과 같고 초사楚辭는 독특하면서도 고운데, 초는 초사의 온상이다.

예로부터 중국의 고대 문화를 논하는 사람들은 대부분 북방을 중시하고 남방을 경시하였으며, 황하를 중시하고 장강을 경시하였다. 또 황제를 중시하고 염제를 무시하였으며, 용을 중시하고 봉을 경시하였으며, 유가를 중시하고 도가를 경시하였다. 따지고 보면 그래도 초사만이 《시경》에 필적할 수 있었을 뿐이다. 그러나 초사는 많은 비난 또한 함께 받아 온 반면 《시경》은 예로부터 찬양만을 받아 왔다.

초문화가 처음 그 모습을 드러냈을 당시에는 중원中原 문화의 말류와 초만楚蠻 문화의 잔영이 뒤섞인 것에 지나지 않아 특색도 두드러지지 않고, 수준 또한 높지 못하여 관심의 대상조차 되지 못했다. 춘추 중기는 초문화가 풍운을 만난 시기로, 이때부터 초문화는 새로운 면모를 드러내면서 중원 문화와 각축을 벌였고, 마침내는 우세한 자리를 차지하게 되었다. 이러한 융합, 성장, 발흥, 전화의 과정에 나타난 문화 발전의 법칙은 자못 흥미롭다.

東文選 文藝新書 56

中國小學史

胡奇光 지음
李宰碩 옮김

중국 고전언어학은 습관적으로 〈소학〉이라고 일컫는다. 중국에서 〈소학〉은 매우 높고 심원한 학문으로서, 주로 문자학·음운학·훈고학 등 3개 부문을 포괄한다. 〈소학〉은 유가문화를 중심으로 하는 중국 고대 경적을 위해 소임을 한다. 근대에 이르러 〈소학〉은 중국학의 중요 구성부분, 혹은 핵심부분으로 간주되었다. 이것은 한어 고대 경적이 알기 어려운 한자와 이해하기 어려운 문언으로 기록되어 있으므로, 한자와 문언이라는 이 두 가지 중요한 관문을 열려고 하면 〈소학〉이라는 황금열쇠를 제대로 사용해야 하기 때문이다.

본서는 상해 복단대학 胡奇光 교수의 대표적인 역작으로, 중국학이라는 거대한 산을 오르기 위해서는 반드시 갖추어야 할 공구서 중의 하나이다.

이 책은 중국의 전통언어학을 통시적으로 서술하면서도, 그중에는 고대 중국어(즉 우리가 습관적으로 사용하는 〈漢文〉)를 해독하는 데 필수적으로 알아야 할 지식들을 체계 있게 설명해 주고 있기 때문에 중국학 전공자는 물론, 국학(한국학) 전공자도 큰 도움을 받을 것이다.

東文選 文藝新書 161

漢語文字學史

黃德寬・陳秉新 지음
河永三 옮김

국내에 최초로 소개되는 중국문자학사.

　한자는 매우 오랜 역사를 가지고 있으며, 한자에 대한 연구 또한 깊디깊은 연원을 갖고 있다. 그러나 한자 연구사를 비교적 전체적으로 총결한 저작은 중국에서도 매우 드물다.
　본서는 첫째, 중국한자학의 발생과 발전이라는 문화를 배경으로 삼아 한자학의 역사를 인식해 보고자 하였다. 왜냐하면 문화와 학술의 한 현상으로서 한자학이라는 것의 발생과 발전은 결국 일정한 시대의 역사와 문화 및 학술사상의 변천과 밀접한 관련을 맺고 있기 때문이다.
　둘째, 자료의 선택이라는 측면에서 우리는 한자학이라는 기본적인 틀에서 출발하여 한자학 발전을 가장 대표할 만한 것과 관련된 내용을 선별적으로 채택하여 이의 역사를 서술하였다.
　셋째, 한자학의 역사와 시기구분인 측면에 있어서 우리는 학술발전의 내재적 관계에 치중했다. 시기구분이라는 것은 학술사를 찬술할 때 맞부딪치는 가장 중요하고도 근본적인 임무의 하나이다. 한자연구의 역사를 단순한 왕조별 구분사가 아닌 한자학 발전의 내재적 관계에 근거해 이를 창립・침체・진흥・개척발전 등과 같은 주제에 의한 시기구분법을 도입함으로써 한자학 연구사의 흐름을 한자 자체의 발전과 연계지어 이해 가능하도록 했다는 점이다.
　넷째, 통시적 성질을 지닌 한자학에 관한 저작이기 때문에 거시적인 파악에 기초하여 요점을 간단명료하게 제시하되 논리정연해야 함은 물론 세밀한 분석과 깊이 있는 탐구를 병행하였다.
　끝으로 한자학 연구의 개별적 성과물이나 인물 중심의 소재가 아닌 한자학의 이론을 중심으로 서술함으로써 한자학 연구의 이해를 더욱 체계적으로 개괄 가능케 하였다는 점을 특징으로 들 수 있겠다.

東文選 文藝新書 52

古文字學 첫걸음

李學勤 지음
河永三 옮김

　중국 고대 문자에 대한 이해는 바로 중국 고대의 언어·문학·고고·역사·경제·지리·예술 등 역사 문화사에 대한 총체적 이해와 직결되어 있다. 이 책은 바로 이러한 실용적 의미를 가지는 중국의 고대 문자에 대한 종합적인 소개와 이해를 목표로 삼고 있다.
　그리하여 이 책은 서문에서 밝히고 있듯이, 중국의 고문자라는 광범위하고 복잡한 내용을 어떠한 정확한 관점에 근거하여 쉽고 간략하게 체계적으로 소개할 것인가라는 부분에 중점을 두고 있다. 그래서 이 책에서는 중국 문자의 기원에서부터 갑골문·금문·전국문자 등등에 이르는 고대 문자 발전의 각단계에 대해 가장 최근의 연구성과까지를 망라하여 요약 소개하고 있다. 뿐만 아니라, 고대 문자의 이해에 필요한 기초 개념과 여러 기초 지식들, 그리고 연구에 있어서의 주의점, 나아가 더 깊은 연구에 있어서의 필요한 도서목록과 앞으로의 연구과제와 전망까지를 총괄하고 있어 중국 고대 문자를 이해하고자 하는 입문서로서는 더없는 저작이라 할 수 있다.
　저자인 李學勤 선생은 현재 중국사회과학원 역사연구소에 부소장으로 있으며, 당대의 저명한 갑골문·전국문자 등의 연구가이다.
　이 책이 출간된 후 북경대학은 물론이고, 중국과 대만의 각 중문과에서는 이미 〈중국문자학〉〈고문자학〉 과목의 교재로 채택되어 사용되고 있으며, 일본을 비롯한 서구 여러 나라에도 소개될 만큼 중국 고대 문자의 이해에 대한 매우 적절한 입문서라 할 수 있다.

東文選 文藝新書 47

美의 歷程

李澤厚 지음/尹壽榮 옮김

　본서는 제목 그대로 미의 역정을 그 주내용으로 삼고 있다. 이 책을 통하여 독자들은 미의 여행을 떠나게 된다. 이 책을 읽어가는 동안 독자들은 서서히 중국이라는 전설의 나라, 신비의 나라가 간직하고 있는 미의 세계를 순례하게 된다. 그 순례의 과정은 아득한 원시시대로부터 시작하여, 수많은 길고 먼 길들을 거쳐 마침내 명·청시대라는 역사시기로서의 마지막 단계에까지 이르게 된다. 독자들은 이 여정을 통하여 부지불식간에 중국이 지니는 미의 세계에 대하여, 그 핵심과 깊이를 파악하게 된다. 이 여행의 안내는 현대 중국의 유명한 미학자 가운데 한 사람인 이택후가 담당한다. 그리하여 이 책을 다 읽고 나면 우리 모든 독자들은 안내자 이택후에게 감사함을 느끼게 될 것이다. 적어도 역자의 경험은 그러하다.
　이 책은 분명히 말하여 좋은 책이다. 이 책은 중국미학이란 무엇인가? 그 세계는 어떠한가?라고 질문하는 독자에게 명쾌하게 답변을 제시해 줄 것이다. 이 책은 중국미학의 어떤 전문 분야에 대하여 깊이 있게 천착하는 성격의 것이 아니다. 이 책은 차라리 중국미학에 있어서 역자와 같은 문외한을 위하여 만들어진 책이라 해야 할 것이다. 그러나 이 책을 다 읽고 나면 독자는 적어도 중국미학에 대한 상당 수준의 높은 식견을 지닐 수 있게 될 것이다.

東文選 文藝新書 156

중국문예심리학사

劉偉林 / 심규호 옮김

《중국문예심리학사》는 중국의 문예심리학 연구성과를 바탕으로 중국 각 시대의 문예심리를 조망하고 있는 논저이다. 저자는 "문학사는 일종의 심리학이며 영혼의 역사이다"라는 관점에 근거하여, 문예창작과 감상은 인간의 심리활동과 불가분의 관계에 있다는 원리를 고수하고 있다. 또한 심리학과 미학, 그리고 예술학을 상호 결합시키면서 先秦時代부터 시작하여 兩漢·魏晋南北朝·唐宋·明淸·近代에 이르기까지 전 역사과정을 6장으로 나누어, 중국 고대 2천여 년의 대표적인 문론가·미학가의 문예심리학 관점을 논술하고, 아울러 당시대의 시가·소설·희곡·서법·회화 등의 예술형식에 관한 문예심리학의 발전과정을 논술하고 있다.

이 책의 장점은 무엇보다도 문예심리학이라는 일관된 관점 속에서 방대한 자료에 대하여 심도 있고 독특한 해석과 논의를 진행하고 있다는 점이다. 또한 방법론에 있어서도 중국뿐만 아니라 서양의 문예심리학 이론을 아우르고 있다는 점에서 상호 비교는 물론이고, 고전 이론의 현대적 해석에 도움을 줄 수 있을 것이다.

이 책은 중국문예심리학 관련 연구에 있어 독창성과 더불어 최초의 史的 연구라는 점에서 많은 이들의 격려와 찬사를 받은 바 있다. 이 책은 문예심리학이라는 학문에 대하여 보다 쉽게 접근할 수 있는 계기가 될 것이고, 일반적으로 문학연구에서 도외시한 書論과 畵論 등을 詩·文論 등과 함께 다루고 있기 때문에 각 시대의 문예 상황에 대한 보다 심도 있는 연구에 큰 도움을 줄 것이다. 지금까지 우리나라에 소개된 개괄적인 중국문학이론사에서 한 걸음 더 나아가, 본서는 중국 문예이론에 대한 전반적인 이해와 더불어 독특한 심리학 관점에 의한 다각적인 문예연구의 새로운 지평을 열어 줄 것이라고 확신한다.